BEIHEFTE ZUM TÜBINGER ATLAS
DES VORDEREN ORIENTS
Reihe B (Geisteswissenschaften) Nr. 12/1

Die antiken Synagogen in Israel

von

Frowald Hüttenmeister und Gottfried Reeg

Teil 1

Die jüdischen Synagogen, Lehrhäuser und Gerichtshöfe

DR. LUDWIG REICHERT · WIESBADEN 1977

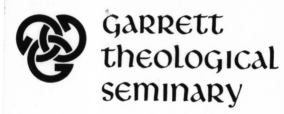

BEIHEFTE ZUM TÜBINGER ATLAS
DES VORDEREN ORIENTS

herausgegeben im Auftrag des Sonderforschungsbereichs 19
von Wolfgang Röllig

Reihe B
(Geisteswissenschaften)
Nr. 12/1

Frowald Hüttenmeister

Die jüdischen Synagogen, Lehrhäuser und Gerichtshöfe

WIESBADEN 1977
DR. LUDWIG REICHERT VERLAG

Die antiken Synagogen in Israel

von

Frowald Hüttenmeister und Gottfried Reeg

Teil 1

Die jüdischen Synagogen, Lehrhäuser und Gerichtshöfe

von

Frowald Hüttenmeister

WIESBADEN 1977
DR. LUDWIG REICHERT VERLAG

CIP-Kurztitelaufnahme der Deutschen Bibliothek

Hüttenmeister , Frowald
Die antiken Synagogen in Israel / von Frowald Hüttenmeister u. Gottfried Reeg. — Wiesbaden : Reichert.
ISBN 3-920153-68-5

NE : Reeg , Gottfried :

Teil 1. Die jüdischen Synagogen , Lehrhäuser und Gerichtshöfe / von Frowald Hüttenmeister. — 1. Aufl. — 1977.
(Tübinger Atlas des Vorderen Orients : Beih. : Reihe B, Geisteswiss. ; Nr. 12)

Diese Arbeit ist im Sonderforschungsbereich 19 Tübingen entstanden und wurde auf seine Veranlassung unter Verwendung der ihm von der Deutschen Forschungsgemeinschaft zur Verfügung gestellten Mittel gedruckt.
Gesamtherstellung: Hessische Druckerei GmbH, Darmstadt
Printed in Germany

I n h a l t s v e r z e i c h n i s

Teil I: Die jüdischen Synagogen

Teil II: Die samaritanischen Synagogen

V o r w o r t

Das vorliegende Buch ist das Ergebnis der Arbeiten an der Karte B VI 18 des 'Tübinger Atlas des Vorderen Orients' (TAVO) mit dem Thema: 'Synagogen, Lehrhäuser und Gerichtshöfe'. Es umfaßt das gesamte archäologische und literarische Material für die antiken Synagogen in Israel vom 1. bis zum 7. Jahrhundert. Damit liegt erstmals eine Untersuchung vor, die die archäologischen Funde und die literarischen Quellen gleichermaßen berücksichtigt.

Der erste Teil umfaßt die jüdischen Synagogen, Lehrhäuser und Gerichtshöfe; er ist von Frowald Hüttenmeister unter Mithilfe von Gottfried Reeg bearbeitet worden. Der zweite Teil über die samaritanischen Synagogen stammt von Gottfried Reeg.

Dieses Buch hätte in diesem ausführlichen Rahmen nicht ohne die bereitwillige und tatkräftige Unterstützung der Mitarbeiter des Israel Department of Antiquities and Museums (IDAM) und seines ehemaligen Leiters, Dr. A. Biran, der uns auch die Einsicht in das Archiv gestattete, sowie anderer israelischer Professoren und Archäologen vorgelegt werden können. Die Professoren Dr. M. Hengel und Dr. P. Rüger, Tübingen, haben das Manuskript durchgesehen. Die Mitarbeiter des Besonderen Arbeitsbereiches Biblische Archäologie der Universität Tübingen haben uns bei der Arbeit wertvolle Hinweise gegeben. Herr stud. theol. K. Ulrich hat eine erste Materialsammlung angelegt. Der griechische Text wurde von Herrn stud. theol. Th. Merkel, der arabische Text von Herrn stud. phil. G. Kattoura geschrieben. Frau B. Barwich hat den Index angelegt. Die Übersetzung der Einleitung ins Englische ist von Frau M. M. Clarkson, die Übersetzung ins Hebräische von Frau stud. angl. A. Levy-Schurig. Die nicht immer einfache Herstellung der Druckvorlage hat Frau A. Levy-Schurig mit viel Geduld übernommen. Ihnen allen gilt unser herzlichster Dank.

Tübingen, im November 1976

Frowald Hüttenmeister Gottfried Reeg

E i n l e i t u n g

In dem vorliegenden 'Beiheft zum Tübinger Atlas des Vorderen Orients' ist der Versuch unternommen worden, alles archäologische und literarische Material zusammenzustellen, das für die Verbreitung von Synagogen, Akademien, Lehrhäusern sowie Sitzen des Großen Sanhedrins und der Gerichtshöfe in Israel vom 1. nachchristlichen Jahrhundert - aus dieser Zeit haben wir die ersten Spuren dieser Institutionen - bis zur Eroberung des Landes durch den Islam in der Mitte des 7. Jahrhunderts von Bedeutung ist.

Quellen

Archäologische Funde:

Schon in vielen mittelalterlichen Reiseberichten hören wir von Synagogenruinen, vor allem in Galiläa, die Ziel von frommen jüdischen Pilgern aus der Umgebung und auch aus der Diaspora sind. Aber erst mit dem Beginn der archäologischen Grabungen und der systematischen Surveys in der 2. Hälfte des vergangenen Jahrhunderts häufen sich die Hinweise auf Synagogenfunde. Zu erwähnen sind hier die Werke von Renan, Mission de Phénicie (1864); Guérin, Déscription géographique, historique et archéologique de la Palestine (1868-1880; Nachdruck 1969) und vor allem der von Conder und Kitchener in den Jahren 1873-74 durchgeführte Survey of Western Palestine (SWP). Noch im Jahr 1906 war es möglich, die Synagoge von Kəfar Naḥum als Mithrasheiligtum zu beschreiben (Rix, Tent and Testament, 292). Seitdem hat sich viel gewandelt. Bahnbrechend waren die Grabungen in den galiläischen Synagogen von Kohl und Watzinger vor dem Ersten Weltkrieg sowie die Forschungen Sukeniks seit den dreißiger Jahren. Durch die zunehmende jüdische Einwanderung wuchs auch das Interesse an der Synagogenforschung. Zufallsfunden bei landwirtschaftlichen Arbeiten verdanken wir beispielsweise die Wiederentdeckung der Synagoge von Beṭ Alfá und zuletzt die der Synagoge von Rəḥov mit der längsten bekannten Synagogeninschrift. Bei der vorliegenden Arbeit konnten wir auf eine große Zahl von Monographien und Aufsätzen zurückgreifen, die von ausführlichen Grabungsberichten bis zu Erklärungsversuchen einzelner Wörter aus Inschriften reichen.

Über die Entstehung der Synagogen in Israel wissen wir sehr wenig. Während die ältesten Funde in der Diaspora bis in das 3. vorchristliche Jahrhundert zurückgehen, ist der älteste Einzelfund aus einer Synagoge in Israel die Theodotosinschrift aus Jerusalem aus der Zeit des Zweiten Tempels. Daß es vor der Zerstörung des Tempels Synagogen gegeben hat, erfahren wir auch aus der Mischna, den Schriften des Josephus und dem Neuen Testament (vgl. z.B. Jerusalem, Dor, Kəfar Naḥum), aber wir wissen nicht, wie sie ausgesehen haben. Wahrscheinlich handelte es sich bei diesen Synagogen um Gebäude, die durch ihren Grundriß nicht oder kaum von einem normalen Wohnhaus zu unterscheiden waren. Nur so läßt es sich erklären, daß wir aus dem 1. Jahrhundert keine wirklich gesicherten Synagogen haben. Die beiden einzigen Gebäude aus dieser Zeit, die Synagogen gewesen sein können (Herodium, Məṣádá; über die Funde von Migdál und Gamlá liegen noch keine Beschreibungen vor), sind relativ klein. Sie haben, im Gegensatz zu späteren Synagogen, auch eine Bankreihe an der Jerusalem zugewandten Seite. Wichtigstes Indiz für die Identifizierung als Synagoge sind Funde von Schriftrollen unter dem Fußboden des Gebäudes in Məṣádá.

Abgesehen von diesen Gebäuden lassen sich die Synagogen in drei Hauptgruppen einteilen, wobei betont werden muß, daß es viele Abweichungen von diesem Schema gibt. Der sogenannte frühe oder galiläische Typ ist ein Langhaus mit einem dreiteiligen Eingang in der Jerusalem zugewandten Seite. Eine Nische für den Toraschrein fehlt noch; dieser wurde in einem Nebenraum oder -gebäude aufbewahrt und zum Gebet hereingebracht. Sein Platz war im Inneren des Mitteleingangs. Man betrat die Synagoge also durch einen der Seiteneingänge und mußte sich zum Gebet (in Richtung auf den Tempelplatz in Jerusalem) um 180° umwenden. Der Raum hatte Bänke an den Wänden und zwei oder meist drei Säulenreihen, davon eine vor der Rückwand. Der Boden war mit Steinplatten belegt. Verzierungen finden sich hauptsächlich am Fries über dem Eingang. Eine Galerie, die man über eine

Treppe erreichen konnte, war für die Frauen bestimmt. Zeitlich ist dieser Typ in das 2. bis in den Anfang des 4. Jahrhunderts zu datieren. Typische Beispiele sind Koråzim, Kəfar Naḥum, ad-Dikkā. Der zweite Typ ist der sogenannte Breithaustyp. Um Gebetsrichtung und Eingang zu trennen, wurde dieser in den Osten verlegt und in die Jerusalem zugekehrte Längswand eine Nische für den Toraschrein gebaut. Die ersten Fußbodenmosaiken tauchen auf. Dieser Typ ist in das 3. und 4. Jahrhundert zu datieren. Früher sah man diesen Grundriß als typisch für Judäa an, doch sind inzwischen Synagogen dieses Typs auch in Galiläa gefunden worden. Wichtige Beispiele sind Ḥ. Šemaᶜ (Təqoaᶜ) und Ḫ. Sūsīya. Die Hauptmerkmale des dritten Typs, der byzantinischen Synagogen, sind der der zeitgenössischen christlichen Basilika ähnliche Grundriß mit einem Haupt- und zwei Seitenschiffen, die durch Säulen oder Pfeiler abgetrennt sind, der nach Jerusalem ausgerichteten Apsis mit dem Toraschrein und der davorliegenden Bema, dem in der Jerusalem abgewandten Seite liegenden Eingang und der reichhaltigen Ausschmückung mit Mosaiken. Fassadenschmuck entfällt fast gänzlich. Zeitlich schließt sich dieser Typ an die vorhergehenden an und ist bis ins 7. Jahrhundert anzutreffen. Wichtige Beispiele sind Bẹt Alfå, Ḥammat Gådẹr.

Eine besondere Stellung nehmen die zahlreichen <u>Inschriften</u>, meist Stiftungsinschriften, ein, die sich entweder auf Türstürzen o.ä. oder in den Fußbodenmosaiken finden. Häufig stehen sie in einer tabula ansata. Die Inschriften sind zum größten Teil aramäisch, viele sind griechisch, nur wenige sind hebräisch. Manchmal kommen aramäische und griechische Inschriften nebeneinander vor. Das übliche Schema der Stiftungsinschriften ist etwa folgendermaßen: 'Es sei zum Guten gedacht des NN, Sohn des NN, der gestiftet hat ... (Gegenstand oder Geldsumme).' Dann folgt ein mehr oder weniger langer Segensspruch, in dem häufig die Wörter Amen, Schalom, Selaᶜ vorkommen. Ungewöhnlich sind die Mosaikinschriften von ᶜẸn Gedi (Fluchinschrift) und Rəḥov, die mit 29 Zeilen die längste in Israel gefundene Mosaikinschrift ist (halachische Vorschriften). Die ältesten Mosaiken sind meist einfache schwarz-weiße Böden mit einigen wenigen geometrischen Mustern. Im Laufe der Zeit werden sie immer prächtiger ausgestattet und erhalten Darstellungen von Kultgegenständen, Menschen und Tieren. Sehr häufig ist die Darstellung von Toraschrein, Menora mit jüdischen Symbolen, aus Weinranken gebildeten Medaillons mit Tierdarstellungen und von geometrischen Mustern. Einige Synagogen (z.B. Bẹt Alfȧ, Ḥammat Ṭəveryȧ südlich der Quellen) haben große Tierkreisdarstellungen, in anderen sind biblische Szenen wiedergegeben, z.B. Opferung Isaaks (Bẹt Alfȧ), David (Gaza, Naᶜărȧn). Viele dieser Darstellungen sind durch Ikonoklasten zerstört worden.

Für die vorliegende Arbeit wurde die gesamte archäologische Literatur seit der zweiten Hälfte des vergangenen Jahrhunderts durchgearbeitet. Zur Ergänzung wurden die archäologischen Archive in Jerusalem herangezogen. Auf einem dreimonatigen Survey besuchten wir mit ganz wenigen Ausnahmen alle Fundorte. Dabei konnten wir alte Fehler erkennen und verbessern sowie etwa zwanzig Orte neu aufnehmen. Sehr intensiv wurde bei diesem Survey der Golȧn untersucht. Hier zeigte es sich, daß die Synagogenfunde und die eindeutig jüdischen Funde alle in einem etwa 7 km breiten Streifen östlich des Sees Genezareth liegen, während die Kirchen und eindeutig christlichen Funde (mit Ausnahme der späten, byzantinischen Kirchen in Kursī und Susitȧ) alle östlich und nördlich dieses Streifens liegen. Erst viel weiter im Osten gibt es wieder jüdische Funde. Von den jüdischen Golȧnfunden gehört übrigens keiner der späten byzantinischen Epoche an.

Die archäologischen Funde beschränken sich mit einer Ausnahme auf Synagogen. An Lehrhäusern ist nur ein einziges archäologisch sicher nachweisbar, und zwar aufgrund einer Inschrift (Dabbūra). Bei einigen anderen Orten gibt es, allerdings nur sehr vage, Vermutungen: Nebenräume einer Synagoge könnten als Lehrhaus gedient haben (z.B. Ḥ. Šemaᶜ). Ein Gerichtshof ist archäologisch überhaupt nicht nachgewiesen.

Literatur

Folgende Quellen wurden durchgearbeitet und ausgewertet: Die gesamte rabbinische Literatur, Josephus, Neues Testament und die Kirchenväter.

Bei der rabbinischen Literatur wurden die Jalquṭsammlungen und einige sehr späte Midraschim nur dann herangezogen, wenn sie Material bieten, das über die ältere Literatur hinausgeht.

Die wichtigsten Bezeichnungen in der Literatur sind folgende:

Synagoge:	בית כנסת, בי כנישתא, כנישתא, בית וועד, בית תפלה συναγωγή; προσευχή
Akademie:	ישיבה, מתיבתא
Lehrhaus:	בית מדרש, בי מדרשא
Großes Sanhedrin:	סנהדרין, סנהדרי, סנהדרין גדולה, בית דין, בית דין הגדול συνέδριον
Gerichtshof:	סנהדרין קטנה, בית דין

Oben wurde bereits gesagt, daß archäologisch nur ein einziges Lehrhaus aufgrund einer Inschrift nachgewiesen werden konnte. Das mag daran liegen, daß wir über den Grundriß der Lehrhäuser nichts wissen und es sich dabei vielleicht um Gebäude handelte, die sich rein äußerlich durch nichts von anderen unterschieden. Bei einem genauen Studium der Quellen ergibt sich aber eine mögliche andere Erklärung: In der Halacha wird streng unterschieden zwischen Synagoge und Lehrhaus. So wird z.B. darüber diskutiert, ob Synagoge oder Lehrhaus den höheren Heilgkeitsgrad haben und zugunsten des letzteren entschieden (b Meg 26b/27a u.ö.); so darf man eine Synagoge verkaufen, um von dem Erlös ein Lehrhaus zu bauen, jedoch nicht umgekehrt (j Meg 73d, 27-29 u.ö.) und vieles andere mehr. Leider gibt es in der Literatur keine greifbaren Kriterien, die uns bei der Identifizierung der archäologischen Funde helfen könnten, wie beispielsweise unterschiedliche Vorschriften für den Bau von Synagogen und Lehrhäusern. Selbst wenn wir solche fänden, hieße das noch nicht, daß man sich in der Praxis auch danach gerichtet hätte. So sollen Synagogen einen Eingang im Osten haben und an der höchstgelegenen Stelle im Ort gebaut werden (T Meg IV [III]

22f.), aber die meisten Synagogen haben den Eingang im Süden, und wir finden Synagogen, die am Fuße einer Ortschaft liegen (z.B. Guš Ḥâlâv außerhalb). In bezug auf ein Lehrhaus finden sich solche Vorschriften überhaupt nicht.

Versuchen wir, aus den Quellen etwas über die Alltagspraxis herauszufinden, so ergibt sich folgendes Bild:

Nach b Meg 27a ist die Synagoge ein 'Platz, an dem das Gebet verherrlicht wird' (מקום שמגדלין בו תפילה) und das Lehrhaus ein 'Platz, an dem die Tora (= Lehre) verherrlicht wird' (מקום שמגדלין בו תורה), mit anderen Worten, das בית כנסת ist ein reines Gebetshaus und das בית מדרש ein reines Lehrhaus (vgl. dazu Talmudic Encyclopedia III, S. 210 [1951]). Die Wurzel כנש bedeutet '(sich) versammeln', die Wurzel דרש 'forschen, suchen', dann speziell 'die Schrift studieren, den Schriftsinn zu erforschen suchen' und dann 'lehren'.

In Übereinstimmung damit finden wir häufig Ausdrücke wie ר' יוחנן עאל ודרש בבי מדרשא, "R. Jochanan ging hinauf und lehrte im Lehrhaus" (j Schab 13c,72f.); אותו היום נכנס רבי שמעון לבית המדרש הגדול שלו ודרש, "an diesem Tage betrat R. Schimᶜon sein großes Lehrhaus und lehrte" (AdRN 41, ed. Schechter, 66a): נכנס וישב בבית המדרש ודרש כל היום כולו , "er betrat das Lehrhaus, setzte sich dort und lehrte den ganzen Tag" (b ᶜEruv 45a).

Dagegen lesen wir an anderen Stellen: ר' אבא בר כהנא עאל לכנישתא ושמע קליה דר' לוי יתיב דריש, "R. Abba b. Kahana ging zur großen Synagoge hinauf und hörte die Stimme des R. Levi, der dort saß und lehrte" (Koh r VI 2,1); בתי כנסיות ... ודורשין בהן, "Synagogen ... und man darf in ihnen lehren" (T Meg III 7 [II 18]). Besonders interessant ist folgende Stelle: רבי אחא דרש בבית מדרשא רבי ירמיה דרש בכנישתא, "R. Acha lehrte im Lehrhaus, R. Jirmeja lehrte in der Synagoge" (j Taᶜan 64a, 51f.).

Wir finden also den Ausdruck דרש nicht nur in Verbindung mit בית מדרש, was einleuchtend wäre, sondern auch in Verbindung mit בית כנסת. Diese auffallende Tatsache kann m.E. nur dadurch erklärt werden, daß in der Praxis nicht unterschieden wurde zwischen Synagogen und Lehrhäusern, daß man, sicherlich vor allem in kleineren Orten, nur e i n Gebäude zum Gebet wie zum Unterricht zur Verfügung hatte.

Als weitere Stütze dieser Theorie können eventuell auch die agadischen Stellen herangezogen werden, die von der Anzahl der Synagogen in Jerusalem berichten. An den meisten Stellen heißt es: "480 Synagogen gab es in Jerusalem" (so z.B. j Meg 73d,31-35), aber in M Tanḥ קרח 12 steht: "80 Lehrhäuser gab es in Jerusalem", wobei die Zahl 400, die durch den Buchstaben ת wiedergegeben wird, leicht hat ausfallen können.

Alle Belege, an denen eine Synagoge an einem bestimmten Ort erwähnt wird oder wo der Zusammenhang auf eine Synagoge schließen läßt (z.B. Beschreibung des Gottesdienstes), sind in Text und Übersetzung aufgenommen, ebenso alle Belegstellen für Lehrhäuser und Gerichtshöfe. Oft läßt sich nur aus dem Zusammenhang auf eine Synagoge, ein Lehrhaus oder einen Gerichtshof schließen. In diesen Fällen bleibt der Interpretation breitester Spielraum. Eine große Zahl solcher Stellen wurde aufgenommen, doch erheben diese Zitate keinen Anspruch auf Vollständigkeit.

Die von Josephus beschriebene Einteilung des Landes in fünf Bezirke oder 'Synhedrien' (σύνοδοι : B 1,170; συνέδρια : A 14, 91) mit Sitz in Jerusalem, Gadara, Amathous, Jericho und Sepphoris (Ṣippori) ist nicht aufgenommen worden, da es sich dabei nicht um eine dem Sanhedrin vergleichbare Institution handelt.

Hinweise für die Benutzung des Buches

Die einzelnen Artikel sind nach folgendem Schema aufgebaut:

Ortsname
Koordinaten
Signatur
Namen
Literatur

Einleitung

Archäologischer Befund
- Inschriften
- Ausrichtung

Literarischer Befund
- Synagogen
- Lehrhäuser
- Gerichtshöfe

Datierung

Der Ortsname erscheint in der Form, wie er auf der TAVO-Karte steht. Nach Möglichkeit ist der antike hebräische Name aufgeführt. Ist dieser Name nicht mit Sicherheit bestimmbar, wird der moderne hebräische oder arabische Name der Fundstelle angegeben. Ist ein Sternchen hinter dem Ortsnamen (z.B. Ḫ. Karmil*), so ist der Ort aufgrund der nicht mit Sicherheit einzuordnenden Funde nicht auf der TAVO-Karte eingezeichnet, sondern wird nur im Beiheft besprochen; alle diese Orte sind auf Karte III zusammengefaßt. Die einzelnen Orte werden in alphabetischer Reihenfolge aufgeführt. Ein ausführliches Verzeichnis der verschiedenen Schreibweisen und Namensvarianten soll das Auffinden erleichtern (vgl. S. 686-704). Zur Umschreibung der hebräischen und arabischen Ortsnamen vgl. die Umschrifttabelle auf S. 723.

Auf den Ortsnamen folgen die Koordinaten. Diese bestehen aus zwei Zahlengruppen (z.B. Bẹt Alfȧ: 6.21   1903 2139). Die Zahl vor dem Punkt bezieht sich auf diejenige Karte im Maßstab 1 : 100 000 (herausgegeben von der Maḥleqet ha-medidot, Israel, Ausgabe 1967-1972, Blatt 1-26), auf der der Ort zu finden ist. Die zweite Zahl ist die durchlaufende Numerierung aller Orte in diesem Buch (auf diese beziehen sich die Angaben des Index). Die zweite Zahlengruppe umfaßt die Koordinaten nach dem רשת ישראל (Palestine grid); sie sind nach Möglichkeit vierstellig angegeben, also auf 100 m genau. Wenn weder die Lage der Synagoge, noch die genaue Fundstelle, noch das Zentrum der alten Ortslage bekannt ist, werden nur dreistellige Koordinaten angegeben. Nicht in Klammern stehende Koordinaten beziehen sich auf Gebäudereste. Bei eingeklammerten Koordinaten handelt es sich um die Fundstelle von Einzelfunden bzw. das Zentrum der alten Ortslage, wenn die Lage der Synagoge nicht bekannt ist. Die näheren Angaben unter den Koordinaten dienen zur groben Ortsbestimmung.

Es folgt die Signatur. Hier wird die in der TAVO-Karte stehende Signatur aufgeschlüsselt nach: Synagoge/Lehrhaus/Gerichtshof archäologisch/literarisch sicher/unsicher. Die Signatur 'archäologisch sicher' steht, wenn eine Synagoge ausgegraben wurde, wenn ein Einzelfund eindeutig auf eine Synagoge (oder ein Lehrhaus, wie in Dabbūra) hinweist (z.B. Stiftungsinschrift) oder wenn mehrere typische Einzelfunde mit sehr großer Wahrscheinlichkeit auf eine Synagoge deuten. Die Signatur 'archäologisch unsicher' steht, wenn typische Einzelfunde da sind, deren Herkunft nicht eindeutig geklärt ist (nachweislich sind Türstürze u.ä. von Antiquitätenhändlern über größere Entfernungen transportiert worden), wenn es nur einen oder zwei Einzelfunde gibt, die nicht eindeutig genug sind, um eine Synagoge mit Sicherheit annehmen zu lassen oder wenn Beschreibungen aus älteren Büchern vorliegen, die sich heute an Ort und Stelle nicht mehr nachprüfen lassen. Ortsnamen mit einem * erhalten keine Signatur. Eine klare Trennung zwischen 'sicher'/'unsicher' und 'unsicher'/keine Signatur ist nicht immer möglich. Es sei also in jedem Fall auf die Fundbeschreibung bzw. auf die literarischen Quellen verwiesen. Viele Einzelfunde aus Judäa, aber auch vom Golân, können durchaus von einer Synagoge stammen, gehören möglicherweise aber auch zu einer Kirche. In diesen Fällen wurden sie nur dann, und zwar als unsicher, aufgenommen, wenn weitere eindeutig jüdische Funde von demselben Ort eine jüdische Besiedlung sicherstellen. Funde, die früher einmal als Synagogenfunde bezeichnet wurden, von denen man aber heute weiß, daß sie nichts mit einer Synagoge zu tun haben, werden am Schluß des Buches zusammen aufgeführt (vgl. S. 519-522). Diese Orte stehen auf Karte III in Klammern.

Die Signatur 'literarisch sicher' steht, wenn der Text eindeutig auf eine Synagoge, ein Lehrhaus oder einen Gerichtshof schließen läßt, in der Regel also, wenn eines dieser Wörter zusammen mit einem Ortsnamen genannt wird. Bei der Signatur 'literarisch sicher, Lokalisation unsicher' handelt es sich um Textstellen, an denen eine Synagoge usw. zwar einwandfrei nachgewiesen ist, der Ort aber nicht mit voller Sicherheit identifiziert werden kann.

Die Signatur 'literarisch unsicher' steht, wenn eine Synagoge usw. erwähnt wird, aber nur aus dem Zusammenhang auf den Ort geschlossen werden kann, bzw. wenn ein Ort erwähnt wird, aber nur aus dem Zusammenhang auf eine Synagoge usw. geschlossen werden kann oder wenn weder Ort noch Synagoge usw. im Text erwähnt werden, man aus dem Zusammenhang aber auf beides schließen kann.

Unter den Namen werden die wichtigsten Schreibweisen aufgegührt, die sich in der Literatur finden. Die verschiedenen Namensformen aus der rabbinischen Literatur und die Probleme ihrer Identifizierung sollen im Beiheft zu der TAVO-Karte B VI 17, Ereṣ Yiśrā'ẹl nach der rabbinischen Literatur, ausführlich behandelt werden. Zur Diskussion der Namensformen bei Josephus vgl. Möller - Schmitt, Josephus.

Es folgt der arabische Name sowie eventuell der moderne hebräische Name. Unter Umschreibungen sind die wichtigsten Namensformen aus der Sekundärliteratur angegeben.

Literatur

Die Literatur ist chronologisch geordnet. Sie ist durchnumeriert. Auf diese Zahlen wird innerhalb des Artikels verwiesen. Ein Verzeichnis der abgekürzt zitierten Literatur findet sich auf S. 678-685. In Klammern vermerkt sind Angaben über Bildmaterial, wobei unterschieden wird zwischen Fotos und Abbildungen wie Skizzen, Zeichnungen usw., Grundrisse, Übersetzungen bzw. gleiche Ausgaben an anderem Ort, behandelte Inschriften usw., wenn es aus dem Titel nicht von selbst ersichtlich ist.

Mittelalterliche Reisebeschreibungen sowie Werke vor etwa 1865 sind nur in seltenen Fällen zitiert. Ab etwa 1865 sind nur wenige Bücher durchgehend zitiert, während ab etwa 1880 fast die gesamte in Frage kommende Literatur gebracht wird. Allgemeine Abhandlungen wurden in der Regel nur zitiert, wenn sie wichtiges und neues Material zu einem bestimmten Ort bringen, das anderswo nicht nachzulesen ist. Allerdings sind einige Standardwerke auch dann zitiert, wenn ein Ort mit Synagoge usw. nur erwähnt wird (z.B. Avi-Yonah, Historical Geography). Bildmaterial aus Bildbänden und Kunstgeschichten ist nur in Ausnahmefällen zitiert. Die Reiseführer von Vilnay (Judaea and Samaria; Golan and Hermon) wurden aufgenommen, weil sie ausführliches Bildmaterial bringen und die meisten Inschriften behandeln. Am Ende der Literaturliste werden zwei Atlanten zitiert (Carta's Atlas und Atlas of Israel). Ein + bedeutet, daß die entsprechende Synagoge in der Karte eingezeichnet ist, ein -, daß die Synagoge fehlt. Ist der Atlas überhaupt nicht aufgenommen, so bedeutet das, daß die entsprechende Karte dieses Gebiet nicht umfaßt.

Im archäologischen Befund folgt eine Beschreibung der Funde. Diese Beschreibung ist so knapp wie möglich gefaßt, Ausführlicheres kann in der angegebenen Literatur nachgelesen werden. Zunächst wird das Gebäude selbst beschrieben, dann folgt, soweit möglich, die Inneneinrichtung mit den Mosaiken und anschließend eine Aufzählung der wichtigsten Einzelfunde. Auf vorhandenes Bildmaterial wird in jedem Fall verwiesen. Anschließend folgt die Besprechung der Inschriften, falls es solche gibt. Jede Inschrift wird in vollem Wortlaut wiedergegeben. Es folgt eine Übersetzung und eine kritische Auseinandersetzung mit den bisherigen Erklärungsversuchen. Mehrere Inschriften werden hier zum ersten Mal besprochen und/oder übersetzt.

In den Stiftungsinschriften gibt es einige Ausdrücke mit einer speziellen Bedeutung, auf welche nicht jedes Mal eingegangen wurde. So hat das Verb עבד immer die Bedeutung 'machen lassen, stiften', wenn nicht ausdrücklich das Wort אומנה, 'Handwerker' o.ä. dabei steht (vgl. z.B. ᶜAlmå). Vgl. dazu j Meg 74a,28. אתרא קדישא hat die Bedeutung 'Synagoge', vgl. das griechische ἅγιος τόπος.

Bei der Beschreibung des archäologischen Befundes werden einige (meist hebräische) Ausdrücke verwendet, die sich nicht ohne Schwierigkeiten mit einem deutschen Ausdruck wiedergeben lassen:

Menora ist der (meist) siebenarmige Leuchter, wie er auch im Tempel gestanden hat. Einige stilisierte Menorot lassen sich von Darstellungen eines Lebensbaumes nur durch die Wiedergabe eines Podestes unterscheiden; aus diesem Grund wurde jedesmal ein entsprechender Hinweis gegeben.

Lulav ist der Feststrauß, der beim Laubhüttenfest getragen wird.

Etrog ist eine Zitrusfrucht, die ebenfalls beim Laubhüttenfest eine Rolle spielt.

Machta ist eine zu rituellen Zwecken im Tempel benutzt Schaufel.

Schofar ist ein Widderhorn, auf dem bei bestimmten Anlässen geblasen wird.

Bema ist eine Art Empore oder Bühne vor der Apsis.

Konche ist der muschelförmige Abschluß einer Apsis.

Soreg ist eine Art Chorschranke, die meist aus Marmorplatten besteht, die zwischen kleinen, viereckigen Säulen eingesetzt werden und die Bema vom übrigen Gebetsraum trennten.

Sitz des Mose ist ein steinerner Ehrensessel, wahrscheinlich für die ältesten und geachtetsten Mitglieder der Gemeinde.

Als Abschluß des archäologischen Befundes wird die Ausrichtung des Gebäudes, falls ein solches gefunden wurde, mitgeteilt. Die Ausrichtung der Synagogen ist ziemlich einheitlich: Die Synagogen südlich von Jerusalem sind in der Regel nach Norden ausgerichtet, die Synagogen nördlich von Jerusalem in der Regel nach Süden und die Synagogen auf dem Golân in der Regel nach Westen. Da es nur wenige Ausnahmen von diesem Schema gibt, ist die Ausrichtung eines Gebäudes ein wichtiges Indiz bei der Bestimmung als Synagoge oder Kirche (die Kirchen sind in der Regel nach Osten ausgerichtet), wenn weitere typische

Funde fehlen.

Unter dem Stichwort literarischer Befund werden alle Stellen aus dem NT, aus den Schriften des Josephus, der rabbinischen Literatur und der Kirchenväter in Urtext und deutscher Übersetzung gebracht, die auf eine Synagoge, ein Lehrhaus oder einen Gerichtshof hinweisen. Weicht der Text von Parallelüberlieferungen nur in der Schreibung einzelner Wörter ab, so wird dies in der Regel nicht berücksichtigt bzw. bei interessanteren Varianten in Klammern angegeben. Variiert der Text der Parallelstellen, ohne daß aber eine eigene Übersetzung für notwendig erachtet wurde, werden die verschiedenen Stellen im Wortlaut, aber nur eine Übersetzung gebracht. Nur, wenn die Unterschiede größer sind und sich dadurch Sinnveränderungen ergeben, werden alle Stellen mit Text und Übersetzung aufgeführt. Mehrere Texte liegen hier erstmals in deutscher Übersetzung vor.

Nichtgeographische Namen und Begriffe innerhalb der Texte werden in einer vereinfachten Umschrift wiedergegeben.

An erster Stelle werden die Belege aufgeführt, die sich auf eine Synagoge (Syn) beziehen. Es folgen die Lehrhäuser (L) und die Gerichtshöfe (Sanh). Schwierigkeiten ergaben sich an solchen Orten, an denen es eine Akademie gab (z.B. Yavne). Ein Gerichtshof ist ein integraler Bestandteil jeder Akademie, so daß eine Trennung der Belege in 'Lehrhaus' und 'Gerichtshof' nicht möglich war. In solchen Fällen wurden zunächst die Belege aufgeführt, die auf die Lehrtätigkeit der Akademie hinweisen und dann diejenigen, die mit der Gerichtstätigkeit zusammenhängen. In einigen Fällen mußten deshalb Belege mehrmals angeführt werden. Um zwischen dem Sitz des Großen Sanhedrin und einer seiner Niederlassungen (Kleines Sanhedrin) zu unterscheiden, wurde im Deutschen für das erstere der Begriff 'Sanhedrin', für das letztere 'Gerichtshof' gewählt. Bei der Übersetzung der Texte wird jedoch סנהדרין immer mit 'Sanhedrin' und בית דין immer mit 'Gerichtshof' übersetzt.

Die Datierung ist eines der schwierigsten Kapitel. Genaue Datumsangaben finden sich nur in ganz wenigen Inschriften, und zwar in Ašqəlon, Bẹt Alfå, Bẹt Šə'ån (jüd. und sam.), Gaza, Nəvoråyå (1) und Ḫ. Sūsīya. In solchen Fällen ist damit aber nur das Datum der Inschrift festgelegt und evt. ein in ihr erwähnter Umbau oder ähnliches. Das Datum sagt aber nichts aus über eventuelle frühere Gebäude an derselben Stelle, die ebenfalls Synagogen gewesen sein können. Auch Münzfunde geben nicht immer einen klaren Terminus ad quem oder post quem, wie die Diskussion um Kəfar Naḥum zeigt, wo die Datierungsversuche um mehrere Jahrhunderte auseinanderklaffen.

Bei den literarischen Belegen beruht die Datierung meist auf der Nennung eines oder mehrerer Rabbinen. Wir können zwar die meisten mit einiger Sicherheit zeitlich einordnen, doch gibt es eine ganze Reihe von Unsicherheitsfaktoren bei jeder schriftlichen Nachricht.

Es sei noch verwiesen auf die Nachträge S. 523-528 sowie die Karten mit einer Übersicht über die Synagogen (Karte I), einer Übersicht über die Lehrhäuser und Gerichtshöfe (Karte II), eine Übersicht derjenigen Orte, die durch ein * als äußerst unsicher gekennzeichnet sind (Karte III) sowie eine Übersicht über die samaritanischen Synagogen (Karte IV).

I n t r o d u c t i o n

In this study an attempt has been made to compile all of the archaeological and literary material referring to synagogues, Torah schools and law courts (seats of the Sanhedrin) in Israel from the first century A.D. up until her conquest by Islam in the seventh century A.D.

Reports of ancient synagogues were repeatedly recorded in medieval travel accounts. Interest increased when archaeological surveys and excavations were begun in the latter half of the nineteenth century. The Kohl and Watzinger excavations begun shortly before World War I and Sukenik's research started in the 1930s formed the basis for modern synagogue exploration. Since then, an abundance of publications has appeared dealing with all aspects of ancient synagogues.

All those sites are discussed (in alphabetical order) on which an ancient synagogue (and/or Torah school or law court) was located according to archaeological or literary sources.

The following information is presented in regard to each site:

Name

Number of map (edited by Survey of Israel 1967-1972, 1:100,000) on which the site can be located.

Articles numbered consecutively.

Coordinates given according to the Palestine grid. Parentheses enclosing the coordinates indicate that the exact location of the synagogue cannot be determined.

Classification, i.e., synagogue/Torah school/law court - archaeological/literary - certain/uncertain.

Important name-forms occurring in the sources and secondary literature for the same site.

References are arranged chronologically and numbered consecutively.

These reference numbers are used throughout the article.

Archaeological evidence: The description is based on excavation reports, other studies regarding special problems involving the site, material from the Archive of the Israel Department of Antiquities and Museums as well as a survey conducted by the authors themselves. Special emphasis is placed on inscriptions.

Orientation of the ruins.

Literary evidence: All relevant sources (Josephus, New Testament, rabbinic and patristic literature, Samaritan chronicles) in original text and translation.

Dating

List of abbreviations and extensive index are intended to facilitate the use of the book.

The following four maps are included at the end of the volume:

I Synagogues

II Torah schools and law courts

III Sites which, because of their insufficient literary or archaeological evidence, have not been entered on the TAVO map and, therefore, are discussed only in this study

IV Samaritan synagogues.

Tübingen, November 1976

Frowald Hüttenmeister Gottfried Reeg

Ḫ. A b ū ʿ Ā m i r *

Koordinaten: 5.1 (1703 2095)
In Samaria, 8 km westnordwestlich von Ǧinīn.

Signatur: -

Namen: ar.: Ḫ. Abū ʿĀmir; Ḫ. ʿĀmir

Literatur

1. SWP II, 54-56 (1882) (Abbildungen)
2. Goodenough I, 214; III, Abb. 552.557.559 (1953)
3. Saller, Nr. 66 (1972)
Carta's Atlas -
Atlas of Israel -

Archäologischer Befund

Im SWP werden Ruinen und einige architektonische Fragmente beschrieben, die nach Goodenough von einer Synagoge sein könnten.

Literarischer Befund: -

Datierung: ?

A f ẹ q

Koordinaten: 4.2 (2160 2424)
Im Golån, 11 km nordnordöstlich von Ḥammat Gådẹr.

Signatur: Synagoge archäologisch sicher

Namen: rabb.: (?) כפר אפיק
ar.: Fīq
Umschreib.: Fik; al-Fiq

Literatur

1. Merrill, East of the Jordan, 161f. (1881) (Abbildung)
2. Schumacher, in: ZDPV 8 (1885), 333f. (Abbildung)
3. Schumacher, in: ZDPV 9 (1886), 320-323 (Abbildungen) (= 4)
4. Schumacher, The Jaulån, 138-143 (1888) (Abbildungen) (= 3)
5. Smith, in: The Critical Review 2 (1892), 62f.
6. Clermont-Ganneau, in: PEFQS 1902, 26
7. Cook, in: PEFQS 1903, 185f.
8. (Büchler), in: PEFQS 1903, 274
9. (Clermont-Ganneau), in: PEFQS 1904, 181
10. Dalman, in: PJB 8 (1913), 51 (Erwähnung)
11. Klein, Corpus, 82f. (1920)
12. Krauss, SA, 345 (1922) (Abbildung)
13. Klein, in: Yedioth 2 (1925), 33f.
14. Klein, ʿEver ha-Yarden, 50f. (1925)
15. Klein, in: JJPES 1,2-4 1922-24 (1925), 95
16. Klein, in: PJPES 1,2-4 (1925), 56
17. Klein, Sefer ha-yiššuv, 7 (1939)
18. Sukenik, in: Ereṣ Kinrot, 78 (1950) (= 26)
19. Klein, Toldot, 51 (1950)
20. Press, Enc. I, 33 (1951)
21. Press, Enc. III, 476 (1952)
22. CIJ, Nr. 855 (1952)
23. Goodenough I, 221; III, Abb. 579-580 (1953)

24. Avigad, in: BIES 19 (1955), 184f. (engl. Übersetzung = 25)

25. Avigad, in: Bulletin 3 (1960), 62f. (engl. Übersetzung von 24)

26. Sukenik, in: All the Land of Naphtali, 104 (1967) (= 18)

27. Biran, in: CNI 19,3-4 (1968), Foto zwischen S. 36 und 37 (kein Text)

28. Neishtat, ha-Golan, 80-82; Fotos nach S. 96 (1968)

29. ḤA 30 (1969), 2

30. ḤA 34/35 (1970), 6

31. Vilnay, Golan and Hermon, 63-66; 129 s.v. חזאן (1970) (Fotos, Abbildungen)

32. ḤA 37 (1971), 1

33. Saller, Nr. 37 (1972)

34. JSG, 288f., Nr. 187 (1972) (Fotos)

35. EAEe II, 466f. (Urman) (1976)

Carta's Atlas +

Atlas of Israel +

Archäologischer Befund

In Afeq wurde eine ganze Reihe von Einzelfunden gemacht, die mit sehr großer Wahrscheinlichkeit von einer Synagoge stammen. Es handelt sich im einzelnen um einen Sturz mit einer siebenarmigen Menora, Etrog und Schofar (Abb. in 2; 23); einen Sturz mit einer fünfarmigen Menora (Abb. in 29); eine neunarmige (?) Menora (Abb. in 1; 31); Friesfragmente mit Weinranken- und -traubenornamenten (Abb. in 3, Abb. 86; 4, Abb. 42; 34); Teile von einen Soreg (32). Ferner existiert eine Säule mit einem jonischen Kapitell, auf der unter einer siebenarmigen Menora mit einem dreiteiligen Fuß eine aramäische Inschrift ist (Abb. in 2; 3; 4; 12; 23; 27). Diese Inschrift wurde zuerst von Büchler (8, S. 274) richtig gelesen:

"Ich, Jehuda, der Ḥazzan." אנה יהודה חזאנה

Statt 'Ḥazzan' schlägt Vilnay (31) die mögliche Übersetzung 'aus Ḥazzān' (Umm Ḥašaba im Golān, 2201 2586) vor. Der Ausdruck Ḥazzan kommt aber auch in anderen Inschriften vor, die nicht aus dem Golān sind, z.B. Ḥ. ʿAmmudim.

Saller (33) gibt fälschlich zwei Säulen mit Inschriften an.

Goodenough (23) zitiert nur die ersten Leseversuche von Cook und Clermont-Ganneau.

Die Säule wurde später auf den syrischen Militärfriedhof von Qunēṭira gebracht und von dort nach 1967 in das Museum in Qunēṭira. Während des Oktoberkrieges 1973 wurden alle Funde von dort nach Mərom Golån oder nach Jerusalem gebracht. In Afẹq ist heute nichts mehr an bedeutenden Funden. Die Lage der Synagoge ist nicht bekannt. Sie hat wahrscheinlich am westlichen Ortsrand gelegen (32).

Literarischer Befund: -

Datierung: 2./3. Jhd.

A ḥ m a d ī y a

Koordinaten: 2.3 (2160 2680)
Im westlichen Gọlån.

Signatur: Synagoge archäologisch unsicher

Namen: ʿAmūdīya (nicht zu verwechseln mit al-ʿAmūdīya 2205 2635 und 2198 2623)
el-Hamedîyeh (bei Schumacher)
Vilnay (8) führt Aḥmadīya und ʿAmūdīya als zwei verschiedene Orte an, nach JSG (9) handelt es sich um denselben Ort.

Literatur

1. Schumacher, in: ZDPV 8 (1885), 333f. (Abbildungen)
2. Schumacher, in: ZDPV 9 (1886), 281f. (Abbildung) (= 3)
3. Schumacher, The Jaulân, 70-72 (1886) (Abbildung (= 2)
4. Press, Enc. I, 14 (1951)
5. Goodenough I, 222; III, Abb. 577f. (1953)
6. Neishtat, ha-Golan, 82 (1968)
7. Biran, in: CNI 19, 3-4 (1968), Foto zwischen S. 36 und 37 (kein Text)

8. Vilnay, Golan and Hermon, 57.209 (1970) (Abbildung, Foto)
9. JSG, 269, Nr. 78 (1972) (Foto)
10. Saller, Nr. 5 (1972)

Carta's Atlas +

Atlas of Israel -

Archäologischer Befund

Schumacher berichtet von einem Türsturz mit einer neunarmigen Menora, Schofar und Lulav (Abbildungen in 1; 2; 3; 5; 8), ferner von einem Sturz mit zwei siebenarmigen Leuchtern. 1967/68 wurde ein Bruchstück eines Architravs entdeckt, das als Türschwelle diente (Fotos in 7; 8 [kopfstehend]; 9). Auf ihm sind eine Vase und eine Weinranke mit zwei Blättern und einer Traube abgebildet; darunter befindet sich eine Inschrift:

]תמושמשמר[

Der letzte Buchstabe könnte auch ein ה, ח oder ת sein. Eine Lesung ist bis jetzt nicht gelungen. Alle aufgeführten Funde haben Abbildungen, die typisch für die Synagogen des 3. Jahrhunderts sind.

Literarischer Befund: -

Datierung: 3. Jhd.

ʿA k b ə r ẹ

Koordinaten: 2.4 (197 260)
In Galiläa, 3 km südlich von Ṣəfat.

Signatur: Synagoge archäologisch unsicher; Lehrhaus literarisch sicher

Namen: rabb.: עכברי; עכבורי; בי עכבורי?; עכברין
Jos.: Ακχαβαρη (Αχαβαρη, Αχαραβη)
ar.: ʿAkbara

Literatur

1. Guérin VI, 351f. (1880)
2. SWP I, 219 (1881) (gekürzte Übersetzung von 1)
3. Macalister - Masterman, in: PEFQS 1907, 110f. (Beschreibung von Ruinen, keine Synagoge erwähnt)
4. Klein, Sefer ha-yiššuv, 117f. (1939)
5. Press, Enc. IV, 724f. (1955)
6. Braslavy, Hayadaʿta, 220f. (1964) (zitiert alten Reisebericht)
7. Braslavi, in: All the Land of Naphtali, 113 (1967) (Erwähnung)
8. Klein, Galilee, 124f. (1967) (literarische Angaben)
9. Foerster, in: Qadmoniot 5 (1972), 38 (Erwähnung)

Carta's Atlas -

Atlas of Israel -

Archäologischer Befund

Guérin (1) erwähnt die Ruinen eines Gebäudes, das nach Osten orientiert ist und wahrscheinlich eine Kirche war. Er schließt aber die frühere Existenz einer Synagoge nicht aus. Braslavi (7) erwähnt eine Synagoge an der höchsten Stelle des Ortes, ohne aber weitere Einzelheiten zu bringen. Foerster kommt aufgrund von Einzelfunden zu der Annahme, daß hier eine Synagoge gewesen ist (u.a. Säulenrest, Gebäudereste bei der Quelle). Er erwähnte die Synagoge (9), zeichnet sie auf der Karte aber nicht ein.

Im 15. Jhd. werden die Ruinen einer Synagoge beschrieben (nach 5;6); es kann sich dabei aber auch um die von Guérin erwähnte Kirchenruine handeln.

Literarischer Befund

Das Lehrhaus des R. Jannai wird in der rabbinischen Literatur häufig erwähnt (z.B. j Ter 48b,11: דבי ר׳ ינאי). Eine Zusammenstellung der Aussprüche findet sich bei Bacher, Agada der Palästinensischen Amoräer I, 1892, 44-47. Aus anderen Stellen wissen wir, daß R. Jannai in ʿAkbərẹ gelebt hat:
b ʿAv z 30a:

רבי ינאי הוה בי עכבורי

"R. Jannai lebte in ʿAkborẹ".

j ʿEruv 25a, 48-51:

ר' יעקב בשם שמואל תלמידוי דר' יוחנן סלקין לעכברי וסמכון על
הדא דר' ינאי חזקיה לא אמר כן אלא ר' חייה ר' אסי ור' אמי סל-
קון לעכברי ושמעון מדבית ר' ינאי הלכה כר' יודה.

"R. Jaʿaqov (sagte) im Namen Schemuels: Die Schüler des R. Jochanan gingen nach ʿAkbərẹ und stützten sich auf diese (Entscheidung) des R. Jannai. Chizqija sagte es nicht so, sondern: R. Chija, R. Assi und R. Ammi gingen nach ʿAkbərẹ und hörten (die Entscheidung) aus dem Lehrhaus des R. Jannai: Die Halacha ist wie R. Juda."

Datierung:

Für die Synagoge gibt es keine Anhaltspunkte, die eine genauere Datierung zulassen.

R. Jannai ist Amoräer der 1. Generation; sein Lehrhaus ist also in das Ende der ersten Hälfte des 3. Jhd. zu datieren.

A k z i v

Koordinaten: 1.5 (1598 2725)
5 km südlich von Roš ha-Niqrȧ

Signatur: Synagoge literarisch sicher

Namen: rabb.: אכזיב; כזיב; גזיב
Jos.: Εκδιππα
ar.: az-Zīb
hebr.: גשר הזיו

Literatur

1. Klein, Sefer ha-yiššuv, 4f. (1939)
2. Press, Enc. I, 18 (1951)
Carta's Atlas -
Atlas of Israel +

al-ʿAl

Archäologischer Befund: -

Literarischer Befund: T Ter II 13:

אמר ר' יהודה מעשה בשגביון (בשביון: WA) ראש בית (בית 〈 W) הכנסת של אכזיב שלקח כרם רבעי מן הגוי בסוריא ונתן לו דמיו ובא ושאל את רבן גמליאל וכו'

"R. Jehuda sagte: Es geschah, daß Schagbion (Schavion), der Synagogen- (bzw. Gemeinde)vorsteher von A<u>k</u>ziv, einen vierjährigen Weinberg von einem Nichtjuden in Syrien kaufte und ihm den Kaufpreis gab. Als er dann zu Rabban Gamliel kam, fragte er ihn usw."

Statt ראש בית הכנסת, 'Vorsteher der Synagoge', hat die Wiener Handschrift (W) ראש הכנסת, 'Vorsteher der Gemeinde'.

Datierung

Durch die Erwähnung von Rabban Gamliel (II.) kann die Synagoge in die 2. Hälfte des 1. Jhd. datiert werden.

a l - ʿĀ l *

Koordinaten: 4.6 (2200 2457)
Im Golȧn.

Signatur: -

Namen: ar.: al-ʿĀl
hebr.: אל-על
Umschreib.: Eli-'Al

Literatur

1. EAEe II, 466 (Urman) (1976)
Carta's Atlas -
Atlas of Israel -

Archäologischer Befund

Urman spricht von den Resten eines großen Gebäudes und Funden aus der talmudischen Zeit, die typisch für eine Synagoge seien. Die Funde sind jedoch zu wenig typisch, um eine Synagoge annehmen zu können.

ʿA l m å

Koordinaten: 2.7 1962 2735
In Galiläa, 9,5 km nördlich von Ṣəfat.

Signatur: Synagoge archäologisch sicher

Namen: hebr.: עלמא

Literatur

1. Renan, in: JA, 7.Serie, 8 (1876), 273-275 (Inschrift, Abbildung)
2. Guérin VII, 455f. (1880) (Beschreibung; Inschrift 1a)
3. SWP I, 220 (1881) (zitiert 1; Inschrift 1a)
4. Kühtreiber, in: MNDPV 18 (1912), 12f. (Erwähnung)
5. Dalman, in: PJB 10 (1914), 47; Taf. 6,12 (Inschrift 1a)
6. Kohl - Watzinger, 170 (1916) (Erwähnung; Inschrift 1a)
7. Klein, Corpus, 77f. (1920) (Inschrift 1a)
8. Burrows, in: Biblica 3 (1922), 454-456 (Inschrift 1a)
9. Klein, in: Yedioth 2, (1925), 29f. (Inschrift 1a)
10. Klein, Sefer ha-yiššuv, 122 (1939) (Inschrift 1a)
11. Amiran, in: Alon 2 (1950), 25; Taf.IV (ausführliche Besprechung von Inschrift 2) (vgl. 18)
12. Ben-Zevi, in: BJPES 15 (1949), 75-77; Taf. III (ausführliche Besprechung von Inschrift 2)
13. CIJ II, Nr. 973 (1952) (Inschrift 1a)
14. Goodenough I, 201 (1953) (Erwähnung; Inschrift 1a)
15. Braslvsky, Studies, 274 (1954) (Inschrift 1a und 2)
16. Press IV, 730 (1955) (Inschrift 1a und 2)
17. Hestrin, in: Bulletin 3 (1960), 65-67; Taf.XIV,1 (Inschrift 1a; ausführliche Besprechung von Inschrift 1b; Abbildungen)
18. Amiran, in: Bulletin 3 (1960), 68; Taf.XIV,3 (gekürzte englische Übersetzung von 11; Inschrift 2)
19. Avi-Yonah, HG, 182 (1962) (Liste)
20. Braslavy, Hayadaʿta, 257.272-274 (1964) (Inschrift 1a,

1b und 2)
21. Goldman, The Sacred Portal, 23 (1966) (Erwähnung)
22. Ben-Zvi, Remnants of Ancient Jewish Communities in the Land of Israel, 83-85; Tafel 7 (1966) (Inschriften)
23. Klein, Galilee, 126 (1967) (Inschrift 1a)
24. Saller, Nr. 8 (1972)
Carta's Atlas +
Atlas of Israel +

Archäologischer Befund

Westlich der Ortschaft, gegenüber dem heutigen Friedhof, wurden Ruinen gefunden, die von einer Synagoge stammen können (vgl. die o.a. Koordinaten): Außer einigen Einzelfunden (2;11) drei Inschriftenfragmente, von denen zwei zusammengehören. Der erste Fund war ein in einer Bank eingemauerter Sturzteil mit Inschrift 1a.

Inschriften

Nr. 1a

(Abbildungen in 5; 11; 22):

יהי שלום על המקום הזה ועל כל מקומות עמו ישראל

"Friede sei auf diesem Ort und auf allen Orten seines Volkes Israel."

1957 wurde ein weiteres Stück dieses Sturzes mit der Fortsetzung dieser Inschrift gefunden (Abbildungen in: 11; 17):

Nr. 1b

א]מן סלה אנה יוסה בר לוי הלוי אומנה דעבד ה[

"A]men. Sela. Ich, Jose bar Levi ha-Levi der Baumeister, der gemacht hat den["

Eine im wesentlichen gleichlautende Inschrift gab es in der kleinen Synagoge von Barʿâm (s. dort). Der erste Teil der beiden Inschriften ist bis auf Einzelheiten gleichlautend (Barʿâm: במקום - ובכל - ישראל; ʿAlmá: על המקום - ועל כל - עמו ישראל); der zweite Teil ist in Barʿâm Hebräisch, in ʿAlmá Aramäisch. In beiden kommt derselbe Name vor: Barʿâm: יוסה

הלוי בן לוי, ʿAlmá: יוסה בר לוי הלוי mit dem Zusatz אומנה. Es handelt sich offensichtlich um denselben Baumeister. Inschrift 1a befindet sich heute in der neuen Synagoge von ʿAlmá, Inschrift 1b im Museum in Jerusalem.

1949 wurde ein Bruchstück eines anderen Sturzes mit folgender Inschrift gefunden (Abbildungen in 11; 12; 18):

Nr. 2

[נה טבריה ד]

[ן̣ שקופה מלך ע]למה יתן ברכתה ...

"]na aus Tiberias[
dies]en Sturz. Der König der W[elt möge Segen geben..."

Ben-Zevi ergänzt die Inschrift wie folgt (12; 22):

[דכיר לטב יו]נה טבריה די[הב]... (או: די[יתיב]...)

[...והדי]ן שקופה מלך ע]למה......

"Gedacht sei zum Guten des Jo]na aus Tiberias, der ge[geben hat...
... und (?) diese]n Sturz. Der König der W[elt ..."

Zum Segensspruch am Ende der Inschrift vgl. die Inschriften von Ḥammat Gádẹr.

Die Buchstaben sind sehr ähnlich der ersten Inschrift, beide können also von derselben Synagoge stammen. Vermutlich handelt es sich hier um die Stiftungsinschrift über dem Sturz einer der beiden Seiteneingänge. Der Stein befindet sich heute in der neuen Synagoge in ʿAlmá.

Literarischer Befund: -

Datierung: 3. Jhd.

Ḥ. ʿA m m u d i m

Koordinaten: 4.8 1887 2467

In Galiläa, 12,5 km westnordwestlich von Tiberias.

Signatur: Synagoge archäologisch sicher

Namen: rabb.: ? כפר עוזיאל ; ? כפר עוזיה

(vgl. Dalman, in: PJB 9 [1913], 49; Dalman, Orte und Wege, 57)

Die von Klein (in: ZDPV 35 [1912], 41f.) rekonstruierte rabbinische Form עמודים ist abzulehnen. Umm al-ʿAmad ist nichts anderes als die im Arabischen beliebte Form der Namengebung nach einem charakteristischen Merkmal, hier der einzigen noch stehenden, weithin sichtbaren 'Säule' in der Nordwestecke der Synagoge.

ar.: Umm al-ʿAmad; Umm al-ʿAmūd

Umschreib.: Kh. Umm al-'Amed

Literatur

1. Wilson, in: PEFQS 1869, 40-42 (Maße) (= 5)
2. Conder, in: PEFQS 1876, 22f. (Maße)
3. Guérin VI, 361f. (1880)
4. SWP I, 406-408 (1881) (Fotos, Abbildungen)
5. SWP, SP, 298f. (1881) (Maße) (= 1)
6. Kohl - Watzinger, in: MDOG 29 (1905), 9-11 (Foto)
7. Masterman, Studies in Galilee, 115f. (1909) (Foto)
8. Kohl - Watzinger, 71-79; Tafel X (1916) (ausführlich; Fotos, Abbildungen)
9. Meistermann, Capharnaüm et Bethsaïde, 179 (1921) (Kurzbeschreibung)
10. Krauss, SA, 338f. 353f. 358 (1922)
11. Klein, Sefer ha-yiššuv, 2; Tafel I,1 (1939)
12. Avi-Yonah, in: QDAP 13 (1948), 133f. (Abbildung)
13. Press, Enc. III, 496 (1952)
14. Goodenough I, 199f.; III, Abb. 507. 509 (1953) (Grundriß)
15. Avigad, in: BIES 19 (1955), 183-187; II; Tafel XII,1 (Inschrift, Foto, Abbildung) (erweiterte englische Übersetzung = 17)
16. Sonne, in: Tarbiz 27 (1957/58), 557-559; Xf.
17. Avigad, in: Bulletin 3 (1960), 62-64; Tafel XIV,2 (In-

schrift, Foto, Abbildung) (erweiterte englische Übersetzung von 15)
18. Braslavy, Hayadaʿta, 218-278 passim (Indexangaben falsch) (1964)
19. Avigad, in: All the Land of Naphtali, 93 (1967) (Grundriß)
20. Braslavi, in: All the Land of Naphtali, 107 (1967)
21. EAEh, 102f. (Avi-Yonah) (1970) (Abbildung der Inschrift; Grundriß)
22. Saller, Nr. 125; Abb. 30f. (1972)

Carta's Atlas + .

Atlas of Israel +

Archäologischer Befund

In Ḥ. ʿAmmudim sind bedeutende Reste einer Synagoge erhalten. Ein Raum von 14,1 x 18,75 m Größe wird durch zwei Säulenreihen zu je sieben Säulen mit jonischen Kapitellen in drei Schiffe geteilt. Vor der Rückwand ist eine weitere Säulenreihe von zwei zusätzlichen Säulen. Die beiden hinteren Ecksäulen haben einen herzförmigen Querschnitt. In der Jerusalem zugewandten Seite sind ein Haupt- und zwei Nebeneingänge; ein weiterer Eingang ist in der Ostseite. Das Innere ist mit Steinplatten ausgelegt, über die später ein einfaches Mosaik gelegt wurde.

Kohl - Watzinger vermuten aufgrund der Säulenreste, die teilweise nur einen geringen Durchmesser haben, eine (Frauen)empore (6; 8, S. 76f.; 10).

Erhalten sind drei Türstürze. Der Hauptsturz (Abbildungen bzw. Fotos in 4; 8, Abb. 139 und 142; 14; 22), in zwei Teile zerbrochen, zeigt rechts und links je einen Löwen in Seitenansicht, den Kopf dem Beschauer zugewandt. Jeder hat eine Vordertatze erhoben und auf je einen Stier(?)kopf gelegt. In der Mitte sind Reste einer Amphore zu erkennen. Der Sturz einer der Seiteneingänge (Abbildungen bzw. Fotos in: 4; 8, Abb. 141 und 143), ebenfalls in zwei Teile zerbrochen, ist in drei Felder aufgeteilt. Im rechten Feld ist eine Blüte, im mittleren Feld ist die rechte Hälfte eines Kranzes gut erhalten (auf dem Foto in 8 nicht zu erkennen), und im linken Feld sind Reste einer zweiten Blüte. Ein dritter Sturz (Abbildungen bzw. Fotos in 4; 8, Abb. 140; 22), wohl auch von einem der Seiteneingänge, ist ebenfalls in drei Felder aufgeteilt, von denen das mittlere und das rechte erhalten sind. Auf dem rechten ist wieder eine Blüte abgebildet, in deren Mitte nach Kohl - Watzinger (8) ein Tierkopf, nach Braslavi (20) ein Medusenkopf zu erkennen ist. Auf dem mittleren ist wohl ebenfalls ein Kranz abgebildet (nach 4 eine Blüte, nach 21 ein Tier), der aber weggeschlagen worden ist. Alle Felder dieser beiden Stürze sind von einem Flechtband abgegrenzt. Alle drei Stürze waren zur Zeit der Grabungen von Kohl - Watzinger in einem anderen Gebäude eingemauert, das heute in Trümmern liegt. Die ersten beiden Stürze konnte ich 1974 noch an Ort und Stelle sehen. Auch der dritte befindet sich vermutlich noch dort.

Sukenik fand Ende der zwanziger Jahre einen Stein mit einer fünfzeiligen aramäischen Inschrift in einer tabula ansata (Abbildung in 15; 17; 21). Die Inschrift ist von wenig geübter Hand geschrieben.

"Joʿezer der Ḥazzan	-	יועזר חזנה
und Schimʿon	-	ושמעון
sein Bruder machten	-	אחוי עבדו
dies Tor des Herrn	-	הדן תרא דמרי
der Himmel."	-	שומיא

תרעא = תרא.Der Ausdruck 'Tor des Herrn der Himmel' taucht in Inschriften sonst nicht auf. Avigad (15; 17) verbindet den Ausdruck mit dem Eingang der Synagoge, betont aber, daß die Inschrift nicht auf dem Türsturz, sondern wahrscheinlich an einer der Wände angebracht war. Er weist noch darauf hin, daß nach Krauss (9, S. 431) שער auch für 'Synagoge' stehen kann. Ausführlich geht auf diese Bedeutung Sonne (15) ein und übersetzt: 'die diese Synagoge machten'. In einer Inschrift in Dabbūra (Nr. 1) kommt das Wort תרעה in der Bedeutung 'Türe' vor.

Literarischer Befund: -

Ausrichtung: 180° S

Datierung: 3./4. Jhd. (Avigad, Sonne: 15; 16; 17; in 16 gibt Sonne fälschlich an, Avigad datiere die Synagoge ins 2. Jhd.)

A r b ẹ l

Koordinaten: 4.9 1955 2468
In Galiläa, 6 km nordwestlich von Tiberias.

Signatur: Synagoge archäologisch sicher; Lehrhaus literarisch unsicher

Namen: rabb.: ארבלי ;ארבאל ;ארבל
Jos.: Αρβηλα
ar.: Ḫ. Irbid
Umschreib.: Kh. Arbed

Literatur

1. Wilson, in: PEFQS 1869, 40-42 (Maße) (= 6)
2. Kitchener, in: PEFQS 1877, 118
3. Kitchener, in: PEFQS 1878, 123
4. Guérin VI, 198-201 (1880)
5. SWP I, 396-400 (1881) (Foto, Abbildungen)
6. SWP, SP, 298f. (1881) (Maße) (= 1)
7. Kohl - Watzinger, in: MDOG 29 (1905), 11-13 (Foto)
8. Masterman, Studies in Galilee, 113-115 (1909) (Foto)
9. Krauss, Die galiläischen Synagogenruinen, 4.16f. (1911)
10. Kohl - Watzinger, 59-70; Tafel VIIIf. (1916) (ausführlicher Grabungsbericht; Fotos, Abbildungen; Grundriß)
11. Meistermann, Capharnaüm et Bethsaïde, 177 (1921) (Kurzbeschreibung)
12. Krauss, SA, 339 (1922)
13. Sukenik, in: JPOS 15 (1935), 165 (= 14)
14. Sukenik, el-Ḥammeh, 75 (1935) (= 13)
15. Klein, Sefer ha-yiššuv, 7f. (1939)
16. Sukenik, in: Ereṣ Kinrot, 75f. (1950) (= 21)
17. Press, Enc. I, 34f. (1951)

18. Goodenough I, 199; III, Abb. 503.508 (1953) (Grundriß)
19. Braslavy, Hayadaᶜta, 195-278 passim (vgl. Index) (1964)
20. Avigad, in: All the Land of Naphtali, 98-100 (1967) (Grundriß)
21. Sukenik, in: All the Land of Naphtali, 102 (1967) (= 16)
22. EAEh, 104f. (Avi-Yonah) (1970) (Foto, Grundriß)
23. Saller, Nr. 45 (1972)
Carta's Atlas +
Atlas of Israel +

Archäologischer Befund

Die Synagoge von Arbẹl fällt insofern aus dem Rahmen der frühen galiläischen Synagogen, als sie zwar nach Jerusalem ausgerichtet ist, ihr Haupteingang aber nicht in der Südwand, sondern im nördlichen Teil der Ostmauer ist. Türpfosten und Sturz sind aus einem Felsblock gehauen. Diese Abweichung hat ihren Grund in der Beschaffenheit des Geländes, das von Süden nach Norden abfällt. Um einen ebenen Boden zu erhalten, wurde deshalb der Südteil der Synagoge aus dem Felsen geschlagen. Deswegen war ein Eingang an dieser Stelle nicht möglich. Vielleicht gibt es aus diesem Grunde auch nur einen Eingang und nicht, wie sonst üblich, einen Haupt- und zwei Nebeneingänge; die Südwand stand ja in ihrer ganzen Breite für den Toraschrein, der sonst im Innern vor dem Mitteleingang aufgestellt wurde und ihn damit unbenutzbar machte, zur Verfügung.

Es handelt sich um eine Basilika von fast quadratischem Grundriß (18,20 x 18,65 m), die durch zwei Säulenreihen zu je fünf Säulen in drei Schiffe aufgeteilt wird. Vor der Nordwand sind zwei weitere Säulen. Die Ecksäulen haben herzförmigen Querschnitt. Das Mittelschiff und Teile der Seitenschiffe liegen etwas tiefer. Im Abstand von etwa 1,90 m von den Seitenwänden führen drei Stufen nach unten; die beiden unteren Stufen, die vielleicht als Sitzbänke benutzt wurden, ziehen sich auch an der Nordwand entlang. Entlang den Seitenwänden ist noch je eine Steinbank. Krauss (9) vermutet, daß dieser erhöhte Platz in den Seitenschiffen für die Frauen gedacht war. Allerdings sind Reste einer Frauenempore (Säule) gefunden worden. Zu dieser Empore führte vielleicht eine Treppe von einem schmalen Eingang am Ostende der Südfront. Der tiefer gelegene Teil ist mit Steinplatten gepflastert. In der Südwand ist eine Nische, von der man ursprünglich annahm, daß sie bei einer späteren Benutzung der Synagoge als Moschee als Miḥrāb eingebaut worden sei. Eher handelt es sich jedoch um die Nische für den Toraschrein (13; 14), die nach Avigad (20) ursprünglich sein soll, vielleicht aber auch erst bei einem späteren Umbau im 5./6. Jhd. eingebaut wurde. Bei diesem Umbau scheint auch ein Eingang in die Nordmauer gebrochen worden zu sein.

Von einem Fenster (in der Nordfront?) mit zwei Halbsäulchen an jeder Seite und einem Spitzgiebel mit Konche waren zur Zeit Kitcheners noch Reste vorhanden, die Kohl - Watzinger nicht mehr gefunden haben.

Literarischer Befund

j Soṭ 19d,1f.:

"R. Mar ʿUqba lehrte in Arbẹl." רבי מר עוקבא הורי בארבלי

Der Ausdruck הורי "lehrte" könnte auf ein Lehrhaus deuten.

Ausrichtung: 170° S.

Datierung

Synagoge: Ende 3., Anfang 4. Jhd.

Lehrhaus: Durch die Nennung von Mar ʿUqba kann das Lehrhaus in den Anfang des 3. Jhd. datiert werden.

ʿA r d a s q u s

Koordinaten: 3.10 (1641 2363)
Südöstlich von Haifa, 1 km östlich von Qiryat Ṭivʿon.

Signatur: Lehrhaus literarisch sicher; Identifikation unsicher

Namen: rabb.: ערדסקים; ערדסקס; ערדיסקים; ארדסקוס
ar.: (Ḫ.) Quṣquṣ
hebr.: אלונים

Literatur

1. Dalman, in: PJB 18/19 (1922/23), 27f.
2. Braslavski, in: JJPES 1,2-4 1922-24 (1925), 130-133 (vgl. 3)
3. Braslawski, in: PJPES 1,2-4 (1925), 73f. (vgl. 2)
4. Klein, Sefer ha-yiššuv, 124 (1939)
5. Press, Enc. IV, 756 (1955)
6. Klein, Galilee, 197-199 (1967)

Archäologischer Befund: -

Literarischer Befund

T ʿEruv IX (VI) 4:

אמר ר' שמעון בן אלעזר פעם אחת היינו יושבין לפני ר' מאיר בבית המדרש בערדסקס וכו'

"R. Schimʿon b. Elʿazar sagte: Einmal saßen wir vor R. Meir in dem Lehrhaus zu ʿArdasqus usw."

Die Wörter בבית המדרש sind nur in der Erfurter Handschrift. Der Ortsname heißt in dieser Handschrift ערדסקס, in der Wiener Handschrift und im Erstdruck ערדסקים, in der Londoner Handschrift ארדסקוס und in einem Genizafragment עֲרְדִיִסְקִים.

T Ahil IV 14:

אמר ר' אלעזר כשהלכתי לארדקסיס (לאדסקים) מצאתי את ר' מאיר ואת יהודה בן פתירוש שהן יושבין ודנין בהלכה

"R. El'azar sagte: Als ich nach Ardaqsis ging, fand ich R. Meir und Jehuda b. Peterosch (= Betera?) sitzen und die Halacha diskutieren."

Die Wiener Handschrift liest ארדקסיס und der Erstdruck ארסקיס.

b Naz 56b:

אמר רבי אליעזר כשהלכתי לערדסקיא מצאתי את ר' יהושע בן פתר ראש שהיה יושב ודן לפני ר"מ בהלכה

"R. Eli'ezer sagte: Als ich nach 'Ardasqåyå ging, fand ich R. Jehoschua' b. Petar Rosch vor R. Meir sitzen und die Halacha besprechen."

Auch diese Stellen könnten auf ein Lehrhaus hinweisen, jedoch ist nicht geklärt, ob es sich um denselben Ort handelt (vgl. Epstein, The Babylonian Talmud und Windfuhr, Rabbinische Texte, Die Tosefta 6,1 zur Stelle). 'Ardasqus liegt innerhalb der Schabbatgrenze von Ṭiv'in (b 'Eruv 29a) und wird mit Dalman (1) mit Quṣquṣ zu identifizieren sein. Diskussion anderer Identifizierungsvorschläge bei Braslavski (2; 3), der es selbst mit Nūris (1843 2157) gleichsetzt (vgl. dazu 6, S. 198, Anm. 9).

Datierung

Durch die Erwähnung von R. Meir kann das Lehrhaus in die Mitte des 2. Jhd. datiert werden.

A š d o d

Koordinaten: 10.11 (1178 1293)
An der Mittelmeerküste.

Signatur: Synagoge archäologisch unsicher

Namen: hebr.: אשדוד
Jos.: Αζωτος
ar.: Isdūd
Umschreib.: Asdod; Ashdod

Literatur

1. Kohl - Watzinger, 160 (1916) (Foto)
2. Dalman, bei: Klein, Corpus, 85 (1920)
3. Klein, in: Yedioth 2 (1925), 44f.
4. Galling, in: ZDPV 50 (1927), 310 (Erwähnung)
5. Sukenik, in: JPOS 15 (1935), 151f. (Abbildung) (= 6)
6. Sukenik, el-Ḥammeh, 61f. (1935) (Abbildung) (= 5)
7. SEG 8 (1937), 21, Nr. 146
8. Klein, Sefer ha-yiššuv, 8 (1939)
9. Avi-Yonah, in: BJPES 12 (1945/46), 19 (Abbildung)
10. Klein, Toldot, 31 (1950) (Erwähnung)
11. Press, Enc. I, 54 (1951)
12. CIJ, Nr. 961 (1952)
13. Goodenough I, 218; III, Abb. 571 (1953)
14. Avi-Yonah, in: Bulletin 3 (1960), 69; Tafel XIV,4
15. Lifshitz, in: ZDPV 79 (1963), 93f.
16. Negev, in: EI 8 (1967), 199
17. Lifshitz, 54f., Nr. 69 (1967)
18. EAEh, 20 (Dothan) (1970) (Erwähnung)
19. Dothan, in: ʿAtiqot, English Series, 9-10 (1971), 191
20. Saller, Nr. 13 (1972)
21. EAEe I, 119 (Dothan) (1975) (Erwähnung)

Carta's Atlas +

Archäologischer Befund

In Ašdod wurden verschiedene Teile eines Soreg aus Marmor gefunden, dessen linker Teil und untere rechte Ecke fehlen. In der Mitte ist in einem aus Blättern gebildeten Kranz, von dessen unterem Ende zwei Zweige ausgehen, die in zwei Blätter auslaufen, eine siebenarmige Menora mit einem dreifüßigen Podest abgebildet; rechts von ihr ist ein Lulav, links ein Schofar. Am oberen Rand des Soreg ist eine griechische Inschrift:

[κύριε μ]νίσθι εἰς ἀ[γ]αθὸν κὲ η εὐλογίαν   שלום

"Herr, gedenke zum Guten und zum Segen! Schalom!"

So nach der Lesung Avi-Yonahs (14).

Lifshitz (15; 17) liest:

[ὁ δεῖνα oder: τοῦ δεῖνος μ]νισθῖ εἰς ἀ[γ]αθὸν κὲ ἡ(ς) εὐλογίαν שלום

"Es sei zum Guten und zum Segen gedacht des N.N. Schalom!"

Avi-Yonah weiß das η nicht zu erklären. Lifshitz hält es für ἡς = εἰς; diese Erklärung ist zwar am nächstliegenden, doch scheint dem die richtige Schreibung εἰς vor ἀγαθόν zu widersprechen. Folgende Möglichkeiten wären noch in Betracht zu ziehen:

ἡ, versehentlich Nominativartikel;
K(AI) ΕΙΣ, wobei ΙΣ zu H verschrieben wurden.

Die älteren Lesungen:

εἴη ἐπ' 'Ισραὴλ τὸ ἀγαθὸν κὲ ἡ εὐλογία (ἀμή)ν o.ä. sind durch den späteren Fund von zwei weiteren Bruchstücken in Oslo (14) mit den Buchstaben ΝΙΣΘΙΕΙΣΑ überholt.

Literarischer Befund: -

Datierung: 5. Jhd. Vgl. Nachträge!

A š q ə l o n

Koordinaten: 10.12 (107 119)
An der Mittelmeerküste. Die Lage der Synagoge ist nicht bekannt. Angegeben sind die Koordinaten des Tẹl Ašqəlon.

Signatur: Synagoge archäologisch sicher

Namen: rabb.: אשקלון
Jos.: Ασκαλων
ar.: ʿAsqalān
Umschreib.: Aschkelon; Ascalon

Literatur

1. Clermont-Ganneau, Mission en Palestine et en Phénicie, cinquième rapport, 82, Nr. 71; Tafel I B (1884) (Inschrift Nr. 1)

2. Dalman, in: MNDPV 1903, 23-28 (Inschrift Nr.2; Abbildungen) (vgl. 3)

3. Clermont-Ganneau, RAO VI, 169-172 (1905) (Inschrift Nr. 2; Abbildungen) (zu 2; vgl. 7)

4. de Ricci, in: Bulletin de la Société archéologique d'Alexandrie 11 (1909), 325 (Inschrift Nr. 2)

5. Dussaud, Monuments, 71f. (1912) (Inschrift Nr. 1; Foto)

6. Klein, Corpus, 99 (1920) (Inschrift Nr. 1).

7. Clermont-Ganneau, RAO VIII, 294 (1924) (Inschrift Nr. 2; zu 3; 4)

8. Sukenik, in: Zion (Meassef) 1 (1926), 16f. (Priesterliste)

9. Klein, in: Zion (Meassef) 1 (1926), 20 (Priesterliste)

10. Klein, in: MGWJ 73 (1929), 69 (Priesterliste)

11. Sukenik, Ancient Synagogues, 57; Tafel XIV (1934)

12. Sukenik, in: JPOS 15 (1935), 152-157; Tafel XV-XVII (Inschrift Nr. 1-3; Priesterliste; Abbildung) (= 13)

13. Sukenik, el-Ḥammeh, 62-67; Tafel XV-XVII (Inschrift Nr. 1-3; Priesterliste; Abbildung) (= 12)

14. SEG 8 (1937), Nr. 266f. (Inschrift Nr. 2-3)

15. Klein, Sefer ha-yiššuv, 9f.; Tafel II,2 (1939) (Inschrift Nr. 1-3; Priesterliste)

16. Klein, Toldot, 44 (1950) (Priesterliste)

17. Press, Enc. I, 57 (1951)

18. CIJ, Nr. 962-965 (1952) (Inschrift Nr. 1-3; Priesterliste; Foto)

19. Goodenough I, 219-221; III, Abb. 575f. (1953)

20. Avi-Yonah, in: Bulletin 3 (1960), 61; Tafel XI,4

21. Hiram, in: Wiener Jahrbuch für Kunstgeschichte 19 (1962), Abb. 23

22. Negev, in: EI 8 (1967), 200

23. Braslavi, in: All the Land of Naphtali, 116f. (1967)

24. Lifshitz, 55f., Nr. 70f. (1967) (Inschrift Nr. 2-3)

25. EAEh, 24f. (Avi-Yonah) (1970) (Fotos)

26. Saller, Nr. 12 (1972)

27. EAEe I, 128f. (Avi-Yonah) (1975) (Fotos)

Carta's Atlas +

Archäologischer Befund

In Ašqəlon wurden verschiedene Einzelfunde gemacht, die mit Sicherheit auf eine Synagoge hinweisen. Es handelt sich dabei um

1. einen Säulenstuhl aus Marmor (Abbildung in 20;21), auf dessen einer Seite eine siebenarmige Menora auf einem dreifüßigen Podest sowie Schofar und Etrog (23: Machta) abgebildet sind. Auf den drei anderen Seiten scheint ebenfalls eine Menora abgebildet zu sein, die aber alle weggeschlagen worden sind.

Auf allen anderen Funden sind Inschriften:

Inschriften

Nr. 1

2. Auf einem Marmorfragment, das von einem Soreg stammen könnte, ist eine aramäische (Stiftungs-?) Inschrift. Abbildung in 1; 5; 18. Besprechung in 5; 12; 13; 15; 18, Nr. 963:

.1
.לחדוחו̣] .2
ד̣שמיה̣ד] .3
.[ש̣תלמ] .4
.5

Zeile 1: Es sind Spuren von mehreren Buchstaben zu erkennen, von denen aber keiner mit Sicherheit zu lesen ist.

Zeile 2: Vor dem ל könnte noch ein Buchstabe gestanden haben, eventuell ein ב oder כ. Statt des ד könnte auch ר gelesen werden. Der letzte Buchstabe ist nur teilweise erhalten und kann ein ח ה ז ו ד oder ר sein.

Zeile 3: Sukenik (12; 13) liest דשמיהו oder רשמיהו. Die einzelnen Zeilen der Inschrift werden von einer waagerechten Linie getrennt, und eine solche Linie scheint auch am rechten Rand der Inschrift zu verlaufen. Dann könnte der erste Buchstabe auch als י gelesen werden.

Zeile 4: Der Anfang der Zeile ist abgebrochen. Das ש ist einigermaßen klar zu erkennen.

Zeile 5: Es sind Spuren von einem oder zwei Buchstaben erhalten.

Klein (6) hält die Inschrift für eine Grabinschrift, Sukenik

(12, S. 156; 13, S. 66) für eine Stiftungsinschrift einer Synagoge. Nach ihm habe dann am Anfang die übliche Formel gestanden: "Es sei zum Guten gedacht des N.N., ..., der gestiftet hat zur Ehre des Himmels (ליקרה רשמיה) ...". Ihm folgt Frey (18). Der Stein befindet sich heute im Louvre.

3. Ein Bruchstück mit einer Priesterliste, die vielleicht mit einer Synagoge in Zusammenhang gebracht werden kann (Besprechung in 8; 9; 10; 12; 13; 15; 16; 18; 19). Eine ähnliche Liste wurde in Caesarea gefunden.

4. Drei Marmorfragmente, die in einem Grab eingemauert gewesen sein sollen. Sie dürften ursprünglich von einem Synagogen-Soreg stammen. Zwei von ihnen sind auf beiden Seiten mit einer griechischen Inschrift versehen.

Nr. 2

Die Inschrift ist so angeordnet, daß zuerst die oberste Zeile der Vorderseite (1a), dann die oberste Zeile der Rückseite (1b) zu lesen ist, dann folgt die zweite Zeile der Vorderseite (2a) und dann die zweite Zeile der Rückseite (2b).

Abbildung in 2; 3; 12; 13; 25; 27.
Besprechung in 2; 3; 4; 7; 12; 13; 14; 15; 18, Nr. 964; 19; 24:

1a. ϑ(εὸς) β(οήϑει) κυρὰ Δόμνα 'Ιου[λιανοῦ καὶ κῦ]ρ(ος) Μαρι(ν) Νόννου εὐχαρ[ιστοῦντες
1b. προσφέρωμεν κῦρ̣[ος ... ἐγ]γόνιν 'Ελικίου [εὐχαριστῶν
2a. τῷ ϑ(ε)ῷ κ(αὶ) τῷ ἁγ(ίῳ) [τόπῳ προσήνεγκ]α̣ ὑπὲρ σωτε-ρ(ίας) κῦρ(ος) Κόμ[μοδος] προσήν-
2b. εγκα ὑπὲρ σωτερ[ίας καὶ] ζοὴν ἔτους ϑφ'
1a. "Gott, hilf! Die Herrin Domna, Tochter des Ioulianos und der Herr Marin, Sohn des Nonnos, (wir stiften) in Dankbarkeit
1b. wir stiften (in Dankbarkeit). Der Herr N.N., Sohn des N.N., Enkel des Helikias hat in Dankbarkeit
2a. Gott und dem Heiligen Ort gestiftet für das Heil. Der Herr Kommodos hat gestif-
2b. tet für das Heil und das Leben. Im Jahre 709."

Lesung und Übersetzung folgen Clermont-Ganneau (3), Sukenik (12; 13) und Lifshitz (24).

Zeile 1: Statt Μαριν (Lifshitz) oder Μαρι (die meisten anderen) ist auch eine Verschreibung für Μαρινος (= Μαρεινος) Νοννου möglich (vgl. Dalman). Vgl. dazu z.B. CPJ II, Nr. 432, Zeile 199.

Zeile 4: ζοήν ist entweder abhängig von ὑπέρ, also Verschreibung für ζοῆς oder Teil eines Segensspruches, der auf ζοήν endet (12; 13; vgl. noch 19). Das Jahr 709 nach der Ära Ašqəlon ist gleich dem Jahr 604.

Andere Lesungen:

Dalman (2) liest erst die Vorderseite und dann die Rückseite:

1a. θ(εοσε)β(ης) κυρα Δομνα Ιου[λια κυ]ρ(ιου) Μαρι(νου) Νοννου ευχαρ[ιστων

2a. τω (in der Abbildung fälschlich: TM) θ(ε)ω κ(αι) τω αγ(ιω) [Ηλι]α υπερ σωτερ(ιας) κυρ(ιου) Κομ[μοδου

1b. προσφερωμεν κυρ[ιω Αν]τονιν(ω) Ελικιου

2b. εγκ(ωμι)α υπερ σωτερ[ιας] ζοην ετους θψ

Er übersetzt:

1a. "Die gottesfürchtige Herrin Domna Julia, Tochter des Herrn Marinos Nonnos, dankt

2a. Gott und dem heiligen Elias (?) für das Heil des Herrn Kommodos.

1b. Laßt uns darbringen dem Herrn Antoninos, Sohn des Elikias,

2b. Lob für die Rettung des Lebens (?), im Jahr 709."

Aufgrund seiner Lesung kommt er zu der Vermutung, die Inschrift (nicht aber die Darstellung auf dem dazugehörenden dritten Fragment) sei eine Fälschung. Bereits Clermont-Ganneau (3) hat Lesung und Interpretation Dalmans mit Recht zurückgewiesen.

Eine Kombination zwischen der Anordnung Dalmans und der Lesung Clermont-Ganneaus (in 3) bietet de Ricci (4). Klein (15) hält die Inschrift für die Stiftungsinschrift des Toraschreins.

Das dritte Fragment (Abbildung in 2; 3; 11; 12; 13; 19; 25; 27) hat auf jeder Seite Reliefdarstellungen von einer siebenarmigen Menora auf einem dreifüßigen Podest, rechts neben ihr Schofar, links Lulav und Etrog. Rechts bzw. links neben der Menora sind in zwei von Ranken gebildeten Medaillons stilisierte Blüten wiedergegeben.

Nr. 3

5. Eine Säule mit einer griechischen Inschrift, die anscheinend absichtlich beschädigt worden ist.

Abbildung in 12; 13; 15.
Besprechung in 12; 13; 14; 15; 18, Nr. 965; 24:

1. ὑπὲρ σωτηρίας Μενα-
2. μο(υ) κ(αὶ) Μα(τ)ρώνας (σ)ηβίου αὐ-
3. τοῦ κ(αὶ) Σαμούλου υἱοῦ
4. αὐτῶν
1. "Für das Heil des Mena-
2. mos und der Matrona sei(ner) Frau
3. (sei)ner (Frau) und des Samulos, (ihres) Sohnes
4. ihres (Sohnes)."

Statt Ματρώνας σηβίου (24) lesen alle anderen Μαιρώνα σηβίου.

Μεναμου ist wohl gleich מנחם und Σαμούλου gleich שמואל.
σηβίου ist wohl falsch für συβίου = συμβίου.

Literarischer Befund: -

Datierung

Inschrift Nr. 1 wird in das 3. Jhd. datiert.
Inschrift Nr. 2 ist aus dem Jahr 604. Vgl. aber Goodenough (19), der ein früheres Datum vermutet; dagegen Negev (22).
Inschrift Nr. 3 ist aus dem 5. Jhd. (24). Avi-Yonah (25; 27) nimmt für die Inschriften ein späteres Datum an.
Der unter 1. beschriebene Säulenstuhl ist nicht später als 4. Jhd. (20).

Vgl. Nachträge!

Ă v ẹ l i m

Koordinaten: 3.13 (168 247)

Im westlichen Galiläa, 2 km nordöstlich von Šəfarʿàm.

Signatur: Synagoge archäologisch sicher

Namen: rabb.: אבליין; כפר אובליין; איבליים

ar.: Iʿbillīn

Umschreib.: A'billin; Ibbelin

Guérin (VI, 420f.) schlägt eine Identifizierung mit Ζαβουλων des Josephus (B 2,503) vor.

Literatur

1. Braslawski, in: BJPES 2, 1 (1934), 31 (Inschrift; Vorausbericht) (vgl. 8)
2. Braslawski, in: BJPES 2, 3-4 (1935), 10-13 (Inschrift) (vgl. 8)
3. Ginsberg - Klein, in: BJPES 2, 3-4 (1935), 47f. (Inschrift)
4. Klein, Sefer ha-yiššuv, 1 (1939)
5. Klein, Toldot, 32.268 (1950) (Inschrift)
6. Press, Enc. I, 4 (1951)
7. Sapir, in: BIES 17 (1953), 153f. VII (Inschrift; Tür, Foto)
8. Braslvsky, Studies, 277-280; Fotos zwischen S. 272 und 273 (1954) (Inschrift; Tür) (teilweise = 1;2)
9. Braslavy, Hayadaʿta, 257.272f. (1964)
10. Klein, Galilee, 59 (1967)
11. Saller, Nr. 1 (1972)

Carta's Atlas +

Atlas of Israel +

Archäologischer Befund

In Ăvẹlim wurde in den dreißiger Jahren ein Sturz (Abb. in 8) mit einer fünfzeiligen Inschrift gefunden. Rechts und links der Inschrift sind zwei große Rosetten. Die Inschrift selbst (Abb. in 2; 8) ist sehr schlecht zu lesen. Es folgt eine Übersicht über die verschiedenen Interpretationsversuche:

Braslavy (2;8):

1. דכיר ל[ט]. בְּר.ךְ
2. .]סְדְריי דהְכה
3. ד]אתחזק
4. ב]דין תרעה
5. שלום

Das letzte Wort der ersten Zeile könnte ברוך lauten und müßte als Eigenname aufgefaßt werden. Eine andere mögliche Lesung, zusammen mit dem Beginn der zweiten Zeile, ist:

דכיר לטב דין (או: חזן) / סדריי (או: נהוריי) דהכה

"Es sei zum Guten gedacht des Richters (oder: Vorstehers) der hiesigen Lehrhäuser (oder: des hiesigen Richters Nehorai)".

Ginsberg (3):

1. דְכיר לט(ב) ברוְךְ
2. אל]כְסדרייהְ
3. דאתחזק [ויהב, או: ועבד]
4. ה]דין תרעה
5. א]מְן שלום

Er schlägt für das Ende der ersten und den Anfang der zweiten Zeile ברוך [אל]כסדריי, "Baruk̲ aus Alexandria" vor. Seine Ergänzungen der Zeilen 3-5 kommen dem üblichen Schema der Synagogeninschriften am nächsten (vgl. z.B. Dabbūra, Qaṣrīn, Dalton).

Klein (3; 5)

1. דכיר לטב ראשְ
2. סדרהְ(?) ברכה
3. דאתחזק [ועבד]
4. ה]דין תרעה
5. אמן] שלום

Klein ergänzt die ersten beiden Zeilen zu ראש סדרה 'Vorsteher der Synagoge (oder: des Lehrhauses)' und verweist auf j Scheq 49b, 36f.

Sapir (7):

1. דכיר לטב [ברוך

2. סדריי דפה
3. דמתחזק [ועבר
4. הדין] תרעה
5. א]מן שלום

Er ergänzt die beiden ersten Zeilen zu ברוך סדריי דפה, gibt aber keinerlei weitere Erklärungen dazu.

Zusammenfassend kann die Inschrift, mit Ausnahme der unsicheren zweiten und dritten Zeile, folgendermaßen übersetzt werden:

"Es sei zum Guten gedacht [des NN ...], der sich verdient gemacht hat und diesen Eingang machte. Amen. Schalom."

Es handelt sich um eine typische Synagogeninschrift.

Außer dem Sturz wurde noch ein Bruchstück einer Steintüre gefunden (Fotos in 7; 8), auf der neben einer Rosette u.a. eine Menora abgebildet ist.

Die Türe stammt wohl von einem Grab und nicht von einer Synagoge (Synagoge oder Grab, 7).

Literarischer Befund: -

Datierung: ?

A y y e l e t   h a - Š a ḥ a r

Koordinaten: 2.14 2050 2696
In Galiläa, 1 km nordöstlich von Tẹl Ḥạṣor.

Signatur: Synagoge archäologisch unsicher

Namen: hebr.: אילת השחר

Literatur: -

Archäologischer Befund

Wenige hundert Meter östlich von Ayyelet ha-Šaḥar wurden zwei Säulenreihen entdeckt, die in Nord-Süd-Richtung standen sowie ein Kapitell. Erst nach einer Grabung kann gesagt werden, ob es sich um eine Synagoge handelt oder nicht.

(Obige Angaben verdanke ich Herrn N. Tfilinski aus Mẹron sowie Herrn B. Hophri aus Ayyelet ha-Šaḥar.)

Literarischer Befund: -

Datierung: ?

Ḫ. ʿA y y ū n *

Koordinaten: 4.15 (2129 2361)
Im Golȧn.

Signatur: -

Namen: ar.: al-ʿUyyūn

Literatur:

1. EAEe II, 467 (Urman) (1976)
Carta's Atlas -
Atlas of Israel -

Archäologischer Befund

Urman erwähnt Einzelfunde von einer Synagoge, ohne näher darauf einzugehen. Die Funde sind zu wenig typisch, um von ihnen auf eine Synagoge schließen zu können.

B a r ᶜ â m (große Synagoge)

Koordinaten: 2.16 1891 2721
In Galiläa, 11 km nordwestlich von Ṣəfat.

Signatur: Synagoge archäologisch sicher

Namen: ar.: Kafr Birᶜim
hebr.: כפר ברעם; ברעם
Umschreib.: Kefr-Berein

Literatur

1. van de Velde, Reise durch Syrien und Palästina I, 134 (1855)
2. Renan, Mission, 763f.; Tafel LXX,2 (1864) (Inschrift) (= 3 + 4)
3. Renan, in: JA, 6. série, 4 (1864), 532 (Inschrift) (3 + 4 = 2)
4. Renan, in: JA, 6. série, 6 (1865), 561f. (Inschrift) (3 + 4 = 2)
5. Frankel, in: MGWJ 14 (1865), 147f. (Inschrift; Abbildung)
6. de Saulcy, in: RA, NS 12 (1865), 69-72 (Inschrift)
7. Wilson, in: PEFQS 1869, 37-40 (= 11)
8. Kitchener, in: PEFQS 1878, 128f. (= 11)
9. Guérin VII, 100-103 (1880) (Beschreibung der Synagoge)
10. SWP I, 230f. (1881) (Fotos, Abbildungen, Grundriß; Beschreibung)
11. SWP, SP, 297 (= 7); 299.305 (= 8) (1881) (Abbildung, Grundriß, Maße, Beschreibung)
12. CIH, 87f., Nr. 16 (1882) (Inschrift, Abbildung)
13. Thiersch - Hölscher, in: MDOG 23 (1904), 18 (Foto)

Barᶜâm (große Synagoge)

14. Kohl - Watzinger, in: MDOG 29 (1905), 27-30 (Foto)

15. Masterman, Studies in Galilee, 116f. (1909) (Foto, Beschreibung)

16. Kohl- Watzinger, 89-100 (1916) (ausführliche Beschreibung, Abbildungen, Fotos; Inschrift)

17. Klein, Corpus, 79f. (1920) (Inschrift)

18. Meistermann, Capharnaüm et Bethsaïde, 178 (1921) (Kurzbeschreibung)

19. Klein, in: Yedioth 2 (1925), 31f. (Inschrift)

20. Sukenik, Beth Alpha, 33.57; Taf. 7b (1932) (Abbildungen und Fotos der Einzelfunde)

21. Sukenik, Ancient Synagogues, 24-26; Taf. XIIIc (1934)

22. Watzinger, Denkmäler II, Abb. 82 (1935)

23. Yeivin, in: BJPES 3 (1936), 117-121 (Steintafel)

24. Klein, Sefer ha-yiššuv, 91; Taf. 13 (1939)

25. Avi-Yonah, in: QDAP 13 (1948), 134; Taf. XLVI,8 (Steintafel); 162; Taf. XLIV,1 (1952)

26. Press, Enc. III, 478; Taf. IV (1952)

27. CIJ, Nr. 975 (1952)

28. Avi-Yonah, In the Days of Rome and Byzantium, Taf. II (1952)

29. Goodenough I, 202f.; III, Abb. 505.511-515 (1953)

30. Braslvsky, Studies, 219f. (1954)

31. Amiran, in: EI 3 (1954), 178-181; englische Kurzfassung XIf. (englische Übersetzung = 32)

32. Amiran, in: IEJ 6 (1956), 239-245 (Steintafel) (englische Übersetzung von 31)

33. Maᶜaravo šel Galil, 141 (1961) (Kurzbeschreibung)

34. Hiram, in: Wiener Jahrbuch für Kunstgeschichte 19 (1962), 7-63 (Fotos, Abbildungen, Grundriß, Rekonstruktion)

35. Avi-Yonah, HG, 182 (1962) (Erwähnung)

36. Braslavy, Hayadaᶜta, 217-273 passim (vgl. Index) (1964) (Beschreibung, Abbildungen, Grundriß; Inschrift)

37. Ben-Zvi, Remnants of Ancient Jewish Communities in the Land of Israel, 105f.; Tafel 8 (1966)

38. Avigad, in: All the Land of Naphtali, 91-93 (1967) (Grundriß)

39. Braslavi, in: All the Land of Naphtali, 107-126 (1967)

40. Klein, Galilee, Taf. 10 (1967)

41. Avigad, in: Ariel 6 (1968), 30-35 (Fotos)

42. EAEh, 272-274 (Avigad) (1970)

43. Saller, Nr. 54 (1972)
Carta's Atlas +
Atlas of Israel +

Archäologischer Befund

Die große Synagoge von Bar'âm gehört zu den am besten erhaltenen. Sie ist ein typisches Beispiel der frühen galiläischen Synagogen mit dem nach Jerusalem ausgerichteten Eingang, der aus einem großen mittleren Tor und zwei Seiteneingängen besteht und zwei Säulenreihen, die den Gebetsraum in drei Schiffe einteilen sowie einer weiteren querstehenden Säulenreihe vor der Rückwand. Außerdem hat sie, ähnlich wie die Synagoge von Kefar Naḥum, eine von Säulen getragene Vorhalle.

Erhalten ist die Eingangsfront mit allen drei Eingängen, mehrere Säulen der Vorhalle, davon eine mit einem Architrav sowie einige Säulen im Inneren und Teile der Umfassungsmauern. Ein Grundriß befindet sich in 10; 11; 29; 34; 42. Der Grundriß in 10 und 11 zeigt vier Säulenreihen. Offensichtlich wurde von zwei erhaltenen Säulenresten der querstehenden Säulenreihe und deren Abstand voneinander auf vier durchgehende Längsreihen geschlossen. Da damals der typische Grundriß der galiläischen Synagogen noch unbekannt war, ist der Rekonstruktionsversuch verständlich. Ein Aufgang führte möglicherweise vom hinteren Ende des Gebäudes zur Frauenempore (16; 29). van de Velde berichtet, daß ein alter Mann aus Bar'âm sich noch an "ein Stockwerk mit Säulen" erinnerte, das durch ein Erdbeben zerstört worden sei (1).

Die Darstellung auf dem Sturz über dem mittleren Eingang ist stark zerstört, doch kann man auch hier den Kranz in der Mitte erkennen, der von zwei schwebenden Engeln (?) gehalten wird (vgl. Bar'âm - kleine Synagoge, ad-Dikkā u.a.).

Über den beiden Seiteneingängen befinden sich zwei Fenster. Unter dem rechten ist eine Inschrift (nach 24):

בנ[ה]ו אלעזר בר יודן

"El'azar bar Judan baute sie".
Das בר יודן, das an und für sich klar zu lesen ist, wurde

von Renan als בריתן gelesen, wobei er בר als בן רבי auflösen wollte (2; 3). Von dem ersten Wort hat er nur das ב gelesen. Frankel verliert sich in Spekulationen (5). de Saulcy vermutet bereits richtig בנ[ה]ו, liest aber יפון statt יודן (6). Chwolson liest am Anfang wie de Saulcy בנ[ה]ו, den letzten Namen aber als יונ[ת]ן (12). Klein liest die Inschrift zunächst (19) בנ[י]ן אלעזר בר יודן, dann בנ[ה]ו וכו' (24).

Es ist nicht klar, ob es sich um den Erbauer eines Teiles der Synagoge oder der ganzen Synagoge handelt; das Suffix הו- läßt beide Möglichkeiten offen.

An Einzelfunden sind interessant eine Löwenskulptur (Besprechung in 20; Abb. in 20, S. 33; 21, Tafel XIII; 29, Abb. 514; 41) sowie zwei Teile einer Steinplatte mit einem hakenkreuzbildenden Mäandermuster und verschiedenen Darstellungen (Abb. in 23; 31; 32). Sukenik hielt den Stein für einen Teil einer Chorschranke und die Abbildungen für Darstellungen aus dem Zodiak (20). Ein Rekonstruktionsversuch findet sich in 20, S. 57; 29, Abb. 515. Ihm folgt Yeivin (23). Amiran dagegen hält den Stein aufgrund seiner Form für den Sturz einer der inneren Türen und die Darstellungen für rein ornamental ohne Symbolcharakter. Da ähnliche Motive in jüdischen Gebäuden in der Gegend von Nâwe im Hauran gefunden wurden, dort auch in einer Inschrift der Name 'B]ar Judan' erscheint, vermutet sie eine direkte Verbindung zwischen beiden Orten (31; 32).

Guérin erwähnt noch einen Stein mit einer Konche (9), der in einem Haus eingemauert ist und nach Kohl - Watzinger der Rest eines Fenstersturzes sein könnte (16).

Literarischer Befund: -

Ausrichtung: 170° S

Datierung: 3. Jhd.

Vgl. Nachträge!

B a r ʿ â m (kleine Synagoge)

Koordinaten: 2.17 1891 2724
In Galiläa, 11 km nordwestlich von Ṣəfat.

Signatur: Synagoge archäologisch sicher

Namen: ar.: Kafr Birʿim
hebr.: כפר ברעם; ברעם
Umschreib.: Kefr-Berein

Literatur

1. Robinson, in: ZDMG 7 (1853), 42
2. van de Velde, Reise durch Syrien und Palästina I, 133f.; Tafel am Ende des Buches (1885)
3. Renan, Mission, 763-773; Taf. LXX,1 (1864) (Beschreibung der Synagoge; Inschrift)
4. Renan, in: JA, 6. série, 4 (1864), 531-540 (im wesentlichen = 3)
5. Levy, in: JZWL 3 (1864/65), 230f. (Inschrift)
6. Frankel, in: MGWJ 14 (1865), 147-155 (Abbildung; Inschrift; Besprechung von 3 und 4)
7. Renan, in: JA, 6. série, 6 (1865), 561-569 (Erweiterung von 3)
8. de Saulcy, in: RA, NS 12 (1865), 69-73 (Inschrift)
9. (Geiger), in: JZWL 4 (1866), 274f. (Inschrift)
10. Wilson, in: PEFQS 1869, 37-40 (= 15, S. 294-299)
11. Sepp, Jerusalem und das Heilige Land, 309f. (1876)
12. Ozar Tob 1878, 037 (Bericht aus dem Jahr 1210)
13. Guérin VII, 100-102 (1880)
14. SWP I, 230-234 (1881) (Abbildung, Inschrift; Beschreibung der Synagoge)
15. SWP, SP, 294-301 (1881) (S. 294-299 = 10) (Beschreibung; Maßangaben)
16. CIH, 87-94, Nr. 17 (1882) (Abbildung)
17. Berger, Histoire de l'écriture, 259 (1891) (Inschrift, Abbildung)
18. Lidzbarski, Handbuch, 485; Taf. XLIII,4 (1898) (Inschrift)
19. Cooke, A Text-Book of North-Semitic Inscriptions, 342, Nr. 148 B (1903)

20. Masterman, Studies in Galilee, 117f. (1909) (Kurzbeschreibung)
21. Krauss, Die galiläischen Synagogenruinen, 7f. (1911) (Inschrift)
22. Dussaud, Monuments, Nr. 116 (1912) (Inschrift, Abbildung)
23. Kohl - Watzinger, 89-91 (1916) (Beschreibung, Abbildungen)
24. Klein, Corpus, 78f. (1920)
25. Meistermann, Capharnaüm et Bethsaïde, 178 (1921) (Kurzbeschreibung)
26. Burrows, in: Biblica 3 (1922), 454-456 (Inschrift)
27. Klein, in: Yedioth 2 (1925), 27-29 (Inschrift)
28. Galling, in: ZDPV 50 (1927), 313f. (Erwähnung)
29. Sukenik, in: Zion (Meassef) 2 (1927), 109-111 (Inschrift)
30. Sukenik, Ancient Synagogues, 70f.; Taf. XVIb (1934) (Inschrift)
31. Klein, Sefer ha-yiššuv, 91; Taf. 13 (1939)
32. Klein, Toldot, 31 (1950) (Erwähnung)
33. Galling, Textbuch zur Geschichte Israels, 82 (1950) (Inschrift)
34. Press, Enc. III, 478 (1952)
35. CIJ, Nr. 974 (1952)
36. Goodenough I, 201f.; III, Abb. 510 (1953)
37. Hestrin, in: Bulletin 3 (1960), 66
38. Avi-Yonah, HG, 182 (1962) (Erwähnung)
39. Braslavy, Hayada'ta, 219-221.256.267.272f. (1964) (Beschreibung; Inschrift)
40. Ben-Zvi, Remnants of Ancient Jewish Communities in the Land of Israel, 105-108 (1966) (Inschrift)
41. Klein, Galilee, Taf. 9 (1967)
42. Avigad, in: Ariel 6 (1968), 35
43. EAEh, 272-274 (Avigad) (1970)
44. Saller, Nr. 54 (1972)

Carta's Atlas: (+)

Atlas of Israel: (+)

Archäologischer Befund

Im Jahre 1852 erwähnt Robinson zwei Synagogenruinen, die aus mittelalterlichen Reiseberichten bereits bekannt waren (1).

Von der kleineren Synagoge außerhalb des Ortes waren im Jahr 1893 das Portal mit einer hebräischen Inschrift sowie Säulenstümpfe und -reste, u.a. von einer herzförmigen Säule, und andere architektonische Reste erhalten (Abb. in 3; 23); spätestens 1907 war nichts mehr davon zu sehen (6). Erst im Dezember 1960 wurde ein Teil einer herzförmigen Säule von dieser Synagoge 300 m nördlich der großen Synagoge wiedergefunden. Es handelt sich bei dieser Synagoge um eine dreischiffige Basilika mit dem Eingang im Süden. In der Mitte des Türsturzes des Haupteinganges ist ein Kranz; zu beiden Seiten sind zwei stark zerstörte Figuren, die zunächst als Schafe identifiziert wurden (10; 14). Vergleichen wir aber die Türstürze von anderen Synagogen (große Synagoge in Bar'âm, ad-Dikkā u. a.), so können wir sehen, daß es sich auch hier um zwei schwebende Engel (?) gehandelt hat (23). Einen westlichen Seiteneingang erwähnt Sepp und bildet ihn sogar ab (11). M. E. kann er die Ruine nicht selbst gesehen haben, da er erstens den (damals noch stehenden) Haupteingang sehr ungenau zeichnet (es fehlt z.B. der Kranz in der Mitte, der bei der Wiedergabe der großen Synagoge abgebildet ist) und da zweitens nach einer Fotographie des Palestine Exploration Fund aus dem Jahr 1866 (23) der zweite Eingang bereits nicht mehr stand. Er wird zuletzt in einem Reisebericht aus dem Jahr 1521 erwähnt (42). Auf dem Sturz ist eine ca 5 cm hohe Inschrift (nach 30):

יהי שלום במקום הזה ובכל מקומות ישראל יוסה הלוי בן לוי עשה
השקוף הזה תבא ברכה במע[ש]יו של]ום

"Friede sei an diesem Ort und an allen Orten Israels. Jose Halevi ben Levi machte diesen Sturz. Möge Segen auf seine Werke kommen! Schalom."

מקום kann auch Synagoge bedeuten. Schwierigkeiten bei der Lesung bieten nur die letzten zwei Wörter. Es steht dort: במעיושל, wobei das ל nicht gesichert ist. Folgende Vorschläge wurden gemacht: Derenbourg (nach 3, S. 769): במע[שי] י[דיו] וש]לום . Geiger (5) vermutet, daß der Steinmetz das ש vergessen hatte und es dann am Ende nachtrug; als Zeichen dafür habe er es mit einem kopfstehenden ב gekennzeichnet. Levy (5) und Frankel (6) vermuten eine Jahresangabe. Klein (27) liest במעשיו. Am einleuchtendsten ist die (heute all-

gemein akzeptierte) Lesung von Sukenik (30): במע[ש]יו של]ום.
Sehr ähnlich ist eine Inschrift aus ʿAlmȧ, in der derselbe 'Jose bar Levi Halevi' mit dem Zusatz: אומנה 'der Baumeister' genannt wird. Die Inschrift scheint auch in einem Reisebericht aus dem Jahr 1210 erwähnt zu sein, wo sie allerdings (irrtümlich?) nach Meron verlegt wird (12, S. 038; 3, S. 766; 29). Ein Fragment der Inschrift befindet sich heute im Louvre (22).

Ausrichtung: S Datierung: 3. Jhd.

Vgl. Nachträge!

B a t r ā

Koordinaten: 4.18 2138 2568
Im Golȧn, 24,5 km nördlich von Ḥammat Gȧdẹr.

Signatur: Synagoge archäologisch unsicher

Namen: Der Ort ist auf keiner Karte mit Namen verzeichnet; Batrā ist der Name des vorbeifließenden Wadis. In 3 wird der Name mit Bathyra angegeben.

Literatur

1. Neishtat, ha-Golan, 83 (1968)
2. JSG, 278, Nr. 117 (1972)
3. EAEe II, 464 (Urman) (1976)

Carta's Atlas -
Atlas of Israel -

Archäologischer Befund

Auf einer kleinen Anhöhe in der Nähe des W. Batrā ist ein Ruinenfeld, auf dem deutlich die Reste eines öffentlichen Gebäudes zu erkennen sind. Das Gebäude ist nach Westen ausgerichtet. Eine Anzahl von Einzelfunden in und in nächster Nähe von diesem Gebäude deutet darauf hin, daß es sich höchstwahrscheinlich um eine Synagoge gehandelt hat. Neben Säulenresten sind besonders hervorzuheben mehrere jonische Kapitelle (Abb. in 2), darunter eines von einem Pilaster, sowie ein zerbrochener Sturz mit einem Kranz mit Heraklesschleife und einer Weinranke.

Ausrichtung: W

Datierung: Etwa 3. Jhd.

B ə ' ẹ r Š e v a [c]

Koordinaten: 14.19 (130 072) (moderne Orstslage)
Im nördlichen Negev.

Signatur: Synagoge archäologisch unsicher

Namen: Jos.: Βηρσουβαι
ar.: Bīr as-Saba[c]
hebr.: באר שבע
Umschreib.: Beerscheva

Literatur

1. Sukenik, in: JPOS 15 (1935), 157f. (Abbildung) (= 2)
2. Sukenik, el-Ḥammeh, 67f. (1935) (Abbildung) (= 1)
3. Klein, Sefer ha-yiššuv, 11 (1939)
4. Press, Enc. I, 62 (1951)
5. CIJ, Nr. 1196 (1952)
6. Goodenough I, 223 (1953)
7. Saller, Nr. 14 (1972)
Carta's Atlas +

Archäologischer Befund

Vincent kopierte 1904 eine in einem Haus eingemauerte Inschrift auf einer Soregsäule, die von Sukenik veröffentlicht wurde:

1. ל יִהְבְ.. ה? יהושוע
2. מל על נפשיה
3. תנחום בריה

1. " Jehoschua[c]
2. auf seine Seele
3. Tanchum sein Sohn."

Zeile 1 ist von einer anderen Hand geschrieben als Zeile 2 - 3. Die Inschrift ist möglicherweise spät (Sukenik).

Literarischer Befund: -

Datierung: ?

B ə n ẹ   V ə r a q

Koordinaten: 7.20 (134 166)
7 km nordöstlich von Tẹl Åviv.

Signatur: Lehrhaus literarisch sicher

Namen: rabb.: בני ברק

Literatur

1. Klein, Sefer ha-yiššuv, 21f. (1939)
2. Press, Enc. I, 109 (1951)

Archäologischer Befund: -

Literarischer Befund
In Bənẹ Vəraq war die Akademie R. ᶜAqivas.

1. b Sanh 32b:

הלך אחר חכמים לישיבה וכו' אחר רבי עקיבא לבני ברק

"Folge den Weisen zur Akademie usw. Folge R. ᶜAqiva nach Bənẹ Vəraq."

2. Gen r XCVa (ed. Theoder - Albeck, 1232):
חנניה בן חכינייי ור' שמעון בן יוחיי הלכו ללמד תורה אצל ר' עקיבה בבני ברק ועשו שם שלש עשרה שנה

3. Lev r XXI 8 (ed. Margulies, 484f.);

4. PdRK XXVI (אחרי מות), 11 (ed. Buber, 176b; vgl. ed. Mandelbaum, 400, Anm. 3): ר' חנניה בן חכינאי ור' שמעון בן יוחי הלכו ללמוד תורה אצל ר' עקיבא בבני ברק שהו שם שלש עשרה שנה
"R. Chananja b. Chakinai und R. Schimᶜon b. Jochai gingen, um

bei R. ʿAqiva in Bənẹ Vəraq Tora zu lernen. Sie blieben dort dreizehn Jahre."

Vgl. dazu folgende Stelle:

5. b Ket 62b:

רבי חנניה בן חכינאי הוה קאזיל לבי רב בשילהי הלוליה דר"ש בן יוחאי א"ל איעכב לי עד דאתי בהדך לא איעכבא ליה אזל יתיב תרי סרי שני בבי רב

"R. Chananja b. Chakinai ging ins Lehrhaus am Ende der Hochzeitsfeierlichkeiten des R. Schimʿon b. Jochai. Dieser sagte zu ihm: 'Warte, bis ich mit dir gehen kann!' Jener aber wartete nicht auf ihn, ging ins Lehrhaus und blieb dort zwölf Jahre."

6. AdRN פרוש אבות 8 (ed. Schechter, 82a):

נכנס ר' עקיבא לבני ברק והיה מלמד תורה ברבים מתוך הדחק שמע בן כלבא שבוע שנכנס אדם גדול לבני ברק אמ' אלך לפניו ואתיר את נדרי

"R. ʿAqiva ging nach Bənẹ Vəraq und lehrte dort in Armut öffentlich Tora. Als Ben Kalba Savuaʿ hörte, daß ein großer Mann nach Bənẹ Vəraq gekommen sei, sagte er: 'Ich werde vor ihn treten und mein Gelübde lösen lassen.'"

7. T Ber II 13:

אמר ר' מאיר פעם אחת היינו יושבין בבית המדרש לפני ר' עקיבא והיינו קורין את שמע ולא היינו משמיעין לאזנינו מפני קסדור אחד שהיה עומד על הפתח

Text nach der Wiener Handschrift. Der Erstdruck (Alfasi) hat: לפני ר' עקיבא בבית המדרש. בבית המדרש fehlt in der Erfurter Handschrift.

"R. Meir sagte: Einmal saßen wir im Lehrhaus vor R. ʿAqiva und rezitierten das Schəmaʿ, aber so leise, daß wir selbst es nicht hören konnten, und zwar wegen eines Quästors, der am Eingang stand."

8. b Giṭ 57b;

9. b Sanh 96b:

מבני בניו של המן למדו תורה בבני ברק
"Unter den Nachkommen Hamans waren welche, die in Bənẹ Vəraq Tora unterrichteten."

Datierung

Die Akademie des R. ʿAqiva hat in der ersten Hälfte des 2. Jhd. bestanden (135 wird R. ʿAqiva hingerichtet).

B ə r o r   Ḥ a y i l

Koordinaten: 10.21 (1151 1083)
Der Ort wird mit Tẹl Bəror, 18 km ostnordöstlich von Gaza, identifiziert.

Signatur: Lehrhaus literarisch sicher; Gerichtshof literarisch sicher

Namen: rabb.: ברור חיל
ar.: Burēr; Tall al-Mašnaqa (Press, Enc. IV, 946.959)

Literatur

1. Klein, in: Yedioth 1 (1925), 42-46
2. Klein, Sefer ha-yiššuv, 25 (1939)
3. Press, Enc. I, 125 (1951)

Archäologischer Befund: -

Literarischer Befund

Lehrhaus: b Sanh 32b:

הלך אחר חכמים לישיבה וכו' אחר רבן יוחנן בן זכאי לברור חיל
"Folge den Weisen zur Akademie usw. Folge R. Jochanan b. Zakkai nach Bəror Ḥayil."

Gerichtshof: b Sanh 32b:

הלך אחר בית דין יפה וכו' אחר רבן יוחנן בן זכאי לברור חיל
"Geh zu einem angesehenen Gericht: ... Zu R. Jochanan b. Zakkai nach Bəror Ḥayil."

In der Parallelstelle S Deut 144 (ed. Finkelstein, 200) fehlt die Ortsangabe.

Datierung

Die Akademie mit dem Gerichtshof des R. Jochanan b. Zakkai ist in die zweite Hälfte des 1. Jhd. zu datieren.

B ē t A k k ā r *

Koordinaten: 4.22 (2355 2455)
Im östlichen Golån, 26 km nordöstlich von Ḥammat Gådẹr.

Signatur: -

Namen: Bēt Akkār; Bēt ʿAkkār

Literatur

1. Schumacher, Across the Jordan, 53-60 (1886) (Abbildungen)
2. Neishtat, ha-Golan, 81.83 (1968)

Carta's Atlas -
Atlas of Israel -

Archäologischer Befund

Neishtat gibt auf seiner Karte in Bēt Akkār eine Synagoge an und schreibt dazu, daß Schumacher dort Reste von eindeutig jüdischem Charakter gefunden habe. Es kann sich dabei nur um die von Schumacher wiedergegebene Abbildung einer Vase, aus der zwei Weinranken mit Weintrauben herauswachsen, handeln (1, Abb. 18). Abgesehen davon, daß Schumacher von 'probably a Jewish origin' (1, S. 59f.) schreibt, kann man von diesem Fund allein in keiner Weise auf die Existenz einer Synagoge schließen.

Literarischer Befund: -

Bẹt Alfå

B ẹ t A l f å

Koordinaten: 6.23 1903 2139

Im ᶜẸmeq Yizrəᶜel, 7,5 km westnordwestlich von Bẹt Šə'ån.

Signatur: Synagoge archäologisch sicher

Namen: Die Synagoge befindet sich in Ḥefṣi-våh, ist aber unter dem Namen Bẹt Alfå bekannt. Der rabbinische Name könnte בית אילפא oder בית חיילפא gelautet haben. Der arabische Name lautet Ḫ. Bēt Ilfā.

Literatur

1. Sukenik, in: Tarbiz 1,2 (1929/30), 111-116 (vorläufiger Grabungsbericht; Inschriften; Fotos)
2. (Epstein), in: Tarbiz 1,2 (1929/30), 117 (Anmerkung zu 1)
3. Schwabe, in: Tarbiz 1,3 (1929/30), 137-140 (Inschriften)
4. Krauss, in: REJ 89 (1930), 405-408 (archäologischer Befund; griechische Inschrift)
5. Barrois, in: RB 39 (1930), 265-272; Tafel XII-XIV (archäologischer Befund; Inschriften)
6. Watzinger, in: Der Morgen 6 (1930), 365-367
7. Sukenik, in: Archäologisches Institut des Deutschen Reiches. Bericht über die Hundertjahrfeier, 21.-25. April 1929, 385-389 (1930)
8. McCown, in: BASOR 37 (1930), 13-17 (Fotos)
9. Sukenik, in: PEFQS 1931, 23f.; Tafel II (Toraschrein)
10. Sukenik, Beth Alpha (hebräisch), (1932) (ausführlicher Grabungsbericht; Inschriften; Fotos; Abbildungen; Grundriß) (englische Übersetzung = 11)
11. Sukenik, Beth Alpha (1932) (ausführlicher Grabungsbericht; Inschriften; Fotos, Abbildungen, Grundriß) (englische Übersetzung von 10)
12. Press, in: BJPES 1,2 (1933), 28-30 (zu 10; 11)
13. Frey, in: Riv a di Archeologia Cristiana 10 (1933), 287-305 (Foto, Grundriß)
14. Avi-Yonah, in: QDAP 2 (1933), 144f. (Mosaiken; Inschriften)
15. Avi-Yonah, in: QDAP 3 (1934), 50 (zu 14)
16. Sukenik, Ancient Synagogues, 31-35. 76f. (1934) (griechische Inschrift; Abbildung; Grundriß)
17. Watzinger, Denkmäler II, 114-116; Abb. 40.49 (1935) (Grundriß)

18. SEG 8 (1937), Nr. 93

19. Klein, Sefer ha-yiššuv, 12; Tafel II,3; III (1939)

20. Avi-Yonah, in: QDAP 10 (1944), 138f.

21. Yeivin, in: BJPES 12 (1945/46), 20-24; engl. Zusammenfassung If. (Opferung Isaaks)

22. Sukenik, in: Bulletin 1 (1949), 11f. (Abbildung)

23. Klein, Toldot, 27f. 265f.; Tafel XIII (1950) (Inschriften)

24. Press, Enc. I, 74; Tafel V (1951)

25. Archaeological News, in: Alon 3 (1951), 14; Tafel IV,3

26. Sukenik, in: Bulletin 2 (1951), 26; Tafel XI

27. Isserlin, in: PEQ 84 (1952), 46

28. CIJ, Nr. 1162-1166 (1952) (Fotos)

29. Avi-Yonah, In the Days of Rome and Byzantium, Tafel VII (1952) (Inschrift Nr. 3-4)

30. Goodenough I, 241-253; III, Abb. 631-635.638-641 (1953) (Grundriß)

31. Sonne, in: SBB 1 (1953), 3-13 (Zodiak; Abbildungen)

32. Wischnitzer, in: BIES 18 (1954), 193-197; englische Zusammenfassung VIIf. (Mosaiken; Foto, Abbildung) (Zusammenfassung von 35)

33. Renov, in: BIES 18 (1954), 198-201; englische Zusammenfassung VIII (Abbildung)

34. Segert, in: Archiv Orientální 23 (1955), 261

35. Wischnitzer, in: JSOS 17 (1955), 133-144 (Zusammenfassung = 32)

36. Stern, in: l'Oeil 21 (1956), 15-19 (Zodiak, Fotos)

37. Israel. Frühe Mosaiken (UNESCO-Sammlung der Weltkunst), Tafel VI-XIV (1960)

38. Avi-Yonah, HG, 182 (1962) (Erwähnung)

39. Hiram, in: Wiener Jahrbuch für Kunstgeschichte 19 (1962), 12; Abb. 5-7.28

40. Avigad, in: The Beth Shean Valley, 63-70; Tafel IV,2; V; VII,2 (1962)

41. Braslavy, Hayadaᶜta, 248-296 passim (vgl. Index) (1964)

42. Goldman, The Sacred Portal, 24-30.53-68.93.143-163; Abb. 1-12 (1966) (Grundriß)

43. Klein, Galilee, 110; Tafel VIII (1967)

44. Negev, in: EI 8 (1967), 200 (Menora)

45. Lifshitz, 66f., Nr. 77 (1967)

46. EAEh, 37-39; Farbtafel nach S. 36 (Avigad) (1970) (Grundriß)

47. Mirsky, in: Tarbiz 70 (1970/71), 376-384; englische Zusammenfassung VII
48. Saller, Nr. 17 (1972) (Foto)
49. Konikoff, The Second Commandment, 76f. (1973)
50. EAEe I, 187-190 (Avigad) (1975) (Fotos; Grundriß)
Carta's Atlas +
Atlas of Israel +

Archäologischer Befund

Im Jahre 1929 wurde von Sukenik und Avigad in Ḥefṣi-vȧh eine Synagoge ausgegraben, die bei Bewässerungsarbeiten entdeckt worden war. Es handelt sich um eine ca 10,75 x 12,4 m große Basilika des späten Typs, die durch zwei Reihen zu je fünf Pfeilern in drei Schiffe aufgeteilt wurde. In der nach Jerusalem ausgerichteten Südwand ist eine um drei Stufen erhöhte Apsis. Drei Eingänge waren in der Nordwand, ein weiterer in der Westwand. Keiner dieser Eingänge war direkt von der Straße her zu erreichen. Der westliche Eingang führte in einen Raum, durch den man möglicherweise zu einer Frauenempore hinaufsteigen konnte, deren Existenz aber nicht gesichert ist. Nach Hiram (39) wurde dieser Raum als Lehrhaus benutzt. Vor den Eingängen in der Nordwand war ein Narthex, vor dem wiederum ein Atrium lag, das fast ebenso groß wie der Gebetsraum selbst war.

Gebetsraum, Narthex und Atrium waren mit einem Mosaikfußboden ausgelegt. Während in den beiden letzteren Räumen nur Reste von geometrischen Mustern erhalten sind, sind im westlichen Seitenschiff außer ebensolchen Mustern auch verschiedene 'Teppichmuster' abgebildet (10; 11, Tafel XXIV). Das Mosaik des Mittelschiffes gehört zu den schönsten und zugleich besterhaltenen. (Es sei insbesondere hingewiesen auf die Wiedergaben in 37.) Es ist in drei Felder eingeteilt. Im obersten Feld vor der Apsis ist ein zweitüriger Toraschrein abgebildet (Abb. in 9;10, Tafel VIII-IX; 11, Tafel VIII-IX; 30, Abb. 639; 42, Abb. 6; 46; 50), in dessen Giebel eine Konche und eine Ewige Lampe sind. Zu beiden Seiten ist eine siebenarmige Menora, außerdem Lulav, Schofar, Etrog und Machta. Rechts und links des Giebels ist ein Vogel, unter jeder Menora ein Löwe. Am Rande dieses Feldes sind zwei aufgezogene Vorhänge. Auf dem zweiten Feld darunter ist eine Darstellung der Tierkreiszeichen (Abb. in 1, Tafel I-II; 5;8;10, Abbildung vor Titelblatt, Tafel X-XVIII; 11, Abbildung vor Titelblatt, Tafel X-XVIII; 13; 23; 24; 28; 30, Abb. 640; 32; 36; 39; 40; 42, Abb. 5; 43; 46; 48; 50), die um den Sonnengott Helios gruppiert sind, der in einem Wagen mit vier galoppierenden Pferden abgebildet wird. In den vier Ecken sind die vier Jahreszeiten in Gestalt von geflügelten Frauen wiedergegeben. Die Tierkreiszeichen sind entgegen dem Uhrzeigersinn angeordnet. Die Jahreszeiten sind nicht den entsprechenden Monaten zugeordnet (vgl. dazu 31; 32; 33; 35; 41, S. 289). Bei jedem der zwölf Tierkreiszeichen sowie der vier Jahreszeiten steht der hebräische Name (vgl. Inschrift Nr. 1).

Am nördlichen Ende des Mittelschiffes ist in dem dritten Feld die Opferung Isaaks dargestellt (Abb. in 10, Tafel XIX; 11, Tafel XIX; 13; 22; 30, Abb. 638; 40; 42, Abb. 4; 46; 50). Am rechten Rand ist der Altar, links daneben Abraham, der in der einen Hand das Schlachtmesser, in der anderen den gebundenen Isaak hält. In der Mitte ist am oberen Rand die Hand Gottes abgebildet, darunter ein Widder, der sich in einem Strauch verfangen hat. Links davon sind zwei Diener, einer mit einem Esel. Anfänge von Zitaten aus Genesis 22 sowie die Namen Abraham und Isaak erklären die Szenen (vgl. Inschrift Nr. 2).

Um das ganze Mosaik läuft ein Band mit Darstellungen von Tieren, Pflanzen, Menschen und geometrischen Mustern. Nur vor dem nördlichen Mitteleingang sind statt dessen eine aramäische Inschrift (Nr. 3) und eine griechische Inschrift (Nr. 4), beide in einer tabula ansata, die von einem Löwen bzw. einem Ochsen (?) flankiert werden. Während alle Darstellungen ebenso wie die beiden Inschriften so angeordnet sind, daß man sie beim Betreten durch einen der Eingänge in der Nordmauer vor sich hat, sind die beiden zuletzt genannten Tiere in der entgegengesetzten Richtung abgebildet, stehen also gewissermaßen auf dem Kopf.

Bẹt Alfá

Zu beiden Seiten des Mitteleinganges sind später auf den Mosaiken weitere Bänke, in der Südostecke des Mittelschiffes eine Bank und eine Bema angebracht worden. Unter dem Mosaik sind Reste eines älteren Mosaiks zutage gekommen, auf denen eine Schlange (?) abgebildet ist (25; 26; 27; 30). Die Synagoge wurde durch ein Erdbeben (in der 2. Hälfte des 6. Jahrhunderts?) zerstört. Die Mosaiken wurden dabei nur an wenigen Stellen beschädigt. Da die Synagoge nicht wieder aufgebaut wurde, entgingen die Mosaiken den Ikonoklasten.

Inschriften

Nr. 1

Namen der zwölf Tierkreiszeichen und der vier Jahreszeiten im mittleren Feld des Fußbodenmosaiks. Besprechungen in 14; 28.
Im Uhrzeigersinn von oben Mitte gelesen:

"Krebs"	סרטן
"Zwillinge"	תאומים
"Stier"	שור
"Widder"	טלא
"und Fische"	ודגים
"und Wassermann"	ודלי
["Steinbock"] (Inschrift zerstört)	[גדי]
"Schütze"	קשת
"Skorpion"	עקרב
"Waage"	מאזנים
"Jungfrau"	בתולה
"Löwe"	ארייה
"Winter"	תקופת טבת
"Herbst"	תקופת תישרי
"Sommer"	ת̣קופת תמוז
"Frühling"	תקופת נ̣י̣סן

Zu dem ו vor ודלי und ודגים vgl. 47.

Nr. 2

Zitate aus Genesis 22 im unteren Feld des Fußbodenmosaiks (von rechts nach links). Besprechung in 14; 28.

"Isaak"	יצחק
"Abraham"	אברהם

"Strecke nicht aus!" (Gen 22, 12) אל תשלח

"Und siehe: Ein Widder" (Gen 22, 13: והנה איל) והנה אייל

Nr. 3

Besprechung in 1; 2; 5; 10; 11, S. 43-46; 14; 19; 23; 28; 41, S. 294.

Abbildung in 1, Tafel IV-V; 5; 10, Abb. 41, Tafel XXV; 11, Abb. 41, Tafel XXV; 19; 28; 29; 42, Abb. 7; 50

1. הדין פ]סיפסה אתקבע בשתה
2. ל]מלכותה דיוסטינוס מלכה
3. ...[חטייה מאת
4. ד[ ]אתנדבון כל בני
5. ק.[....[רבי
6. א[ודכירין [לטב כל
7. כ[ ]ן

1. "[Dieses M]osaik wurde gemacht im Jahre
2. der] Herrschaft des Kaisers Justinian
3.] hundert (...) Getreide
4.] Es haben gespendet alle Mitglieder
5. der Gemeinde ... und] Rabbi
6. A[... Es sei gedacht] zum Guten aller
7. Ame]n."

Zeile 2: Leider ist die Jahresangabe nicht erhalten. Es muß sich um Justinian I. handeln, der von 518-527 regierte.

Zeile 3: Obige Lesung nach Sukenik (10;11, S. 45f.), der die Interpretation aufgrund einer syrischen Inschrift vorschlägt. Demnach hätten die Gemeindemitglieder nicht nur Geld, sondern auch Naturalien (Getreide) gestiftet. (Ältere Erklärungsversuche in 1; 2; 4, S. 407; 5; 10; 11, S. 45).

Zeile 5: Vielleicht zu ergänzen קהלתה (Sukenik) oder קריתא (Epstein, 2) oder קהלתה קדישתה (Klein, 19).

Zeile 6: Wohl zu ergänzen: דכירין ל]טב

Zeile 7: בני ... אמן (Sukenik). Klein (23) schlägt vor ב]הדן אתרה קדישה.

Datumsangaben in Inschriften gibt es noch in Ašqəlon, Bẹt Šə'ȧn (jüdisch und samaritanisch), Gaza, Nəvorȧyȧ (1) und Ḫ. Sūsīya.

Nr. 4

Besprechung in 1; 3; 4; 5; 10; 11, S. 47; 14; 16; 18; 19; 23; 28.

Abbildung in 1, Tafel IV; 5; 10, Tafel XXV; 11, Tafel XXV; 19; 28; 29; 42, Abb. 7; 50:

1.	Μνισθοῦσιν ὑ τε-	=	Μνησθῶσιν οἱ τε-
2.	χνῖτε ὑ κάμνον-	=	χνῖται οἱ κάμνον-
3.	τες τὼ ἔργον τοῦ-	=	τες τὸ ἔργον τοῦ-
4.	τω Μαριανὸς καὶ	=	το Μαριανὸς καὶ
5.	Ἀνίνας ὑός	=	Ἀνίνας υἱός

1. "Es sei gedacht der Hand-
2. werker, die gefertigt
3. haben dieses Werk,
4. Marianos und
5. Aninas sein Sohn."

Marianos und Aninas kommen auch in der samaritanischen Synagoge von Bẹt Šə'ȧn vor. Die beiden υ wurden von Sukenik zunächst als εὐ gelesen, doch ist in beiden Fällen οἱ vorzuziehen (10; 11).

Die Angabe von Saller (48), es gebe 22 Inschriften, ist irreführend; die hier in Inschrift Nr. 1 und 2 gebrachten Einzelwörter bzw. Versanfänge werden von ihm als 20 verschiedene Inschriften gezählt.

Literarischer Befund: -

Ausrichtung: 205° SW

Datierung

Älteres Gebäude spätestens aus dem Ende des 5. Jhd. Fußbodenmosaik datiert in die Regierungszeit Justinian I., 518-527. Zerstört durch Erdbeben in der zweiten Hälfte des 6. Jhd.

Vgl. Nachträge!

B e t   G u v r i n

Koordinaten: 11.24 (140 112)
37 km südwestlich von Jerusalem.

Signatur: Synagoge archäologisch sicher

Namen: rabb.: בית גוברין
Jos.: Βηγαβρις
ar.: Bēt Ǧibrīn
Umschreib.: Beit Jibrin; Beth Govrin

Literatur

1. SWP III, 269 (1883) (Abbildung)
2. Clermont-Ganneau, Archaeological Researches in Palestine II, 442 (1896) (Abbildung)
3. Sukenik, in: JJPES 1, 2-4 1922-1924 (1925), 143-146 (Fotos; Inschrift)
4. Sukenik, in: PJPES 1, 2-4 (1925), 79f. (Foto)
5. Klein, in: Yedioth 2 (1925), 43 (Inschrift)
6. Klein, in: ZDPV 51 (1928), 135 (Inschrift)
7. Sukenik, in: JPOS 10 (1930), 76-78 (Inschrift) (vgl. 8; 9)
8. Klein, in: JPOS 12 (1932), 271 (Inschrift; Fotos) (zu 7; vgl. 9)
9. Sukenik, in: JPOS 12 (1932), 271f. (Inschrift; Fotos) (zu 8; vgl. 7)
10. Krauss, in: REJ 89 (1930), 413 (Inschrift)
11. Sukenik, Ancient Synagogues, 72 (1934) (Inschrift)
12. Sukenik, in: JPOS 15 (1935), 150f. (Abbildung) (= 13)
13. Sukenik, el-Ḥammeh, 60f. (1935) (Abbildung) (= 12)
14. Klein, Sefer ha-yiššuv, 13 (1939), (Inschrift)
15. Klein, Toldot, 32.263f.; Tafel XV (1950) (Inschrift)
16. Press, Enc. I, 77 (1951)
17. CIJ, Nr. 1195 (1952) (Foto)
18. Goodenough I, 212; III, Abb. 537.542 (1953)
19. Hiram, in: Wiener Jahrbuch für Kunstgeschichte 19 (1962), Abb. 31
20. Negev, in: EI 8 (1967), 199
21. EAEh, 39 (Avi-Yonah) (1970) (Foto)

22. Saller, Nr. 15 (1972)
23. Barag, in: IEJ 22 (1972), 148f.; Tafel 24 B-C (Inschrift)
24. EAEe I, 195 (Avi-Yonah) (1975) (Foto)
Carta's Atlas +

Archäologischer Befund

Drei Einzelfunde aus Bet Guvrin weisen auf eine Synagoge.

Der älteste Fund ist ein korinthisches Kapitell, auf dem eine siebenarmige Menora auf einem dreifüßigen Podest abgebildet ist (Abbildung in 1; 2; 18; 19; vgl. außerdem 20).

Ein von Sukenik veröffentlichtes Säulchen mit der Abbildung von Amphore, Weinlaub und -trauben ist von einem Soreg (Abbildung in 12; 13; 18).

Der dritte Fund ist ein Säulenstück mit einer aramäischen Stiftungsinschrift in einem Kreis (vgl. Ḥevron):

Abbildung in 3; 8; 15; 17; 18; 21; 23; 24.

Besprechung in 3; 5; 6; 7; 8; 9; 10; 11; 14; 15; 23:

1. דכיר
2. לטב קורוס
3. ...עיי ניח נפש
4. בר אוכסנטיס
5. דיבן הדין עמודא
6. ליקרה דכנישתא
7. שלום

1. "Es sei gedacht
2. zum Guten des Kyrios
3. ...ᶜYY - Friede seiner Seele -
4. Sohn des Auxentios,
5. der diese Säule gebaut hat
6. zur Ehre der Synagoge.
7. Schalom!"

Schwierigkeiten bietet nur die dritte Zeile, deren erste Buchstaben nicht zu lesen sind. Klein (8) und Barag (23) lesen בר חנניא bzw. בר שעיי. Das würde bedeuten, daß קורוס hier Eigenname wäre und im folgenden Name des Vaters und des Großvaters angegeben wären. Schwierigkeiten bietet bei dieser Lesung auch die Stellung der Formel ניח נפש nach dem Namen des Vaters: Demnach wären Spender und Großvater noch am Leben, der Vater aber gestorben. Wahrscheinlicher ist zu Beginn der zweiten Zeile mit Sukenik (7) der Name des Spenders einzusetzen, der mit dem Wort קורוס = κύριος eingeleitet wird (vgl. dazu z.B. Ḥammat Gådẹr, Inschrift Nr. 1). Zu ניח נפש vgl. 23, Anm. 9.

In Zeile 5 liest Klein (15): דזבן, "der gekauft hat" (vgl. dazu 7).

Ältere Lesungsversuche der Inschrift in 3; 5; 6; 10. Die Inschrift befindet sich heute im Rockefellermuseum (Nr. I.4217).

Literarischer Befund: -

Datierung: 4.-6. Jhd.

B ẹ t L e ḥ e m (h a - g ə l i l i t)

Koordinaten: 3.25 167 237
In Südgaliläa, 6 km ostnordöstlich von Ṭiv'on.

Signatur: Synagoge archäologisch unsicher

Namen: rabb.: בית לחם צוריא
ar.: Bēt Laḥm

Literatur

1. Guérin VI, 393 (1880) (= 2)
2. SWP I, 301 (1881) (= 1)
3. Goodenough I, 224 (1953)
4. Saller, Nr. 18 (1972)
Carta's Atlas +
Atlas of Israel +

Archäologischer Befund

Guérin (1) spricht von einem Gebäude in Nord-Süd-Richtung,

das er für eine Synagoge hält. Die spätere Literatur bezieht sich ausschließlich auf Guérin.

Literarischer Befund: -

Datierung: ?

B ẹ t M å ᶜ o n

Koordinaten: 4.26 (1995 2429)
In Galiläa, oberhalb von Tiberias.

Signatur: Synagoge literarisch sicher; Identifikation unsicher

Namen: rabb.: בית מערן; מערן
Jos.: Βηθμαους
ar.: Ḫ. Nāṣir ad-Dīn (?)

Literatur

1. Klein, Beiträge, 58-63 (1909)
2. Krauss, Die palästinensischen Synagogenruinen, 3 (1911)
3. Klein, in: Israelitische Monatsschrift 5, Wissenschaftliche Beilage zur "Jüdischen Presse" Nr. 22 (1912), 18f.
4. Dalman, in: Literarisches Zentralblatt für Deutschland 63 (1912), 1188 (zu 3)
5. Klein, in: Haṣofe 4 (1915), 51.56
6. Krauss, SA, 208 (1922)
7. Klein, Sefer ha-yiššuv, 66.105 (1939)
8. Press, Enc. I, 90 (1951)
9. Press, Enc. III, 583 (1952)
10. Klein, Galilee, 63.98.114f. (1967)

Carta's Atlas -

Atlas of Israel -

Archäologischer Befund: -

Literarischer Befund

b Schab 139a/b:

שלחו ליה בני בשכר ללוי ... מת ביום טוב מהו ... מת שלח להו
מת לא יתעסקו ביה לא יהודאין ולא ארמאין לא ביום טוב ראשון
ולא ביום טוב שני איני והאמר רבי יהודה בר שילת אמר רבי אסי
עובדא הוה בכי כנישתא דמעון ביום טוב הסמוך לשבת ולא ידענא
אי מלפניה אי מלאחריה ואתו לקמיה דרבי יוחנן ואמר להו יתעסקו
ביה עממין.

"Die Leute von Baschkar sandten zu Levi: ... 'Wie ist es mit einem Toten am Feiertag?' ... Bezüglich des Toten ließ er ihnen antworten: 'Weder Juden noch Aramäer sollen sich mit ihm befassen, und zwar weder am ersten noch am zweiten Feiertag.' Aber das kann doch nicht sein! R. Jehuda b. Schilat sagte doch im Namen von R. Assi: 'Ein solcher Fall ereignete sich in der Synagoge von Máᶜon an einem Feiertag in Schabbatnähe - ich weiß nicht, ob es vor oder nach dem (Schabbat) war -, und als sie vor R. Jochanan kamen, sagte er ihnen: 'Nichtjuden sollen sich mit ihm befassen.'"

b Jeb 64b:

כי אתא רב יצחק בר יוסף אמר עובדא הוה קמיה דר' יוחנן בכנישתא
דמעון ביום הכפורים שחל להיות בשבת ומלה ראשונה ומת שניה ומת
שלישית באה לפניו אמר לה לכי ומולי א"ל אביי חזי דקשרית
איסורא וסכנתא.

"Als R. Jiṣchaq b. Josef kam, sagte er: 'Ein solcher Fall wurde R. Jochanan in der Synagoge von Máᶜon an einem Versöhnungstag, der auf einen Schabbat fiel, vorgetragen: Eine Frau beschnitt ihr Kind, und es starb; die eine Schwester beschnitt ihr Kind, und es starb; da kam die andere Schwester zu ihm (, um ihn um Rat zu fragen). Er sagte zu ihr: 'Geh und beschneide es!' Daraufhin sagte Abbaje zu ihm: 'Sieh, du hast etwas Verbotenes und Lebensgefährliches erlaubt.'"

b Ḥul 97a:

והאמר רבה בר בר חנה עובדא הוה קמיה דר' יוחנן בכנישתא דמעון
בגדי שצלאו בחלבו ואתו ושיילוה לרבי יוחנן ואמר קולף ואוכל עד
שמגיע לחלבו ההוא כחוש הוה.

"Rabba b. Bar Chana sagte nämlich: Es geschah, daß R. Jochanan in der Synagoge von Máᶜon der Fall vorgetragen wurde, daß jemand ein Böckchen in seinem Fett briet. Als sie dann zu R. Jochanan kamen und ihn deswegen befragten, antwortete er ihnen: 'Man soll solange abschneiden und essen, bis man an das Fett kommt.' Dieses war ein mageres (Böckchen)."

b B qam 99b:

אמר רבה בר בר חנה אמר רבי יוחנן טבח אומן שקלקל חייב ואפילו
הוא אומן כטבחי ציפורי ומי אמר רבי יוחנן הכי והאמר רבה בר בר
חנה עובדא הוה קמיה דרבי יוחנן בכנישתא דמעון ואמר ליה זיל
איתי ראיה דממחית לתרנגולים ואפטרך לא קשיא כאן בחנם כאן בשכר.

"Rabba b. Bar Chana sagte im Namen des R. Jochanan: 'Wenn ein Schächter, der Experte ist, (eine Schächtung) nicht ordnungsgemäß ausführt, so ist er ersatzpflichtig, selbst, wenn er ein solcher Experte ist wie die Schächter von Ṣippori.' Hat denn R. Jochanan das gesagt? Rabba b. Bar Chana sagte doch: Ein solcher Fall wurde R. Jochanan in der Synagoge von Måᶜon vorgetragen, und er sagte: 'Geh, bring den Beweis, daß du ein Experte für (die Schächtung von) Hühnern bist, dann werde ich dich (vom Schadenersatz) befreien.' Da besteht aber keine Schwierigkeit: Das eine (handelt von einem Fall, in dem er) umsonst (schächtet), das andere (von einem Fall, in dem er) um Lohn (schächtet)."

Gen r LXXX 1 (ed. Theodor - Albeck, 950):

יוסי מעוניה תרגם בכנישתא דמעונאי

"Jose aus Måᶜon erklärte in der Synagoge der Leute von Måᶜon."

Hier ist nicht klar, ob es sich um eine Synagoge in Måᶜon selbst oder eine Synagoge der Leute aus Måᶜon in Tiberias handelt, wie Theodor - Albeck aufgrund der Parallele j Sanh 20d, 2f. (תירגם יוסי מעוני בכנישתא בטיבריה) glauben.

j Meg 74a, 21f.:

רבי חייה בשם רבי יוחנן כגון ההן סיפסלא דמעוניא

"R. Chijja (sagte) im Namen des R. Jochanan: So wie jene Bänke der Leute aus Måᶜon."

Im Zusammenhang (j Meg 73d, 61) ist von Synagogenbänken die Rede; man kann also annehmen, daß hier die Bänke der Synagoge von Måᶜon gemeint sind.

Die in b Zev 118b genannte בי כנישתא דמעון "Synagoge von Måᶜon" kann aus dem Kontext nicht klar identifiziert werden. Nach den Talmudkommentatoren müßte der Ort in Sichtweite von Šilo gelegen haben (ebenso 2; 6), Neubauer (La géographie du Talmud, 121) identifiziert ihn mit Måᶜon in Judäa, meist wird er mit dem hier besprochenen Bet Måᶜon gleichgesetzt (1; 2; 3; 5; 6; 7; Enc. Jud. [deutsch] IV, s.v. Bet Maon).

Der Ort konnte bis heute nicht eindeutig identifiziert werden. Nach den Quellen lag er sehr nahe bei Tiberias: Josephus berichtet von vier Stadien (etwa 750-800 m) (Vita 64); nach j ᶜEruv 22b, 65 konnte es unter bestimmten Voraussetzungen mit dem Schabbatgebiet von Tiberias vereinigt werden. Es lag oberhalb von Tiberias, aber unterhalb von כפר שובתי (Gen r LXXXV 6; ed. Theodor - Albeck, 1040) bzw. von פלטתה (j Soṭ 17a, 75) oder פלוגתא (Num r IX 24). Alle drei Orte sind nicht identifiziert worden, höchstens vielleicht כפר שובתי mit Kafr Sabt (1915 2389; 1, S. 59; vgl. dazu Num r, ed. Mirkin zur Stelle). Aus den Angaben geht aber so viel hervor, daß Bet Måᶜon nicht mit Tel Måᶜon (1984 2432) identifiziert werden kann (so schon Dalman, 4), da diese Stelle auf einem ringsherum abfallenden Berg liegt, zu dem man von allen Seiten hinaufsteigen muß. Außerdem ist der archäologische Befund dieser Stelle für die in Frage kommende Zeit negativ. Dagegen käme Ḫ. Nāṣir ad-Dīn (1996 2428) als die alte Ortslage in Betracht: Es liegt in der Luftlinie etwa 1,5 km oberhalb westlich des alten Zentrums von Tiberias (wenn man die Angaben von j ᶜEruv genau nimmt, wäre diese Entfernung allerdings immer noch zu groß) und unterhalb der Hochebene, so daß man, wo auch immer die drei genannten Orte gelegen haben, zu ihm hinuntersteigen mußte. Auch der archäologische Befund ist positiv (vgl. Yalquṭ, § 38, S. 1392).

Datierung

Durch die Nennung von R. Jochanan und R. Jose aus Måᶜon kann die Synagoge in die Mitte des 3. Jhd. datiert werden.

Ḥ. B ẹ t N ə ṭ o f å *

Koordinaten: 4.27 1863 2488
In Galiläa, 15 km nordwestlich von Tiberias.

Signatur: -

Namen: rabb.: בית נטופה
ar.: Ḫ. Nāṭif; (Ḫ. Naṭīf); (Ḫ. Natīf)
Umschreib.: Kh. Nathef; Kh. Nåtef

Literatur

1. Guérin VI, 465f. (1880)
2. SWP, 406 (1881) (zitiert 1)

Carta's Atlas -
Atlas of Israel -

Archäologischer Befund

Guérin berichtet von Resten eines Gebäudes mit Säulen im Nordteil der Chirbe, das eine Synagoge gewesen sein könnte.

Ein weiteres Gebäude mit Säulenresten, das genau nach Süden ausgerichtet ist, befindet sich am Westhang.

B ẹ t Š ə ' å n

Koordinaten: 6.28 1969 2120
Im Jordantal.

Signatur: Synagoge archäologisch sicher, literarisch sicher; Lehrhaus literarisch unsicher

Namen: rabb.: בית שאן; ביישן; בישן
Jos.: Σκυθοπολις
ar.: Bēsān
Umschreib.: Beisan

Literatur

1. Klein, Corpus, 87 (1920) (lit. Befund)

2. Krauss, SA, 210 (1922) (lit. Befund)
3. Klein, Sefer ha-yiššuv, 17f. (1939)
4. Braslavy, in: The Beth Shean Valley, 86f. (1962)
5. Braslavy, Hayadaᶜta, 247 (1964)
6. ḤA 13 (1965), 15f.; Titelbild ('Haus des Leontis')
7. Zori, in: IEJ 16 (1966), 123-134; Tafel 10-13 ('Haus des Leontis'; Grundriß, Abbildungen) (hebräische Übersetzung = 19)
8. Braslavi, in: All the Land of Naphtali, 123f. (1967) ('Haus des Leontis')
9. Tsori, in: RB 74 (1967), 92f.; Tafel XVb ('Haus des Leontis')
10. Lifshitz, 67-70, Nr. 77a-77c (1967)
11. EAEh, 76f. (Zori) (1970) ('Haus des Leontis')
12. ḤA 36 (1970), 7; Titelbild
13. Bahat - Druks, in: RB 78 (1971), 585f.; Tafel XXVIIb ('Gebetsraum')
14. ḤA 40 (1971), 5
15. ḤA 41/42 (1972), 8f.
16. ḤA 44 (1972), 9
17. Saller, Nr. 16 (1972) (Foto)
18. Bahat, in: Qadmoniot 5 (1972), 55-58; Tafel IV ('Gebetsraum'; Grundriß, Abbildung)
19. Tzori, in: EI 11 (1973), 229-238; Tafel XLV-XLVIII ('Haus des Leonits'; Grundriß; Abbildungen) (hebräische Übersetzung von 7)
20. Inscriptions Reveal, Nr. 184; hebräischer Teil 180.186; englischer Teil 84 (1973) (Fotos, Abbildung)
21. Sussmann, in: Tarbiz 43 (1973/74), 88f. (lit. Befund)
22. ḤA 48/49 (1974), 44
23. EAEe I, 226-228 (Tzori - Bahat) (1975) (Grundriß)
24. Avi-Yonah, in: EI 12 (1975), 192; Tafel XXXVIII, 3

Carta's Atlas +

Atlas of Israel +

Archäologischer Befund

In einem größeren Gebäudekomplex wurden in verschiedenen Räumen Mosaiken und Inschriften gefunden, die diese als Synagoge oder zumindest als Nebenraum einer Synagoge ausweisen. Eine Reihe von Räumen ist um einen Hof gruppiert (vgl. den Grundriß in 18; 22). Bei diesem 'Hof' handelt es sich entweder um einen richtigen Hof mit Peristyl oder aber um die Synagoge selbst, die in Form einer Basilika gebaut war (22). Sie hätte dann drei Eingänge in der nach Jerusalem ausgerichteten Südwand gehabt wie die frühen Synagogen Galiläas. In welchem Zusammenhang die verschiedenen Räume und der 'Hof' untereinander stehen, konnte noch nicht geklärt werden. Offensichtlich hat es mehrere Umbauten gegeben, wie auch aus einer der Inschriften (Nr. 1) hervorgeht.

Der Raum im Südwesten des 'Hofes' (in 18 als 'Gebetsraum' bezeichnet) ist fast quadratisch (etwa 7 x 7 m), allerdings laufen die Wände nicht parallel zueinander. Er hat zwei Eingänge, einen im Norden und einen im Osten. Im Süden, Jerusalem zugewandt, könnte eine Nische für den Toraschrein gewesen sein. Entlang den Wänden waren Bänke. Den Fußboden bedeckt ein teilweise zerstörtes Mosaik (Abb. in 18; 23; 24). In der Mitte ist in einem Medaillon eine siebenarmige Menora auf einem dreifüßigen Podest abgebildet, rechts von ihr ist ein Räuchergefäß und ein Schofar (?), links ein Etrog. Über der Menora steht das Wort שלום. Rings um dieses Medaillon sind sieben weitere Medaillons angeordnet, die aus Weinranken mit -blättern und -trauben gebildet sind, welche aus einem Krug herauswachsen, der unter der Menora steht. Zwei der Medaillons sind zerstört. In den erhaltenen sind Tiere und Vögel abgebildet. Dieses Mittelfeld ist so angeordnet, daß man es betrachten kann, wenn man durch den Osteingang den Raum betritt. Außen um die Medaillons zieht sich ein schmaler Rahmen mit Tieren und Vögeln sowie einer aramäischen Inschrift in einer tabula ansata (Nr. 1). Daran schließt sich an drei Seiten ein breiteres Band mit Vögeln und Einzeldarstellungen von Trauben, Körben, Blättern usw. an. An der Westseite ist noch eine teilweise zerstörte Tafel mit zwei Löwen und einer Menora (?) erhalten (Abb. in 17). Diese Tafel ist in die entgegengesetzte Richtung wie das Mittelfeld des Mosaiks ausgerichtet. An der Nordseite ist eine Tafel mit zwei Vögeln und einer griechischen Inschrift (Nr. 4), die von Süden her zu betrachten ist. An der Ostseite ist eine weitere aramäische

Inschrift (Nr. 2) zwischen zwei Vögeln und einer Vase; die Inschrift ist wie das Mittelfeld ausgerichtet, die Vögel dagegen entgegengesetzt. An Einzelfunden sind noch Teile eines Soreg mit der griechischen Inschrift 'Johannes' zu erwähnen (12).

Inschriften

Nr. 1

In einer tabula ansata im inneren Rahmen des Fußbodenmosaiks (IDAM Reg. Nr. 72.141).

Besprechungen in 16; 17.
Abbildung in 16; 17:

1. דכירין לטב כל בני חבורתה קדישתה
2. דהנון מתחזקין בתקונה דאתרה
3. קדי]שה ובשלמה תהוי להון ברכתה אמן
4. [.רוב שלום חסד בשלום

1. "Es sei zum Guten gedacht aller Mitglieder der heiligen Gemeinde,
2. die sich verdient gemacht haben bei der Renovierung des heiligen
3. Ortes und seiner Vollendung. Es sei ihnen Segen! Amen.
4.] Schalom. Gnade in Frieden."

Zeile 2-3: אתרה קדישה ist terminus technicus für 'Synagoge'.

Zeile 3: ובשלמה scheint parallel zu בתקונה konstruiert zu sein. Ich glaube nicht, daß es zu dem folgenden Satz תהוי להון ברכתה zu ziehen ist (wie in 18; 20), da dies eine feststehende Wendung ist, die sehr häufig vorkommt (vgl. z.B. Ḥammat Gádẹr, Kəfar Naḥum).

Nr. 2

Am Ostrand des Fußbodenmosaiks.

Besprechung in 13; 18.
Abbildung in 18:

1. דכיר דעבד חדה
2. לטב אומנה אבידתה

1. "Es sei gedacht der gemacht hat dieses
2. zum Guten des Künstlers, Werk."

חרה statt הרה und אבירתה statt עבירתה sind typisch für die galiläische Aussprache (vgl. j Ber 4d, 48f.).

Nr. 3

Im mittleren Medaillon des Fußbodenmosaiks steht über der Menora das Wort:

"Schalom." שלום

Nr. 4

Am Nordrand des Fußbodenmosaiks. (Vgl. 18):

1. Πρ(οσφορὰ) ὧν Κ(ύριο)ς γ-
2. ινόσκι τὰ
3. ὀνόματ-
4. α αὐτὸς
5. φυλάξι ἐν
6. χρό[νῳ

"Spende derer, deren Namen Gott kennt. Er möge sie behüten! Zur Ze[it "

Das Datum ist nicht erhalten.

Nr. 5-6

Zwei griechische Inschriften, eine mit dem hebräischen Wort שלום am Ende, sind noch nicht veröffentlicht; zu ihrem Inhalt vgl. 16; 18.

Das 'Haus des Leontis'

Nördlich des 'Hofes' wurden von Zori 1964 drei Räume ausgegraben, die nach einer griechischen Inschrift unter dem Namen 'Haus des Leontis' bekannt geworden sind. Diese Räume sind mit dem 'Hof' verbunden. In dem nordwestlichen Raum ist ein großes Mosaik, das aus drei Feldern besteht (Abb. in 7; 19). Am Rande des obersten Feldes sind noch Reste einer griechischen Inschrift in einer tabula ansata (?) zu erkennen: ΑΜΡ̣̣̣. Im oberen Feld ist eine Darstellung aus Homers Odyssee (12,

178ff.): Odysseus ist an den Mast eines Schiffes mit einem Netz gefesselt. Von einem Boot kämpft ein Mann mit einem Seeungeheuer. Außerdem sind eine Sirene sowie Tiere und Fabelwesen abgebildet. In der Mitte ist eine griechische Inschrift (Nr. 7). Im mittleren Feld sind 26 Tauben mit einem Halsband paarweise abgebildet, von denen sechs zerstört sind. In der Mitte ist in einem Kreis eine Stiftungsinschrift (Nr. 8). Im unteren Feld ist ein Nilometer, daneben ein Gebäude und die Inschrift 'Alexandria'. Rechts davon sitzt der Nilgott (7; 19) auf einem Krokodil, in der Hand einen Wasservogel. Außerdem sind ein Schiff sowie verschiedene Tiere und Pflanzen abgebildet.

Vom Thema her ist es nicht sehr wahrscheinlich, daß das Mosaik in einer Synagoge gewesen ist, wenigstens haben wir (,wenn man von der Darstellung des Zodiak absieht,) keinerlei Parallelen. Gegen ein Privathaus spricht die Angabe 'aus eigenem Vermögen' in Inschrift Nr. 8 (vgl. 10). Allerdings beginnt diese Inschrift gerade mit der für Stiftungsinschriften in Synagogen üblichen Formel μνησθῇ εἰς ἀγαθόν (vgl. z.B. Ḥammat Ṭəveryȧ südlich der Quellen, Inschrift Nr. 14), der Übersetzung des Aramäischen דכיר לטב. Diese Formel ist ausschließlich von Synagogen bekannt. Vielleicht handelt es sich um ein öffentliches Gebäude oder ein Privathaus, das von dem Eigentümer für die Belange der Synagoge (Gästehaus?) zur Verfügung gestellt wurde, als eine solche in diesem Komplex eingerichtet wurde; daher dann auch die typische Formulierung am Anfang der Inschrift.

Nr. 7

Im oberen Feld des Mosaiks.

Besprechung in 7; 10; 19.
Abbildung in 7; 19:

1. Κ(ύρι)ε β(ο)ήθ(ει) Λεοντί-
2. ου κλουβ(ᾶ)

Möglich wäre auch folgende Lesung: Λέοντι (τ)οῦ κλουβ(ᾷ); τοῦ für τῷ auch in Ṙamat Ȧviv. Vgl. die folgende Inschrift.

"Herr, hilf Leontios dem Korbmacher(?)".

Das η über der ersten Zeile könnte zu βοήθει gehören (vgl. Abbildung in 7; 19). Das Wort κλουβ ist nicht geklärt. Zori vermutet einen Eigennamen oder eine Berufsbezeichnung. Lifshitz übersetzt 'fabricant de paniers (de fourneaux?)'.

Nr. 8

Im mittleren Feld des Mosaiks.

Besprechung in 7; 10; 19.
Abbildung in 7; 19:

1. Μνησθῆ
2. εἰς ἀγαθὸν κ(αὶ) ἰς
3. εὐλογίαν ὁ Κύρ(ιος) Λεόντις
4. ὁ κλουβᾶς ὅτι ὑπὲρ
5. σοτηρίας αὐτοῦ κ(αὶ) τοῦ
6. ἀδελφοῦ αὐτοῦ 'Ιωναθα
7. ἐψήφοσεν τὰ ὅδε
8. ἐξ ἠδήον

1. "Es sei gedacht
2. zum Guten und zum
3. Lobe des Kyrios Leontis
4. des Korbmachers (?), weil er wegen
5. seiner eigenen Rettung und der
6. seines Bruders Jonathan
7. dieses Mosaik gemacht hat
8. aus seinem eigenen Vermögen."

Zeile 2: ἰς für εἰς.

Zeile 3-4: Vgl. Inschrift Nr. 7.

Zeile 4: Hinter ὑπέρ ist eine kleine Menora abgebildet, die aber zerstört ist (Abb. in 7; 19).

Zeile 5: σοτηρίας statt σωτηρίας.

Zeile 7: ἐψήφοσεν statt ἐψήφωσεν; οδε wohl statt ὧδε.

Zeile 8: ἠδήον statt ἰδίον.

Nr. 9

Unteres Feld des Mosaiks.

"Alexandria." 'Αλεξανδρία

Im Nilometer sind folgende Zahlen (von oben nach unten):

"16"	Iς
"15"	IE
"14"	IΔ
"13"	IΓ
["12"]	[IB]
"11"	IA
"10"	I

Zori (7; 19) beschreibt nur die Zahlen von 11-16, Lifshitz (10) nur von 12-16.

Nr. 10

Marmorsturz.

Beschreibung in 7; 10; 19.
Abbildung in 7; 19:

1. Πρ(οσφορὰ) Νόννου [
2. Κυζηκινοῦ [
3. ὑπὲρ σωτε[ρίας αὐτοῦ
4. καὶ τοῦ οἰκοῦ [αὐτοῦ

1. "Spende des Nonnus [
2. aus Cyzicus [
3. für die Rett[ung seiner selbst (?)
4. und [seines] Hauses."

Zeile 3: σωτερίας statt σωτηρίας.

Auf einem weiteren Marmorfragment sind die Buchstaben NTE erhalten (Abb. in 7, Tafel 10 D; 19, Tafel XLVI, 2).

Die in 2 wiedergegebenen griechischen Inschriften (vgl. Conder, in: PEFQS 1890, 311) stammen aus Siᶜa bei Qanawāt in Syrien und haben nichts mit einer Synagoge zu tun (vgl. Waddington, Inscriptions grecques et latines de la Syrie, 540f.).

Bẹt Šə'án

Literarischer Befund

j Meg 74a, 67-71:

רבי ברכיה אזל לכנישתא דבית שאן חמא חד בר נש משזיג ידוי
ורגלוי מן גורנה אמר ליה אסור לך למחר חמתיה ההוא גוברא משזיג
ידוי וריגלוי מן גורנה א"ל ר' לך שרי ולי אסיר א"ל אין א"ל
למה אמר ליה כן א"ר יהושע בן לוי בתי כניסיות ובתי מדרשות
לחכמים ולתלמידיהם

"R. Berekja ging in die Synagoge von Bẹt Šə'án. Da sah er, wie jemand seine Hände und Füße in dem Wasserbecken wusch. Er sagte zu ihm: 'Das ist dir verboten!' Am kommenden Tag sah jener Mann ihn (sc. R. Berekja), wie er seine Hände und Füße in dem Wasserbecken wusch. Da sagte er zu ihm: 'Rabbi, dir ist es erlaubt, und mir ist es verboten!?' Er antwortete ihm: 'Ja.' Da fragte jener: 'Warum?' Er antwortete ihm: 'R. Jehoschua^{c} b. Levi hat gesagt: Die Synagogen und Lehrhäuser gehören den Gelehrten und ihren Schülern.'"

Estori Farchi zitiert diese Stelle in seinem Werk Kaftor weferach und fügt hinzu, daß bis zum heutigen Tage in Bẹt Šə'án die Ruine dieser Synagoge zu sehen sei mit drei Hekalot in der Richtung nach Jerusalem (ed. Edelmann, Berlin 1852, Nachdruck Jerusalem 1959, S. 21a, Mitte):

בית שאן נזכרת בכמה מקומות בתלמוד המקודש ... ירושלמי פרק בני
העיר רבי ברכיה אזל לבי כנישתא דבית שאן חזא ההוא גברא משזג
ידוי בגורנא דכנישתא וכו' עוד היום הנה היא פה עמנו חרבה ובה
שלשה היכלות נגד ירושלים

"Bẹt Šə'án wird an mehreren Stellen im heiligen Talmud erwähnt ... Jeruschalmi, Kapitel 'Die Einwohner der Stadt' (= j Meg Kapitel 3): 'R. Berekja ging in die Synagoge von Bẹt Šə'án. Da sah er, wie jemand seine Hände im Wasserbecken der Synagoge wusch, usw.'. Noch heute besteht die Synagoge hier bei uns als Ruine, und sie hat drei Hekalot in Richtung auf Jerusalem."

Mit den Hekalot könnten möglicherweise die drei Schiffe einer Basilika gemeint sein.

Folgende Stelle scheint auf einen konkreten Fall in Bẹt Šə'án zurückzugehen und weist ebenfalls auf eine Synagoge:

j Meg 73d, 22f.:

ביישנאי שאלין לרי אימי מהו ליקח אבנים מבית הכנסת זו ולבנות
בבית הכנסת אחרת אמר לון אסור

"Die Leute aus Bet Šə'ân fragten R. Imi (= Ammi), ob es erlaubt sei, Steine von einer Synagoge zu nehmen und sie zum Bau einer anderen Synagoge zu verwenden. Er sagte ihnen: 'Es ist verboten.'"

Lehrhaus

Gen r IX 5 (ed. Theodor - Albeck, 70):

אמר רי שמואל בר נחמן רכוב הייתי על כתיפו שלזקיני ועולה מעי-
רי לכפר חנא דרך בית שאן ושמעתי את רי שמעון בן רי לעזר יושב
ודורש בשם רי מאיר

"R. Schemuel b. Nachman sagte: Ich saß auf der Schulter meines Großvaters und ging von meiner Heimatstadt nach Kəfar Ḥánâ über Bet Šə'ân. Da hörte ich R. Schimᶜon b. R. Elᶜazar, wie er saß und im Namen des R. Meir lehrte."

Diese Stelle scheint sich auf Bet Šə'ân zu beziehen.

Mas. Dere<u>k</u> Ereṣ, Pirqe Ben ᶜAzzai (ed. Higger, S. 170):

אותו היום ישב רי שמעון בן אלעזר ודרש בבית המדרש הגדול שלו

"An demselben Tage saß R. Schimᶜon b. Elᶜazar und lehrte in seinem großen Lehrhaus."

Vgl. dazu 21.

Datierung

Synagoge archäologisch: Mitte 5. bis 6. Jhd.
Synagoge literarisch: Durch Nennung von R. Ammi ist die Synagoge in die zweite Hälfte des 3. Jhd. zu datieren.

B ẹ t Š ə ᶜ ȧ r i m

Koordinaten: 3.29 1625 2343
18 km südöstlich von Haifa

Signatur: Synagoge archäologisch sicher; Lehrhaus literarisch sicher; Sanhedrin archäologisch unsicher, literarisch sicher

Namen: rabb.: כפר שערים; בית שריי; בית שריין

Jos.: Βησαρα Auch inschriftlich belegt: B]εσαρ[(vgl. Schwabe, in: Kedem 1, [1942], 78; 9; 19, Nr. 127)

ar.: aš-Šēḫ Burēk; Šēḫ Ibrēk

Umschreib.: esh-Sheikh Ibreiq; Cheikh Abreik

Literatur

1. Guérin VI, 397 (1880)
2. Maisler, in: BJPES 6 (1938/39), 101-103.178; englische Zusammenfassung IIIf. (Foto)
3. Schwabe, in: BJPES 6 (1938/39), 104; englische Zusammenfassung IV
4. Klein, Sefer ha-yiššuv, 18 (1939)
5. Maisler, in: BJPES 9 (1941/42), 5-7.11-16; englische Zusammenfassung I; Tafel II (Grundriß; Abbildung)
6. Schwabe, in: BJPES 9 (1941/42), 27-30; englische Zusammenfassung II; Tafel III (Inschrift Nr. 2)
7. Yeivin, in: BJPES 9 (1941/42), 69-76; englische Zusammenfassung 86 (Abbildung) (Fortsetzung = 8)
8. Kaplan, in: BJPES 9 (1941/42), 113f. (zu 6)
9. Yeivin, in: BJPES 10 (1942/43), 20-25; englische Zusammenfassung III (Fortsetzung von 6)
10. (Maisler), in: QDAP 9 (1942), 212f. (Grabungsbericht)
11. (Maisler), in: QDAP 10 (1944), 196f. (Grabungsbericht)
12. Kirk, in: PEQ 78/79 (1946/47), 97 (Erwähnung)
13. Sukenik, in: Bulletin 1 (1949), 16f. (Erwähnung)
14. Press, Enc. I, 105f. (1951)
15. Goodenough I, 208-211; III, Abb. 535.545 (1953) (Grundriß)
16. Mazar, in: IEJ 6 (1956), 261 (kurzer Grabungsbericht; Gerichtshof)

17. Mazar, Beth Sheʿarim I, 23-26; VIf. (1957) (Grabungsbericht; Grundriß)
18. Braslavy, Hayadaʿta, 218-278 passim (vgl. Index) (1964)
19. Klein, Galilee, 80f. (1967)
20. Schwabe - Lifshitz, Beth Sheʿarim II, 90-94 (1967) (Inschriften)
21. EAEh, 86-88 (Avigad - Mazar) (1970) (Grundrisse; Fotos)
22. Saller, Nr. 117 (1972)
23. EAEe I, 233-237 (Avigad - Mazar) (1975) (Grundrisse, Fotos

Carta's Atlas +

Atlas of Israel +

Archäologischer Befund

1938/39 wurden im Laufe der Grabungen in Bẹt Šəʿårim die Reste einer Synagoge freigelegt. Die Synagoge liegt oberhalb der Grabanlagen, wenig unterhalb der höchsten Stelle. Es handelt sich um ein rechteckiges Gebäude von 15 x 35 m (die Angaben in 18, S. 235 sind falsch), das nach Jerusalem ausgerichtet ist. Vor den drei Eingängen der Frontseite war ein Hof. Das Innere war durch zwei Säulenreihen zu acht Säulen in drei Schiffe aufgeteilt. Im Gegensatz zu den anderen frühen Synagogen in Galiläa ist im Mittelschiff gegenüber dem Eingang eine erhöhte Bema. Später wurde der mittlere Eingang zugemauert. Dort wurde dann vermutlich eine Nische für den Toraschrein angebracht. Außerdem wurden die Wände mit farbigem Putz versehen, in den man Marmortafeln mit Verzierungen (u.a. Darstellungen des Zodiak? 10; 18, Abb. 545) und Inschriften einsetzte. An Einzelfunden ist noch ein Teil einer Menora aus Marmor zu erwähnen. Die Synagoge wurde vermutlich um 352/353 von Gallus zerstört. Insgesamt wurden in der Synagoge und den angrenzenden Gebäuden 15 griechische und eine hebräische Inschrift gefunden, die alle in 20 besprochen werden. Diese Inschriften waren zum Teil, wie schon bemerkt, bei einem Umbau in die Wände eingelassen worden. Einige von ihnen sind Grabinschriften. Sie stehen offenbar alle in Zusammenhang mit Leuten, die in der Synagoge eine wichtigere Funktion ausübten. Als Stiftungsinschrift kommt nur eine in Frage (20, Nr. 207):

Bẹt Šəᶜârim

Inschriften

Nr. 1

]γος Γαΐου
ἀνέθηκεν

"]gos (Sohn des) Gaius
stiftete."

Zwei weitere Inschriften erwähnen einen Synagogenvorsteher und können deshalb mit zu den Synagogeninschriften gezählt werden:

Nr. 2

(6; 20, Nr. 203).
Abbildung in 6:

'Ιακὼς Καισαρεὺς
ἀρχισυνάγω-
γος, Πανφυλί-
ας שלום

"Jakos aus Caesarea
Synagogenvorste-
her, aus Pamphylien. Schalom."

'Ιακῶς ist wohl gleich 'Ιάκωβος.

Nr. 3

(20, Nr. 212): 'Αυΐτο[ς
ἀρχ[ισυνάγωγος oder -γου

"Avito[s, Sohn des NN
Vor[steher der Synagoge".

Die Ergänzung des ἀρχ zu ἀρχισυνάγωγος oder -γου ist nicht gesichert.

In der achten Grabungskampagne 1956 wurde ein großes öffentliches Gebäude freigelegt (Koordinaten 1622 2342), das durch zwei Säulenreihen zu je sieben Säulen in drei Schiffe aufgeteilt wurde. Am Kopfende des Gebäudes sind Reste einer kleinen Bema. Möglicherweise handelt es sich bei dieser Basilika um den Sitz des Sanhedrein (16) (Grundriß und Foto des Gebäudes in 21, S. 87; 23, S. 236).

Ausrichtung: OSO 130°

Literarischer Befund

Lehrhaus: b Sanh 32 b: הלך אחר חכמים לישיבה וכו' אחר רבי לבית שערים

"Folge den Weisen zur Akademie usw. Folge Rabbi nach Bẹt Šəᶜårim."

b Ket 103 b: הלך אחר רבי לבית שערים

"Folge Rabbi nach Bẹt Šəᶜårim."

Von einem Lehrhaus Rabbis (בי רבי) wird in b Ber 34 b (2x) berichtet, allerdings ohne Ortsangabe.

Sanhedrin: b R hasch 31 a/b: וכנגדן גלתה סנהדרין מגמרא מלשכת הגזית לחנות ומחנות לירושלים ומירושלים ליבנה ומיבנה לאושא ומאושא ליבנה ומיבנה לאושא ומאושא לשפרעם ומשפרעם לבית שערים ומבית שערים לצפורי ומצפורי לטבריא

"Dementsprechend wanderte das Sanhedrin zehn Mal aus, wie es überliefert ist: Aus der Quaderhalle in die Kaufhalle, von der Kaufhalle in (die Stadt) Jerusalem, von Jerusalem nach Yavne, von Yavne nach Ušå, von Ušå nach Yavne, von Yavne nach Ušå, von Ušå nach Šəfarᶜåm, von Šəfarᶜåm nach Bẹt Šəᶜårim, von Bẹt Šəᶜårim nach Ṣippori und von Ṣippori nach Tiberias."

Gen r (XCVII), Neue Version des Jakobsegens, 2 (ed. Theodor - Albeck, 1220f.): שבתחילה גלתה לה סנהדרי וישבה לה ביבנה ומיבנה לאושה ומאושה לשפרעם ומשפרעם לבית שערים ומבית שערים לציפורי וצפורי היה בחלקו שלזבולון ואחרכך גלתה לטיבריה

"Denn zuerst wanderte das Sanhedrin aus und ließ sich in Yavne nieder, von Yavne (wanderte es) nach Ušå, von Ušå nach Səfarᶜåm, von Šəfarᶜåm nach Bẹt Šəᶜårim, von Bẹt Šəᶜårim nach Ṣippori - Ṣippori war im Gebiet Zəvulun, und dann wanderte es nach Tiberias."

Unter Rabbi bestand auch ein Gerichtshof in Bẹt Šəᶜårim, der integraler Bestandteil seiner Akademie war; vgl. unter 'Lehrhaus' sowie die Einleitung.

Datierung: Synagoge: 1. Hälfte des 3. Jahrhunderts bis 352/3.

Lehrhaus und Sanhedrin: 2. Hälfte des 2. Jahrhunderts.

Vgl. Nachträge!

B ẹ t Y e r a ḥ

Koordinaten: 4.30 2041 2359

Am Südostende des Sees Genezareth, 8 km südöstlich von Tiberias.

Signatur: Synagoge archäologisch sicher

Namen: rabb.: בית ירח

Zur Identifizierung mit אריח vgl. 9.

ar.: Ḫ. Karak

Umschreib.: Khirbet Kerak; Tell Beth Jerach

Literatur

1. Guy, in: Alon 3 (1951), 32f.; Tafel II (kurzer Grabungsbericht)
2. Notes and News, in: IEJ 1 (1950/51), 250
3. State of Israel. Government Yearbook 5712 (1951/52), 186
4. Maisler, in: BA 15 (1952), 22
5. Goodenough I, 263f. (1953)
6. Notes and News, in: IEJ 4 (1954), 128f.
7. Yeivin, in: Government Yearbook 5716/1955, 395 (= 8)
8. Yeivin, Archaeological Activities in Israel (1948-1955), 9 (1955) (= 7)
9. Bar-Adon, in: EI 4 (1956), 50-55
10. Delougaz - Haines, A Byzantine Church at Khirbet al-Karak, 56f. (1960)
11. Yeivin, A Decade of Archaeology in Israel 1948-1958, 43f. (1960)
12. Avi-Yonah, HG, 139 (1962) (Erwähnung)
13. EAEh, 45 (Hestrin) (1970)
14. Saller, Nr. 76 (1972)
15. EAEe I, 258 (Hestrin) (1975)

Carta's Atlas +

Atlas of Israel +

Archäologischer Befund

Innerhalb eines römischen Forts im Norden von Bẹt Yeraḥ wurde 1950 eine Synagoge ausgegraben. Sie ist mit 22 x 37 m die größte bisher gefundene Synagoge. Es handelt sich um eine Basilika, die durch zwei Säulenreihen in drei Schiffe aufgeteilt wurde. In der nach Jerusalem ausgerichteten Südwand war eine Apsis. Der Eingang war im Norden. Der Boden war mit einem Mosaik bedeckt, von dem allerdings nicht viel erhalten ist. Auf ihm waren Pflanzen und Tiere abgebildet, u. a. zwei Löwen, ein Baum mit zwei Etrogim sowie ein Mann mit einem Pferd. Auf einer Säulenbasis sind Menora, Lulav, Etrog und Machta abgebildet. Auf einem Säulenstumpf ist auf der Schnittstelle eine kaum erkennbare siebenarmige Menora abgebildet. Es handelt sich dabei wohl um eine mittelalterliche (oder neue) Abbildung, die nach der Zerstörung der Synagoge angebracht wurde, da die Abbildung einer Menora auf der Schnittstelle einer Säulentrommel sinnlos ist, wenn diese in einer Säule eingebaut ist.

Ferner wurde eine Reihe von z.T. sehr großen Nebenräumen entdeckt sowie ein verzweigtes System von Wasserkanälen.

Ausrichtung: 150° SSO.

Literarischer Befund: -

Datierung

Die Synagoge wird von Bar-Adon in das 4./5. Jahrhundert datiert (9), von Yeivin in das Ende des 5. bis Anfang des 6. Jahrhunderts (7; 8; 11). Ist diese Datierung richtig, wäre die etwa 50 m nördlich ausgegrabene Kirche während des Bestehens der Synagoge gebaut worden (10).

B ẹ t á r

Koordinaten: 11.31 (1628 1260)
In Judäa, 11 km südwestlich von Jerusalem.

Signatur: Synagoge literarisch unsicher; Gerichtshof literarisch sicher

Beṭár

Namen: rabb.: ביתר; ביתתר; ביתיר
ar.: Ḫ. al-Yahūd; Battīr
Umschreib.: Beth-ter; Bitther

Literatur

1. Klein, Sefer ha-yiššuv, 19f. (1939)
2. Press, Enc. I, 100 (1951)
Carta's Atlas -

Archäologischer Befund: -

Literarischer Befund:

b Giṭ 58a:

אמר רבי יהודה אמר שמואל משום רבן שמעון בן גמליאל מאי דכתיב (איכה ג' נ"א) "עיני עוללה לנפשי מכל בנות עירי" ארבע מאות בתי כנסיות היו בכרך ביתר ובכל אחת ואחת היו בה ארבע מאות מלמדי תינוקות וכל אחד ואחד היו לפניו ארבע מאות תינוקות של בית רבן וכשהיה אויב נכנס לשם היו דוקרין אותן בחוטריהן וכשגבר אויב ולכדום כרכום בספריהם והציתום באש

"R. Jehuda sagte: Schemuel sagte im Namen des Rabban Schimʿon b. Gamliel: Was ist die Bedeutung des Verses (Klagl 3,51): 'Mein Auge bereitet Schmerz meiner Seele wegen der Töchter meiner Stadt'? 400 Synagogen gab es in der Stadt Beṭár; in jeder einzelnen von ihnen waren 400 Kinderlehrer, von denen jeder einzelne 400 Schulkinder vor sich hatte. Als der Feind (die Römer während des Bar-Kochba-Aufstandes) nach dort eindrang, durchbohrten sie (die Schulkinder) jene mit ihren Stöcken. Als der Feind aber dann die Oberhand bekommen und sie gefangen genommen hatte, wickelte er sie in ihre Buchrollen ein und verbrannte sie."

Vgl. j Taʿan 69a, 13-18:

תני רבן שמעון בן גמליאל אומר חמש מאות בתי סופרים היו בביתר והקטן שבהן אין פחות מחמש מאות תינוקות והיו אומרים אם באו השונאים עלינו במכתובים הללו אנו יוצאין עליהן ומנקרים את עיניהם וכיון שגרמו עונות היו כורכים כל אחד ואחד בספרו ושורפין אותו ומכולם לא נשתייר אלא אני וקרא על גרמיה (איכה ג' נ"א)

"עיני עוללה לנפשי מכל בנות עירי"

Vgl. Klagl r II 4 (zu 2,2):

אמר רבן גמליאל חמש מאות בתי סופרים היו בביתר וקטן שבהם לא היה פחות משלש מאות תינוקות והיו אומרים אם יבואו השונאים עלינו במכתבין הללו אנו יוצאין ודוקרין אותם וכיון שגרמו העו-נות ובאו השונאים כרכו כל אחד ואחד בספרו ושרפו אותם ולא נש-תייר מהם אלא אני וקרא על עצמו (איכה ג' נ"א) "עיני עוללה לנפשי" וגו'

Vgl. Klagl r III y (zu 3,51):

(איכה ג' נ"א) "עיני אוללה לנפשי" ארשב"ג חמש מאות בתי סופרים היו בביתר והקטן שבהם וכו' וקראתי על עצמי וכו'

"Es wird gelehrt: Rabban Schimʿon b. Gamliel sagt: 500 Schulhäuser gab es in Beṭár. In dem kleinsten von ihnen waren 500 (300) Kinder. Diese sagten: 'Wenn die Feinde über uns kommen, gehen wir mit diesen Schreibgeräten ihnen entgegen und stechen ihnen die Augen aus.' Als dann aber die Sünden (der Leute von Beṭár) zur Folge hatten, daß die Feinde wirklich kamen, wickelten sie (die Römer) jeden einzelnen von ihnen in seine Buchrolle und verbrannten sie. Von allen bin nur ich allein übrig geblieben. Und er zitierte über sich den Vers (Klagl 3,51): 'Mein Auge bereitet Schmerz meiner Seele wegen der Töchter meiner Stadt.'"

Eine ähnlich hohe Zahl von Synagogen wird von Jerusalem überliefert.

Außer dieser agadischen Stelle in b Giṭ 58a gibt es keine weiteren Belege für eine Synagoge in Beṭár. Auch die Parallelberichte sprechen nicht von Synagogen, sondern von Schulhäusern (בתי סופרים).

In Beṭár war ein Kleines Sanhedrin von drei Richtern:
b Sanh 17b:

אמר רב יהודה אמר רב כל עיר שאין בה שנים לדבר ואחד לשמוע אין מושיבין בה סנהדרי ובביתר הוו שלשה

"R. Jehuda sagte: Es sagte Rav: 'In einer Stadt, in der es nicht (mindestens) zwei (Richter) gibt, die (die siebzig Sprachen) sprechen und einen, der (sie) versteht, darf man kein Sahnhedrin einsetzen.' In Bẹtår gab es drei (Richter)."

Datierung

Synagoge: Der Bericht über die Eroberung Bẹtårs durch die Römer fällt in das Jahr 135.

Sanhedrin: Durch die Nennung von Rav kann das kleine Sanhedrin spätestens im 3. Jhd. angesetzt werden.

B u r ī q a *

Koordinaten: 2.32 (2314 2717)
Im östlichen Golån.

Signatur: -

Namen: ar.: Burēqa; Burīqa
Umschreib.: al-Buraika; el-Breikah

Literatur

1. Schumacher, in: ZDPV 9 (1886), 289f. (Zeichnung) (= 2)
2. Schumacher, The Jaulân, 113-115 (1888) (Zeichnung) (= 1)
3. Press, Enc. I, 126 (1951)
4. Goodenough I, 222 s.v. Khan Bandak; III, Abb. 587 (1953)
5. Neishtat, ha-Golan, 81f. (1968)
6. Saller, Nr. 19 (1972)

Carta's Atlas -
Atlas of Israel -

Archäologischer Befund

Auf einem Sturz (Abbildung in 1; 2; 4, Abb. 587, fälschlich als von Khan Bandak kommend bezeichnet) ist rechts und links je ein Kreuz in einem Kreis eingeschlagen. In der Mitte ist in einem Kreis eine Kombination von Kreuz und Menora abgebildet. Falls der Sturz von einem sakralen Gebäude stammt, hat es sich um eine Kirche gehandelt.

B u ṭ m ī y a *

Koordinaten: 2.33 (2326 2616)
Im östlichen Golân.

Signatur: -

Namen: ar.: Buṭmīya

Literatur

1. Schumacher, in ZDPV 9 (1886), 292f. s.v. el ᶜeschschi (Zeichnungen) (= 2)
2. Schumacher, The Jaulân, 115-117 (1886) (Zeichnungen (= 1)
3. Press, Enc. I, 66 (1951)
4. Goodenough I, 222 s.v. Khan Bandak; III, Abb. 586 (1953)
5. ḤA 30 (1969), 2f.
6. Vilnay, Golan and Hermon, 71 (1970)
7. JSG, 274, Nr. 99 (1972)
8. Saller, Nr. 20 (1972)
Carta's Atlas -
Atlas of Israel -

Archäologischer Befund

Von Schumacher werden verschiedene Stürze abgebildet. Allerdings ist es sehr fraglich, ob einer von ihnen von einer Synagoge stammt. Das Bruchstück mit dem Weinrebenornament (Abb. 49 in 1; 26 in 2) ist zwar typisch für Synagogen, deutet aber nicht unbedingt auf eine solche; Schumacher hält es für christlich. Interessanter ist einer der beiden Stürze (Abb. 51 in 1; 27 in 2). Goodenough beschreibt ihn als Synagogensturz (Abb. 586 in 4; dort fälschlich als von Khan Bandak kommend bezeichnet). Der Sturz ist nicht ganz abgebildet, auf seiner rechten Seite ist soviel zu ergänzen, daß die 'Menora' in der Mitte steht. Es ist fraglich, ob es sich hier um eine Menora handelt; sie ist sehr stilisiert und erinnert eher an die Darstellung eines Lebensbaumes, vor allem, weil der sonst übliche Fuß fehlt. Die Zeichnung ist auch nicht genau: So sind vor allem die beiden oberen Striche bedeutend länger, und die beiden unteren erreichen den unteren Rand des Sturzes in größerem Abstand von dem mittleren Strich. Schumacher (nach ihm Saller, 8) schreibt irrtümlich von zehn statt neun Armen. Von den links abgebildeten Zeichen ist heute nichts mehr zu erkennen, und ich bezweifle, daß sie so oder in ähnlicher Form existiert haben. Der Sturz ist bis heute in einem alten Haus eingemauert und in sehr gutem Zustand, allerdings ist seine Oberfläche ziemlich rauh, und die Darstellungen sind nur bei günstigem Licht klar zu erkennen; das führt leicht zu der Annahme von solchen Zeichen, wie Schumacher sie wiedergibt. Der Sturz ist übrigens, gemessen an den bekannten Synagogenstürzen, sehr schmal.

Bei meinem Besuch in Buṭmīya im Sommer 1974 fand G. Reeg in einem anderen Haus bei einem Durchgang von einem Zimmer zum anderen einen Türpfosten aus schwarzem Basalt kopfstehend eingebaut, der bis dahin unbekannt war. Auf ihm ist eine zehn(!)-armige Menora mit einem dreibeinigen Podest abgebildet, rechts und links neben ihr je ein Etrog. Diese bis jetzt einmalige Form scheint auf einem Versehen des Steinmetzen zu beruhen, der die einzelnen Arme nicht genau gegenüber ansetzte und auf der rechten Seite fünf statt vier Arme einschlug. Der Stein ist heute in Jerusalem.

Diese Funde deuten zwar eindeutig auf eine jüdische Besiedlung in Buṭmīya in spätrömischer Zeit hin, sind aber zu schwach, um eine Synagoge mit einiger Sicherheit annehmen zu können.

Literarischer Befund: -

Datierung: 3./4. Jhd.

C a e s a r e a

Koordinaten: 5.34 1402 2125
An der Mittelmeerküste, 37 km südlich von Haifa.

Signatur: Synagoge archäologisch sicher, literarisch sicher; Lehrhaus literarisch sicher; Gerichtshof literarisch sicher

Namen: rabb.: קיסרי; קסרי; קיסריין; קסריין
Jos.: Καισαρεια Σεβαστη; Στρατωνος Πυργος; Σεβαστος Λιμην

Literatur

1. Bacher, Die Agada der Palästinensischen Amoräer II, 92. 209 (1896) (lit. Befund)
2. Bacher, Die Agada der Palästinensischen Amoräer III, 717 (1899) (lit. Befund)
3. Bacher, in: MGWJ 45 (1901), 298-310 (lit. Befund)
4. Krauss, SA, 204f. (1922) (lit. Befund)
5. Benvenisti, in: Zion (Yediʿot) 1,4 (1930), 52f. (Foto)
6. Avi-Yonah, in: QDAP 3 (1934), 51, Nr. 340 (Inschrift Nr. 7)
7. Avi-Yonah, in: QDAP 5 (1936), 150 (Erwähnung)
8. SEG 8 (1937), 19, Nr. 138 (Inschrift Nr. 7)
9. Klein, Sefer ha-yiššuv, 50.94.144-147, Tafel XVII 2 (1939)
10. Schwabe, in: Tarbiz 15 (1943/44), 115f. (Inschr. Nr. 6)
11. Sukenik, in: Bulletin 1 (1949), 17; Tafel X-XI
12. Klein, Toldot, 33; Tafel VIII (1950)
13. Schwabe, in: Alexander Marx Jubilee Volume, Hebrew Section, 433-449 (1950) (Inschriften; lit. Befund; Fotos)

14. Sukenik, in: Bulletin 2 (1951), 28-30; Tafel XIII-XVI (Inschrift Nr. 1 und 3)

15. Goodenough I, 263; III, Abb. 996-998 (1953)

16. Press, Enc. IV, 821 (1955)

17. Avi-Yonah - Yeivin, The Antiquities of Israel, 230 (1955)

18. Avi-Yonah, in: BIES 20 (1955/56), 194f.; Tafel VIII, 3-4 (kurzer Grabungsbericht) (engl. Übersetzung = 19)

19. Avi-Yonah, in: IEJ 6 (1956), 260f. (kurzer Grabungsbericht) (= engl. Übersetzung von 18)

20. Avi-Yonah, in: Antiquity and Survival 2 (1957), 264.271 (Fotos)

21. Lifshitz, in: RB 67 (1960), 60 (Inschrift Nr. 4)

22. Avi-Yonah, in: Bulletin 3 (1960), 44-48; Tafel IX, 3-4; X; XI, 1-2

23. Robert, in: REG 74 (1961), 810 (Inschrift Nr. 4)

24. Avi-Yonah, in: IEJ 12 (1962), 137-139 (Priesterliste, Abbildung)

25. Lifshitz, in: ZDPV 78 (1962), 81f. (Inschrift Nr. 1)

26. Avi-Yonah, HG, 127 (1962)

27. Avi-Yonah - Negev, in: IEJ 13 (1963), 146-148 (kurzer Grabungsbericht)

28. Robert, in: REG 77 (1964), 232 (Inschrift Nr. 1)

29. Avi-Yonah, in: EI 7 (1964), 24-28; engl. Zusammenfassung 167* (Priesterliste, Abbildung) (= 30)

30. Avi-Yonah, in: The Teachers Yoke, Studies in Memory of Henry Trantham, 46-57 (1964) (Priesterliste, Abbildung, Fotos) (= 29)

31. ḤA 11 (1964), 6 (Priesterliste)

32. Lifshitz, in: RB 72 (1965), 106f. (Inschrift Nr. 6) (= 34, Nr. 68)

33. Negev, in: EI 8 (1967), 199

34. Lifshitz, 50-54 (1967) (vgl. 32)

35. EAEh, 504f. (Avi-Yonah) (1970) (Fotos)

36. Saller, Nr. 21 (1972) (Foto)

37. Inscriptions Reveal, Nr. 172; hebräischer Teil 172f.; englischer Teil 77f. (1973) (Priesterliste, Abbildung)

38. EAEe I, 277-281 (Avi-Yonah) (1975) (Fotos)

39. Levine, Roman Ceasarea (Qedem 2), 25f. 40-45, Tafel 7:3; 8:1-2 (1975)

Carta's Atlas +

Atlas of Israel +

Archäologischer Befund

Nördlich der Kreuzfahrerfestung wurden wenige Meter über dem Meer Reste einer Synagoge gefunden, die Avi-Yonah 1956 und 1962 ausgrub. Auf den Ruinen älterer Gebäude, von denen eines aus herodianischer Zeit vielleicht bereits eine Synagoge war, wurde im 3./4. Jhd. eine Synagoge gebaut. Das Gebäude war 9 x 18 m groß und nach Süden orientiert. Der Eingang lag in der schmalen Ostseite, zur Stadt hin. Es handelte sich also um ein Breithaus. Möglicherweise besaß das Gebäude eine Frauenempore (18; 19; 35). Der Fußboden war mit einem Mosaik belegt. Wichtigster Einzelfund sind Bruchstücke einer Steintafel mit einer Priesterliste (24; 29; 31; 37; IDAM Reg. Nr. 66.1305). Aus Münzfunden an einer der Synagogenmauern geht hervor, daß das Gebäude in der Mitte des 4. Jhd. zerstört wurde. In der Mitte des 5. Jhd. wurde an derselben Stelle eine neue Synagoge gebaut. Auch dieses Gebäude war nach Süden orientiert. In einer schmalen Vorhalle ist in einem Fußbodenmosaik eine griechische Stiftungsinschrift (Nr. 4). Zu diesem Gebäude gehören Marmorsäulen sowie Kapitelle mit Abbildungen von Menorot (Abb. in 5; 9; 12; 13; 14, Abb. XVI; 15; 18; 20; 35; 36; 38) sowie zwei griechischen Monogrammen (Inschrift Nr. 8). Außerdem fand man Soregteile, eine Marmortafel mit einer siebenarmigen Menora (22, Tafel XI, 2) sowie eine Kalkstein- und eine Marmorplatte mit weiteren Inschriften (Nr. 1 und 6). Die Synagoge wurde durch einen Brand zerstört.

Inschriften

Nr. 1

Kalksteinplatte mit einem kreisförmigen Loch in der Mitte, die in den Fußboden eingelassen war.

Besprechung in 13, Nr. III; 14; 25; 28; 34, Nr. 64; 39.
Abbildungen in 13, Abb. IV; 14, Abb. XV; 35; 38:

1. ΚΣ (= Κύριος) β[(οηθό)ς· πρ]οσ-
2. φορὰ
3. το(ῦ) λα-
4. οῦ ἐπὴ Μ-
5. αρουθα

"Der Herr hilft. Spende der Gemeinde unter Marouthas."

λαός, 'Volk', bedeutet hier '(jüdische) Gemeinde'. Μαρουθα scheint der Synagogenvorsteher gewesen zu sein. Der Name kommt wahrscheinlich zweimal in Naʿărân vor, vgl. dort Inschrift Nr. 9 und 10. Schwabe (13) weist auf die Ähnlichkeit zwischen Μαρουθα und dem aramäischen כנישתא דמרדתא (vgl. die literarischen Belege Nr. 3-10) hin und übersetzt: "... Spende der Gemeinde für die 'Aufstands'(-Synagoge)". Möglicherweise habe sich der (gräzisierte) Name bis zum Bau dieser Synagoge erhalten.

Nr. 2

Teile einer zweiten Μαρουθα-Inschrift, die noch nicht veröffentlicht ist, wurden 1962 gefunden (27; 35; 38).

Nr. 3

Mosaikinschrift.

Besprechung in 13, Nr. I; 14; 34, Nr. 65.
Abbildungen in 13, Abb. I.III; 14, Abb. XIII-XIV; 15; 35; 38:

1. Ἰούλις
2. εὐξάμ̣[ε-
3. νο[ς ἐπο-
4. ί[ησε πό-
5. δ̣[ας

"Ioulis stiftete aufgrund eines Gelübdes ... Fuß."

ἐποίησε hier wie das aramäische עבד in der Bedeutung 'stiften'. Die Ergänzung πόδας, 'soundsoviel Quadratfuß des Mosaiks', schlägt Schwabe (13) aufgrund der Inschriften von Apamea vor (Lifshitz, S. 42-45, Nr. 41-49.51-53).

Nr. 4

Mosaikinschrift in einer tabula ansata.

Besprechung in 21; 22; 23; 34, Nr. 66; 39.
Abbildungen in 22, Tafel IX, 3; 39:

1. Βη[ρ]ύλλος ἀρχισυ(νάγωγος)
2. καὶ φροντιστὴς
3. υ(ἱ)ὸς 'Ιούτου ἐποί-
4. ησε τὴν ψηφο-
5. θεσίαν τοῦ τρι-
6. κλίνου τῷ ἰδίῳ

"Beryllos, der Synagogenvorsteher und Verwalter, Sohn des Ioutos (Justus? Juda?), stiftete (die Kosten für) die Herstellung des Mosaiks in dem Speiseraum aus seinem eigenen Vermögen."

In der ersten Zeile kann ich aufgrund der Veröffentlichungen und der schlechten fotographischen Wiedergabe nicht entscheiden, ob das υ von ἀρχισυνάγωγος da ist oder nicht. Auffällig ist die Wendung τῷ ἰδίῳ statt ἐκ τοῦ ἰδίου.

Nr. 5

Marmorsäule.

Besprechung in 22; 34, Nr. 67.
Abbildungen in 22, Abb. IX, 4:

1. Προ(σφορὰ) Θεωδώροε (= Θεωδώρου)
2. υἱοῦ 'Ολύμπου
3. ὑπὲρ σωτερίας
4. Ματρώνας
5. θυγατρός

"Spende des Theodoros, Sohn des Olympos, für die Rettung (oder: das Heil) seiner Tochter Matrona."

Nr. 6

Marmorplatte.

Besprechung in 10; 32; 34, Nr. 68.
Abbildungen: –

1. 'Αμὼς Γαβρ[ιὴλ
2. τὴν ἡμ[ικύκλιον
3. στο[ὰν
4. [ἐπ]ο[ίησεν

"Amos, Sohn des Gabriel, stiftete die halbkreisförmige Stoa."

Diese Inschrift wurde von Schwabe veröffentlicht (10), der sie folgendermaßen gelesen hatte (obige Lesung nach Lifshitz):

1. 'Αμὼς Γα[μ]α[λιήλου

2. τῇ νήμ[η

3. ἔτο[ν

4. -

Nr. 7

Mosaikinschrift.

Besprechung in 6; 8; 13, Nr. II.
Abbildungen in 13, Abb. II:

1.	ευυπομε ονταισ	
2.	λλαξουσιν	ν
3.	φορα	πο
4.		λι

Die Inschrift wird von Schwabe (13) folgendermaßen rekonstruiert:

1. εἰ ὑπομέ[ν]ονταις (= οἱ ὑπομένοντες)

2. [τὸν θ(εὸ)ν ἀ]λλάξουσιν [ἰσχύ]ν

"Die auf Gott warten, gewinnen neue Kraft."

Das ist genau der Septuagintatext von Jes 40,31 mit der einzigen Ausnahme, daß das Wörtchen δὲ hinter οἱ fehlt. In der dritten Zeile sind die Buchstaben φορα erhalten, was nach Inschrift Nr. 1 und 4 wohl zu προσφορά zu ergänzen ist. (Leider ist auf der einzigen Fotographie, die mir zugänglich ist - in 13 - überhaupt nichts zu erkennen, so daß ich nicht sagen kann, wo und ob überhaupt die Silbe προσ ergänzt werden kann.) πο könnte nach Schwabe Ankürzung von πόδας sein. Die Zeile würde dann lauten: "Spende des NN, soundsoviel Fuß." Die Buchstaben in der letzten Zeile, λι?, lassen sich nicht weiterergänzen.

Nr. 8

Monogramme auf einem Säulenkapitell.

Besprechung in 22, S. 46f.

Abbildungen in 22, Tafel X, 5-6:

1. Πατρικιο(υ)

2. Κονσ (= consul oder consularis)

"Unter dem Konsulat des Patricius."

Das Kapitell stammt aus dem Jahr 459.

Literarischer Befund

Synagogen

Syn 1 - Jos, B 2,285-292:

(285) οἱ γὰρ ἐν Καισαρείᾳ Ἰουδαῖοι, συναγωγὴν ἔχοντες παρὰ χωρίον, οὗ δεσπότης ἦν τις Ἕλλην Καισαρεύς, πολλάκις μὲν κτήσασθαι τὸν τόπον ἐσπούδασαν τιμὴν πολλαπλασιόνα τῆς ἀξίας διδόντες ... (289) τῆς δ' ἐπιούσης ἡμέρας ἑβδομάδος οὔσης, τῶν Ἰουδαίων εἰς τὴν συναγωγὴν συναθροισθέντων, στασιαστής τις Καισαρεὺς γάστραν καταστρέψας καὶ παρὰ τὴν εἴσοδον αὐτῶν θέμενος ἐπέθυεν ὄρνεις ... (291) Ἰουδαῖοι τοὺς νόμους ἁρπάσαντες ἀνεχώρησαν εἰς Νάρβατα· χώρα τις αὐτῶν οὕτω καλεῖται σταδίους ἑξήκοντα διέχουσα τῆς Καισαρείας ... (292) αἰτιώμενος ὑπὲρ τοῦ τοὺς νόμους ἐξενεγκεῖν τῆς Καισαρείας.

"(285) Die Juden in Caesarea hatten eine Synagoge, die an ein Grundstück grenzte, das einem Griechen aus Caesarea gehörte. Sie hatten schon oft versucht, das Grundstück zu erwerben und dabei einen Preis geboten, der das Mehrfache des eigentlichen Wertes ausmachte." (Der Eigentümer ging jedoch nicht darauf ein; er bebaute vielmehr den Platz mit Werkstätten, so daß den Juden nur ein sehr schmaler Zugang zur Synagoge blieb. Eingaben an Florus blieben erfolglos.) "(289) Als am folgenden Tag, einem Schabbat, die Juden in der Synagoge waren, stellte ein Unruhestifter aus Caesarea einen umgekehrten Topf neben den Eingang und opferte darauf Vögel." (Daraufhin kam es zum Kampf zwischen jüdischen und nichtjüdischen Einwohnern der Stadt. Da die Juden sich nicht behaupten konnten,) "(291) nahmen sie ihre Gesetzesrollen und gingen nach Narbata, einer jüdischen Gegend sechzig Stadien von Caesarea." (Florus nahm eine jüdische Delegation, die in dieser Angelegenheit zu ihm kam, gefangen,) "(292) weil sie die Gesetzesrollen aus Caesarea fortgebracht hätten."

Diese Begebenheit, die im Mai des Jahres 66 stattfand, war der Auftakt zu dem Krieg, der 70 mit der Zerstörung des Tempels endete. Aus diesem Grunde scheint die Synagoge auch den Namen כנישתא דמרדתא (vgl. Nr. 3-10) bekommen zu haben.

Syn 2 - b Jeb 65b:

דאמר ר' אחא בר חנינא אמר ר' אבהו אמר ר' אסי עובדא הוה קמיה דרבי יוחנן בכנישתא דקיסרי ואמר יוציא ויתן כתובה

"Es sagte R. Acha b. Chanina im Namen des R. Abbahu im Namen des R. Assi: Ein (solcher) Fall (daß eine Frau wegen Kinderlosigkeit auf Scheidung klagte) kam vor R. Jochanan in der Synagoge von Caesarea, und er entschied, daß er sie freilassen und ihr die Ketuba auszahlen müsse."

An den folgenden Stellen wird eine כנישתא דמרדתא, 'Aufstandssynagoge', in Caesarea erwähnt. Mit diesem Ausdruck wird wohl Bezug genommen auf die Begebenheit, die Josephus (Syn - 1) ausführlich beschreibt. (Vgl. auch Targ Jon zu Num 24,19: ויחרוב כרכא מרודא דקסרין.) Der Ausdruck ist häufig verderbt und kommt in allen möglichen Varianten vor.

Syn 3-4 - j Ber 6a, 61; j Naz 56a,38f.:

ר' אבהו הוה יתיב מתני בכנישתא מרדתה (j Naz: מרדתא) בקיסרין

Syn 5 - Num r III 3:

ר' אבהו הוה יתיב פשיט בחדא כנישתא מדוכתא דקסרין

Syn 6 - Klagl r I 29:

ר' אבהו הוה יתיב ומתנא בהדה כנישתא מדוכתא דקסרי

Syn 7 - Klagl r ed. Buber, S. 63:

ר' אבהו הוה יתיב דריש בכנישתא מודח יתיה דקסרין

"R. Abbahu saß und studierte in der Aufstandssynagoge von Caesarea."

Syn 8 - (= Sanh 1): j Sanh 18a,72

רבי אבהו הוה יתיב דיין בכנישתא מרדתא דקיסרין

"R. Abbahu saß und richtete in der Aufstandssynagoge von Caesarea."

Syn 9 - Midr. Schemuel VII,6 (ed. Buber, 34b):

תרגם יעקב איש כפר נבוריא חד פסוק בכנישתא מרודתא דקיסרי וקל-
סוניה רבנן 'הוי אומר לעץ הקיצה' זה זקן שהוא מתמנה בכסף 'עו-
רי לאבן דומם הוא יורה' יודע הוא להורות בתמיה 'הנה הוא תפוש
זהב וכסף' ולשם כספיה אתמני 'וכל רוח אין בקרבו' לא ידע כלום
אין אתון בעיין מלה דאוריתא הא רבי יצחק ברבי אלעזר בכנישתא
מרודתא דקיסרין 'וה' בהיכל קדשו הס מפניו' כה' בהיכל קדשו

(Es geht um die Ordinierung eines Gelehrten, der nichts gelernt hat:) "Jaᶜaqov aus Kəfar Nəvoráyá interpretierte folgenden Vers in der Aufstandssynagoge von Caesarea, und die Rabbanan lobten ihn deswegen: (Hab 2,19) 'Weh dem, der zum Holz spricht: Steh auf!' - damit ist ein Gelehrter gemeint, der wegen seines Geldes ordiniert wurde. 'Erwache! zu einem stummen Stein, und er soll lehren?' - kann er überhaupt lehren? Wie wunderbar! 'Siehe, er ist mit Gold und Silber überzogen', - er wurde doch wegen seines Geldes ordiniert! 'Aber kein Geist ist in ihm,' - er weiß überhaupt nichts. Und wenn ihr ein Wort aus der Schrift hören wollt: R. Jiṣchaq, Sohn des R. Elᶜazar, in der Aufstandssynagoge von Caesarea (ist zu vergleichen mit dem folgenden Vers Hab 2,20): 'Gott ist in seinem heiligen Tempel, es sei stille vor ihm', so wie (vor) Gott in seinem heiligen Tempel."

Syn 10 - j Bik 65d,14-18:

תירגם יעקב איש כפר נבוריא 'הוי אמר לעץ הקיצה עורי לאבן דומם
הוא יורה' יודע הוא יורה 'הנה הוא תפוס זהב וכסף' לא בכספייא
איתמני 'וכל רוח אין בקרבו' לא חכים כלום 'הוי או'' בעיתון
ממנייה 'וה' בהיכל קדשו' הא ר' יצחק בר לעזר בכנישתא מדרתא
דקיסרין

"Jaᶜaqov aus Kəfar Nəvoráyá interpretierte (den Vers Hab 2,19): 'Weh dem, der zum Holz spricht: Steh auf! Erwache! zu einem stummen Stein, und er soll lehren?' - kann er denn überhaupt lehren? 'Siehe, er ist mit Gold und Silber überzogen', - wurde er nicht wegen seines Geldes ordiniert? 'Aber kein Geist ist in ihm,' - er weiß gar nichts. 'Weh dem, der sagt': Ihr sollt ihn ordinieren. (Hab 2,20): 'Gott ist in seinem heiligen Tempel', - damit ist R. Jiṣchaq b. Elᶜazar in der Aufstandsynagoge von Caesarea gemeint."

Syn 11 - Malalas, Chronographia X (ed. Dindorf, 261, Z. 13-16):

ἔκτισε δὲ καὶ ἐν Καισαρείᾳ τῆς Παλαιστίνης ἐκ τῆς αὐτῆς Ἰουδαϊκῆς πραίδας ὁ αὐτὸς Οὐεσπασιανὸς ᾠδεῖον μέγα πάνυ θεάτρου ἔχον διάστημα μέγα ὄντος καὶ αὐτοῦ τοῦ τόπου πρῴην συναγωγῆς τῶν Ἰουδαίων.

"Eben dieser Vespasian baute in Caesarea in Palästina aus erbeutetem jüdischen Besitz ein sehr großes Odeum mit den Ausmaßen eines großen Theaters, und zwar genau an der Stelle, wo früher eine Synagoge der Juden gestanden hatte."

πραῖδα = lat. praeda.

Lehrhäuser

L 1 - b Ḥul 86b:

רבי אבא בריה דרבי חייא בר אבא ורבי זירא הוו קיימי בשוקא דקיסרי אפתחא דבי מדרשא נפק רבי אמי אשכחינהו אמר להו לאו אמינא לכו בעידן בי מדרשא לא תקימו אבראי

"R. Abba, Sohn des R. Chijja b. Abba und R. Zeᶜira standen auf dem Markt von Caesarea vor einem Lehrhaus. Da kam R. Ammi heraus und traf sie dort. Er sagte zu ihnen: Habe ich euch nicht gesagt, daß ihr nicht draußen stehen bleiben sollt, wenn im Lehrhaus unterrichtet wird?"

Statt דקיסרי gibt es laut Klein (9, S. 50, Nr. 14) die Variante דקימרי, womit nach ihm der Markt der Wollhändler in Tiberias gemeint ist.

L 2 - Gen r III,6 (ed. Theodor - Albeck, 22):

ר' זעירא בריה דר' אבהו דרש בקיסרין

"R. Zeᶜira, Sohn des R. Abbahu, lehrte in Caesarea."

L 3-4 - j Dem 22b,4f.; j Qid 63a,12f.:

א"ר מנא אזלית לקיסרין ושמעית ר' חזקיה יתיב מתני

"R. Mana sagte: Ich ging nach Caesarea und hörte, wie R. Chizqia saß und lehrte."

L 5 - j Ter 47a,70f.:

ומה דאמר ר' יוחנן כשהיינו הולכין אצל ר' הושעיה רבה לקיסרין ללמוד תורה ...

"Und das sagte R. Jochanan: Als wir zu R. Hoscha'ja Rabba nach Caesarea gingen, um Tora zu lernen ..."

L 6-7 - j Schab 8a,40f.; j Sanh 28a,51-53:

כמה יהא בהילוכן בני ברתיה (j Sanh : בייתיה) דבר קפרא אמרין מבית רבא דבר קפרא עד בית רביה דר' הושעיה (j Schab : הושע)

"Wieweit darf man mit ihnen (neuen Schuhen am Schabbat) gehen? Die Nachkommen des Bar Qappara sagten: Von dem Lehrhaus (בית רבה) des Bar Qappara bis zum Lehrhaus des R. Hoscha'ja."

Vgl. dazu 39.

Sehr häufig werden im jerusalemischen Talmud die רבנן דקיסרין, 'die Gelehrten von Caesarea', genannt (z.B. j Schab 4b,11), was ein Zeichen für die intensive Lehrtätigkeit in Caesarea ist; vgl. dazu den Aufsatz von Bacher (3).

Gerichtshof

Sanh 1 (= Syn 8) - j Sanh 18a,72:

רבי אבהו הוה יתיב דיין בכנישתא מרדתא דקיסרין

"R. Abbahu saß und richtete in der Aufstandssynagoge in Caesarea."

Sanh 2 - b'Eruv 76b:

רבי יוחנן אמר כי דייני דקיסרי ואמרי לה כרבנן דקיסרי

"R. Jochanan ist derselben Ansicht wie die Richter Caesareas, manche sagen: wie die Gelehrten Caesareas."

Sanh 3 - b Suk 8a:

רבנן דקיסרי ואמרי לה דייני דקיסרי אמרי

Caesarea

"Die Gelehrten Caesareas, manche sagen: die Richter Caesareas, sagen ..."

Ausrichtung: 195° S

Datierung

Synagoge archäologisch: 4./5. Jhd.
Synagoge literarisch: Die literarischen Angaben bezeugen eine Synagoge in Caesarea zwischen dem Jahr 66 (Josephus) und dem Beginn des 4. Jhd.

Lehrhaus: Die literarischen Angaben bezeugen ein Lehrhaus in Caesarea zwischen dem Anfang des 2. Jhd. (R. Hoschaʿja Rabba) und dem Beginn des 4. Jhd.

Gerichtshof: Ein Gerichtshof ist literarisch bezeugt für die zweite Hälfte des 3. Jhd. (R. Jochanan) und für die Zeit um 300 (R. Abbahu).

Vgl. Nachträge!

D a b b ū r a

Koordinaten: 2.35 (2124 2725)
Im westlichen Golán.

Signatur: Synagoge archäologisch sicher; Lehrhaus archäologisch sicher

Namen: hebr.: דברה (Targum Jonatan zu Deut 4,43) (?)
ar.: Dabbūra; Dabūra

Literatur

1. ḤA 30 (1969), 2f. (Abbildung)
2. ḤA 33 (1970), 11
3. Vilnay, Golan and Hermon, 112f. (1970) (Abbildung)
4. Urman, in: Qadmoniot 4 (1971), 131-133 (Fotos) (vgl. 5; 6)
5. Urman, in: Tarbiz 40 (1970/71), 399-408; engl. Zusammenfassung I-III (Fotos) (englische Übersetzung in 6; vgl. 4)
6. Urman, in: IEJ 22 (1972), 16-23 (Fotos) (englische Übersetzung von 5; vgl. 4)
7. JSG, 265f., Nr. 62 (1972) (Fotos)
8. Saller, Nr. 24 (1972)
9. Inscriptions Reveal, Nr. 183; hebräischer Teil 184f.; englischer Teil 84 (1973) (Foto)
10. EAEe II, 462-464 (Urman) (1976) (Fotos)

Carta's Atlas -

Atlas of Israel -

Archäologischer Befund

1. Synagoge: Der Ort ist voll von wiederverwendeten ver-

zierten Steinen aus dem 3. Jahrhundert wie kaum ein zweiter auf dem Golân. Eine Reihe von Einzelfunden deutet auf eine oder sogar mehrere Synagogen hin. Zwei große Stürze sind noch an Ort und Stelle. Der erste, ausgezeichnet erhalten, hat in der Mitte einen Kranz, in dem eine vierblättrige Blüte (?) ist. Eine ähnliche Darstellung ist in dem Synagogensturz von Nåwe (Goodenough III, Abb. 619, von ihm in I, 236 als 'griechisches Kreuz' beschrieben). Zu beiden Seiten steht ein Adler mit ausgebreiteten Flügeln, den Kopf jeweils nach außen gerichtet. Im Schnabel hält jeder von ihnen eine Schlange.

Von dem anderen Sturz ist nur der linke Teil erhalten (Fotos in 4; 5; 6; 7; 10). An der rechten Seite ist ein stehender Adler mit ausgebreiteten Flügeln, der sehr sorgfältig gearbeitet ist. Der Sturz bricht direkt rechts neben dem Adler ab, so daß der linke Flügel nicht mehr erhalten ist. Der Adler hat seinen Kopf nach außen gewandt und trägt im Schnabel einen kleinen Kranz. Unter und neben dem Flügel ist je ein Fisch abgebildet, davon einer von links nach rechts, der andere von unten nach oben. Über dem Flügel ist an der Oberkante des Sturzes ein schmaler Grat, auf dem in sehr kleinen Buchstaben eine Inschrift ist (die erst einige Zeit nach Auffinden des Sturzes entdeckt wurde; Nr. 1).

Inschriften

Nr. 1

"... machte das Tor." ... עבד תרעה

Auf der rechten Seite des Sturzes hat der Name des Spenders gestanden. Auch bei diesem Sturz dürfte es sich um einen Synagogensturz handeln.

Auf drei Teilstücken eines Architravs aus Basalt wurde eine zweizeilige Inschrift gefunden (Abbildungen in 4; 5; 6; 10):

Nr. 2

1. אלעזר בר | ... | ר]בה עבד עמו|דיה דעל מן
2. כפתה ופצ̣ | ... | στικος εκτ|

Urman ergänzt den Text wie folgt:

1. אלעזר בר [אליעזר ר]בה עבד עמודיה דעל מן
2. כפתה ופצ[ימיה תהי לה ברכתה Ρο]υστικος ἔκτ[ισεν

"1. Elʿazar bar|[Eliʿezer|Ra]bba machte die Säu|len oberhalb von
2. den Bögen und Bal[ken. Segen komme über ihn.] [R]usticus mach[te (es)."

R. Elʿazar ben R. Eliʿezer ha-Qappar wird u.a. in T Jom ṭ I 7 erwähnt; R. Eliʿezer ha-Qappar hatte ein Lehrhaus in Dabbūra (s.u.). Aus den Wörtern עמודיה דעל מן kann auf eine Frauenempore geschlossen werden. Die Wendung 'Segen komme über ihn' ist häufige Schlußformel in Stiftungsinschriften. Die Anzahl der ergänzten Buchstaben würde mit der in der ersten Zeile vorgeschlagenen Ergänzung übereinstimmen. Zu ἔκτισεν vgl. Kəfar Naḥum und die Stiftungsinschriften von Dura Europos (Lifshitz S. 46f., Nr. 58.59). Es handelt sich hier offensichtlich um eine Stiftungsinschrift von einer Synagoge.

Auf einem Fragment eines Basaltsturzes sind wenige Buchstaben einer Inschrift erhalten:

Nr. 3

... ח]ינבה
... ברכת]ה

"...Ch]inena
...Es komme über ihn] Sege[n."

Es handelt sich offenbar um eine Stiftungsinschrift, die ebenfalls von einer Synagoge stammt.

Auf einem Fragment eines weiteren Basaltsturzes sind Reste einer dreizeiligen Inschrift:
Abb. in 10:

Nr. 4

... עבדו בית
תהי לה
ברכתה

"... machten das Haus.
Es komme über ihn
Segen."

Eigenartig ist die Anordnung der Inschrift: Zeile 2 und 3 ergeben einen in sich geschlossenen Satz. Dagegen fehlt in der ersten Zeile der Name des Spenders, der auf der rechten, abgebrochenen Seite des Sturzes gestanden haben muß. Aber auch hinter בית ist vielleicht ein Wort zu ergänzen, und zwar wahrscheinlich כנישתא, 'Synagoge'. Auf dem einzigen Foto (4; 5; 6) ist nicht zu erkennen, ob der Stein hier zu Ende ist oder ebenfalls abgebrochen ist. Es ist anzunehmen, daß auf der rechten Seite des Steines aus Gründen der Symmetrie auch drei Zeilen gewesen sind. Rechts unterhalb der dritten Zeile sind die Reste eines Kranzes zu erkennen. Auch hier handelt es sich wahrscheinlich um eine Synagogeninschrift.

2. Lehrhaus: In Dabbūra sind die einzigen archäologisch sicheren Spuren eines Lehrhauses. Es handelt sich um einen Basaltsturz, in dessen Mitte ein aus zwei Schlangen gebildeter Kranz ist. Ihre Körper bilden am unteren Ende des Kranzes einen Herakleskno ten und laufen von dort in weitem Bogen zu den äußeren oberen Enden des Sturzes, wo zwei Adler (?) die Schwanzspitzen in ihren Schnäbeln halten. In und neben dem Kranz ist eine Inschrift. (Abbildungen in 1; 3; 4; 5; 6; 7; 9; 10):

זה בית מדרשו שהלרבי אליעזר הקפר

(Über die Anordnung der Wörter vgl. die Abbildungen.)
"Dies ist das Lehrhaus von Rabbi Eliᶜezer ha-Qappar."

Weitere Einzelfunde (Säulenreste, Kapitelle, Teil eines Frieses mit einem Hakenkreuz bildenden Mäandermuster, ein Basrelief mit zwei Fischen usw.) könnten ebenfalls von einer Synagoge stammen.

Literarischer Befund

j Schab 8a, 40f.; j Sanh 28a,52 wird ein בית רבא דבר קפרא, "Lehrhaus des Bar Qappara" erwähnt. Auf die Frage, ob Bar Qappara identisch mit R. Eliᶜezer (Elᶜazar) ha-Qappar ist - wir hätten dann einen literarischen Beleg für den archäologischen Fund - kann hier nicht weiter eingegangen werden; vgl. dazu die Enzyklopädien und Urman (1; 4; 5; 6).

Datierung

Synagoge: Die architektonischen Funde und der Schriftduktus deuten auf das 3. Jhd.

Lehrhaus: Der Sturz mit der Inschrift wird in das 3. Jhd. datiert. R. Eliʿezer ha-Qappar war Tannait der 5. Generation und lebte gegen Ende des 2. Jahrhunderts.

D ā b ī y a

Koordinaten: 2.36 2184 2684
Im Golȧn.

Signatur: Synagoge archäologisch unsicher

Namen: ar.: Dābīya
Umschreib.: Dābiyye; Dabbiye

Literatur

1. Saller, Nr. 23 (1972)
2. EAEe II, 464 (Urman) (1976)

Carta's Atlas -
Atlas of Israel -

Archäologischer Befund

Urman berichtet von einem Gebäude in Ost-West-Richtung mit einem Eingang im Osten, das er als Synagoge beschreibt. Unter den zahlreichen Einzelfunden aus Dābīya weisen zwei Bruchstükke einer tabula ansata mit einer griechischen Inschrift auf eine christliche Bevölkerung. Die übrigen Funde sind zu allgemein, um sie mit Sicherheit einer Kirche oder einer Synagoge zuordnen zu können. Nur der rechte Teil eines Sturzes mit einer Rosette und Resten eines Kranzes mit Heraklesschleife könnte vielleicht jüdisch sein.

Es ist keineswegs sicher, daß es sich bei dem Gebäude um eine Synagoge gehandelt hat.

Datierung: 3./4. Jhd.

Vgl. Nachträge!

H. D ā l ī y a

Koordinaten: 4.37 (2190 2554)
Im Golân.
Auf der Übersichtskarte in EAEe ist der Ort zu weit östlich eingezeichnet.

Signatur: -

Namen: ar.: Ḫ. Dālīya

Literatur: 1. Saller, Nr. 70 (1972)

1. EAEe II, 464 (Urman) (1976)

Carta's Atlas -

Atlas of Israel -

Archäologischer Befund

Urman beschreibt ein nach Westen ausgerichtetes Gebäude, 'which indicates that it was a synagogue'. In diesem Gebäude wurden zwei Stürze gefunden, einer davon mit Abbildungen von Weinranken und einem Kranz mit Heraklesschleife. Die Funde sind zu wenig typisch, um eine Synagoge annehmen zu können.

D a l t o n

Koordinaten: 2.38 1970 2698
In Galiläa, 6 km nördlich von Ṣəfat.

Signatur: Synagoge archäologisch sicher

Namen: ar.: (Kafr) Dallāta

Literatur

1. BJPES 1, 3 (1933), 32 (Fundbericht)
2. Braslawski, in: BJPES 2, (1934), 18-20 (ausführlich, Foto) (vgl. 6)

3. Klein, Sefer ha-yiššuv, 35 (1939)

4. Press, Enc. II, 190f. (1948)

5. Goodenough I, 224; III, Abb. 588 (1953)

6. Braslvsky, Studies, 274f. (1954) (ausführlich; Inschrift) (vgl. 2)

7. Avi-Yonah, HG, 182 (1962) (Erwähnung)

8. Braslavy, Hayadaᶜta, 248.258.272f. (1964) (Ruinen; Inschrift)

9. Ben-Zvi, Remnants of Ancient Jewish Communities in the Land of Israel, 92f. (1966) (Erwähnung)

10. Saller, Nr. 25.55. (1972) (Saller bringt die Literatur getrennt unter Dalton und Kafr Dalåta)

Carta's Atlas +

Atlas of Israel +

Archäologischer Befund

1933 wurden in Dallāta (das heutige Dalton liegt 1 km südwestlich davon) südöstlich vom Grab des R. Jischmaᶜel b. R. Jose ha-Gelili Türpfosten, eine Säule sowie der Sturz eines Fensters gefunden, die zu einer Synagoge gehörten. Der Sturz (Abbildung in 2; 5) zeigt in der Mitte in einem Dreieck eine Konche, zu beiden Seiten Weinranken, Trauben, Blätter und Blüten. In den Häusern in der Nachbarschaft waren weitere Steine eingemauert, darunter einer mit einem Kranz. 1952 wurde ein Stein mit einer Inschrift gefunden, nach Braslavy (8, S. 273) möglicherweise Teil eines Soreg. Die Inschrift konnte nur teilweise entziffert werden. Es handelt sich insgesamt um 16 Zeilen zu je 2-3 Wörtern auf der Vorderseite und auf der Rückseite fünf unleserliche Zeilen. Folgende Wörter konnten gelesen werden:

Zeile 4: "Barmherzigkeit" רחמים

Zeile 7: "Stuhl" קיתדרה

Zeile 8: "Gedacht sei zum Guten" זכור לטוב

Zeile 11: "Gedacht sei zum Guten" זכור לטוב

Zeile 16: ברכה (nach Archiv: לברכה) אמן סלה (oder: שלום)
"zum) Segen. Amen. Sela (oder: Schalom)."

Dieser Stein befindet sich heute im Depot des Department of Antiquities in Jerusalem (IDAM Reg. Nr. 52-704), ebenso der Sturz.

Danna

Nach den Unterlagen des Archivs des Israel Department of Antiquities and Museums sollen unter der Moschee noch Reste der Synagoge sein sowie eine Säule in Herzform in der Moschee. Außerdem werden noch ein Kapitell und eine Türschwelle erwähnt. Die Gebäude der arabischen Ortschaft sind inzwischen verfallen. Das ganze Gelände war im Sommer 1974 so stark überwuchert, daß es unmöglich war, irgendwelche Reste auszumachen.

Literarischer Befund: -

Datierung

Die architektonischen Einzelheiten (Säule in Herzform, Fenstersturz mit Parallelen zur Synagoge von Korȧzim) deuten auf die Zeit zwischen dem 3. und 5. Jhd. hin. Nach Press (4), der sich auf Braslawski (2) beruft, soll die Synagoge aus dem frühen Mittelalter stammen.

D a n n a

Koordinaten: 4.39 (1948 2244)
13 km nördlich von Bẹt Šəʼán.

Signatur: Synagoge archäologisch unsicher

Namen: rabb.: כפר דן ? (vgl. 2)
ar.: Danna; Kafr Danna
hebr.: דנה

Literatur

1. Ḥ̣A 17 (1966), 22
2. Foerster, in: ʿAtiqot, Hebrew Series, 3 (1966), 66f.; engl. Zusammenfassung 8; Tafel XVI, 2
3. Chronique archéologique, in: RB 74 (1967), 90; Tafel XVa
4. Saller, Nr. 56 (1972)
Carta's Atlas -
Atlas of Israel -

Archäologischer Befund

In Danna wurde ein Basaltsturz mit einer siebenarmigen Menora auf einem dreifüßigen Podest gefunden. Zu beiden Seiten der Menora sind stilisierte Gegenstände, wahrscheinlich Etrog und Lulav. An den äußeren Enden scheinen Tiere abgebildet gewesen zu sein, die aber zerstört worden sind. Der Sturz stammt wohl von einer Synagoge.

Literarischer Befund: -

Datierung: ?

a d - D a n q a l l a

Koordinaten: 2.40 (2154 2693)
Im westlichen Golân.

Signatur: Synagoge archäologisch unsicher

Namen: ar.: Qādirīya (nicht zu verwechseln mit 2190 2718); Ġādirīya; Ḫān Bandaq
Umschreib.: Dannikle; 'Edriya

Literatur

1. Schumacher, in: ZDPV 9 (1886), 257f. (Abbildungen) (= 2)
2. Schumacher, The Jaulân, 183 (1888) (Abbildungen) (= 1)
3. Press, Enc. II, 265 (1948)
4. Goodenough I, 222f.; III, Abb. 581 (1953)
5. Neishtat, ha-Golan, 82 (1968)
6. Vilnay, Golan and Hermon, 115 (1970) (Abbildung)
7. ḤA 38 (1971), 2f.
8. Saller, Nr. 27.28. (1972)
9. JSG 267, Nr. 70 (1972) (Fotos)
10. ḤA 41/42 (1972), 1
11. EAEe II, 466 (Urman) (1976) (Fotos)

Carta's Atlas +

Atlas of Israel -

Archäologischer Befund

Schumacher fand in dem Ort einen Sturz mit zwei Menorot sowie einen zweiten mit einem Kranz mit Heraklesknoten (Abb. in 1; 2 [kopfstehend abgebildet]; 11). Die Stürze sind mit 1,2 m bzw. 1 m sehr klein. In den letzten Jahren wurden Bruchstükke eines Sturzes mit Abbildungen von Menorot gefunden (7; 9; 10; 11); vielleicht handelt es sich um Teile des von Schumacher abgebildeten Sturzes. (Bei Goodenough III werden zwei Funde - Abb. 586f. - fälschlich als aus Khan Bandak - ad-Danqalla beschrieben; Abb. 586 ist aus Buṭmīya, Abb. 587 aus Burēqa.) Außerdem fand man einen Türpfosten mit einer Menora, Säulenbasen, weitere architektonische Reste sowie eine bruchstückhafte Inschrift (Abb. in 9):

]פו בר
]תה

Die Inschrift wird in 10 folgendermaßen ergänzt:

חל]פו בר ...[תהי לה] ברכ[תה

"... Chal]fo bar
... Es komme über ihn Seg]en."

Es scheint sich um eine Stiftungsinschrift von einer Synagoge zu handeln, jedoch ist bei den wenigen erhaltenen Buchstaben eine auch nur annähernd sichere Textrekonstruktion nicht möglich. Vgl. die Inschrift von Mazraᶜat Kanaf. Möglicherweise stammt der eine oder andere Fund aus ᶜĒn Našūṭ (siehe dort).

Es wurden noch Mauerreste eines großen Gebäudes freigelegt, das von N nach S bzw. von O nach W orientiert ist.

Literarischer Befund: -

Datierung: 3. Jhd.

D a r d ā r a *

Koordinaten: 2.41 (2114 2576)
Im Golån.

Signatur: -

Namen: ar.: Dardāra; al-Ḫašša

Literatur

1. EAEe II, 466 (Urman) (1976)
Carta's Atlas -
Atlas of Israel -

Archäologischer Befund

Urman berichtet von einem Gebäude, das in West-Ost-Richtung gebaut ist und einer Synagoge ähnelt. Irgendwelche weiteren Hinweise gibt es nicht.

D ē r ʿA z ī z *

Koordinaten: 4.42 2170 2525
Im Golån, 21 km nördlich von Ḥammat Gådẹr.

Signatur: -

Namen: ar.: Dēr ʿAzīz
Umschreib.: (Kh.) Dar Aziz

Literatur

1. Oliphant, in: PEFQS 1886, 76f. (Abbildung)
2. Goodenough I, 224 (1953)
3. Neishtat, ha-Golan, 80f. (1968)
4. Saller, Nr. 29 und 69 (1972) (führt denselben Ort unter zwei verschiedenen Namensformen auf)
5. EAEe II, 466 (Urman) (1976)

Carta's Atlas -
Atlas of Israel -

Ḥ. Dəvẹlȧ

Archäologischer Befund

Oliphant identifiziert ein Gebäude, das von Norden nach Süden orientiert ist und das einen Eingang im Osten hat, als Synagoge. Außer Säulenresten werden keinerlei weitere Funde mitgeteilt, die auf eine Synagoge schließen lassen könnten (vgl. auch JSG 280f., Nr. 132).

Literarischer Befund: -

Ḥ. D ə v ẹ l ȧ *

Koordinaten: 3.43 (1542 2328)
Auf dem Karmel, 500 m südlich von Dālīyat al-Karmil.

Signatur: -

Namen: ar.: Ḫ. Dūbil

Literatur

1. Oliphant, in: PEFQS 1884, 32f. (Abbildungen)
2. Avi-Yonah, in: QDAP 13 (1948), 145; Tafel XLI 9 (Foto)
3. Goodenough I, 225; III, Abb. 596.598 (1953) (Abbildungen)
4. Yalquṭ, 1381 (§ 27) (1964)
5. Saller, Nr. 72 (1972)

Carta's Atlas -

Atlas of Israel -

Archäologischer Befund

In Ḥ. Dəvẹlȧ wurden zwei Stürze gefunden (Abbildungen in 1; 2; 3). Auf dem größeren sind verschiedene Abbildungen, und zwar ein Baum, eine Rosette und ein stehender Vogel. Die in 1 und 3 rechts daneben abgebildeten Gegenstände (Kränze, Rosette u.a.) scheinen von einem anderen Stein zu stammen, da der Sturz rechts neben dem Adler zu Ende ist (vgl. Foto in 2). Es ist sehr fraglich, ob diese Stürze von einer Synagoge stammen.

Im Archiv des Israel Department of Antiquities and Museums in

Jerusalem wird noch von Säulenresten und einem Mosaikboden (vgl. auch 4) aus weißen, roten und schwarzen Steinen berichtet, die ein Muster bilden. Ein Bruchstück einer siebenzeiligen griechischen Inschrift in einer tabula ansata, vor dessem ersten Buchstaben ein Kreuz ist, ist christlich.

Heute ist das ganze Gebiet der Chirbe landwirtschaftlich genutzt.

Literarischer Befund: -

a d - D i k k ā

Koordinaten: 4.44 2088 2593
Am Ostufer des Jordan, 4 km nördlich der Mündung in den See Genezareth.

Signatur: Synagoge archäologisch sicher

Namen: ar.: ad-Dikkā
Umschreib.: ed-Dikkeh; ed-Dikki; ed-Dikkih; ed-Dik

Literatur

1. Oliphant, in: PEFQS 1885, 82-86 (Grundriß; Abbildungen) (= 2)
2. Oliphant, in: Schumacher, Across the Jordan, 245-251 (1886) (Grundriß; Abbildungen) (= 1)
3. Schumacher, in: ZDPV 9 (1886), 278f. (Grundriß; Abbildungen) (= 4)
4. Schumacher, The Jaulân, 120-123 (1888) (Grundriß; Abbildungen) (= 3)
5. Schumacher, in: ZDPV 13 (1890), 70f. (Abbildung)
6. Kohl - Watzinger, in: MDOG 29 (1905), 4-6 (Foto)
7. Masterman, Studies in Galilee, 121f. (1909) (Erwähnung)
8. Kohl - Watzinger, 112-124; Tafel XVI (1916) (ausführlicher Grabungsbericht; Grundriß; Fotos, Abbildungen)
9. Meistermann, Capharnaüm et Bethsaïde, 179f. (1921)
10. Krauss, SA, 214.338 (1922)
11. Galling, in: ZDPV 50 (1927), 310 (Erwähnung)

12. Klein, Sefer ha-yiššuv, 2 (1939) (Erwähnung)
13. Press, Enc. II, 189 (1948)
14. Sukenik, in: Ereṣ Kinrot, 77 (1950) (= 18)
15. Goodenough I, 205f.; III, Abb. 520.521.524-528 (1953) (Grundriß)
16. Avi-Yonah, HG, 183 (1962) (Erwähnung)
17. Braslavy, Hayadaᶜta, 226.230.252.258.261 (1964)
18. Sukenik, in: All the Land of Naphtali, 103f. (1967) (= 14)
19. Neishtat, ha-Golan, 82 (1968)
20. Vilnay, Golan and Hermon, 49-52 (1970) (Grundriß; Fotos, Abbildungen)
21. EAEh, 105f. (Avi-Yonah) (1970) (Grundriß)
22. Saller, Nr. 31 (1972)

JSG -

Carta's Atlas +

Atlas of Israel +

Archäologischer Befund

Ca. 100 m nordöstlich der römischen Mühle liegen auf einer flachen Kuppe die Reste einer Synagoge, die von Kohl - Watzinger ausgegraben wurden. Es handelt sich um eine Basilika, die durch zwei Säulenreihen (bei den Grabungen konnte nur die nördliche Reihe wiedergefunden werden) in drei Schiffe aufgeteilt wurde. Die Säulen waren möglicherweise durch Bögen miteinander verbunden. Das nach Westen ausgerichtete Gebäude ist 15,3 x 11,9 m groß. Drei Eingänge waren in der Westseite, ein weiterer in der Südwand. Vor der Westfront war ein schmaler Vorhof, zu dem von den beiden Schmalseiten zwei bzw. drei Stufen hinaufführten. Im Inneren zog sich eine doppelte Bankreihe an den Längsseiten und an der Ostwand entlang. An Einzelfunden ist außer Säulen und Kapitellen vor allem der Sturz des westlichen Mitteleinganges hervorzuheben, auf dem zwei schwebende 'Engel' einen Kranz zwischen sich halten (vgl. kleine und große Synagoge von Barᶜâm, Rāma u.a.) (Abb. in 8, Abb. 222; 15, Abb. 525). Schumacher hatte nur den rechten Teil gefunden (Abb. in 1; 2; 3; 4; 15, Abb. 524; 20), Kohl - Watzinger dagegen konnten nur den linken Teil mit dem zweiten 'Engel', dessen Oberkörper weggeschlagen worden ist, und einem Teil des Kranzes finden. Dieses Bruchstück liegt heute noch in ad-Dikkā. Ein Bruchstück des Sturzes einer der beiden Seitentüren zeigt ein Weinranken- und -traubenornament (Abb. in 8, Abb. 226). Weiter wurden drei Giebelstücke gefunden (Abb. in 8, Abb. 228-230; 15, Abb. 526-528; 20), eines mit Konche, Eierstab, Efeuranke, Delphin (?) und Vogel (?), ein zweites ebenfalls mit Konche, Eierstab und einem Adler, das dritte mit Eierstab und Weintrauben.

Außer Gebäuderesten und dem bereits genannten Sturzfragment konnte ich im Sommer 1974 noch die von Kohl - Watzinger in Abbildung 228.229.240 und 249 wiedergegebenen Steine wiederfinden; da das Gelände sehr stark überwachsen war, ist es wahrscheinlich, daß sich noch weitere Überreste dort befinden. (Neishtat [19] hat die Stelle offenbar nicht gefunden, da er Gebäude und Einzelteile als unauffindbar beschreibt.)

Literarischer Befund: -

Ausrichtung: 90° W

Datierung: Etwa 3. Jhd.

D o r

Koordinaten: 3.45 (1423 2248)
Am Mittelmeer, 6 km nordwestlich von Zikron Ya'ăqov.

Signatur: Synagoge literarisch sicher

Namen: rabb.: דור; דאר
Jos.: Δωρα
ar.: Ṭanṭūra; Ḫ. al-Burǧ

Literatur

1. Schürer II, 138-141 (1907)
2. Krauss, SA, 204 (1922)
3. Press, Enc. II, 177f. (1948)

Dor

4. Avi-Yonah, HG, 129f. (1962)
Carta's Atlas -
Atlas of Israel +

Archäologischer Befund

Der einzige Beleg für eine Synagoge in Dor ist ein Bericht bei Josephus:

Jos A 19,300:

Παντάπασιν δὲ ὀλίγου χρόνου διελθόντες Δωρῖται νεανίσκοι τῆς ὁσιότητος προτιθέμενοι τόλμαν καὶ πεφυκότες εἶναι παραβόλως θρασεῖς Καίσαρος ἀνδριάντα κομίσαντες εἰς τὴν τῶν Ἰουδαίων συναγωγὴν ἀνέστησαν.
"Ganz kurz darauf brachten ein paar junge Leute aus Dora, die mehr Dreistigkeit als Gottesfurcht besaßen und von Natur aus mutig bis zur Waghalsigkeit waren, ein Bild des Kaisers in die Synagoge der Juden und stellten es dort auf."

Datierung

Die von Josephus erzählte Begebenheit fällt in die Zeit Agrippas I., der von 37-44 regiert hat.

ʿĒ l a b ū n *

Koordinaten: 4.46 (1877 2497)
In Galiläa, 14 km nordwestlich von Tiberias.

Signatur: -

Namen: rabb.: עיילבו
Umschreib.: Ailbu
'Ailbûn
A'ilaboun
ʿEilabun

Literatur

1. Guérin VI, 359 (1880)
2. SWP, 381 (1881) (zitiert 1)
3. Klein, Beiträge, 50f. (1909) (zitiert 1)
4. Saller, Nr. 3 (1972) (zitiert 1)

Carta's Atlas -
Atlas of Israel -

Archäologischer Befund

Guérin (1) berichtet von Resten eines Gebäudes mit Säulen, das eine Synagoge gewesen sein könnte.

Literarischer Befund: -

ᶜẸn Gedi

Ausrichtung: ?

Datierung: ?

ᶜ Ẹ n   G e d i

Koordinaten: 16.47 1874 0965
Am Westufer des Toten Meeres, 44 km südlich von Jericho.

Signatur: Synagoge archäologisch sicher

Namen: rabb.: עין גדי
Jos.: Ενγαδδαι
Umschreib.: Ein Geddi

Literatur

1. Tzaferis, in: CNI 21,3 (1970), 36 (Erwähnung)
2. Ḥ̣A 34/35 (1970), 20f.
3. Barag - Porat, in: Qadmoniot 3 (1970), 97-100; Umschlagfoto (Grabungsbericht; Fotos)
4. Mazar, in: Tarbiz 40 (1970/71), 18-23; englische Zusammenfassung IIIf. (Inschriften, Fotos)
5. Lieberman, in: Tarbiz 40 (1970/71), 24-26; englische Zusammenfassung V (zu Inschrift Nr. 3)
6. Urbach, in: Tarbiz 40 (1970/71), 27-30; englische Zusammenfassung Vf. (zu Inschrift Nr. 3)
7. Rosenthal, in: Tarbiz 40 (1970/71), 31f.; englische Zusammenfassung VI (zu Inschrift Nr. 3)
8. Sarfatti, in: Tarbiz 40 (1970/71), 255; englische Zusammenfassung IX (Inschrift Nr. 3)
9. Feliks, in: Tarbiz 40 (1970/71), 256f.; englische Zusammenfassung IX (zu Inschrift Nr. 3)
10. Lerner, in: Tarbiz 40 (1970/71), 257; englische Zusammenfassung IX (zu Inschrift Nr. 3)

11. Mirsky, in: Tarbiz 40 (1970/71), 376-384; englische Zusammenfassung VII (zu Inschrift Nr. 2)

12. Dotan, in: Lešonenu 35 (1970/71), 211-217 (zu Inschrift Nr. 3)

13. Saller, Nr. 33; Abbildung S. 36 (1972)

14. ḤA 41/42 (1972), 36f.

15. Barag - Porat - Netzer, in: Qadmoniot 5 (1972), 52-54; Tafel II (Grabungsbericht; Grundriß; Fotos)

16. ḤA 45 (1973), 35f.

17. Inscriptions Reveal, Nr. 185; hebräischer Teil 188-190; englischer Teil 85f. (1973) (Fotos)

18. EAEe II, 378-380.396.448 (Barag) (1976) (Foto)

Carta's Atlas +

Archäologischer Befund

Im Jahr 1965 fand man in ʿEn Gedi Reste einer Synagoge, die 1970 und 1972 ausgegraben wurde. Das nach Jerusalem ausgerichtete Gebäude ist etwa 12 x 15 m groß und besteht aus einem Mittelschiff und Seitenschiffen an der Ost-, Süd- und Westseite. In der Nordwand ist eine halbkreisförmige Nische für den Toraschrein. Vor der Nische ist eine 2 x 4 m große Bema. Ein hölzerner Soreg scheint sie vom übrigen Gebetsraum abgetrennt zu haben. Rechts daneben ist ein 'Sitz des Mose'. In der Westmauer sind drei Eingänge, vor ihnen ein etwa 4 m breiter Narthex, in dessen Schmalseiten je ein Eingang ist. In der Südwestecke dieses Narthex fand man ein Wasserbecken, daneben ein steinernes Bassin und einen Tonkrug. Möglicherweise besaß die Synagoge ein Obergeschoß (14; 15). Angrenzende Baulichkeiten könnten als Herberge gedient haben. Den Boden der Synagoge bedeckt ein Mosaik: Vor der Bema sind drei siebenarmige Menorot abgebildet. Im Zentrum des Mittelschiffes ist ein geometrisches Muster; in dessen Mitte ist ein aus zwei Vierecken gebildetes Achteck, in diesem ein Kreis. In dem Kreis sind vier Vögel abgebildet, vor vier der acht Ecken je zwei Pfauen mit einer Weintraube (Abb. in 13; 15; 18). Im westlichen Seitenschiff sind zwei hebräische und drei aramäische Inschriften.

Diese aus der byzantinischen Zeit stammende Synagoge ist ein Umbau einer Synagoge aus dem Beginn des 3. Jahrhunderts. Dieses

Gebäude hatte in der Nordwand zwei oder drei Eingänge, die später zugemauert wurden und an deren Stelle die Nische für den Toraschrein trat. Der Fußboden des etwa 10 x 15,5 m großen Gebäudes war mit einem schwarz-weißen Mosaik belegt, in dem drei 1,4 x 1,4 m große Vierecke abgetrennt sind. In dem südlichsten ist ein großes Hakenkreuz abgebildet; die Darstellungen in den anderen Vierecken sind zerstört. Es handelt sich hier um das älteste Synagogenmosaik.

An Einzelfunden sind hervorzuheben eine bronzene siebenarmige Menora (22 x 14 cm; Abbildung in 3, S. 99 und Umschlagfoto); ein Bronzekelch; verkohlte Schriftrollen.

Die Synagoge wurde durch Brand zerstört.

Inschriften

Nr. 1

Die oberste der vier Inschriften im westlichen Seitenschiff.

Besprechung in 4; 17.
Abbildung in 4; 17; 18:

1. אדם שת אנוש קינן מהללאל ירד
2. חנוך מתושלח למך נוח שם חם ויפית

1. "Adam, Schet, Enosch, Qenan, Mehalalel, Jered,
2. Chano<u>k</u>, Metuschelach, Leme<u>k</u>, Noach, Schem, Cham und Jefet."

Die Inschrift enthält die Genealogie von Adam bis Jeffet nach 1. Chron 1, 1-4. Sie weicht an zwei Stellen durch Pleneschreibung vom masoretischen Text ab, u.z. נוח statt נח und ויפית statt ויפת.

Nr. 2

Die zweite der vier Inschriften im westlichen Seitenschiff.

Besprechung in 4; 11; 17.
Abbildung in 4; 17; 18:

1. טלה שור תאומים סרטן ארי בתולה
2. מאוזניים עקרב קישת גדי ודלי דגים
3. ניסן אייר סיון תמוז אב אילול

4. תשרי מרחשון כסליו טבית שבט
5. ואדר אברהם יצחק ויעקב שלום
6. חנניה מישאיל ועזריה שלום על ישראל

1. "Widder, Stier, Zwillinge, Krebs, Löwe, Jungfrau,
2. Waage, Skorpion, Schütze, Steinbock und Wassermann, Fische.
3. Nissan, Ijjar, Siwan, Tammuz, Av, Elul,
4. Tischri, Marcheschwan, Kislew, Ṭevet, Schevaṭ
5. und Adar. Abraham, Isaak und Jakob. Schalom!
6. Chananja, Mischael und ʿAzarja. Friede über Israel!"

Die Inschrift führt in den ersten beiden Zeilen die Namen der zwölf Tierkreiszeichen an. Auffällig ist, wie schon in Inschrift Nr. 1, die Pleneschreibung (קישת). Steinbock und Wassermann sind durch 'und' verbunden wie in Bęt Alfá (ודלי ודגים) (vgl. dazu 11). Ein Zodiak ist in der Synagoge nicht abgebildet!

In Zeile 3 stehen die zwölf Monatsnamen; auch hier wieder die Pleneschreibung (אילול, טבית). Die letzten beiden Monate sind durch 'und' verbunden (vgl. dazu 11).

In Zeile 5 steht am Anfang 'und Adar', dann folgen die Namen der drei Erzväter und am Ende das Wort Schalom.

In Zeile 6 werden die drei Gefährten Daniels genannt (vgl. Dan 1,6.11.19; 2,17), die im rabbinischen Schrifttum einen hervorragenden Platz einnehmen. Auch hier wieder die auffällige Pleneschreibung (מישאיל). Der Schluß 'Friede über Israel' findet sich häufiger in Synagogeninschriften (vgl. z.B. Jericho).

Nr. 3

Die dritte der vier Inschriften im westlichen Mittelschiff.

Besprechung in 4; 5; 6; 7; 8; 9; 10; 12; 17.
Abbildung in 4; 17; 18:

1. דכירין לטב יוסה ועירון וחזיקיו בנוה דחלפי
2. כל מן דיהיב פלגו בן גבר לחבריה הי אמר
3. לשן ביש על חבריה לעממיה הי גניב
4. צבותיה דחבריה הי מן דגלי רזה דקרתה

5. לעממיה דין דעינוה משוטטן בכל ארעה
6. וחמי סתירתה הוא יתן אפוה בגברה
7. ההו ובזרעוה ויעקור יתיה מן תחות שומיה
8. וימרון כל עמה אמן ואמן סלה

1. "Es sei zum Guten gedacht des Jose und des ʿIron und des Chezeqio, Söhne des Chalfi.
2. Jeder, der Zwietracht stiftet zwischen einem Mann und einem anderen, oder der (etwas Böses) sagt
3. etwas Böses (sagt) über einen anderen zu den Völkern, oder der stiehlt
4. Dinge (Bast ?) eines anderen, oder der das Geheimnis der Stadt offenbart
5. den Völkern - der, dessen Augen über die ganze Welt schweifen
6. und der das Verborgene sieht, er möge seinen Zorn (oder: sein Gesicht) wenden gegen (diesen) Mann
7. diesen (Mann) und gegen seinen Samen und möge ihn ausreißen von unter dem Himmel.
8. Und das ganze Volk spreche: Amen und Amen! Sela!"

Zum Namen חזיקיו in Zeile 1 vgl. Inschrift Nr. 4. Nur die erste Zeile ist eine Stiftungsinschrift.

Die folgenden Zeilen enthalten Verwünschungen - etwas bisher Einmaliges in einer Synagogeninschrift.

צבותיה in Zeile 4 wird von Mazar (4; vgl. 7) mit 'Gegenstände' übersetzt. Feliks (9) erklärt es als 'Pflanzenfasern' des Balsamstrauches und verweist auf b ʿAv z 75b (vgl. Löw, Die Flora der Juden II, 331).

Es gibt verschiedene Theorien über Bedeutung und Zweck der Inschrift. Mazar (4) vermutet einen Schwur, der mit einem historischen Ereignis verknüpft ist, bei dem es um den Verrat des 'Geheimnisses der Stadt' ging. Vermutungen, um was es sich bei diesem Geheimnis handelt, stellt er nicht an. Lieberman (5) vermutet, daß sich Verleumdung, Diebstahl und das Geheimnis der Stadt auf die Zubereitung des Balsams aus dem dort angepflanzten Balsambaum bezieht. Die Inschrift wurde von den Leitern der Balsamhersteller geschrieben, die im Auftrag der

Römer hier arbeiteten. Urbach (6) vermutet, daß es sich um einen seit langem festliegenden Schwur handelt, der in jüdischen Siedlungen von alters her üblich war. Er verweist auf eine Inschrift von Chersonesus und auf den Schwur der Essener bei Jos B 2, 139-141.

Dotan (12) liest in der vierten Zeile statt קרתה ('Stadt', hier wohl mehr in der Bedeutung 'Ortschaft') קרייה und erklärt es als 'Tora' oder 'Lesung (der Tora)'. Nach seiner Erklärung handelt es sich um das Verbot, die Stelle zu verraten, an der die Torarollen versteckt wurden, als in der zweiten Hälfte des 6. Jahrhunderts den Juden verboten wurde, diese in den Synagogen zu benutzen, bzw. um das Verbot, die Lesung der Tora und der Targumim mitzuteilen, nachdem im Jahr 553 von Justinian I das mündliche Gesetz in den Synagogen verboten wurde. Dementsprechend datiert Dotan die Inschrift in die Mitte bzw. die zweite Hälfte des 6. Jahrhunderts.

Es muß sich bei diesem Geheimnis um etwas gehandelt haben, was die Römer nicht sehr interessierte oder durch dessen Geheimhaltung seitens der Juden sie profitieren, zumindest aber nicht geschädigt werden konnten. Wie anders läßt sich sonst erklären, daß die Existenz dieses Geheimnisses an so hervorragender Stelle in einem öffentlichen Gebäude mitgeteilt wird?

Nr. 4

Die unterste der vier Inschriften im westlichen Seitenschiff.

Besprechung in 4; 17.
Abbildung in 4; 17:

1. רבי יוסה בן חלפי חזקיו בן חלפי דכירין לטב
2. דרגי סגי הנון עבדו לשמה דרחמנה שלום

1. "Rabbi Jose ben Chalfi, Chizqio ben Chalfi - es sei (ihrer) zum Guten gedacht.
2. Sie machten die großen (?) Stufen für den Barmherzigen. Schalom!"

Die Inschrift ist offensichtlich später hinzugefügt worden. Die Buchstaben sind grundverschieden von denen der anderen Inschriften und nur schwer zu lesen. Mazar (4) übersetzt:

"The upper(?) step was made by them in the name of the Merciful". Zum Namen חזקיו vgl. Inschrift Nr. 3. Die Lesung von סגי ist unsicher. Statt חנוך (4; 17) sollte הנון, "sie", gelesen werden, doch ist die Lesung des ganzen Wortes unsicher.

Nr. 5

Eine weitere aramäische Inschrift wurde 1972 ebenfalls im westlichen Seitenschiff gefunden. Sie ist noch nicht veröffentlicht (14; 15). Sie beginnt mit den Worten:

דכירין לטב כל בני קרתה

"Es sei zum Guten gedacht aller Stadtbewohner".

Weiter wird eine Renovierung der Synagoge (כנישתה) unter Jonatan dem Vorsteher (חזנה) erwähnt.

Nr. 6

Auf einem Stück Wandputz sind Reste einer rot geschriebenen aramäischen Inschrift, die noch nicht veröffentlicht ist (14).

Ausrichtung

Die Nordwand der Synagoge ist genau nach Norden ausgerichtet, die Gebäudeachse weicht um 10° nach Westen ab.

Literarischer Befund: -

Datierung

Anfang des 3. Jahrhunderts bis Mitte des 6. Jahrhunderts.

Vgl. Nachträge!

ʿĒ n N a š ū ṭ

Koordinaten: 2.48 2151 2687
Im westlichen Golân, ca 700 m südwestlich von ad-Danqalla.

Signatur: Synagoge archäologisch sicher

Namen: ar.: ʿĒn Našūṭ
Umschreib.: 'En Natosh

Literatur

1. ḤA 41/42 (1972), 1, 3. Absatz (ohne Namensnennung)
2. ḤA 45 (1973), 1
3. EAEe II, 466 (Urman) (1976)
Carta's Atlas -
Atlas of Israel -

Archäologischer Befund

Etwas nördlich der Quelle ʿĒn Našūṭ, ca 700 m südwestlich von ad-Danqalla, befindet sich auf einer von zwei Wadis begrenzten Anhöhe eine größere Chirbe. Auf halber Höhe des Westhanges ist ein größeres Gebäude, in und bei dem eine Reihe von Einzelfunden gemacht wurden, u.a. Säulenreste, Kapitelle und eine Löwenskulptur. Leider ist sehr viel davon mutwillig zerschlagen worden. Außerdem wurde in dem Gebäude auf einem Sturz eine siebenarmige Menora entdeckt. Alle Funde deuten mit sehr großer Wahrscheinlichkeit auf eine Synagoge.

Ein Teil der Funde von ad-Danqalla könnte eventuell von hier stammen.

Literarischer Befund: -

Datierung: 3./4. Jhd.

ʿẸ n Ṭ á v *

Koordinaten: 7.49 -
Der Ort liegt wahrscheinlich zwischen Lod und Yavne; er konnte noch nicht identifiziert werden.

Signatur: Gerichtshof literarisch sicher; Lokalisation nicht möglich.

Namen: rabb.: עין טב; עינטב; ענטב; עיינטב
Umschreib.: ʿEn Ṭob

Literatur

1. Dalman, Orte und Wege, 118f. (1924)

2. Klein, Sefer ha-yiššuv, 115f. (1939)
3. Klein, Ereṣ Yehuda, 179f. (1939)
4. Ginzberg, A Commentary on the Palestinian Talmud, Berakot III, 124-132 (1941)
5. Press, Enc. IV, 709f. (1955)
6. Alon, Toldot II, 137 (1957)
7. Melamed, Pirqe minhag we-halaka, 182 (1959)
8. Avi-Yonah, HG, 134 (1962)
9. Mantel, Studies, 155.174.181-183 (1965)

Archäologischer Befund: -

Literarischer Befund

1. b R hasch 25a:

א"ל רבי לרי חייא זיל לעין טב וקדשיה לירחא ושלח לי סימנא דוד מלך ישראל חי וקים

"Rabbi sagte zu R. Chijja: Geh nach ᶜẸn Ṭåv und heilige den Neumond! Als Zeichen laß den Boten den Satz sagen: 'David, König Israels, lebt und besteht'."

2. j Suk 53a,16:

רב חונה אזל לעייניטב למימנה (Erstdruck : לסימנה)

"R. Chuna ging nach ᶜAyyəneṭ Ṭåv, um (den Neumond) festzusetzen."

3. j R hasch 58a,51f.:

רבי חנינה אזל לעין טב למימנא והוה אוירא מעונן

"R. Chanina ging nach ᶜẸn Ṭåv, um (den Neumond) festzusetzen. Der Himmel war bewölkt."

4. Pes r XLI 1 (ed. Friedmann, 172b):

בית דין שלא קידשו החודש בעינטב בעדים מהו אם נתקדש ... ולמה היו ב"ד מעברים את החודש בעינטב שהוא בית הוועד של בית דין לפיכך ראש השנה שחל להיות בשבת אין תוקעים בכל [מקום אלא] בעינטב במקום שהיו ב"ד יושבים ומעברים את השנים והחדשים

"Wenn der Gerichtshof den Neumond in ᶜẸnṭåv aufgrund von Zeugenaussagen nicht festsetzen konnte, kann der Neumond dann als angefangen angesehen werden? ... Warum setzte der Gerichtshof den Neumond in ᶜẸnṭảv fest? Weil (die Abgelegenheit des Ortes ihn sicher machte) für die Versammlungen des Gerichtshofes. Deswegen wurde, wenn das Neujahr auf einen Schabbat fiel, nicht nur anderswo (sc. an dem üblichen Versammlungsort des Sanhedrin in Galiläa), sondern auch in ᶜẸnṭảv geblasen, dem Ort, an dem der Gerichtshof Neujahr und Neumond festzusetzen pflegte."

Die Übersetzung folgt Braude (Pesikta Rabbati, 724 [1968]; vgl. dort Anm. 2 und 3).

Zu der Zeit, als das Sanhedrin seinen Sitz in Ṣippori hatte, wurde die Festsetzung des Neumondes nicht dort, sondern weiterhin in Judäa, u.z. in ᶜẸn Ṭảv, durchgeführt (vgl. dazu b Sanh 11b). Der kleine, unbedeutende Ort schien genügend Sicherheit vor den Römern zu bieten (9, S. 183; ausführlich 4).

Über die Lage des Ortes herrscht keine Klarheit, aber er scheint mit ziemlicher Sicherheit in Judäa gelegen zu haben. Klein (3) identifiziert ihn mit dem auf der Madabakarte genannten ENETABA, das zwischen Lod und Yavne liegt, aber nicht identifiziert werden konnte. Die Schreibung ENETABA würde einer aramäischen Form עיני טבא entsprechen. Andere suchen den Ort in Galiläa, so Dalman (1), der ihn mit ᶜĒn Māhil (1835 2365) östlich von Nazareth identifiziert. Vgl. außerdem 5; 7.

Datierung: 2. Hälfte des 2. Jhd.

E š t ə m o a ᶜ

Koordinaten: 15.50 1564 0898
In Judäa, 15 km südlich von Ḥevron.

Signatur: Synagoge archäologisch sicher

Namen: rabb.: אשתמוע
ar.: as-Samūᶜ
Umschreib.: Esthemoa; es-Semouᶜa; Samoa

Eštəmoaᶜ

Literatur

1. Guérin III, 173f. (1869)
2. SWP III, 412 (1883)
3. Dalman, in: PJB 9 (1913), 31
4. Dalman, in: PJB 13 (1917), 36; Tafel 2, 3
5. Mader, Altchristliche Basiliken, 217f. (1918)
6. Abel - Barrois, in: RB 38 (1929), 585-589 (Foto, Abbildungen)
7. Klein, in: BJPES 3 (1935), 107 (Foto)
8. Luria, in: Nature and Country 3 (1935), 416-422 (Fotos)
9. Albright - Glueck, in: AJA 41 (1937), 150
10. Excavations in Palestine, in QDAP 6 (1938), 221f.
11. Klein, Sefer ha-yiššuv, 10 (1939)
12. Klein, Ereṣ Yehuda, 192 (1939)
13. Mayer - Reifenberg, in: JPOS 19 (1939), 314-326; Tafel XXIII-XXX (Grabungsbericht; Grundriß) (vgl. 14; 15)
14. Mayer - Reifenberg, in: BJPES 9 (1941/42), 41-44; engl. Zusammenfassung I; Tafel I-IV (Grabungsbericht; Grundriß) (im wesentlichen = 13) (Fortsetzung = 15)
15. Mayer - Reifenberg, in: BJPES 10 (1942/43), 10f.; engl. Zusammenfassung If. (im wesentlichen = 13) (Fortsetzung von 14)
16. Sukenik, in: Kedem 1 (1942), 64f. (Grundriß)
17. Roth, in: PEQ 81 (1948/49), 108-110
18. Klein, Toldot, 32f. 52.302; Tafel Vb; XIV (1950)
19. Press, Enc. I, 57f.; Tafel III (1951)
20. Goodenough I, 232-236; III, Abb. 605-616 (1953) (Grundriß)
21. Avi-Yonah - Yeivin, The Antiquities of Israel, 230f. (1955) (Grundriß)
22. Avi-Yonah, HG, 115 (1962) (Erwähnung)
23. Hiram, in: Wiener Jahrbuch für Kunstgeschichte 19 (1962), 18.40
24. Avigad, in: All the Land of Naphtali, 98 (1967)
25. Negev, in: EI 8 (1967), 198
26. Vilnay, Judaea and Samaria, 40-42 (1968) (Grundriß; Foto; Abbildungen)
27. ḤA 33 (1970), 7f. (Inschrift)
28. EAEh, 26f. (Barag) (1970) (Grundriß; Fotos)
29. Yeivin, in: RB 77 (1970), 401f.; Tafel XXIV (Inschrift)
30. Saller, Nr. 114 (1972) (Foto)

31. JSG, 79, Nr. 235 (1972) (Foto)
32. Yeivin, in: Qadmoniot 5 (1972), 43-45 (Grabungsbericht; Inschrift; Foto)
33. Safrai, in: Immanuel 3 (1973/74), 44-50
34. EAEe II, 386-389 (Barag) (1976) (Fotos; Grundriß)
Carta's Atlas +

Archäologischer Befund

Im Dorf as-Samūᶜ sind verschiedene Steine mit Darstellungen verstreut, die auf eine Synagoge hinweisen. 1934 konnten Mayer - Reifenberg ein Gebäude an der höchsten Stelle des Dorfes als Synagoge identifizieren und es 1935/36 ausgraben. 1969 wurden die Grabungen unter Yeivin wieder aufgenommen (27; 32). Es handelt sich um eine Synagoge des Breithaustyps (vgl. die Einleitung). Das Gebäude ist etwa 13,3 x 21,3 m groß. Die Mauern waren teilweise bis zu einer Höhe von mehr als acht Metern erhalten. Im Innern scheinen keine Säulen gestanden zu haben. In der nach Jerusalem ausgerichteten Nordwand sind in einer Höhe von etwa zwei Metern drei Nischen eingebaut, von denen die größere in der Mitte als Toraschrein gedient hat. Vor den Nischen war eine Bema. Ein Stein mit einer Inschrift, der neben den Nischen gewesen war, ist heute verschwunden (Inschrift Nr. 1). An der Nord- und Südwand sind zwei übereinanderliegende Steinbänke, die nur durch die Bema an der Nordwand unterbrochen werden. Der Fußboden war mit einem Mosaik bedeckt, von dem fast nichts erhalten ist. In der östlichen Schmalseite liegen drei Eingänge. (Der Sturz, der in 30 abgebildet ist, ist nicht original.) Vor ihnen ist ein Narthex, dessen Dach von zwei Pfeilern und zwei Säulen getragen wurde. In dem Narthex sind Reste von Mosaiken mit einer Dattelpalme und einer aramäischen Stiftungsinschrift erhalten. Bei einem späteren Umbau wurde ein neuer Mosaikboden gelegt. In der Nordwand wurde in Fußbodenhöhe eine weitere Nische eingebaut (Abbildung in 13, Tafel XXV; 19; 28), die vielleicht als Platz für den 'Sitz des Mose' oder für den Toraschrein gedient hat. In der frühen islamischen Zeit wurde die Synagoge in eine Moschee umgewandelt und ein Miḥrāb in der Südwand eingebaut.

Folgende Einzelfunde sind noch anzuführen; sie können von der Synagoge stammen, aber auch ebensogut von einem Privathaus oder einem Grab sein:

1. Ein Stein mit einer siebenarmigen Menora ohne Podest. Links von ihr ist eine Säule, auf deren Spitze eine Kugel ist; aus dieser Kugel geht eine Art Girlande über die Menora (Abbildung in 2; 6, Abb. 6a; 13, Tafel XXIX, 7; 18; 20, Abb. 615; 26; 28; 34).

2. Ein Bruchstück eines Sturzes, auf dem eine Vase, eine Rosette, eine Muschel und ein Hexagramm abgebildet sind; am oberen Rand ist ein Band von Weinlaub und -trauben (Abbildung in 6, Abb. 4a; 13, Tafel XXX, 2; 20, Abb. 616; 26).

3. Eine Konche mit einem Girlandenband, möglicherweise von einem Synagogenfenster (Abbildung in 6, Abb. 5b; 13, Tafel XXIX, 3; 20, Abb. 608).

4. Ein Stein mit einer acht- oder neunarmigen Menora ohne Podest, links von ihr ein doppelter Kreis, in dem eine Rosette gewesen sein könnte, die fortgemeißelt wurde, rechts eine Palme (Abbildung in 6, Abb. 6b; 8; 9; 13, Tafel XXIX, 4; 20, Abb. 609).

5. Ein Stein mit zwei nebeneinanderliegenden Konchen, vielleicht von einem Doppelfenster wie in Kəfar Naḥum (Abbildung in 6, Abb. 7; 8; 9; 13, Tafel XXIX, 9; 20, Abb. 614; 26).

6. Ein Sturz mit einer Rosette und zwei Vasen (Abbildung in 13, Tafel XXIX, 8; 20, Abb. 613; 26).

7. Ein Sturz mit einer Vase, der allerdings mit ziemlicher Sicherheit nicht von einer Synagoge stammt (Abbildung in 13, Tafel XXIX, 6; 20, Abb. 611).

8. Zwei Bruchstücke von einem Fries mit Weinlaub und -trauben (Abbildung in 13, Tafel XXIX, 2.5; 20, Abb. 607.610; 31).

9. Ein Stein, vielleicht Bruchstück eines Sturzes, mit einer siebenarmigen Menora mit einem dreifüßigen Podest, links von ihr eine Rosette. Der rechte Teil der Menora ist abgeschlagen worden (Abbildung in 29; 32; 34).

Inschriften

Nr. 1

Auf einem Stein neben den Nischen in der Nordwand. Die zweizeilige Inschrift ist nicht entziffert. Klein (11; 12; 18, S. 302) vermutet, daß Teile des Achtzehn-Gebetes darauf gestanden haben. Der Stein ist verschollen. Abbildung in 18, Tafel XIV.

Nr. 2

Mosaikinschrift im Narthex.

Besprechung in 27; 29; 32. Lesung nach Yeivin:

1. דכיר לטב לעזר כהנ[א]
2. ובנוי דיהב חד טרְ[ימיסין]
3. [יְפִיְוְ מן פעל[

1. "Es sei zum Guten gedacht des Leᶜazar des Priesters
2. und seiner Söhne, der gestiftet hat einen Tr[imissis
3.

Zur Ergänzung 'Tr[imissis' in der zweiten Zeile vgl. Ḥammat Gâdẹr, Inschrift 2 und 3. In der dritten Zeile sind Anfang und Ende zerstört. Es fehlen am Anfang der erste Buchstabe, von dem zweiten ist der obere Querstrich erhalten, es kann also ein ר, ה, ד, כ gewesen sein. Möglicherweise allerdings begann die letzte Zeile um etwa zwei Buchstaben herausgerückt. Lesung und Bedeutung des Wortes bleiben unklar. Das nächste Wort ist מן, 'von', dann folgt]פעל , 'Arbeit-', jedoch ist die Lesung des ל nicht sicher. Am Ende fehlen etwa sechs Buchstaben.

Ausrichtung: 340° NNW

Literarischer Befund: -

Datierung: 4. Jhd.

F a ḥ m a

Koordinaten: 5.51 (167 198)
In Samaria, 14 km südwestlich von Ǧinīn.

Signatur: Synagoge archäologisch unsicher

Namen: ar.: Faḥma

Literatur

1. Avi-Yonah, in: BJPES 13 (1946/47), 154f.; engl. Zusammenfassung VIII; Tafel III, 1-2 (= 5)
2. Goodenough I, 214; III, Abb. 558.560 (1953)
3. Press, Enc. IV, 766 (1955)
4. Avi-Yonah, HG, 128.181 (1962) (Erwähnung)
5. Avi-Yonah, Essays and Studies, 35f.; Tafel IV, 3-4 (1964) (= 1)
6. Vilnay, Judaea and Samaria, 332f. (Abbildung)
7. Saller, Nr. 36 (1972)
Carta's Atlas +

Archäologischer Befund

Im Hof der ehemaligen Kreuzfahrerkirche in Faḥma, die heute als Moschee dient, fand man 1941 einen Stein mit einem zweiflügeligen Toraschrein und einer Konche (Abb. in 1; 2; 5; 6). In demselben Gebäude ist noch ein Bruchstück eingemauert, das offensichtlich Teil eines Sturzes ist (Abb. in 1; 2; 5). Er hat das gleiche Rahmenornament wie Stürze aus Kəfar Naḥum (Goodenough III, Abb. 464.468) und Ḥ. ᶜAmmudim (Kohl - Watzinger, Abb. 140-141). Beide Steine deuten vielleicht auf eine

Fāḫūra

Synagoge.

Da Faḥma nicht weit von Šəḵem im samaritanischen Gebiet entfernt ist und es in der Nähe keine jüdischen Synagogen gibt, könnte es sich um eine samaritanische Synagoge gehandelt haben.

Literarischer Befund: -

Datierung: 3./4. Jhd.

F ā ḫ ū r a *

Koordinaten: 2.52 (2148 2674)
Im Golân, 18,5 km südwestlich von Qunēṭira.

Signatur: -

Namen: ar.: Fāḫūra
Umschreib.: Peḥura

Literatur

1. EAEe II, 467 (Urman) (1976)
Carta's Atlas -
Atlas of Israel -

Archäologischer Befund

Urman erwähnt Einzelfunde von einer Synagoge, ohne näher darauf einzugehen. Die Funde sind nicht ausreichend, um von ihnen auf eine Synagoge schließen zu können.

G ȧ d ẹ r

Koordinaten: 4.53 (2140 2290)
In Jordanien, 10 km südöstlich vom Südende des Sees Genezareth.

Signatur: Synagoge archäologisch unsicher

Namen: rabb.: גדר

Jos.: Γαδαρα

ar.: Umm Qēs

Umschreib.: Gadara; Umm Kais/Qais; Muqēs; Mkeis

Literatur

1. de Saulcy, Voyage autour de la Mer Morte et dans les terres bibliques II, 486; Atlas, Tafel XLVI (1835)
2. Perrot - Chipiez, Historire de l'art dans l'antiquité IV, 313 (1887) (Abbildung)
3. Dussaud, Monuments, 86-88 (Nr. 117) (1912) (Foto)
4. Orfali, Capharnaüm, 93 (1922) (Abbildung)
5. Krauss, SA, Abb. 9 (1922)
6. Galling, in: ZDPV 50 (1927), 310 (Erwähnung)
7. Bagatti, Il museo della flagellazione in Gerusalemme, 35 (1939)
8. Klein, Sefer ha-yiššuv, 28 (1939) (Erwähnung)
9. Goodenough I, 219.225; III, Abb. 574.592 (1953)
10. Negev, in: EI 8 (1967), 199
11. Vilnay, Golan and Hermon, 98 (1970) (Abbildungen)
12. Saller, Nr. 127 (1972)

Carta's Atlas +

Ǧaraš

Atlas of Israel +

Archäologischer Befund

Zwei Steinplatten, von denen eine im Museum der Franziskanerkirche der Geißelung in Jerusalem, die andere im Louvre ist, stammen wahrscheinlich aus Gådẹr. Die erste (Abb. in 9, Abb. 592; 11) hat in einem Kranz mit Heraklesschleife eine siebenarmige Menora mit einem dreiteiligen Podest, links von ihr ist ein Lulav, rechts ein Schofar. Die zweite Platte (Abb. in 1; 3; 5; 9, Abb. 574; 11) ist der ersten in der Aufteilung sehr ähnlich, jedoch ist in jeder der vier Ecken noch eine Rosette. Beide Platten können aus einer Synagoge stammen.

Literarischer Befund: -

Datierung: 3. Jhd.

Gamlå vgl. Nachträge!

Ǧ a r a š *

Koordinaten: -.54 2340 1878
In Jordanien, 37 km nördlich von ʿAmmān.

Signatur: Synagoge archäologisch sicher

Namen: rabb.: גרש ;גרס
Jos.: Γερασα
ar.: Ǧaraš
Umschreib.: Jerash

Literatur

1. Crawfoot - Hamilton, in: PEFQS 1929, 211-219; Tafel I-V (Grabungsbericht; Inschriften)
2. Galling, in: ZAW, NF 6 (1929), 316 (Inschrift Nr. 1)
3. Weill, in: REJ 88 (1929), 205 (Inschrift Nr. 1)
4. Crowfoot, in: PEFQS 1930, 40
5. Sukenik, in PEFQS 1930, 48f. (Inschrift Nr. 1)
6. Klein, in: Zion (Yediʿot) 1,2 (1929/30), 17-22 (Inschriften)

7. Crowfoot, Churches at Jerash, 16-20; Tafel V (1931) (Grundriß)

8. McCown, in: BASOR 37 (1930), 15f.

9. Barrois, in: RB 39 (1930), 259-265; Tafel IX-XI (Inschriften)

10. Krauss, in: REJ 89 (1930), 408-411 (Inschriften)

11. Yeivin, in: Zion (Yediᶜot) 2, 6-7 (1930/31), 13-15 (Erwähnung)

12. Barrois, in: RB 40 (1931), 616f. (Erwähnung)

13. Sukenik, Beth Alpha, 27.51-56; Tafel 7a; XXVI (1932) (Inschrift Nr. 2.3; Mosaike)

14. Sukenik, Ancient Synagogues, 35-37.77; Tafel IX (1934) (Grundriß; Inschrift Nr. 1.3)

15. SEG 7 (1934), Nr. 895f. (Inschrift Nr. 2.3)

16. Biebel, in: Gerasa, ed. Kraeling, 318-323; Tafel LXIII-LXV; Plan I.XXXVI (1938) (ausführliche Beschreibung der Mosaiken)

17. Crowfoot, in: Gerasa, ed. Kraeling, 234-239; Tafel XLIII--XLV; Plan I.XXXVI (1938) (ausführliche Beschreibung; Grundriß)

18. Welles, in: Gerasa, ed. Kraeling, 473; Tafel LXIII-LXIV; Plan XXXVI (1938) (Inschriften)

19. Klein, Sefer ha-yiššuv, 34; Tafel VIII, 1 (1939)

20. Detweiler, in: BASOR 87 (1942), 10-17 (Fotos, Abbildungen)

21. Klein, Toldot, 264f. (1950) (Inschrift Nr. 1.2)

22. Press, Enc. I, 173 (1951) (Inschrift Nr. 1)

23. CIJ, Nr. 866f. (1952) (Fotos)

24. Goodenough I, 180f. 259f.; III, Abb. 450.656 (1953)

25. Braslavy, Hayadaᶜta, 251-293 passim (vgl. Index) (1964)

26. Lifshitz, 70, Nr. 78 (1967) (Inschrift Nr. 2)

27. Negev, in: EI 8 (1967), 197.200

28. EAEh, 125.127 (Applebaum) (1970) (Fotos; Inschrift Nr. 1)

29. Saller, Nr. 48 (1972)

30. EAEe II, 420.426.428 (Applebaum) (Fotos)

Carta's Atlas +

Archäologischer Befund

Unter einer christlichen Basilika wurden 1929 die Reste einer Synagoge gefunden. Beim Bau der Kirche blieben nur wenige

Reste der Synagoge erhalten, doch läßt sich aus ihnen der Grundriß rekonstruieren. Es handelte sich um eine Basilika, die durch zwei Säulenreihen zu je vier Säulen in drei Schiffe aufgeteilt wurde. In der Westwand war ein Raum für den Toraschrein angebaut, davor scheint eine Bema gewesen zu sein. Entlang der Nordwand lief eine Bank. Über einen Hof mit Säulen und einen Portiko gelangte man durch drei Eingänge in der Ostwand in die Synagoge. Gebetsraum und Portiko waren mit Mosaiken ausgelegt. Im Inneren ist außer Resten mit farbigen Mustern nur eine Inschrift in einer tabula ansata im nördlichen Seitenschiff erhalten (Inschrift Nr. 1). Im Portiko sind Reste einer Szene von der Sintflut; erhalten ist ein zweifach umrahmtes Feld mit drei Reihen von Tieren: In der oberen Reihe sind Vögel, in der mittleren große Tiere wie Pferde usw., und in der untersten Reihe sind Schlangen und kleinere Tiere wie Hase u.ä. Das entspricht der Einteilung in Gen 7, 14 (Abbildung in 1; 7; 9; 13; 14; 16; 18; 30). In der linken Ecke ist eine Taube mit einem Ölzweig im Schnabel (vgl. Gen 8, 10f.), darunter sind zwei teilweise erhaltene Köpfe mit der griechischen Inschrift 'Schem' und 'Japhet' (vgl. Gen 7, 13; Inschrift Nr. 3; Abbildung in 1, Tafel IV; 7; 9; 16). Das untere Feld ist in entgegengesetzter Richtung angelegt, so daß man es vor sich hatte, wenn man die Synagoge verließ. In diesem Feld ist eine siebenarmige Menora auf einem dreifüßigen Podest abgebildet, links neben ihr Machta und Schofar, rechts Lulav und Etrog. Zu beiden Seiten ist eine griechische Inschrift (Nr. 2). Rechts und links der Inschrift sind Reste von Löwen und Pflanzen. In dem abschließenden Rahmenfeld sind weitere Tiere und Pflanzen abgebildet. Eine Identifizierung aller Tiere bringt Aharoni (in 13, S. 55f.; 16).

Detweiler (20) beschreibt einige Einzelfunde, u.a. ein korinthisches Kapitell mit einer Menora(?), die nach seiner Meinung jüdisch sind und von einer Synagoge aus dem 1. Jahrhundert sein könnten, doch ist die jüdische Herkunft keineswegs gesichert (vgl. 24, S. 180f.; 27).

Inschriften

Nr. 1

Hebräische Stiftungsinschrift in einer tabula ansata im Fußbodenmosaik der Synagoge.

Besprechung in 1; 2; 3; 5; 6; 9; 10; 14; 18; 19; 21; 22; 23; 28.

Abbildung in 1, Tafel V; 9; 18, Tafel LXIVc; 19; 23; 28; 30:

1. שלום על כל
2. ישראל אמן אמן
3. סלה פינחס בר
4. ברוך יוסה בר
5. שמואל יודן בר חזקיה

1. "Schalom über ganz
2. Israel. Amen. Amen.
3. Sela. Pinchas bar
4. Baru<u>k</u>, Jose bar
5. Schemuel, Judan bar Chizqija."

Das erste Wort in Zeile 3 wurde von Cowley (nach 1) כלה gelesen und 'all of it' übersetzt. Das Wort בר in Zeile 3-5 löste er in בן רבי, 'son of rabbi' auf. Statt יודן in Zeile 5 kann auch ויודן, 'und Judan' gelesen werden.

Die 'Ohren' der tabula ansata sind nicht, wie sonst üblich, rechts und links der Inschrift, sondern über und unter ihr.

Nr. 2

Griechische Inschrift zu beiden Seiten einer Menora im Mosaik des Portiko.

Besprechung in 6; 9; 10; 13; 15; 18; 19; 21; 23; 26.

Abbildung in 1, Tafel III; 7; 9; 13; 23:

1.			]ν̣ι̣ ἁγιο-
2.	[τάτῳ]		τόπῳ
3.	ἀμήν	(Menora)	σέλα
4.	ἐρήν		η τῇ συ-
5.	ναγ		ωγῇ

1.		]heilig-	
2.	[sten]		Orte
3.	Amen.	(Menora)	Sela.
4.	Fried-		e der Ge-
5.	mei-		nde."

ἁγιώτατος τόπος ist terminus technicus für Synagoge; aramäisch אתרה קדישה (vgl. z.B. Naʿărân, Nr. 3).
ἁγιοτάτῳ für ἁγιωτάτῳ.

Mit συναγωγή ist hier nicht die Synagoge, sondern die Gemeinde gemeint (13).

Nr. 3

In der linken oberen Ecke des Hauptfeldes im Portikomosaik.

Besprechung in 4; 6; 7; 9; 13; 14; 15; 18; 19; 23.
Abbildung in 1, Tafel IV; 7; 9; 18:

ΣΗΜ ΙΑΦΙΘ

"Schem. Japhet."

Vgl. Gen 7, 13. Die Septuaginta hat Σημ und Ιαφεθ.

Ausrichtung: 290° W

Literarischer Befund: -

Datierung

4./5. Jhd. Die Synagoge hat bis spätestens 530 bestanden, dem Jahr, in dem die christliche Basilika gebaut wurde.

G a z a

Koordinaten: 10.55 0958 1033
An der Mittelmeerküste. Die Synagoge befindet sich am südlichen Ortsrand zwischen Küstenstraße und Meer.

Signatur: Synagoge archäologisch sicher

Namen: rabb.: עזה
Jos.: Γαζα
ar.: Ġazza

Literatur

1. Reinach, in: REJ 19 (1889), 100f. (Inschrift Nr. 4; Abbildung)
2. Durand, in: RB 1 (1892), 248f. (Inschrift Nr. 5; Abbildung)
3. Clernmont-Ganneau, in: CRABL 1893, 72f. (Inschrift Nr. 4)
4. Clermont-Ganneau, Archaeological Researches in Palestine II, 384.389-396 (1896) (Inschrift Nr. 4; Abbildungen)
5. Clermont-Ganneau, in: PEFQS 1900, 112 (Inschrift Nr. 5; Abbildung)
6. Clermont-Ganneau, RAO IV (1901), 139-141 (Inschrift Nr. 4-5)
7. Saul, in: MNDPV 1901, 12f. (Inschrift Nr. 4)
8. Michon, in: RB 2 (NS) (1905), 576f. (Inschrift Nr. 4)
9. Meyer, History of the City of Gaza, 139-141 (1907) (Inschrift Nr. 4)
10. Lidzbarski, Ephemeris II, 72 (1908) (Inschrift Nr. 4)
11. Klein, Corpus, 68f. (1920) (Inschrift Nr. 4)
12. Krauss, SA, 227.469; Tafel 8 (mit falschen Angaben; vgl. S. 469) (1922) (Inschrift Nr. 4)
13. Klein, in: Yedioth 2 (1925), 26f. (Inschrift Nr. 4)
14. Sukenik, in: JPOS 15 (1935), 152.158f.; Tafel XVII (Soreg; Inschrift Nr. 5) (= 15)
15. Sukenik, el-Ḥammeh, 62.68f.; Tafel XVII (1935) (Soreg; Inschrift Nr. 5) (= 14)
16. SEG 8 (1937), Nr. 276f. (Inschrift Nr. 4-5)
17. Klein, Sefer ha-yiššuv, 113f. (1939) (Inschrift Nr. 4-5)
18. Avi-Yonah, in: BJPES 12 (1945/46), 18f. (Inschrift Nr. 4; Abbildung)
19. CIJ, Nr. 966f. (1952) (Inschrift Nr. 4-5; Abbildungen)
20. Goodenough I, 223; III, Abb. 583f. (1953)
21. Press, Enc. IV, 692 (1955)
22. Braslavy, Hayadaʿta, 267 (1964)
23. Ben-Zvi, Remnants of Ancient Jewish Communities in the Land of Israel, 304f. (1966) (Inschrift Nr. 4)
24. Leclant, in: Orientalia 35 (1966), 135; Tafel XXXIX - XL
25. ḤA 20 (1966), 26

26. Avi-Yonah, in: BIES 30 (1966), 221-223; Tafel XII (Synagoge; Inschrift Nr. 2)

27. Lifshitz, 56-59, Nr. 73-73a (1967) (Inschrift Nr. 2.4.5)

28. Negev, in: EI 8 (1967), 199f.

29. Philonenko, in: RHPhR 47 (1967), 355-357 (Inschrift Nr.2)

30. ḤA 24 (1967), 9-12

31. Ovadia, in: Qadmoniot 1 (1968), 124-127; Tafel III-IV (vorläufiger Grabungsbericht; Fotos; Inschrift Nr. 2)

32. Biran, in: CNI 19, 3-4 (1968), 43f.

33. Ovadiah, in: IEJ 19 (1969), 193-198; Tafel 15-18 (vorläufiger Grabungsbericht; Inschrift Nr. 2)

34. Stern, in: CRABL (1970), 63-79 (Fotos)

35. Barasch, in: EI 10 (1971), 94-99; engl. Zusammenfassung XI; Tafel LI

36. Saller, Nr. 38 (1972)

37. ḤA 48/49 (1974), 1

38. Avi-Yonah, in: EI 12 (1975), 191-193; engl. Zusammenfassung 125*; Tafel XXXVII, 1

39. EAEe II, 410-416 (Ovadiah) (1976) (Fotos; Grundriß)

Carta's Atlas +

Archäologischer Befund

Im Jahr 1965 wurde am südlichen Stadtrand von Gaza ein Mosaikfußboden gefunden. Ägyptische Grabungen ergaben 'eine Kirche aus dem 5. Jhd.', auf deren Fußboden 'eine Heilige mit einer Lyra' abgebildet ist (vgl. 24). Daß neben der 'Heiligen' das hebräische Wort דויד "David" steht, wurde in den ägyptischen Berichten aus Unkenntnis oder absichtlich verschwiegen. Die Abbildung Davids mit der Harfe und die hebräische Inschrift zeigen eindeutig, daß es sich um eine Synagoge und nicht um eine Kirche handelt.

1967 wurden von israelischer Seite Grabungen und Restaurierungsarbeiten durchgeführt. Dabei erwies sich, daß von der Synagoge nur die Mosaiken erhalten geblieben sind. Es scheint sich um ein fast quadratisches fünfschiffiges Gebäude gehandelt zu haben, dessen Schiffe durch Säulenreihen voneinander getrennt waren. Im Hauptschiff ist das bereits erwähnte Mosaik mit David, der als Orpheus dargestellt ist, in der Kleidung eines byzantinischen Kaisers (26). Er spielt auf einer

Lyra. Ein Löwe, eine Schlange und eine Giraffe lauschen seiner Musik (Abb. in 24, Tafel XL; 26; 31, S. 124, Tafel IV; 33; 35; 39; ein weiterer Teil des Mosaiks ist seit der Entdeckung zerstört worden). Später wurde über das Mosaik ein Fußboden aus Marmorplatten gelegt. Im äußeren südlichen Seitenschiff ist ein Mosaik mit Darstellungen aus der Tierwelt in Medaillons, die aus Weinranken gebildet werden (Abb. in 31, S. 125, Tafel III; 32; 38; 39). Das Mosaik ähnelt sehr dem in der Synagoge von Māʿon und dem in der Kirche von Šallal (100 078; vgl. Trendall, The Shellal Mosaic, [Canberra 1957]), die aus derselben Schule stammen (38).

In einem der Medaillons ist eine griechische Stiftungsinschrift (Inschrift Nr. 2).

An Einzelfunden ist eine sehr große Zahl von Bruchstücken von vier durchbrochenen Soregim aus Marmor hervorzuheben, die ursprünglich vergoldet waren sowie Bruchstücken eines ähnlich gearbeiteten Fensters (Abb. in 33; 39).

Inschriften

Nr. 1

Im Mosaik des Mittelschiffes neben David.

Abb. in 24, Tafel XL; 26; 31, S. 124, Tafel IV; 33; 34; 35:

"David" דויד

Nr. 2

Am Westrand des Mosaiks im südlichsten Seitenschiff.

Besprechung in 26; 27; 29; 31; 33.
Abbildung in 24, Tafel XXXIX; 26; 31; 33; 34; 39:

1. Μανά>α-
2. μος καὶ Ἰ̈σο>υος
3. υἱ̈οὶ τοῦ μ>ακαρ(ιωτάτου)
4. Ἰσσῆτος ξυ>λ̣έμποροι
5. εὐχαριστ>οῦντες
6. τ]ῷ ἁγιωτ(άτῳ) > τόπῳ καὶ
7. τ]ὴν ψήφ>ωσιν ταύτην

8. προ>σενήγκαμεν
9. μη>νὶ Λῴῳ τοῦ
10. θξφ

Seit der Entdeckung ist das Mosaik weiter zerstört worden. Die eckigen Klammern geben die Textlücken von 1965, die spitzen Klammern die heutigen Textlücken an.

1. "Manaa-
2. mos und Isouos,
3. Söhne des seligen (= verstorbenen)
4. Issēs, Holzhändler,
5. haben in Dankbarkeit
6. dem heiligsten Ort auch
7. dieses Mosaik
8. gestiftet.
9. Im Monat Lōos des Jahres
10. 569."

Zeile 1f.: Μανάαμος = מנחם.

Zeile 2: Ἴσουος = ישוע.

Zeile 6: ἁγιώτατος τόπος ist terminus technicus für Synagoge; vgl. אתרה קדישה, Ḥammat Ṭəveryȧ südlich der Quellen, Inschrift Nr. 1 u.ö.

Zeile 7: ψήφωσις = פסיפס, vgl, Jericho u.ö.

Zeile 8: προσενήγκαμεν für προσηνέγκαμεν.

Zeile 9f.: Das Jahr 569 nach der Aera von Gaza entspricht dem Jahr 508; vgl. 27.

Zeile 9: Die Ergänzung ἐν durch Avi-Yonah (26) ist nicht gerechtfertigt; zwischen μηνί und dem Rand des Medaillons ist kein Text ausgefallen.

Nr. 3

Auf einem Marmorbassin, das im Ostteil der Synagoge gefunden wurde und wohl im Hof der Synagoge gestanden hat.

Besprechung in 33, S. 196:

ὑπὲρ σ(ωτ)ηρ(ίας) 'Ρουβήλου κ(αὶ) 'Ισσῆ(τος) κ(αὶ) Βενιαμίν

"Für die Rettung des Ruben und des Issēs und des Benjamin."

Bereits im vorigen Jahrhundert wurden in und bei Gaza Gegenstände gefunden, die auf eine Synagoge hinweisen. Ob sie von dieser oder einer anderen Synagoge in oder bei Gaza stammen, läßt sich nicht sagen. Es handelt sich dabei um:

1. Eine Säule mit einer siebenarmigen Menora auf einem dreifüßigen Podest in einem Kranz, neben ihr Etrog, Lulav (Öllampe 12; Flasche 13; Vase ohne Henkel 20) und Schofar, unter ihr in einer tabula ansata eine aramäisch-griechische Inschrift. Die Säule befindet sich in der 'Großen Moschee' (al-ǧāmiᶜ al-kabīr oder ǧāmiᶜ al-ᶜUmarī), die Inschrift in mehr als sieben Meter Höhe.

Besprechung in 1; 3; 4; 6; 7; 10; 11; 12; 13; 16; 17; 19; 20; 23; 27.
Abbildung in 1; 4; 12; 18; 19; 20, Abb. 584; 39:

Nr. 4

1. חנניה בר יעקב
2. 'Ανανία
3. υιω 'Ιακω

"Chananja bar Jaᶜaqov."

υιω ist wohl zu υιός zu ergänzen, Ιακω wahrscheinlich zu 'Ιακώβου ; vgl. Inschrift Nr. 5. Ein Dativ υἱῷ ergibt keinen Sinn, da die genannte Person doch wohl der Spender der Säule ist. So auch das aramäische חנניה, nicht לחנניה!

2. Ein Fragment eines Soreg mit Spuren von griechischen Buchstaben (14; 15), auf dem eine siebenarmige Menora auf einem dreifüßigen Podest, Schofar und Lulav abgebildet sind (Abbildung in 14 und 15, Tafel XVIIb; 20, Abb. 583. Vgl. 14, S.152; 15, S. 62; 17; 20; 39).

Nr. 5

3. Ein Fragment einer Marmortafel mit einer griechischen Inschrift, das zwischen Jaffa und Gaza gefunden wurde.

Besprechung in 2; 6; 14, S. 158f.; 15, S. 68f.; 16; 17; 19;

20; 27.

Abbildung in 2; 5; 19:

1. ὑπὲρ σωτηερί]ας ᾿Ιακώ(βου) Λάζαρ-
2. ος καὶ ...]σινα εὐχαριστ(ῦ)ν-
3. τες τῷ θεῷ ἐπὶ] τοῦ ἁγίου τόπου ἀνενέ-
4. ωσεν το κτίσ]μα (?) τῆς κώνχις σὺν
5. τῷ καγκέλλῳ ἀπ]ὸ θεμελί(ων) μ(ηνὸς) Μαρτίου ἰν(δικτιῶνος)

1. "Für die Rettu]ng Jakobs haben Lazar-
2. us und ....]sina in Dankbarkeit
3. gegenüber Gott an] diesem heiligen Ort reno-
4. viert die Konstrukti]on der Konche sowie
5. der Schranke vo]n Grund auf. Im Monat März, Indiktion ...

Die Lesung folgt im wesentlichen Lifshitz (27). Andere Lesungsvorschläge: Durand (2):

1. ᾿Αναστ]ασιάκω (καὶ) Λάζαρ-
2. ος σύμβιο]ς, ἵνα εὐχαριστὸν
3. .....] τοῦ ἁγίου τόπου, ἀνενε-
4. ῶσαν κτῖσμ]α τῆς κόγχης σὺν
5. ἀψίδι ἀπὸ] θεμέλι(ων), μ(ηνὶ) Μάρτιου ἰν(δικτιῶνος)

"Anastasia und ihr Gatte Lazarus haben, um Dank zu sagen (dem Herrn) des heiligen Ortes, die Konstruktion der Konche sowie der Apsis renoviert von den Fundamenten an, im Monat März, Indiktion ...".

Durand hielt die Inschrift für christlich.

Zeile 1: Die Lesung ὑπὲρ σωτηρίας geht auf Clermont-Ganneau (6) zurück. Ιακω (mit Abkürzungszeichen) für ᾿Ιακώβου (vgl. Inschrift Nr. 4).

Zeile 2: Die Lesung von Sukenik (14; 15; ebenso 17; 19): ὑπὲρ σωτηρίας ᾿Ιακώβου Λάζαρου n.pr. υἱὸς ἵνα εὐχαριστοῦν ist recht zweifelhaft. Schon Clermont-Ganneau (6) vermutet einen Frauennamen im Nominativ (oder den Namen des Vaters im Genetiv; ähnlich 16). Lifshitz (27) schlägt Μαρεῖνα vor.

Zeile 3: ἐπί lesen Sukenik (14; 15), SEG (16), Klein (17) und Frey (19). Lifshitz (27) liest καὶ τοῦ ἁγίου τόπου und vermutet eine Verschreibung für τῷ ἁγίῳ τόπῳ. τοῦ ἁγίου τόπου wäre möglicherweise auch als von κώνχις abhängiger Genetiv aufzufassen.

Zeile 4: κώνχις für κώνχης. κώνχη ist die die Apsis abschließende 'Muschel' und kann vielleicht auch für die ganze Apsis stehen.

Zeile 5: Zu 'Indiktion' vgl. RE 9, 1327-1332 (Seeck).

Ausrichtung: 120° OSO

Literarischer Befund: -

Datierung

Inschrift Nr. 2 stammt aus dem Jahr 508.
Die Synagoge ist vermutlich kurz nach der arabischen Eroberung zerstört worden.

G ə v a t *

Koordinaten: 3.56 (1705 2311)
In Südgaliläa, 9 km westsüdwestlich von Nazareth.

Signatur: -

Namen: gr.: Γαβαθα (Euseb.)
ar.: Ḫ. Ǧabāta
hebr.: גבת

Literatur

1. Schumacher, in: ZDPV 8 (1885), 63f. (Zeichnung)
2. Goodenough I, 222; III, Abb. 582 (1953)
3. Negev, in: EI 8 (1967), 198
4. Saller, Nr. 47 (1972)

Carta's Atlas -
Atlas of Israel -

Archäologischer Befund

Schumacher beschreibt einen behauenen Stein mit der Abbildung einer fünfarmigen Menora, Etrog und Lulav (?) (Abb. in 1; 2), der in einer Grabanlage gefunden wurde. Goodenough vermutet aufgrund dieses Steines eine Synagoge. Der Stein ist zweifellos jüdisch, kann aber nicht als Hinweis auf eine Synagoge herangezogen werden. Abgesehen von dem Fundort (Grabanlage!), der nicht geklärten Datierung (römisch 3; byzantinisch 2; 12./-13. Jhd. 1) und der sehr wenig sorgfältigen Darstellung weist der Stein selbst keine weiteren Merkmale auf, die auf eine Synagoge hindeuten könnten. Er kann praktisch in jedem jüdischen Haus gewesen sein. Heute fehlt jede Spur von ihm.

Es gibt noch eine andere Darstellung einer siebenarmigen Menora mit einem Dreifuß auf einer Säule. Die Säulentrommel wurde in Gəvat wenige Meter nördlich der höchsten Stelle der alten Ortslage gefunden und befindet sich heute im Kibbuz. Die Menora ist von wenig geübter Hand eingemeißelt worden. Auch dieser Stein ist nicht typisch genug, um eine Synagoge mit einiger Sicherheit annehmen zu können. Der Fund ist nicht veröffentlicht.

Literarischer Befund: -

G i v ᶜ o n *

Koordinaten: 11.57 (1675 1396)
9 km nordwestlich von Jerusalem.

Signatur: -

Namen: Jos.: Γαβαων
ar.: al-Ǧīb
hebr.: גבעון
Umschreib.: Gibeon

Literatur

1. Hengel, in: Tradition und Glaube. Festschrift Karl Georg Kuhn, 181 (1971)

Carta's Atlas -

Archäologischer Befund: -

Literarischer Befund

Targum zu 1, Chron 16, 39:

Mass.:	ואת צדוק הכהן ואחיו הכהנים לפני משכן יהוה
Targ.:	וית צדוק כהנא ואחוהי כהניא קדם משכנא די י׳
M.:	בבמה אשר בגבעון
T.:	בבית כנישתא די בגבעון

"Und den Priester Ṣadoq sowie seine Brüder, die Priester, (ließ David) vor der Wohnung Gottes in der Synagoge zu Givᶜon."

Der Targum überträgt hier die Institution der Synagoge in die Zeit Davids. Ähnliches finden wir häufig im rabbinischen Schrifttum.

G o l á n

Koordinaten: 4.58 (238 243)

Der Ort wird von Schumacher (Across the Jordan, 92f.) mit Saḥm al-Ǧōlān identifiziert. Weitere Identifizierungsvorschläge und Diskussion derselben in Möller - Schmitt, Josephus, 68f.

Signatur: Synagoge literarisch sicher

Namen: rabb.: גבלן; גוולנה; גובלנה

Jos.: Γαυλανη

ar.: Saḥm al-Ǧōlān; Sahm al-Ǧōlān

Umschreib.: Gaulan

Literatur

1. Klein, in: JQR 2 (1911/12), 549
2. Klein, ᶜEver ha-Yarden, 51 (1925)
Carta's Atlas -
Atlas of Israel -

Archäologischer Befund: -

Literarischer Befund

j Meg 73d,60-66:

כל כלי בית הכנסת כבית הכנסת ... רבי ירמיה אזל לגוולנה חמתון

Guftȧ də-Ṣipporin

יהכין בכושא (קרי: מכושא) בגו ארונה

"Alle Synagogengeräte (haben denselben Heiligkeitsgrad) wie die Synagoge... R. Jirmeja ging nach Gawlȧnȧ. Da sah er, wie sie einen Türklopfer (?) in den Toraschrank legten."

Die Bedeutung von כבושא ist nicht klar. Jastrow (Dictionary, 169, s.v. כבושא) gibt an 'knocker for giving signals for worship'; Klein (1) will מקושא lesen in der Bedeutung 'knocker or bell'. Jedenfalls handelt es sich um ein Gerät, das in einer Synagoge benötigt wird.

Normalerweise handelt es sich bei גוולן im rabbinischen Schrifttum um die Landschaft Gaulanitis, jedoch scheint es sich hier um die Stadt Golȧn selbst zu handeln.

Datierung

Durch Nennung von R. Jirmeja kann die Synagoge in die erste Hälfte des 4. Jhd. datiert werden.

G u f t ȧ   d ə - Ṣ i p p o r i n

Koordinaten: 4.59 (1802 2382)
In Galiläa, 3 km nordöstlich von Ṣippori.

Signatur: Synagoge literarisch sicher; Gerichtshof literarisch unsicher

Namen: rabb.: גופתא דציפורין; גופנא/גופנה דציפורין;
גובתא דציפורין; גובבתא; גובתתא; גובתא; גופפתא; חפר
ar.: Mašhad
hebr.: תל גת חפר

Literatur

1. Büchler, Die Priester und der Cultus, 44-46 (1895)
2. Schürer II, 524 (1907)
3. Klein, Beiträge, 28.32 (1909)
4. Krauss, Die galiläischen Synagogenruinen, 10 (1911)
5. Klein, in: Israelitische Monatsschrift 5, Wissenschaftliche Beilage zur "Jüdischen Presse" Nr. 22 (1912), 19

6. Krauss, SA, 210 (1922)
7. Klein, Various Articles, 50 (1924)
8. Galling, in: ThStKr 103 (1931), 354
9. Schwabe, in: Minḥa le-David (Festschrift für David Yellin), 105 (1935)
10. Klein, Sefer ha-yiššuv, 29.48.134.138 (1939)
11. Press, Enc. I, 150.152 (1951)
12. Klein, Galilee, 66.83.87.93f. (1967)
13. Strack - Billerbeck IV, 1, 117f. (1969)
14. Saller, Nr. 91 (1972)

Carta's Atlas -
Atlas of Israel -

Archäologischer Befund

Die von Saller (14) abgebildete aramäische Inschrift ist eine Grabinschrift (vgl. Avigad, in: BIES 31 [1967], 214-216).

Literarischer Befund

Synagoge: j Ber 6a,70-72; j Naz 56a,8f.:

כד דמך ר' יודה נשיאה בר בריי' דר' יודה נשיאה דחף ר' חייא בר אבא לר' זעירא בכנישתא דגופנה דציפורין וסאביה

"Als R. Jehuda ha-Nasi, der Enkel von R. Jehuda ha-Nasi, starb, drängte R. Chija b. Abba den R. Zeʿira (, der Priester war,) in die Synagoge von Gufnȧ də-Ṣipporin und verunreinigte ihn (an dem dort aufgebahrten Toten)."

Fast alle Gelehrten halten die כנישתא דגופנה דציפורי für die 'Synagoge der Leute aus Gofnȧ (in Judäa) in Ṣippori': So schon Lightfoot (Horae Hebraicae in Evangelium Matthaei, 102. 145); Büchler (1, S. 45); Klein (3, S. 32; 5; 7; ebenso in Jew. Enc. XI, 199; 12, S. 66.87; nach ihm Encyclopedia of Talmudic Geography, ed. Neaman, s.v. גופנא); in 10, S. 138, Nr. 87 reiht Klein sie in die Synagoge von Ṣippori ein; Krauss (6); Galling (8); Schwabe (9); Avi-Yonah (in: Enc. Jud. [engl.] XIV, Sp. 1178). Schürer (2), Krauss (4) und Strack - Billerbeck (13) übersetzen: "Synagoge des Weinstocks (in Ṣippori)".

Levy (Wörterbuch, s.v. גופן, גופנא) übersetzt: 'die Synagoge auf einem Weinberge in Sipphoris' (so schon der Kommentar Qorban ha-ʿeda zur Stelle). Dagegen übersetzt Horowitz (Der Jerusalemer Talmud in deutscher Übersetzung, Berakhot, 88 [1975]): 'Synagoge von Gophna (im Gebiet) von Sepphoris.'

Jastrow und Press setzen Gufnȧ = Guftȧ; nach Jastrow sind beide Stellen in Guftȧ zu verbessern (Dictionary, s.v. גובבתא , גופפתא): 'Gob'batha near Sepphoris. j Ber 6a; j Naz 56a גופנא דציפ' correct accordingly!'; Press unterscheidet zwischen גובבתא דציפורין einerseits und גופתא/גופנה דציפורין andererseits (11).

Ich halte die verschiedenen Formen für Namen ein und desselben Ortes. Beide Stellen, an denen גופנא erwähnt wird, haben ausdrücklich דגופנא דציפורין und nicht דגופנאיי בציפורין, was zu erwarten wäre. So wenigstens wird die Synagoge der Babylonier in Ṣippori beschrieben: כנישתא דבבלאי בציפורי (nur eine Stelle hat דבבל בציפורין) (vgl. Ṣippori). Die Präposition ד ist üblich zur Unterscheidung von Orten gleichen Namens. Und da es einen zweiten Ort dieses Namens gibt (sowohl Gufnȧ in Judäa als גופתה אריח j Sanh 28d,39; גובתא דאריח S Num 131, vgl. dazu Kuhn, Sifre zu Numeri, S. 513f.), kann es sich bei dem Zusatz דציפורין eigentlich nur um eine nähere Bestimmung zur Vermeidung einer Verwechslung mit dem zweiten Ort dieses Namens handeln.

In einer Entfernung von drei Meilen (ca 4 km) von Ṣippori liegt der Ort Guftȧ də-Ṣipporin: j Kil 32b,18f.; j Ket 35a, 24f.; Koh r VII 11-12,1 (12,1):

גו פפתה המלך תלתא מילין

"Guftȧ, in einer Entfernung von drei Mil (von Ṣippori)". Die beiden Jeruschalmistellen haben גו פפתה, Koh r Ed. Wilna 1923 hat גופתתא und der Erstdruck Pesaro 1519 גוב תתא.

Seit dem Altertum wird dieser Ort mit dem biblischen Gat Ḥẹfer (heute: Tẹl Gat Ḥẹfer, westlich von Mašhad) identifiziert: Gen r XCVIII 11 (ed. Theodor - Albeck, 1261):

יונה בן אמתי הנביא אילין גובבתא (נ"א: גופתתא) דצפוררין

"'Der Prophet Jona ben Amitai aus Gat Ḥẹfer' (2. Kön 14, 25) -

das ist GWBBTA də-Ṣipporin."

Der Stamm חפר bedeutet "graben, (eine Grube) ausheben". Dazu paßt die aramäische Form גורבתא, גובבתא, גופתא (die Schreibung schwankt zwischen ב und פ) 'hill' oder 'pit' (Jastrow, Dictionary, s.v. גובתא), ebenso das syrische ܓܘܒܬܐ, 'pit, hole' (Payne Smith, Dictionary, 62). Eine andere mögliche Erklärung ist die (im Aramäischen allerdings nicht belegte) syrische Wurzel ܓܦܪ, 'graben', ܓܘܦܪܐ, 'das Graben'. Möglicherweise ist die Form גופתא dann mißverstanden worden als Form von גופנא, 'Weinstock' und hat so zu dieser Neubildung geführt; vgl. dazu das syrische ܓܘܦܢܬܐ = ܓܘܦܬܐ, Plural: ܓܘܦܬܐ ,ܓܘܦܢܐ, 'Weinstock'. Es liegen also mögliche Erklärungen sowohl für die Form גובבתא wie für גופתא und גופנא als Übersetzung von Gat Ḥefer vor.
Es gibt im übrigen sowohl im Aramäischen wie im Syrischen eine ganze Reihe von Ortsnamen ähnlicher Form (vgl. die Wörterbücher).

Lehrhaus

Einen möglichen Hinweis auf ein Lehrhaus, in dem sich auch der ursprüngliche Name erhalten hat, finden wir in j Schevi 36c, 15-20; j Giṭ 43c,41-45; Lev r XX 7 (ed. Margulies, 460); PdRK XXVI (אחרי מות), 7 (ed. Mandelbaum, 393f.); M Tanḥ אחרי מות 6 (ed. Buber, 31b):

רבי תנחום בר ירמיה הוה בחפר והורן שאלון ליה והוא מורה א"ל
ולא כן אולפן ר' שאסור לתלמיד להורות הלכה לפני רבו עד שיהא
רחוק ממנו שנים עשר מיל כמחנה ישראל והא ר' מנא רבך יתיב בצי-
פורין אמר לון ייתי עלי דלא ידעית מן ההיא שעתא לא אורי

"R. Tanchum b. Jirmeja (Varianten!) war in Ḥefer. Man fragte ihn, und er gab seine Entscheidungen. Da sagte man zu ihm: 'Rabbi, haben wir nicht gelernt, daß es dem Schüler verboten ist, halachische Entscheidungen vor seinem Lehrer zu treffen, wenn dieser weniger als zwölf Meilen entfernt ist wie das Lager Israels (in der Wüste); und R. Mana, dein Lehrer, sitzt (und lehrt) doch in (dem drei Meilen entfernten) Ṣippori!' Er antwortete ihnen: 'Es komme (Unheil) über mich, wenn ich das gewußt habe!' Seit dieser Stunde fällte er keine halachischen Entscheidungen mehr."

Text und Übersetzung nach j Giṭ, die Parallelen haben geringfügige Abweichungen. Vgl. noch b Sanh 5b, wo diese Erzählung mit ähnlichen Ortsnamen überliefert ist.

Wahrscheinlich handelt es sich um denselben Ort Guftȧ də-Ṣipporin.

Datierung

Synagoge: R. Jehuda ha-Nasi II. starb im Jahr 320.

Lehrhaus: Der Lehrer R. Tanchums, wahrscheinlich R. Mana II., lebte im Anfang des 4. Jhd.

G u š Ḥ ȧ l ȧ v (außerhalb)

Koordinaten: 2.60a 1923 2703
In Galiläa, 8 km nordwestlich von Ṣəfat.

Signatur: Synagoge archäologisch sicher

Namen: rabb.: גוש חלב
Jos.: Γισχαλα
ar.: al-Ğiš

Literatur

1. Renan, Mission, 778f.; Tafel LXX, 3 (1864) (Inschrift) (vgl. 4)
2. Kitchener, in: PEFQS 1877, 125 (Erwähnung)
3. Guérin VII, 95 (1880)
4. SWP I, 224f. (1881) (Inschrift) (Übersetzung von 1)
5. CIH, 94-96, Nr. 45 (1882) (Inschrift, Abbildung)
6. Kohl - Watzinger, in: MDOG 29 (1905), 30-32 (Foto)
7. Masterman, Studies in Galilee, 118f. (1909) (Foto)
8. Dalman, in: PJB 10 (1914), 47f. (Inschrift)
9. Kohl - Watzinger, 107-111; Tafel XV (1916) (ausführliche Beschreibung; Fotos, Abbildungen, Grundriß; Inschrift)
10. Klein, Corpus, 78 (1920)
11. Meistermann, Capharnaüm et Bethsaïde, 177f. (1921) (Kurzbeschreibung)
12. Klein, Various Articles, 35 (1924) (Inschrift)
13. Galling, in: ZDPV 50 (1927), 310 (Erwähnung)

14. Klein, in: Yediᶜoth 2 (1925), 34f. (Inschrift)

15. Klein, Sefer ha-yiššuv, 29; Tafel VII,2 (1939)

16. Press, Enc. I, 152f. (1951)

17. CIJ, Nr. 976 (1952)

18. Goodenough I, 205; III, Abb. 519.522 (1953) (Grundriß)

19. Hiram, in: Wiener Jahrbuch für Kunstgeschichte 19 (1961), 7-63 (Grundriß)

20. Avi-Yonah, HG, 142 (1962) (Erwähnung)

21. Braslavy, Hayadaᶜta, 222-273 passim (vgl. Index) (1964) (Inschrift)

22. Ben-Zvi, Remnants of Ancient Jewish Communities in the Land of Israel, 100; Tafel 10 (1966) (Inschrift)

23. EAEh, 105 (Avi-Yonah) (1970) (Foto, Grundriß; Inschrift)

24. Saller, Nr. 52 (1972)

Carta's Atlas +

Atlas of Israel +

Archäologischer Befund

In Guš Ḥalav sind Überreste von zwei Synagogen gefunden worden, von denen eine an der höchsten Stelle des Ortes lag, die andere im Osten außerhalb, am westlichen Abhang des Naḥal Guš Ḥalav, rechts vom Weg zwischen Ölbäumen. Von dieser Synagoge ist der untere Teil der Eingangsfront erhalten; sie ist, wie alle galiläischen Synagogen, nach Süden ausgerichtet, hat aber nur einen Eingang. Ein Nebeneingang scheint im Westen gewesen zu sein. Der Eingangssturz, in drei Teile zerbrochen (Abb. in 6; 9; 18; 23) hat auf der Frontseite keine besonderen Darstellungen; auf der Unterseite (!) aber befindet sich in der Mitte ein Adler und zu beiden Seiten eine Girlande. (Weitere Beispiele für soche Darstellungen auf der Unterseite von Stürzen bei Kohl - Watzinger 9, S. 196f.) Der Innenraum war fast quadratisch (15,4 x 16,3 m) und wurde von zwei Säulenreihen in drei gleich breite Schiffe abgeteilt. Vor der Hinterwand war eine weitere Säulenreihe aus drei Säulen. Sie könnten eine Frauenempore getragen haben (18; 21). Ecksäulen in Herzform wurden keine gefunden. Ein Teil der Säulenbasen ist erhalten und in situ; außerdem fanden sich mehrere (jonische) Kapitelle. Auf einem Säulenstück (heute noch am Ort) ist eine Inschrift:

Guš Ḥàlàv (im Ort)

Besprechung in 1; 4; 5; 8; 9; 10; 12; 14; 15; 17; 21; 22; 23.
Abbildungen in 1; 4; 5 (Abb. in 4 nicht zu gebrauchen):

יוסה בר נחום | עבד הארן | תאה לה | ברכתה

"Jose bar Nachum machte diese (Säule). Es sei ihm Segen."

Renan (1) liest das fünfte Wort: הארן 'die Lade'; ihm folgen Kohl - Watzinger (9). Er erwähnt aber auch noch folgende möglichen Lesarten: הארן 'diese' und: הארן = hå-eden 'die Basis'. Für letzteres entscheidet sich Chwolson (5). Gegen beide Lesarten ist einzuwenden, daß die rein hebräischen Formen trotz des Einwandes von Renan (1) nicht in die aramäische Inschrift passen; außerdem befindet sich die Inschrift auf der Säule selbst und nicht auf der Basis. Die Lesung: הארן ist also vorzuziehen und zu ergänzen: עמודא 'Säule'. Das Wort תאה ist wohl Verschreibung für תהא. Renan (1) will תאת = תיתי (tėtė) 'sie komme' lesen. Auf den Abbildungen ist nicht klar zu erkennen, ob es להו oder לה heißt.

Literarischer Befund: -

Ausrichtung: 172° S

Datierung: 3./4. Jhd.

G u š Ḥ å l å v (im Ort)

Koordinaten: 2.60b 1920 2701
In Galiläa, 8 km nordwestlich von Ṣəfat.

Signatur: Synagoge archäologisch sicher

Namen: rabb.: גוש חלב
Jos.: Γισχαλα
ar.: al-Ǧiš

Literatur

1. Wilson, in: PEFQS 1869, 40.42 (= 5) (Beschreibung)
2. Kitchener, in: PEFQS 1877, 125 (Erwähnung)

3. Guérin VII, 95f. (1880) (Beschreibung)
4. SWP I, 224 (1881)
5. SWP, SP, 297.299 (= 1) (1881)
6. Kohl - Watzinger, 107 (1916) (Beschreibung und Fotos von Einzelfunden)
7. Meistermann, Capharnaüm et Bethsaïde, 177 (1921)
8. Press, Enc. I, 152f. (1951)
9. Goodenough I, 205 (1953) (Erwähnung)
10. Braslavy, Hayadaᶜta, 221 (1964) (Erwähnung)
11. Ben-Zvi, Remnants of Ancient Jewish Communities in the Land of Israel, 98 (1966) (Erwähnung)
12. EAEh, 105 (Avi-Yonah) (1970) (Beschreibung)
13. Saller, Nr. 52 (1972)

Carta's Atlas (+)

Atlas of Israel (+)

Archäologischer Befund

An der höchsten Stelle des Ortes fand Guérin (3) 1863 vier Säulenschäfte, zwei Halbsäulen und Teile eines Türgewändes. Wilson (1; 5) erwähnt die Säulenbasen von Ecksäulen. Die maronitische Kirche in Guš Ḥalav scheint ziemlich genau an der Stelle der Synagoge zu stehen. In der Nachbarschaft finden sich noch einige Reste, so in einer Mauer an der rechten Seite der Straße, die zur Kirche hinaufführt, nur wenig unterhalb der Kirche selbst, eine Ecksäule in Herzform (1974); Kohl - Watzinger (6) bilden ein Bogenfragment ab, das in einer Hausmauer eingemauert war (Abb. 205) sowie ein korinthisches Kapitell im Hof eines Hauses (Abb. 206), die beide von der Synagoge stammen könnten.

Literarischer Befund: -

Datierung: 3./4. Jhd.

Ḫ. Ḥ a b r ā

Koordinaten: 10.61 (1285 1398)
12 km ostnordöstlich von Ašdod.

Signatur: Synagoge archäologisch unsicher

Namen: ar.: Ḫ. Ḥabrā
Umschreib.: Kh. Hebra

Literatur

1. Schwabe, in: BJPES 11 (1944/45), 31-33; engl. Zusammenfassung II; Tafel II, 2
2. Press, Enc. II, 243 (1948)
3. in: Alon 1 (1950), 6 (Erwähnung)
4. Saller, Nr. 73 (1972)
Carta's Atlas -

Archäologischer Befund

In Ḫ. Ḥabrā fand man 1931 ein Säulenstück mit Resten einer hebräischen oder aramäischen Inschrift. Bei den wenigen erhaltenen und lesbaren Buchstaben ist jeder Rekonstruktionsversuch sehr unsicher, jedoch besteht die Möglichkeit, daß es sich hier um eine Stiftungsinschrift aus einer Synagoge handelt. Lesung und Ergänzung folgen Schwabe (1).

Abbildung in 1:

1. [.................]
2. י̣ו̣רן̣ בן̣ אר: י̣ן̣ רז̣בן̣

3. הכשנ̣
4. ותק

Schwabe ergänzt folgendermaßen:

1. [דכיר לטב ...]
2. ..] יודן בן [פלוני]
3. ...] הכשנ[י דעבד?
4. הדן עמודה?] ותק[ן?

1. "[Es sei zum Guten gedacht des ...]
2. ...] Judan ben [NN ...
3. ...] aus Bẹšån (= Bẹt Šə'ån), [der gestiftet hat?
4. diese Säule] und repariert [hat?"

In der ersten Zeile ist kein einziger Buchstabe lesbar.

Die von Saller zitierte Inschrift שלום על ישראל לעולם ist Teil einer Grabinschrift (vgl. Vincent, in: RB 11 [1902], 436f.; Klein, Corpus, 54f.; Klein, in: Yedioth 2 [1925], 30; Avi-Yonah, in: QDAP 3 [1934], 129; SEG 8 [1937], Nr. 145; Klein, Sefer ha-yiššuv, 40; CIJ, Nr. 1175). Diese Grabinschrift ist zweisprachig (hebräisch und griechisch); Press (2) zitiert den hebräischen Teil irrtümlich als die Inschrift auf dem Säulenstück.

Literarischer Befund: -

Datierung: Frühestens Ende 5., Anfang 6. Jahrhundert.

Ḥ a l ḥ ū l *

Koordinaten: 11.62 (1606 1095)
In Judäa, 6 km nördlich von Ḥevron.

Signatur: -

Namen: ar.: Ḥalḥūl

Literatur: -
Carta's Atlas -

Archäologischer Befund

Im Hof der Moschee an-Nabī Yūnis sah ich 1974 eine kleine Konche eingemauert, die von einer Synagoge kommen könnte.

Datierung: ?

H ă l u ș ȧ *

Koordinaten: 18.63 (117 056)
Im nördlichen Negev, 20 km südwestlich von Bə'er Ševaᶜ.

Signatur: -

Namen: hebr.: חלוצה
Umschreib.: Khalasa; Elusa

Literatur

1. Press, Enc. II, 259 (1948)
2. Glueck, Rivers in the Desert, 259 (1959)
3. Talmi, Kol Ha'aretz, 265 (1962)
4. Saller, Nr. 65 (1972)

Archäologischer Befund

Press berichtet von einer Synagogeninschrift; die folgende Literatur scheint sich auf Press zu beziehen, der keine Quelle für seine Information angibt. Nähere Angaben waren nicht zu finden.

Literarischer Befund: -

Datierung: Byzantinisch.

Ḥ a m m a t G ȧ d ẹ r

Koordinaten: 4.64 2125 2321
7,5 km ostsüdöstlich des Sees Genezareth.

Signatur: Synagoge archäologisch sicher, literarisch unsicher; Lehrhaus archäologisch unsicher, literarisch unsicher

Namen: rabb.: חמתן; חמת גדר; חמתא דגדר; חמתה דגדר
ar.: al-Ḥamma; Tall Bānī
Umschreib.: el-Ḥammeh

Literatur

1. Avi-Yonah, in: QDAP 2 (1933), 160 (Mosaiken; aramäische Inschriften)
2. Maisler, in: BJPES 1,1 (1933), 29
3. Avi-Yonah, in: BJPES 1,2 (1933), 12 (Mosaiken)
4. Sukenik, Ancient Synagogues, 81f. (1934) (aramäische Inschriften)
5. Sukenik, in: JJPES 3 (1934-35), 41-61; Tafel vor Titelblatt (Grabungsbericht; aramäische Inschriften; Grundriß; Fotos) (vgl. 6; 7)
6. Sukenik, in: JPOS 15 (1935), 101-180 (Grabungsbericht; Inschriften; Fotos, Zeichnungen) (erweiterte Übersetzung von 5) (= 7)
7. Sukenik, el-Ḥammeh (1935) (Grabungsbericht; Inschriften; Fotos, Zeichnungen) (erweiterte Übersetzung von 5) (= 6)
8. Avi-Yonah, in: QDAP 4 (1935), 188f. (Mosaiken; aramäische Inschriften)
9. Vincent, in: RB 45 (1936), 467-469 (aramäische Inschriften) (zu 6; 7)
10. Klein, Sefer ha-yiššuv, 45-47; 129 (1939) (Inschriften; literarischer Beleg)
11. Avi-Yonah, in: BJPES 12 (1945/46), 17; Tafel I,2
12. Press, Enc. II, 264; Tafel XIII (1948) (Inschrift Nr. 1)
13. Bulletin 1 (1949), Tafel IV
14. Klein, Toldot, 30.36.50f. 266f.; Tafel XIc (1950) (aramäische Inschriften)
15. Ereṣ Kinrot, 79 (1950) (= 25)
16. CIJ, Nr. 856-860 (1952)
17. Press, Enc. III, 499 (s.v. כפר עקביא) (1952)

18. Avi-Yonah, In the Days of Rome and Byzantium, 174f.; Tafel VII (1952)

19. Goodenough I, 239-241; III, Abb. 626-630 (1953) (Grundriß)

20. Avi-Yonah - Yeivin, The Antiquities of Israel, 235 (1955) (Grundriß)

21. Avi-Yonah, HG, 160 (1962) (Erwähnung)

22. Hiram, in: Wiener Jahrbuch für Kunstgeschichte 19 (1962), 46.56

23. Avi-Yonah, Essays and Studies, 34; Tafel IV,2 (1964) (Abbildung; Foto)

24. Negev, in: EI 8 (1967), 199

25. Sukenik, in: All the Land of Naphtali, 105 (1967) (= 15)

26. Sapir - Neeman, Capernaum, 13 (1967) (Abb. der Inschriften 2 und 3)

27. Neishtat, ha-Golan, 94-96 (1968) (Grundriß)

28. Vilnay, Golan and Hermon, 98.132-135 (1970) (Grundriß; Abbildungen)

29. EAEh, 154-157 (Avi-Yonah) (1970) (Grundriß; aramäische Inschriften; Fotos)

30. Saller, Nr. 40 (1972)

31. EAEe II, 469-473 (Avi-Yonah) (1976) (Fotos; Grundriß)

Carta's Atlas +

Atlas of Israel +

Archäologischer Befund

Im Jahre 1932 wurde auf dem Tall Bānī, der höchsten Erhebung von Ḥammat Gȧdẹr, eine Synagoge gefunden und von Sukenik ausgegraben. Es handelt sich um eine Basilika von etwa 13 x 14 m Größe, die durch zwei Säulenreihen zu je vier Säulen in drei Schiffe aufgeteilt wird. Eine weitere Säulenreihe aus zwei Säulen war gegenüber der Südwand. Dort, wo die drei Säulenreihen zusammenstießen, waren keine Ecksäulen, sondern L-förmige Pfeiler. In der Südwand, die nicht rechtwinklig zum übrigen Gebäude verläuft, sondern leicht nach Süden abgewinkelt ist, war eine große Apsis und davor eine Bema, zu der man auf zwei Stufen emporstieg. Zu beiden Seiten der Stufen war je ein Soreg; man fand ein großes Bruchstück mit einer siebenarmigen Menora in einem Kranz und Blumen (?) auf der Rückseite (Abb. in 11; 13; 19; 23; 28, S. 98, links oben; 29;

31) und verschiedene Bruchstücke mit Teilen einer griechischen Inschrift (Inschrift Nr. 5-8; Abb. in 6 und 7, Tafel XIIb; 19). Entlang den Wänden sind Reste von Bänken erhalten. Man konnte die Synagoge nur durch Vorräume betreten, u.z. gab es einen Eingang im Westen, einen im Südwesten neben der Apsis und einen im Osten. Die gesamte Synagoge war mit Mosaiken ausgelegt. In den Seitenschiffen waren einfache geometrische Muster. Im Mittelschiff, vor der Apsis, sind zwei Löwen, von denen einer nur teilweise erhalten ist. Rechts und links von ihnen ist eine Zypresse. Zwischen den beiden Löwen ist in einem Kranz eine aramäische Stiftungsinschrift (Nr. 1). Diese Inschrift ist vor nicht allzulanger Zeit zerstört worden, erhalten sind nur wenige Buchstaben am linken Rand. Darunter zieht sich fast über die gesamte Breite des Mittelschiffes ein Band mit zwei vierzeiligen aramäischen Stiftungsinschriften in einer tabula ansata hin (Nr. 2 und 3). Daran anschließend kommen zwei Felder mit verschiedenen Mustern. Im zweiten Feld ist in einer tabula ansata eine weitere aramäische Stiftungsinschrift (Nr. 4). Möglicherweise war links neben ihr eine weitere Inschrift, die aber verloren ist. Reste einer weiteren tabula ansata sind im westlichen Seitenschiff erhalten, die Inschrift ist ganz verloren.

Eine ganze Reihe von Nebenräumen, in einem davon Reste eines Mosaiks, schlossen sich im Westen, Süden und Osten an die Synagoge an. Der ganze Komplex war mit einer Mauer umgeben, in deren Ostseite der Haupteingang lag. In einem der drei Nebenräume zog sich eine Bank an einer der Wände entlang. Es könnte sich dabei um die Frauenabteilung gehandelt haben (19; 22). Sukenik, der eine Frauenempore annimmt, vermutet ein Lehrhaus (5; 6; 7). Die Synagoge ist durch Feuer zerstört worden.

Inschriften

Nr. 1

Die Mosaikinschriften sind seit der Veröffentlichung durch Sukenik teilweise zerstört worden. Eckige Klammern geben Lücken an, die zur Zeit der Grabungen bereits bestanden, spitze Klammern geben die heutigen Lücken an; ebenso bedeutet ein Punkt unter dem Buchstaben, daß er zur Zeit der Grabungen noch teilweise erhalten war; ein Strich deutet an, daß der Buchstabe heute nur noch teilweise vorhanden ist.

Abbildung in 5, Titelblatt, Abb. 8; 6, Abb. 13; 7, Titelblatt, Abb. 13; 12; 16; 18; 28; 29; 31:

1. ⟨ודכיר לטב⟩
2. ⟨קירס הופליס וקיר⟩<u>ה</u>
3. ⟨פרוטון וקירס סלוסטי⟩ס
4. ⟨חתנה וקומס פרורוס בר⟩ה
5. ⟨וקירים פוטיס חתנה וקיר⟩ס
6. ⟨חנינה ברה הנבון ובניהו⟩ן
7. ⟨דמיצותון תדירן בכל את⟩ר
8. ⟨דהבון הכה חמישה דינרי⟩<u>ן</u>
9. ⟨דהב מלך עלמה יתן ברכת⟩ה
10. ⟨בעמלהון אמן אמן סלה⟩

1. "Und es sei zum Guten gedacht
2. des Kyris Hoplis und der Kyra
3. Proton(e) und des Kyris Sallustis,
4. seines Schwiegersohnes, und des Komes Phruros, seines Sohnes,
5. und des Kyris Photis, seines Schwiegersohnes, und des Kyris
6. Chanina, seines Sohnes - ihrer und ihrer Kinder,
7. deren Gaben gegenwärtig sind an jedem Ort
8. (und) die hier gestiftet haben fünf Denare
9. aus Gold. Der König der Welt gebe seinen Segen
10. auf ihr Werk. Amen. Amen. Sela."

Vgl. zu dieser und den übrigen Inschriften die ausführlichen Besprechungen vor allem in 5; 6; 7; 16; 29.

ו und י sind in den Inschriften nicht auseinander zu halten. Infolgendessen gibt es Unklarheiten bei der Lesung der Eigennamen.

Zeile 4: Avi-Yonah (1) liest "Theodoros (written Feodoros)".

Zeile 9: Zu מלך עלמה vgl. ʿAlmá.

Nr. 2

Rechte Inschrift (Abb. in 6, Abb. 15,II; 7, Abb. 15,II; 26;28):

1. ⟨וד[כיר ל]ט⟩ב רב תנחום הל⟨וי ב[ר חל]⟩יפה דהב חד טרימי-
סיך ודכיר לטב מוניקה דסוסיפה (צ"ל: סוסיתה?) צ⟨פוריה⟩
2. ⟨וק[ירס פ]⟩טריק ד(כ)פר עקביה ⟨וי⟩וסה בר דוסתי דמן כפר
נחום דיהבון תלתיהון תלת גרמין מלך
3. ⟨ע[למה ית]⟩ן ברכתה בעמלה⟨[ון]⟩ אמן אמן סלה שלום ודכיר
לטב יודן ארדה מן בימאוס (?) דיהב תלת
4. ⟨וד[כירין לט]⟩ב ארביליי דיהבו⟨[ן]⟩ מחידהון (צ"ל: מחית-
הון?) מלך עלמ(ה) יתן ברכתב בעמלהון אמן אמן סלה

1. "Es sei zum Guten gedacht des Rav Tanchum Halevi, Sohn des Chalifa, der einen Trimissis gestiftet hat. Und es sei zum Guten gedacht des Moniqa aus Susitȧ, (der) aus Ṣippori (stammt)
2. und des Kyros Patriq aus Kəfar ʿĂqavyȧ und des Jose bar Dostai aus Kəfar Naḥum, die alle drei je drei Geramin gestiftet haben. Der König
3. der Welt gebe seinen Segen auf ihre Werke. Amen. Amen. Sela. Schalom. Und es sei zum Guten gedacht des Judan ... aus ..., der gestiftet hat drei (Geramin?).
4. Und es sei zum Guten gedacht der Leute aus Arbẹl, die gestiftet haben von ihren Textilerzeugnissen(?). Der König der Welt gebe seinen Segen auf ihre Werke. Amen. Amen. Sela."

Zeile 1: דסוסיפה scheint verschrieben zu sein für דסוסיתה. Möglich ist auch die Übersetzung "aus Susitȧ (oder Susifȧ) bei Ṣippori" (29). Allerdings ist ein solcher Ort bei Ṣippori nicht bekannt.

Zeile 2: Zu Kəfar ʿĂqavyȧ vgl. Sukenik (6; 7), der es mit Kafr ʿAqab am Nordostende des Sees Genezareth (2115 2521) identifiziert und Klein (14, S. 30) und Press (17), die es mit Ḫ. al-ʿUqēba/Ḫ. ʿĂqavyȧ bei Ṣəfat (1978 2598) identifizieren.

Zeile 3: ארדה ist nicht zu identifizieren. Sukenik (6; 7) schlägt als mögliche Lesung des ganzen Passus vor: יודן דמן

אריח, 'Judan aus Åriaḥ (Bẹt Yeraḥ)'. Statt בימאוס liest Sukenik (6; 7) חימאים oder חימאיס. Ihm folgen fast alle späteren Editionen. Avi-Yonah (1) liest חיטאיה (ebenso Klein 14, S. 51). Neishtat (27) hat הימים (?). Sukenik gibt in seiner Zeichnung der Inschrift den ersten Buchstaben als ח wieder. Im Original ist der erste Buchstabe aber eindeutig ein ב. Es ergibt sich also ein Ortsname בימאוס oder בי מאוס o.ä., der aber auch nicht identifiziert werden kann.

Zeile 4: Die Lesung und Übersetzung von מחידהון ist unsicher.

Nr. 3

Linke Inschrift (Abb. in 6, Abb. 15,III; 7, Abb. 15,III; 26):

1. ⟨ו⟩ד̱כ(י)ר לט̱ב קיריס ליאנטיס וקירה קלניק ב̱⟨ה[כון........
לי]קרה דכנישתה⟩
2. מלך עלמה י⟨ת̣ן ב⟩רכתה בעמלה אמן אמ⟨ן סלה⟩ ש̣ל̣ו̣ם̣ ⟨ו̣ד̣כ̣ירה
לטב הדה אתה⟩
3. אנטוליה ⟨ד[יהב]ה⟩ חד דינר ליקרה דכני⟨שתה⟩ מלך ע⟨למה
יתן ברכתה בעמלה⟩
4. אמן אמ⟨ן [סלה]⟩ שלום ודכירין לטב עיריא ⟨דהבון חד
טר(ימ)יסין⟩

1. "Und es sei zum Guten gedacht des Kyris Leontis und der Kyra Kallinik(e), die ge[stiftet haben .... zu Eh]ren der Synagoge.
2. Der König der Welt gebe seinen Segen auf ihr Werk. Amen. Amen. Sela. Schalom. Und es sei zum Guten gedacht jener (oder: einer) Frau
3. Anatolia, die gestiftet hat einen Denar zu Ehren der Synagoge. Der König der Welt gebe seinen Segen auf ihr Werk.
4. Amen. Amen. [Sela.] Schalom. Und es sei zum Guten gedacht der Leute aus der Stadt, die gestiftet haben einen Trimissis."

Zeile 1: Der Name Leontis kommt auch in Bẹt Šə'ån vor (auf Griechisch). ליקרה דכנישתה auch in der Inschrift von Bẹt Guvrin.

Zeile 2: בעמלה, 'auf ihr (3.f.sg.) Werk'. Statt הדה אתה (für אתתה) kann auch חדה אתה 'eine Frau' gelesen werden.

עיריא: Ich ziehe die Übersetzung 'Leute aus der Stadt' (10; 29) der Lesung Sukeniks (6; 7) 'the wakeful' vor. Welche Stadt hier gemeint ist, bleibt ungewiß; vielleicht ist Gȧdẹr (2140 2230) im Gegensatz zu Ḥammat Gȧdẹr gemeint. Klein (10) schlägt צוריא 'Leute aus Ṣor (in Transjordanien)' vor.

Die Buchstaben ימ von טרימיסין fehlen, statt dessen ist im Mosaik eine entsprechend große Lücke.

Nr. 4

(Abb. in 6, Abb. 16, Tafel XIIa; 7, Abb. 16, Tafel XIIa; 28; 29; 31):

1. [ודכיר ל]טב אדה בר תנחום
2. [בר מו]נ̣י̣קה דיהב חד טרימיסין ויוסה
3. [בר] קרוצה ומוניקה דיהב(ו) חד פלגות
4. ד̣י̣נר לגו הד̣ן ⟨[פסיפ]סה⟩ <u>ת</u>הוי להון
5. ברכתה אמ̣⟨[ן ס]ל̣ה ש⟩לום

1. "[Und es sei zum] Guten gedacht des Ada bar Tanchum
2. [bar Mo]niqa, der einen Trimissis gestiftet hat und des Jose
3. [bar] Qeruṣa und des Moniqa, die gestiftet haben einen halben
4. Denar für dieses [Mosa]ik. Es sei ihnen
5. Segen. Ame[n. Se]la. Schalom."

<u>Zeile 3</u>: Statt דיהב ist wohl דיהבו zu lesen.

Die griechischen Inschriften (Nr. 5-8) sind abgebildet in 6, Tafel XIIb; 7, Tafel XIIb; 19:

Nr. 5

υἱ]ὸς Παρηγορίου [...
"...So]hn (?) des Parēgorios [...]"

Nr. 6

... Παρη]γορίου καὶ Εν[...
"... NN, Sohn des Par]ēgorios und En[...]"

Sukenik (6, S. 149; 7, S. 59) schreibt fälschlich καὶ τόν.

Nr. 7

...] καὶ τὸν [...

"...] und den [..."

Nr. 8

...]οι καὶ [...

Sukenik (6, S. 149; 7, S. 59) schreibt fälschlich ου καὶ.

Literarischer Befund

j Qid 64d,13f.:

רבי יונתן סלק עם ר' יודה נשייא לחמתא דגדר הורי תמן

"R. Jonatan ging mit R. Juda Hanasi nach Ḥammat Gådẹr und lehrte dort..."

Die Stelle könnte auf ein Lehrhaus hinweisen.

Ausrichtung

Synagoge 195° S; Apsis 185° S

Die Synagoge ist nicht, wie die anderen Synagogen östlich des Jordan, nach Westen, sondern nach Süden ausgerichtet.

Datierung

Synagoge: Die Synagoge wird in die erste Hälfte des 5. Jhd. datiert, doch schließt Avi-Yonah einen späteren Zeitpunkt nicht aus (29).

Lehrhaus: Durch die Nennung von R. Jonatan kann das Lehrhaus in den Anfang des 3. Jhd. datiert werden.

Ḥ a m m a t Ṭ ə v e r y å (nördlich der Quellen)

Koordinaten: 4.65 2015 2418
In Galiläa, 2 km südlich von Tiberias.

Signatur: Synagoge archäologisch sicher, literarisch sicher; Lehrhaus literarisch unsicher

Namen: rabb.: חמתא; חמתן; חמתא דטבריא

Ḥammat Ṭəveryȧ (nördlich der Quellen)

Jos.: Αμμαθους

ar.: al-Ḥamma

Umschreib.: el-Ḥammeh; el-Ḥammam ;חמת נפתלי

Literatur

1. Klein, Beiträge, 93 (1909) (literarischer Befund)
2. Klein, in: Haṣofe 4 (1915), 57 (literarischer Befund)
3. Vincent, in: RB 30 (1921), 438-442; Tafel VIII,2 (Grabungsbericht) (vgl. 6)
4. Slousch, in: JJPES 1,1 (1921), 3-39 (Grabungsbericht; Grundriß; Fotos; Abbildungen)
5. Mazie̊, in: JJPES 1,1 (1921), 40-42
6. FitzGerald, in: PEFQS 1921, 183-185 (zu 3)
7. Mallon, in: Biblica 2 (1921), 268-270 (Grabungsbericht)
8. Vincent, in: RB 31 (1922), 115-120; Tafel VI,3 (Grabungsbericht aufgrund von 4; Grundriß; Fotos; Abbildungen)
9. Orfali, Capharnaüm, 93f. (1922) (Kapitell, Foto)
10. Krauss, SA, 209.437 (1922) (literarischer Befund; Ausgrabungen)
11. Sukenik, in: Rimon 5 (1923), 18f. 23 (Foto)
12. Slousch, in: JJPES 1,2 (1925), 49-51 ('Sitz des Mose', Abbildung) (vgl. 13)
13. Slousch, in: PJPES 1,2-4 (1925), 31f. ('Sitz des Mose', Abbildung) (vgl. 12)
14. Sukenik, in: Tarbiz 1,1 (1929), 147f.; Tafel IIIf. ('Sitz des Mose'; Grundriß, Zeichnung)
15. Krauss, in: REJ 89 (1930), 388 ('Sitz des Mose')
16. Avi-Yonah, in: QDAP 2 (1933), 159 (Mosaik)
17. Avi-Yonah, in: BJPES 1,2 (1933), 12 (Mosaik)
18. Sukenik, Ancient Synagogues, 55-60; Tafel XII.XV (1934) (Grabungen)
19. Eshkoli - Narkis, in: JJPES 3 (1934/35), 179-181 (Grabungen)
20. Sukenik, in: JPOS 15 (1935), 150f.; Tafel XIIIf. (Soreg; Fotos, Abbildungen) (= 21)
21. Sukenik, el-Ḥammeh, 60f.; Tafel XIIIf. (1935) (Soreg; Fotos, Abbildungen) (= 20)
22. Klein, Sefer ha-yiššuv, 44f.; Tafel IX, 1 (1939)
23. Press, Enc. II, 263 (1948)
24. Roth, in: PEQ 1948/49, 100-111 ('Sitz des Mose', Abbildung)

25. Klein, Toldot, Tafel V (1950)
26. Sukenik, in: Ereṣ Kinrot, 75 (1950) (= 31)
27. Goodenough I, 214-216; III, Abb. 561-568 (1953)
28. Avi-Yonah - Yeivin, The Antiquities of Israel, 230 (1955)
29. Braslavy, Hayadaᶜta, 247-250; Abb. 38 (1964)
30. Negev, in: EI 8 (1967), 197
31. Sukenik, in: All the Land of Naphtali, 102 (1967) (= 26)
32. Dothan, in: Qadmoniot 1 (1968), 117
33. EAEh, 196 (1970) (Dothan) (Fotos)
34. Oren, in: IEJ 21 (1971), 235 (neue Grabung)
35. Saller, Nr. 39 (1972) (beschreibt die beiden Synagogen von Ḥammat Ṭəveryȧ als eine)

Carta's Atlas +

Atlas of Israel +

Archäologischer Befund

Slousch grub 1920 nördlich der Quellen eine Synagoge aus. Es handelt sich um eine Basilika von 12 x 12 m, die durch zwei Säulenreihen in drei Schiffe aufgeteilt wird. Die fünf Säulen der westlichen Reihe stehen, wie aus dem abgebildeten Grundriß hervorgeht, nicht in gleichem Abstand wie die der östlichen Reihe, von der vier erhalten sind. Slousch fand drei Eingänge im Norden, einen im Westen und einen weiteren im Osten, durch den man in einen angebauten Hof gelangte, den man ebenfalls von Osten her betreten konnte. An der Südseite des Mittelschiffes sind vier kleine Säulen, hinter denen offensichtlich der Toraschrein gestanden hat. Der Fußboden bestand aus Steinplatten, auf denen Mosaikreste gefunden wurden. Das Gebäude ist mehrmals umgebaut worden. Vincent vermutet (8), daß der Haupteingang ursprünglich in der Jerusalem zugewandten Seite gelegen hat und erst später, als der Toraschrein seinen festen Platz im Gebetsraum bekam, in die Nordwand verlegt wurde. Die gleiche Vermutung äußert auch Oren, der 1970 noch einmal dort grub (34). Die wichtigsten Funde und Ergebnisse dieser Grabung sind folgende: Freigelegt wurden ein Vorhof und Vestibül, dessen Fußboden teilweise mit einem Mosaik belegt war. Oren vermutet, daß das Gebäude ursprünglich im dritten Jahrhundert errichtet wurde. Im 4./5. Jahrhundert wurde es umgebaut, der Eingang in den Norden verlegt und der Steinfußboden mit einem vierfarbigen Mosaik belegt (Abb. in 4, Tafel II, S. 9 und 12). In der frühen islamischen Zeit wurde der Nordeingang geschlossen und neue Eingänge im Westen angelegt. Der Fußboden wurde in dieser Zeit mit Marmorplatten ausgelegt.

Wir können die Synagoge einem Übergangstyp zuordnen zwischen dem frühen Basilikatyp mit den Eingängen in der Jerusalem zugewandten Seite und dem späteren Typ mit einer Apsis für den Toraschrein in dieser Wand (28).

An Einzelfunden (beider Grabungen) sind hervorzuheben ein 'Sitz des Mose' (קתדרא דמשה) (Abb. in 12; 13; 14; 18; 24, S. 102; 27, Abb. 568; vgl. dazu besonders 4, S. 30; 12; 13; 14; 18; 24); eine steinerne siebenarmige Menora (Abb. in 4, S. 33; 8; 11; 25; 27, Abb. 562; 29, Abb. 38; 33; vgl. dazu besonders 4, S. 31-33; 30); ein Kapitell, auf dem drei siebenarmige Menorot mit einem dreifüßigen Podest abgebildet sind (Abb. 4, S. 10; 8; 9; 27, Abb. 565; 33) sowie eine Marmorplatte mit einer siebenarmigen Menora und einem Schofar (Abb. in 4, S. 7; 8; 27, Abb. 566). Mehrere Teile von verschiedenen Marmorplatten mit Abbildungen von Weinranken und Granatäpfeln (Abb. in 4, S. 25; 20; 21; 27, Abb. 563), einer Vase und Weintraube und -blatt (Abb. in 4, S. 39; 8; 20; 21; 27, Abb. 564) und einer Menora können von einem Soreg stammen, von dem auch eine Säule gefunden wurde (Abb. in 4, S. 25).

An der Stelle der Synagoge befindet sich heute das Hotel Ganne̩ Ḥammat; von den Grabungen ist nichts mehr zu sehen.

Literarischer Befund

Es gibt nur einen schriftlichen Beleg, der sich direkt auf eine Synagoge in Ḥammat Ṭəveryȧ selbst bezieht. Da Tiberias und Ḥammat Ṭəveryȧ aber schon in tannaitischer Zeit vereinigt wurden (T ʿEruv VII 2; j ʿEruv 22d,69), können sich die Belegstellen, die nur Tiberias erwähnen, ebensogut auf Ḥammat Ṭəveryȧ beziehen (vgl. Tiberias).

j Soṭ 16d,45f.:

רבי מאיר הוה יליף דריש בכנישתא דחמתא כל לילי שובא

"R. Meir war gewohnt, jeden Freitagabend in der Synagoge von Ḥamətȧ zu lehren."

In den Parallelstellen Lev r IX 9 (ed. Margulies, 191); Num r IX 20 und Deut r V 15 fehlen die Wörter בכנישתא דחמתא. Aufgrund dieser Stelle könnten sich diejenigen Belege, in denen R. Meir im Zusammenhang mit einer Synagoge oder einem Lehrhaus in Tiberias erwähnt wird (vgl. Tiberias Syn 20; L 1-5.13) ebenfalls auf Ḥammat Ṭəveryȧ beziehen.

Demnach können wir auch ein Lehrhaus in Ḥammat Ṭəveryȧ annehmen, wenn auch ausdrücklich keines genannt wird. (Das von Dothan [32] erwähnte בי מדרש די חמתא habe ich nirgends finden können.)

Ausrichtung: 180° S

Datierung

Ältester Bau aus dem 3. Jhd., Hauptbauphase im 4. Jhd. Zeichen für eine Benutzung der Synagoge finden sich bis ins 11. Jhd.

H a m m a t Ṭ ə v e r y ȧ (südlich der Quellen)

Koordinaten: 4.66 2018 2414
In Galiläa, 2,5 km südlich von Tiberias.

Signatur: Synagoge archäologisch sicher; Lehrhaus archäologisch unsicher

Namen: rabb.: חמתא; חמתן; חמתא דטבריא
Jos.: Αμμαθους
ar.: al-Ḥamma
Umschreib.: el-Ḥammeh; el-Ḥammam

Literatur

1. Lifshitz, in: ZDPV 78 (1962), 180-184 (griechische Inschriften)

2. ḤA 2 (1962), 1-4; Abb. auf Titelblatt (Grabungsbericht)
3. Dothan, in: IEJ 12 (1962), 153f. (Grabungsbericht) (= 4; 5)
4. Dothan, in: RB 70 (1963), 588-590 (Grabungsbericht) (= 3; 5)
5. Biran, in: CNI 14, 1 (1963), 16f.; Tafel IV (im wesentlichen = 3; 4)
6. Robert, in: REG 77 (1964), 233f. (griechische Inschriften)
7. Braslavy, Hayadaᶜta, 294f.; Tafel 39 (1964)
8. Goodenough XII, 45.185f. (1965)
9. Braslavi, in: All the Land of Naphtali, 129 (1967) (Mosaik)
10. Dothan, in: All the Land of Naphtali, 130-134 (1967) (Mosaik)
11. Lifshitz, 61-66, Nr. 76 (1967)
12. Dothan, in: EI 8 (1967), 183-185; engl. Zusammenfassung S. 73*f.; Tafel XL, 4 (aramäische Inschrift; Foto, Abbildungen)
13. Dothan, in: Qadmoniot 1 (1968), 116-123 (Grabungsbericht; Grundrisse, Fotos)
14. EAEh, 196-200 (Dothan) (1970) (Grundriß; Fotos)
15. Mirsky, in: Tarbiz 40 (1970/71), 376-384; engl. Zusammenfassung VII
16. Saller, Nr. 39 (1972) (Foto) (beschreibt die beiden Synagogen von Ḥammat Ṭəveryȧ fälschlich als eine)
17. Sternberg, The Zodiac of Tiberias, 88-103; Tafel 1.2.5.8 (1972)
18. Lifshitz, in: JSJ 4 (1973), 43-55 (Grabungen; Inschriften)
19. Konikoff, The Second Commandment, 74f. (1973)

Carta's Atlas +

Atlas of Israel +

Archäologischer Befund

Im Jahre 1947 wurden südlich der Quellen Spuren eines öffentlichen Gebäudes entdeckt, die auf eine Synagoge schließen ließen. Eine Grabung mußte wegen der beginnenden Unruhen abgebrochen werden. Erst 1961-1963 konnte eine organisierte Grabung unter der Leitung von Dothan durchgeführt werden. Auf den Ruinen mehrerer älterer Gebäude wurde in der zweiten Hälfte des 3. Jahrhunderts eine Synagoge gebaut. Es handelte sich um ein Gebäude von etwa 13 x 14 m Größe, das durch drei Säulenreihen in vier Schiffe aufgeteilt wurde. Das breiteste dieser Schiffe, das zweite von Westen, diente als Hauptgebetsraum. Südlich von der Synagoge war ein Raum mit einem einfachen schwarz-weißen Mosaik, den man von Osten her betreten konnte. Von diesem Vorraum gelangte man dann direkt in das Hauptschiff. Weitere Eingänge wurden nicht gefunden; es ist also möglich, daß dies der Haupteingang zur Synagoge war und es sich um eine Art Breithaustyp handelte. Diese Synagoge wurde gegen Ende des 3. bis Anfang des 4. Jahrhunderts zerstört. Über ihren Ruinen wurde eine neue Synagoge, die sogenannte Severussynagoge, gebaut. Der im Süden befindliche Vorraum wurde in drei kleine Räume aufgeteilt. Damit entfiel der Eingang von dieser Seite; statt dessen wurden drei Eingänge in der Nordmauer eingebaut (vgl. Grundriß in 13; 14). Der Toraschrein bekommt jetzt seinen festen Platz in einer Nische in der Südmauer. Der Boden wird mit Mosaiken bedeckt. Im Hauptschiff besteht das Mosaik aus einem Toraschrein, zu dessen beiden Seiten eine siebenarmige Menora sowie Schofar, Lulav und Machta abgebildet sind. Darunter ist ein Zodiak mit dem Sonnengott Helios auf seinem Wagen im Zentrum dargestellt (vgl. dazu besonders 10; 13, S. 120f.). An den äußeren vier Ecken sind die vier Jahreszeiten dargestellt. Es ist dies die älteste Darstellung eines Zodiak in einer Synagoge. Am Ende des Mittelschiffes befindet sich ein Quadrat mit neun gleich großen Feldern, in denen sich griechische Stiftungsinschriften (Nr. 4-12) befinden. Die Inschriften sind so angebracht, daß man fünf von ihnen (4-8) lesen kann, wenn man auf dem Zodiak steht und die anderen vier (9-12), wenn man von Norden her zum Zodiak hinblickt:

	Zodiak			
	4	5	6.	
Löwe	7	12	8	Löwe
	11	10	9.	

Die Inschriften werden von zwei Löwen flankiert. Im linken der inneren Seitenschiffe ist ein einfaches Schuppenmuster, rechts davon ein Band mit geometrischen Mustern und zwei Inschriften in einer tabula ansata, einer griechischen (13) und einer aramäischen (1). Im linken äußeren Seitenschiff ist ein geometrisches Muster und in dessen Mitte eine weitere griechische Inschrift (14) mit dem hebräischen Zusatz שלום (3). Die einzelnen Mosaike werden in ihrer Längsrichtung noch durch Streifen mit geometrischen Mustern zwischen den Säulen voneinander getrennt. Dieses Schiff könnte als Frauenraum gedient haben. Dieses Gebäude wird in die erste Hälfte des 4. Jahrhunderts datiert. Es wurde im 5. Jahrhundert zerstört. An derselben Stelle wurde dann eine große Synagoge gebaut. Es handelte sich um eine typische Basilika, die durch zwei Säulenreihen in drei Schiffe aufgeteilt wurde. Eine dritte Säulenreihe lief parallel zur Rückwand. Die Säulen trugen eine Frauenempore. In der Südwand war eine Apsis für den Toraschrein, zu der man auf drei Stufen emporstieg. Die drei Haupteingänge lagen in der Nordwand. Drei weitere Eingänge führten in der Westwand zu einem angebauten Hof. Der Boden war mit Mosaiken bedeckt, von denen nur wenige Reste erhalten sind. Auf ihnen waren Tiere sowie Pflanzenmotive und geometrische Muster abgebildet. Beim Bau dieser Synagoge wurde der Zodiak durch eine neue Mauer teilweise zerstört. Die Ausrichtung dieses Gebäudes weicht etwas von der der früheren Synagogen ab. In der ersten Hälfte des 7. Jahrhunderts scheint dieses Gebäude teilweise zerstört worden zu sein. Gegen Ende desselben Jahrhunderts wurde abermals eine neue Synagoge errichtet, die sich nicht viel von der vorigen unterschied. Auch dieses Gebäude hatte einen Mosaikfußboden mit geometrischen Mustern und zwei siebenarmigen Menorot gegenüber dem Haupteingang, von denen eine erhalten ist. Ein Seitenraum könnte als Lehrhaus gedient haben. In der Mitte des 8. Jahrhunderts wurde auch diese Synagoge zerstört.

Inschriften

a) Aramäisch

Nr. 1
Abbildung in 12; 13; 14; 17, Tafel 8, 2:

1. יהי שלמה על כל מן דעבד מצותה בהדן
2. אתרה קדישה ודעתיד מעבד מצותה
3. תהי לה ברכתה אמן אמן סלה ולי אמן

1. "Es komme Frieden über jeden, der eine Gabe für diesen
2. heiligen Ort gegeben hat und der in Zukunft eine Gabe geben wird.
3. Segen komme über ihn. Amen. Amen. Sela. Auch mir Amen!"

אתרה קדישה ist Umschreibung für Synagoge; vgl. das griechische ἅγιος τόπος in Inschrift 14.

סלה ist bei Lifshitz (18, S. 54) versehentlich סלע geschrieben.

Ungewöhnlich ist das Ende der Inschrift: ולי אמן, "Auch mir (sc. dem Spender oder Schreiber der Inschrift) sei (Segen). Amen." (Vgl. dazu 12, S. 185.)

b) Hebräisch

Nr. 2

Im Zodiak sind die Namen der zwölf Tierkreiszeichen und der vier Jahreszeiten auf Hebräisch angegeben: Im Uhrzeigersinn von oben Mitte gelesen:

"Fische"		דגים
"Wassermann"		דלי
["Steinbock"]	(Inschrift zerstört)	[גדי]
["Schütze"]	(Inschrift zerstört)	[קשת]
["Skorpion"]	(Inschrift zerstört)	[עקרב]
"Waage"		מוזנים
"Jungfrau"		בתולה
"Löwe"		אריה
["Krebs"]	(Inschrift zerstört)	[סרטן]
["Zwillinge"]	(Inschrift zerstört)	[תאומים]
"Stier"		שור
"Widder"		טלה
"Winter"		תקופת [טבת]
"Herbst"		תקופת תשרי
"Sommer"		תקופת תמוז
"Frühling"		תקופת ניסן

Ḥammat Ṭəveryả (südlich der Quellen)

Das Wort דלי steht in Spiegelschrift; vgl. dazu 14.

Nr. 3

Am Ende der griechischen Inschrift 14 steht das Wort:

"Friede" שלום

c) Griechisch (in Klammern die Nummern nach Lifshitz) (Abb. in 16).

Nr. 4

(I) Μάξιμος
εὐχόμε-
νος εποί-
ησεν ζήση

"Maximos machte (es) aufgrund eines Gelübdes. Er möge leben!"

Nr. 5

(II) 'Αβουδέ-
μος εὐχό-
μενος ἐπ-
οίησεν

"Aboudemos machte (es) aufgrund eines Gelübdes."

Nr. 6

(III) Ζωΐλος
εὐχόμε-
νος ἐποίη-
σεν ζήση

"Zōilos machte (es) aufgrund eines Gelübdes. Er möge leben!"

Nr. 7

(IV) 'Ιοῦλλος
προνούμ-
ενος πάντ-
α ἐτελίωσε

"Ioullos der Vorsteher hat alles vollendet."

Nr. 8

(V) Καλίνικο-
ς εὐχόμε-
νος ἐποίη-
σεν ζήση

"Kalinikos machte (es) aufgrund eines Gelübdes. Er möge leben!"

Nr. 9

(VI) Σιορτάσις (leg.: Εἱορτάσις)
εὐχόμσνο- (leg.: εὐχόμενο-)
ς ἐποίησεν
σωζέστω

"Heiortasis machte (es) aufgrund eines Gelübdes. Er möge leben!"

Nr. 10-11

(VII-VIII) Σευῆρ[ος
θρεπτὸς
τῶν λαμ-
προτάτων
πατριαρχ-
ῶν ἐποίησ-
εν εὐλογία
αὐτῷ ἀμήν

"Sever[us], der aufgezogen wurde (im Hause) der hochberühmten Patriarchen, machte (es). Segen sei ihm! Amen."

Nr. 12

(IX) [ ]
[εὐχόμ-]
ενος ἐποί[η-]
σεν ζήση

"[NN] machte (es) [aufgrund eines Gelüb]des. Er möge leben!"

Im einzelnen ist zu diesen Inschriften folgendes zu sagen:
ἐποίησεν ist hier wie das aramäische עבר der Synagogenin-

schriften gebraucht und bedeutet 'er stiftete'.

Inschrift 5: Für das Wort ζήσῃ war aufgrund des langen Namens kein Platz mehr.

Inschrift 7: In allen Veröffentlichungen steht fälschlich ἐτέλεσε statt ἐτελίωσε. Möglicherweise handelt es sich bei dem in Inschrift 7 und 13 genannten Ioullos um dieselbe Person und bei den Bezeichnungen προνοούμενος und προνοητής um dasselbe Amt (= hebräisch פרנס? Vgl. 13; 14; 18).

Inschrift 8: Καλίνικος mit <u>einem</u> λ. In den Veröffentlichungen steht fälschlich (die häufigere Schreibweise) Καλλίνικος.

Inschrift 9: In Εἰορτάσις und εὐχόμενος ist bei dem Epsilon der mittlere Querstrich vergessen worden. Wenigstens ist ein Name Σιορτάσις sonst nicht belegt. σωζέστω dürfte gleich σωζέσθω sein.

Inschrift 10-11: Die Inschrift ist ähnlich wie Nr. 13. Die erste Zeile ist nicht, wie Lifshitz schreibt, verloren. Ihm lag wohl dasselbe Foto vor, das auch Sternberg veröffentlicht (17, Tafel 8,1) und auf dem durch einen Schlagschatten ein Teil der Inschrift verdeckt wird. Eine einwandfreie Wiedergabe findet sich in 16; Enc. Jud. (engl.) VII, Sp. 1244; XV, Sp. 575. Erhalten sind die Buchstaben Σευ̣η̣ρ̣[. Die Abtrennung in 1 und 6 ist also richtig, allerdings muß statt des ε̃ ein η̃ stehen. In Zeile 3 von Inschrift 10 teilt Lifshitz falsch ab; statt λα/μπροτάτων muß es heißen λαμ/προτάτων.

Inschrift 12: Hier sind die ersten beiden Zeilen verloren. In der ersten und im ersten Teil der zweiten Zeile hat der Name des Stifters gestanden. Der zweite Teil der zweiten Zeile ist mit εὐχόμ]ενος zu ergänzen.

Nr. 13

(Abbildung in 17, Tafel 8, 2):

1. Σευῆρος θρεπτὸς τῶν λαμπρ[ο-
2. τάτων πατριαρχῶν ἐτελίωσεν̣
3. εὐλογία αὐτῷ κὲ 'Ιούλλῳ τῷ προνοητ[ῇ
1. "Severus, der aufgezogen wurde (im Hause) der hoch-

2. berühmten Patriarchen hat (es) vollendet.
3. Segen sei ihm und Ioullos dem Vorsteher!"

In der ersten Zeile steht das Π von λαμπρο/τάτων auf der Seite: ⊨. In Zeile drei steht ΓΡΟΝΟΗΤ[Η; es handelt sich entweder um eine Ligatur (18) oder um ein Vergessen des zweiten Abstriches. Vgl. die Inschriften 7 und 10-11.

Nr. 14

1. Μνησθῇ εἰς ἀγαθὸν καὶ εἰς
2. εὐλογίαν Προφοτοῦρος ὁ μιζό-
3. τερος ἐποίησεν τὴν στοὰν ταύ-
4. την τοῦ ἁγίου τόπου εὐλογία αὐτῷ
5. ἀμήν שלום

1. "Es sei gedacht zum Guten und zum
2. Segen des Prophotouros, dem Meizo-
3. teros, (der) gemacht hat diese Halle
4. des heiligen Ortes. Segen sei ihm!
5. Amen. Schalom."

Rechts und links der beiden Wörter in der letzten Zeile ist je ein Etrog abgebildet.

Lifshitz (18, S. 52) hat zwei Druckfehler: μνηστῇ statt μνησθῇ und ἀγατὸν statt ἀγαθὸν. μνησθῇ εἰς ἀγαθόν ist die griechische Übersetzung des aramäischen דכיר לטב. In Zeile 3 liest er μιζό/τερ(ος) ὅς. Zum Titel μιζότερος vgl. 18, S. 53; Preisigke, Wörterbuch III, S. 133. Zu ἅγιος τόπος in der Bedeutung 'Synagoge' vgl. אתרה קדישה in Inschrift 1. Aus dem Wort ἀμήν zu schließen, daß der Stifter verstorben sei (1; 11), ist unbegründet. Die Verbindung אמן שלום kommt auch in anderen (aramäischen) Synagogeninschriften vor (vgl. z.B. Ăvẹlim, Kəfar Ḥănanyȧ), ohne daß irgend etwas auf das Ableben des Stifters hinwiese.

Sehr eigenwillige Erklärungen dieser Inschriften, die einer Prüfung aber in keiner Weise standhalten, gibt Sternberg (17).

Ḥaṣbayyā

Ausrichtung

Ältere Synagogen: 130° SO

Basilika: 145° SO

Literarischer Befund

Zum literarischen Befund vgl. Ḥammat Ṭəveryȧ nördlich der Quellen.

Datierung: 3.-8. Jhd. Vgl. Nachträge!

H a ṣ b a y y ā *

Koordinaten: -.67
Im südöstlichen Libanon, 16 km nordöstlich von Məṭullȧ.

Signatur: -

Namen: ar.: Ḥaṣbayyā
hebr.: חצביה
Umschreib.: Hasbîye

Literatur

1. Lurie, in: BJPES 2, 3-4 (1935), 45f.
2. Press, Enc. II, 270 (1948)
3. Saller, Nr. 41 (1972)
Carta's Atlas -
Atlas of Israel -

Archäologischer Befund

Lurie berichtet von einer alten Mauer, die nach Auskunft der jüdischen Dorfbewohner zu einer Synagoge gehört haben soll. Abgesehen davon, daß keinerlei konkrete Hinweise auf eine Synagoge existieren, spricht auch die nördliche Lage gegen eine antike Synagoge. Es mag sich allenfalls um eine mittelalterliche Synagoge gehandelt haben.

H e r o d i u m

Koordinaten: 11.68 1731 1193
In Judäa, 12,5 km südlich von Jerusalem.

Signatur: Synagoge archäologisch sicher

Namen: Jos.: Ηρωδειον
ar.: Ǧabal Furēdis
hebr.: הר הורדוס; הרודיון
Umschreib.: Herodion

Literatur

1. Corbo, in: LA 17 (1967), 86.101-103 (Fotos)
2. Corbo, in: CNI 18, 3-4 (1967), 36; Foto nach S. 32
3. Corbo, in: Qadmoniot 1 (1968), 133-136 (Fotos) (hebräische Übersetzung von 2)
4. Corbo, in: Jerusalem through the Ages. The Twenty-Fifth Archaeological Convention October 1967, nicht-hebräischer Teil, 43.46 (1968) (Grundriß)
5. ḤA 30 (1969), 28
6. RB 77 (1970), Tafel XXa
7. Saller, Nr. 43 (Foto) (1972)
8. Künzl, in: Literatur und Religion des Frühjudentums, hersg. von J. Maier und J. Schreiner, 421 (1973)
9. Foerster, in: EI 11 (1973), 224-228; englische Zusammenfassung 30*; Tafel XLIV,2 (Grundriß)
10. EAEe II, 505.509 (Foerster) (1976)
Carta's Atlas -

Archäologischer Befund

Im Nordwesten der von Corbo ausgegrabenen Festung Herodium ist ein etwa 14 x 10 m großer Raum mit einem Eingang im Osten. Dieser Raum wurde während des ersten Aufstandes (66-70 n.Chr.) umgebaut: Er wurde durch vier (oder vielleicht sechs) Säulen in drei Schiffe aufgeteilt und mit drei Stufen oder Steinbänken an beiden Längsseiten und an der Rückwand versehen. Rechts neben dem Eingang wurde noch eine Miqwe (?) angebracht. Das alles scheint darauf hinzudeuten, daß das Gebäude wahrscheinlich als Versammlungsraum oder als Synagoge gedient hat. Da wir aus dieser Zeit keine weiteren Synagogenfunde haben (mit Ausnahme von Məṣādā, das sehr viele Parallelen aufweist) und wir nichts weiter über den Grundriß der Synagogen des 1. Jahrhunderts wissen, können wir nur vermuten, daß es sich hier um eine Synagoge handelt.

Ausrichtung: 270° W

Literarischer Befund: -

Datierung: 66-70 n Chr.

Ḥ e v r o n *

Koordinaten: 11.69 (160 103)
In Judäa, 31 km südsüdwestlich von Jerusalem.

Signatur: -

Namen: rabb.: חברון
Jos.: Εβρων, Χεβρων
ar.: al-Ḫalīl
Umschreib.: Hebron

Literatur

1. Atkinson, in: PEFQS 1878, 24-27 (Abbildung)
2. Krauss, SA, 214 (1922) (Erwähnung)
3. Klein, Sefer ha-yiššuv, 42 (1939) (Erwähnung)
4. Press, Enc. II, 244 (1948)
5. Goodenough I, 224; III, Abb. 585 (1953)
6. Saller, Nr. 42 (1972)
7. Barag, in: IEJ 22 (1972), 147-149; Tafel 24 A
Carta's Atlas +

Archäologischer Befund

Atkinson (1) sah 1856 in einem Haus drei Steine eingebaut, auf denen drei fünfarmige Menorot ohne Fuß abgebildet sind. Ob diese Steine mit einer Synagoge in Zusammenhang gebracht werden können, ist sehr zweifelhaft.

Im Jahre 1968 tauchte ein Fragment eines Marmorsäulchens auf, das möglicherweise von einem Toraschrein stammt. Auf ihm sind einige Zeilen einer aramäischen Stiftungsinschrift erhalten, die in einem Kreis angeordnet ist (vgl. Bet Guvrin) (Foto in 7). Der Herkunftsort ist nicht bekannt; sicher scheint nur, daß der Stein aus der Gegend von Ḥevron kommt, möglicherweise von Eštəmoaʿ oder Ḫ. Sūsīya.

Lesung nach Barag (7):

1. דכיר לטב
2. סברס(?) בר יו̣[נ]ת̣ן
3. בר]
4.].

1. "Es sei zum Guten gedacht
2. des Severus(?), Sohn des Jo[n]athan,
3. Sohn des [
4. .["

Statt סברס ist nach Barag auch סבנס, 'Sabinus' möglich. Der Stein befindet sich heute im Israel Museum (IDAM Reg. Nr. 68-1188).

Literarischer Befund: -

Datierung: 4.-6. Jhd.

Ḫ i s f ī n *

Koordinaten: 4.70 (2265 2507)
Im Golān, 23 km nordöstlich von Ḥammat Gādẹr.

Signatur: -

Namen: ar.: Ḫisfīn
Umschreib.: Khisfin

Literatur: 1. Saller, Nr. 84 (1972)

Ḥuldȧ

Archäologischer Befund

Nach Saller sollen 1968 in Ḫisfīn Reste einer Synagoge gefunden worden sein. Alle Funde, darunter mehrere Kreuze, deuten jedoch auf eine Kirche; vgl. dazu JSG 283f., Nr. 150.

Literarischer Befund: -

H̆. H̆ōh̆a vgl. Nachträge!

Ḥ u l d ȧ *

Koordinaten: 10.71 1374 1385
8,5 km südöstlich von Rəḥovot.

Signatur: -

Namen: hebr.: חולדה
ar.: H̆. ar-Raqadīya; H̆. ar-Ruqqadīya

Literatur

1. Notes and News, in: IEJ 3 (1953), 133f.
2. Yeivin, in: Government Year-Book 5716/1955, 399f. (= 3; 6)
3. Yeivin, Archaeological Activities in Israel (1948-1955), 13f.; Tafel X,1 (1955) (= 2; 6)
4. Avi-Yonah, in: Antiquity and Survival 2 (1957), 269; Abb. 8
5. Avi-Yonah, in: IEJ 8 (1958), 62 (Erwähnung)
6. Yeivin, A Decade of Archaeology in Israel (1948-1958), 42 (1960) (= 2; 3)
7. Avi-Yonah, in: Bulletin 3 (1960), 57-60; Tafel XII (Grundriß; Inschriften)
8. Wirgin, in: IEJ 12 (1962), 142
9. Hiram, in: Wiener Jahrbuch für Kunstgeschichte 19 (1962), 13
10. Lifshitz, in: ZDPV 79 (1963), 91-93 (Inschriften)
11. Negev, in: EI 8 (1967), 201
12. Lifshitz, 72f., Nr. 81 (1967) (Inschriften)
13. EAEh, 106 (Avi-Yonah) (1970) (Inschrift Nr. 1)
14. Saller, Nr. 44 (1972)

Carta's Atlas +

Archäologischer Befund

In Ḥuldȧ grub Ory 1953 ein aus zwei gleich großen fast quadratischen Räumen bestehendes Gebäude aus. Dieses Gebäude ist 7 x 12,7 m groß und nach Norden ausgerichtet. Der einzige Eingang befindet sich in der Südwand. Der nördliche Raum ist mit einem weißen Mosaik ausgelegt. In jeder der Außenwände sind zwei etwas tiefer gelegene Nischen mit einer kreisförmigen Vertiefung, ebenfalls mit einem Mosaik ausgelegt (Abbildung in 7, Tafel XII, 1). In diesen Nischen fanden sich Reste von großen Krügen.

In dem zweiten, südlichen, Raum befindet sich ein rundes Bekken, in das drei halbkreisförmige Stufen hinunterführen (Abbildung in 7, Tafel XII, 2). Rechts von diesem Becken befindet sich ein zweites, das kleiner und viereckig ist. Beide sind durch ein Rohr miteinander verbunden. Zwischen diesen beiden Becken und dem Eingang befinden sich zwei griechische Mosaikinschriften. Die erste ist in einem länglichen Viereck, in dem an der rechten Seite eine siebenarmige Menora mit einem dreifüßigen Podest abgebildet ist, rechts von ihr ein Schofar, links eine Machta, ein Etrog und ein Lulav. Zwischen Lulav und Menora, über Machta und Etrog, ist die Inschrift. Die zweite Inschrift ist von einem dreifachen Kreis umgeben, der in einem Quadrat liegt.

Inschriften

Nr. 1

Besprechung in 7; 10; 12; 13.

Abbildung in 3; 4:

1.	εὐλο-	"Se-
2.	λογία τῷ	gen dem
3.	λαῷ	Volk."

Nr. 2

Besprechung in 7; 10; 12.

Abbildung in 7:

Ḥuldȧ

1.	εὐτυχῶς	"Glück
2.	Εὐστοχίῳ	(dem) Eustochios
3.	καὶ Ἡσυχίῳ	und Hēsychios
4.	καὶ Εοὐαγρίῳ	und Euagrios
5.	τοῖς κτίσ-	den Grün-
6.	τες (= ταις)	dern."

Die drei Eigennamen sind in Rot geschrieben, das übrige in Schwarz.

Es ist nicht geklärt, um was für eine Art von Gebäude es sich hier handelt. Für eine Synagoge spricht weder die Ausrichtung (Norden statt Osten), noch der Grundriß: Es ist keine Apsis vorhanden, von einem Soreg fehlt jede Spur; es fehlt die übliche Einteilung in drei Schiffe; es handelt sich um zwei Räume, die beide nicht als Gebetsräume erkennbar sind: In beiden sind Wasserbecken, im nördlichen Raum je zwei an den drei Außenseiten, also auch an der Jerusalem zugekehrten Seite, die gleichzeitig die Gebetsrichtung wäre! Im südlichen Raum sind die beiden Becken offensichtlich das Wesentliche, da sie den größten Teil des Raumes einnehmen. Das alles spricht dafür, daß es sich hier um eine Miqwe und nicht um eine Synagoge handelt (Yeivin). Wenn verschiedentlich doch von einer Synagoge in Ḥuldȧ gesprochen wird (9; 10; 12), so beruht das wohl auf dem Artikel von Avi-Yonah (7). In 13 sagt Avi-Yonah aber noch ausdrücklich, daß nur die Symbole bei der ersten Inschrift eventuell auf eine Synagoge hinweisen könnten und es sich möglicherweise um eine Miqwe handelt. Er weist Vermutungen zurück, daß es sich um ein samaritanisches Gebetshaus handeln könnte (Ausrichtung nach Norden!). Im 5. und 6. Jahrhundert gibt es mehrere samaritanische Synagogen in der weiteren Umgebung von Ḥuldȧ (z.B. Šaᶜaləvim, ᶜImwās, Kəfar Bilu). Außerdem haben wir eine Parallele zu der Inschrift Nr. 1 in der samaritanischen Synagoge von Ramat Aviv (εὐλογία καὶ ἠρήνη τῷ Ἰστραὲλ κτλ.). Es kann sich also durchaus um ein samaritanisches Gebäude gehandelt haben.

Ausrichtung: 0° N

Datierung: Spätes 5. Jhd. (7). Vgl. Nachträge!

Ḥ u q o q *

Koordinaten: 4.72 (1958 2544; vgl. Alt, in: PJB 27 [1931], 40)

In Galiläa, 11 km nordnordwestlich von Tiberias.

Signatur: -

Namen: ar.: Yāqūq; Šēẖ an-Nāsi

Literatur

1. Klein, Corpus, 87, (1920)
2. Klein, Various Articles, 33f. (1924)
3. Ben-Zvi, in: BJPES 6 (1938/39), 32; englische Zusammenfassung IV
4. Press, Enc. II, 274 (1948)
5. Klein, Galilee, 118 (1967)

Carta's Atlas -

Atlas of Israel -

Archäologischer Befund

In einem Reisebericht aus dem Anfang des 14. Jahrhunderts wird von einer alten Synagoge mit einem Fußbodenmosaik (?) in Ḥuqoq berichtet:

חקוק.... ושם ראינו בית הכנסת ברצפה ישן ונושן

"Ḥuqoq.... Und dort sahen wir eine uralte Synagoge mit einem Fußboden" (Caftor wa-pherach, ed. Edelmann, 46b). Spuren sind heute nicht mehr zu finden.

Literarischer Befund: -

Datierung: -

Ḫ u š n ī y a *

Koordinaten: 2.73 (2261 2675)
Im Golân.

Signatur: -

Namen: ar.: Ḫušnīya
Umschreib.: Ḥushniye; Khushniyye

Literatur

1. EAEe II, 467 (Urman) (1976)
Carta's Atlas -
Atlas of Israel -

Archäologischer Befund

Urman erwähnt Einzelfunde von einer Synagoge, ohne näher darauf einzugehen. Die Funde sind zu wenig typisch, um von ihnen auf eine Synagoge schließen zu können.

ᶜ I s f ī y ā

Koordinaten: 3.74 1565 2360
Auf dem Karmel, 13 km südöstlich von Haifa.

Signatur: Synagoge archäologisch sicher

Namen: hebr.: חוסיפה
ar.: ᶜUsifīyā
Umschreib.: ᶜEsfia
Der heute vor allem von Drusen bewohnte Ort scheint identisch zu sein mit dem in einer in der Kairoer Geniza gefundenen Elegie genannten Ort Ḥusifȧ; vgl. 16.

Literatur

1. Maisler, in: BJPES 1, 1 (1933), 29 (Fundbericht)
2. Avi-Yonah, in: BJPES 1, 2 (1933), 12 (Mosaik)
3. Avi-Yonah, in: BJPES 1, 4 (1934), 34 (Mosaik)
4. Avi-Yonah, in: QDAP 3 (1934), 52; Tafel XVII, 1 (Mosaik)
5. Avi-Yonah (- Makhouly), in: QDAP 3 (1934), 118-131; Tafel XLI-XLIV (Grabungsbericht; Inschriften; Grundriß, Fotos, Zeichnung) (hebräische Übersetzung mit Änderungen = 16)
6. Robinson, in: AJA 38 (1934), 303f. (ausführlich, beruht auf 5)
7. Sukenik, Ancient Synagogues, 85f. (1934)
8. Vincent, in: RB 43 (1934), 468 (Inschrift; Besprechung von 5)
9. Klein, Sefer ha-yiššuv, 113; Tafel XVI, 4 (1939) (Foto)
10. Avi-Yonah, in: QDAP 10 (1940-44), 138f. (Mosaik)
11. Klein, Toldot, 50-52.267; Tafel IV (1950) (Inschrift)

12. CIJ, Nr. 884f. (1952)
13. Goodenough I, 257-259; III, Abb. 648-654.658 (1953) (Grundriß, Fotos)
14. Press, Enc. IV, 745 (1955)
15. Hiram, in: Wiener Jahrbuch für Kunstgeschichte 19 (1962), 15 (Grundriß)
16. Avi-Yonah, Essays and Studies, 11-22 (1964) (Grabungsbericht; Inschriften; Grundriß, Fotos) (= hebräische Übersetzung mit Änderungen von 5)
17. Braslavy, Hayadaᶜta, 226-294 passim (vgl. Index) (1964) (Ruinen, Mosaik, Inschriften)
18. Klein, Galilee, 129 (1967)
19. Negev, in: EI 8 (1967), 200
20. EAEh, 151f. (Avi-Yonah) (1970) (Grundriß, Fotos)
21. Saller, Nr. 46 (1972)
22. EAEe II, 524-526 (Avi-Yonah) (1976) (Fotos; Grundriß)

Carta's Atlas +

Atlas of Israel +

Archäologischer Befund

Im Jahr 1930 wurde im Ort ᶜIsfīyā ein Mosaikfußboden entdeckt. Bei Grabungen 1933 an dieser Stelle fand man eine Synagoge. 60% des Gebäudes konnten freigelegt werden, die restlichen 40% liegen unter einem Wohnhaus. Aufgrund der ausgegrabenen Mauerreste konnte der Grundriß mit ziemlicher Sicherheit rekonstruiert werden: Es handelt sich um ein dreischiffiges, 10,1 x 10,7 m großes Gebäude (Hiram [15] gibt einen anderen Grundriß an). Die fünf Säulen der linken, freigelegten Reihe standen nicht in gleichmäßigen Abständen voneinander. Das Gebäude ist nach Osten ausgerichtet (vgl. Ḥ. Sumáq). Spuren eines Mosaikfußbodens vor der Westmauer, in der der einzige freigelegte Eingang lag, lassen auf einen Narthex schließen. Im Inneren läuft ein 1 m breiter Mosaikstreifen mit verschiedenen Mustern rings um den Gebetsraum. Am westlichen Ende ist das Muster unterbrochen von einem Kranz mit der Inschrift שלום על ישראל (heute im Rockefeller-Museum in Jerusalem). Rechts und links davon ist je eine siebenarmige Menora in verschiedener Ausführung mit Machta, Schofar, Etrog und Lulav. Innerhalb dieses Bandes ist ein weiteres Mosaik, das nur zum Teil erhalten bzw. freigelegt ist. Im östlichen, oberen Teil sind Reste eines Zodiak und in der linken oberen Ecke die Darstellung einer der vier Jahreszeiten, wahrscheinlich Tischri (Herbst). Unter dem Zodiak sind Reste eines Weinrebenornaments mit Vögeln. Am unteren, westlichen Ende ist ein Teil einer Stiftungsinschrift in einer tabula ansata erhalten. Diese Inschrift und der Zodiak befinden sich in der (angenommenen) Mitte des Gebäudes, während der Kranz mit der Inschrift und die beiden Menorot nach links versetzt sind. Diese auffallende Tatsache wird im Grabungsbericht zwar erwähnt, aber nicht weiter erklärt. Denkbar wäre eine spätere Erweiterung des Gebäudes nach Süden. Die Säulen und das mittlere Mosaik wären dann später anzusetzen als der äußere Mosaikstreifen. Dafür würde auch die unorganische Anordnung der ersten Säule der ersten Reihe sprechen, die einen Teil der linken Menora bedeckt. Ohne Freilegung des unter dem Wohnhaus liegenden Teiles läßt sich allerdings nichts mit Sicherheit sagen.

Inschriften

Nr. 1

Die Inschrift im Kranz.

Abbildung in 5, Tafel XLI, 2; 9; 16; 20; 22:

"Friede	שלום
üb]er Israel.	ע]ל ישראל
[Amen]."	[אמן]

Avi-Yonah vermutet in einer dritten Zeile das Wort אמן; von dem ן scheint eine Spur des oberen Endes erhalten zu sein.

Nr. 2

Die Stiftungsinschrift (Text nach 20).

Abbildung in 5, Tafel XLIII, 3; 11; 13, Abb. 653; 16:

1. ...] וברוכה [חלי]פו [א]ת̣תה דרבי [...
2. דכיר לטב כל מן דפ[סק ויהב פסקתה תהי [להוה ברכתה ...
3. ...] דכיר לטב דכיר לטב יושיה ד(י)הב [...

1. "...] und es sei gesegnet [Chali]fo, [die F]rau des Rabbi ...

2. Es sei zum Guten gedacht jedes, der gest[iftet und seine Gabe gegeben hat, es sei [ihm Segen ...

3. ...] Es sei zum Guten gedacht. Es sei zum Guten gedacht des Josia, der gegeben hat [..."

Klein liest die Inschrift folgendermaßen (11):

בריכה חליפו אחתה דברבי
בריך כל מן] דפסק ויהב פסקתה תהי [לה ברכתה
ודכיר לטב ודכיר לטב יושיהו בר [...

Der Name חליפו kommt in Naᶜărån vor. Statt אחתה las Avi-Yonah zunächst ?ורתה ?פו ??. Klein liest in 9 [ב-'To]chter' רתה (ebenso Braslavy, 17, S. 294), in 11 [א - 'Sch]wester' חתה. Der Anfang der zweiten Zeile ist ergänzt nach einer Inschrift in Naᶜărån, das Ende nach Kafr Kannā (vgl. dort). Für weitere Ergänzungsmöglichkeiten vgl. 5; 16.

Die Synagoge wurde durch Brand zerstört. Dieses Ereignis legt Avi-Yonah in die Zeit Justinians, Press in den Beginn des 7. Jhd.

Ausrichtung

Die Angabe der Himmelsrichtung ist in 20 falsch angegeben. Richtig ist sie in 5; 13; 16 eingezeichnet; die dortigen Angaben stimmen mit dem Hinweis des Grabungsberichtes überein, die Ausrichtung der Synagoge habe '22° Abweichung von Norden' (5; 16). Das ergibt eine Ausrichtung von 68° O. Hiram (15) gibt die Ausrichtung mit genau 90° O an.

Literarischer Befund: -

Datierung: Mitte 5./Anfang 6. Jhd.

Vgl. Nachträge!

Ḫ. I s ḥ ā ' *

Koordinaten: 11.75 (1587 1086)
In Judäa, 5 km nördlich von Ḥevron.

Signatur: -

Namen: ar.: Ḫ. Isḥā'
hebr.: ח. אסחא
Umschreib.: Kh. Is-Hā

Literatur

1. Avi-Yonah, in: QDAP 3 (1934), 29, Nr. 212
2. Saller, in: LA 4 (1953/54), 234
3. Saller, Nr. 74 (1972)

Carta's Atlas -

Archäologischer Befund

Saller berichtet von einer Tonlampe mit einer Menora, die in einem Gebäude gefunden wurde, das von West nach Ost orientiert und durch zwei Säulenreihen in drei Schiffe aufgeteilt ist. Da keine Apsis gefunden wurde, könnte es sich bei dem Gebäude sowohl um eine Synagoge handeln (Breithaustyp) als auch um eine Kirche (Orientierung nacn Osten!). Außer der Tonlampe wurde noch ein Siegel mit einem Kreuz gefunden. Der Fußboden des Gebäudes ist mit Mosaiken bedeckt (1).

Literarischer Befund: -

Datierung: 4. Jhd. (1).

Ḫ. al-Isḥāqīya

Ḫ. a l - I s ḥ ā q ī y a

Koordinaten: 3.76 1622 2326
Im ʿEmeq Yizrəʿel, zwischen Bet Šəʿàrim und Yoqnəʿàm.

Signatur: Synagoge archäologisch unsicher

Namen: ar.: Ḫ. aš-Šeḫ Isḥāq
hebr.: ח. יצחקיה

Literatur

1. SWP I, 307 (1881)
2. ḤA 6 (1961), 1
3. Braslavy, Hayadaʿta, 274 (1964)
4. Avigad, in: BIES 31 (1967), 211-213; Tafel XV, 1 (Foto; Abbildung)

Carta's Atlas -

Atlas of Israel -

Archäologischer Befund

Im SWP wird von zwei Säulenreihen zu vier Säulen berichtet, die nach Süden ausgerichtet waren ('two rows of columns, east and west'). Die Ausrichtung spricht nicht für eine Kapelle (1), sondern für eine Synagoge. 1961 wurde ein Säulenstück mit einer Inschrift gefunden:

"Judan bar Ṣereda machte diese	יודן בר צרדה עבד הדין
Säule mit Hilfe ...".	עמודה על ידי בְ..יְדְ סְרְ (או: קְ.דְ)

Die letzten sieben (?) Buchstaben sind nur teilweise oder gar nicht mehr vorhanden. Avigad liest sie folgendermaßen (4): (oder ק.ד) ב..יד סר. Die letzten vier Buchstaben könnten auch ברוך oder בריך gelesen werden. Es handelt sich mit sehr großer Wahrscheinlichkeit um eine Stiftungsinschrift aus einer Synagoge. Der Stein mit der Inschrift ist heute im Israel-Museum in Jerusalem (IDAM Reg. Nr. 61-530).

Im Sommer 1974 konnte ich außer einem Säulenstumpf und Resten von behauenen Steinen nichts mehr finden. Das ganze Gelände wird jetzt landwirtschaftlich genutzt.

Ausrichtung: S

Literarischer Befund: -

Datierung: 3.-4. Jhd. (4). Vgl. Nachträge!

ᶜ I y y ẹ M ə ᶜ å r o t *

Koordinaten: 2.77 (2008 2660)
In Galiläa, 4,5 km nordnordöstlich von Ṣəfat.

Signatur: -

Namen: hebr.: עיי מערות
ar.: al-Maġār; Muġar al-Ḫēṭ
Umschreib.: al-Maghar; el-Mŭghâr; Mughr el Kheit

Literatur

1. SWP I, 254 (1881)
2. Yalquṭ 1371 (§ 18) (1964)

Archäologischer Befund

Im SWP werden zwei Säulen, eine Säulenbasis und Gebäudereste erwähnt, die möglicherweise von einer Synagoge stammen. Im Yalquṭ werden außerdem noch Türpfosten erwähnt.

Literarischer Befund: -

J e r i c h o

Koordinaten: 9.78 1928 1428

In der Jordansenke, 16 km nordwestlich der Jordanmündung in das Tote Meer. Die Synagoge befindet sich 1 km nordöstlich des Tall as-Sulṭān rechts von der Hauptstraße.

Signatur: Synagoge archäologisch sicher; Gerichtshof literarisch unsicher

Namen: rabb.: יריחו

Jos.: Ιεριχους; Ιεριχω

ar.: Arīḥā; Tall al-Ǧurn

Umschreib.: Tell es-Sultan

Literatur

1. Baramki - Avi-Yonah, in: QDAP 6 (1938), 73-77; Tafel XVIII-XXIII (Grabungsbericht; Inschrift; Grundriß)
2. Maisler, in: BJPES 4 (1936/37), 116 (Inschrift)
3. Thomsen, in: AfO 11 (1936/37), 398
4. Klein, Sefer ha-yiššuv, 88 (1939)
5. Klein, Ereṣ Yehuda, 195f. (1939) (Inschrift)
6. Bulletin 1 (1949), Tafel VII
7. Press, Enc. III, 460 (1952) (Inschrift)
8. Avi-Yonah, In the Days of Rome and Byzantium, Tafel VIII, 1-2 (1952) (Inschriften)
9. Goodenough I, 260-262; III, Abb. 655.657.659.666 (1953) (Grundriß)
10. Press, Enc. IV, 948 (1955)
11. Braslavy, Hayadaᶜta, 267.279f. 291.293 (1964)

12. Negev, in: EI 8 (1967), 200f.
13. Vilnay, Judaea and Samaria, 198-200 (1968) (Fotos; Inschrift)
14. EAEh, 256f. (Foerster) (1970) (Grundriß; Fotos; Inschrift)
15. Saller, Nr. 49 (1972)
16. EAEe II, 571.573 (Foerster) (1976) (Fotos; Grundriß)
Carta's Atlas +

Archäologischer Befund

Im Jahre 1936 wurde in Jericho eine Synagoge ausgegraben. Es handelt sich um eine 10 x 13 m große Basilika, die durch zwei Reihen zu je drei Pfeilern in drei Schiffe aufgeteilt wird. In der nach Jerusalem ausgerichteten Südwestwand ist eine Apsis, zu der zwei Stufen hinaufführen. Ihr gegenüber ist der einzige Eingang. Der Boden der Synagoge ist mit einem Mosaik ausgelegt, das aus geometrischen Mustern besteht. Im Zentrum des Mittelschiffes ist, in das geometrische Muster eingelassen, ein stilisierter Toraschrein mit einer Konche (aber ohne Giebel), der auf vier Füßen steht. Darunter ist in einem Kreis eine siebenarmige Menora auf einem dreifüßigen Podest, links neben ihr ein Lulav, rechts ein Schofar. Darunter befindet sich Inschrift Nr. 1.

Inschriften

Nr. 1

"Friede über Israel!" שלום על ישראל

Nr. 2

Beim Eingang ist eine aramäische Stifungsinschrift.

Abbildung in 1, Tafel XIX.XXIII; 8; 13; 14:

1. דכיר⟨ן לט̣⟩ב יהוי דכרנהון לטב כל
2. קהלה ⟨קד̣[י]ש⟩ה רביה וזעוריה דסייע
3. יתהון מלכיה דעלמה ואתחזקון ועבדון
4. פסיפסה דידע שמהתון ודבניהון ודאנשי
5. בתיהון יכתוב יתהון בספר חיים [עם]
6. צדיקיה חברין לכל ישראל של̣ו̣[ם אמן סלה]

Die eckigen Klammern geben die Lücken nach der Ausgrabung an, die spitzen Klammern die heute zusätzlich bestehenden Lücken.

1. "Es sei zum Guten gedacht! Es sei zum Guten das Andenken der ganzen
2. heiligen Gemeinde, der Kleinen und Großen, (denen) geholfen hat
3. denen (geholfen hat) der König der Welt, und die sich verdient gemacht und gestiftet haben
4. das Mosaik. Der, der kennt ihre Namen, die ihrer Kinder und die ihrer (Haus)leute
5. Haus(leute) möge sie schreiben in das Buch des Lebens zusammen mit
6. den Gerechten, (als) Mitglieder von ganz Israel. Schalo[m! Amen! Sela!]"

Zeile 4: שמהתון verschrieben für: שמתהון.

Zeile 6: Die Lücke reicht für die Ergänzung der Wörter שלו]ם אמן סלה] (vgl. z.B. Ḥammat Gādẹr, Inschrift Nr. 4), doch kann die Zeile auch kürzer als die anderen gewesen sein.

Zwei Dinge fallen bei diesem Mosaik auf, u.z. das völlige Fehlen von Darstellungen irgendwelcher Lebewesen und die anonyme Stiftungsinschrift. Besonders der erste Punkt weist auf eine verhältnismäßig späte Zeit.

Literarischer Befund

Gerichtshof: HL r VIII 9-10,3:

מעשה שנמנו חכמים בעליית בית גדיא ביריחו

"Es geschah, daß die Weisen im Obergeschoß des Bẹt Gadyȧ in Jericho abstimmten."
Die Stelle weist auf die Tätigkeit eines Gerichtshofes hin; allerdings lesen die Parallelstellen anstelle von נמנו: j Hor 48c,41ff.; j Soṭ 24c,38ff.: נכנסו und b Soṭ 48b; b Sanh 11a היו מסובין.

Ausrichtung: 230° SW

Datierung

Synagoge: Ende 6./Anfang 7. Jhd. (Thomsen, Negev, Foerster); 8. Jhd. (Baramki).

Gerichtshof: Im weiteren Verlauf der Erzählung von HL r wird Hillel der Ältere genannt. Der Gerichtshof kann also in den Anfang des 1. Jhd. datiert werden.

J e r u s a l e m

Koordinaten: 11.79 (1725 1313)

Signatur: Synagoge archäologisch sicher, literarisch sicher; Lehrhaus literarisch sicher; Sanhedrin literarisch sicher.

Namen: rabb.: ירושלים

Jos.: Ιεροσολυμα

ar.: al-Quds

Archäologischer Befund:

1. Theodotosinschrift

Literatur

1. (Weill), in: CRABL 1914, 333f. (Fundbericht) (= 2)
2. Gabalda, in: RB 12 (1915), 280 (Fundbericht) (= 1)
3. Dalman, in: PJB 11 (1915), 75f. (Erwähnung)
4. JA 11. Serie, 16 (1920), 356f. (Erwähnung)
5. (Clermont-Ganneau), in: CRABL 1920, 187f.
6. Weill, in: REJ 70 (1920), 9f. (Erwähnung) (= 8, S. 99f.)
7. Weill, in: REJ 71 (1920), 30-34 (Besprechung) (= 8, S. 186-190)
8. Weill, La cité de David, 99f. (Erwähnung; = 6); 186-190 (Besprechung; = 7); Tafel XXVa (1920)
9. Reinach, in: REJ 71 (1920), 46-56 (Besprechung)
10. Clermont-Ganneau, in: Syria 1 (1920), 190-197; Tafel XVIIIA (Besprechung)
11. Clermont-Ganneau, in: Revue politique et littéraire, Revue bleue 58 (1920), 509f. (21.8.1920)
12. Klein, Corpus, 101-104 (1920) (Besprechung)
13. Vincent, in: RB 30 (1921), 247-277; Tafel III.V (Besprechung)
14. Thomsen, in: ZDPV 44 (1921), 143f. (Besprechung)

15. Lietzmann, in: ZNW 20 (1921), 171-173 (Besprechung)
16. Nea Siōn 16 (1921), 43-46 (Besprechung)
17. Cook, in: PEFQS 1921, 22f. (Kurzbesprechung)
18. Marmorstein, in: PEFQS 1921, 23-28.189 (Besprechung)
19. FitzGerald, in: PEFQS 1921, 175-181 (Besprechung)
20. Revue archéologique 5. Serie, 13 (Januar - Juni 1921), 142
21. BASOR 4 (1921), 13f.; Foto auf Titelseite
22. Bees, in: Byzantinisch-Neugriechische Jahrbücher 2 (1921), 259
23. Dalman, in: ZDPV 45 (1922), 29f.
24. Brun, in: Norsk teologisk tidsskrift 23 (1922), 63f.
25. Cagnat - Besnier, in: Revue archéologique 16 (1922), 400f.
26. Cagnat - Besnier, in: L'année épigraphique 1922, 36f., Nr. 117
27. Deissmann, Licht vom Osten, 378-380 (1923) (Besprechung; Foto)
28. Holleaux, in: Bulletin de correspondance hellénistique 48 (1924), 6
29. Bibliographie, in: Syria 5 (1924), 389
30. Klein, in: Yedioth 2 (1925), 23f. (Besprechung)
31. Galling, in: ZDPV 50 (1927), 310.314f. (Erwähnung)
32. Klein, in: MGWJ 76 (1932), 547f.
33. Sukenik, Ancient Synagogues, 69f.; Tafel XVIa (1934)
34. SEG 8 (1937), 24f., Nr. 170
35. Press, Enc. II, 414f. (1948)
36. Galling, Textbuch zur Geschichte Israels, 81 (1950) (Text; vgl. 46)
37. Klein, Toldot, 261 (1950)
38. Simons, Jerusalem in the Old Testament, 75f.; Tafel XV,1 (1952)
39. CIJ, Nr. 1404 (1952) (Foto)
40. Goodenough I, 179f. (1953)
41. Schwabe, in: Sepher Yerushalayim I, 362-365; Tafel nach S. 368 (1956) (Besprechung)
42. Jeremias, Jerusalem zur Zeit Jesu, 76 (1962)
43. Braslavy, Hayadaᶜta, 240 (1964) (Erwähnung)
44. Goodenough XII, 41 (1965)
45. Lifshitz, 70f., Nr. 79 (1967)
46. Galling, Textbuch zur Geschichte Israels, 92 (1968) (Über-

setzung; vgl. 36)

47. Sevenster, Do You Know Greek? (Supplements to Novum Testamentum XIX), 131-134 (1968)

48. EAEh, 223 (Avi-Yonah) (1970) (Foto)

49. Saller, Nr. 50 (1972)

50. Inscriptions Reveal, Nr. 182; hebräischer Teil 182f.; englischer Teil 83 (1973) (Foto)

51. EAEe II, 603.610 (Avi-Yonah) (1976) (Foto)

Carta's Atlas +

Bei Ausgrabungen auf dem Ophel fand Weill 1913 eine Tafel mit folgender Inschrift:

1. Θε̣οδοτος Ουεττηνου ἱερεὺς καὶ
2. ἀ[ρ]χισυνάγωγος υἱος̣ ἀ̣ρχισυν[αγώ-
3. γ[ο]υ υἱωνὸς ἀρχισυν[α]γώγου ᾠ̣κ̣ο-
4. δόμησε τὴν συναγωγ[ὴ]ν εἰς ἀνά̣[γ]νω-
5. σ[ι]ν̣ νόμου καὶ εἰς̣ [δ]ιδαχ[ὴ]ν ἐντολῶν κα[ὶ
6. τ[ὸ]ν ζενῶνα κα̣[ὶ τὰ] δώ[μ]ατα καὶ τὰ χρη-
7. σ[τ]ήρια τῶν ὑδάτων εἰς κ̣ατάλυμα τοῖ-
8. ς [χ]ρ̣ήζουσιν ἀπὸ τῆς ζέ̣[ν]ης ἣν ἐθεμε-
9. λ[ί]ω̣σαν οἱ πατέρες α̣[ὐ]τοῦ καὶ οἱ πρε-
10. σ[βύ]τεροι καὶ Σιμων[ί]δης

1. "Theodotos, Sohn des Vettēnos, Priester und
2. Synagogenvorsteher, Sohn eines Synagogenvor-
3. stehers, Enkel eines Synagogenvorstehers, erbau-
4. te die Synagoge für die Vorle-
5. sung des Gesetzes und für die Lehre der Gebote und
6. die Herberge und die Nebenräume und die Was-
7. seranlagen zum Quartier für diejenig-
8. en aus der Fremde, die (dieser Einrichtungen) bedürfen. Sie (sc. die Synagoge) haben be-
9. gründet seine Väter und die Älte-
10. sten und Simonidēs."

Es handelt sich um eine Stiftungsinschrift einer Synagoge, wobei nicht klar ist, ob es sich um einen Neubau, einen Wiederaufbau oder eine Restaurierung handelt. Der Name Ουεττηνος scheint darauf hinzudeuten, daß es sich um eine jüdische Familie handelt, die unter Pompejus im Jahr 63 a. nach Rom gebracht worden war und dort später von der gens Vettia freigelassen wurde, deren Namen sie dann annahm (vgl. zuletzt 41). Clermont-Ganneau (5) versucht, eine Verbindung zwischen der Inschrift und der Synagoge der Libertiner in Apg 6,9 herzustellen (vgl. dazu besonders 7; 8; 9; 13; 15; 27; 39; 41). Nicht eindeutig geklärt ist die Bedeutung des Wortes δώματα in Zeile 6; die Übersetzung 'Nebenräume' dürfte in diesem Zusammenhang am ehesten zutreffen. Wasseranlagen zu rituellen Zwecken (Zeile 6f.) sind archäologisch häufiger nachgewiesen (vgl. z.B. ʿEn Gedi). Es fällt auf, daß in Zeile 4 das Wort συναγωγή statt des sonst im Griechischen üblichen προσευχή gebraucht ist. Verschiedentlich wurde versucht, die in der Inschrift genannten Personen zu identifizieren; alle diese Versuche müssen mit größter Zurückhaltung aufgenommen werden.

Daß die Synagoge am Fundort der Inschrift gestanden hat, ist möglich, aber nicht nachgewiesen.

Die Inschrift befindet sich heute im Rockefeller-Museum in Jerusalem (IDAM Reg. Nr. S.842).

Datierung

Die Inschrift ist aus der ersten Hälfte des 1. Jhd., und zwar aus der Zeit vor der Zerstörung des Tempels. Die Synagoge kann schon im ersten Jhd. vor Chr. bestanden haben, wenn wir annehmen, daß der Vater und Großvater Synagogenvorsteher in Jerusalem gewesen sind, was jedoch keineswegs sicher ist. Die Synagoge wurde mit großer Wahrscheinlichkeit im Jahr 70 durch Titus zerstört.

Eine spätere Datierung der Inschrift hat in letzter Zeit nur noch Press (35) angenommen.

Vgl. Nachträge!

An verschiedenen Stellen in Jerusalem gibt es archäologische Funde, die möglicherweise von einer Synagoge sind; keiner dieser Funde läßt mit Sicherheit auf eine Synagoge schließen:

2. Davidsgrab:

Koordinaten: 1717 1310

Signatur: Synagoge archäologisch unsicher

Literatur

1. Pinkerfeld, in: Bulletin 3 (1960), 41-43; Tafel IX, 1-2 (Grundriß)
2. Bagatti, in: S. Giacomo il Minore, 12-19 (1962) (Grundriß; Fotos)
3. Hirschberg, in: Qadmoniot 1 (1968), 56-59 (Fotos; Grundriß)
4. EAEh, 231 (Avi-Yonah) (1970)
5. Saller, Nr. 50 (1972) (Grundriß)
6. EAEe II, 625 (Avi-Yonah) (1976)

Im Jahr 1949 untersuchte Pinkerfeld den Gebäudekomplex um das 'Davidsgrab' und fand in dem Raum, in dem das Grab steht, Anzeichen dafür, daß es sich um eine Synagoge gehandelt haben könnte. Von einem Gebäude, das genau auf den Tempelplatz ausgerichtet ist, sind Teile der Ost-, Nord- und Südmauer erhalten. In der ersten Bauphase war das Gebäude 10,5 m lang; die Breite läßt sich nicht mehr feststellen. In der Nordwand ist eine Nische, die für den Toraschrein bestimmt gewesen sein kann. Unter dem heutigen Fußboden ist ein Fußboden aus der Kreuzfahrerzeit, darunter ein Fußboden mit einem farbigen Mosaik mit geometrischen Mustern, die typisch sind für die frühe byzantinische Zeit. Darunter ist ein weiterer Fußboden, der entweder ebenfalls mit einem Mosaik bedeckt war oder aber gepflastert gewesen ist. Dieser letzte Fußboden gehört derselben Zeit an, in der die Nordwand mit der Nische gebaut wurde, welche sich 1,92 m über diesem Fußboden befindet. Das entspricht etwa der Höhe der Nischen in anderen Synagogen (vgl. z.B. Eštəmoa^{c}). Bagatti hält den Raum für den Gebetsraum von Judenchristen.

Ausrichtung: 10° N

Datierung: 4. Jhd.

Vgl. Nachträge!

3. Pferdeställe Salomos:

Koordinaten: 1725 1315

Signatur: -

Literatur

1. Galling, in: ZDPV 72 (1956), 163.173-175; Tafel 7 B

Galling hielt eine Konche in einem Kalkstein für die Toranische einer Synagoge. Mit Recht vertritt er diese Ansicht heute nicht mehr (mündliche Mitteilung).

4. Måmilå-Friedhof:

Koordinaten: 1710 1317

Signatur: -

Literatur

1. Saller, Nr. 50 (1972)

Laut einem Bericht in der Jerusalem Post vom 15.7.1954 (Seite 2, Spalte 5) vermutet das Religionsministerium in den Höhlen auf dem Måmilå-Friedhof eine Synagoge aus der römischen Zeit. Nach allem, was wir über Synagogen wissen, kann diese These als unhaltbar gelten.

Literarischer Befund:

Literatur

1. Winer, Biblisches Realwörterbuch II, 26 (1848) (Synagoge der Libertiner, Besprechung älterer Literatur)
2. Derenbourg, Essai sur l'histoire et la géographie de la Palestine, 466-468 (1867) (Sanhedrin)
3. Bacher, Die Agada der Palästinensischen Amoräer I, 96f. (1892)
4. Jelski-Goldin, Die innere Einrichtung des grossen Synhedrions zu Jerusalem, phil. Diss. Leipzig (1893)
5. Geyer, 22 (1898) (Itinerarium Burdigalense)
6. Zahn, in: Neue Kirchliche Zeitschrift 10 (1899), 385-392 (Itinerarium Burdigalense)
7. Bacher, Die Agada der Palästinensichen Amoräer III, 178 (1899)

8. Edersheim, The Life and Times of Jesus the Messiah I, 246; II, 742f. (1900) (Synagoge auf dem Tempelberg)

9. Büchler, Das Synedrion in Jerusalem (1902) (Sanhedrin)

10. Eckardt, in: ZDPV 29 (1906), 81.84 (Itinerarium Burdigalense)

11. Mommert, in: ZDPV 29 (1906), 188f. (Itinerarium Burdigalense)

12. Schürer, Geschichte II, 237-267 (Sanhedrin); 502f. (Synagoge der Libertiner) (1907)

13. Weill, La cité de David, 188f. (1920) (Synagoge der Libertiner) (= 14)

14. Weill, in: REJ 71 (1921), 32f. (Synagoge der Libertiner) (= 13)

15. Reinach, in: REJ 71 (1921), 54f. (Synagoge der Libertiner)

16. Vincent, in: RB 30 (1921), 258f. (Synagoge der Libertiner)

17. Krauss, in: REJ 73 (1921), 66-81 (Sanhedrin)

18. Krauss, SA, 66-72.368f. (Synagoge auf dem Tempelberg); 200-202 (1922)

19. Deissmann, Licht vom Osten, 380 (1923) (Synagoge der Libertiner)

20. Krauss, Mischna Sanhedrin - Makkot, 19-51 (1933) (Sanhedrin)

21. Klein, in: Zion (Meassef) 6 (1934), 20 (Itinerarium Burdigalense)

22. Hoenig, in: Ḥorev 3 (1936), 169-175 (Sanhedrin)

23. Klein, Ereṣ Yehuda, 114f. (1939) (Synagoge der Libertiner)

24. CIJ II, 334 (1952) (Synagoge der Libertiner)

25. Hoenig, The Great Sanhedrin (1953) (Sanhedrin)

26. Galling, in: ZDPV 72 (1956), 164f.

27. Zeitlin, in: JQR 53 (1962/63), 168f. (Synagoge auf dem Tempelberg)

28. Hoenig, in: JQR 54 (1963/64), 115-131 (Synagoge auf dem Tempelberg)

29. Braslavy, Hayadaᶜta, 240 (1964)

30. Mantel, Studies (1965) (Sanhedrin)

31. Hirschberg, in: Qadmoniot 1 (1968), 57 (Itinerarium Burdigalense)

32. Mazar, in: Qadmoniot 5 (1972), 80f. (Sanhedrin)

Synagogen

Synagoge auf dem Tempelberg:

Syn 1-3 - M Jom VII 1; M Soṭ VII 7.8:

חזן הכנסת נוטל ספר תורה ונותנו לראש הכנסת וראש הכנסת נותנו
לסגן והסגן נותנו לכהן גדול

"Der Synagogendiener nimmt die Torarolle und gibt sie dem Synagogenvorsteher, der Synagogenvorsteher gibt sie dem Segan, und der Segan gibt sie dem Hohenpriester."

Syn 4 - T Suk IV 5:

אמר ר' יהושע בן חנניה כל ימי שמחת בית השואבה לא היינו רואין
שינה אלא משכימין אנו לתמיד של שחר ומשם לבית הכנסת ומשם לבית
המדרש

"R. Jehoschua^{c} b. Chananja sagte: Während der ganzen Freudentage der Wasserprozession bekamen wir keinen Schlaf zu sehen: Wir waren früh bereit zum täglichen Morgenopfer, von dort (gingen wir) zur Synagoge und von dort zum Lehrhaus."

Syn 5 - b Jom 13b:

אלא דמגרש להו לתרוייהו לחדא אמר לה הרי זה גיטיך על מנת שלא
תמות חברתיך ולחדא אמר לה הרי זה גיטיך על מנת שלא תכנסי לבית
הכנסת ודילמא לא מייתא חברתה ולא עיילא היא לבית הכנסת והוה
ליה גיטא דתרוייהו גיטא וקם ליה בלא בית אלא לחדא אמר לה הרי
זה גיטיך על מנת שלא תמות חברתיך ולחדא אמר לה הרי זה גיטיך
על מנת שאכנס אני לבית הכנסת דאי מייתא הא קיימא הא ואי מייתא
הא קיימא הא מאי איכא למימר דילמא מייתא חברתה בפלגא דעבודה
ועבד ליה עבודה למפרע בשני בתים אי חזי לה דקא בעיא למימת
קדים איהו ועייל לבית הכנסת ומשוי לגיטא דהא גיטא למפרע

"(Der Hohepriester) lasse sich vielmehr (vor dem Versöhnungstag) von beiden Frauen (sc. seiner eigenen und der für den Fall, daß diese stirbt, bereitgestellten) scheiden. Zu der einen sagt er: 'Hier ist dein Scheidebrief unter der Voraussetzung, daß die andere nicht stirbt', und zu der anderen sagt er: 'Hier ist dein Scheidebrief unter der Voraussetzung, daß du (am Versöhnungstag) nicht in die Synagoge kommst.' Vielleicht stirbt die eine nicht, und die andere kommt auch nicht in die Synagoge, dann ist der Scheidebrief für beide gültig, und er bleibt ohne Frau? Er sage vielmehr zu der einen: 'Hier ist dein Scheidebrief unter der Voraussetzung, daß die andere nicht stirbt', und zu der anderen sage er: 'Hier ist dein Scheidebrief unter der Voraussetzung, daß ich selbst in die Synagoge komme.' Wenn dann die eine stirbt, bleibt die andere, und wenn die andere stirbt, bleibt die eine. Man könnte einwenden: Vielleicht stirbt die eine während des Tempeldienstes, dann würde er den Dienst rückwirkend mit zwei Frauen vollzogen haben. (In diesem Fall) gehe er, sobald er sieht, daß sie stirbt, in die Synagoge und mache so ihren Scheidebrief rückwirdend gültig."

Syn 6-7 - M Tanḥ ויחי 8; M Tanḥ ויחי 10 (ed. Buber, 109a):

מה עשו כתבו בספר וחתמו אותו ונתנו אותו בהיכל למחר נכנסו ומצאו אותו חתום

"Was machten sie? Sie schrieben (es) in ein Buch, versiegelten es und legten es in den Hekal. Am nächsten Morgen gingen sie hinein und fanden es versiegelt (= bestätigt)."

Krauss (18, S. 368f.) vermutet in dem Wort היכל 'eine Art Apsis, zur Aufnahme des Schreins dienend' in der Synagoge auf dem Tempelberg. In der Parallelstelle Ru r IV 5 steht statt היכל: עזרה, 'Vorhof'.

Syn 8 - T Jom IV 18:

שמונה ברכות היה מברך באותו היום על התורה כדרך שמברך בבית הכנסת

Syn 9 - b Jom 70a:

ומברך עליה שמונה ברכות ת"ר על התורה כדרך שמברכים בבית הכנסת

"Acht Segenssprüche sagte er (der Hohepriester im Tempel) an jenem Tage: (Einen) über die Tora, so wie man (ihn) in der Synagoge sagt ..."

Die oben aufgeführten Belege (Syn 1-9) scheinen auf den ersten Blick für eine Synagoge auf dem Tempelberg zu sprechen. Neben der ausdrücklichen Erwähnung eines בית הכנסת (Syn 4) werden noch חזן הכנסת (Syn 1-3; חזן bzw. חזן הכנסת außerdem noch in

M Suk IV 4; M Makk III 12; M Tam V 3) und ראש הכנסת (Syn 1-3) genannt. Die Existenz einer Synagoge wurde denn auch fast durchweg nicht infrage gestellt. Krauss (18, S. 67f.) beispeilsweise identifizierte sie mit der Quaderkammer bzw. mit der Stelle, an der Jesus mit den Schriftgelehrten diskutierte (Luk 2,46). Zuletzt erwähnt sie Rabinowitz (Enc. Jud. [engl.] XV, 583 [1971]). Allerdings ist die Frage nach dem Zweck einer Synagoge in unmittelbarer Nähe des Tempels nicht leicht zu beantworten. So war zum Aufbewahren der Torarollen keine Synagoge notwendig; diese wurden auch später zunächst außerhalb der Synagogen aufbewahrt. Gebet und Unterricht waren im Tempelgelände ebenfalls nicht an eine Synagoge gebunden. Erste Zweifel an einer Synagoge auf dem Tempelberg hat Edersheim geäußert (8). In letzter Zeit haben Zeitlin (27) und Hoenig (28; dort Besprechung weiterer Literatur) gewichtige Gründe gegen die Annahme einer Synagoge vorgebracht. Sie weisen darauf hin, daß in Syn 4 die Ausdrücke בית הכנסת und בית המדרש stehen, in der Parallele b Suk 53a dagegen die Wörter בית הכנסת und in j Suk 55b,27-34 die Wörter בית הכנסת und בית המדרש fehlen. Da weder in M Mid noch bei Josephus eine Synagoge auf dem Tempelberg erwähnt wird, halten sie den Text von j für ursprünglich und die Parallelen durch spätere Zusätze verändert. Auch die Bezeichnungen חזן הכנסת und ראש הכנסת in Syn 1-3 deuten nach ihnen nicht auf eine Synagoge. Hoenig übersetzt sie mit 'overseer of the assembly' und 'head of the assembly' und identifiziert sie mit den 'Pharisaic leaders of the Anshé Maamad who were stationed in the Temple as the lay participants alongside the Sadducean officiants' 28, S. 119). כנסת bedeutet dann nicht 'Synagoge' sondern 'Versammlung' und hat nichts mit einem Synagogengebäude zu tun. Vgl. dazu M Makk III 12 und T Makk V 12-13, wo der חזן הכנסת als Beauftragter des Sanhedrin fungiert.

Sonstige Synagogen

Syn 10 - j Suk 54a,44f.:

ותניי תמן כך היה המנהג בירושלם אדם הולך לבית הכנסת ולולבו
בידו קורא את שמע ומתפלל ולולבו בידו נכנס לבקר את החולה

ולולבו בידו לשאת את כפיו ולקרות בתורה נותנו לחבירו

Syn 11 - T Suk II 10:

אמר ר' אלעזר בר' צדוק כך היו אנשי ירושלם עושין נכנס לבית
הכנסת לולבו בידו עמד לתרגם ולעבור לפני התיבה לולבו בידו
לקרות בתורה ולישא את כפיו מניחו בארץ יצא מבית הכנסת לולבו
בידו נכנס לנחם אבלים לולבו בידו נכנס לבקר חולים לולבו בידו
נכנס לבית המדרש נותנו לעבדו או לשלוחו ומחזירו לביתו

"R. El'azar b. R. Ṣadoq sagte: So pflegten die Leute von Jerusalem zu verfahren: Betrat jemand eine Synagoge, hatte er seinen Feststrauß in der Hand; stand er auf, um zu übersetzen oder vor die Lade zu treten, hatte er seinen Feststrauß in der Hand; - um aus der Tora vorzulesen und seine Hände zu erheben, legte er ihn auf die Erde; verließ er die Synagoge, hatte er seinen Feststrauß in der Hand; ging er, Trauernde zu trösten, hatte er seinen Feststrauß in der Hand; ging er, Kranke zu besuchen, hatte er seinen Feststrauß in der Hand; betrat er ein Lehrhaus, gab er ihn seinem Diener oder seinem Boten und schickte ihn nach Hause."

Syn 12 - b Suk 41b:

רבי אלעזר בר צדוק אומר כך היה מנהגן של אנשי ירושלים אדם יו-
צא מביתו ולולבו בידו הולך לבית הכנסת ולולבו בידו קורא בתורה
ונושא את כפיו מניחו על גבי קרקע הולך לבקר חולים ולנחם אבלים
לולבו בידו נכנס לבית המדרש משגר לולבו ביד בנו וביד עבדו וביד
שלוחו

"R. El'azar b. Ṣadoq sagt: Folgenden Brauch pflegten die Leute von Jerusalem: Wenn jemand (am Laubhüttenfest) sein Haus verließ, hatte er seinen Feststrauß in der Hand; wenn jemand in die Synagoge ging, hatte er seinen Feststrauß in der Hand; las jemand aus der Tora oder erhob er seine Hände (zum Segen), legte er ihn auf den Boden; ging jemand, Kranke zu besuchen oder Trauernde zu trösten, so hatte er seinen Feststrauß in der Hand; betrat jemand ein Lehrhaus, schickte er seinen Feststrauß durch die Hand seines Sohnes, seines Dieners oder seines Boten (nach Hause)."

Syn 13 - M Suk III 13:

יום טוב הראשון של חג שחל להיות בשבת כל העם מוליכין את לול-
ביהן לבית הכנסת

"Fällt der erste Festtag (des Laubhüttenfestes) auf einen Schabbat, so bringt das ganze Volk (am Vorabend) seinen Feststrauß zur Synagoge."

Syn 14 - b Suk 43a:

דתני חדא ביום טוב הראשון של חג שחל להיות בשבת כל העם מולי-
כין את לולביהן להר הבית ותניא אידך לבית הכנסת שמע מינה כאן
בזמן שבית המקדש קיים כאן בזמן שאין בית המקדש קיים שמע מינה

"An einer Stelle wird gelehrt: 'Fällt der erste Festtag auf einen Schabbat, so bringt das ganze Volk seinen Feststrauß zum Tempelberg', und an einer anderen Stelle wird gelehrt: 'in die Synagoge'. Lerne hieraus, daß es sich im ersten Fall um die Zeit handelt, zu der der Tempel besteht und im zweiten Fall um die Zeit, zu der der Tempel nicht besteht. Lerne hieraus!"

Nach dieser Stelle hätten wir einen Beleg für die Existenz einer Synagoge in Jerusalem für die Zeit nach der Zerstörung des Tempels bis zum Abschluß der Mischna, doch wird in der folgenden Stelle die zitierte Mischna anders interpretiert:

Syn 15 - b Suk 44a:

דתניא חדא כל העם מוליכין את לולביהן להר הבית ותני' אידך
לבית הכנסת ומתרגמינן כאן בזמן שבית המקדש קיים כאן בזמן שאין
בית המקדש קיים לא אידי ואידי בזמן שבית המקדש קיים ולא קשיא
כאן במקדש כאן בגבולין

"An einer Stelle wird gelehrt: 'Das ganze Volk bringt seinen Feststrauß zum Tempelberg', und an einer anderen Stelle wird gelehrt: 'in die Synagoge'. Wir haben es folgendermaßen erklärt: Im ersten Fall handelt es sich um die Zeit, zu der der Tempel besteht und im zweiten Fall um die Zeit, zu der der Tempel nicht besteht. Es handelt sich im Gegenteil in beiden Fällen um die Zeit, zu der der Tempel besteht, und sie widersprechen sich nicht: Der erste Fall handelt vom Tempel (d.h. Jerusalem) und der zweite Fall von den Provinzen."

Syn 16 - T Meg III 6 (II 17):

אמ' ר' יהודה מעשה בר' אלעזר בר' צדוק שלקח בית הכנסת של אלכ-
סנדרים שהיו (W: שהיתה) בירושלם והיה עושה בה כל חפצו הוי לא
אסרו אלא שלא יהא שם הראשון קרוי עליו

"R. Jehuda sagte: Es geschah, daß R. El^cazar b. R. Ṣadoq die Synagoge der Alexandriner, die in Jerusalem waren (W: war), kaufte und sie nach seinem eigenen Gutdünken benutzte. Man verbot es ihm nicht, nur durfte sie nicht mehr mit dem ursprünglichen Namen benannt werden (d.h., nicht mehr zu dem ursprünglichen Zweck benutzt werden)."

In der Parallelstelle j Meg 73d,39-41 fehlen die Wörter 'die in Jerusalem war(en)'.

Eine συναγωγὴ 'Αλεξανδρέων wird in Apg 6,9 erwähnt (vgl. Syn 27).

Syn 17 - b Meg 26a:

בית הכנסת של כרכין כיון דמעלמא אתו ליה לא מצו מזבני ליה ...
א"ר יהודה מעשה בבית הכנסת של טורסיים שהיה בירושלים שמכרוה
לרבי אלעזר ועשה בה כל צרכיו והא התם דכרכים הוה ההיא בי
כנישתא זוטי הוה ואינהו עבדוה

"Eine Synagoge in einer großen Stadt darf man überhaupt nicht verkaufen, da die Leute von überall her zu ihr kommen. ... R. Jehuda sagte: Es geschah, daß man die Synagoge der Tarsier, die in Jerusalem war, an R. Elʿazar (b. R. Ṣadoq) verkaufte und er sie für alle seine Zwecke benutzte. Hier handelt es sich doch um eine (Synagoge) einer großen Stadt? Ja, aber es war eine kleine Synagoge, die sie selbst gebaut hatten."

Die טרסיים sind Leute aus Tarsos, dann insbesondere eine bestimmte Art von Webern, die ihren Namen nach der vor allem in Tarsos ausgeübten Tätigkeit bedommen haben (vgl. Krauss, in: MGWJ 39 [1895], 54f.; Krauss, TA II, 625 [1911]). Krauss (18) identifiziert die Tarsier mit den Alexandrinern. Klein (23) identifiziert die Synagoge der Alexandriner mit der Synagoge der Theodotosinschrift (vgl. dort).

Syn 18 - b Ket 105a:

אמר ר' פנחס אמר רבי אושעיא שלש מאות ותשעים וארבעה בתי דינין היו בירושלים כנגדן בתי כנסיות וכנגדן בתי מדרשות וכנגדן בתי סופרים

"R. Pinchas sagte: R. Oschaᶜja sagte: Dreihundertvierundneunzig Gerichtshöfe gab es in Jerusalem, ebensoviele Lehrhäuser und ebensoviele Schulhäuser."

Syn 19 - j Ket 35c,61-64:

לא כן אמר רבי פינחס בשם רבי הושעיה ארבע מאות וששים בתי כני-סיות היו בירושלם וכל אחת ואחת היה לה בית ספר ובית תלמוד בית ספר למקרא ובית תלמוד למשנה

"Sagte nicht R. Pinchas im Namen des R. Hoschaᶜja: Vierhundertundsechzig Synagogen gab es in Jerusalem, und jede einzelne hatte ein Schulhaus und ein 'Lehrhaus', ein Schulhaus für (das Studium) der Bibel und ein 'Lehrhaus' für (das Studium) der Mischna."

Syn 20 - PdRK XV (איכה), 7 (ed. Mandelbaum, 257):

ר' פנחס בשם ר' הושעיא א' ארבע מאות ושמנים בתי כנסיות היו בירושלם וכל אחת ואחת יש בה בית ספר ובית תלמוד בית ספר למקרא ובית תלמוד למשנה וכולם עלה אספסיאנוס והחריבן הד"ה דכת' 'ויגל את מסך יהודה' (ישע' כ"ב ח')

"R. Pinchas sagte im Namen des R. Hoschaᶜja: Vierhundertundachtzig Synagogen waren in Jerusalem, und jede einzelne hatte ein Schulhaus und ein 'Lehrhaus', ein Schulhaus für (das Studium) der Bibel und ein 'Lehrhaus' für (das Studium) der Mischna. Alle verbrannte und zerstörte Vespasian. Das ist es, was geschrieben steht: 'Und man deckte auf die Umhüllung Judas' (Jes 22,8)."

Syn 21 - j Meg 73d,29-35:

דאמר ר' יהושע בן לוי 'וישרף את בית יי'' (מ"ב כ"ה ט'; ירמי' נ"ב י"ג) זה בית המקדש 'ואת בית המלך' (שם) זה פלטין של צדקיהו 'ואת כל בתי ירושלם' (שם) אילו ארבע מאות ושמונים בתי כניסיות שהיו בירושלם דא"ר פינחס בשם רבי הושעיה ארבע מאות ושמונים בתי כניסיות היו בירושלם וכל אחת ואחת היה לה בית ספר ובית

תלמוד בית ספר למקרא ובית תלמוד למשנה וכולהם עלה אספסיינוס 'ואת
כל בית הגדול שרף באשׁ' (שם) זה מדרשו של רבן יוחנן בן זכאי'

"R. Jehoschuaᶜ b. Levi sagte: 'Und er verbrannte das Haus Gottes' (2. Kön 25,9; Jer 52,13): das ist der Tempel; 'und das Haus des Königs' (ebd.): das ist der Palast des Ṣidqijahu; 'und alle Häuser Jerusalems' (ebd.): das sind die vierhundertundachtzig Synagogen, die in Jerusalem waren. R. Pinchas sagte nämlich im Namen des R. Hoschaᶜja: Vierhundertundachtzig Synagogen waren in Jerusalem, und jede einzelne hatte ein Schulhaus und ein 'Lehrhaus', ein Schulhaus für (das Studium) der Bibel und ein 'Lehrhaus' für (das Studium) der Mischna. Und alle verbrannte Vespasian. 'Und jedes große Haus verbrannte er' (ebd.): das ist das Lehrhaus des Rabban Jochanan b. Zakkai."

Syn 22 - Klagl r Einleitung XII:

'וישרוף את בית ה'' (מ"א כ"ה ט'; ירמ' נ"ב י"ג) זה בית המקדש
'ואת בית המלך' (שם) זה פלטין של צדקיהו 'ואת כל בתי ירושלים'
(שם) זה פנחס בשם רבי הושעיא אמר ארבע מאות ושמונים בתי כני-
סיות היו בירושלים חוץ מבית המקדש מנין 'מלאתי' (ישע' א' כ"א)
בגימטריא הכי הוי וכל אחת ואחת היה לה בית ספר למקרא ובית
התלמוד למשנה וכולן עלה אספסיאנוס והחריבן 'ואת כל בית גדול'
(שם) זה בית מדרש של רבן יוחנן בן זכאי

"'Und er verbrannte das Haus Gottes' (2. Kön 25,9; Jer 52,13): das ist der Tempel: 'und das Haus des Königs' (ebd.): das ist der Palast des Ṣidqijahu; 'und alle Häuser Jerusalems' (ebd.): R. Pinchas sagte im Namen des R. Hoschaᶜja: Vierhundertundachtzig Synagogen waren in Jerusalem außer dem Tempel, gemäß dem Zahlenwert von מלאתי (Jes 1,21), und jede einzelne hatte ein Schulhaus für (das Studium) der Bibel und ein 'Lehrhaus' für (das Studium) der Mischna. Sie alle verbrannte und zerstörte Vespasian. 'Und jedes große Haus' (ebd.): das ist das Lehrhaus des Rabban Jochanan b. Zakkai."

Syn 23 - Klagl r II 4 (zu 2,2):

'בלע ה' ולא חמל את כל נאות יעקב' (איכה ב' ב') ר' פנחס בשם
ר' הושעיא אמר ארבע מאות ושמנים בתי כנסיות היו בירושלים מניין

'מלאתי משפט' (ישע' א' כ"א) מלתי כתיב וכל אחד ואחד היה לו
בית ספר ובית תלמוד בית ספר למקרא ובית תלמוד למשנה

"'Der Herr hat alle Wohnungen Jakobs ohne Schonung vertilgt' (Klagl 2,2): R. Pinchas sagte im Namen des R. Hoschaᶜja: Vierhundertundachtzig Synagogen waren in Jerusalem gemäß dem Zahlenwert von 'voll (מלאתי) von Recht' (Jes 1,21). Das Wort wird מלתי geschrieben. Jede einzelne hatte ein Schulhaus und ein 'Lehrhaus', ein Schulhaus für (das Studium) der Bibel und ein 'Lehrhaus' für (das Studium) der Mischna."

Der Zahlenwert von מלאתי beträgt 481; nach Syn 22 wird der Tempel mitgezählt, nach Syn 23 soll das Wort ohne א geschrieben werden (im Gegensatz zum masoretischen Text), wodurch sich der Zahlenwert 480 ergibt.

Syn 24 - HL r V 12,2:

דבר אחר 'יושבות על מלאת' (שיר ה' י"ב) על מלאתה של ירושלם
הא מה דאת אמר 'מלאתי משפט' (ישע' א' כ"א) ר' פנחס בשם ר' הו-
שעיא רבה ארבע מאות ושמנים בתי כנסיות היו בירושלם מנין 'מלאתי'

"Eine andere Erklärung: 'Stehen in Fülle' (HL 5,12): In der Fülle Jerusalems, wie es heißt: 'Voll (מלאתי) von Recht' (Jes 1,21). R. Pinchas (sagte) im Namen des R. Hoschaᶜja Rabba: Vierhundertundachtzig Synagogen gab es in Jerusalem gemäß dem Zahlenwert von מלאתי."

Eine ähnliche Anzahl von Synagogen soll es in Beṭár gegeben haben.

In den folgenden agadischen Stellen werden Synagoge und Lehrhaus als zur Zeit Salomos bereits bestehende Institutionen beschrieben:

Syn 25 - M Tanḥ אחרי 1:

'ולשמחה מה זו עושה' (קהלת ב' ב') א"ל הקב"ה מה העטרה הזאת בידך
רד מכסאך באותה שעה ירד מלאך בדמות שלמה וישב על כסאו והיה של-
מה מחזר על הפתחים בכל בתי כנסיות ובבתי מדרשות בירושלים ואומר
'אני קהלת הייתי מלך על ישראל בירושלים' (קהלת א' י"ב) והן
אומרין לו שלמה המלך יושב על כסאו ואתה יושב ומשתטה ואומר 'אני
קהלת' והיו מכין אותו בקנה ונותנין לפניו קערה של גריסין לאכול

באותה שעה אמר 'וזה היה חלקי מכל עמלי' (קהלת ב' י') וכו'
In M Tanh̩ אחרי 2 (ed. Buber, 28a/b) fehlen die Wörter "in Jerusalem".

Syn 26 - PdRK XXVI (אחרי מות), 2 (ed. Mandelbaum, 386):

'ולשמחה מה זו עושה' (קהלת ב' ב') א' לו הקב"ה מה עטרה זו עושה בידך רד מכסאי באותה שעה ירד מלאך בדמותו של שלמה וישב לו על כסאו והיה מחזר שלמה על כל בתי כנסיות ועל כל בתי מדרשות שהיו בירושלם ואו' להם 'אני קהלת הייתי מלך על ישראל בירושלם' (קהלת א' י"ב) והם אומרין לו שלמה המלך יושב על כסאו ואת או' אני שלמה המלך ומה היו עושים לו היו מכים אותו בקנה ונותנין לפניו קערה של גריסין באותה שעה הוא אומר 'הכל הבלים אמר קהלת' וג' (קהלת א' ב')

"'(Ich sprach) zur Freude: Was macht sie?' (Koh 2,2): Der Heilige, er sei gepriesen, sprach zu ihm: 'Was macht diese Krone in deiner Hand? Steig von deinem (Syn 26: meinem) Thron herunter!' In derselben Stunde stieg ein Engel mit dem Aussehen Salomos herab und setzte sich auf seinen Thron. Salomo aber ging an allen Synagogen und Lehrhäusern, die es in Jerusalem gab, vorbei (d.h., er bettelte) und sprach zu den (Leuten): 'Ich, Kohelet, war König über Israel in Jerusalem' (Koh 1,12), und sie antworteten ihm: 'Der König Salomo sitzt auf seinem Thron, und du (Syn 25 add.: sitzt da und benimmst dich wie ein Verrückter und) sagst: 'Ich bin König Salomo' (Syn 25: 'Ich, Kohelet'). Was machten sie mit ihm? Sie schlugen ihn mit einem Stock und stellten eine Schüssel mit Graupen vor ihn. Da sagte er: (Syn 25 add.: 'Das ist mein Anteil von all meiner Mühe' Koh 2,10 usw.) 'Es ist alles ganz eitel, sprach Kohelet' (Koh 1,2)."

Zu Versuchen, im äthiopischen Henochbuch Hinweise auf Synagogen zu finden, vgl. Galling (26).

Syn 27 - Apg 6,9:

ἀνέστησαν δέ τινες τῶν ἐκ τῆς συναγωγῆς τῆς λεγομένης Λιβερτίνων καὶ Κυρηναίων καὶ Ἀλεξανδρέων καὶ τῶν ἀπὸ Κιλικίας καὶ Ἀσίας

"Da standen einige auf von der Gemeinde, die (Gemeinde) der Libertiner genannt wird und von der der Kyrenäer, der Alexandriner und der von den Leuten aus Kilikien und Asien."

Bei den Libertinern handelt es sich sehr wahrscheinlich um Freigelassene. Manche Forscher versuchen, eine Verbindung dieser Stelle mit der Theodotosinschrift herzustellen (vgl. dazu die Besprechung der Inschrift). συναγωγή kann sowohl 'Gemeinde' als auch 'Synagoge' bedeuten. Da hier die Zugehörigkeit zu einer 'Landsmannschaft' im Vordergrund steht, paßt die Bedeutung 'Gemeinde' besser. Dagegen findet sich in den Übersetzungen meist das Wort 'Synagoge'. Möglich ist natürlich auch die Übersetzung 'Synagogengemeinde', die beides umfaßt (vgl. z.B. Strack - Billerbeck II, 661). Vgl. die verschiedenen Kommentare zur Stelle. Eine Synagoge der Alexandriner wird in der Tosefta erwähnt (vgl. Syn 16).

Syn 28 - Apg 24,10-12:

(10) ἀπεκρίθη τε ὁ Παῦλος ... (11) δυναμένου σου ἐπιγνῶναι ὅτι οὐ πλείους εἰσίν μοι ἡμέραι δώδεκα ἀφ' ἧς ἀνέβην προσκυνήσων εἰς 'Ιερουσαλήμ. (12) καὶ οὔτε ἐν τῷ ἱερῷ εὗρόν με πρός τινα διαλεγόμενον ἢ ἐπίστασιν ποιοῦντα ὄχλου, οὔτε ἐν ταῖς συναγωγαῖς οὔτε κατὰ τὴν πόλιν

"(10) Paulus antwortete: '... (11) Du kannst erkennen, daß es nicht mehr als zwölf Tage sind, daß ich nach Jerusalem gekommen bin um anzubeten. (12) Und sie haben mich weder im Tempel, noch in den Synagogen oder in der Stadt gefunden mit jemandem streiten oder einen Aufruhr im Volk machen."

Syn 29 - Itinerarium Burdigalense 592 (ed. Geyer, 22):

Intus autem intra murum Sion paret locus, ubi palatium habuit Dauid. Et septem synagogae, quae illic fuerunt, una tantum remansit, reliquae autem arantur et seminantur, sicut Isaias propheta dixit.

"Im Innern, innerhalb der Mauer des Sion, ist die Stelle, an der David seinen Palast hatte. Von den sieben Synagogen, die dort waren, ist nur eine erhalten, die (Stelle der) anderen ist umgepflügt und besät, wie der Prophet Jesaia gesagt hat."

Der Bericht stammt aus dem Jahr 333. Der einzige Vers bei Jesaia, der infrage kommt, ist 1,8: ונותרה בת ציון כסכה בכרם

Jerusalem

כמלונה במקשה כעיר נצורה. "Übrig blieb die Tochter Zion wie eine Hütte im Weinberg, wie ein Nachtplatz im Gurkenfeld, wie eine belagerte Stadt." Wahrscheinlich dachte der Pilger von Bordeaux aber an Micha 3,12: לכן בגללכם ציון שדה תחרש וירושלם עיין תהיה והר הבית לבמות יער, "Denn euretwegen wird Zion wie ein Feld umgepflügt werden, Jerusalem wird zum Trümmerhaufen und der Tempelberg zu einer überwucherten Höhe."

Eine Verbindung zwischen dieser Synagoge und den archäologischen Funden beim 'Davidsgrab' versucht Hirschberg (vgl. 'Davidsgrab' unter 'archäologischer Befund' herzustellen; vgl 18). Klein hält die Erzählung für eine von Micha 3,12 inspirierte Legende. Mommert (11) hält die Synagoge für die Zionskirche.

Lehrhäuser

L 1 - T Suk IV 5:

Text und Übersetzung = Syn 4.

L 2 - b Suk 53a:

תניא אמר ר' יהושע בן חנניה כשהיינו שמחים שמחת בית השואבה לא ראינו שינה בעינינו כיצד שעה ראשונה תמיד של שחר משם לתפלה משם לקרבן מוסף משם לתפלת המוספין משם לבית המדרש וכו'

"Es wird gelehrt: R. Jehoschua[c] b. Chananja sagte: Wenn wir das Fest des Wasserschöpfens feierten, sahen unsere Augen keinen Schlaf. Wie kam das? In der ersten Stunde war das tägliche Morgenopfer, von dort (gingen wir) zum Gebet, von dort zum Musafopfer, von dort zum Musafgebet, von dort ins Lehrhaus usw."

L 3-4 - T Ḥag II 9; T Sanh VII 1:

בית דין הגדול שבלשכת הגזית ... ושם היו יושבין מתמיד של שחר ועד תמיד של בין הערביים בשבתות ובימים טובים לא היו נכנסין אלא לבית המדרש שבהר הבית

L 5 - j Sanh 19c,23-27:

סנהדרין שבלשכת הגזית ... והיו יושבין מתמיד של שחר עד תמיד של בין הערבים ובשבתות ובימים טובים היו יושבין בבית המדרש

שבהר הבית

"Das Große Sanhedrin in der Quaderkammer ... Und dort saßen sie vom täglichen Morgenopfer bis zum täglichen Abendopfer. Am Schabbat und an Feiertagen betraten sie nur das (L 5: saßen sie im) Lehrhaus, das auf dem Tempelberg war."

L 6 - b Pes 26a:

דתניא אמרו עליו על רבן יוחנן בן זכאי שהיה יושב בצילו של היכל ודורש כל היום כולו

"Es wird gelehrt: Man erzählt von Rabban Jochanan b. Zakkai, daß er im Schatten des Tempels saß und lehrte."

L 7 - j ʿAv z 43b,67:

ורבן יוחנן בן זכאי יושב ושונה בצילו של היכל

"Und Rabban Jochanan b. Zakkai sitzt und lehrt im Schatten des Tempels."

L 8 - AdRN 6 (ed. Schechter, 16a):

אותו היום רבן יוחנן בן זכאי יושב ודורש בירושלים

Var.: אותו היום רבן יוחנן בן זכאי יושב בירושלים ודורש בירושלים

"An jenem Tage saß Rabban Jochanan b. Zakkai in Jerusalem und lehrte."

L 9 - AdRN 38 (ed. Schechter, 57b):

א"ל שמא כשהיית יושב ודורש בהר הבית והיו כל אוכלוסי ישראל יושבין לפניך זחה דעתך עליך

"Da sagte er (R. Jischmaʿel) zu ihm (Rabban Schimʿon b. Gamliel): 'Warst du vielleicht stolz auf dich, als du auf dem Tempelberg saßest und lehrtest und die ganze Bevölkerung Israels vor dir saß?'

L 10 - Luk 2,46:

καὶ ἐγένετο μετὰ ἡμέρας τρεῖς εὗρον αὐτὸν ἐν τῷ ἱερῷ καθεζόμενον ἐν μέσῳ τῶν διδασκάλων καὶ ἀκούοντα καὶ ἐπερωτῶντα αὐτούς

"Nach drei Tagen fanden sie ihn (Jesus) im Tempel. Er saß mitten unter den Lehrern, hörte ihnen zu und stellte ihnen Fragen."

Wir wissen nicht, ob das in L 1-10 genannte Lehrhaus ein Gebäude für sich war, oder ob בית המדרש hier eine Bezeichnung für ein Gebäude oder einen Raum auf dem Tempelberg war, die sonst anders genannt wurden. Vgl. dazu die Besprechung der Synagoge auf dem Tempelberg (Syn 1-9). Möglicherweise wird in den letzten Textbeispielen überhaupt nicht auf ein Gebäude Bezug genommen.

L 11 - T Suk II 10:

Text und Übersetzung = Syn 11.

L 12 - b Suk 41b:

Text und Übersetzung = Syn 12.

L 13 - b Ket 66b-67a:

והתניא אמרו עליו על נקדימון בן גוריון כשהיה יוצא מביתו לבית המדרש כלי מילת היו מציעין תחתיו ובאין עניים ומקפלין אותן מאחריו

"Und es wird gelehrt: Man erzählt von Naqdimon b. Gurjon, daß man, wenn er von seinem Haus zum Lehrhaus ging, Stoffe aus Wolle unter seinen (Füßen) ausbreitete und die Armen sie hinter ihm zusammenrollten (und mitnahmen)."

Bornstein (Enc. Jud. [engl.] XII, 801 [1971]) will בית המדרש hier als 'Tempel' verstehen. Naqdimon b. Gurjon war bekannt als eine der drei reichsten Personen Jerusalems kurz vor der Zerstörung des Zweiten Tempels.

L 14 - M Ker I 7; b B bat 166a; S Lev תזריע I 3 (ed. Weiss, 59b/c). Text und Übersetzung = Sanh 53-55.

L 15 - b Ket 105a:

Text und Übersetzung = Syn 18.

L 16 - Num r XVIII 21:

'ושמונים פילגשים' (שיר ו' ח') פ' בתי מדרשות שהיו בירושלים כנגד פתחיה

"'Und achtzig Kebsweiber' (HL 6,8): (Das sind die) achtzig

Lehrhäuser, die es in Jerusalem gab entsprechend (der Anzahl) ihrer Tore."

L 17 - M Tanḥ קרח 12:

'ששים המה מלכות ושמנים פילגשים' (שיר ו' ח') ששים מסכתות פ'
בתי מדרשות שהיה בירושלים כנגד פתחיה

"'Sechzig Königinnen und achtzig Kebsweiber' (HL 6,8): (Das sind die) sechzig Traktate (der Mischna) und die achtzig Lehrhäuser, die es in Jerusalem gab entsprechend (der Anzahl) ihrer Tore."

In den letzten beiden Stellen ist möglicherweise das Zahlzeichen ת für 400 ausgefallen; vgl. Syn 20-24.

L 18 - j Meg 73d,35:

Text und Übersetzung = Syn 21.

L 19 - Klagl r Einleitung XII:

Text und Übersetzung = Syn 22.

In den folgenden agadischen Stellen (L 20-24) werden Synagoge und Lehrhaus als zur Zeit Salomos und Chizqijas bereits bestehende Institutionen beschrieben:

L 20 - M Tanḥ אחרי 1:

Text und Übersetzung = Syn 25.
In M Tanḥ אחרי 2 (ed. Buber, 28a/b) fehlen die Wörter "in Jerusalem".

L 21 - PdRK XXVI (אחרי מות), 2 (ed. Mandelbaum, 386):

Text und Übersetzung = Syn 26.

L 22-23 - b Schab 30b; Koh r V 10,2:

"Da ließ Salomo im Lehrhaus anfragen ..." שלח שלמה לבי מדרשא

L 24 - Klagl r Einleitung XXV:

ר' יהודה בר סימון אמר בית וועד בנו למעלה מקברו של חזקיהו
בשעה שהיו הולכים לשם היו אומרים לו למדנו

Jerusalem

"R. Jehuda b. Simon sagte: Sie bauten ein Lehrhaus über das Grab des Chizqija. Wenn sie dann dorthin kamen, sagten sie zu ihm: 'Lehre uns!'"

Chizqija wurde in Jerusalem begraben (vgl. 2. Chron 32,33).

L 25 - b Sanh 96b:

מבני בניו של סיסרא למדו תורה בירושלים

"Einige von den Kindeskindern des Sisra unterrichteten Tora in Jerusalem."

Lightfoot vermutet in dem Ausdruck ὑπερῷον in Apg 1,13 (dem hebräischen עליה) ebenfalls ein בית מדרש (Horae in Apg 1,13, S. 12 [1679]). עליה steht allerdings nie gleichbedeutend mit בית המדרש, doch waren solche עליות häufig Tagungsstätten eines Gerichtshofes (vgl. z.B. Jericho).

L 26 - b Makk 10a:

א"ר יהושע בן לוי מאי דכתיב 'עומדות היו רגלינו בשעריך ירושלם' (תה' קכ"ב ב') מי גרם לרגלינו שעמדו במלחמה שערי ירושלם שהיו עוסקים בתורה

"R. Jehoschuaʿ b. Levi sagte: Was bedeutet der Schriftvers: 'Unsere Füße standen in deinen Toren, Jerusalem' (Ps 122,2)? Wer veranlaßte, daß unsere Füße im Kampf standhielten? Die Tore Jerusalems, (in denen) man sich mit der Tora beschäftigte."

Vgl. Sanh 70.

Sanhedrin

In Jerusalem bestand bis zur Zerstörung des Zweiten Tempels das Große Sanhedrin, die höchste gerichtliche Instanz. Eine große Fülle von Belegen weist auf das Sanhedrin und seine Arbeit hin. Da es im Rahmen dieser Arbeit nicht möglich ist, alle Belegstellen aufzunehmen, werden nur diejenigen angeführt, in deren Kontext mehr oder weniger direkt Bezug auf Jerusalem genommen wird. Die Liste erhebt keinen Anspruch auf Vollständigkeit. Dasselbe gilt für die Sekundärliteratur.

Sanh 1 - T Ḥag II 9:

אמר ר' יוסי בתחילה לא היתה מחלוקת בישראל אלא בית דין של שב-

עים ואחד היה בלשכת הגזית ושאר בתי דינין של עשרים ושלשה
שלשה היו בעיירות של ארץ ישראל ושני בתי דינין של שלשה שלשה
היו בירושלם אחד בהר הבית ואחד בחיל נצרך אחד מהן הלכה הולך
לבית דין הסמוך לעירו אם שמעו אמרו לו אם לאו הוא ומופלא
(ומופלג :E) שבהם באין לבית דין שבהר הבית אם שמעו אמרו להן
ואם לאו הן ומופלא (ומופלג :E) שבהן באין לבית דין שבחייל אם
שמעו אמרו להן ואם לאו אילו ואילו באין לבית דין הגדול שבלשכת
הגזית אף על פי שהוא שבעים ואחד אין פחות מעשרים ושלשה נצרך
אחד מהם לצאת רואה אם יש שם עשרים ושלשה יוצא ואם לאו איבו
יוצא עד שיהו שם עשרים ושלשה ושם היו יושבין מתמיד של שחר ועד
תמיד של בין הערביים בשבתות ובימים טובים לא היו נכנסין אלא
לבית המדרש שבהר הבית נשאלה שאילה אם שמעו אמרו להן ואם לאו
עומדין למנין רבו המטמאין טמאו רבו המטהרין טהרו משם הלכה
יוצאה ורווחת בישראל משרבו תלמידי שמאי והילל שלא שימשו כל
צורכן הירבו מחלוקות בישראל משם שולחין ובודקין כל מי שחכם
ועניו ושפוי וירא חטא ופרק טוב ורוח הבריות נוחה הימנו עושין
אותו דיין בעירו (משנעשה דיין בעירו :W add.) מעלין ומושיבין
אותו בהר הבית משם מעלין ומושיבין אותו בחייל ומשם מעלין ומו-
שיבין אותו בלשכת הגזית

Sanh 2 - T Sanh VII 1:

א"ר יוסי בראשנה לא היו מחלוקות בישראל אלא בבית דין של שב-
עים בלשכת הגזית ושאר בתי דינין של עשרים ושלשה היו בעיירות
של ארץ ישראל ושאר בתי דינין של שלשה שלשה היו בירושלם אחד
בהר הבית ואחד בחיל נצרך אחד מהן הלכה הולך לבית דין שבעירו
אין בית דין בעירו הולך לבית דין הסמוך לעירו אם שמעו אמרו לו
אם לאו הוא ומופלא שבהם באין לבית דין שבהר הבית אם שמעו אמרו
להן ואם לאו הן ומופלא שבהן באין לבית דין שבחיל אם שמעו אמרו
להן ואם לאו אילו ואילו הולכין לבית דין הגדול שבלשכת הגזית
בית דין שבלשכת הגזית אף על פי שהוא של שבעים ואחד אין פחות
מעשרים ושלשה נצרך אחד מהם לצאת רואה אם יש שם עשרים ושלשה
יוצא ואם לאו לא יצא עד שיהו שם עשרים ושלשה ושם היו יושבין
מתמיד של שחר ועד מתיד של בין הערבים ובשבתות ובימים טובים לא
היו נכנסין אלא בבית המדרש שבהר הבית נשאלה שאילה אם שמעו אמרו
להם ואם לאו עומדין למיבין רבו המטמאין טימאו רבו המטהרין טהרו
משם היה יוצאת הלכה ורווחת בישראל משרבו תלמידי שמאי והילל שלא
שימשו כל צורכן הרבו מחלוקות בישראל ומשם שולחין ובודקין כל מי

שהוא (ו)חכם ושפוי וירא חטא ופרק טוב ורוח הבריות נוחה הימנו עושין אותו דיין בעירו משנעשה דיין בעירו מעלין ומושיבין אותו (בהר הבית משם מעלין ומושיבין אותו :.W add) בחיל ומשם מעלין ומושיבין אותו בלשכת הגזית

Sanh 3 - b Sanh 88b:

אמר רבי יוסי מתחילה לא היו מרבין מחלוקת בישראל אלא בית דין של שבעים ואחד יושבין בלשכת הגזית ושני בתי דינין של עשרים ושלשה אחד יושב על פתח הר הבית ואחד יושב על פתח העזרה ושאר בתי דינין של עשרים ושלשה יושבין בכל עיירות ישראל הוצרך הדבר לשאול שואלין מבית דין שבעירן אם שמעו אמרו להן ואם לאו באין לזה שסמוך לעירו אם שמעו אמרו להם ואם לאו באין לזה שעל פתח הר הבית אם שמעו אמרו להם ואם לאו באין לזה שעל פתח העזרה ואומר כך דרשתי וכך דרשו חבירי כך למדתי וכך למדו חבירי אם שמעו אמרו להם ואם לאו אלו ואלו באין ללשכת הגזית ששם יושבין מתמיד של שחר עד תמיד של בין הערבים ובשבתות ובימים טובים יושבין בחיל נשאלה שאלה בפניהם אם שמעו אמרו להם ואם לאו עומ-דין למנין רבו המטמאים טמאו רבו המטהרין טהרו משרבו תלמידי שמאי והלל שלא שמשו כל צרכן רבו מחלוקת בישראל ונעשית תורה כשתי תורות משם כותבין ושולחין בכל מקומות כל מי שהוא חכם ושפל ברך ודעת הבריות נוחה הימנו יהא דיין בעירו משם מעלין אותו להר הבית משם לעזרה משם ללשכת הגזית

Sanh 4 - j Sanh 19c,11-36:

אמר רבי יוסי בראשונה לא היתה מחלוקת בישראל אלא סנהדרין של שבעים ואחד יושבת בלשכת הגזית ושני בתי דינין של שלשה שלשה היו יושבין אחד בחיל ואחד בהר הבית ובתי דינין של שלשה ועשרים היו יושבין בכל עיירות ארץ ישראל צרך אחד מהן לשאול דבר הלכה היה בא ושואלה בבית דין שבעירו אם שמעו אמרו לו ואי לא היה הוא ומופלא שלהן באין ושואלין אותה בבית דין הסמוך לעירו אם שמעו אמרו להן ואי לא הוא ומופלא שלהן באין ושואלין אותה בבית דין שבהר הבית אם שמעו אמרו להן ואי לא היה הוא ומופלא שלהן באין ושואלין אותה בבית דין שבחיל אם שמעו אמרו להן ואם לאו היו אילו ואילו מתכנסין לבית דין הגדול שבלשכת הגזית שמשם תורה יוצאה ורווחת לכל ישרי שנאמר ימן המקום ההוא אשר יבחר י'י' וגו' (רבי י"ז י') סנהדרין שבלשכת הגזית אף על פי שהיתה של ע"א לא היו פחותין מכ"ג צרך אחד מהן לצאת היה מסתכל אם יש שם

כ"ג היה יוצא ואם לאו לא היה יוצא והיו יושבין מתמיד של שחר עד
תמיד של בין הערבים ובשבתות ובימים טובים היו יושבין בבית המד-
רש שבהר הבית נשאלה הלכה אם שמעו אמרו להן ואי לא עומדין על
המיניין רבו המזכין זיכו רבו המחייבין חייבו רבו המטהרין טיהרו
רבו המטמין טימאו שמשם תורה יוצאה ורווחת לכל ישראל משרבו תל-
מידי שמאי והלל שלא שימשו רביהן כצורכן רבו מחלוקות בישראל ונ-
עשו שתי תורות ומשם היו שולחין בכל עיירות שבארץ ישראל וכל מי
שהיו מוצאין אותו חכם עניו שפוי עין טובה נפש שפלה רוח נמוכה
לב טוב יצר טוב חלק טוב היו מושיבין אותו בבית דין שבהר הבית
ואחר כך בבית דין שבחיל ואחר כך בבית דין הגדול שבלישכת הגזית

Die Texte Sanh 1-4 variieren voneinander; die Übersetzung beruht auf Sanh 1:

"R. Jose sagte: Anfangs gab es keinen Streit in Israel. Der Gerichtshof mit einundsiebzig Mitgliedern hatte seinen Sitz in der Quaderkammer, und die anderen Gerichtshöfe mit dreiundzwanzig (oder) drei Mitgliedern waren in den Städten Israels. In Jerusalem gab es zwei Gerichtshöfe mit je drei Mitgliedern, einen auf dem Tempelberg und einen auf dem Chel. Benötigt einer von ihnen eine Halacha, so geht er zu dem Gerichtshof, der seiner Stadt am nächsten liegt. Wenn (die Mitglieder dieses Gerichtshofes eine Entscheidung über das Problem) gehört hatten, teilten sie sie ihm mit, anderenfalls gehen er und ihr (des Gerichtshofes) Experte zum Gerichtshof auf dem Tempelberg. Wenn (diese eine Entscheidung über das Problem) gehört hatten, teilten sie sie ihnen mit, anderenfalls gehen sie und ihr Experte zum Gerichtshof auf dem Chel. Wenn (diese eine Entscheidung über das Problem) gehört hatten, teilten sie sie ihnen mit, anderenfalls gehen diese und jene zum Großen Gerichtshof in der Quaderkammer. Auch wenn dieser aus einundsiebzig Mitgliedern besteht, (ist er auch mit weniger Mitgliedern beschlußfähig,) allerdings dürfen es nicht weniger als dreiundzwanzig sein. Muß einer von ihnen hinausgehen, so vergewissert er sich, ob (noch mindestens) dreiundzwanzig Mitglieder anwesend bleiben, dann geht er hinaus; ist das nicht der Fall, geht er erst hinaus, wenn dreiundzwanzig Mitglieder anwesend sind. Dort saßen sie vom täglichen Morgenopfer bis zum täglichen Abendopfer. Am Schabbat und an

Feiertagen betraten sie nur das Lehrhaus, das auf dem Tempelberg war. Wurde ihnen eine Frage vorgelegt, so teilten sie ihnen (eine Entscheidung darüber) mit, wenn sie eine gehört hatten; anderenfalls stimmten sie ab: Waren diejenigen in der Mehrzahl, die unrein erklärten, so erklärten sie für unrein; waren diejenigen in der Mehrzahl, die für rein erklärten, so erklärten sie für rein. Von dort nimmt die Halacha ihren Ursprung und verbreitet sich über ganz Israel. Als sich die Schüler Schammais und Hillels mehrten, die nicht die nötige Achtung (gegenüber ihren Lehrern) zeigten, mehrten sich die Streitigkeiten in Israel. Von dort schickte man (Beauftragte) fort und ließ (die Richterkandidaten) untersuchen: Jeder, der weise, geduldig, besonnen, sündenscheu, von unbescholtener Jugend ist und über dem der Geist der Schöpfung schwebt, den machen sie zum Richter in seiner Heimatstadt. War er Richter in seiner Stadt, befördert man ihn und weist ihm einen Sitz auf dem Tempelberg an; von dort befördert man ihn und weist ihm einen Sitz auf dem Chel an, und von dort befördert man ihn und weist ihm einen Sitz in der Quaderkammer an."

Sanh 5 - Pes r X 2 (ed. Friedmann, 35a):

כך לא היתה סנהדרין חסרים לעולם מעשרים ושלשה כיצד שבעים סנ-
הדרין היו יושבים בה וכיון שהיו מבקשים לילך ולאכול לא היו
כולהם נפנים כאחד אלא מהם היו הולכים ואוכלין ומהם היו משתמ-
רים עד שיהיו אותם באים ואח"כ היו הולכים ולא חסרה מניינם חסר
מעשרים ושלשה

"So waren nie weniger als dreiundzwanzig (Mitglieder) des Sanhedrin (anwesend). Wie kam das? Siebzig (Mitglieder) saßen dort; wenn sie hinausgehen und essen wollten, dann begaben sich nie alle zusammen hinaus, sondern es gingen jeweils nur einige von ihnen und aßen, während die anderen dort blieben, bis jene zurückkamen. Dann gingen auch sie. So sank die Zahl (der anwesenden Mitglieder) nie unter dreiundzwanzig."

Sanh 6 - b Soṭ 45a:

שאם נצרך אחד מהם לצאת אם יש שם עשרים ושלשה כנגד סנהדרי קטנה
יוצא ואם לאו אינו יוצא

Sanh 7 - b Sanh 37a:

שאם הוצרך אחד מהם לצאת רואין אם יש עשרים ושלשה כנגד סנהדרי קטנה יוצא ואם לאו אינו יוצא

Sanh 8 - M Tanḥ כי תשא 2:

שאם הוצרך אחד מהן לצאת לצרכו רואין אם יש שם כ"ג יוצא ואם לאו אינו יוצא

"Wenn einer von ihnen hinausgehen mußte, vergewisserte er sich, ob noch dreiundzwanzig (Mitglieder) da waren wie bei einem Kleinen Sanhedrin. (War das der Fall,) ging er hinaus, anderenfalls ging er nicht hinaus."

Sanh 9-10 - Num r I 4; M Tanḥ במדבר 4; M Tanḥ במדבר 4 (ed. Buber, 3b):

כך היתה סנהדרין יושבת מתמיד של שחר עד תמיד של בין הערבים ולא היה אחד מהם נפנה לצורכו ומה היו עושים כשהיה אחד מהם מבקש לצאת היה סופר אם היה שם עשרים ושלשה היה יוצא ואם לאו לא היה יוצא

"So saß das Sanhedrin vom täglichen Morgenopfer bis zum täglichen Abendopfer, und doch begab sich niemand zu einem Bedürfnis (ohne weiteres) hinaus. Wie verhielten sie sich? Wollte einer von ihnen hinausgehen, so zählte er, ob noch dreiundzwanzig (Mitglieder) zurückblieben. (War dies der Fall,) ging er hinaus, anderenfalls ging er nicht hinaus."

Sanh 11-12 - T Scheq III 27; Num r VI 3:

זקן אין מושיבין אותו בלשכת הגזית אלא אם כן נעשה דיין בעירו משנעשה דיין בעירו מעלין ומושיבין אותו בהר הבית ומשם מעלין אותו ומושיבין אתו בחיל ומשם מעלין אותו ומושיבין אותו בלשכת הגזית

"Einem Ältesten weist man nur dann einen Platz in der Quaderkammer an, wenn er Richter in seiner Stadt gewesen ist. War er Richter in seiner Stadt, befördert man ihn und weist ihm einen Platz auf dem Tempelberg an, von dort befördert man ihn und weist ihm einen Platz auf dem Chel an, und von dort befördert man ihn und weist ihm einen Platz in der Quaderkammer an."

Sanh 13 - M Sanh XI 2:

זקן ממרא על פי בית דין שנאמר 'כי יפלא ממך דבר למשפט' וגומר
(דבי י"ז ח') שלשה בתי דינין היו שם אחד יושב על פתח הר הבית
ואחד יושב על פתח העזרה ואחד יושב בלשכת הגזית באים לזה שעל
פתח הר הבית ואומר כך דרשתי וכך דרשו חברי כך למדתי וכך למדו
חברי אם שמעו אומרים להם ואם לאו באין להם לאותן שעל פתח
העזרה ואומר כך דרשתי וכך דרשו חברי כך למדתי וכך למדו חברי
אם שמעו אומרים להם ואם לאו אלו ואלו באים לבית דין הגדול
שבלשכת הגזית שממנו יוצאת תורה לכל ישראל שנאמר 'מן המקום
ההוא אשר יבחר ה'' (דבי י"ז י')

"Der Älteste, der die Entscheidungen des Sanhedrin nicht respektiert, (wird erdrosselt,) denn es heißt: 'Wenn dir die Entscheidung einer Sache unbekannt ist' usw. (Deut 17,8).
Drei Gerichtshöfe gab es dort, einer hatte seinen Sitz am Eingang zum Tempelberg, einer hatte seinen Sitz am Eingang zum Vorhof, und einer hatte seinen Sitz in der Quaderkammer.
(Wenn Gelehrte verschiedener Meinung sind,) kommen sie zu dem (Gerichtshof), der am Eingang zum Tempelberg ist, und einer sagt: 'So habe ich erklärt, und so haben meine Kollegen erklärt; so habe ich gelehrt, und so haben meine Kollegen gelehrt.' Wenn (die Mitglieder des Gerichtshofes eine Entscheidung über die Frage) gehört hatten, teilten sie sie ihnen mit; anderenfalls gehen sie zu (dem Gerichtshof), der am Eingang zum Vorhof ist. Einer sagt: 'So habe ich erklärt, und so haben meine Kollegen erklärt; so habe ich gelehrt, und so haben meine Kollegen gelehrt.' Wenn sie (eine Entscheidung darüber) gehört hatten, so teilten sie sie ihnen mit; anderenfalls gingen diese und jene zum Großen Gerichtshof in der Quaderkammer, denn von dort geht die Lehre über ganz Israel, wie es heißt: 'Von diesem Ort, den sich Gott auserwählen wird' (Deut 17,10)."

Sanh 14 - S Deut 152 (ed. Finkelstein, 206):

'וקמתי' (דבי י"ז ח') בבית דין מיכן אמרו שלשה בתי דינים היו
שם אחד על פתח הר הבית ואחד על פתח העזרה ואחד בלשכת הגזית
באים לזה של שער הר הבית ואומר כך דרשתי וכך דרשו חבריי כך
לימדתי וכך לימדו חבריי אם שמעו אמרו להם ואם לאו באים לזה
שעל פתח העזרה ואומר כך דרשתי וכך דרשו חבריי כך לימדתי וכך

לימדו חבריי אם שמעו אמרו להם ואם לאו אלו ואלו באים לבית דין
הגדול שבלשכת הגזית שמשם תורה יוצאה לכל ישראל שנאמר 'מן
המקום ההוא אשר יבחר ה'' (דב' י"ז י')

"'Und du sollst dich aufmachen' (Deut 17,8): Zu einem Gerichtshof. Aufgrund dieses Verses sagte man: Drei Gerichtshöfe gab es dort usw." (vgl. Sanh 13).

Sanh 15-16 - Num r XIX 26; M Tanḥ חקת 21:

'וממתנה נחליאל ומנחליאל במות' (במד' כ"א י"ט) ג' מקומות כנגד
ג' בתי דינין שבירושלים שהיו מפרשין תורה לכל ישראל 'וממתנה
נחליאל' אלו סנהדרין שבהר הבית 'ומנחליאל במות' אלו סנהדרין
שבעזרה בצד מזבח (M Tanḥ: מזרח) 'ומבמות הגיא אשר בשדה מואב'
(שם כ') אלו סנהדרין שבלשכת הגזית בתחום רות שבאה משדה מואב
'נערה מואביה היא השבה עם נעמי משדה מואב' (רות ב' ו')

"'Und von Mattānā nach Naḥăli'ẹl, und von Naḥăli'ẹl nach Bāmot' (Num 21,19): Diesen drei Orten stehen die drei Gerichtshöfe in Jerusalem gegenüber, die ganz Israel die Tora erklärten. 'Von Mattānā nach Naḥăli'ẹl': Das ist das Sanhedrin auf dem Tempelberg; 'und von Naḥăli'ẹl nach Bāmot': Das ist das Sanhedrin auf dem Vorhof neben dem Altar (M Tanḥ: im Osten des Vorhofs); 'und von Bāmot in das Tal, das in der moabitischen Ebene liegt' (ebd. 20): Das ist das Sanhedrin in der Quaderkammer im Gebiet Ruths, die aus der moabitischen Ebene gekommen war, wie es heißt: 'Es ist ein moabitisches Mädchen, das mit Noᶜomi aus der moabitischen Ebene kommt' (Ru 2,6)."

Sanh 17 - Gen r LXX 8 (ed. Theodor - Albeck, 806f.):

'והנה שם שלשה עדרי צאן' (בר' כ"ט ב') אילו ג' בתי דינין
דתנינן שלשה בתי דינין היו שם אחד בפתח הר הבית אחד בפתח
העזרה ואחד בלשכת הגזית 'כי מן הבאר ההיא' וגו' (שם) שמשם
היו שומעין את הדין 'והאבן גדולה' (שם) זה בית דין הגדול
שבלשכת הגזית

"'Und siehe, da waren drei Schafherden' (Gen 29,2): Das sind die drei Gerichtshöfe. Wir haben nämlich gelernt: Drei Gerichtshöfe gab es dort, einen am Eingang zum Tempelberg, einen am Eingang zum Vorhof und einen in der Quaderkammer. 'Denn aus diesem Brunnen' usw. (ebd.): Denn von dort hörte man das Recht; 'und ein großer Stein' (ebd.): Das ist der Große Gerichtshof in der Quaderkammer."

In Sanh 1-17 werden drei Stellen genannt, an denen die verschiedenen Instanzen des Sanhedrin ihren Sitz hatten. Der Hauptsitz des Großen Sanhedrin war in der לשכת הגזית, der 'Quaderkammer'. Über die Lage dieses Gebäudes oder Raumes besteht keine einhellige Meinung. Nach den Angaben in der rabbinischen Literatur muß es im inneren Tempelbezirk gelegen haben, u.z. in der Südostecke des Priestervorhofes an der Grenze zum Israelitenvorhof. Diese von den meisten akzeptierte Lage wird von Schürer und Hoenig nicht anerkannt. Schürer (12, S. 263-265) sieht in dem Wort לשכה das griechische ξυστός und identifiziert die Quaderkammer mit dem bei Josephus βουλή genannten Gebäude neben dem sogenannten Xystos, der westlich des Tempelbezirkes lag und mit diesem durch eine Brücke verbunden war (vgl. Jos B 2,344; 5,144; vgl. dagegen z.B. Büchler, 9, S. 5-33, besonders S. 17f.; Krauss, 20, S. 25). Hoenig (25, S. 74-84) vermutet die Quaderkammer in der Südwestecke der äußeren Umfassungsmauer, in der Nähe der Huldatore. Außer den vor allem bei Büchler angeführten rabbinischen Stellen sei noch auf folgende Texte verwiesen, die für eine Lage in der Südostecke des Priestervorhofes sprechen, in der sich auch der Altar befand:

Sanh 18 - Mek יתרו 11 (zu 21,1) (ed. Horovitz - Rabin, 245):

'ואלה ממשפטים אשר תשים' (שמ' כ"א א') נמצינו למדין שסנהדרין
באין בצד מזבח אע"פ שאין ראיה לדבר זכר לדבר שנ' 'וינס יואב
אל אהל ה' ויחזק בקרנות המזבח' (מ"א ב' כ"ח)

"'Das sind die Gesetze, die du vorlegen sollst' (Ex 21,1): Wir lernen daraus, daß das Sanhedrin in der Nähe des Altares zusammentrat. Wenn es auch keinen Beweis dafür gibt, so gibt es doch einen Hinweis, denn es heißt: 'Jo'el floh zum Zelt Gottes und faßte die Hörner des Altares' (1. Kön 2,28)."

Sanh 19 - Mek משפטים 4 (zu 21,14) (ed. Horovitz - Rabin, 264):

'מעם מזבחי תקחנו למות' (שמ' כ"א י"ד) נמצינו למדין שסנהדרין

בצד המזבח אף על פי שאין ראיה לדבר זכר לדבר 'וינס יואל אל
אהל ה' ויחזק' וגו' (מ"א ב' כ"ח)

"'Von meinem Altar sollst du ihn holen, um ihn zu töten' (Ex 21,14): Wir lernen daraus usw." (vgl. Sanh 18).

Sanh 20 - j Makk 31d,58f.:

ומניין שהיתה סנהדרין גדולה אצל המזבח 'ולא תעלה במעלות על
מזבחי' (שמ' כ' כ"ו) ומה כתיב תמן 'ואלה הם המשפטים אשר תשים
לפניהם' (שמ' כ"א א')

"Woher wissen wir, daß das Große Sanhedrin in der Nähe des Altares war? 'Du sollst nicht auf Stufen zu meinem Altar hinaufsteigen' (Ex 20,26); und dort heißt es: 'Das sind die Gesetze, die du ihnen vorlegen sollst' (Ex 21,2)."

Über die beiden anderen Stellen gibt es zwei Überlieferungen. In Text Sanh 1, 2, 4, 11 und 12 heißt es: 'Tempelberg - Chel - Quaderkammer' und in Text Sanh 3 und 13: 'Eingang zum Tempelberg - Eingang zum Vorhof - Quaderkammer'. Die ungenaue Bezeichnung 'Tempelberg' der ersten Textgruppe wird durch die Formulierung 'am Eingang zum Tempelberg' der zweiten Gruppe genauer definiert. Da, wie sich bei den Ausgrabungen südlich und westlich der Tempelmauer gezeigt hat, der Hauptzugang zum Tempelberg durch die Huldatore erfolgte, können wir diese Stelle am Südende des Vorhofs der Heiden in der Nähe der Huldatore lokalisieren (vgl. 32).

Die zweite Stelle wird in der ersten Textgruppe mit 'Chel', in der zweiten mit 'am Eingang zum Vorhof' beschrieben. Der Chel ist der Platz zwischen der inneren Tempelmauer, die den Vorhof der Frauen, den Vorhof der Israeliten und den Vorhof der Priester sowie den Tempel selbst umschließt und der 'Soreg' genannten Einfriedung (vgl. M Mid II 3). Setzt man voraus, daß beide Angaben denselben Platz meinen, so ist hier ein Eingang vom Chel zum Vorhof der Frauen gemeint.

Sanh 21 - HL r IV 1-2,3:

'מבעד לצמתך' (שיר ד' א') אמר ר' לוי כל כלה שעיניה כעורות כל
גופה צריך בדיקה ושעיניה יפות אין כל גופה צריך בדיקה והאשה

הזאת כשמצמת שערה לאחורה והוא תכשיט לה כך היתה סנהדרי גדולה
יושבת אחורי בית המקדש והיא תכשיט של בית המקדש

"'Hinter deinem Schleier' (HL 4,1): R.Levi sagte: Bei jeder Braut, deren Augen häßlich sind, muß man den ganzen Körper untersuchen. Sind ihre Augen schön, braucht man nicht den ganzen Körper zu untersuchen. Wenn eine Frau ihr Haar hinter sich zusammenbindet, so ist ihr das ein Schmuck. So hatte auch das Große Sanhedrin seinen Sitz hinter dem Tempel und war ein Schmuck für den Tempel."

Sanh 22 - S Lev ויקרא דיבורא דחובא V 4 (ed. Weiss, 19a):

'עדת ישראל' (ויק' ד' י"ג) יכול בכל העדה הכתוב מדבר תלמוד
לומר כאן 'עדה' ולהלן נאמר 'עדה' (במד' ל"ה כ"ד-כ"ה) מה 'עדה'
אמורה להלן בית דין אף כאן בית דין או מה 'עדה' אמורה להלן
בכ"ג אף כאן בכ"ג ת"ל 'עדת ישראל' העדה המיוחדת שבישראל ואי
זו זו סנהדרי גדולה היושבת בלשכת הגזית

"'Die ganze Gemeinde Israel' (Lev 4,13): Redet denn die Schrift von der ganzen Gemeinde? (Deswegen) heißt es hier 'Gemeinde' und dort 'Gemeinde' (Num 35,24f.); so wie dort mit 'Gemeinde' der Gerichtshof gemeint ist, ist auch hier der Gerichtshof gemeint. Sind denn, so wie dort mit 'Gemeinde' 23 (Mitglieder) gemeint sind, auch hier 23 (Mitglieder) gemeint? (Deswegen) sagt die Schrift: 'Die Gemeinde Israel', die dafür bestimmte Gemeinde in Israel. Und wer ist gemeint? Das ist das Große Sanhedrin, das seinen Sitz in der Quaderkammer hat."

Sanh 23 - Gen r (XCVII), Neue Version des Jakobsegens, 2
(ed. Theodor - Albeck, 1219):

'לא יסור שבט מיהודה' ... 'ומחוקק מבין רגליו' (ברי מ"ט י')
אילו יושבי יעבץ תרעתים שמעתים סוכתים שמורין הלכות בישראל
בסנהדרין גדולה שהיא יושבת בלשכת הגזית בחלקו שליהודה שנ'
'ומשפחות סופרים יושבי יעבץ' וגו' (דה"א ב' נ"ה)

"'Das Szepter wird nicht von Juda weichen' ... 'noch der Stab von seinen Füßen' (Gen 49,10): Das sind die Bewohner von Yaʿbeṣ, Tirʿâtim, Schimʿâtim und Sukâtim, die Israel Halachot lehren im Großen Sanhedrin, das seinen Sitz in der Quaderkammer hat im Gebiet Judas, denn es heißt: 'Und die Familien der

Schreiber, die Bewohner von Ya^cbẹṣ' usw. (1. Chron 2,55)."

Sanh 24 - M Mid V 4:

לשכת הגזית שם היתה סנהדרי גדולה של ישראל יושבת ודנה את הכהנה

Sanh 25 - b Jom 19a:

לשכת הגזית שם היה סנהדרין של ישראל יושבת ודנה את הכהנים
"Die Quaderkammer - dort hatte das Große Sanhedrin seinen Sitz und untersuchte die Abstammung der Priester."

Sanh 26 - M Tanḥ שופטים 4:

בתי דינין יושבין בעיירות בשני ובחמישי ואם עמדה הלכה לפניהם היו שואלין לבית דין שבלשכת הגזית
"Die Gerichtshöfe treten in den Städten am Montag und Donnerstag zusammen. Wenn ein halachisches Problem zur Sprache kam, das sie nicht entscheiden konnten, schickten sie zum Gerichtshof, der in der Quaderkammer war."

Sanh 27 - T Hor I 4:

[חומר] שבהוראה עד שהורו בית דין שבלשכת הגזית
"Die Erschwerung bei einer Entscheidung besteht darin, (daß man nur dann schuldig ist,) wenn das Sanhedrin in der Quaderkammer die Entscheidung getroffen hat."

Sanh 28 - j Hor 45d,15:

אין חייבין עד שתהא הורייה מלישכת הגזית
"Man ist nur dann schuldig, wenn die Entscheidung aus der Quaderkammer kommt."

Sanh 29 - b Sanh 32b:

הלך אחר בית דין יפה ... אחר חכמים ללשכת הגזית
"Gehe zu einem angesehenen Gericht; ... zu den Weisen in die Quaderkammer."

Sanh 30 - M ^cEdu VII 4:

העיד רבי צדוק על זוחלין שקלחן בעלה אגוז שהן כשרים מעשה היה באהליא ובא מעשה לפני לשכת הגזית והכשירוהו

Sanh 31 - b Zev 25b:

דתנן העיד רבי צדוק על הזוחלין שקילחן בעלי אגוזין שהן כשירין
זה היה מעשה באוהלייא ובא מעשה לפני חכמים בלשכת הגזית והכשירו

"R. Ṣadoq bezeugte, daß fließendes Wasser, welches man durch Nußlaub strömen läßt, tauglich bleibt. Ein solcher Fall trug sich in Ohŏlayyȧ zu. Als die Angelegenheit vor die Weisen in der Quaderkammer kam, erklärten sie es für tauglich."

Sanh 32 - M Pea II 6:

מעשה שזרע רבי שמעון איש המצפה לפני רבן גמליאל ועלו ללשכת
הגזית ושאלו

"Es geschah, daß R. Schimᶜon aus Miṣpȧ vor Rabban Gamliel (so wie in II 5 beschrieben) säte. Daraufhin gingen sie zur Quaderkammer und legten die Frage (zur Entscheidung) vor."

Sanh 33 - T Soṭ IX 1:

נמצא בעליל העיר היו מודדין שמצות עיסוק מדידה כיצד עושין לו
שלוחי בית דין יוצאין ומלקטין סימניו וחופרין וקוברין אותו
ומציינין את מקומו עד שיבאו לבית דין שבלישכת הגזית וימודדו

"Selbst, wenn man (einen Erschlagenen) ganz nahe bei einer Stadt fand, maß man die Entfernung, denn das Messen ist ein Gebot. Was machte man mit ihm? Abgesandte des Gerichtshofes gehen hin und stellen die (Identifikations)merkmale fest. Dann heben sie ein Grab aus und beerdigen ihn. Dann begeben sie sich zum Gerichtshof in der Quaderkammer, und dieser läßt (dann die Entfernung) messen."

Sanh 34-35 - b Soṭ 11a; Ex r I 9:

יתרו שברח זכו מבני בניו שישבו בלשכת הגזית

Sanh 36 - b Sanh 106a:

יתרו שברח זכו בני בניו לישב בלשכת הגזית

Sanh 37 - b Sanh 104a:

יתרו ... זכו בני בניו וישבו בלשכת הגזית

"Jetro floh - und doch waren einige unter seinen Nachkommen, die würdig waren, in der Quaderkammer zu sitzen."

Sanh 38 - HL r I 1,4:

בא מעשה ללשכת הגזית

"Die Angelegenheit kam vor die Quaderkammer."

Sanh 39 - Koh r I 1,1:

"Er betrat die Quaderkammer." נכנס ללשכת הגזית

Sanh 40 - b Ta^can 23a:

"Die Männer der Quaderkammer." בני לשכת הגזית

Sanh 41 - M Giṭ VI 7:

אף אנו מקובלין שאפילו אמר לבית דין הגדול שבירושלים תנו גט לאשתי שילמדו ויכתבו ויתנו

"Auch uns ist überliefert, daß, selbst wenn jemand zu dem Großen Gerichtshof in Jerusalem gesagt hat: 'Gebt meiner Frau einen Scheidebrief!', sie selbst lernen, ihn schreiben und ihn (ihr) geben müssen."

Sanh 42 - S Deut 154 (ed. Finkelstein, 207):

'ועשית על פי הדבר' (דבי' י"ז י') על הורית בית דין הגדול שבירושלים חייבים מיתה ואין חייבים מיתה על הורית בית דין שביבנה

"'Und du sollst tun gemäß dem Wort' (Deut 17,10): Aufgrund einer Entscheidung des Großen Gerichtshofes in Jerusalem ist man todesschuldig, aber man ist nicht todesschuldig aufgrund einer Entscheidung des Gerichtshofes in Yavne."

Sanh 43 - Meḵ בא 2 (zu 12,2) (ed. Horovitz - Rabin, 9):

רבי יאשיה אומר מנין שאין מעברים את השנה אלא בבית דין הגדול שבירושלם ת"ל 'ראשון הוא לכם' (שמ' י"ב ב')

"R. Joschija sagt: Woher wissen wir, daß man das Jahr nur im Großen Gerichtshof in Jerusalem interkalieren darf? Die Schrift sagt: 'Dies sei euch der erste Monat' (Ex 12,2)."

Sanh 44 - T Sanh XI 7:

בן סורר ומורה וזקן ממרא על פי בית דין והמסית והמדיח ונביא השקר ועדים זוממין אין ממיתין אותן מיד אלא מעלין אותן לבית דין הגדול שבירושלים

"Der widerspenstige Sohn, der Älteste, der die Entscheidungen des Sanhedrin nicht respektiert, wer zum Götzendienst beredet, der Verführer, der Lügenprophet und der falsche Zeuge werden nicht sofort zum Tode verurteilt, sondern man bringt sie zum Großen Gerichtshof nach Jerusalem."

Sanh 45-46 - M Sanh XI 4 (3); b Sanh 89a:

אין ממיתין אותו לא בבית דין שבעירו ולא בבית דין שביבנה אלא מעלין אותו לבית דין הגדול שבירושלים

"Man verurteilt einen (Ältesten, der die Entscheidungen des Sanhedrin nicht anerkennt; vgl. XI 2) weder durch den Gerichtshof seiner Stadt zum Tode, noch durch den Gerichtshof, der in Yavne ist, sondern bringt ihn zum Großen Gerichtshof nach Jerusalem hinauf."

Sanh 47 - Num r IX 33:

'והעמיד הכהן את האשה' (במ' ה' י"ח) שאם היתה חגרת אינה שותה תני היו מעלין אותה לבית דין הגדול שבירושלים ומאימין עליה כדרך שמאימין על עדי נפשות

"'Und der Priester stelle die Frau' (Num 5,18): Wenn sie nämlich lahm war, trinkt sie nicht. Es wird gelehrt: Man bringt sie dann zum Großen Gerichtshof in Jerusalem und jagt ihr Angst ein, so wie man den Zeugen in Kapitalprozessen Angst einjagt."

Sanh 48 - M Soṭ I 4:

היו מעלין אותה לבית דין הגדול שבירושלים ומאימין עליה כדרך שמאימין על עדי נפשות

"Man brachte sie zum Großen Gerichtshof in Jerusalem und jagte ihr Angst ein, so wie man Zeugen in Kapitalprozessen Angst einjagt."

Sanh 49 - M Soṭ IX 1:

'כי ימצא חלל באדמה' (דב' כ"א א') 'ויצאו זקניך ושפטיך' (שם ב') שלשה מבית דין הגדול שבירושלים היו יוצאין רבי יהודה אומר חמשה 'זקניך' שנים 'ושפטיך' שנים ואין בית דין שקול מוסיפין עליהן עוד אחד

"'Wenn ein Erschlagener auf der Erde gefunden wird' (Deut 21, 1), 'dann sollen hinausgehen deine Ältesten und deine Richter' (ebd. 2): Drei vom Großen Gerichtshof in Jerusalem gingen hinaus, R. Jehuda sagt: Fünf, denn es heißt: 'deine Ältesten', das sind zwei; 'und deine Richter', das sind (noch einmal) zwei; da aber ein Gerichtshof keine gerade Anzahl (von Mitgliedern) haben darf, so zieht man noch zwei hinzu."

Sanh 50 - M R hasch II 5:

חצר גדולה היתה בירושלים ובית יעזק היתה נקראת ולשם כל העדים מתכנסין ובית דין בודקין אותם שם

"In Jerusalem gab es einen großen Hof, der Bẹt Yaᶜzẹq genannt wurde. Dort versammelten sich alle Zeugen und wurden dort vom Gerichtshof vernommen."

Sanh 51 - b R hasch 30a:

בירושלים תוקעין בין בזמן בית דין ובין שלא בזמן בית דין וביבנה בזמן בית דין אין שלא בזמן בית דין לא דאילו בירושלים תוקעין בין בפני בית דין בין שלא בפני בית דין וביבנה בפני בית דין אין שלא בפני בית דין לא

"In Jerusalem blies man sowohl während einer Gerichtssitzung als auch außerhalb einer Gerichtssitzung, in Yavne aber nur während einer Gerichtssitzung, nicht aber außerhalb einer Gerichtssitzung. Blies man denn auch, wenn der Gerichtshof nicht anwesend war? Nein, denn in Jerusalem blies man sowohl in Anwesenheit des Gerichtshofes als auch in Abwesenheit des Gerichtshofes, in Yavne aber nur bei Anwesenheit des Gerichtshofes, nicht aber bei Abwesenheit des Gerichtshofes."

Sanh 52 - b Qid 80a:

א"ר שמעון בן פזי אמר רבי יהושע בן לוי משום בר קפרא מעשה באשה שבאת לירושלים ותינוק מורכב לה על כתיפה והגדילתו ובא עליה והביאום לבית דין וסלקום לא מפני שבנה ודאי אלא מפני שכרוך אחריה

"R. Schimᶜon b. Pazzi sagte: R. Jehoschuaᶜ b. Levi sagte im Namen des Bar Qappara: Es geschah, daß eine Frau mit einem Kind auf der Schulter nach Jerusalem kam und es aufzog. (Als er groß war,) beschlief er sie. Man brachte daraufhin beide vor den Gerichtshof und steinigte sie, und zwar nicht, weil er sicher ihr Sohn war, sondern weil er an ihr hing."

Sanh 53-55 - M Ker I 7; b B bat 166a (vgl. L 14); S Lev תזריע I 3 (ed. Weiss, 59b/c):

מעשה שעמדו קנים בירושלם בדינרי (S Lev: בדינר) זהב אמר רבן
שמעון בן גמליאל המעון הזה לא אלין הלילה עד שיהיו בדינרין
(S Lev add.: של כסף) נכנס לבית דין (b B bat Var.: המדרש)
ולמד האשה שיש עליה חמש לידות ודאות חמש זיבות ודאות מביאה
קרבן אחד ואוכלת בזבחים ואין השאר עליה חובה ועמדו קנים בו
ביום ברבעתים

"Es geschah, daß Taubenpaare in Jerusalem einen Golddenar kosteten. Da sprach Rabban Schimᶜon b. Gamliel: 'Beim Tempel! Ich werde diese Nacht nicht eher schlafen gehen, bis sie einen Silberdenar kosten!' Er betrat den Gerichtshof (b B bat Var.: das Lehrhaus) und lehrte:'Wenn eine Frau fünf sichere Geburten und fünf sichere Blutflüsse gehabt hat, so braucht sie nur ein einziges Opfer darzubringen und darf dann von den Opfern essen; zu den übrigen ist sie nicht verpflichtet.' An jenem Tage sank der Preis für Taubenpaare auf einen viertel (Silberdenar)."

Sanh 56 - Num r XI 3:

'מגברי ישראל' (שיר ג' ז') לבהיא שאר העם שהיו עומדים בירוש-
לים סנהדרין ובתי דינין ותלמידים 'כולם אחזי חרב' (שם ח')

"'Von den Helden Israels' (HL 3,7): Das schließt den Rest des Volkes ein, der in Jerusalem war, das Sanhedrin, die Gerichtshöfe und die Schüler, die alle 'das Schwert führen können' (ebd. 8).

Sanh 57 - Ex r XXIII 10:

אמרו רבותינו אל תהי קורא 'בנות ירושלים' (שיר א' ה') אלא בו-
נות ירושלים זו סנהדרי גדולה של ישראל שהן יושבין ומבנין אותה

"Unsere Lehrer sagten: Lies nicht: 'Töchter Jerusalems' (HL 1,5), sondern: 'Erbauer Jerusalems'. Damit ist das Große Sanhedrin gemeint, das in Jerusalem sitzt und es erbaut."

Sanh 58 - Pes r XXVIII 1 (ed. Friedmann, 134b):

בשעה שגלו ישראל וחרב בית המקדש ונעקרה סנהדרין היה הקב"ה בוכה עליהם במר נפש ... 'וכל מיתרי נתקו' (יר' י' כ') זה סנהדרין שהיא דומה לעולם כמיתרים לאהל כשם שאהל אינו יכול לעמוד אלא ע"י מיתרים כך אלמלא זקנים שיושבים בסנהדרי גדולה ומתקנים את המועדות ומעברים את השנים ואת החדשים ומתירים את המותר ואוסרים את האיסור ומיישבים את העולם אין העולם מתקיים אפילו שעה אחת

"Als Israel in die Verbannung geführt, der Tempel zerstört und das Sanhedrin vertrieben wurde, weinte der Heilige, er sei gepriesen, bitterlich. ... 'Alle meine Seile sind zerrissen' (Jer 10,20): Damit ist das Sanhedrin gemeint, das für die Welt ist, was Seile für ein Zelt sind: Wie ein Zelt nur mit Hilfe von Seilen stehen kann, so kann auch die Welt nicht einmal eine Stunde bestehen ohne die Ältesten, die im Sanhedrin sitzen und die Feiertage festlegen, Jahre und Monate interkalieren, das Erlaubte erlauben und das Verbotene verbieten und sie dadurch bewohnbar machen."

Sanh 59 - M Tanḥ כי תשא 2:

זה שאמר הכתוב 'שררך אגן הסהר אל יחסר המזג' (שיר ז' ג') 'שררך' זה סנהדרין ולמה נקראו שרר מה השרר הזה נתון באמצעיתו של אדם כך סנהדרין יושבין בלשכת הגזית שהיא באמצע בית המקדש מה השרר הזה כל זמן שהתינוק נתון במעי אמו פיו סתום ומן השרר הוא אוכל כך ישראל אין אוכלין אלא בסנהדרין

Sanh 60 - Num r I 4:

'שררך אגן הסהר' (שיר ז' ג') מדבר בסנהדרין שהיתה נתונה בלשכת הגזית והיא משולה בשרר ולמה משולה בשרר אלא מה השרר הזה נתון באמצע הגוף כך סנהדרין של ישראל נתונה באמצעו של בית המקדש

Sanh 61 - M Tanḥ במדבר 4; M Tanḥ במדבר 4 (ed. Buber, 3b):

זה שאמר הכתוב 'שררך אגן הסהר אל יחסר המזג בטנך ערמת חטים סוגה בשושנים' (שיר ז' ג') מדבר בסנהדרין של ישראל שהיתה נתונה בלשכת הגזית והיא משולה בשרר הזה ולמה נמשלה בשרר מה השרר הזה נתון באמצע הגוף כך הסנהדרין יושבין באמצעית של בית המקדש

Sanh 62 - HL r VII 3,1:

ׄשררך אגן הסהרׄ (שיר ז׳ ג׳) אלו סנהדרין מה תינוק זה כל זמן
שהוא במעי אמו אינו חי אלא מטיבורו כך אין ישראל יכולין לעשות
דבר חוץ מסנהדרין שלהם

"'Dein Nabel ist wie ein runder Becher, ein Mischtrank fehlt nicht. Dein Leib ist wie ein Weizenhaufen, mit Rosen umgeben' (HL 7,3): Mit 'dein Nabel' ist das Sanhedrin gemeint. Und warum wird es 'Nabel' genannt? So, wie der Nabel im Zentrum des Menschen ist, hat das Sanhedrin seinen Sitz in der Quaderkammer, die im Zentrum des Tempel(bezirkes) ist. So, wie der Mund eines Kindes verschlossen ist, solange es im Schoß der Mutter ist und es durch den Nabel ernährt wird, wird auch Israel nur durch das Sanhedrin ernährt."

Sanh 63 - Pes r X 2 (ed. Friedmann, 34a):

ׄשררך אגן הסהר אל יחסר המזגׄ (שיר ז׳ ג׳) מה ׄשררךׄ זו סנהד-
רין גדולה שהיתה בירושלים דנה דיני נפשרות ולמה הוא מושלה כטי-
בור ׄשררךׄ אלא מה הטיבור הזה נתון באמצע של אדם כך היתה סנהד-
רין יושבת בירושלים שירושלים היא אמצעיתו על עולם

"'Dein Nabel ist wie ein runder Becher, ein Mischtrank fehlt nicht' (HL 7,3): Was bedeutet: 'dein Nabel'? Das ist das Große Sanhedrin, das in Jerusalem war und Kapitalprozesse führte. Und warum wird es mit dem Nabel - 'dein Nabel' - verglichen? So, wie der Nabel im Zentrum des Menschen ist, hatte das Sanhedrin seinen Sitz in Jerusalem, und Jerusalem ist das Zentrum der Welt."

Sanh 64 - b Sanh 37a:

ׄשררך אגן הסהר אל יחסר המזגׄ וגו׳ (שיר ז׳ ג׳) ׄשררךׄ זו סנ-
הדרין למה נקרא שמה ׄשררךׄ שהיא יושבת בטיבורו של עולם

"'Dein Nabel ist wie ein runder Becher, ein Mischtrank fehlt nicht' (HL 7,3): Mit 'dein Nabel' ist das Sanhedrin gemeint. Und warum wird es 'dein Nabel' genannt? Weil es seinen Sitz im Nabel der Welt hat."

Sanh 65 - b Ket 105a:

והאמר רבי פנחס אמר רבי אושעיא שלש מאות ותשעים וארבעה בתי

דינין היו בירושלים כנגדן בתי כנסיות וכנגדן בתי מדרשות
וכנגדן בתי סופרים

"R. Pinchas sagte: Es sagte R. Oscha^cja: Dreihundertundvierundneunzig Gerichtshöfe gab es in Jerusalem, und ebensoviele Synagogen, Lehrhäuser und Schulen."

Vgl. dazu Syn 18 - 24.

Sanh 66-67 - b Schab 15a; b ᶜAv z 8b:

מ' שנה עד שלא חרב הבית גלתה לה סנהדרין וישבה לה בחנויות
למאי הילכתא א"ר יצחק בר אבדימי לומר שלא דנו דיני קנסות
דיני קנסות סלקא דעתך אלא אימא שלא דנו דיני נפשות

Sanh 68 - b Sanh 41a:

ארבעים שנה קודם חורבן הבית גלתה סנהדרי וישבה לה בחנות ואמר
ר' יצחק בר אבודימי לומר שלא דנו דיני קנסות דיני קנסות סלקא
דעתך אלא שלא דנו דיני נפשות

"Vierzig Jahre vor der Zerstörung des Tempels wanderte das Sanhedrin aus und nahm seinen Sitz in der Kaufhalle (den Kaufhallen). In welcher Beziehung ist dies wichtig? R. Jiṣchaq b. Evdimi sagte: 'Das heißt, daß sie keine Strafprozesse mehr geführt haben.' Wie kommst du auf Strafprozesse? Sie haben vielmehr keine Kapitalprozesse mehr geführt."

Sanh 69 - b R hasch 31a:

וכנגדן גלתה סנהדרין מגמרא מלשכת הגזית לחנות ומחנות לירושלים
ומירושלים ליבנה

"Dementsprechend wanderte das Sanhedrin (zehn Mal) aus, wie es überliefert ist: Aus der Quaderkammer in die Kaufhalle, von der Kaufhalle in (die Stadt) Jerusalem, von Jerusalem nach Yavne..."

Schürer (12, S. 264) hält die Angaben über die Wanderung des Sanhedrin von der Quaderkammer in die Kaufhalle(n) für unhistorisch. Hoenig (22) nimmt an, daß diese Wanderung nicht vierzig, sondern vier Jahre vor der Zerstörung des Tempels stattgefunden hat. Ihm folgt Mantel (30, S. 285.291). Es gibt verschiedene Lokalisierungsversuche für diese Kaufhalle: Derenbourg (2) lokalisiert sie auf dem Ölberg; Graetz (Geschichte, 4. Auflage III, 510) sucht sie bei Bethanien. Auch Schürer (12, S. 265) sucht sie außerhalb der eigentlichen Stadt. Wahrscheinlicher ist die Lokalisierung auf dem Tempelberg (Quaderhalle = innerer Tempelbezirk; Tempelberg = äußerer Tempelbezirk; Stadt Jerusalem = außerhalb des Tempelbezirkes), wo sie z.B. von Krauss (17; 20, S. 25) und Mantel (30, S. 290f.) angenommen wird; Büchler (9, S. 137f.) sucht sie in der Säulenhalle am Osttor der äußeren Mauer. (Vgl. noch 9, S. 18.42f. 125; 30, S. 143-145.290f.)

In den folgenden agadischen Stellen wird das Sanhedrin als zur Zeit Davids bereits bestehende Institution vorausgesetzt:

Sanh 70 - T Soṭ XI 13 (15):

'עומדות היו רגלינו בשערי[ך] ירושלים' (תה' קכ"ב ב') איפשר לומר כן אלא מי מעמיד רגלינו במלחמה בית דינו (בתי דינין :W) של דוד היושב בשערי ירושלם

"'Unsere Füße standen in deinen Toren, Jerusalem' (Ps 122,2): Kann man denn so sagen? Vielmehr: Wer gibt (unseren Füßen) festen Stand? Das ist der Gerichtshof (W: die Gerichtshöfe) Davids, der seinen Sitz in den Toren Jerusalems hatte."

Vgl. L 26.

Sanh 71 - Gen r LXXI 9 (ed. Theodor - Albeck, 834):

'ויען אליהו התשבי מתושבי גלעד' (מ"א י"ז א') ... מיושבי לש-כת הגזית

"'Und Elijahu, der Tischbite, von den Einwohnern Gilᶜads, antwortete' (1. Kön 17,1): ... Er gehörte zu den Leuten, die ihren Sitz in der Quaderkammer hatten."

Sanh 72 - Ex r XL 4:

אליהו ירושלמי היה ומיושבי לשכת הגזית היה

"Elijahu war aus Jerusalem und gehörte zu den Leuten, die ihren Sitz in der Quaderkammer hatten."

Sanh 73 - b Meg 13b:

והן לא היו יודעין כי מרדכי מיושבי לשכת הגזית היה והיה יודע בשבעים לשון

"Sie wußten nicht, daß Mordekai zu den Leuten gehörte, die ihren Sitz in der Quaderkammer hatten und die siebzig Sprachen konnte."

An folgenden Stellen wird das Sanhedrin in Jerusalem im NT erwähnt:

a) Im Zusammenhang mit dem Prozeß Jesu:

Sanh 74 - Matth 26,59f.:
οἱ δὲ ἀρχιερεῖς [καὶ οἱ πρεσβύτεροι] καὶ τὸ συνέδριον ὅλον ἐζήτουν ψευδομαρτυρίαν κατὰ τοῦ Ἰησοῦ ὅπως αὐτὸν θανατώσωσιν, (60) καὶ οὐχ εὗρον

"(59) Die Hohenpriester, [die Ältesten] und das ganze Synhedrion suchten falsches Zeugnis gegen Jesus, um ihn zum Tode verurteilen zu können, (60) sie fanden aber keines."

Sanh 75 - Mark 14,55:
οἱ δὲ ἀρχιερεῖς καὶ ὅλον τὸ συνέδριον ἐζήτουν κατὰ τοῦ Ἰησοῦ μαρτυρίαν εἰς τὸ θανατῶσαι αὐτόν, καὶ οὐχ ηὕρισκον

"Die Hohenpriester und das ganze Synhedrion suchten Zeugnis gegen Jesus, um ihn zum Tode zu verurteilen, fanden aber keines."

Sanh 76 - Mark 15,1:
καὶ εὐθὺς πρωῒ συμβούλιον ἑτοιμάσαντες οἱ ἀρχιερεῖς μετὰ τῶν πρεσβυτέρων καὶ γραμματέων καὶ ὅλον τὸ συνέδριον δήσαντες τὸν Ἰησοῦν ἀπήνεγκαν καὶ παρέδωκαν Πιλάτῳ

"Früh am Morgen ließen die Hohenpriester, die Ältesten und Schriftgelehrten und das ganze Synhedrion Jesus fesseln und abführen und überstellten ihn Pilatus."

Sanh 77 - Luk 22,66:
καὶ ὡς ἐγένετο ἡμέρα, συνήχθη τὸ πρεσβυτέριον τοῦ λαοῦ, ἀρχιερεῖς τε καὶ γραμματεῖς, καὶ ἀπήγαγον αὐτὸν εἰς τὸ συνέδριον αὐτῶν

"Als es Tag wurde, versammelte sich der Ältestenrat des Volkes, Hohepriester und Schriftgelehrte, und sie führten ihn vor ihr Synhedrion."

Sanh 78 - Joh 11,47:
συνήγαγον οὖν οἱ ἀρχιερεῖς καὶ οἱ Φαρισαῖοι συνέδριον, καὶ ἔλεγον· τί ποιοῦμεν;

"Da versammelten die Hohenpriester und die Pharisäer das Synhedrion und sagten: 'Was sollen wir tun?!"

b) Im Zusammenhang mit Prozessen gegen die Apostel:

Sanh 79 - Apg 4,13-15:
θεωροῦντες δὲ τὴν τοῦ Πέτρου παρρησίαν καὶ Ἰωάννου ... (15) κελεύσαντες δὲ αὐτοὺς ἔξω τοῦ συνεδρίου ἀπελθεῖν

"(13) Als sie den Freimut des Petrus und Johannes sahen, ... (15) befahlen sie ihnen, das Synhedrion zu verlassen."

Sanh 80 - Apg 22,30-23,1.6:
τῇ δὲ ἐπαύριον βουλόμενος γνῶναι τὸ ἀσφαλές, τὸ τί κατηγορεῖται ὑπὸ τῶν Ἰουδαίων, ἔλυσεν αὐτόν, καὶ ἐκέλευσεν συνελθεῖν τοὺς ἀρχιερεῖς καὶ πᾶν τὸ συνέδριον, καὶ καταγαγὼν τὸν Παῦλον ἔστησεν εἰς αὐτούς. (1) ἀτενίσας δὲ ὁ Παῦλος τῷ συνεδρίῳ εἶπεν ... (6) γνοὺς δὲ ὁ Παῦλος ὅτι τὸ ἓν μέρος ἐστὶν Σαδδουκαίων τὸ δὲ ἕτερον Φαρισαίων ἔκραζεν ἐν τῷ συνεδρίῳ

"(30) Weil er genau wissen wollte, was ihm von den Juden vorgeworfen wurde, ließ er ihn am nächsten Tag frei. Dann ließ er die Hohenpriester und das ganze Synhedrion zusammenkommen, führte Paulus vor und stellte ihn ihnen gegenüber. (1) Paulus sah das Synhedrion an und sagte: ... (6) Da Paulus wußte, daß der eine Teil zu den Sadduzäern, der andere zu den Pharisäern gehörte, rief er vor dem Synhedrion aus ..."

Sanh 81 - Apg 23,14f. 20.25.28:

οἵτινες προσελθόντες τοῖς ἀρχιερεῦσιν καὶ τοῖς πρεσβυτέροις εἶπαν· ἀναθέματι ἀνεθεματίσαμεν ἑαυτοὺς μηδενὸς γεύσασθαι ἕως οὗ ἀποκτείνωμεν τὸν Παῦλον. (15) νῦν οὖν ὑμεῖς ἐμφανίσατε τῷ χιλιάρχῳ σὺν τῷ συνεδρίῳ ὅπως καταγάγῃ αὐτὸν εἰς ὑμᾶς ... (20) εἶπεν δὲ ὅτι οἱ Ἰουδαῖοι συνέθεντο τοῦ ἐρωτῆσαί σε ὅπως αὔριον τὸν Παῦλον καταγάγῃς εἰς τὸ συνέδριον ... (25) γράψας ἐπιστολὴν ἔχουσαν τὸν τύπον τοῦτον· ... (28) βουλόμενός τε ἐπιγνῶναι τὴν αἰτίαν δι' ἣν ἐνεκάλουν αὐτῷ, κατήγαγον εἰς τὸ συνέδριον αὐτῶν

"(14) Sie gingen zu den Hohenpriestern und Ältesten und sagten: 'Wir haben uns einen Eid geschworen, nichts zu essen, bis wir Paulus getötet haben. (15) Geht also jetzt mit dem Synhedrion zum Obersten, er möge ihn zu euch führen lassen. ...' (20) Er sagte: 'Die Juden haben verabredet, dich zu bitten, du mögest Paulus morgen vor das Synhedrion führen lassen...' (25) Er schrieb einen Brief mit folgendem Inhalt: '... (28) Weil ich ermitteln wollte, wessen sie ihn beschuldigen, brachte ich ihn vor das Synhedrion.'"

Sanh 82 - Apg 24,10.20:

(10) ἀπεκρίθη τε ὁ Παῦλος· ... (20) ἢ αὐτοὶ οὗτοι εἰπάτωσαν τί εὗρον ἀδίκημα στάντος μου ἐπὶ τοῦ συνεδρίου

"(10) Paulus antwortete: '... (20) Oder sie sollen selbst sagen, was für ein Vergehen sie herausgefunden haben, als ich vor dem Synhedrion stand."

Sanh 83 - Apg 5,21.27.34.41:

παραγενόμενος δὲ ὁ ἀρχιερεὺς καὶ οἱ σὺν αὐτῷ συνεκάλεσαν τὸ συνέδριον καὶ πᾶσαν τὴν γερουσίαν τῶν υἱῶν 'Ισραήλ, καὶ ἀπέστειλαν εἰς τὸ δεσμωτήριον ἀχθῆναι αὐτούς ... (27) ἀγαγόντες δὲ αὐτοὺς ἔστησαν ἐν τῷ συνεδρίῳ ... (34) ἀναστὰς δέ τις ἐν τῷ συνεδρίῳ Φαρισαῖος ὀνόματι Γαμαλιήλ, νομοδιδάσκαλος τίμιος παντὶ τῷ λαῷ, ἐκέλευσεν ἔξω βραχὺ τοὺς ἀποστολοὺς ποιῆσαι ... (41) οἱ μὲν οὖν ἐπορεύοντο χαίροντες ἀπὸ προσώπου τοῦ συνεδρίου, ὅτι κατηξιώθησαν ὑπὲρ τοῦ ὀνόματος ἀτιμασθῆναι

"(21) Als der Hohepriester mit seinen Begleitern gekommen war, ließen sie das Synhedrion und den ganzen Ältestenrat der Kinder Israel zusammenrufen. Dann schickten sie zum Gefängnis, um die (Apostel) vorführen zu lassen. ... (27) Man führte sie herbei und stellte sie vor das Synhedrion. ... (34) Da stand jemand im Synhedrion auf, ein Pharisäer mit Namen Gamaliel, ein beim ganzen Volk angesehener Gesetzeslehrer, und ließ die Apostel für eine kurze Zeit hinausführen. ... (41) Sie gingen vom Synhedrion fort und freuten sich, daß sie für würdig befunden worden waren, seines Namens wegen Schmach zu erleiden."

Sanh 84 - Apg 6,12.15:

(12) συνεκίνησάν τε τὸν λαὸν καὶ τοὺς πρεσβυτέρους καὶ τοὺς γραμματεῖς, καὶ ἐπιστάντες συνήρπασαν αὐτὸν καὶ ἤγαγον εἰς τὸ συνέδριον. ... (15) καὶ ἀτενίσαντες εἰς αὐτὸν πάντες οἱ καθεζόμενοι ἐν τῷ συνεδρίῳ εἶδον τὸ πρόσωπον αὐτοῦ ὡσεὶ πρόσωπον ἀγγέλου

"(12) Sie hetzten das Volk, die Ältesten und die Schriftgelehrten auf, drangen auf ihn (Stephanus) ein, ergriffen ihn und führten ihn ins Synhedrion. ... (15) Und alle, die im Synhedrion saßen, blickten auf ihn und sahen sein Gesicht wie das eines Engels."

c) Allgemein

Sanh 85 - Matth 5,22:

ἐγὼ δὲ λέγω ὑμῖν ὅτι πᾶς ὁ ὀργιζόμενος τῷ ἀδελφῷ αὐτοῦ ἔνοχος ἔσται τῇ κρίσει· ὃς δ' ἂν εἴπῃ τῷ ἀδελφῷ αὐτοῦ ῥακά, ἔνοχος ἔσται τῷ συνεδρίῳ

"Ich aber sage euch: 'Jeder, der seinem Bruder zürnt, soll dem Gericht verfallen sein; und wer zu seinem Bruder sagt: Du Bösewicht!, soll dem Synhedrion verfallen sein."

Josephus

Sanh 86 - Jos A 14,167-180:

(167) "καὶ γὰρ Ἡρώδης ὁ παῖς αὐτοῦ Ἐζεκίαν ἀπέκτεινε καὶ πολλοὺς σὺν αὐτῷ, παραβὰς τὸν ἡμέτερον νόμον, ὃς κεκώλυκεν ἄνθρωπον ἀναιρεῖν καὶ πονηρὸν ὄντα, εἰ μὴ πρότερον κατακριθείη τοῦτο παθεῖν ὑπὸ τοῦ συνεδρίου. μὴ λαβὼν δὲ ἐξουσίαν παρὰ σοῦ ταῦτα ἐτόλμησεν." (168) Ὑρκανὸς δὲ ἀκούσας ταῦτα πείθεται· προσεξῆψαν δὲ αὐτοῦ τὴν ὀργὴν καὶ αἱ μητέρες τῶν ὑπὸ Ἡρώδου πεφονευμένων· αὗται γὰρ καθ' ἑκάστην ἡμέραν ἐν τῷ ἱερῷ παρακαλοῦσαι τὸν

βασιλέα καὶ τὸν δῆμον, ἵνα δίκην Ἡρώδης ἐν τῷ συνεδρίῳ τῶν πεπραγμένων ὑπόσχῃ, διετέλουν. ... (170) ... τῷ δ' ἦν ἀφορμὴ καὶ τὰ παρὰ τοῦ Σέξτου γράμματα πρὸς τὸ μηδὲν ἐκ τοῦ συνεδρίου παθόντα ἀπολῦσαι τὸν Ἡρώδην· ἠγάπα γὰρ αὐτὸν ὡς υἱόν. (171) καταστὰς δὲ ἐν τῷ συνεδρίῳ μετὰ τοῦ σὺν αὐτῳ τάγματος Ἡρώδης κατέπληξεν ἅπαντας, καὶ κατηγορεῖν ἐθάρρει τὸ λοιπὸν οὐδεὶς τῶν πρὶν ἀφικέσθαι διαβαλλόντων, ἀλλ' ἦν ἡσυχία καὶ τοῦ τί χρὴ ποιεῖν ἀπορία. (172) διακειμένων δ' οὕτως εἷς τις Σαμαίας ὄνομα, δίκαιος ἀνὴρ καὶ διὰ τοῦτο τοῦ δεδιέναι κρείττων, ἀναστὰς εἶπεν· "ἄνδρες σύνεδροι καὶ βασιλεῦ, εἰς δίκην μὲν οὔτ' αὐτὸς οἶδά τινα τῶν πώποτε ὑπ' αὐτῆς εἰς ὑμᾶς κεκλημένων οὕτω παραστάντα οὔτε ὑμᾶς ἔχειν εἰπεῖν ὑπολαμβάνω, ἀλλὰ πᾶς ὁστισδηποτοῦν ἀφῖκται εἰς τοῦτο τὸ συνέδριον κριθησόμενος ταπεινὸς παρίσταται ..." (175) διήρματε δ' οὐδὲν τῶν εἰρημένων· ὁ γὰρ Ἡρώδης τὴν βασιλείαν παραλαβὼν πάντας ἀπέκτεινε τοὺς ἐν τῷ συνεδρίῳ καὶ Ὑρκανὸν αὐτὸν χωρὶς τοῦ Σαμαίου. ... (177) Ὑρκανὸς δὲ ὁρῶν ὡρμημένους πρὸς τὴν ἀναίρεσιν τὴν Ἡρώδου τοὺς ἐν τῷ συνεδρίῳ τὴν δίκην εἰς ἄλλην ἡμέραν ἀνεβάλετο, καὶ πέμψας κρύφα πρὸς Ἡρώδην συνεβούλευσεν αὐτῷ φυγεῖν ἐκ τῆς πόλεως· οὕτω γὰρ τὸν κίνδυνον διαφεύξεσθαι. (178) καὶ ὁ μὲν ἀνεχώρησεν εἰς Δαμασκὸν ὡς φεύγων τὸν βασιλέα, καὶ παραγενόμενος πρὸς Σέξτον Καίσαρα καὶ τὰ καθ' αὐτὸν ἀσφαλισάμενος οὕτως εἶχεν ὡς εἰ καλοῖτο πάλιν εἰς τὸ συνέδριον ἐπὶ δίκην, οὐχ ὑπακουσόμενος. (179) ἠγανάκτουν δ' οἱ ἐν τῷ συνεδρίῳ καὶ τὸν Ὑρκανὸν ἐπειρῶντο διδάσκειν ὅτι ταῦτα πάντα εἴη κατ' αὐτοῦ. τὸν δ' οὐκ ἐλάνθανε μέν, πράττειν δ' οὐδὲν εἶχεν ὑπ' ἀνανδρίας καὶ ἀνοίας. (180) Σέξτου δὲ ποιήσαντος Ἡρώδην στρατηγὸν τῆς κοίλης Συρίας (χρημάτων γὰρ αὐτῷ τοῦτο ἀπέδοτο) Ὑρκανὸς ἦν ἐν φόβῳ μὴ στρατεύσηται Ἡρώδης ἐπ' αὐτόν. οὐ πολὺ δὲ τοῦ δέους ἐβράδυνεν, ἀλλ' ἧκεν ἄγων ἐπ' αὐτὸν ὁ Ἡρώδης στρατιάν, ὀργιζόμενος τῆς δίκης αὐτῷ καὶ τοῦ κληθῆναι πρὸς τὸ λόγον ὑποσχεῖν ἐν τῷ συνεδρίῳ.

"(167) 'So hat Herodes, sein Sohn, den Ezechias und viele von seinen Leuten getötet in Nichtbeachtung unseres Gesetzes, das verbietet, jemanden, auch wenn er noch so verbrecherisch ist, zu töten, bevor er nicht vom Synhedrion zu dieser Strafe verurteilt worden ist. Er aber hat gewagt, das ohne deine Einwilligung zu tun.' (168) Als Hyrkanus das hörte, war er überzeugt, zumal noch die Mütter der von Herodes Ermordeten seinen Zorn anstachelten. Diese forderten nämlich Tag für Tag den König und das Volk auf, Herodes im Synhedrion wegen seiner Taten zur Rechenschaft zu ziehen. ... (170) ... Ihm (sc. Hyrkanus) war der Brief des Sextus ein Vorwand, Herodes freizulassen, ohne daß er vom Synhedrion irgend etwas zu leiden gehabt hätte. Er liebte ihn nämlich wie einen Sohn. (171) Als nun Herodes mit seinen bewaffneten Begleitern vor dem Synhedrion stand, schüchterte er sie alle ein, und niemand von denen, die ihm vor seinem Kommen etwas vorzuwerfen gehabt hatten, wagte, ihn anzuklagen. Statt dessen herrschte tiefes Schweigen und Ratlosigkeit. (172) In dieser Lage erhob sich ein gewisser Samaias, ein aufrechter und deswegen furchtloser Mann, und sprach: 'Mitglieder des Synhedrion und König! Ich selbst kenne niemanden, der bei euch vorgeladen wurde und dabei so aufgetreten wäre. Und ich nehme an, daß auch ihr niemanden nennen könnt. Vielmehr ist noch jeder, der vor dieses Synhedrion zu einem Prozeß kam, demütig aufgetreten. ...' (175) Und er wurde in keiner seiner Voraussagungen getäuscht. Als nämlich Herodes König wurde, ließ er alle Mitglieder des Synhedrion sowie Hyrkanus selbst töten. Nur mit Samaias machte er eine Ausnahme. ... (177) Als Hyrkanus sah, daß die Mitglieder des Synhedrion die Todesstrafe über Herodes verhängen wollten, vertagte er das Gericht auf den nächsten Tag. Dann ließ er heimlich zu Herodes schikken und ihm raten, aus der Stadt zu fliehen, um so der Gefahr zu entgehen. (178) Er (sc. Herodes) begab sich daraufhin nach Damaskus, als ob er vor dem König fliehe. Er begab sich zu Sextus Caesar, wo er in größtmöglicher persönlicher Sicherheit war und entschied sich, nicht zu folgen, falls er wieder zu einem Prozeß vor das Synhedrion geladen würde. (179) Die Mitglieder des Synhedrion waren sehr ungehalten darüber und versuchten, Hyrkanus zu überzeugen, daß das alles zu seinem eigenen Schaden sei. Wenn er das auch einsah, unternahm er dennoch nichts aus Feigheit und Dummheit. (180) Als nun Sextus Herodes zum Herrscher über Coelesyrien machte (er gab ihm dieses Amt für Geld), befürchtete Hyrkanus, Herodes würde gegen ihn marschieren. Es dauerte auch wirklich nicht lange, bis Herodes ein Heer gegen ihn führte aus Wut über den Prozeß und weil er vorgeladen worden war, vor dem Synhedrion Rechenschaft abzulegen."

Sanh 87 - Jos A 15,173:

ὡς δὲ καὶ ταύτην Ἡρώδης ἐδέξατο τὴν ἐπιστολήν, εὐθύς τε μεταπέμπεται τὸν Ὑρκανὸν καὶ περὶ τῶν γενομένων αὐτῷ συνθηκῶν πρὸς τὸν Μάλχον ἀνέκρινεν. ἀρνησαμένου δέ, τὰς ἐπιστολὰς δείξας τῷ συνεδρίῳ διεχειρίσατο τὸν ἄνδρα.

"Als Herodes diesen Brief erhielt, ließ er sofort Hyrkanus rufen und fragte ihn über seine Verabredungen mit Malchus aus. Als dieser solche in Abrede stellte, zeigte Herodes die Briefe dem Synhedrion und ließ den Mann sofort hinrichten."

Sanh 88 - Jos A 20,200-202:

(200) ἅτε δὴ οὖν τοιοῦτος ὢν ὁ Ἄνανος, νομίσας ἔχειν καιρὸν ἐπιτήδειον διὰ τὸ τεθνάναι μὲν Φῆστον, Ἀλβῖνον δ' ἔτι κατὰ τὴν ὁδὸν ὑπάρχειν, καθίζει συνέδριον κριτῶν καὶ παραγαγὼν εἰς αὐτὸ τὸν ἀδελφὸν Ἰησοῦ τοῦ λεγομένου Χριστοῦ, Ἰάκωβος ὄνομα αὐτῷ, καί τινας ἑτέρους, ὡς παρανομησάντων κατηγορίαν ποιησάμενος παρέδωκε λευσθησομένους. (201) ὅσοι δὲ ἐδόκουν ἐπιεικέστατοι τῶν κατὰ τὴν πόλιν εἶναι καὶ περὶ τοὺς νόμους ἀκριβεῖς βαρέως ἤνεγκαν ἐπὶ τούτῳ καὶ πέμπουσιν πρὸς τὸν βασιλέα κρύφα παρακαλοῦντες αὐτὸν ἐπιστεῖλαι τῷ Ἀνάνῳ μηκέτι τοιαῦτα πράσσειν· μηδὲ γὰρ τὸ πρῶτον ὀρθῶς αὐτὸν πεποιηκέναι. τινὲς δ' αὐτῶν καὶ τὸν Ἀλβῖνον ὑπαντιάζουσιν ἀπὸ τῆς Ἀλεξανδρείας ὁδοιποροῦντα καὶ διδάσκουσιν, ὡς οὐκ ἐξὸν ἦν Ἀνάνῳ χωρὶς τῆς ἐκείνου γνώμης καθίσαι συνέδριον.

"(200) Einen solchen Charakter nun hatte dieser Ananus. Er glaubte, eine günstige Gelegenheit zu haben, da Festus tot und Albinus noch unterwegs war. So berief er das Synhedrion der

Richter und führte ihnen den Bruder des Jesus, der Christus genannt wird, vor, mit Namen Jakobus, sowie einige andere. Er beschuldigte sie, das Gesetz übertreten zu haben und ließ sie abführen zur Steinigung. (201) Diejenigen Bewohner der Stadt, die als besonders aufrichtig und gesetzestreu galten, waren darüber erbittert. Sie schickten heimlich zum König und baten ihn, Ananus aufzutragen, er möge sich weiterer ähnlicher Aktionen enthalten; denn bereits bei seiner ersten Aktion habe er nicht korrekt gehandelt. (202) Einige von ihnen gingen sogar zu Albinus, der von Alexandria kam, und erklärten ihm, daß Ananus kein Recht habe, das Synhedrion ohne seine Zustimmung einzuberufen."

Sanh 89 - Jos A 20,216f.:

τῶν δὲ Λευιτῶν, φυλὴ δ' ἐστὶν αὕτη, ὅσοιπερ ἦσαν ὑμνῳδοὶ πείθουσι τὸν βασιλέα καθίσαντα συνέδριον φορεῖν αὐτοῖς ἐπίσης τοῖς ἱερεῦσιν ἐπιτρέψαι λινῆν στολήν· πρέπειν γὰρ αὐτοῦ τοῖς τῆς ἀρχῆς χρόνοις ἔφασκον ἀφ' ὧν μνημονευθήσεται καινοποιεῖν. (217) καὶ τῆς ἀξιώσεως οὐ διήμαρτον· ὁ γὰρ βασιλεὺς μετὰ γνώμης τῶν εἰς τὸ συνέδριον ἐπιοιχομένων συνεχώρησεν τοῖς ὑμνῳδοῖς ἀποθεμένους τὴν προτέραν ἐσθῆτα φορεῖν λινῆν οἵαν ἠθέλησαν.

"(216) Diejenigen der Leviten - das ist einer der Stämme -, die zu den Sängern gehörten, baten den König, das Synhedrion einzuberufen, um ihnen die Erlaubnis zu erwirken, leinene Gewänder wie die Priester tragen zu dürfen. Es sei nämlich angemessen, daß er eine Neuerung während seiner Herrschaft einführe, derentwegen man seiner gedenken werde. (217) Ihr Wunsch wurde erfüllt: Der König erlaubte den Sängern nämlich im Einverständnis mit den Mitgliedern des Synhedrion, ihre früheren Gewänder abzulegen und solche leinenen Gewänder zu tragen, wie sie sie gewünscht hatten."

Sanh 90 - Jos Vita 62:

ἐπεὶ δ' εἰς τὴν Γαλιλαίαν ἀφικόμην ἐγὼ καὶ ταῦτα παρὰ τῶν ἀπαγγειλάντων ἔμαθον, γράφω τῷ συνεδρίῳ τῶν Ἱεροσολυμιτῶν περὶ τούτων καὶ τί με πράττειν κελεύουσιν ἐρωτῶ.

"Als ich nach Galiläa kam und über die neuesten Nachrichten informiert worden war, schrieb ich darüber an das Synhedrion in Jerusalem und bat, mir mitzuteilen, wie ich mich verhalten sollte."

Datierung

Synagoge: Die schriftlichen Quellen bezeugen Synagogen in Jerusalem um die Mitte des 1. Jahrhunderts. Für die Zeit nach der Zerstörung des Tempels im Jahr 70 ist eine Synagoge mit Sicherheit nicht nachweisbar.

Lehrhaus: Die schriftlichen Quellen bezeugen Lehrhäuser in Jerusalem um die Mitte des ersten Jahrhunderts bis zur Zerstörung des Tempels im Jahr 70.

Sanhedrin: Das Sanhedrin hatte seinen Sitz in Jerusalem bis zum Jahr 70.

Vgl. Nachträge!

K a f r   a l - M ā ' *

Koordinaten: 4.80 (2272 2464)
Auf dem Golān, 13 km nordöstlich von Ḥammat Gādẹr.

Signatur: -

Namen: ar.: Kafr al-Mā'

Literatur

1. Biran, in: CNI 19, 3-4 (1968), Foto vor S. 37
2. Vilnay, Golan and Hermon, 154f. (1970) (Fotos)
3. Saller, Nr. 60 (1972)
4. EAEe II, 467 (Urman) (1976)

Carta's Atlas -
Atlas of Israel -

Archäologischer Befund

Ein Stein mit einem Weinrebenornament (Abb. in 1; 2) soll nach Saller möglicherweise von einer Synagoge stammen. Urman (4) spricht ganz allgemein von Einzelfunden von einer Synagoge. Viel eher ist aber an eine Kirche zu denken, da der bei Vilnay abgebildete Sturz aus Kafr al-Mā' in der Mitte ein Kreuz aufweist. (Die Abbildungen zu beiden Seiten des Kreuzes sind wegen der gleichlangen Äste und vor allem wegen des fehlenden Fußes eindeutig als Lebensbäume zu erklären.) In JSG, S. 286f., Nr. 178 wird von weiteren Kreuzen berichtet.

K a f r   Ḥ ā r i b *

Koordinaten: 4.81 (2121 2405)
Auf dem Golān.

Signatur: -

Namen: ar.: Kafr Ḥārib

Literatur

1. Saller, Nr. 58 (1972)
2. EAEe II, 467 (Urman) (1976)

Carta's Atlas -
Atlas of Israel -

Archäologischer Befund

Urman erwähnt Einzelfunde von einer Synagoge, ohne näher darauf einzugehen. Die Funde sind zu wenig typisch, um von ihnen auf eine Synagoge schließen zu können.

K a f r   K a n n ā

Koordinaten: 4.82 1822 2394
In Galiläa, 6,5 km nordöstlich von Nazareth.

Signatur: Synagoge archäologisch sicher

Namen: Umschreib.: Kana; Kefr Kenna

Literatur

1. Clermont-Ganneau, in: CRABL 1900, 554-557 (Foto)
2. Müller - Sellin, in: Anzeiger der Kaiserlichen Akademie der Wissenschaften zu Wien, philosophisch-historische Klasse, 38 (1901), 107-111 (Foto)
3. Halévy, in: Revue sémitique 9 (1901), 374-376 (zu 2)
4. Clermont-Ganneau, in: CRABL 1901, 852 (Abbildung)
5. Clermont-Ganneau, RAO 4 (1901), 345-360; Tafel II (Foto, Abbildung) (= 7); 372f. (zu 2; 3) (= 8)
6. Lecoffre, in: RB 10 (1901), 491 (zu 1)

7. Clermont-Ganneau, in: PEFQS 1901, 251.374-389 (Foto) (= 5)

8. Clermont-Ganneau, in: PEFQS 1902, 132-138 (Zeichnung; zu 2; 3) (= 5, S. 372f.)

9. Halévy, in: Revue sémitique 10 (1902), 82 (zu 5, S. 372f.; 8)

10. Lidzbarski, Ephemeris für semitische Epigraphik I (1902), 313-315

11. (Clermont-Ganneau), in: RES I (900-1905), Nr. 251 (1902)

12. Horning, in: ZDPV 32 (1909), 120 (Literaturangaben)

13. Klein, Corpus, 74-76 (1920)

14. Klein, Various Articles, 34.37 (1924)

15. Dalman, Orte und Wege, 119f. (1924)

16. Klein, in: Yedioth 2 (1925), 35.37

17. Avi-Yonah, in: QDAP 2 (1933), 178f.

18. Klein, Sefer ha-yiššuv, 93 (1939)

19. Klein, Toldot, 28f. (1950)

20. CIJ, Nr. 987 (1952)

21. Press, Enc. III, 489 (1952)

22. Avi-Yonah, HG, 181 (1962) (Liste)

23. Braslavy, Hayadaᶜta, 294 (1964)

24. Bagatti, in: LA 15 (1964/65), 263-281 (Inschrift, archäologische Funde; Abbildungen, Fotos)

25. Klein, Galilee, Tafel 7 (1967)

26. EAEh, 106 (Avi-Yonah) (1970)

27. Saller, Nr. 59 (1972) (Foto)

Carta's Atlas +

Atlas of Israel +

Archäologischer Befund

Im Jahre 1901 fand man in der Franziskanerkirche in Kafr Kanā Reste von zwei aramäischen Mosaikinschriften:

[ ]	דיכר לטב יוסה בר
יש̣[	תנחום בר בוטה ובנוי
הדה טב̣[	דעבדון הדה טבלה
ברכת[	תהי להון ברכתה
	אמן

Die rechte Inschrift ist ganz erhalten und gut zu lesen.

Kafr Kannā

Übersetzung:

"Es sei zum Guten gedacht des Jose bar
Tanchum bar Buṭa und seiner Söhne,
die diese Tafel gemacht haben.
Es sei ihnen Segen!
Amen."

Das erste Wort ist offensichtlich verschrieben: דיכר für דכיר. Klein verweist auf die Inschrift von Guš Ḥålåv (außerhalb) (13; 16), in der ein Jose bar Nachum erwähnt wird, den er mit dem hier genannten Jose Bar Tanchum für identisch hält. Ein Judan bar Tanchum bar Buṭa wird in der aramäischen Inschrift von Ṣippori genannt; es ist sehr gut möglich, daß es sich um einen Bruder des hier genannten Jose bar Tanchum bar Buṭa handelt. Der Sinn der 3. Zeile ist von Müller - Sellin (2; dazu 3; 8) nicht verstanden worden. Sie lesen:

דעבד תסרה טבלה
תחיל בא באב חת

"welcher gemacht hat die Mosaik-Tafeln.
Er begann am ersten im [Monat] Av, vollen[dete ... Amen."

Halévy las die vierte Zeile zunächst (3):

"Louange à Dieu!" תהילתה באלהה

schloß sich aber später (9) der Lesung Clermont-Ganneaus an. Das Wort טבלה bietet einige Schwierigkeiten. Möglicherweise ist damit der Teil des Mosaiks gemeint, in dem die Inschrift sich befindet (2; 3; 16; 26) oder das Mosaik überhaupt (1; 5; 7; 10; 17; 23; 27), wohl kaum aber ein Tauchbad (1; 5; 7; 11) oder gar ein Altar einer christlichen Kirche (1; 5; 7).

Von der linken Inschrift sind nur wenige Buchstaben erhalten. Die Buchstaben יש in der zweiten Zeile dürften Teil eines Namens sein. Wegen der vielen Ergänzungsmöglichkeiten müssen alle diesbezüglichen Versuche unbefriedigend bleiben. Die beiden letzten Zeilen können analog zu der ersten Inschrift ergänzt werden.

Neben der rechten Inschrift sind Reste eines geometrischen Musters (?) zu erkennen. Die Inschrift befindet sich heute noch in situ in der Franziskanerkirche in Kafr Kannā.

Clermont-Ganneau erwähnt noch einen Sturz mit Weinranken und -trauben, der aber zu seiner Zeit bereits verschwunden war (5, S. 359; 7, S. 389). Dieses Ornament ist sehr häufig in Synagogen und speziell auf Synagogenstürzen anzutreffen (vgl. z.B. Barʿám, große Synagoge). Bagatti (24) beschreibt mehrere Einzelfunde (vor allem typische Säulenbasen), die westlich von Kafr Kannā in einem Karm ar-Rās genannten Gelände (1813 2397) gefunden wurden. Sie können von der Synagoge in Kafr Kannā oder einer zweiten in Karm ar-Rās stammen.

Ausrichtung

280° W

Datierung

Die Inschrift wird ins 4. Jhd. (Clermont-Ganneau) bzw. ins 3./4. Jhd. (Lidzbarski) datiert. Vgl. die Datierung der aramäischen Inschrift von Ṣippori.

K a f r   N a f ā ḫ *

Koordinaten: 2.83 (2194 2742)
Im Golán.

Signatur: -

Namen: ar.: Kafr Nafāḫ

Literatur

1. EAEe II, 467 (Urman) (1976)
Carta's Atlas -
Atlas of Israel -

Archäologischer Befund

Urman erwähnt Einzelfunde von einer Synagoge, ohne näher darauf einzugehen. Die Funde sind zu wenig typisch, um von ihnen auf eine Synagoge schließen zu können.

K a f r   Y ā s ī f

Koordinaten: 1.84 (165 262)
In Galiläa, 9,5 km nordnordöstlich von ʿAkko.

Signatur: Synagoge archäologisch unsicher

Namen: ar.: Kafr Yāsīf

Literatur

1. Dussaud, Monuments, 88f., Nr. 118 (1912)
2. Braslavsky, in: JJPES 1, 2 (1925), 139 (= 8; vgl. 3)
3. Braslawski, in: PJPES 1, 2-4 (1925), 77 (vgl. 2)
4. Ben Zvi, in: JPOS 5 (1925), 204-217 (zitiert auch 2) (hebräische Übersetzung = 5)
5. Ben Zvi, in: Zion (Meassef) 1 (1926), 57-70 (hebräische Übersetzung von 4)
6. Galling, in: ZDPV 50 (1927), 310 (Liste)
7. Press, Enc. III, 488 (1952)
8. Braslvsky, Studies, 276 (= 2); 280; Tafel vor S. 273 (1954)
9. Avi-Yonah, HG, 182 (1962) (Liste)
10. Braslavy, Hayadaʿta, 267; Foto Nr. 30 (1964)
11. Ben Zvi, Remnants of Ancient Jewish Communities in the Land of Israel, 135 (1966)
12. Klein, Galilee, 127 (1967) (Erwähnung)
13. Saller, Nr. 62 (1972)

Carta's Atlas -
Atlas of Israel +

Archäologischer Befund

Im nördlichen Teil des Dorfes befindet sich in einem Haus, das heute von Endraus Bschara Giries bewohnt wird, ein Stein mit einer siebenarmigen Menora mit einem dreiteiligen Fuß, die mit einem Kranz umgeben ist. Rechts von der Menora, noch innerhalb des Kranzes, ist ein Lulav, rechts außerhalb des Kranzes ein Schofar. Die linke Hälfte des Steines ist offensichtlich abgeschlagen. Der Stein ist auf dem Hof des oben genannten Hauses über dem Eingang zu einem Gebäude, das heute als Stall benutzt wird, eingemauert (Foto in 10). Ben Zvi (4, S. 207;

5, S. 59) hat ihn vergeblich gesucht.

Erwähnenswert ist noch eine Steintüre, die sich heute im Louvre befindet, und die nach Dussaud von einem Grab stammt. Auf ihr sind u.a. eine Menora und ein Toraschrein abgebildet (Abbildung in 1; 8). Korinthische Kapitelle sowie Teile von Marmorsäulen von einem Soreg könnten von einer Synagoge sein. Ein Mosaik (heute nicht mehr zugänglich, Ausrichtung nicht bekannt; Beschreibung in 1; 4; 5; 8) sowie eine Soregplatte mit einem Kreuz und darunter drei Ringen, die sich in einer privaten Sammlung im Nachbarort (500 m) Abū Sinān befindet, deuten auf eine Kirche.

Literarischer Befund: -

Datierung: ?

K a f r ȧ *

Koordinaten: 4.85 -

Der Ort lag in der Nähe von Tiberias, u.z. oberhalb von diesem, wie aus HL r I 4 (משכני), 4 (vgl. 6, S. 114); j Pea 21a,25; j Scheq 48d,55 hervorzugehen scheint. Klein (6, S. 45) möchte das ἐν Κωμαις des Josephus (Vita 321, varia lectio) mit Kafrȧ identifizieren.

Signatur: Synagoge literarisch sicher; nicht identifiziert

Namen: rabb.: כפרה; כיפרא; כופרא; כפר; כפר של טבריא

Literatur

1. Klein, in: Haṣofe 4 (1915), 50.56f.
2. Horovitz, in: JJPES 1, 1 (1921), 85
3. Krauss, SA, 208f. (1922)
4. Klein, Sefer ha-yiššuv, 90 (1939)
5. Press, Enc. III, 475 (1952)
6. Klein, Galilee, 45.98.114 (1967)
Carta's Atlas -
Atlas of Israel -

Kafrȧ

Archäologischer Befund: -

Literarischer Befund

j Meg 70a,49f.:

רבי יוחנן קרי לה בכנישתא דכיפרא ואמר הדא היא עיקר טיבריא קדמייתא

"R. Jochanan las sie (sc. die Estherrolle) in der Synagoge von Kifrȧ und sagte: Das ist das eigentliche alte Tiberias."

j R hasch 59c,5f.:

א"ר חייה בר בא ר' יוחנן מפקד לאילין דכנישא דכיפרא סבין מטול ומיעול עד דו איממא

j Taᶜan 68b,33f.:

א"ר חייה בר בא ר' יוחנן מפקד לכנישתא דכופרא סבון מיעול עד דו איממא

"R. Chijja b. Ba sagte: R. Jochanan trug den Leuten aus der Synagoge (oder: Gemeinde) von Kifrȧ (Kufrȧ) auf: 'Seht zu, daß ihr (in die Synagoge) kommt, solange es noch Tag ist!'"

Pes r, ויהי בחצי הלילה, in der Fassung, die Friedmann im Nachtrag (הוספה) bringt (ed. Friedmann, 196b):

א"ר יודן בשם ר' יעקב בר אבינא דרש ר' אבוהו בכנסת של כפר של טבריא ואמר ...

"R. Judan sagte im Namen des R. Jaᶜaqov b. Avina: R. Abahu trug in der Synagoge von Kəfar šel Ṭəveryȧ vor und sagte ..."

Datierung

Durch die Nennung von R. Jochanan und R. Abahu kann die Synagoge in die zweite Hälfte des 3. bis Anfang des 4. Jahrhunderts datiert werden.

Ḫ. K a r m i l *

Koordinaten: 15.86 (1628 0925)
In Judäa, 11 km südlich von Ḥevron.

Signatur: -

Namen: ar.: Ḫ. Karmil
Umschreib.: Kh. Kermel; Kurmel; Kurmul; al-Birka; Yaṭṭa

Literatur

1. Abel - Barrois, in: RB 38 (1929), 583-585 (Abbildungen)
2. Avi-Yonah, in: QDAP 10 (1944), 140
3. Goodenough I, 213; III, Abb. 554 (1953)
4. Saller, Nr. 131 (1972)

Carta's Atlas -

Archäologischer Befund

Avi-Yonah bezieht einen von Ḫ. Karmil nach Yaṭṭa gebrachten Bogen mit einem einfachen Zickzackmuster unter Rosetten auf eine Synagoge. Der Bogen stammt mit großer Wahrscheinlichkeit von der Kirche in Ḫ. Karmil.

In einem Haus in Yaṭṭa (1585 0948) ist noch ein kleiner Sturz eingebaut, der ebenfalls von Ḫ. Karmil zu kommen scheint. Auf ihm ist rechts und links eine Rosette und in der Mitte ein Gebilde, das eine ganz entfernte Ähnlichkeit mit einer Menora hat, aber nicht als solche bezeichnet werden kann: Von einem senkrechten 'Stamm' gehen zu beiden Seiten in einem Winkel von etwa 45° zusammen 21-22 parallele Linien bis zum oberen Rand. Am unteren Ende ist in den vierziger Jahren die arabische Hausnummer 133 eingemeißelt worden.

K ả v u l

Koordinaten: 3.87 (170 252)
In Galiläa, 14 km südöstlich von ᶜAkko.

Signatur: Synagoge literarisch sicher

Namen: Jos.: Χαβωλων
ar.: Kābūl

Literatur

1. Klein, Beiträge, 56 (1909)
2. Avi-Yonah, in: QDAP 5 (1936), 170 (Liste)
3. Klein, Sefer ha-yiššuv, 88f. (1939)
4. Klein, Galilee, 57 (1967)

Carta's Atlas -
Atlas of Israel -

Literarischer Befund

b Meg 25b:

מעשה ראובן נקרא ולא מתרגם ומעשה ברבי חנינא בן גמליאל שהלך
לכבול והיה קורא חזן הכנסת 'ויהי בשכון ישראל' (ברי ל"ה כ"ב)
ואמר לו למתורגמן אל תתרגם אלא אחרון

"Die Geschichte von Ruben wird gelesen aber nicht übersetzt. Es geschah, daß R. Chanina b. Gamliel nach Kảvul ging; und der Chazzan der Gemeinde las: 'Und es geschah, daß Israel wohnte' (Gen 35,22). Er sagte zu dem Dolmetscher: 'Übersetze nur das Ende (des Verses)!'"

T Meg IV (III) 35:

מעשה ראובן נקרא ולא מתרגם מעשה בר' חנניא בן גמליאל שעמד
וקרא בכבול 'וילך ראובן וישכב את בלהה וג' ויהיו בני יעקב
שנים עשר' (ברי ל"ה כ"ב) ואמר למתורגמן אל תתרגם אלא אחרון

"Die Geschichte mit Ruben wird gelesen aber nicht übersetzt. Es geschah, daß R. Chananja b. Gamliel in Kảvul aufstand und las: 'Und Ruben ging und schlief bei Bilha usw. Und Jakob hatte zwölf Söhne' (Gen 35,22). Und er sprach zu dem Dolmetscher: 'Übersetze nur das Ende (des Verses)!'"

Alle Handschriften haben בכבול, der Erstdruck hat בעכו, "in ᶜAkko".

Die Schriftlesung fand in der Synagoge statt. Auch das Amt des חזן הכנסת, 'Synagogen-' oder 'Gemeindevorsteher' bezeugt die Existenz einer Synagoge.

Datierung

Durch die Nennung von R. Chanina (Chananja) b. Gamliel kann die Synagoge in die Mitte des 2. Jhd. datiert werden.

K ə f a r ᶜĂ z i z *

Koordinaten: 15.88 (1578 0932)
In Judäa, 10,5 km südlich von Ḥevron.

Signatur: -

Namen: rabb.: כפר עזיז
ar.: Ḫ. al-ᶜUzēz
Umschreib.: Kh. al-ᶜUzeiz; Kh. ᶜAziz; Ch. ᶜAzēz

Literatur

1. Mader, Altchristliche Basiliken, 214f. (1918)
2. Watzinger, Denkmäler II, 107f., Anm. 4 (1935)
3. Lurie, in: Nature and Country 3 (1935), 417
4. Goodenough I, 225 (1953)
5. ḤA 26 (1968), 35
6. Saller, Nr. 67 (1972)
7. Safrai, in: Immanuel 3 (1973/74), 45
Carta's Atlas -

Archäologischer Befund

In Ḫ. al-ᶜUzēz, das mit dem rabbinischen Kəfar ᶜĂziz identifiziert wird, sind Reste von mehreren öffentlichen Gebäuden.

Kəfar Ḥănanyå

Mader wirft erstmals die Frage auf, ob es sich bei einem dieser Gebäude, das nach Osten ausgerichtet ist, um eine Synagoge handeln könne. Alle späteren Forscher beziehen sich auf Mader. Die Ausrichtung nach Osten ist typisch für eine Kirche, es könnte sich allerdings auch um eine Breithaussynagoge handeln. Da in Ḫ. al-ᶜUzēz zwar mehrere Kreuze, aber keine jüdischen Symbole gefunden wurden, ist eine Kirche wahrscheinlicher.

K ə f a r Ḥ ă n a n y å

Koordinaten: 4.89 1897 2588
In Galiläa, 9 km südwestlich von Ṣəfat.

Signatur: Synagoge archäologisch sicher

Namen: rabb.: כפר היני; כפר ענן; כפר חנניה; כפר חנה;
כפר חנין

ar.: Kafr ᶜInān

Literatur

1. Braslavski, in: BJPES 1,2 (1933), 20f. (vgl. 4)
2. CIJ, Nr. 980 (1952)
3. Press, Enc. III, 484f. (1952)
4. Braslvsky, Studies, 216-222; 271-273 (1954) (vgl. 1)
5. Braslavy, Hayadaᶜta, 219-251 passim (vgl. Index); Foto Nr. 36 (1964)
6. Klein, Galilee, 124 (1967)
7. Braslavi, in: All the Land of Naphtali, 114 (1967)
8. Saller, Nr. 57 (1972)

Carta's Atlas -

Atlas of Israel -

Archäologischer Befund

In Kəfar Ḥănanyå sind Reste einer teilweise in den Felsen gehauenen Synagoge. Sie liegt am Südwesthang des Hügels, weit unterhalb der höchsten Stelle. Folgt man von Süden her den Bewässerungsrohren bis zum Ende und geht in derselben Richtung etwa 100 m weiter aufwärts, so stößt man auf sie. Die Nord-

und Ostwand sind zum größten Teil aus stehendem Fels geschlagen, dessen höchste Stelle in der Nordostecke ist. Die Westmauer ist nur wenige Zentimeter tief ausgehauen. Das Gebäude war 12,25 x 11,5 m groß und wurde durch zwei Säulenreihen in drei Schiffe aufgeteilt. Viereckige Erhöhungen im Boden zeigen, ähnlich wie in Meron, die Stellen, an denen Säulen gestanden haben. Reste von Verputz sind an einer der Mauern erhalten. Das Gebäude war nach Süden ausgerichtet.

Braslavski (1; 4) berichtet noch von einem Säulenrest, der in der Nähe gefunden wurde.

Die Synagoge wird mehrmals in mittelalterlichen Reiseberichten erwähnt (vgl. dazu 1; Ben-Zevi, in: BJPES 2, 2 [1934], 57-60; Braslawski, in: BJPES 3 [1935], 67-69; 4; 5, S. 219; Ben-Zvi, Remnants of Ancient Jewish Communities in the Land of Israel, 129f. [1966]; 7).

In al-Makr (1633 2598) wurde ein Bronzering von einer Lampe mit folgender Inschrift gefunden (Abbildungen in 2; 5):
Lesung nach Frey (2):

דן כלילה .... לאתרה קדישה דכפר חנניה דכירין לטב
אמן סלה שלום

"Ce cercle ... au lieu sacré de Kefar-Hananyah. Béni soit leur souvenir. Amen. Sélah. Paix."

Lesung nach Narkiss/Braslavski (5, S. 250f.):

ד(י)ן כלילה ע' (= עבד) זגש אף חיקת יפת לאתרה קדישה דכפר
חנניה דכירין לטב אמן קטף (?) סלה אמן

אמן fälschlich statt: שלום.
"Diesen Ring m(achte) ... für den heiligen Ort (= Synagoge) von Kəfar Ḥănanyå. Es sei ihrer zum Guten gedacht. Amen. Sela. Schalom."

חיקת = חקיקת, Gravierung. אתרה קדישה ist terminus für Synagoge, vgl. ἅγιος τόπος (Lifshitz, Index). Zwischen אמן und סלה sowie zwischen שלום und דן כלילה sind jeweils eine siebenarmige Menora, Lulav und Schofar eingeritzt.

Der Ring befindet sich heute in der Sammlung Raoul Warocqué im Schloß von Mariemont (Hainaut) in Belgien.

Frey (2) identifiziert Kəfar Ḥănanyȧ mit al-Makr, jedoch ohne weitere Begründung.

Ausrichtung: SSW 160°

Datierung

Die Synagoge dürfte in das 3. Jahrhundert zu datieren sein.

Der Ring wird in das 6. Jahrhundert datiert.

Vgl. Nachträge!

K ə f a r Ḥ i ṭ ṭ a y y ȧ

Koordinaten: 4.90 (1929 2459)
In Galiläa, 8 km westnordwestlich von Tiberias.

Signatur: Synagoge literarisch sicher

Namen: rabb.: כפר חטאייה; כפר חיטיא
ar.: Ḥiṭṭīn

Literatur

1. Bacher, Die Agada der Palästinensischen Amoräer II, 492 (1896)
2. Jastrow, Dictionary, 726 (s.v. מגדל) (1903)
3. Krauss, SA, 193 (1922)
4. Klein, in: MGWJ 76 (1932), 551f.
5. Klein, Sefer ha-yiššuv, 92 (1939)
6. Press, Enc. III, 483 (1952)
7. Klein, Galilee, 107f. (1967)

Carta's Atlas -
Atlas of Israel -

Literarischer Befund

Gen r LXV 16 (ed. Theodor - Albeck, 728f.):

אמר ר' אבא בר כהנא עובדא הוה בחדא סיעא דפריטין (דפריצין: VL)
בהדא כפר חטאייה דהוו נהיגין אכלין בכנישתא (בבי כנישתא; בבית
כנשתא :VL) כל אפתי רמוש שובא מן דהוו אכלין הוו נסוי גרמיה
ומקלקלין יתהון על ספרא חד מינהון מידמך אמ' ליה למאן את מפקד
על בניך אמר לספרא אמ' כמה רחמין הוו ליה והוא אמר לספרא אלא

דהוה ידע מה עובדיהון.

"R. Abba b. Kahana sagte: Es geschah, daß eine Gruppe von Dienern (VL: Bösewichtern) in Kəfar Ḥiṭṭayyå jeden Freitagabend in der Synagoge zu essen pflegte. Nach dem Essen nahmen sie die Knochen und bewarfen damit den Sofer. Als einer von ihnen im Sterben lag, fragte man ihn: 'Wem vertraust du deine Söhne an?' Er antwortete: 'Dem Sofer.' Sie sagten: 'Wieviel Freunde hatte er, und doch sagte er: Dem Sofer!' (Der Grund lag) aber (darin), daß er ihre Taten kannte."

Vor כפר חטאייה fügt eine Handschrift hinzu: ביזרה ד, was wohl mit Klein (4) richtig als 'Fremdenhaus' zu erklären ist. Krauss (3) versucht unnötigerweise, das Wort כנישתא hier als 'Versammlung', 'in Gemeinschaft' zu übersetzen. Eine ganze Reihe von Handschriften liest aber auch hier בבי כנישתא bzw. בבית כנשתא.

Zu den verschiedenen Schreibungen des Ortsnamens vgl. den kritischen Apparat bei Theodor - Albeck.

An folgenden Stellen bezieht Jastrow (2) das Wort דא auf eine Synagoge (כנישתא):

j Sanh 19d,73f.:

ערק לדא מוגדלא ואית דמרין להדא כפר חיטיא

j Hor 47a,42f.:

וערק בדא דמוגדלא ואית דאמרין בדא דכפר חיטיא

"Er floh nach jener (Synagoge) von Mugdəlå, und manche sagen: Nach der (Synagoge) von Kəfar Ḥiṭṭayyå."

Datierung

Durch Nennung von R. Abba b. Kahana als Tradenten kann der terminus ad quem mit dem Ende des 3. Jhd. festgelegt werden.

K ə f a r N a ḥ u m

Koordinaten: 4.91 2041 2541
In Galiläa, am Nordende des Sees Genezareth.

Signatur: Synagoge archäologisch sicher, literarisch sicher

Namen: rabb.: כפר אחים(?); כפר נחום(?); כפר תנחום(?)
(vgl. 17; 49, S. 12)

Jos.: Κεφαρνωμος

NT: Καφαρναουμ; Καπερναουμ

ar.: Tall Ḥūm

Umschreib.: Kapernaum; Kapharnaum

Literatur

1. Renan, Mission, 782f. (1864) (Erwähnung)
2. Wilson, in: PEFQS 1869, 41f. (Maße) (= 5)
3. Guérin VI, 227-232 (1880)
4. SWP, 414-417 (1881) (Abbildungen) (beruht auf 2)
5. SWP, SP, 298f. (1881) (Maße) (= 2)
6. Geyer, 112f. (1898) (lateinischer Text)
7. Kohl - Watzinger, in: MDOG 29 (1905), 14-21 (vorläufiger Grabungsbericht; Grundriß; Fotos)
8. Masterman, Studies in Galilee, 75.111-114 (1909) (Grundriß)
9. Krauss, Die galiläischen Synagogenruinen, 7 (1911)
10. Johann Georg, in: MNDPV, 18 (1912), 42 (Bundeslade; Foto)
11. Klein, in: ZDPV 35 (1912), 39-41
12. Kohl - Watzinger, 4-40.193-195; Tafel I-VI; Abb. vor Titelblatt (1916) (ausführlicher Grabungsbericht; Fotos, Abbildungen; Grundriß)
13. Meistermann, Capharnaüm et Bethsaïde, 163-291; Tafel 5-16 (1921) (Datierung; Fotos; Grundriß)
14. Grotte, in: MGWJ 65 (NF 29) (1921), 28f. (Bundeslade)
15. Krauss, in: MGWJ 65 (NF 29) (1921), 220 (Bundeslade)
16. Orfali, Capharnaüm, 9-101; Tafel I.III-X (1922) (ausführlicher Grabungsbericht; Fotos, Abbildungen; Grundriß)
17. Krauss, SA, 202-204 (1922) (Foto)
18. Dalman, Orte und Wege, 149-163 (1924)
19. Klein, in: Yedioth 2, 37f. (1925) (aramäische Inschrift)
20. Orfali, in: JPOS 6 (1926), 159-163 (griechische Inschrift)

21. Orfali, in: Antonianum 1 (1926), 401-412 (Inschriften; Fotos)

22. Dalman, Aramäische Dialektproben, 38 (1927) (aramäische Inschrift)

23. Alt, in: PJB 23 (1927), 43f. (Inschriften)

24. Galling, in: ZDPV 50 (1927), 311-315; Tafel 33 (fälschlich als Synagoge von Chorazim bezeichnet) (griechische Inschrift)

25. Bulletin, in: RB 37 (1928), 311 (aramäische Inschrift) (zu 21; 22)

26. Klein, Galiläa von der Makkabäerzeit bis 67, 49f. (1928) (aramäische Inschrift)

27. Cook, The Religion of Ancient Palestine, 214f.; Tafel XXXVIII (1930) (Bundeslade)

28. Sukenik, in: PEFQS 1931, 23; Tafel I (Schrein)

29. Sukenik, in: ZDPV 55 (1932), 75f.; Tafel 12A.13 (aramäische Inschrift)

30. Sukenik, Beth Alpha, 24.28.50; Abb. 25.30 (1932)

31. Sukenik, Ancient Synagogues, 7-21.52f.; (arch. Funde); 71f. (Inschriften); Tafel I-VII.XIIIa-b; XVII (1934) (Grundriß)

32. Sukenik, in: JPOS 15 (1935), 166 (Grundriß) (= 33)

33. Sukenik, El-Ḥammeh, 76 (1935) (Grundriß) (= 32)

34. Watzinger, Denkmäler II, 108-113; Tafel 15.37, Abb. 90f. (1935) (Abbildungen, Fotos; Grundriß)

35. Reifenberg, Denkmäler der jüdischen Antike, Tafel 33 (1937) (Bundeslade)

36. SEG 8 (1937), 1f. (griechische Inschrift)

37. Klein, Sefer ha-yiššuv, 94f.; Tafel XIV, 1-2 (1939)

38. Sukenik, in: Kedem 2 (1945), 121f. (Grundriß)

39. Sukenik, in: Bulletin 1 (1949), 17-21 (Abbildung)

40. Sukenik, in: Ereṣ Kinrot, 76 (1950) (= 51)

41. Klein, Toldot, 262 (1950) (Inschriften)

42. Wendel, Der Thoraschrein im Altertum, 8; Abb. 2.8 (kopfstehend) (1950)

43. CIJ, Nr. 982f. (1952) (Fotos)

44. Press, Enc. III, 492; Tafel IV (1952)

45. Goodenough I, 181-192; III, Abb. 451f. 457-479.484.660. 662.664 (1953) (Grundriß)

46. Pinkerfeld, Bišvile omanut yehudit, 132-134 (1957) (Fotos)

47. Wirgin, in: IEJ 12 (1962), 140-142; Tafel 14 (Menora)

48. Braslavy, Hayadaᶜta, 236-274 passim (vgl. Index); Abb.

24-27.32.34.37 (1964)

49. Sapir - Neeman, Capernaum, passim (1967) (Fotos, Abbildungen; Grundriß; Inschriften S. 46-54)

50. Avigad, in: All the Land of Naphtali, 91-94 (1967) (Grundriß)

51. Sukenik, in: All the Land of Naphtali, 102f.; Tafel XVII,3; XVIII,1 (1967) (= 40)

52. Braslavi, in: All the Land of Naphtali, 106-129 (1967)

53. Klein, Galilee, 36f. 117; Tafel V (1967)

54. Negev, in: EI 8 (1967), 197

55. Lifshitz, Nr. 75 (1967) (griechische Inschrift)

56. ḤA 33 (1970), 13f. (Grabungsergebnisse)

57. Corbo, Loffreda, Spijkerman, La Sinagoga de Cafarnao dopo gli scavi del 1969 (1970) (Grabungsbericht; Fotos, Abbildungen, Grundriß) (= 58.59.60 mit geringfügigen Änderungen; englische Zusammenfassung = 65; vgl. 62; 63; 67)

58. Corbo, in: LA 20 (1970), 7-52 (Grabungsbericht, Fotos, Abbildungen) (= 57, 8-60 mit geringfügigen Änderungen)

59. Loffreda, in: LA 20 (1970), 53-105 (zur Keramik; Grundriß, Fotos, Abbildungen) (= 57, 61-123)

60. Spijkerman, in: LA 20 (1970), 106-117 (Münzfunde) (= 57, 125-140)

61. EAEh, 277-279 (Avigad) (1970) (Fotos, Abbildung, Grundriß)

62. Foerster, in: IEJ 21 (1971), 207-209 (zu 57; vgl. 66) (= 63 hebräisch, ausführlicher)

63. Foerster, in: Qadmoniot 4 (1971), 126-130 (Foto, Abbildung, Grundriß) (zu 57; vgl. 66) (= 62 englisch, gekürzt)

64. Saller, Nr. 22 (1972) (Fotos, Abbildungen)

65. Loffreda, in: LA 22 (1972), 5-29 (englische Zusammenfassung von 57)

66. Loffreda, in: IEJ 23 (1973), 37-42 (Grundriß) (zu 62; 63; vgl 67)

67. Avi-Yonah, in: IEJ 23 (1973), 43-45 (zu 66; vgl. 68)

68. Loffreda, In: IEJ 23 (1973), 184 (zu 67)

69. Dever, in: BASOR 212 (1973), 33f.

70. Sullivan, in: CNI 25, 1 (1974), 38-42 (Fotos)

71. EAEe I, 286-290 (Avigad) (1975) (Grundriß; Abbildungen; Fotos)

Carta's Atlas +

Atlas of Israel +

Archäologischer Befund

In Kəfar Naḥum wurden Reste einer sehr schön ausgestatteten Synagoge gefunden, die in mehreren Grabungen freigelegt und teilweise restauriert wurde. Die erste größere Grabung führten Kohl - Watzinger 1905 durch (Grabungsbericht 7; 12), Hinterkeuser und Orfali gruben, mit Unterbrechungen, von 1905-1921 (Grabungsbericht 16), und 1969 wurden die Grabungen unter der Leitung von Corbo - Loffreda wieder aufgenommen (Grabungsberichte 57; 58; 59; 60; englische Zusammenfassung 65).

Es handelt sich um eine Basilika von 24,4 x 18,65 m Größe, die durch zwei Säulenreihen in drei Schiffe aufgeteilt wird. Gegenüber den Eingängen läuft eine dritte Säulenreihe parallel zur Rückwand. Die beiden hinteren Ecksäulen haben Herzform. An einem der korinthischen Kapitelle sind Menora, Schofar und Machta eingemeißelt. Der Boden ist mit Kalksteinplatten belegt. Zwei Steinbänke laufen an den Längsseiten entlang. In der Jerusalem zugewandten Südseite sind der Haupteingang und zwei Seiteneingänge, ein weiterer Eingang ermöglichte das Betreten der Synagoge von dem im Osten angebauten Hof. In der Nordwestecke ist ein Anbau, von dem man auf einer Freitreppe die (Frauen)empore erreichen konnte, die sich an der West-, Nord- und Ostseite entlangzog. Durch die vielen Funde läßt sich die Vorderfront mit ziemlicher Genauigkeit wiederherstellen: Sie wurde durch vier Pilaster in drei Felder mit je einem Eingang aufgeteilt. Von den Eingängen sind die Stürze erhalten; sie sind allerdings von Ikonoklasten sehr stark zerstört worden (Abb. vor allem in 12, Abb. 10-20; 16, Abb. 64-70; 45, Abb. 459-461). Auf dem Sturz der Mitteltür scheint in der Mitte ein Adler mit ausgebreiteten Flügeln gewesen zu sein; dieser sowie sechs Eroten oder Genien, die auf dem oberen Teil des Sturzes Girlanden zwischen sich hielten, sind fortgemeißelt worden. Zu beiden Seiten ist auf den Konsolen eine teilweise freistehende Dattelpalme. Auf dem Sturz der östlichen Fronttür scheinen zwischen mehreren Palmen auf der linken Seite drei Tiere oder Kentauren, auf der rechten Seite drei Adler gewesen zu sein, die ebenfalls weggemeißelt worden sind. Auf dem Sturz des westlichen Seiteneinganges war in der Mitte eine Vase, zu beiden Seiten Palmen, zwischen denen Spuren von Tieren zu erkennen sind. An beiden Stürzen läuft am oberen Rand ein Blattfries entlang. Über dem Haupteingang ist ein großes, bogenförmiges Fenster. Auf dem Abschlußstein ist ein Kranz abgebildet, dessen untere Enden in einer Heraklesschleife enden. Die beiden Schleifenenden wurden von zwei später weggemeißelten Vögeln in den Schnäbeln gehalten. In der Mitte des Kranzes ist eine Konche abgebildet. Zu beiden Seiten des Bogenfensters ist ein kleines Fenster: Vier kleine, freistehende Säulen mit korinthischen Kapitellen tragen einen Sturz in Form eines Giebels, in dessen Mitte eine Konche ist. Zweige ranken sich von beiden Seiten über den Giebel. Über dem Bogen war ein Doppelfenster, das in der gleichen Art wie die Seitenfenster gebaut war. Kohl - Watzinger, die das zweite Seitenfenster als das Gegenstück auf der Innenseite des ersten Fensters angesehen hatten, hielten dieses Doppelfenster für 'eine Art Allerheiligstes' mit dem Toraschrein, das zwischen den beiden letzten südlichen Säulen im Inneren, also gleich hinter dem Haupteingang, gestanden hatte (12, S. 35-38; Tafel IV; Farbtafel vor Titelseite). Ihnen folgten alle späteren Forscher bis 1945, nur Dalman (18, S. 154) vermutete ein Fenster. 1945 weist Sukenik, der früher auch Kohl - Watzingers These gefolgt war, nach, daß es sich bei diesen Resten um ein Fenster handelt, das in der Vorderfront gewesen war (38; 39). Goodenough (45) folgt jedoch wieder Kohl - Watzinger, obwohl er zugibt, daß dies die einzige Schreinwand (screen) aus Stein in dieser Art ist, die man gefunden hat (IX, 33). Über den Fenstern war ein Fries mit Akanthusblättern und Löwen, der in der Mitte bogenförmig über das Doppelfenster gewölbt war. Den Abschluß bildete ein Giebel.

Die Friese des Obergeschosses waren sehr reich verziert (Abb. insbesondere in 12, 30f.; 16, Abb. 38-56) mit aus Pflanzen gebildeten Medaillons, in denen verschiedene pflanzliche und geometrische Motive abgebildet sind, u.a. Pentagramm und Hexagramm sowie Tiere und mythologische Figuren wie zwei Adler, die eine Girlande in ihren Schnäbeln halten und ein Tier, halb

Pferd(?), halb Fisch. Die interessanteste Darstellung ist die Abbildung eines tempelähnlichen Gebäudes auf einem Wagen (Abb. in 10; 12, Abb. 68; 13, Abb. 16; 16, Abb. 52; 27; 31, Tafel Vc; 34, Abb. 91; 35; 42, Abb. 2; 45, Abb. 472; 48, Abb. 27; 49, Abb. 28; 51), bei dem es sich wahrscheinlich um die Bundeslade handelt (so 14; 34; 35; 42). Andere Erklärungen sind: römische carruca (12, S. 193-195), Tempel(?) (10), Tempel/Tempelchen (15; 16), Sonnenwagen(?) (16, S. 77f.), Thronwagen Ezechiels(?) (31, 17f.; 51), fahrbarer Toraschrein (24; 27; 28; 45; 49). Zu erwähnen ist noch ein Fragment mit einer fünfarmigen Menora und darüber einer Konche (Abb. in 16, Abb. 122) sowie zwei Löwentorsos.

Vor der Synagoge ist eine schmale Terrasse, zu der man von den Schmalseiten auf Treppen emporstieg. Im Osten ist ein etwa 12 x 24,4 m großer, trapezförmiger Hof angebaut. Von einer Säulenreihe parallel zur Ostwand laufen zwei kürzere Säulenreihen zur Ostwand der Synagoge. Auch hier haben die beiden Ecksäulen wieder Herzform. Der Hof hatte wahrscheinlich einen Haupteingang und zwei Nebeneingänge im Norden, zwei Eingänge im Osten und zwei Eingänge von der Terrasse her im Süden. Auch hier sind alle Stürze erhalten. Besonders zu erwähnen ist der Sturz des Haupteingangs im Süden, auf dem in der Mitte ein Toraschrein mit Spitzgiebel und zwei geschlossenen Türen abgebildet ist (Abb. in 12, Abb. 40; 16, Abb. 11f. 14.103-112; 45, Abb. 467-471). Der Hof wird verschiedentlich als Lehrhaus bezeichnet, ohne daß allerdings eine Begründung dafür gegeben wird (49; 57; 58).

Inschriften

Auf einer Säule wurde eine aramäische Inschrift gefunden. Klein, der sie veröffentlichte, las (19; 26):

[דכי]ר לטב זבידה בר יוחנן
[ד]עבד הדן עמודה
לא יבד לה דכ[רונה]
אמן

Ihm folgen Dalman (22), der Orfalis Aufsatz (21) noch nicht

kannte und Alt (23). Seit Orfalis Aufsatz (21) dürfte es keine Zweifel mehr an der folgenden Lesung geben:

"Chalfo bar Zevida bar Jochanan	חלפו בר זבידה בר יוחנן
machte diese Säule.	עבד הדן עמודה
Es komme über ihn Segen."	ת[ה]י לא (= לה) ברכתה

תי לא sind verschrieben für תהי לה.

Die Inschrift wird ins 4. Jhd. (26) bzw. in die byzantinische Zeit (31) datiert.

Auf einer anderen Säule fand man eine griechische Inschrift:

1. Ἡρώδης Μο[κί(-νί?)-	"Herodes, Sohn des Mo[ki(-ni?)-
2. μου καὶ Ἰοῦστος	mos und Justos
3. υἱὸς ἅμα τοῖς	(sein) Sohn, zusammen mit den
4. τέκνοις ἔκτι-	Kindern errichte-
5. σαν	ten sie
6. τὸν κίονα	die Säule."

Zum Namen Μόκιμος vgl. noch Maisler, in: Kedem 1 (1942), 75.

Orfali datiert die Inschrift ins 1. Jhd. (20; 21), sie dürfte aber mit Galling (24) und Frey (43) in das 3. Jhd. zu datieren sein. (Vgl. dazu noch unter 'Datierung'.)

Literarischer Befund

Die Synagoge von Kəfar Naḥum wird mehrmals im NT erwähnt:

Mark 1,21-29:

Καὶ εἰσπορεύονται εἰς Καφαρναούμ (Var.: Καπερναούμ)· καὶ εὐθὺς τοῖς σάββασιν εἰσελθὼν εἰς τὴν συναγωγὴν ἐδίδασκεν. (22) καὶ ἐξεπλήσσοντο ἐπὶ τῇ διδαχῇ αὐτοῦ· ἦν γὰρ διδάσκων αὐτοὺς ὡς ἐξουσίαν ἔχων, καὶ οὐχ ὡς οἱ γραμματεῖς. (23) καὶ εὐθὺς ἦν ἐν τῇ συναγωγῇ αὐτῶν ἄνθρωπος ἐν πνεύματι ἀκαθάρτῳ, καὶ ἀνέκραξεν λέγων· (24) τί ἡμῖν καὶ σοί, Ἰησοῦ Ναζαρηνέ; ἦλθες ἀπολέσαι ἡμᾶς. οἶδά σε τίς εἶ, ὁ ἅγιος τοῦ θεοῦ. (25) καὶ ἐπετίμησεν αὐτῷ ὁ Ἰησοῦς λέγων· φιμώθητι καὶ ἔξελθε ἐξ αὐτοῦ. (26) καὶ σπαράξαν αὐτὸν τὸ πνεῦμα τὸ ἀκάθαρτον καὶ φωνῆσαν φωνῇ μεγάλῃ ἐξῆλθεν ἐξ αὐτοῦ. (27) καὶ ἐθαμβήθησαν ἅπαντες, ὥστε συζητεῖν αὐτοὺς λέγοντας· τί ἐστιν τοῦτο; διδαχὴ καινὴ κατ' ἐξουσίαν· καὶ τοῖς πνεύμασι τοῖς ἀκαθάρτοις ἐπιτάσσει, καὶ ὑπακούουσιν αὐτῷ. (28) καὶ ἐξῆλθεν ἡ ἀκοὴ αὐτοῦ εὐθὺς πανταχοῦ εἰς ὅλην τὴν περίχωρον τῆς Γαλιλαίας. (29) καὶ εὐθὺς ἐκ τῆς συναγωγῆς ἐξελθόντες ἦλθον εἰς τὴν οἰκίαν Σίμωνος καὶ 'Ανδρέου μετὰ 'Ιακώβου καὶ 'Ιωάννου.

"(21) Und sie gingen nach Kapharnaum. Am Sabbat ging er sogleich in die Synagoge und lehrte. (22) Sie waren bestürzt über seine Lehre, denn er lehrte wie einer, der Macht hat, nicht wie die Schriftgelehrten. (23) In ihrer Synagoge war nun ein Mann, der von einem unreinen Geist besessen war. Der begann zu schreien: (24) 'Was haben wir mit dir zu tun, Jesus von Nazareth? Du bist gekommen, um uns ins Verderben zu stürzen. Ich weiß, wer du bist: der Heilige Gottes!' (25) Da drohte ihm Jesus: 'Schweig und verlaß ihn!' (26) Der unreine Geist zerrte den Mann hin und her und verließ ihn mit lautem Geschrei. (27) Da staunten alle und fragten einander: 'Was bedeutet das? Es ist eine neue Lehre, und sie wird mit Macht verkündet. Sogar den unreinen Geistern befiehlt er, und sie gehorchen ihm!' (28) Und seine Kunde verbreitete sich schnell in der ganzen Gegend Galiläas. (29) Gleich danach verließen sie die Synagoge und gingen mit Jakobus und Johannes in das Haus des Simon und Andreas."

Luk 4,31-38:

Καὶ κατῆλθεν εἰς Καφαρναοὺμ πόλιν τῆς Γαλιλαίας. καὶ ἦν διδάσκων αὐτοὺς ἐν τοῖς σάββασιν· (32) καὶ ἐξεπλήσσοντο ἐπὶ τῇ διδαχῇ αὐτοῦ, ὅτι ἐν ἐξουσίᾳ ἦν ὁ λόγος αὐτοῦ. (33) καὶ ἐν τῇ συναγωγῇ ἦν ἄνθρωπος ἔχων πνεῦμα δαιμονίου ἀκαθάρτου, καὶ ἀνέκραξεν φωνῇ μεγάλῃ· (34) ἔα, τί ἡμῖν καὶ σοί, 'Ιησοῦ Ναζαρηνέ; ἦλθες ἀπολέσαι ἡμᾶς; οἶδά σε τίς εἶ, ὁ ἅγιος τοῦ θεοῦ. (35) καὶ ἐπετίμησεν αὐτῷ ὁ 'Ιησοῦς λέγων· φιμώθητι καὶ ἔξελθε ἀπ' αὐτοῦ. καὶ ῥίψαν αὐτὸν τὸ δαιμόνιον εἰς τὸ μέσον ἐξῆλθεν ἀπ' αὐτοῦ μηδὲν βλάψαν αὐτόν. (36) καὶ ἐγένετο θάμβος ἐπὶ πάντας, καὶ συνελάλουν πρὸς ἀλλήλους λέγοντες· τίς ὁ λόγος οὗτος, ὅτι ἐν ἐξουσίᾳ καὶ δυνάμει ἐπιτάσσει τοῖς ἀκαθάρτοις πνεύμασιν καὶ ἐξέρχονται; (37) καὶ ἐξεπορεύετο ἦχος περὶ αὐτοῦ εἰς πάντα τόπον τῆς περιχώρου. (38) ἀναστὰς δὲ ἀπὸ τῆς συναγωγῆς εἰσῆλθεν εἰς τὴν οἰκίαν Σίμωνος.

"(31) Und er kam nach Kapharnaum, einer Stadt Galiläas, wo er die Leute am Sabbat unterrichtete. (32) Sie waren bestürzt über seine Lehre, denn seine Rede war gewaltig. (33) In der Synagoge war jemand, der von einem unreinen Dämon besessen war. Der schrie mit lauter Stimme: (34) 'Was haben wir mit dir zu tun, Jesus von Nazareth? Bist du gekommen, uns zu verderben? Ich weiß, wer du bist: der Heilige Gottes!' (35) Da drohte ihm Jesus: 'Schweig und verlaß ihn!' Der (Dämon) aber warf ihn mitten (in der Synagoge) zu Boden und verließ ihn, ohne ihm Schaden zuzufügen. (36) Da staunten alle und fragten einander: 'Was ist das für ein Wort! Er befiehlt den unreinen Geistern mit Macht und Kraft, und diese fliehen!' (37) Und sein Ruf verbreitete sich in der ganzen Gegend. (38) Er verließ die Synagoge und ging in das Haus des Simon."

Luk 7,1-6:

Ἐπειδὴ ἐπλήρωσεν πάντα τὰ ῥήματα αὐτοῦ εἰς τὰς ἀκοὰς τοῦ λαοῦ, εἰςῆλθεν εἰς Καφαρναούμ. (2) ἑκατοντάρχου δέ τινος δοῦλος κακῶς ἔχων ἤμελλεν τελευτᾶν, ὃς ἦν αὐτῷ ἔντιμος. (3) ἀκούσας δὲ περὶ τοῦ Ἰησοῦ ἀπέστειλεν πρὸς αὐτὸν πρεσβυτέρους τῶν Ἰουδαίων, ἐρωτῶν αὐτὸν ὅπως ἐλθὼν διασώσῃ τὸν δοῦλον αὐτοῦ. (4) οἱ δὲ παραγενόμενοι πρὸς τὸν Ἰησοῦν παρεκάλουν αὐτὸν σπουδαίως,λέγοντες ὅτι ἄξιός ἐστιν ᾧ παρέξῃ τοῦτο· (5) ἀγαπᾷ γὰρ τὸ ἔθνος ἡμῶν καὶ τὴν συναγωγὴν αὐτὸς ᾠκοδόμησεν ἡμῖν. (6) ὁ δὲ Ἰησοῦς ἐπορεύετο σὺν αὐτοῖς.

"(1) Als er diese Rede vor dem Volk beendet hatte, ging er nach Kapharnaum. (2) Der Diener eines Hauptmannes, den dieser sehr schätzte, lag im Sterben. (3) Als er von Jesus hörte, schickte er einige von den Ältesten der Juden zu ihm und ließ ihn bitten zu kommen und seinen Diener zu heilen. (4) Als sie zu Jesus kamen, baten sie ihn dringend und sagten: (5) 'Er ist es wert, daß du seine Bitte erfüllst. Er liebt nämlich unser Volk und hat uns die Synagoge gebaut.' (6) Da ging Jesus mit ihnen."

Joh 6,59:

Ταῦτα εἶπεν ἐν συναγωγῇ διδάσκων ἐν Καφαρναούμ.

"Das sagte er, als er in der Synagoge von Kapharnaum lehrte."

Petrus Diaconus, Liber de locis sanctis (Migne, Patrologia Latina, Band 173, Sp. 1128 A-B; Geyer, 112f.):

Capharnaum ... Illuc est et synagoga, in qua Dominus daemoniacum curavit, ad quam per gradus multos ascenditur; quae synagoga ex lapidibus quadratis est facta.

"Kapharnaum ... Dort ist auch die Synagoge, in der der Herr den Dämon geheilt hat. Man steigt zu ihr auf großen Stufen empor. Die Synagoge ist aus Quadersteinen gebaut."

Mit den Stufen sind die Treppen zu der Terrasse gemeint. Der Bericht, der sich auf Mark 1,21-28 und Luk 4,31-37 bezieht, stammt aus dem 12. Jhd., beruht aber im wesentlichen auf Beda Venerabilis (Anfang des 8. Jhd.) Werk 'De Locis Sanctis'.

Ausrichtung: 190° SSW (Nach 49: 165°)

Datierung

Die im NT erwähnte Synagoge ist in die erste Hälfte des 1. Jhd. zu datieren.

Die Ruinen der Synagoge von Kəfar Naḥum wurden lange Zeit, sicherlich unter dem Einfluß des neutestamentlichen Berichtes, in die erste Hälfte des 1. Jhd. datiert (3; 9; 13; 16). Aufgrund der historischen Gegebenheiten und durch Vergleiche mit anderen Denkmälern wurde die Synagoge später in das Ende des 2. und den Anfang des 3. Jhd. datiert. Aufgrund neuer Grabungen vermuten die Franziskaner ein sehr viel späteres Datum, nämlich frühestens die Mitte des 4. Jhd., bzw. Fertigstellung des Baues Anfang des 5. Jhd. Diese Datierung beruht im wesentlichen auf Münzen, die in den Fundamenten der Synagoge gefunden wurden und deren späteste aus dem Jahr 383 ist. Diese Datierung, die die gesamte bisherige Chronologie in Frage stellt, wird von Foerster und Avi-Yonah zurückgewiesen. Vgl. dazu die Diskussion in 57; 58; 59; 60; 65; 66; 68 einerseits und 62; 63; 67 andererseits. Eine Klärung dieser Frage kann erst nach weiteren Grabungen in Kəfar Naḥum und anderen galiläischen Synagogen, vor allem Koråzim, erreicht werden.

Vgl. Nachträge!

Ḫ. K ī l y a *

Koordinaten: 9.92 (1826 1488)
In der Wüste Juda, 14 km nordwestlich von Jericho.

Signatur: -

Namen: ar.: Ḫ. Kīlya; Ḫ. Kīlyā
Umschreib.: Kh. Kilia

Literatur

1. Guérin IV, 215f. (1874)
Carta's Atlas -

Archäologischer Befund

Guérin beschreibt Säulenreste sowie einen Stein mit einer siebenarmigen Menora. Er schließt aus diesen Funden auf eine Synagoge. Bei meinem Besuch im Sommer 1974 konnte ich den Stein mit der Menora, trotz der genauen Angaben von Guérin, nicht wiederfinden. Allerdings kam ein auf der von ihm beschriebenen Zisterne liegender Stein in Frage, es war mir aber wegen seiner Größe nicht möglich, ihn umzuwenden und die Unterseite zu betrachten. Wegen der abgelegenen Lage ist es durchaus wahrscheinlich, daß der Stein sich noch dort befindet. In der Nähe fand ich einen Säulenstuhl mit zwei parallelen Linien, zwischen denen Spuren eines Ornamentes (Inschrift?) zu erkennen waren.

Ḥ. K i š o r

Koordinaten: 14.93 (1364 0970)
25,5 km nordnordöstlich von Bəʾẹr Ševaᶜ.

Signatur: Synagoge archäologisch unsicher

Namen: ar.: Ḫ. Umm Kašram
hebr.: ח. כישור

Literatur

1. Kloner, in: IEJ 24 (1974), 197-200; Tafel 39 A
Carta's Atlas -

Archäologischer Befund

In Ḥ. Kišor wurde 1958 ein Bruchstück eines Sturzes gefunden, der wahrscheinlich von einer Synagoge stammt. In der Mitte dieses Sturzes ist eine siebenarmige Menora mit einem dreifüßigen Podest abgebildet. Zu beiden Seiten des mittleren Armes und zu beiden Seiten der äußeren Arme der Menora hängen Gegenstände herab, vielleicht stilisierte Trauben. Am rechten Rand des Sturzes ist ein senkrechtes Band, in dem von einer Wellenlinie getrennte Blüten sind, die abwechselnd nach innen und außen zeigen. Spuren eines zweiten Bandes finden sich an der Bruchstelle am gegenüberliegenden Rand.

Datierung: 2. Hälfte des 4. bis 5. Jhd.

K i s s u f i m *

Koordinaten: 13.94 (etwa 090 087)
14 km südwestlich von Gaza.

Signatur: -

Namen: hebr.: כסופים

Koḵav ha-Yardẹn

Literatur

1. Ilan, in: Tarbiz 43 (1973/74), 225f.; englische Zusammenfassung XI (Fotos)

Carta's Atlas -

Archäologischer Befund

1961 fand man westlich von Kissufim ein Kalksteinbruchstück mit Resten einer Inschrift, die wahrscheinlich eine Priesterliste gewesen ist, wie man sie in Caesarea und Ašqəlon gefunden hat. Ilan vermutet, daß die Tafel entweder aus der 6-7 km entfernten Synagoge von Må^con oder von einer noch nicht wiedergefundenen Synagoge in der Nähe von Kissufim stammt.

Datierung: Früher als 6. Jhd. (?)

K o ḵ a v h a - Y a r d ẹ n

Koordinaten: 4.95 (1994 2218)
22 km südlich von Tiberias.

Signatur: Synagoge archäologisch sicher

Namen: rabb.: כוכב(?); כוכבא(?)

Zur Identifizierung Dalmans mit Agrippina (PJB 18/19 [1922/23], 43f.) und dem rabbinischen גרופינה vgl. 5; 6.

Kreuzfahrer: Belvoir

ar.: Kōkab al-Hawā'

Literatur

1. Biran, in: CNI 19, 3-4 (1968), 39
2. Ben-Dov, in: Qadmoniot 2 (1969), 27 (Foto)
3. Saller, Nr. 86 (1972)
4. Ben-Dov, in: CNI 23, 1 (1972), 26
5. Ben-Dov, in: Qadmoniot 6 (1973), 60-62 (Foto; Abbildung; Inschrift)
6. Ben-Dov, in: Eretz Shomron, 86-95; englische Zusammenfassung XVI; Tafel XIII-XVI (1973) (Inschrift; Abbildungen)

7. EAEe I, 179-181 (Ben-Dov) (1975)
Carta's Atlas +
Atlas of Israel -

Archäologischer Befund

In der Kreuzfahrerfestung Belvoir (1992 2224) wurde eine Reihe von wiederverwendeten Steinen gefunden, die zweifellos von einer Synagoge stammen. Der wichtigste Fund sind zwei Bruchstükke eines Basaltsturzes (Abb. in 2; 5; 6), in dessen Mitte eine siebenarmige Menora mit einem dreiteiligen Fuß abgebildet ist; links neben ihr ist eine Machta, rechts war wahrscheinlich ein Schofar und/oder ein Lulav bzw. Etrog. Zu beiden Seiten schließt sich ein Toraschrein an; der linke ist ganz erhalten, von dem rechten nur der untere Teil. In der linken oberen Ekke ist eine tabula ansata ohne Inschrift, das Gegenstück auf der rechten Seite ist verloren. Auf der unteren rechten Seite des Sturzes ist eine aramäische Inschrift, von der die unteren vier Zeilen sowie Reste von Buchstaben einer weiteren Zeile darüber erhalten sind.

Ein Stein mit Teilen einer griechischen Inschrift ist noch nicht veröffentlicht.

An weiteren Funden sind noch anzuführen (Abbildungen in 6): Ein Stein mit einem Weinrankenornament; ein Stein mit einem geometrischen Muster und einem zerstörten Blüten(?)ornament; eine tabula ansata ohne Inschrift; ein Stein mit einer vierblättrigen Rosette; ein Pilaster, wahrscheinlich von dem Haupteingang; Teile von Soregplatten und Soregsäulen sowie eine Steinplatte mit fünf großen Löchern von einem Fenster.

Die Synagoge hat nicht an der Stelle der Kreuzfahrerfestung gestanden. Die Spuren der alten Ortslage wurden etwa 700 m südsüdöstlich unterhalb der Festung auf einer Terrasse wiedergefunden (obige Koordinaten); vgl. dazu Ben-Dov (6).

Inschriften

Aramäische Stiftungsinschrift auf einem Basaltsturz. Besprechung in 5; 6.

Kokav ha-Yarden

Abbildung in 5; 6:

1. [דכירין לטב פלוני בן פלוני]
2. [ופלוני בן פלוני]
3. דשרן הדה
4. סכופתה מן
5. דרחמנה ומן עמלי
6. אמן אמן סלה

1. "[Es sei zum Guten gedacht des NN]
2. [und des NN],
3. die gestiftet(?) haben diesen
4. Sturz(?) aus
5. Liebe(?) und aus (ihrem) Vermögen.
6. Amen. Amen. Sela!"

Am Anfang fehlen zwei Zeilen, in denen die übliche Einleitungsformel דכירין לטב und die Namen der Spender zu ergänzen sind.

Die Bedeutung von רחמנה in Zeile 5 ist nicht klar; Ben-Dov erklärt es in 5 als 'Sturz des Barmherzigen', nämlich Gottes (משל הרחמן), in 6 besser als 'aus Spendengeldern, aus öffentlicher Kasse'.

Eine dreizeilige griechische Inschrift ist noch nicht entziffert worden. Eine Abbildung des Steines mit der Inschrift befindet sich in 6, Tafel XVI,3.

Literarischer Befund: -

Datierung: 3./4. Jahrhundert.

K o r ą z i m

Koordinaten: 4.96 2031 2575
In Galiläa, 4 km nördlich von Kəfar Naḥum.

Signatur: Synagoge archäologisch sicher; literarisch sicher

Namen: rabb.: כרזים; כרזיים; כורזין
(קרציון, nach Jastrow, Dictionary, s.v. קרציון)

NT: Χοραζιν

ar.: Ḫ. Karāza

Umschreib.: Chorazain; Chorazin

Literatur

1. Wilson, in: PEFQS 1869, 41f. (Maße) (= 4)
2. Guérin VI, 241-247 (1880)
3. SWP I, 400-402 (1881) (Abbildungen)
4. SWP, SP, 299 (1881) (Maße) (= 1)
5. Geyer, 113 (1898) (lateinischer Text)
6. Macalister - Masterman, in: PEFQS 1907, 115f.; Tafel I (Abbildungen)
7. Masterman, Studies in Galilee, 114 (1909)
8. Dalman, in: PJB 9 (1913), 53
9. Kohl - Watzinger, 41-58; Tafel VII (1916) (ausführlicher Grabungsbericht; Fotos, Abbildungen, Grundriß)
10. Meistermann, Capharnaüm et Bethsaïde, 176f. (1921) (Kurzbeschreibung nach 9)
11. Dalman, Orte und Wege, 163f. (1924)
12. Alt, in: PJB 23 (1927), 44 (Inschrift)
13. Ory, in: PEFQS 1927, 51f.; Tafel III (Inschrift) (vgl. 14; 15)
14. Marmorstein, in: PEFQS 1927, 101f. (Inschrift) (zu 13)
15. Vincent, in: RB 36 (1927), 471 (Inschrift) (zu 13; vgl. 17)
16. Galling, in: ZDPV 50 (1927), 314 (vgl. 18)
17. Vincent, in: RB 37 (1928), 318 (Inschrift) (zu 15)
18. Klein, in: ZDPV 51 (1928), 136 (Inschrift) (zu 16)
19. Klein, Galiläa von der Makkabäerzeit bis 67, 57-59 (1928) (Inschrift)

20. Albright, in: BASOR 29 (1928), 6 (Foto)

21. Sukenik, in: Tarbiz 1, 1 (1929), 148-151; Tafel V-VIII (Inschrift) (vgl. 22)

22. Epstein, in: Tarbiz 1, 1 (1929), 152 (Inschrift) (zu 21; vgl. 23)

23. Sukenik, in: Tarbiz 1, 2 (1930), 135f. (zu 22)

24. Krauss, in: REJ 89 (1930), 387-395 (Inschrift)

25. Watzinger, in: Der Morgen 6 (1930), 359f. (archäologische Funde; Inschrift)

26. Marmorstein, in: PEFQS 1930, 155 (Inschrift)

27. Sukenik, in: PEFQS 1931, 23 (Schrein)

28. Sukenik, Beth Alpha, 32-34 (1932) (Fotos)

29. Sukenik, Ancient Synagogues, 21-24; 60; Tafel VIII.XV (1934) (archäologische Funde, Grundriß; Inschrift)

30. Watzinger, Denkmäler II, 109-112; Abb. 83.92 (1935) (archäologische Funde; Inschrift)

31. Klein, Sefer ha-yiššuv, 98; Tafel XIV, 3 (1939)

32. Roth, in: PEQ 80/81 (1948/49), 101; Tafel XVI (Sitz des Mose)

33. Sukenik, in: Bulletin 1 (1949), 19-21

34. Klein, Toldot, 264 (1950) (Inschrift)

35. Sukenik, in: Ereṣ Kinrot, 77; Tafel XIVf. (1950) (= 48)

36. Galling, Textbuch zur Geschichte Israels, 82 (1950) (Inschrift)

37. Press, Enc. III, 505 (1952)

38. CIJ, Nr. 981 (1952)

39. Goodenough I, 193-199; III, Abb. 484-502.544 (1953) (Grundriß)

40. Avi-Yonah, Oriental Art in Roman Palestine, 34-36; Tafel IV (1961)

41. Yeivin, in: IEJ 12 (1962), 152f. (neuere Grabungen)

42. Yeivin, in: RB 70 (1963), 587f.; Tafel XXIVb (neuere Grabungen)

43. Biran, in: CNI 14, 1 (1963), 15 (neuere Grabungen)

44. Braslavy, Hayadaᶜta, 218-274 passim (vgl. Index); Abb. 28f. 33 (1964) (archäologische Funde; Inschrift)

45. ḤA 13 (1965), 18f. (neuere Grabungen)

46. Klein, Galilee, 37.117f.; Tafel IV (1967)

47. Braslavi, in: All the Land of Naphtali, 106f. 118 (1967)

48. Sukenik, in: All the Land of Naphtali, 103 (1967); Tafel XVII, 1-2 (= 35)

49. Yeivin, in: All the Land of Naphtali, 135-138; Tafel XI-XIV (1967) (kurzer Grabungsbericht; Abbildungen)

50. Negev, in: EI 8 (1967), 197

51. Yeivin, in: Qadmoniot 2 (1969), 98f. (Stürze, Fotos)

52. EAEh, 260-262 (Yeivin - Avigad) (1970) (Fotos; Grundriß)

53. Kloetzli, in: LA 20 (1970), 359-369 (Münzfunde; Grundriß)

54. Saller, Nr. 64; Abb. 16-19 (1972)

55. Loffreda, in: LA 22 (1972), 27f.

56. Ory (Foerster), in: EI 11 (1973), 227; englische Zusammenfassung 30*

57. Yeivin, in: EI 11 (1973), 144-157; englische Zusammenfassung 27*; Tafel XXV; XXVIII,3 (Grabungsbericht; Grundriß)

58. EAEe I, 299-303 (Yeivin - Avigad) (1975) (Fotos; Grundriß)

Carta's Atlas +

Atlas of Israel +

Archäologischer Befund

1869 beschreibt Wilson (1) einige Reste einer Synagoge in Korâzim. Kohl - Watzinger gruben 1905-1907 einen Teil der Synagoge aus (Grabungsbericht 9); 1926 konnte Ory den ganzen Komplex freilegen. In den sechziger Jahren wurde unter der Leitung von Yeivin noch einmal, vor allem auch in der näheren Umgebung der Synagoge, gegraben (41; 42; 43; 49).

Es handelt sich um eine Basilika von 16,7 x 22,8 m Größe, die durch zwei Säulenreihen zu je fünf Säulen in drei Längsschiffe aufgeteilt wird. Eine weitere Säulenreihe befindet sich gegenüber den Eingängen parallel zur Rückwand. Zwei steinerne Bankreihen ziehen sich an den Seitenwänden und an der Rückwand entlang. In der Jerusalem zugewandten Südseite sind drei Eingänge, vor denen eine Terrasse angelegt ist, zu der man auf zwei Treppen hinaufsteigt. Der Sturz des mittleren Einganges ist unzerstört geblieben; er hat keine Verzierungen oder Darstellungen. Einige Fragmente scheinen von den Stürzen der beiden Seiteneingänge zu stammen. Nach dem Rekonstruktionsversuch von Yeivin (51) waren auf dem einen Sturz in der Mitte eine siebenarmige Menora, rechts und links davon ein Kranz mit Heraklesschleife(?), auf dem anderen wahrscheinlich zwei siebenarmige Menorot, von denen ein Bruchstück bei Kohl - Watzinger abgebildet zu sein scheint (9, Abb. 111). Im Westen zieht sich ein Hof an der Synagoge entlang. In der Nordwestecke ist ein Raum angebaut, den man nur vom Inneren der Synagoge her betreten konnte. Er könnte als Aufbewahrungsort für den Toraschrein gedient haben (52; 58). Reste einer Treppe führten von dort zur (Frauen)empore, von der Säulen mit geringerem Durchmesser gefunden wurden. Von der Vorderfront sind so viele Reste erhalten, daß eine ziemlich genaue Rekonstruktion möglich ist (29; 52; 58). Zu erwähnen sind insbesondere Reste eines Adlers, der die Mitte der Giebelwand schmückte sowie verschiedene Konchen (Abb. in 3; 8, Abb. 103.108; 38, Abb. 498f. 502). Man fand Reste von zwei Löwenskulpturen (Abb. in 28; 39, Abb. 501; eine befindet sich heute im Museum von Tiberias), deren genauer Standort unbekannt ist; sie könnten die Vorderfront geschmückt oder zu beiden Seiten des Toraschreins gestanden haben (24; 28; 33; 44, S. 245; 45; 52; 58). Die Friese des Obergeschosses waren mit verschiedenen Darstellungen geschmückt, darunter ein Medusenkopf, menschliche Figuren, die Weintrauben ernten und keltern (Abb. u.a. in 20, dort als 'himmlische Zwillinge, ein Zodiac-Motiv von der Synagoge Chorazin' beschrieben; vgl. dazu 39, S. 194, Anm. 119), ein galoppierender Kentaur, ein Toraschrein mit Konche (27), mehrere Kränze mit Heraklesschleife, ein nicht zu identifizierendes säugendes Tier, das von Dalman als 'apotropäisch gemeinte säugende Eselin' beschrieben wird (11; ebenso in PJB 13 [1917], 37) usw. (Beschreibung und Abbildungen der einzelnen Darstellungen in 9, S. 50-53; 29; 39, Abb. 487-497; 40; 44, S. 259f.; 47).

Neben der Synagoge wurden u.a. drei unterirdische Räume gefunden, von denen einer wahrscheinlich als Tauchbad gedient hat (41; 43; 52; 58). Seitenräume haben vielleicht zur Beherbergung von Fremden gedient.

Der wichtigste Einzelfund ist ein 'Sitz des Mose' (קתדרא דמשה) mit einer aramäischen Inschrift (Abb. in 21; 29; 35; 38; 39, Abb. 544; 44; 46; 48; 52; 54; 58):

1. דכיר לטב יודן בן ישמע[א]ל
2. דעבד הדן סטוה

3. ודרגוה בפעלה יהי
4. לה חולק עם צדיקים

1. "Es sei zum Guten gedacht des Judan ben Jischmaᶜ[e]l,
2. der gemacht hat diese Synagoge
3. und die Stufen. Für seine Tat (= als Lohn) sei
4. ihm Anteil mit den Gerechten."

Schwierigkeiten in der Lesung ergeben sich nur in der dritten Zeile:
Ory, der die Inschrift veröffentlichte, las (13):

דעבד הדן סטוה ודרג ותמ[ם] פעלה
"who made this stoa and staircase and completed the work".

Marmorstein (14; 26) liest: ודרגות מפעלה, "he further supplied the place with steps leading to the καθέδρα or to the ark".

Klein (18; 19) liest ebenfalls: ודרגות מפעלה und übersetzt: "und die Treppen sind sein Werk." Später schließt er sich der Lesung Epsteins (22) an (31; 34): בפעלה in der Bedeutung: "zu seinem Lohn."

Sukenik liest zunächst (21; 23): ודרגוה דפילה "und die Stufen des Tores", d.h., die zum Eingang emporführenden Freitreppen. Später schließt auch er sich Epsteins Lesung (22) an (29): בפעלה "who made this stoa and its staircase. As his reward ..."

Krauss liest (24): ודרגוה שבע להוה לה וכו' "dont les marches sont au nombre de sept."

Frey (38) nimmt die ursprüngliche Lesung Sukeniks (21; 23) wieder auf und übersetzt: "et les gradins de la porte."

Am gesichertsten ist die Lesung Epsteins: דעבד הדן סטוה ודרגוה בפעלה יהי לה חולק עם צדיקים. Die Übersetzung könnte lauten: "Als Lohn möge er Anteil mit den Gerechten haben" (so 22; 25; 30; 31; 34; 44; 46) oder aber: "Er machte die 'Stoa' und die Stufen mit eigener Hand" (so 12; 15; 18; 19). Bei der in den Stiftungsinschriften üblichen Bedeutung von עבד = 'stiften' paßt die letztere Übersetzung allerdings nicht mehr.

Schwierigkeiten in der Übersetzung bietet noch das Wort סטוה.

Folgende Bedeutungen wurden vorgeschlagen: Stoa (13), Portiko oder Fußboden (14), Säulenreihe (16; 34), Pflasterung (18; 19), Sitz des Mose (22), Säulenhalle, speziell eines der drei Schiffe (21; 23), Synagogenhalle (25; 30), Synagoge mit Säulen (39). Am einleuchtendsten ist die Bedeutung 'Synagoge' (29; 46); als Stütze für diese Übersetzung kann der Ausdruck דיפלסטון, דיפ- ליא סטיא (o.ä.) = διπλῆ στοά, διπλόστοον 'Doppelstoa' als Bezeichnung für die Synagogen von Alexandria und Tiberias herangezogen werden (vgl. T Suk IV 6 bzw. Midr Teh zu Ps 93, 8, ed. Buber, 416 u.ö.); die 'Stufen' könnten dann die Freitreppe zur Synagoge bezeichnen. Für Epsteins Erklärung (22) 'Sitz des Mose' (vgl. dazu M Nid IX 3; Krauss, Lehnwörter II, 118) spricht jedoch, daß sich das Wort הדן normalerweise auf den Gegenstand bezieht, auf dem es steht (vgl. השקוף הזה Barᶜȧm, kleine Synagoge; הדין עמודה Ḫ. al-Isḥāqīya; הדה טבלה, Kafr Kannā; הדן רבוע, Qaṣrīn u.a.); mit den Stufen muß dann wohl eine Treppe gemeint sein, die zu dem Sitz des Mose emporführte (vgl. dazu aber 23).

Der Sitz des Mose ist heute in Jerusalem, einer der Löwentorsos im Museum in Tiberias. Alle anderen beschriebenen Gegenstände befinden sich noch an Ort und Stelle.

Ory beschreibt in seinem Grabungsbericht (veröffentlicht von Foerster in 56) ein quadratisches Gebäude mit einem Eingang im Osten, Säulen und Bänken an den Wänden, das Foerster mit den Synagogen in Məṣȧdȧ und Herodium in Zusammenhang bringt. Es könnte sich hierbei vielleicht um eine Synagoge aus dem 1. Jahrhundert handeln.

Literarischer Befund

Petrus Diaconus, Liber de Locis Sanctis (Migne, Patrologia Latina, Band 173, Sp. 1128 C; Geyer, 113): Capharnaum ... Non longe autem inde est synagoga, quam Salvator maledixit.

"Capharnaum ... Nicht weit von dort ist die Synagoge, die der Erlöser verflucht hat."

Die Stelle bezieht sich eindeutig auf Matth 11, 20-22, wo allerdings eine Synagoge nicht ausdrücklich genannt ist. Der

Bericht stammt aus dem 12. Jhd., beruht aber im wesentlichen auf Beda Venerabilis (Anfang des 8. Jhd.) Werk "De Locis Sanctis".

Ausrichtung: 200° SSW

Datierung

Das von Ory beschriebene Gebäude (56) könnte eine Synagoge aus dem 1. Jahrhundert sein.

Guérin (2) datierte die Synagoge, wohl beeinflußt von Matth 11,20f., in das 1. Jahrhundert. Die Synagoge stammt aus dem Ende des 2. und dem Beginn des 3. Jahrhunderts. Nach Eusebius (Onomastikon, ed. Klostermann, 174) war Koråzim zu seiner Zeit (Mitte des 4. Jahrhunderts) zerstört. Eine Wiederbenutzung der Synagoge im 5./6. Jahrhundert ist durch bauliche Veränderungen aus dieser Zeit an der Südseite nachgewiesen (41; 43; 45; 49). Als Folge der neuen Ausgrabungen in Kəfar Naḥum können sich eventuell Konsequenzen für die Datierung der Synagoge in Korázim ergeben (55).

L a w ī y a *

Koordinaten: 4.97 (2140 2503)
Im Gōlān, 18 km nördlich von Ḥammat Gādẹr.

Signatur: -

Namen: ar.: Lawīya
Umschreib.: Lawiyye; Lawieh; al-Lawiyeh; al-Lawīya

Literatur

1. Oliphant, in: PEFQS 1886, 78
2. Goodenough I, 244 (1953)
3. Neishtat, ha-Golan, 81.83 (1968)
4. Saller, Nr. 87 (1972)
5. EAEe II, 467 (Urman) (1976)
Carta's Atlas -
Atlas of Israel -

Archäologischer Befund

Oliphant vermutete aufgrund von drei Säulen in situ, einem Eierstabornament und 'a carved small oblong panel, which seems a characteristic of Jewish ornamentation' (1) eine Synagoge. Leider gibt er nicht die Orientierung des Gebäudes an. Bei dem Survey von 1967-68 kamen keine weiteren Funde zutage. Eine Synagoge ist möglich, aber die wenigen Funde berechtigen nicht, eine Synagoge mit Sicherheit anzunehmen (3, S. 81).

Lod

L o d

Koordinaten: 8.98 (140 151)
17 km südöstlich von Tẹl Åviv.

Signatur: Synagoge literarisch sicher; Lehrhaus literarisch sicher; Sanhedrin literarisch sicher

Namen: rabb.: לוד
Jos.: Λυδδα
ar.: al-Ludd
Umschreib.: Lydda

Literatur

1. Marr, in: Teksty i razyskanija po armjano-gruzinskoj filologii, 2 (1900), 41-51
2. Kluge, in: Oriens Christianus, NS 4 (1915), 30-32
3. Krauss, SA, 23.209 (1922)
4. Klein, Sefer ha-yiššuv, 99-103 (1939)
5. Mantel, Studies, 155.174.181-185.189f.231.234f.251 (1965)
6. Lieberman, Siphre Zutta, The Talmud of Caesarea, 123 (1968)

Carta's Atlas -

Literarischer Befund

Synagoge

Syn 1 - T Ahil IV 2:

אמר ר' יהודה ששה דברים היה ר' עקיבא מטמא וחזר בו מעשה שהביאר
קופות של עצמות מכפר טביא והניחום באויר בית הכנסת בלוד ונכנס
תיאודורוס הרופא וכל הרופאים עמו אמרו אין כאן שדרה ממת אחד
ולא גולגולת ממת אחד אמרו הואיל ויש כאן מטמאין ויש כאן מטהרין
נעמוד למניין התחילו מר' עקיבא וטיהר אמרו לו הואיל ואתה שהיית
מטמא טיהרת יהו טהורין אמר ר' שמעון ועד יום מיתתו של ר' עקי-
בא היה מטמא ואם משמת חזר בו איני יודע

"R. Jehuda sagte: Sechs Dinge erklärte R. ʿAqiva zunächst für unrein, kam aber später davon ab: Es geschah, daß man Körbe mit (Menschen)knochen von Kəfar Ṭavyå brachte und sie im Hof der Synagoge von Lod abstellte. Da kam der Arzt Theodoros und alle (anderen) Ärzte mit ihm. Sie sagten: 'Hier ist kein

Rückgrat von einem Toten und kein Schädel von einem Toten.' Daraufhin sagte man: 'Da hier einige sie für unrein erklären, andere aber für rein, wollen wir abstimmen!' Sie begannen bei R. ʿAqiva, und der erklärte sie für rein. Da sagten sie zu ihm: 'Da du, der sie zunächst für unrein erklärt hattest, sie jetzt für rein erklärst, sollen sie als rein gelten!' R. Schimʿon sagte: 'Bis zu seinem Tode hat R. ʿAqiva sie für unrein erklärt. Ob er sie kurz vor seinem Tode noch für rein erklärt hat, weiß ich nicht.'"

Syn 2 - j Ber 3a,18-24:

תני מעשה שהביאו קופ' מליאה עצמות מכפר טבי והניחוה באויר
הכנסת בלוד ונכנס תודרוס הרופא ונכנסו כל הרופאים עמו אמר תו-
דרוס הרופא אין כאן שדרה ממת אחד ולא גולגולת ממת אחד אמרו הו-
איל ויש כאן מטהרין ויש כאן מטמאין נעמוד על המניין התחילו מ-
רבי עקיבא וטיהר אמרו לו הואיל והיית מטמא וטיהרת טהור

"Es wird gelehrt: Es geschah, daß man einen Korb voll von (Menschen)knochen von Kəfar Ṭȧvi brachte und ihn im Hof der Synagoge von Lod abstellte. Da kam der Arzt Todros, und mit ihm kamen alle (anderen) Ärzte herein. Todros sagte: 'Hier ist kein Rückgrat von einem Toten und kein Schädel von einem Toten.' Daraufhin sagte man: 'Da hier einige sie für rein erklären, andere aber für unrein, wollen wir abstimmen!' Sie begannen bei R. ʿAqiva, und der erklärte sie für rein. Da sagten sie zu ihm: 'Da du, der sie zunächst für unrein erklärt hattest, sie jetzt für rein erklärst, sollen sie als rein gelten!'"

Syn 3 - b Naz 52a:

רבי יהודה אומר ששה דברים ר' עקיבא מטמא וחכמים מטהרין וחזר
בו ר' עקיבא ומעשה שהביאו קופה מלאה עצמות לבית הכנסת של
טרסיים והניחוה באויר ונכנס תודוס הרופא וכל הרופאים עמו
ואמרו אין כאן שדרה ממת אחד

"R. Jehuda sagt: Sechs Dinge erklärte R. ʿAqiva für unrein, und die Weisen erklären sie für rein; R. ʿAqiva kam aber später davon ab. Es geschah, daß man einen Korb voll von (Menschen)knochen in die Synagoge der Tarsier brachte und sie in (deren) Hof abstellte. Da kam Todos der Arzt und mit ihm alle (anderen) Ärzte und sagten: 'Hier ist kein Rückgrat von einem Toten.'"

Syn 4 - Lev r XXXV 12 (ed. Margulies, 830f.) (= L 16):

אמ' ר' אבהו עבר הוינא קומי (בבי :v.l.) כנישתא דטרסייה דלוד ושמעית קליה דר' שמואל בר נחמן יתיב ודריש

"R. Abbahu sagte: Ich ging vor der Synagoge der Tarsier in Lod vorbei und hörte R. Schemuel b. Nachman sitzen und lehren."

Die טרסיים sind Leute aus Tarsos, dann insbesondere eine bestimmte Art von Webern, die ihren Namen nach der vor allem in Tarsos ausgeübten Tätigkeit ihren Namen bekommen haben (vgl. Krauss, in: MGWJ 39 [1895], 54f.; Krauss, TA II, [1911] 625). Eine Synagoge der Tarsier gab es auch in Jerusalem und Tiberias.

Syn 5-6 - j Pea 21b,57-60; j Scheq 49b,33-35:

דלמא ר' חמא בר חנינא ור' הושעיה הורן מטיילין באילין כנישתא דלוד אמ' רבי חמא בר חנינא לרבי הושעיה כמה ממון שיקעו אבותי כאן אמר ליה כמה נפשות שיקעו אבותיך כאן לא הוה אית בני נש דלעיין באוריתא

"Es geschah, daß R. Chama b. Chanina und R. Hoscha^cja in die Synagogen von Lod gingen. Da sagte R. Chama b. Chanina zu R. Hoscha[c]ja: 'Wieviel Geld haben meine Vorfahren hier hineingesteckt!' Er antwortete ihm: 'Wieviele Seelen haben deine Vorfahren hier hineingesteckt! Gab es denn keine Leute, die sich mit der Lehre hätte befassen können (, wenn man ihnen dieses Geld gegeben hätte)?'"

Syn 7 - PdRK XVIII (ענייה), 5 (ed. Mandelbaum, 297) (= L 14):

... אזל ההוא מיינוקא לגבי ר' יהושע (בן לוי) ואשכחיה דיתיב במתיבתא (בבי כנשתא :v.l.) דלוד

"... Da ging das Kind zu R. Jehoschua[c] (b. Levi) und fand ihn in der Akademie (v.l.: Synagoge) in Lod."

Statt במתיבתא liest die Parmaer Handschrift בבי כנשתא.

Syn 8 - T Meg II 8:

א' ר' יהודה קטן הייתי וקריתיה לפני ר' טרפון בלוד וקבלני אמ'

ר' קטן הייתי וקריתיה לפני ר' יהודה באושא והיו שם זקנים ולא אמר אחד מהם דבר אמרו לו אין מביאין ראיה מן המתיר מיכן ואילך הנהיגו שיהו קטנים קורין אותה לרבים

"R. Jehuda sagte: 'Ich war noch minderjährig und las sie (sc. die Estherrolle) vor R. Ṭarfon in Lod, und er nahm mich an (d.h., er erhob keine Einwände).' Rabbi sagte: 'Ich war noch minderjährig und las sie vor R. Jehuda in Ušå; dort waren Älteste, aber keiner von ihnen sagte etwas.' Sie antworteten ihm: 'Man bringt keinen Beweis von derselben Person, die es erlaubt.' Von da an pflegten die Minderjährigen sie (zusammen mit? [vgl. Lieberman, Tosefta ki-fshuṭah zur Stelle, S. 1149]) der Gemeinde vorzulesen."

In der Erfurter Handschrift sind die Wörter טרפון bis לפני ר' durch Homoioteleuton ausgefallen.

Syn 9 - b Meg 20a:

דתניא א"ר יהודה קטן הייתי וקריתיה למעלה מרבי טרפון וזקנים בלוד אמרו לו אין מביאין ראיה מן הקטן תניא אמר רבי קטן הייתי וקריתיה למעלה מרבי יהודה (וזקנים באושא) אמרו לו אין מביאין ראיה מן המתיר

"Es wird gelehrt: R. Jehuda sagte: 'Ich war noch minderjährig und habe sie vor R. Ṭarfon und den Ältesten in Lod gelesen.' Sie antworteten ihm: 'Man bringt keinen Beweis von einem Minderjährigen.' Es wird gelehrt: Rabbi sagte: 'Ich war noch minderjährig und las sie vor R. Jehuda (und den Ältesten in Ušå).' Sie entgegneten ihm: Man bringt keinen Beweis von derselben Person, die es erlaubt hat.'"

Die in Klammern stehenden Wörter finden sich nur in einer Handschrift.

Syn 10 - j Meg 73b,58-61:

א"ר יהודה קטן הייתי וקריתיה לפני ר' טרפון בלוד אמרו לו קטן הייתה ואין עדות לקטן א"ר מעשׂ' שקריתיה לפני ר' יהודה באושׂ' אמרו לו אין זו ראייה הוא שהוא מתיר מיכן והילך נהגו הרבים לקרותה בבית הכנסת

"R. Jehuda sagte: 'Ich war noch minderjährig und las sie vor

R. Ṭarfon in Lod.' Sie entgegneten ihm: 'Du warst noch minderjährig, und der Minderjährige hat kein Zeugnisrecht.' Rabbi sagte: 'Es geschah, daß ich sie vor R. Jehuda in Ušå las.' Man antwortete ihm: 'Das ist kein Beweis, denn (der Beweis beruht auf) derselben Person, die es erlaubt hat.' Von da an pflegte die Gemeinde sie (zusammen mit den Minderjährigen) in der Synagoge vorzulesen."

Auf die Problematik des Textes braucht hier nicht weiter eingegangen zu werden. Hier interessiert nur die Nennung von Lod im Zusammenhang mit dem Vorlesen der Estherrolle, das, wie aus der Jeruschalmistelle und T Meg II 5 (vgl. Ṭivᶜin) hervorgeht, normalerweise in der Synagoge stattfand.

Syn 11 -

In einem georgischen Bericht von Joseph von Arimathäa über den Bau der ersten christlichen Kirche in Lydda wird mehrmals eine Synagoge erwähnt. Der Bericht ist eine Übersetzung (aus dem Syrischen?) und stammt vielleicht aus dem 5. Jhd. (vgl. 2, S. 24f.). Der Text findet sich bei Marr (1), die Übersetzung ist von Kluge (2).

(33) "Du aber nimm jetzt den Nikodemus und gehe in die Stadt Lovdia (v.l.: Lud), wie ich dir gesagt habe, und halte dich auf in dem Hause des Nikodemos, meines treuen Jüngers, in der Nähe der Synagoge, die sie nennen Betᶜeloe, das ist verdolmetscht: das Haus Gottes. (34) Und ich sprach zu meinem Herrn Iv.Kᶜə: 'O, Herr, du weißt, daß alle Bürger sich jetzt da sammeln zu jeder Zeit, denn diese Synagoge ist die erste von allen Synagogen, die im Orte sind.' (35) Der Herr sagte: 'Glaube du mir, vielgeliebter Ioseb, daß <u>der</u> Ort wird der Ort des Evangeliums und der Freude.' ... (44) Und Pᶜilipə ging in die Stadt, aber die Brüder versammelten sich alle Tage im Gebet und zur Austeilung des Abendmahls unseres Herrn und zum Dank für die Austeilung. (45) Aber sie waren traurig der Sorgen wegen, und sie wußten nicht, wo sie den Tempel des Herrn erbauen sollten und sie waren nicht einig, und es ging Selewkos hin zu Petrə nach Iəm, daß er käme und rate ihnen, an welchem

Orte sie die Kirche, das Haus Gottes, errichten sollten. (46) Und als der heilige Petrə kam und sah die unzählige Menge der Gläubigen, lobte er Gott und freute sich sehr und die Brüder sprachen, daß er Gott bitte und ihnen sage, an welchem Ort sie aufbauen sollten den Ort seiner Heiligkeit. (47) Hierauf stand der heilige Petrə unter den Brüdern zum Gebet und sprach: 'Herr, der du Zeuge bist dieser zahlreichen Menge, durch dein Anrufen melde uns, an welchem Orte dein Wille ist, daß deine Kirche erbaut werde.' (48) Und als er das sagte, ward uns allen eine Stimme, die sagte uns: 'Betᶜeloe ist der Ort meiner Heiligkeit, in dem Hause des Nikodemos, meines heißgeliebten Jüngers.' Und als sie das gesagt hatte, hörte dies Nikodemos (und) sagte: 'Ich danke dir, Gott, Adona Eloə Sabaotᶜ,' dies ist: Herr Gott, der Starke, der ausgewählt hat die Wohnung deines Dieners als Ort deiner Heiligkeit.' (49) Hierauf ging Nikodemos in den Tagen zu den Priestern und Schriftgelehrten der Juden und den ersten Leuten der Stadt Lovdia und sprach zu ihnen: (50) 'O ihr Diener des Herrn Zabaotᶜ, ihr seid die Priester Iəlᶜs und der heilige Samen und der Ursprung des Testamentes. (51) Ihr wißt, daß in dieser Stadt ein Ort des Dienstes und des Gebets ist - Betᶜeloe - und er ist sehr eng, und ihr habt nötig, ihn zu vergrößern und zu verschönern vor allen Synagogen. (52) Und, siehe da, ich opfere in eurer Gegenwart mein kleines Haus zu einem heiligen Tempel Gottes, daß er groß werde an Weite und erweitert werde, und ich bin in Sorge um eurer Arbeit willen und in Sorge auch um den Bau und all den Kummer, der nötig ist, um diesen Tempel für uns.' (53) Und da waren zufrieden die Priester und Schriftgelehrten des Volkes und willigten ein in die Sache des Nikodemos. (54) Und hierauf ging Nikodemos fort zu den Brüdern mit Freude und erzählte ihnen von der Güte Gottes, und als das die Brüder hörten, freuten sie sich und lobten Gott, und es stand Petrə auf und Nikodemos und die Brüder und zerstörten das Haus mit der Synagoge Betᶜeloe."

Lod

Lehrhäuser

In Lod war die Akademie des R. Eliᶜezer b. Hyrcanus.

L 1 - b Sanh 32b:

הלך אחר חכמים לישיבה אחר ר' אליעזר ללוד

"Folge den Weisen zur Akademie. Folge R. Eliᶜezer nach Lod."

L 2 - AdRN b 13 (ed. Schechter, 16b):

[יצא ריב"ז והלך לו והיה ר' אליעזר יושב ודורש דברים יותר ממה
שנאמר למשה בסיני] ופניו מאירות כאור החמה וקרנותיו יוצאות
כקרנותיו של משה ואין אדם יודע אם יום הוא ואם לילה רבי יהושע
ור' שמעון בן נתנאל הלכו ואמרו לריב"ז בוא וראה רבי אליעזר יו-
שב ודורש דברים [יותר] ממה שנאמר למשה בסיני ופניו מאירות כאור
החמה וקרנותיו יוצאות כקרנותיו של משה ואין אדם יודע אם יום
הוא ואם לילה ... היה רבי אליעזר יושב ודורש ואביו עומד על
רגליו א"ל אבא איני יכול להיות יושב ודורש ולומר דברי תורה
ואתה עומד על רגליך עמד והושיבו אצלו

"[R. Jochanan b. Zakkai ging fort. Und R. Eliᶜezer sitzt und lehrt mehr Dinge, als Mose am Sinai gesagt wurden;] sein Gesicht leuchtet wie die Sonne, und Strahlen gehen von ihm aus wie die Strahlen Moses, so daß niemand weiß, ob es Tag oder Nacht ist. R. Jehoschuaᶜ und R. Schimᶜon b. Nethanel gingen und sagten zu R. Jochanan b. Zakkai: 'Komm und schau, R. Eliᶜezer sitzt und lehrt [mehr] Dinge, als Mose am Sinai gesagt wurden; sein Gesicht leuchtet wie die Sonne, und Strahlen gehen von ihm aus wie die Strahlen Moses, so daß niemand weiß, ob es Tag oder Nacht ist.' ... R. Eliᶜezer saß und lehrte, und sein Vater stand zu seinen Füßen. Da sagte er zu ihm: 'Vater, ich kann nicht sitzen und lehren und Dinge aus der Tora sagen, während du stehst.' Dann stand er auf und setzte ihn neben sich."

L 3 - b Be<u>k</u> 5b:

אמר ר' חנינא שאלתי את ר' אליעזר בבית מותבא רבה

"R. Chanina sagte: Ich fragte R. Eliᶜezer in dem großen Lehrhaus."

L 4 - Mek ŠbJ בשלח (zu 17,8) (ed. Epstein - Melamed, 119):

אמר ר' חנניה דבר זה שאלנו את ר' אליעזר כשהוא יושב במותבה רבא
"R. Chanina sagte: Das fragten wir R. Eliᶜezer, als er in dem großen Lehrhaus saß."

L 5 - Mek בשלח 1 (zu 17,8) (ed. Horovitz - Rabin, 177):

א"ר חנינא דבר זה שאלתי את ר' אל[י]עזר במתיבתא (שהיה יושב במתיבתא/במותבא : v.l.) רבא
"R. Chanina sagte: Das fragte ich R. El[i]ᶜezer in dem großen Lehrhaus (v.l.: der in dem großen Lehrhaus saß)."

L 6 - HL r I 3,1:

פעם אחת שהה רבי עקיבא לבא לבית המדרש בא וישב לו מבחוץ נשאלה שאלה זו הלכה אמרו הלכה מבחוץ חזרה ונשאלה שאלה אמרו תורה מב- חוץ חזרה ונשאלה שאלה אמרו עקיבא מבחוץ פנו לו מקום בא וישב לו לפני רגליו של ר' אליעזר ובית מדרשו של ר"א היה עשוי כמין ריס ואבן אחת היתה שם והיתה מיוחדת לו לישיבה
"Einmal kam R. ᶜAqiva zu spät ins Lehrhaus. Als er ankam, setzte er sich draußen hin. Eine Frage wurde besprochen, (und man war sich nicht sicher,) wie die Halacha sei. Da sagten sie: 'Die Halacha sitzt draußen.' Eine andere Frage wurde erörtert; da sagten sie: 'Die Lehre sitzt draußen.' Und wieder eine andere Frage wurde erörtert; da sagten sie: 'R. ᶜAqiva sitzt draußen, macht ihm Platz!' Da kam er herein und setzte sich zu Füßen von R. Eliᶜezer. Das Lehrhaus von R. Eliᶜezer war wie eine Arena gebaut. Und es war ein Stein da, der nur für ihn zum Sitzen bestimmt war."

L 7 - AdRN b 12 (ed. Schechter, 15a):
Folgende Stelle berichtet von dem Erlebnis, das R. ᶜAqiva veranlaßte, sein Studium aufzunehmen. Einen Teil dieses Studiums verbrachte er in Lod bei R. Eliᶜezer, der im Verlauf der Erzählung ebenfalls genannt wird.

ד"א והוי מתאבק בעפר רגליהם זה רבי עקיבא שבקש ללמוד תורה הלך וישב לו על באר אחת בלוד וראה חוליית הבור חקוקה אמר מי חקק את החוליא הזו אמרו לו החבל אמר להם ויכול הוא אמרו לו הן מפני שהוא תדיר [עליה] ואמרו לו ולכך את תמה מים שחקו אבנים שנאמר

'אבנים שחקו מים' (איוב יד יט) אמר כי לבי קשה כאבן [וכי לבי קשה מהאבן] אלך ואלמוד פרשה [אחת] מן התורה הלך לו לבית הספר והתחיל קורא בלוח הוא ובנו למד מקרא ותרגום ומדרש הלכות [ואגדות] שיחין ומשלים הכל למד ... בן ארבעים שנה הלך לו לבית הספר [בן] ארבעים שנה למד את הכל וארבעים שנה למד את ישראל נמצאו לו י"ב אלף זוגות של תלמידים בבתי כנסיות ובבתי מדרשות יושבים ושונים מאנטפטרים ולפנים

"Eine andere Erklärung: 'Sitz im Staub zu ihren Füßen!' (M Av I 4): Damit ist R. ʿAqiva gemeint. Er wollte Tora lernen, ging und setzte sich an einen Brunnen in Lod. Da sah er, daß tiefe Rinnen im Brunnenrand waren. Er fragte: 'Wer hat die Rinnen in diesen Brunnenrand gemacht?' Man antwortete ihm: 'Das Seil.' Da sagte er zu ihnen: 'Kann es das denn?' Man antwortete ihm: 'Ja, denn es (scheuert) immer wieder (über den Stein).'"

Hier ist ein Stück aus der Parallelfassung zu ergänzen (AdRN 6, ed. Schechter, 14b):

פעם אחת היה עומד על פי הבאר אמר מי חקק אבן זו אמרו לו המים שתדיר נופלים עליה בכל יום

"Einmal stand er an einem Brunnen und fragte: 'Wer hat diesen Stein ausgehöhlt?' Man antwortete ihm: 'Das Wasser, das immer wieder Tag für Tag auf ihn tropft."

"Und weiter sagten sie zu ihm: Und du wunderst dich, daß Wasser Steine höhlt? Es heißt doch: 'Wasser höhlt Steine' (Hi 14, 19). Da sagte er: 'Mein Herz ist hart wie Stein [Ist denn mein Herz härter als Stein?]. Ich will gehen und einen Abschnitt aus der Tora lernen.' Dann ging er in eine Schule und fing an, von der Tafel Lesen zu lernen, er und sein Sohn. Dann lernte er Bibel, Targum, Midrasch, Halacha [und Agada], Gedanken und Gleichnisse, alles lernte er ... Er war vierzig Jahre alt, als er in die Schule ging, vierzig Jahre lang lernte er alles, und vierzig Jahre lang unterrichtete er Israel. Und er hatte 12000 Schülerpaare, die in den Synagogen und Lehrhäusern saßen und lernten, von Antipatris und weiter."

L 8 - T Pes II (III) 11:

אמר ר' אלעזר (בי ר' צדוק: add. W) פעם אחת חל ארבעה עשר להיות בשבת והיינו יושבין לפני רבן גמליאל בבית המדרש בלוד ובא זונין הממונה ואמר היגיע עת לבער חמץ והלכנו אני ואבא לבית רבן גמ-ליאל וביערנו חמץ

"R. Elᶜazar (b. R. Ṣadoq) sagte: Einmal fiel der vierzehnte (Nissan) auf einen Schabbat, und wir saßen vor R. Gamliel im Lehrhaus in Lod. Da kam der Vorsteher Zonin und sagte: 'Es ist der Zeitpunkt gekommen, das Ungesäuerte fortzuschaffen.' Da gingen wir, ich und mein Vater, zum Hause des R. Gamliel und schafften das Ungesäuerte fort.'"

Dieselbe Geschichte wird b Pes 49a mit einigen Änderungen erzählt:

תניא ר"א בר צדוק אומר פעם אחת שבת אבא ביבנה וחל ארבעה עשר להיות בשבת ובא זונין וכו'

"Es wird gelehrt: R. Elᶜazar b. Ṣadoq sagte: 'Einmal verbrachte mein Vater den Schabbat in Yavne. Der vierzehnte (Nissan) fiel (damals) auf diesen Schabbat. Da kam Zonin usw.'"

L 9 - T Pes X 12:

מעשה ברבן גמליאל וזקנים שהיו מסובין בביתו של ביתוס בן זונין בלוד והיו עסוקין בהילכות הפסח כל אותו הלילה עד קרות הגבר הג-ביהו מלפניהם ונוערו והלכו להם לבית המדרש

"Es geschah, daß R. Gamliel und die Ältesten im Haus des Baitos b. Zonin in Lod versammelt waren und sich mit den Pesachvorschriften die ganze Nacht hindurch bis zum Hahnenschrei befaßten. Da hoben sie die Tafel vor ihnen auf, und sie wachten auf (aus ihrer Versunkenheit) und gingen ins Lehrhaus."

L 10 - j Beṣ 62a,55f.:

שמואל אמר טעו חמשה זקינים שהורו לרבי טרפון בלוד

"Schemuel sagte: 'Die fünf Ältesten fällten eine falsche Entscheidung, als sie den R. Ṭarfon in Lod (so) lehrten."

L 11 - M B meṣ IV 3; b B meṣ 49b:

"R. Ṭarfon lehrte in Lod." הורה רבי טרפון בלוד

L 12 - j ᶜEruv 22a,1-4:

מי שישב בדרך וכו' אמרו והלא בית מדרשו של רבי טרפון היה בתוך
אלפים אמה או שמא הקנה עצמו לבני עירו מבעוד יום אשכח תני
בשחרית זרחה החמה אמרו לו ר' הרי העיר לפני[ך] היכנס

"'Wer sich auf dem Weg niedergesetzt hat usw.' (M ᶜEruv IV 4): Man sagte: Ist denn das Lehrhaus von R. Ṭarfon nicht innerhalb von 2000 Ellen? Oder vielleicht hatte er sich, als es noch Tag war, als ein Einwohner der Stadt bezeichnet?(?) Man fand, daß gelehrt wird: Als die Sonne am Morgen leuchtete, sagte man zu ihm: 'Die Stadt liegt vor dir, tritt ein!'"

Vgl. dazu folgende Stelle:

L 13 - b ᶜEruv 45a:

תניא א"ר יהודה מעשה ברבי טרפון שהיה מהלך בדרך וחשכה לו ולן
חוץ לעיר לשחרית מצאוהו רועי בקר אמרו לו רבי הרי העיר לפניך
הכנס נכנס וישב בבית המדרש ודרש כל היום כולו אמרו לו משם ראייה
שמא בלבו היתה או בית המדרש מובלע בתוך תחומו היה

"Es wird gelehrt: R. Jehuda sagte: Es geschah, daß R. Ṭarfon auf dem Wege war und es dunkel wurde. Da schlief er vor der Stadt. Am nächsten Morgen fanden ihn Viehhirten und sagten zu ihm: 'Rabbi, die Stadt liegt vor dir, geh hinein!' Da ging er hinein, setzte sich in das Lehrhaus und lehrte den ganzen Tag. Man sagte: 'Kann man daraus einen Beweis ableiten? Vielleicht wollte er in die Stadt hineingehen, oder vielleicht war das Lehrhaus innerhalb des Schabbatgebietes?'"

Nach L 11 lebte R. Ṭarfon in Lod; demnach scheinen sich auch die beiden letzten Stellen auf Lod zu beziehen:

L 14 - PdRK XVIII (ענייה), 5 (ed. Mandelbaum, 297) (= Syn 7):

... אזל ההוא מיינוקא לגבי ר' יהושע (בן לוי) ואשכחיה דיתיב
במתיבתא (v.l.: בבי כנשתא) דלוד

"... Da ging das Kind zu R. Jehoschuaᶜ (b. Levi) und fand ihn in der Akademie (v.l.: Synagoge) in Lod."

Statt במתיבתא liest die Parmaer Handschrift בבי כנשתא.

L 15 - Pes r XXXII 3/4 (ed. Friedmann, 148b):

לך והראה לרבי יהושע בן לוי אילו אבני כדכד והוא יושב במדינה
הגדולה בלוד

Klein (4, S. 102, Nr. 42a) konjiziert aufgrund von L 3 - L 5 בישיבה statt במדינה.

"Geh und zeige R. Jehoschua^{c} b. Levi, der in der großen Stadt Lod lebt (Klein: der in dem großen Lehrhaus sitzt), diese Kadkodsteine."

L 16 - Lev r XXXV 12 (ed. Margulies, 830f.) (= Syn 4):

אמ' ר' אבהו עבר הוינא קומי (v.l. : בבי) כנישתא דטרסייה דלוד
ושמעית קליה דר' שמואל בר נחמן יתיב ודריש

"R. Abbahu sagte: Ich ging vor der Synagoge der Tarsier in Lod vorbei und hörte R. Schemuel b. Nachman sitzen und lehren."

Vgl. dazu die Einleitung.

L 17 - T Nid VI 3:

"Rabbi lehrte in Lod." הורה רבי בלוד

Lieberman vermutet (6), daß auch das Lehrhaus von Bar Qappara in Lod gewesen sein könnte, vorausgesetzt, daß דרומא wirklich mit Lod gleichzusetzen ist, wofür er einige Beispiele bringt. Vgl. dazu aber noch die Inschrift von Dabbūra.

Sanhedrin

In Lod war der Gerichtshof von R. Jehuda ha-Nasi und seiner Enkel:

Sanh 1 - T Ahil XVIII 18:

מעשה ברבי ור' ישמעאל בר' יוסי ור' אליעזר הקפר ששבתו בחנות
של פזי בלוד והיה ר' פינחס בן יאיר יושב לפניהם אמרו לו אשקלון
מה אתם בה אמר להן מוכרין חטין בבסילקאות שלהן וטובלין ואוכלין
את פסחיהן לערב ... אמרו לו אם כן בואו ונמנה עליה לפוטרה מן
המעשרות ולא נמנה עמהן ר' ישמעאל בר' יוסי

"Es geschah, daß Rabbi, R. Jischma^{c}el b. R. Jose und R. Eli-^{c}ezer ha-Qappar den Schabbat im Laden des Pazzi in Lod verbrachten. Und R. Pinchas b. Ja'ir saß bei ihnen. Sie fragten ihn:

'Wie haltet ihr es in Ašqəlon?' Er antwortete: 'Sie verkaufen Getreide in ihren Hallen, dann nehmen sie ein Tauchbad und essen das Pesachmahl am Abend.' ... Sie entgegneten ihm: 'Wenn dem so ist, so wollen wir abstimmen, daß (Ašqəlon) von den Zehntabgaben frei ist.' R. Jischmaᶜel stimmte aber nicht mit ihnen ab."

Vgl. dazu j Schevi 36c,34-41; j Jeb 8a,65-73.

Der Gerichtshof von Rabbi (Jehuda ha-Nasi) und seiner Enkel wird noch an folgenden Stellen (ohne Ortsangabe) erwähnt:

Sanh 2 - M Giṭ V 6

Sanh 3 - M ᶜAv z II 6

Sanh 4 - M Ohal XVIII 9

Sanh 5 - T Schevi IV 17

Sanh 6 - T ᶜAv z IV (V) 11

Sanh 7 - j Schab 3d,20.25.30.34

Sanh 8 - j Giṭ 48d,17-20

Sanh 9 - j ᶜAv z 41d,48-51.56.61

Sanh 10- j Nid 50d,50.52f. 55f.

Sanh 11- b Jeb 116b

Sanh 12- b Giṭ 58b

Sanh 13- b ᶜAv z 36a. 38b
u.ö.

Sanh 14-15 - j Hor 45d,59f.; 46a,44f.:

רבי אמר אין לך מעכב אלא מופלא של בית דין בלוד

"Rabbi sagte: Nur der Vorsitzende des Gerichtshofes von Lod darf für ungültig erklären."

Die Wendung נמנו ... בלוד, die auf die Tätigkeit des dortigen

Gerichtshofes hinweist, findet sich an folgenden Stellen:

Sanh 16 - T Miq VII 10:

נמנו עליו חמשה זקנים בלוד

"Darüber stimmten fünf Älteste in Lod ab."

Sanh 17 - T Miq VII 11:

נמנו שנים ושלשים זקנים בלוד ... אילו שלשים ושנים זקנים שנמנו בלוד

"Zweiunddreißig Älteste stimmten in Lod ab. ... Das sind die zweiunddreißig Ältesten, die in Lod abstimmten."

Vgl. S Num 124 (ed. Horovitz, 158,13f.), wo die Begebenheit in Yavne spielt.

Sanh 18 - j Pes 30b,52:

נמנו בעליית בית ארום בלוד

"Sie stimmten im Obergeschoß des Bẹt 'RWM in Lod ab."

Sanh 19 - j Pes 30b,55:

שכבר נמנו וגמרו בעליית בית ארום בלוד

"Darüber wurde schon im Obergeschoß des Bẹt 'RWM in Lod abgestimmt und beschlossen."

Sanh 20 - j Ḥag 76c,49:

נמנו בעליית בית ארים בלוד

"Sie stimmten im Obergeschoß des Bẹt 'RYM in Lod ab."

Sanh 21 - j Ḥag 76c,46:

נמנו בעליית בית ארים

"Sie stimmten im Obergeschoß des Bẹt 'RYM ab."

Sanh 22 - HL r II 14,5:

וכבר נמנו פעם אחת בבית עליית ערים בלוד

"Darüber hat man schon einmal im Bẹt ᶜĂliyat ᶜRYM in Lod abgestimmt."

Lod

Sanh 23-24 - j Sanh 21b,11.21:

נמנו בעליית בית נתזה בלוד

"Sie stimmten im Obergeschoß des Bẹt NTZH in Lod ab."

Sanh 25 - b Sanh 74a:

נימנו וגמרו בעליית בית נתזה בלוד

"Sie stimmten ab und beschlossen im Obergeschoß des Bẹt NTZH in Lod."

Vgl. dazu die vier folgenden Stellen:

Sanh 26 - T Schab II 5:

אמר ר' יהודה כשהיינו שרויין בעליית בית ניתזה בלוד

"R. Jehuda sagte: 'Als wir uns im Obergeschoß des Bẹt NYṬZH in Lod aufhielten...'"

Sanh 27 - b Schab 29b:

אמר ר' יהודה פעם אחת שבתינו בעליית בית נתזה בלוד

"R. Jehuda sagte: 'Einmal verbrachten wir den Schabbat im Obergeschoß des Bẹt NTZH in Lod...'"

Sanh 28 - b Qid 40b:

וכבר היה רבי טרפון וזקנים מסובין בעלית בית נתזה בלוד

"R. Ṭarfon und die Ältesten waren einmal im Obergeschoß des Bẹt NTZH in Lod versammelt."

Sanh 29 - j Schevi 35a,48f. 60:

נמנו בעליית בית לבזה בלוד

"Sie stimmten im Obergeschoß des Bẹt LBZH in Lod ab."

Sanh 30-35 - M Taᶜan III 9; T Taᶜan II 5; j Taᶜan 66a,44; j Meg 70d,4f.; j Ned 40d,61f.; b R hasch 18b:

מעשה שגזרו/וגזרו תענית בחנוכה בלוד

"Es geschah, daß man ein Fasten zu Chanukka in Lod beschloß."

Sanh 36 - j Sanh 18c,66-68:

רבי לעזר בשם ר' חנינה מעשה בעשרים וארבע קריות של בית ר'
שנכנסו לעבר שנה בלוד

"R. Elᶜazar (sagte) im Namen des R. Chanina: Es geschah, daß die (Vertreter von) vierundzwanzig Städten des 'Hauses Rabbi' sich versammelten, um ein Schaltjahr in Lod festzusetzen."

Vgl. dazu 5, S. 181f.

Sanh 37 - b Ḥul 56b:

תנו רבנן מעשה ברבי סימאי ורבי צדוק שהלכו לעבר שנה בלוד

"Die Rabbanan lehrten: Es geschah, daß R. Simai und R. Ṣadoq nach Lod gingen, um ein Schaltjahr festzusetzen."

Sanh 38 - b Sanh 32b:

הלך אחר בית דין יפה אחר רבי אליעזר ללוד

"Geh zu einem angesehenen Gericht: Zu R. Eliᶜezer nach Lod."

In der Parallelstelle S Deut 144 (ed. Finkelstein, 200) fehlt die Ortsangabe.

Sanh 39 - j B bat 16a,20f.:

ר' ינאי קפודקייא הוה ליה עובדא והוו דיינין רב הונא ורבי יהודה בן פזי ורב אחא

"Es geschah, daß (bei einem Fall) des R. Jannai aus Kappadozien Rav Huna, R. Jehuda b. Pazzi und Rav Acha Richter waren."

Nach Klein (4, S. 101, Nr. 39) fand dieses Ereignis in Lod statt.

Datierung

Synagoge: Aufgrund der in der Literatur genannten Rabbinen läßt sich eine Synagoge für die Zeit vom Anfang des 2. Jahrhunderts bis zum Anfang des 4. Jahrhunderts nachweisen.

Der georgische Bericht (Syn 11) beschreibt die Zeit kurz nach dem Tode Jesu.

Lehrhaus: Aufgrund der in der Literatur genannten Rabbinen läßt sich ein Lehrhaus für die Zeit vom Ende des 1. Jahrhunderts bis zum Anfang des 4. Jahrhunderts nachweisen.

Gerichtshof: Aufgrund der in der Literatur genannten Rabbinen läßt sich ein Gerichtshof für die Zeit vom Ende des 1. Jahrhunderts bis zum Anfang des 4. Jahrhunderts nachweisen.

M a f š ə ṭ ȧ *

Koordinaten: 1.99 (1792 2728)
In Galiläa, 19 km nordwestlich von Ṣəfat.

Signatur: -

Namen: rabb.: מפשטה
ar.: Fassūṭa

Literatur

1. Talmi, Kol ha'Aretz, 539 (1962)
Carta's Atlas +
Atlas of Israel +

Archäologischer Befund

Nach Talmi wurden Reste einer Synagoge gefunden; er gibt weder eine Fundbeschreibung noch eine Quelle an. Im Archiv des Israel Department of Antiquities and Museums werden in einer Notiz vom 15.8.1921 zwei Stürze mit Blumenmotiven, eine korinthische Säule mit Kapitell und acht Säulenbasen erwähnt. Zwei korinthische Kapitelle befinden sich heute vor dem Eingang der Kirche. Die Funde sind zu allgemein, um von ihnen auf eine Synagoge schließen zu können. (Möglicherweise beruhen die Angaben Talmis aber auch auf einem Mißverständnis, das auf Klein, Various Articles, 18 [1924] zurückgeht; dort ist von einer möglichen Gleichsetzung von Mafšəṭȧ und Ḥ. ᶜAmmudim die Rede, wo Reste einer Synagoge erhalten sind.)

Máᶜon

Literarischer Befund: -

Datierung: ?

M á ᶜ o n

Koordinaten: 13.100 0937 0822
21 km südsüdwestlich von Gaza.

Signatur: Synagoge archäologisch sicher

Namen: bibl.: מעון
ar.: Ḫ. al-Maᶜīn
hebr.: נירים
Umschreib.: Nirim

Literatur

1. Notes and News, in: IEJ 7 (1957), 265
2. Avi-Yonah, in: IEJ 8 (1958), 62
3. Avi-Yonah, in: EI 6 (1960), 86-93; engl. Zusammenfassung 29*; Farbtafel nach Tafel XVI; Tafel XVII-XXII (Mosaike, Abbildung) (englische Übersetzung = 4)
4. Avi-Yonah, in: Bulletin 3 (1960), 25-35; Farbtafel vor Titelseite; Tafel III-VIII (Mosaike, Abbildung) (englische Übersetzung von 3)
5. Levy, EI 6 (1960), 77-82; engl. Zusammenfassung 29*; Tafel XV (Grabungsbericht; Grundriß; Abbildungen) (englische Übersetzung = 6)
6. Levy, in: Bulletin 3 (1960), 6-13; Tafel I (Grabungsbericht; Grundriß; Abbildungen) (englische Übersetzung von 5)
7. Rahmani, in: EI 6 (1960), 82-85; engl. Zusammenfassung 29*; Tafel VI (englische Übersetzung = 8)
8. Rahmani, in: Bulletin 3 (1960), 14-18; Tafel II (englische Übersetzung von 7)
9. Dunayevsky, in: Bulletin 3 (1960), 22-24 (Grundriß; Rekonstruktionsversuch)
10. Hiram, in: Bulletin 3 (1960), 19-21 (Grundriß; Rekonstruktionsversuch; Abbildung)
11. Yeivin, in: Bulletin 3 (1960), 36-40; Tafel VIII, 3 (Inschrift, Abbildung)

12. Yeivin, A Decade of Archaeology in Israel, 44f.; Tafel VI (1960)

13. Benoit, in: RB 68 (1961), 177 (Erwähnung)

14. Hiram, in: Wiener Jahrbuch für Kunstgeschichte 19 (1962), 19; Tafel 8.9.24 (Grundriß; Rekonstruktionsversuch)

15. Wirgin, in: IEJ 12 (1962), 142

16. Negev, in: EI 8 (1967), 201f.

17. EAEh 333f. (Barag) (1970) (Inschrift; Grundriß; Abbildung; Fotos)

18. Saller, Nr. 89 (1972)

19. Konikoff, The Second Commandment, 77f. (1973)

20. Avi-Yonah, in: EI 12 (1975), 191-193; engl. Zusammenfassung 125*; Tafel XXXVII, 2

Carta's Atlas +

Archäologischer Befund

In der Nähe von Nirim wurden 1957 Reste einer Synagoge entdeckt, die von Levy 1957/58 ausgegraben wurde. Es handelt sich um eine etwa 15 x 17 m große Basilika, die durch zwei Säulenreihen zu vier Säulen in drei Schiffe aufgeteilt wurde. Vgl. dagegen Hiram, der ein einschiffiges Gebäude annimmt (10; 14). In der Jerusalem zugewandten Nordostseite ist eine Apsis, vor ihr eine kleine Bema. In der Apsis wurde eine kleine Grube gefunden, die wohl als Geniza gedient hat. Drei Eingänge waren in der der Apsis gegenüberliegenden Wand, ein weiterer Nebeneingang in der östlichen Ecke. Möglicherweise hatte die Synagoge eine Frauenempore.

Der Fußboden des Mittelschiffes ist mit einem achtzehnfarbigen Mosaik bedeckt. Es ist aufgeteilt in elf Reihen zu je fünf Medaillons, die von Weinranken gebildet werden, die aus einer Amphore herauswachsen. In den vier äußeren Medaillons jeder Reihe sind Tiere abgebildet; sie sind so angeordnet, daß jeweils in der äußeren rechten und äußeren linken Reihe die gleichen Tiere so abgebildet sind, daß sie sich gegenseitig anschauen; ebenso ist es mit den beiden inneren Reihen. In der mittleren Reihe sind Vasen, Fruchtkörbe, ein Vogelbauer u.a. abgebildet. Am oberen Ende des Mosaiks ist eine siebenarmige Menora mit einem dreifüßigen Podest, neben ihr Etrogim,

Schofar und Lulav, außerdem zu beiden Seiten je ein Löwe. Das ganze Mosaik wird von einem Blumenornament abgegrenzt. Von den ursprünglich 55 Medaillons sind noch 41 ganz oder teilweise erhalten. Da im wesentlichen der linke Teil des Mosaiks zerstört ist, läßt es sich wegen seiner symmetrischen Anordnung leicht rekonstruieren. Das Mosaik ähnelt stark dem in der Synagoge von Gaza und dem in der Kirche von Šallal (100 078; vgl. Trendall, The Shellal Mosaic, Canberra [1957] (20).

Über der Menora, aber außerhalb des Rahmens, ist in einer tabula ansata eine aramäische Stiftungsinschrift. Rechts und links von der Bema ist je ein viereckiges Feld mit geometrischen Motiven. Unter dem Mosaik ist ein weiteres Mosaik, dessen Herkunft nicht geklärt ist.

Möglicherweise gab es einen 'Sitz des Mose' (7; 8). Ein verputztes Becken vor dem Nebeneingang könnte als Miqwe gedient haben.

Inschrift

Besprechung in: 11; 17.
Abbildung in: 3; 11.
Lesung und Übersetzung nach Yeivin (11):

1. ד]כ̣י̣רין לטב כל קהלה
2. די] ע̣בדו דדן (= הדן) פספה (= פספסה)
3. ו̣כן דאיש(י?)ן ותמה ויהודה
4. דיהבו תלתה (תג תרי : Yeivin) דנרין

1. "Es sei zum Guten gedacht der ganzen Gemeinde,
2. die dieses Mosaik gemacht hat;
3. außerdem Daisin, Thoma und Juda,
4. die gestiftet haben die Summe von drei Denaren."

Die Inschrift ist äußerst schwer zu lesen. Die Handwerker waren offensichtlich mit den hebräischen Buchstaben gar nicht vertraut, was die oft eigenartigen Formen mancher Buchstaben sowie die verschiedenen Schreibarten ein und desselben Buchstaben deutlich zeigen. Yeivin betont, daß die Inschrift Spuren von Reparaturen zeigt, worauf ebenfalls einige Fehler zurückgeführt werden können. Im einzelnen wäre folgendes zu sagen:

Zeile 2: דדן, der erste Buchstabe ist wohl verschrieben für ה. פספה verschrieben für פספסה; Yeivin vermutet eine Dialektform.

Zeile 3: Die Lesung des ersten Wortes וכן ist nicht gesichert. Die Lesung der ersten beiden Namen ist ebenfalls sehr unsicher.

Zeile 4: Yeivin liest hier mit Kutscher דיהבו תג תרי דנריין und übersetzt: "who have donated (the) sum (of) two denarii". Kutscher hält das Wort תג für das griechische ταγή, 'Almosen, festgesetzte, abzuliefernde Geldsumme', auch 'Geldstrafe'. Yeivin hatte ursprünglich das persische tāǧ, 'Krone', vermutet und übersetzt: "who gave a 'crown' (evidently meaning worth, or costing, or the value of which amounted to) two denarii". Meines Erachtens kann die richtige Lesung nur תלתה heißen: "die drei Denare gestiftet haben", nämlich jede von den genannten drei Personen einen Denar. Den Handwerkern hat vor allem das ל Schwierigkeiten bereitet, wie die verschiedenen und eigenartigen Formen der drei ל in der ersten Zeile bezeugen. Wir können also mit ziemlicher Sicherheit annehmen, daß der zweite Buchstabe auch hier ein ל ist. Der letzte Buchstabe bietet keinerlei Schwierigkeiten, es handelt sich um ein eindeutiges ה. Die Lesung רי ist allerdings möglich, wenn man den kurzen senkrechten Strich als ein in das ר gesetztes י ansieht wie bei dem nächsten Wort דנריין; dagegen ist bei דכיריין klar zwischen ר und י getrennt.

Nach dem Wort דנריין kommen noch mehrere Zeichen. Yeivin vermutet, daß es sich um griechische Buchstaben handeln könnte, die das Datum angäben oder aber um x-beliebige Zeichen, die der Handwerker, der ja die hebräische Schrift nicht kannte, eingesetzt hat, um die Lücke zu füllen. Ich halte beide Erklärungsversuche für nicht richtig. Griechische Buchstaben sind es sicherlich nicht, dazu sind die Zeichen zu verschieden. Außerdem - der Handwerker konnte kein Hebräisch/Aramäisch; wenn er überhaupt schreiben und lesen konnte, muß er Griechisch gekonnt haben. Daß ein Handwerker beide Schriften nicht gekonnt hätte, ist kaum anzunehmen. Ein bloßes Ausfüllen des leeren Raumes kommt m.E. auch nicht in Betracht, da die Buchstaben hier enger beieinander stehen als in der übrigen Inschrift, so, als ob der Platz nicht gereicht hätte. Der erste Buchstabe scheint ein ו zu sein (vgl. zum folgenden die Fotos der Inschrift in 3, Tafel XXII; 11, Tafel VIII; die Zeichnung in 11, Fig. 14 ist ungenau). Dann folgen zweimal zwei gleiche Buchstaben, von denen der erste möglicherweise ein ג, der zweite ein ל (?) sein könnte. Dann folgt ein ה oder ח, das aus Platzmangel etwas hochgestellt wurde. Die letzten beiden Buchstaben sehen wie גו aus; sie sind übrigens, wie auch ein Teil des ה, in einer anderen Farbe (einem helleren Rot) als die übrige Inschrift gehalten, vielleicht ein Zeichen einer späteren Reparatur. Zu lesen wäre also וגלגלהגו o.ä. "und einen Ring, Kreis usw." o.ä.; das gibt allerdings wenig Sinn. Wäre ein Zodiak in der Synagoge, könnte man das Wort וגלגלה darauf beziehen; allerdings hätte man dann das Verb עבד erwartet wie oben und nicht יהב. Eine weitere Möglichkeit wäre, לגלגלת zu lesen und zu übersetzen: "die gestiftet haben die Summe von drei Denaren pro Kopf" (vgl. Ex. 16,16; 38,26; Num 3,47). Das ergäbe den besten Sinn (Reeg). Allerdings stört die hebräische Form גלגלת; es sollte dann heißen גלגלתא. Außerdem gibt es keine inschriftlichen Parallelen dazu.

Ein Kalksteinbruchstück mit Resten einer Inschrift, die wahrscheinlich eine Priesterliste gewesen ist, wie man sie in Caesarea und Ašqəlon gefunden hat, wurde etwa 6-7 km entfernt in der Nähe von Kissufim gefunden und stammt möglicherweise aus der Synagoge von Máᶜon; vgl. Kissufim.

Ausrichtung: 50° NO

Datierung: Anfang 6. Jhd.

M á ᶜ o z Ḥ a y y i m

Koordinaten: 6.101 2017 2110
Im Jordantal, 4,5 km östlich von Bẹt Šəʼán.

Signatur: Synagoge archäologisch sicher

Namen: rabb.: באלה ? Bəʼẹlá? (1)

Literatur

1. ḤA 50 (1974), 3f.; Titelblatt
2. Tzaferis, in: Qadmoniot 7 (1974), 111-113; (Grabungsbericht; Grundriß; Fotos)
3. ḤA 53 (1975), 9

Carta's Atlas -

Atlas of Israel -

Archäologischer Befund

Im Jahr 1974 wurden in Máᶜoz Ḥayyim Reste einer Synagoge gefunden. Es lassen sich drei Bauphasen erkennen: In der ersten Phase besaß die Synagoge einen Fußboden aus Steinplatten, in den beiden späteren Phasen war der Fußboden mit einem Mosaik ausgelegt. In allen drei Phasen handelte es sich um eine Basilika, die durch zwei Säulenreihen zu je fünf Säulen in drei Schiffe aufgeteilt wurde. Der Grundriß der drei Gebäude ist bis auf die Nordmauer gleich. In der letzten Phase war in der nach Jerusalem ausgerichteten Südwand eine Apsis, vor ihr eine Bema. Aus der mittleren Phase fand man Reste eines Soreg mit einer Menora und einigen hebräischen Buchstaben. Unter der Apsis fand sich eine Geniza. Die Nordwand (mit den Haupteingängen ?) der späteren Phasen wurde nicht gefunden. In der Ostwand fanden sich zwei Eingänge, die auf einen Hof führten. Das obere Mosaik mit geometrischen Mustern ist nicht sehr gut erhalten. Das untere dagegen ist gut erhalten und sehr viel sorgfältiger gearbeitet als das spätere. Auf ihm sind geometrische Muster, Vögel, Weintrauben sowie eine siebenarmige Menora und ein Schofar.

Mazraᶜat Kanaf

Ausrichtung

180° S. (In 1 ist der Richtungspfeil versehentlich kopfstehend eingezeichnet worden, er ist um 180° zu drehen).

Datierung

Die erste Phase liegt spätestens im 4. Jahrhundert. Das untere Mosaik ist aus dem 4. Jahrhundert, das spätere aus dem Ende des 5. Jahrhunderts. Die Synagoge wurde im Laufe des 7. Jahrhunderts zerstört.

M a z r a ᶜ a t   K a n a f

Koordinaten: 4.102 2145 2531
Im Golán, 21 km nördlich von Ḥammat Gádẹr.

Signatur: Synagoge archäologisch sicher

Namen: ar.: Mazraᶜat Kanaf; Kanaf; Kānif?
Umschreib.: Kh. Kanef (Magrat Kanuf in 21 ist Druckfehler); Mizra'at Qanef

Literatur

1. Oliphant, in: PEFQS 1886, 75f. (Abbildungen)
2. Dalman, in: ZDPV 37 (1914), 138; Tafel XL,7 (Inschrift)
3. Klein, Corpus, 82 (1920)
4. Klein, Various Articles, 36 (1924)
5. Klein, ᶜEver ha-Yarden, 48f. (1925)
6. Klein, in: Yedioth 2 (1925), 33 (Inschrift)
7. Galling, in: ZDPV 50 (1927), 310 (Erwähnung)
8. Sukenik, in: JJPES 3 (1934-35), 74-80 (Fotos, Abbildungen; Inschrift) (engl. Übersetzung = 9;10)
9. Sukenik, in: JPOS 15 (1935), 174-178; Tafel XX-XXII (Fotos, Abbildungen; Inschrift) (= 10; engl. Übersetzung von 8)
10. Sukenik, el-Ḥammeh, 87-91; Tafel XX-XXII (1935) (Fotos, Abbildungen; Inschrift) (= 9, engl. Übersetzung von 8)
11. Klein, Sefer ha-yiššuv, 90 (1939) (Inschrift)
12. Press, Enc. II, 314 (1948)

13. Klein, Toldot, 267 (Inschrift)
14. Sukenik, in: Ereṣ Kinrot, 78 (1950) (= 18)
15. Press, Enc. III, 472 (1952)
16. CIJ, Nr. 854 (1952)
17. Goodenough I, 212f.; III, Abb. 547.549-551.553 (1953)
18. Sukenik, in: All the Land of Naphtali, 104 (1967) (= 14)
19. Neishtat, ha-Golan, 77-79 (1968)
20. Vilnay, Golan and Hermon, 153f. (1970) (Fotos, Abbildungen)
21. Saller, Nr. 75 (1972)
22. JSG, 279f., Nr. 129 (Fotos) (1972)
23. EAEe II, 467 (Urman) (1976) (Fotos)

Carta's Atlas +

Atlas of Israel +

Archäologischer Befund

In Mazraᶜat Kanaf wurden Gebäudereste und Einzelfunde entdeckt, die die Existenz einer Synagoge sicherstellen.

Am westlichen Ortsrand steht heute ein weithin sichtbares Gebäude, das an der Stelle eines antiken Baues errichtet wurde. Beim Bau wurde die noch erhaltene Nordostecke dieses Gebäudes in das neue einbezogen (Abb. in: 8; 9; 10; 22; 23). Aus der Ausrichtung dieser Mauerreste (N-S bzw. O-W) sowie weiteren Funden an dieser Stelle läßt sich mit einiger Sicherheit schließen, daß hier die Synagoge gestanden hat. An Einzelfunden sind mehrere Steine mit verschiedenen Mustern zu erwähnen (Abb. in: 1; 8, Abb. 7-9; 9, Abb. 31, Tafel XXII; 10, Abb. 31, Tafel XXII; 17, Abb. 547.551.553; 20). Der wichtigste Fund ist ein Teil der Türpfosten sowie des dazugehörenden Sturzes (Abb. in: 1; 8; 9; 10; 17, Abb. 549-550; 20; 22; 23). Diese Steine haben ein Weinranken- und -traubenornament, das aus einer Vase herauswächst, sowie auf einem Wulst ein Eierstabornament. Über dem Wulst ist auf dem Türsturz eine aramäische Inschrift, deren Anfang und Ende fehlt:

... תהי ליה ברכ]תה דכיר לטב יוסה בר חלפ̣ו בר חנ[...

"... Es sei ihm Seg]en. Es sei zum Guten gedacht des Jose bar Chalfo bar Chan[..."

Die Lesung und Deutung der ersten beiden Buchstaben durch Dalman (הדה הוא in 2) und Klein (in seinen ersten Veröffentlichungen 4; 5; 6: יהה) befriedigen nicht. Sukenik (8; 9; 10) vermutet zu Recht, daß die Inschrift länger war als der Sturz; wir hätten dann in den beiden Buchstaben das Ende von ברכתה, einer häufigen Schlußformel in Stiftungsinschriften. Auch die Aufeinanderfolge von verschiedenen Stiftungsinschriften ist nichts Ungewöhnliches (vgl. z.B. Ḥammat Gádẹr). Der letzte Name läßt sich zu חנן, חנניה oder חנינה ergänzen. Zu חלפו vgl. noch ad-Danqalla. Von dem Türrahmen sind heute noch drei Steine in einem Gebäude eingemauert. Auch die von Sukenik in Abb. 31 und Tafel XXIIa (9; 10) abgebildeten Steine sind noch dort. Der Sturz wurde später zerstört und in eine Gartenmauer bzw. in ein Haus eingebaut. Die Inschrift befindet sich heute im Rockefeller-Museum.

Ausrichtung: Westen

Datierung: ?

Mazraʿat Qunēṭira *

Koordinaten: 4.103 (2229 2555)
Im Golán, 26 km südlich von Qunēṭira.

Signatur: -

Namen: ar.: Mazraʿat Qunēṭira
Umschreib.: Mizra'at Quneitra

Literatur

1. EAEe II, 467 (Urman) (1976)

Carta's Atlas -

Atlas of Israel -

Archäologischer Befund

Urman erwähnt Einzelfunde von einer Synagoge, ohne näher darauf einzugehen. Die Funde sind nicht ausreichend, um von ihnen auf eine Synagoge schließen zu können.

M e r o n

Koordinaten: 2.104 1915 2654
In Galiläa, 5 km nordöstlich von Ṣəfat.

Signatur: Synagoge archäologisch sicher

Namen: rabb.: מירון
Jos.: Μηρωθ; Μηρω
An der Identifizierung von Μηρωθ mit Meron bestehen heute keine Zweifel mehr.
Umschreib.: Meiron

Literatur

1. Renan, Mission, 780f. (1864)
2. Wilson, in: PEFQS 1869, 37-43 (Beschreibung, Maße) (= 7)
3. Atkinson, in: PEFQS 1878, 24-27 (Beschreibung, Zeichnung)
4. Kitchener, in: PEFQS 1878, 138 (Beschreibung, Maße)
5. Guérin VII, 429-433 (1880) (Beschreibung, ältere Reiseberichte)
6. SWP I, 251f. (1881) (Beschreibung, Zeichnungen, Fotos)
7. SWP SP, 297-299 (1881) (Beschreibung, Maße) (= 2)
8. Thiersch - Hölscher, in: MDOG 23 (1904), 19 (Foto)
9. Kohl - Watzinger, in: MDOG 29 (1905), 22-25 (Beschreibung, Fotos) (Vorausbericht von 11)
10. Masterman, Studies, 119 (1909)
11. Kohl - Watzinger, 80-88; Tafel XI (1916) (ausführliche Beschreibung, Zeichnungen, Fotos, Grundriß)
12. Meistermann, Capharnaüm et Bethsaïde, 179 (1921) (Erwähnung)
13. Krauss, SA, 339; Figur 23 (1922)
14. Galling, in: ZDPV 50 (1927), 311 (Liste)
15. Press, Enc. III, 600; Tafel IV (1952)
16. Goodenough I, 200f.; III, Abb. 506.543 (1953) (Grundriß)
17. Hiram, in: Wiener Jahrbuch für Kunstgeschichte 19 (1962),

7-63 (Grundriß)
18. Braslavy, Hayadaʿta, 218-256 passim (vgl. Index) (1964)
19. Ben-Zvi, Remnants of Ancient Jewish Communities in the Land of Israel, 64f.; Tafel 12 (1966)
20. Braslavi, in: All the Land of Naphtali, 113-115 (1967)
21. EAEh, 323f. (Barag) (1970) (Beschreibung, Grundriß)
22. Meyers, in: BA 35 (1972), 31
23. Saller, Nr. 92 (1972) (Foto)
24. Meyers - Meyers - Strange, in: BASOR 214 (1974), 3.8-10. 14 (Foto)
25. ḤA 56 (1975), 6-8
Carta's Atlas +
Atlas of Israel +

Archäologischer Befund

Von der Synagoge ist die nach Süden ausgerichtete Frontseite mit dem Haupteingang und dem westlichen Nebeneingang erhalten, zu dem ein paar Stufen hinaufführten. (Der östliche Nebeneingang wurde rekonstruiert.) Die gesamte Westwand wurde aus dem stehenden Felsen herausgeschlagen, Unebenheiten in der Wand später verputzt. Das Innere wurde durch zwei Säulenreihen zu je acht Säulen in drei Schiffe aufgeteilt. Vor der Rückwand verlief eine weitere Säulenreihe. Ursprünglich waren für die Synagoge von Meron, ähnlich wie für die große Synagoge von Barʿam, vier Säulenreihen angenommen worden (vgl. die Grundrisse in 6 und 7). Die beiden hinteren Ecksäulen hatten Herzform. Der genaue Standort der einzelnen Säulen ist zum Teil durch flache, aus dem Felsen geschlagene Podeste deutlich zu sehen. Einige Säulenstücke sind erhalten; Guérin berichtet, einige der Säulen im Ort verbaut gesehen zu haben (5). Die Ostmauer wurde teilweise rekonstruiert, jedoch, wie sich bei Grabungen 1971/72 gezeigt hat, etwas abweichend von ihrem ursprünglichen Verlauf (24). Von der Nordmauer sind nur wenige Spuren vorhanden. Diese Synagoge ist ausgesprochen lang, im Gegensatz zu den fast quadratischen Grundrissen anderer galiläischer Synagogen; der Gebetsraum war etwa 13,5 x 27 m groß. Vielleicht ist auch in Meron eine Frauenempore anzunehmen (11; 16). Von dem Felsen oberhalb der Synagoge führt eine verputzte

Rinne zu einem kleinen Becken in der Westmauer. Eine weitere verputzte Vertiefung fand man im nördlichen Teil des Mittelschiffes. Beide sind wohl jünger als die Synagoge. Vor der Hauptfront war an der Westseite eine in den Felsen gehauene Bank.

Wiederholt wird berichtet, daß die Juden Meṛons keine Beziehung zu den Ruinen hatten und offensichtlich nicht wußten, daß es sich um eine Synagoge handelt (9; 10); dagegen vergleicht Robinson (in: ZDMG 7 [1853], 42) die große Synagoge von Barʿâm mit "dem verfallenen Gebäude zu Meirôn, welches die Juden noch jetzt für eine Synagoge ihrer Väter halten".

Zu der von einigen erwähnten Inschrift in Meṛon (zuletzt Saller, 23) vgl. Barʿâm, kleine Synagoge.

Ausrichtung: 180° S

Literarischer Befund

Klein (Corpus, 80) schreibt, daß die Synagoge von Meṛon aus einem midraschischen Bericht bekannt sei, doch ist die Stelle ohne Beweiskraft:

PdRK XI (בשלח), 23 (ed. Mandelbaum, 198f.):

דחד זמן הוינא עליל לכנשתא (נ"א: לבי כנישתא) ... וכיון דדמך
איתיהב בהדה גוש חלב והוה ר' שמעון בן יוחי מתגלה על מרוניא
ואמר להון הדה עין דימין דהוה אית לי לא זכית תתיהב גבי והורן
מרוניא אזלין בעיי למייתיה יתיה וגוש חלבאי נפקין בתריהון
בחוטרייא ובמורנייתא

"Einmal ging er (R. Elʿazar b. Schimʿon) in die Synagoge... Als er verstarb, wurde er nach Guš Ḥâlâv gebracht. Da erschien R. Schimʿon b. Jochai (sein Vater) den Leuten aus Meṛon und sagte zu ihnen: 'Das rechte Auge, das ich hatte (mein Sohn), ist es nicht würdig, neben mir zu liegen?' Da gingen die Leute aus Meṛon und wollten ihn holen. Die Leute aus Guš Ḥâlâv aber kamen mit Knüppeln und Stöcken hinter ihnen her...."

In der Parallelstelle Midr. Kohelet zu 11,2 fehlen die Wörter "in die Synagoge". Aus dem Bericht geht zwar hervor, daß R. Elʿazar zunächst in Guš Ḥâlâv und dann in Meṛon begraben worden ist, über den Ort, an dem der erste Teil des Zitates spielt, gibt er aber keine Auskunft.

Datierung: 2. Hälfte des 3. Jahrhunderts (25).

M ə ṣ ȧ d ȧ

Koordinaten: 16.105 1837 0807
Am Toten Meer, 54 km ostnordöstlich von Bə'ẹr Ševaᶜ.

Signatur: Synagoge archäologisch sicher; Lehrhaus archäologisch unsicher

Namen: Jos.: Μασαδα
hebr.: מצדה
Umschreib.: Masada

Literatur

1. ḤA 14 (1965), 20
2. Yadin, in: BIES 29 (1965), 87-89; Tafel XVII
3. Yadin, Masada, 180-189 (1967) (Grundriß; Fotos)
4. Avigad, in: All the Land of Naphtali, 96f. (1967) (Grundriß)
5. EAEh 384-386 (Yadin) (1970) (Grundriß; Foto)
6. Saller, Nr. 90 (1972)
7. Foerster, in: EI 11 (1973), 224-228; englische Zusammenfassung 30*; Tafel XLIV, 1 (Grundriß)

Carta's Atlas +

Archäologischer Befund

Im Nordwesten Məṣȧdȧs wurde ein etwa 10,5 x 12,5 m großes Gebäude ausgegraben, das direkt an der Umfassungsmauer liegt. Es lassen sich zwei große Bauphasen feststellen. Das älteste Gebäude aus herodianischer Zeit bestand aus einer Vorhalle im Südosten, durch die man in einen Raum gelangte, in dem fünf Säulen standen, drei gegenüber dem Eingang vor der Rückwand und je eine weitere vor der Nordost- bzw. Südwestwand. Zur

Zeit des großen Aufstandes 66-73 n. Chr. wurde das Gebäude von den Zeloten umgebaut: Die Trennungswand zwischen Vorhalle und Hauptraum wurde niedergerissen. Zwei Säulen aus der Nordwestecke wurden an die Stelle der ehemaligen Verbindungsmauer gesetzt. An ihre Stelle wurde ein 3,5 x 5,5 m großer Raum eingebaut. Entlang den Wänden brachte man vier übereinanderliegende Bankreihen an, an der dem Eingang gegenüberliegenden Breitseite des eingebauten Raumes nur eine Reihe. Verschiedenes deutet daraufhin, daß das Gebäude als Synagoge gedient hat, und zwar die Ausrichtung nach Jerusalem, der Grundriß, der gewisse Ähnlichkeiten mit dem der frühen galiläischen Synagogen hat (Anordnung der Säulen) und auf ein öffentliches Versammlungsgebäude weist sowie Funde von Schriftrollen (Deuteronomium und Ezechiel), die von den Zeloten in einer Art Geniza unter dem Fußboden des kleinen Raumes abgelegt worden waren. Da wir aus dieser Zeit keine weiteren Synagogenfunde haben (mit Ausnahme von Herodium, wo die Anlage ähnlich ist) und wir nichts weiter über den Grundriß der Synagogen des 1. Jahrhunderts wissen, können wir nur vermuten, daß es sich hier um eine Synagoge handelt.

An Einzelfunden ist noch ein Ostrakon mit der Aufschrift מעשר כהן, 'Priesterzehnt' zu vermerken.

Lehrhaus

In einem Gebäudekomplex im Südwesten Məṣâdâs (1837 0804) wurde eine längliche Halle gefunden, die zur Zeit des Aufstandes gebaut worden war. An drei Wänden ist eine Bank angebaut, eine weitere Bank (oder niedriger Tisch) ist in der Mitte des Raumes. Möglicherweise handelt es sich um ein Lehrhaus (1; 5).

Ausrichtung: 310° NW

Datierung: 66-73; eventuell um 35 v. Chr.

M i g d å l

Koordinaten: 4.106 1987 2481
In Galiläa, 5 km nordnordwestlich von Tiberias.

Signatur: Synagoge literarisch und archäologisch sicher

Namen: rabb.: מגדל; מגדלה/מגדלא; מוגדלא; מגדל נוניה/ נוניא; מגדל צבעייה

Jos.: Ταριχαιαι; Ταριχεαι

ar.: Maǧdal

Umschreib.: Magdala; Medjdel; el-Medschdel

Literatur

1. Jastrow, Dictionary, 726 (1903)
2. Klein, Beiträge, 83 (1909)
3. Krauss, SA, 211 (1922)
4. Press, in: Jeschurun (Berlin) 17 (1930), 255-267
5. Press, Enc. III, 525f. 527f. 528f. (1952)
6. Klein, Galilee, 200f. (1967)
7. Saller, Nr. 88 (1972)
8. ḤA 57/58 (1976), 8f.

Carta's Atlas -

Atlas of Israel -

Archäologischer Befund

Saller berichtet von einer Säulenbasis, die im See gefunden wurde und typisch für eine Synagoge sein soll. Bei Grabungen wurden außer einer Kirche Reste einer Synagoge aus dem 1. Jahrhundert gefunden, über die noch keine weiteren Angaben veröffentlicht sind (8).

Literarischer Befund

R. Schimᶜon b. Jochai hatte sich dreizehn Jahre lang vor der Verfolgung durch Hadrian (nach der Niederwerfung des Bar-Kochba Aufstandes 135 n. Chr.) in einer Höhle versteckt. Nach Ende der Verfolgung geht er nach Tiberias und reinigt es. Von dort begibt er sich weiter nach Norden:

Synagogen

Syn 1 - PdRK XI (בשלח), 16 (ed. Mandelbaum, 193; X, ed. Buber, 90a): מדנפיק עבר קמי כנישתא דמגדלא

Syn 2 - Koh r X 8,1:

מינפק ליה עבר קומי האי כנישתא דמגדלא

"Von dort ging er fort und kam an der Synagoge von Magdəlå vorbei."

In den Parallelstellen fehlt das Wort כנישתא:

j Schevi 38d,39: עבר קומי מוגדלא

Gen r LXXIX 6 (ed. Theodor - Albeck, 944):

ועבר בהדין מגדל צבעייה

An folgenden Stellen bezieht Jastrow (1) das Wort דא auf eine Synagoge (כנישתא):

Syn 3 - j Sanh 19d,73-20a,2:

ערק לדא מוגדלא ואית דמרין להדא כפר חיטיא ... א"ל בהדא מג-דלא

Syn 4 - j Hor 47a,42-46:

וערק כדא דמוגדלא ואית דאמרין כדא דכפר חיטיא ... אמר ליה כדא דמוגדלא

"Er floh nach jener (Synagoge) von Mugdəlå, und manche sagen: Nach der (Synagoge) von Kəfar Ḥiṭṭayå... Er sagte ihm: In jener (Synagoge) von Magdəlå."

Syn 5 - j Meg 73d,22-26:

ביישנאי שאלון לרבי אימי מהו ליקח אבנים מבית הכנסת זו ולבנות בבית הכנסת אחרת אמר לון אסור ... רבי גוריון אמר מוגדלאיי שאלון לרבי שמעון בן לקיש מהו ליקח אבנים מעיר זו ולבנות בעיר אחרת אמר לון אסור

"Die Leute aus Bẹt Šə'ån fragten R. Imi (= Ammi), ob es erlaubt sei, Steine von einer Synagoge zu nehmen und sie zum Bau einer anderen Synagoge zu verwenden. Er sagte ihnen: 'Es ist verboten.' ... R. Gurjon sagte: Die Leute aus Mugdəlå fragten R. Schimᶜon b. Laqisch, ob es erlaubt sei, Steine (von einer Synagoge) aus einer Stadt zu nehmen und sie zum Bau (einer Synagoge) in einer anderen Stadt zu verwenden. Er sagte ihnen: 'Es ist verboten.'"

Datierung

Aufgrund des historischen Berichtes über R. Schimᶜon b. Jochai kann die Synagoge in das Jahr 148 n. Chr. datiert werden. Das Zitat Syn 5 könnte auf eine Synagoge im 3. Jahrhundert hinweisen.

M i g d a l   G å d ẹ r *

Koordinaten: 4.107 -

Signatur: Lehrhaus literarisch unsicher

Nicht genau lokalisierbar, nahe bei Gådẹr östlich des Jordan. Klein (3) identifiziert es mit al-Muḥēba zwischen Gådẹr und Ḥammat Gådẹr (2141 2315), ohne allerdings weiter darauf einzugehen.

Namen: rabb.: מגדל גדור; מגדל עדר; מגדלה

Literatur

1. Graetz, in: MGWJ 29 (1880), 490f.
2. Klein, Beiträge, 79f. (1909)
3. Klein, ᶜEver ha-Yarden, 39f. (1925)
4. Klein, Sefer ha-yiššuv, 103f. (1939)
5. Press, Enc. III, 527 (1952)

Archäologischer Befund: -

Literarischer Befund

b Taᶜan 20a; AdRN 41 (ed. Schechter, 66a): מעשה שבא רבי אלעזר בן ר' שמעון (נ"א: רבי שמעון בן אלעזר) ממגדל גדור מבית רבו והיה רוכב על החמור ומטייל על שפת נהר (נ"א: הים)

"Es geschah, daß R. Elᶜazar b. R. Schimᶜon (so b Taᶜan; Var. und AdRN: R. Schimᶜon b. Elᶜazar) von Migdal Gədor aus dem Hause seines Lehrers kam. Er saß auf seinem Esel und ritt am Ufer des Flusses (AdRN: Sees) entlang."

Zur Namensvariante vgl. Graetz, der die Stelle für nicht historisch hält.

Datierung

Durch die Nennung von R. El^cazar b. R. Schim^con bzw. von R. Schim^con b. El^cazar kann das Lehrhaus in die zweite Hälfte des 2. Jahrhunderts datiert werden.

M i ^c i l y ā

Koordinaten: 1.108 (174 270)
In Galiläa, 21 km nordöstlich von ^cAkko.

Signatur: Synagoge archäologisch unsicher

Namen: ar.: Mi^cilyā

Literatur

1. Ma^caravo šel Galil, 96f. (1961)
Carta's Atlas -
Atlas of Israel -

Archäologischer Befund

Man fand mehrere Kapitelle, darunter eines mit einer Menora. Außerdem wurden verschiedene Mosaikreste gefunden.

Literarischer Befund: -

Datierung: ?

N a ᶜ ā n a

siehe: Samaritanische Synagogen.

N a ᶜ ă r á n

Koordinaten: 9.109 1901 1448
In der Jordansenke, 5,5 km nordwestlich von Jericho.

Signatur: Synagoge archäologisch sicher

Namen: rabb.: נערן; נעורן
Jos.: Νεαρα
ar.: ᶜĒn ad-Duyūk; ad-Duyūk
Umschreib.: Ain Douq/Duk/Dōḳ; En-Doḳ; Noarah

Literatur

1. Guérin IV, 219 (1874)
2. Clermont-Ganneau, in: CRABL 1919, 87-120; 298-300 (Inschrift Nr. 7-8)
3. Vincent, in: RB 16 (1919), 532-563 (Grabungsbericht; Zeichnung, Foto; Inschrift Nr. 7-8)
4. Klein, Corpus, 69-74 (1920) (Inschrift Nr. 7-8)
5. Cook, in: PEFQS 1920, 82-87.142 (Foto; Inschrift Nr. 7-8) (vgl. 6; 16)
6. Marmorstein, in: PEFQS 1920, 139-141 (Inschrift Nr. 7-8) (vgl. 5; 16)
7. Torrey, in: JAOS 40 (1920), 141f. (Inschrift Nr. 7-8)

8. BASOR 2 (1920), 7; Tafel nach S. 2
9. Slousch, in: JPOS 1 (1920/21), 33-35 (Inschrift Nr. 7-8)
10. BASOR 4 (1921), 12f. (Erwähnung)
11. Grant, in: Smithsonian Institution, Annual Report 1921, Bd. 1, 543
12. Clermont-Ganneua, in: CRABL 1921, 141f.; 143-146
13. Vincent, in: RB 30 (1921), 442f.; Tafel VIII
14. Vincent - Carrière, in: RB 30 (1921), 579-601; Tafel XV-XVI (Fotos; Inschrift Nr, 1-3; 5-10)
15. FitzGerald, in: PEFQS 1921, 185f.
16. Marmorstein, in: PEFQS 1921, 189 (Inschrift Nr. 7-8) (vgl. 5; 6)
17. Lietzmann, in: ZNW 20 (1921), 252-254 (Inschrift Nr. 1-3; 5-10)
18. Clermont-Ganneau - Vincent, in: Syria 2 (1921), 172-174
19. Mallon, in: Biblica 2 (1921), 398f. (Erwähnung)
20. Krauss, SA, 436f. (1922) (Inschrift Nr. 7-8)
21. Sukenik, in: Rimon 5 (1923), 18-23 (Fotos; Inschrift Nr. 1-3; 5-10)
22. Klein, Various Articles, 34f. 37 (1924) (Inschrift Nr. 7-8)
23. Klein, in: Yedioth 2 (1925), 39-43 (Inschrift Nr. 1-10)
24. Galling, in: ZDPV 50 (1927), 310-315
25. Marmorstein, in: Yerushalayim (JJPES), Festschrift Luncz, 46 (1928)
26. Klein, in: ZDPV 51 (1928), 136
27. Cook, The Religion of Ancient Palestine in the Light of Archaeology, 106f.; Tafel XXXVII (1930)
28. Krauss, in: REJ 89 (1930), 395-405 (Inschrift Nr. 1-3; 5-10)
29. Watzinger, in: Der Morgen 6 (1930), 362f.
30. Sukenik, in: PEFQS 1931, 23
31. Sukenik, Beth Alpha, 26.50-55 (1932) (Grundriß; Abbildungen)
32. Avi-Yonah, in: QDAP 2 (1933), 155-157 (Inschrift Nr. 1-10)
33. Avi-Yonah, in: BJPES 1,2 (1933), 11f.
34. Sukenik, Ancient Synagogues, 28-31.72-76; Tafel XVIII (1934) (Grundriß; Abbildungen; Inschrift Nr. 1.7-9)
35. Klein, Sefer ha-yiššuv, 109f.; Tafel XV (1939) (Inschrift Nr. 1-3.5-10)
36. Klein, Ereṣ Yehuda, 194f. (1939)

37. Press, Enc. II, 181 (1948)
38. Sukenik, in: Bulletin 1 (1949), 9-11; Tafel I-III (Grundriß)
39. Klein, Toldot, 29 (1950)
40. Schwabe, in: Alexander Marx Jubilee Volume, Hebrew Section, 443 (1950) (Inschrift Nr. 9-10)
41. CIJ, Nr. 1197-1207 (1952) (Fotos; Inschrift Nr. 1-10)
42. Press, Enc. III, 649f. (1952)
43. Goodenough I, 253-257; III, Abb. 642-647 (1953) (Grundriß)
44. Vincent - Benoit, in: RB 68 (1961), 161-177; Tafel III-XXIII (Grundriß)
45. Avi-Yonah, HG, 120 (1962) (Erwähnung)
46. Braslavy, Hayadaᶜta, 249-293 passim (vgl. Index) (1964)
47. Goldman, The Sacred Portal, 60.151f. (1966)
48. Negev, in: EI 8 (1967), 201
49. Vilnay, Judaea and Samaria, 293-296 (1968) (Grundriß; Abbildungen, Fotos; Inschrift Nr. 1-2.4-10)
50. EAEh, 414-416 (Avi-Yonah) (1970) (Grundriß; Fotos; Inschrift Nr. 1-10)
51. ḤA 33 (1970), 8 (Inschrift Nr. 4)
52. Saller, Nr. 4 (1972)
53. Konikoff, The Second Commandment, 75f. (1973)
Carta's Atlas +

Archäologischer Befund

In ᶜĒn ad-Duyūk, das mit dem biblischen Naᶜărâ/Naᶜărân identifiziert wird, wurde im Jahr 1918 durch den Einschlag einer türkischen Granate das Fußbodenmosaik einer Synagoge entdeckt. Schon Guérin (1) erwähnt, an dieser Stelle viele Mosaiksteine gesehen zu haben. Vincent grub die Synagoge in den Jahren 1919 und 1921 aus. Es handelt sich um eine Basilika von 15 m Breite und etwa 20-22 m Länge, die durch zwei Reihen von wahrscheinlich sechs Säulen oder Pfeilern in drei Schiffe aufgeteilt wurde. Das Gebäude ist von Norden nach Süden ausgerichtet (der Nordpfeil in 50 steht auf dem Kopf!). In der Nordwand sind drei Eingänge, ein weiterer Eingang befindet sich in der Westwand. Die Südwand, in der möglicherweise eine Apsis war, ist nicht erhalten. Der gesamte Fußboden war mit einem Mosaik ausgelegt, das leider von Ikonoklasten sehr stark beschädigt worden ist. In den Seitenschiffen sind geometrische Muster abgebildet, zwischen den Säulen ebenfalls geometrische Muster sowie Tiere und Vögel. Im Mitteleingang sind zwei Gazellen (Abb. in 38, S. 23, Abb. 7; 44, Tafel X; 49). Das Mosaik des Mittelschiffes (Abb. in 44, Tafel VII.XI.XXIII; 50), das von einem breiten Rahmen mit geometrischen Mustern begrenzt wird, ist viergeteilt. Im unteren (nördlichen) Teil bildet ein geometrisches Muster Medaillons (Sechsecke und Kreise), in denen Tiere und Pflanzen abgebildet sind, die allerdings zum größten Teil zerstört worden sind. Daran schließt sich ein Zodiak an mit Helios und dem Sonnenwagen in der Mitte und den vier Jahreszeiten in den äußeren vier Ecken (Abb. in 13 [Ausschnitt]; 27 [Ausschnitt]; 38, Tafel I-II; 44, Tafel XIX-XXI). Die Tierkreiszeichen sind im Uhrzeigersinn angebracht, die vier Jahreszeiten in entgegengesetzter Richtung. Darüber ist eine Darstellung von Daniel in der Löwengrube, die von den Ikonoklasten besonders stark beschädigt worden ist. Am oberen Ende ist in der Mitte ein Toraschrein, zu beiden Seiten eine siebenarmige Menora, an denen je zwei Lampen hängen (Abb. in 31, S. 26; 34, S. 31; 43, Abb. 646; 44, Tafel XXII-XXIII; 49). Verschiedene (Stiftungs)inschriften sind über das Mosaik verteilt, eine außerhalb des Rahmens am nördlichen Ende (Nr. 3), vier in der Danielszene (Nr. 5-8) sowie zwei weitere über den Menorot (Nr. 9-10).

Ein Hof umgab die Synagoge an der Nord- und an der Westseite. Vor dem Mitteleingang war ein Narthex, vor diesem ein Wasserbassin. Der Narthex war mit einem weißen Mosaik mit schwarzem Rand ausgelegt, in dessen Mitte, gegenüber dem Haupteingang, eine stilisierte Menora abgebildet ist (Abb. in 38, Tafel III; 43, Abb. 643; 44, Tafel VIII-IX; 49). Rings um die Menora sind verschiedene kleine Muster abgebildet, über und oben neben ihr sind zwei aramäische Stiftungsinschriften (Nr. 1-2).

Inschriften

Nr. 1 Im Narthex.

Besprechung in 14, S. 581-584; 17; 21; 23; 28; 32; 34; 35; 41,

Nr. 1197; 49; 50.
Abbildung in 14, Tafel XV; 21; 38, Tafel III; 41; 43, Abb. 643; 44, Tafel IX; 49:

1. דכיר לטב פינחס כהנה בר יוסטה דיהב
2. טימי פסיפסה
3. מן דידה ומרישת (מרושת/מרישה ?)

1. "Es sei zum Guten gedacht des Priesters Pinchas bar Jus+a, der gestiftet hat
2. die Kosten für das Mosaik
3. aus eigenem Vermögen, und für das Becken."

Zur Anordnung der Inschrift vgl. die Abbildungen.

Zeile 2: טימי = τιμή. פסיפסה = ψῆφος.

Zeile 3: Die Bedeutung von מרישת/מרושת ist nicht sicher. Möglicherweise ist das in dem Hof gegenüber dem Mitteleingang liegende Becken damit gemeint.

Vincent - Carrière (14) übersetzen 'toiture (?)', 'Bedachung'. Krauss (28) will נברישת, 'Lampe', lesen, doch sind die beiden ersten Buchstaben eindeutig als ומ zu lesen.

Nr. 2

Im Narthex.

Besprechung in 14, S. 584f.; 21; 23; 28; 32; 35; 41, Nr. 1198; 49; 50.
Abbildungen in 14, Tafel XV; 21; 38, Tafel III; 41; 43, Abb. 643; 44, Tafel IX; 49:

1.	"Es sei gedacht			דכירה	.1
2.	zum Guten	der Rivqa,	רבקה	לטב	.2
3.		der Frau	אתתה		.3
4.		des Pinchas."	פינחס		.4

Zur Anordnung der Inschrift vgl. die Abbildungen.

Zeile 1: Im Gegensatz zu der Angabe von Vincent - Carrière (14), der zweite Buchstabe könne auch als ב gelesen werden, handelt es sich eindeutig um ein כ.

Nr. 3

Am nördlichen Rand des Mittelschiffmosaiks.

Besprechung in 14, S. 585-587; 17; 21; 23; 28; 32; 35; 41, Nr. 1199; 49; 50.
Abbildung in 14, Tafel XV; 41:

1. דכירה לטב חליפו ברת רבי ספרה
2. דאתחזקת בהדין אתרה [קדי]שה אמן

1. "Es sei zum Guten gedacht der Chalipho, Tochter des Rabbi Saphra,
2. die sich verdient gemacht hat um diesen heiligen Ort. Amen."

אתרה קדישה ist terminus technicus für Synagoge; vgl. z.B. Beṭ Šəʾan.

Die Wiedergabe der Textlücken ist nur in 28 und 50 richtig wiedergegeben.

Nr. 4

Zodiak.

Besprechung in 21; 23; 32; 41, Nr. 1206f.; 49; 50; 51.
Abbildung in 13 (Ausschnitt); 27 (Ausschnitt); 38, Tafel I; 41 (Ausschnitt); 43, Abb. 647 (Ausschnitt); 44, Tafel XIX-XX (Ausschnitt):

Im Uhrzeigersinn von oben Mitte gelesen:

["Wassermann"]	[דלי]
"Fische"	דגים
"Widder"	טלה
"Stier"	שור
"[Zwil]linge"	[תאו]מים
"Krebs"	סרטן
"Löwe"	אריה
"Jungfrau"	בתולה
"Waage"	מוזניים
["Skorpion"]	[עקרב]
"Schütze"	קשת
"Steinbock"	גדי

"[Her]bst"	תקופת [תש]רי
["Sommer"]	[תקופת תמוז]
"[Fr]ühling"	תקו̣[פת נ]יסן
"Winter"	תקופת טיבית

Die Inschriften קשת und גדי wurden erst 1969 gefunden (51).

Nr. 5

Daniel in der Löwengrube.

Besprechung in 14, S. 587; 17; 21; 23; 28; 32; 35; 41, Nr.1200; 49; 50.
Abbildung in 14, Tafel XVI, 6; 21; 41:

"Danie[l].	דניא[ל]
Schalom."	שלום

Die Meinung von Krauss (28), es könnte sich hier möglicherweise auch um eine Stiftungsinschrift handeln (דכיר לטב שלום וכו', "Es sei zum Guten gedacht des Schallum usw.") ist abzulehnen.

Nr. 6

Daniel in der Löwengrube, rechte Hälfte.

Besprechung in 14, S. 594f.; 17; 21; 23; 28; 32; 35; 41, Nr. 1201; 49; 50.
Abbildung in 14, Tafel XVI, 6; 21; 41:

"Es sei zum Guten gedacht	דכיר לט[ב]
des Schemuel	שמואל
[ ]."	[ ]

In einer dritten Zeile sind noch Spuren von einigen Buchstaben zu erkennen.

Nr. 7

Daniel in der Löwengrube.

Besprechung in 2; 3; 4; 5; 6; 7; 9; 14, S. 587f.; 16; 17; 21; 22; 23; 28; 32; 34; 35; 41, Nr. 1202; 49; 50.
Abbildung in 2; 3; 5; 8; 14, Tafel XV; 21; 34; 35; 41; 49; 50:

"Es sei zum Guten gedacht	1. דכיר לטב
des Parnas Binjamin	2. בינימין פרנסה
bar Jose."	3. בר יוסה

Zeile 2: Statt פרנסה las Vincent ursprünglich (3) פינס[ח], verschrieben für פינחס. Ähnlich las Slousch (9) פינס unter Auslassung des בן, also בינימין בר פינס בר יוסה. Die Lesung פרנסה ist gesichert.

Nr. 8

Daniel in der Löwengrube, unter Nr. 7.

Besprechung in 2; 3; 4; 5; 6; 7; 9; 14, S. 588-594; 16; 17; 21; 22; 23; 28; 32; 34; 35; 41, Nr. 1203; 49; 50.
Abbildung in 2; 3; 5; 8; 14, Tafel XV; 21; 34; 35; 41; 49; 50:

1. ד]כירין לטב כל מן
2. ד]מתחזק ויהב או
3. ד]יהב בהדן אתרה
4. ק]דישה בן דהב בן
5. כ]סף בן כל מקמה
6. י]היא [להו]ן חו(ל)קהון
7. בהדן אתרה קדישה
8. אמן

1. "Es sei zum Guten gedacht jeder Person, die
2. sich verdient gemacht und gestiftet hat oder
3. stiften wird für diesen (heiligen) Ort
4. heiligen (Ort), gleich, ob sie gestiftet hat
5. Geld oder irgend einen (Wert)gegenstand.
6. Sie mögen Anteil haben
7. an diesem heiligen Ort.
8. Amen."

Zeile 3: ריהב nach Klein (35; 49; 50). Möglich ist auch ייהב (alle anderen). Vgl. dazu Ḥammat Ṭəveryȧ südlich der Quellen, Inschrift Nr. 1.

Zeile 6: Die ersten Lesungen und Erklärungsversuche schwanken stark:

Clermont-Ganneau (2):

[.]ה יא[..ו]ן ח(.)קהון
[.]הדן אתרה קדישה

"Qu'ils ne (?) ...ent pas leur redevance (?) pour ce Lieu Saint."

Vincent (3):

[ת]הי א[ן להו]ן חזקהון
בהדן אתרה קדישה

"Que leur soit (accordée), s'il plaît à Dieu, leur part dans ce lieu saint."

Klein (4; vgl. Krauss, 20):

[ל]ה יא[חדו]ן ח[ל]קהון
[כ]הדן אתרה קדישה

"Sie werden nehmen ihr Teil an diesem heiligen Ort."

Cook (5):

[ת]היא [fracture]ון חזקהון
בהדן אתרה קדישה

Er verweist auf die Inschrift von Kafr Kannā, in der es heißt: תהי להון ברכתה אמן.

Marmorstein (6):

והיא[ית]ון חוקהון

"... and those who have offered their contributions"?

Torrey (7):

[ד]היא [להו]ן חוקהון
בהדן אתרה קדישה

"... for this assures them their special right in this holy place."

BASOR (8): "Be made sure (?) their share in this holy place."

Vincent - Carrière (14):

[ל]ה יא[ובד]ון ח?קהון
בהדן אתרה קדישה

"Qu'ils ne perdent point leur part (?) dans ce lieu saint!"

Lietzmann (17):

[.]היא[...]ון חוקהון
בהדן אתרה קדישה

"... ihr Anteil an diesem heiligen Ort."

Sukenik (21; vgl. unter 34):

[ת]הי א[ן להון] חוקהון
בהדין אתרה קדישה

Er übersetzt: יהיה להם בזאת חלק במקום הקדוש הזה ("Es möge ihnen hiermit Anteil sein an diesem heiligen Ort.")

Klein (23):

[י]הוא [להו]ן חו[ל]קהון
בהדן אתרה קדישה

Krauss (28):

[ל]הוא [לה]ון חוקהון
בהדן אתרה קדישה

"Qu'ils aient leur part à ce lieu saint."

Avi-Yonah (32; vgl. unter Klein 35):

[ל]ה יה......ן ח.קהון
בהדן אתרה קדישה

"Let them ... their part (?) in this holy place."

Sukenik (34):

כל מקמה
[ד]היא [ואיתו]ן חו(ל)קהון
בהדן אתרה קדישה

"or any precious thing whatsoever; or any that have brought their contribution to this Holy Place."

Klein (35; ihm folgt Avi-Yonah, 50):

כל מקמה
[ד]היא [דאיתו]ן חו(ל)קהון
בהדן אתרה קדישה

Er übersetzt: "... איזה דבר ערך - (כל אלה) שהביאו את חלקם למקום הזה" ("... irgendetwas von Wert - ⟨all derer⟩, die ihren Teil für diesen heiligen Ort gebracht haben").

Frey (41, Nr. 1203):

כל מקמה
[ל]היא [לה]ון חו[ל]קהון
בהדן אתרה קדישה

"... soit n'importe quelle chose précieuse, ou tous ceux qui ont apporté leur contribution à ce Saint Lieu!"

Vilnay (49):

(ו)הוא לאיתון חלקהון
בהדן אתרה קדישה

Er übersetzt: "ואלו שהביאו חלקם לזה המקום הקדוש" ("... und diejenigen, die ihr Teil für diesen Heiligen Ort gebracht haben").

Die Lesung von Klein (35; 50) paßt am besten in den Zusammenhang. Gegen sie spricht die verhältnismäßig kleine Lücke im Text, in der die zu ergänzenden fünf Buchstaben keinen Platz finden.

Ich halte daher die Lesung:

[י]היא [להו]ן חו(ל)קהון
בהדן אתרה קדישה

für die wahrscheinlichste. Zur Schreibung יהיא vgl. Guš Ḥáláv (außerhalb): תאה לה ברכתה, wohl verschrieben für תהא.

Zu חולקהון vgl. Korázim: יהי לה חולק עם צדיקים,"es sei ihm Anteil mit den Gerechten"; ar-Rāma: יהי חולקהון.

Nr. 9

Über der rechten Menora im oberen Teil des Mittelschiffmosaiks.

Besprechung in 14, S. 595-600; 17; 21; 23; 26; 28; 32; 34; 35; 41, Nr. 1204; 49; 50.
Abbildung in 14, S. 599, Tafel XVI oben; 34; 41:

1. דכי
2. ד(כ)יר לטב מרות[ה בר ק]טינה ויע[קב (?)]
3. ברה דהנון מתחזקין בה[דן] אתרה
4.]ין בהדן אתר[ה קדיש]ה א[מן]

"Es sei zum Guten gedacht des Marut[a bar Qa]ṭina und des Ja^ca[kovs],
seines Sohnes, die sich verdient gemacht haben um diesen heiligen Ort. Amen."

Es handelt sich nicht um einen fortlaufenden Text; das Mosaik ist repariert worden, wobei die noch erhaltenen Buchstaben nicht entfernt wurden. Der (restaurierte) Text muß lauten:

דכיר לטב מרות[ה בר ק]טינה ויע[קב]

ברה דהנון מתחזקין בהדן אתרה [קדיש]ה א[מן]

Auch hier schwanken die Lesungen. Die wichtigsten sind folgende:

Vincent - Carrière (14):

דכי[רין] לטב מרות.....טונה ויעי[ר]
ברה דהנון מתחזקין בת... אתרה
יין בהדן אתר[ה קדיש](ה) אמ[ן]

Sukenik (21; vgl. 34):

דכירין לטב מרות...[ק]טונה ויעי[ר]
ברה דהנון מתחזקין בת[וי?] אתרה
[נ]ויין בהדן אתרה קדיש[ה] אמ[ן]

Klein (23; vgl. 35):

דכי
ר̣י̣ן̣ לטב ח̣ר̣ו̣ת̣... [ק]טונה ויאיר
ברה דהנון מתחזקין בה[דין] אתרה
[יהוא חול]קהון בהדן אתר[ה קדיש]ה א[מן]

Später (26; 35; 36; 39) liest Klein מרות[ה statt חרות[ה und übersetzt 'Herrschaft', 'Honorationen'.

Krauss (28):

דכי[ר] הנך לטב חרות (?) [ודכיר(ון) (?) לטב ק]טונה ויעיר
ברה דהנון מתחזקין בה[דין] אתרה
[להוא חלק]הון בהדין אתר[ה קדיש]ה א[מן]

Avi-Yonah (32):

דכירין לטב מרות...טונה ויעי[ר]
ברה דהנון מתחזקין בה[דין] אתרה
[קדישה] ... יהוא חולק
הון בהדן אתר[ה] [קדיש]ה אמ[ן]

Sukenik (34) ist der erste, dem auffällt, daß das Mosaik restauriert worden ist. Er liest:

דכי
דיר לטב מרות[.....ק]טינה ויע[?]יר
ברה דהנון מתחזקין בה[דן] אתרה
(blank) יין בהדן אתר[ה קדיש]ה א[מן]

Klein (35):

דכי ... דכ(י)ר לטב מרות... ק]טינה ריע[קב]
ברה דהנון מתחזקין בה[דן] אתר[ה קדיש]ה א[מן]

Frey (41, Nr. 1204):

דכי
דיר לטב מרות[.....ק]טינה ריע[י]יר
ברה דהנון מתחזקין בה[דן] אתרה
[...יין בהדן אתר[ה קדיש]ה א[מן]

Zum Namen מרותה vgl. Caesarea, Inschrift Nr. 1-2 (vgl. 40).

Von dem ersten Wort in der letzten Zeile sind die Reste von mehreren Buchstaben erhalten (vgl. 14, Abbildung S. 599), von denen der letzte wohl ein ן war. Folgende Ergänzungen kommen in Frage:

דמתחזקין בהדן אתרה קדישה

oder: יהיא חלוקהון בהדן אתרה קדישה

Wieweit die Buchstabenreste original sind, kann man nicht sagen. Möglicherweise hat der Restaurator bestehende Lücken mit vorhandenen schwarzen und weißen Steinchen wahllos geflickt und dadurch ein falsches Bild des ursprünglichen Buchstabenbestandes hervorgerufen. Von zwei Buchstaben dieser letzten Zeile scheinen die schwarzen Steine durch weiße ausgewechselt worden zu sein (? חת; vgl. 14).

Die Inschrift befindet sich heute in der École Biblique in Jerusalem.

Nr. 10

Über der linken Menora im oberen Teil des Mittelschiffmosaiks.

Besprechung in 14, S. 600f.; 17; 21; 23; 26; 28; 32; 35; 41, Nr. 1205; 49; 50.
Abbildung in 14, Tafel XVI, 8; 41:

1. דכיר לטב מרוֹ[תה
2. בר כֹריספֹה[דה (קריספדה?)
3. חולקהון בה[דן אתרה קדישה אמן]

1. "Es sei zum Guten gedacht des Maru[ta

2. bar Kerispe[da

3. ihr Anteil an die[sem heiligen Ort. Amen."

Vincent - Carrière (14; ihnen folgt Sukenik, 21) lasen die dritte Zeile חן לההון בה[דן אתרה קדישה אמן, "Que faveur leur soit conservée en ce lieu saint."

Klein las zunächst (23; vgl. 35):

דכיר לטב מרי[...
בר כריס[פה ו...
חול[ק]ה הנו בה[דין] אתרה   חולקהון בה[דן אתרה קדישה אמן]

Später (26; 35; 36; 39) liest er מרותה und übersetzt 'Herrschaft', 'Honorationen'.

Krauss (28):

דכיר לטב מתי
בר כריס[פדי
חול[ק]ה הנו בה[דין] אתרה

Er liest den Namen in der ersten Zeile 'Manthai'.

Avi-Yonah (32; vgl. unter 35):

דכיר לטב מרו....
בר כריס[פה] ...
הן לההון בה[דן אתרה קדישה אמן]

"... May they be ... in this holy place."

Klein (35; ihm folgt Avi-Yonah, 50):

דכיר לטב מר...
בר כרוס[פדה...דאייתון]
חולקהון בה[דן אתרה קדישה אמן]

"... die gebracht haben ihren Anteil an diesem heiligen Ort."

Frey (41, Nr. 1205):

דכיר לטב מרו[תה]
בר כריס[פה ו...]
חולקהון בה[דן אתרה קדישה אמן]

Zum Namen מרותה vgl. Inschrift Nr. 9.

Die Lesung des כ von כריספ[ist nicht gesichert.

Die Angabe von Saller (52), es gebe 24 Inschriften, ist irreführend. Sie beruht auf einer anderen Einteilung.

Ausrichtung: 180° S

Datierung

Die Synagoge, die von Vincent (3) zunächst in das 1. Jahrhundert datiert worden war, kann heute aufgrund des reichen Vergleichsmaterials in das 6. Jahrhundert datiert werden.

Vgl. Nachträge!

N a ḥ f *

Koordinaten: 3.110 (179 260)
In Galiläa, zwischen ᶜAkko und Ṣəfat.

Signatur: -

Namen: Umschreib.: Nuhf; Nahef

Literatur

1. Guérin VI, 451f. (1880) (= 2)
2. SWP I, 255, (1881) (= 1)

Carta's Atlas -
Atlas of Israel -

Archäologischer Befund

Guérin führt architektonische Reste an, die von einer Synagoge oder von einer Kirche stammen könnten.

Ḥ. N ȧ ṭ o r

Koordinaten: 2.111 2054 2649
In Galiläa, bei Kəfar ha-Nȧśi, 9 km östlich von Ṣəfat.

Signatur: Synagoge archäologisch unsicher

Namen: ar.: Ḫ. al-Munṭār

Literatur

1. Yeivin, A Decade of Archaeology, 42 (1960) (Erwähnung)
2. Yalquṭ 1371 (§ 18) (1964)
Carta's Atlas -
Atlas of Israel -

Archäologischer Befund

Im Yalquṭ werden die Reste eines großen Gebäudes erwähnt mit einem Mosaikfußboden, einer Säule sowie einer Säulenbasis u.ä. Dieses Gebäude liegt im südlichen Teil des ziemlich großen Ruinengeländes, unterhalb der höchsten Stelle. Es ist von N nach S ausgerichtet. Ein Rest einer Säulenbasis mit einem Stück der Säule ist noch am Ort, außerdem weitere Säulenreste und Teile von Türpfosten. Im Archiv des Israel Department of Antiquities and Museums in Jerusalem wird noch ein 2 x 3 m großes Stück Mosaikfußboden aus 2 x 2 cm großen Steinen erwähnt, das ich im Sommer 1974 nicht gesehen habe (das Gelände war sehr stark überwuchert). Die Maße des Gebäudes werden mit 20 x 40 m angegeben.

Außerdem wird eine Lampenscherbe aus dem 4./5. Jhd. erwähnt.

Das Gebäude kann eine Synagoge gewesen sein.

Ausrichtung: 180° S

Literarischer Befund: -

Datierung

Die in dem Gebäude gefundene Lampenscherbe ist aus dem 4./5. Jahrhundert. Diese Zeit kann man als terminus ante quem für das Gebäude annehmen. Weitere Angaben können erst nach einer Grabung gemacht werden.

N ȧ w e *

Koordinaten: -.112 (247 255)
Im Ḥorān, Syrien, 45 km ostnordöstlich von Tiberias.

Signatur: Synagoge archäologisch sicher

Namen: rabb.: נוה; נוי; נואי; ננוה
Jos.: Βαθυρα (?)
ar.: Nawā
Umschreib.: Naveh; Naoua; Neve

Literatur

1. Schumacher, Across the Jordan, 169-174 (1886) (Abbildungen)
2. Dalman, in: PJB 9 (1913), 59; Tafel 4, 8
3. Kühtreiber, in: ZDPV 37 (1914), 115; Tafel XXXIV A-B
4. Klein, Corpus, 83-85 (1920)
5. Klein, ᶜEver ha-Yarden, 53 (1925)
6. Klein, in: Yediot 2 (1925), 31
7. Mayer - Reifenberg, in: BJPES 4 (1936/37), 1-8; Tafel I-III (ältere Literatur; ausführliche Beschreibung)
8. Braslawski, in: BJPES 4 (1936/37), 8-12 (Inschrift, Fotos) (= 14)
9. Mayer - Reifenberg, in: JPOS 19 (1939), 329
10. Klein, Sefer ha-yiššuv, 108 (1939) (Inschrift)
11. Sukenik, in: Ereṣ Kinrot, 78f. (1950) (= 16)
12. CIJ 93, Nr. 853 (1952)
13. Goodenough I, 236f.; III, Abb. 617-625 (1953)
14. Braslvsky, Studies, 281-283; Tafel nach S. 280 und 288 (1954) (= 8)
15. Braslavy, Hayadaᶜta, 266-268.272f. (1964)
16. Sukenik, in: All the Land of Naphtali, 104 (1967) (= 11)
17. Negev, in: EI 8 (1967), 198
18. EAEh, 27 (Barag) (1970)
19. Saller, Nr. 98 (1972)

Archäologischer Befund

In Nȧwe gibt es eine Fülle von archäologischen Funden mit jüdischen Symbolen, die typisch für eine Synagoge sind. 1936 untersuchten Mayer - Reifenberg den Ort. In ihrem Bericht (7) weisen sie auf ältere Literatur und beschreiben die wichtigsten Funde. Eines der noch stehenden Gebäude soll nach ihnen eine Breithaussynagoge gewesen sein. (Leider geben sie keinen Grundriß des Gebäudes.) Das wichtigste Indiz für eine Synagoge ist eine Nische in der Breitwand mit zwei Pfeilern und einer Konche in einer Höhe von etwa 2,20 m über dem Fußboden, die zur Aufnahme des Toraschreins gedient haben kann (Abbildung in 7, Tafel III, 8; 13, Abb. 617).

Über einem der beiden Eingänge ist ein Sturz mit einem hakenkreuzbildenden Mäandermuster und drei Quadraten. Nur in dem linken Quadrat ist eine Darstellung, eine Konche, erhalten (Abbildung in 7, Tafel IV, 6; 13, Abb. 623). Über dem zweiten Eingang ist ein Sturz mit einem Blattornament (Abbildung in 7, Tafel IV, 7).

In einem weiteren Gebäude sind ebenfalls zwei Stürze erhalten. Auf dem ersten Sturz sind zwei Vasen, aus denen nach beiden Seiten Weinranken mit Blättern und Trauben herauswachsen. In der Mitte bilden sie einen Kranz aus Blättern und Blüten mit einem Heraklesknoten und einer vierblättrigen Blüte in der Mitte. Ein ähnlicher Sturz wurde in Dabbūra gefunden. (Abbildungen in 7, Tafel I, 1; II, 2; 13, Abb. 619.) Auf dem zweiten - nicht so fein gearbeiteten - Sturz sind ebenfalls zwei Vasen, aus denen Weinranken mit Blättern und Trauben nach der Mitte zu wachsen. Im Zentrum ist ein aus Blättern und Blüten gebildeter Kranz mit Heraklesschleife, der dem des ersten Sturzes stark ähnelt. In seiner Mitte ist eine Konche (Abbildung in 7, Tafel II, 3; 13, Abb. 620).

Im Ort befinden sich außerdem die folgenden Teile, die von einer Synagoge sein können:
Ein Sturz, in dessen Mitte eine siebenarmige Menora (?) abgebildet ist. Der mittlere Arm endet in einem großen Kreis, in dessen Mitte ein dicker Punkt ist. Zu beiden Seiten sind zwei Reihen mit einem hakenkreuzbildenden Mäandermuster und Quadraten, in denen ein Etrog (?), zwei Konchen und eine Blüte abge-

bildet sind. Weitere Darstellungen sind zerstört worden. Goodenough (13) vermutet auch hier die Darstellung eines Zodiak (vgl. Barᶜåm, große Synagoge) und hält den Kreis über der Menora für ein Sonnensymbol. Aufgrund der erhaltenen Darstellungen ist ein Zodiak hier auszuschließen (Abbildung in 1, Abb. 83; 3; 7, Tafel II, 4; 13, Abb. 621).

Auf einer Steintafel (von einem Soreg?) ist eine siebenarmige Menora abgebildet, rechts neben ihr Machta und Lulav. Über dem Lulav sind Reste einer Traube. Links neben der Menora könnte ein Schofar gewesen sein (Abbildung in 7, Tafel III, 5; 13, Abb. 618; 14).

Schumacher (1) bringt noch Zeichnungen von einem Sturz (?) mit einem Kranz in der Mitte und zwei siebenarmigen Menorot an den Seiten (Abbildung in 1, Abb. 81; 13, Abb. 625) und von einem Stein mit einer siebenarmigen Menora auf einem dreifüßigen Podest sowie Lulav, Schofar und zwei Etrogim (?); Negev (17) vermutet statt der Etrogim zwei aufgerollte Torarollen, doch ist zu bedenken, daß die Zeichnungen bei Schumacher oft genug ungenau sind und wir kein Beispiel für Torarollen in Verbindung mit Menora, Lulav und Schofar aus dieser Zeit haben (Abbildung in 1, Abb. 84; 13, Abb. 624).

In der Moschee ist ein sehr fein gearbeiteter Sturz eingebaut, in dessen Mitte ein Kranz mit Heraklesschleife ist. Im Inneren des Kranzes ist eine Konche. Die Enden der Schleifen laufen in Weinranken mit Blättern und Trauben aus. An den beiden Enden des Sturzes ist eine siebenarmige Menora (Abbildung in 2; 3; 13, Abb. 622; 14; Titelblätter von IEJ 1-19). Im Inneren der Moschee ist eine Säule mit Lulav und Schofar (8, S. 9).

In der Ostwand der Moschee ist ein Stein mit einer aramäischen Inschrift eingemauert:

Besprechung in 8; 10; 12; 14.
Abbildung in 8; 14:

1. ב]ר יודן
2.]וח וכר אחוה (או: אהוה)
3.]בית ארונה דכר (או: דנר[ין])

1. " So]hn des Judan
2.].. und Sohn seines Bruders (oder: Sohn des Ahawa)
3.]... Schrein "

Zeile 2: Das letzte Wort kann אחוה 'sein Bruder' oder אהוה 'Ahawa' (Eigenname) gelesen werden.

Zeile 3: Das letzte Wort kann דכר 'es sei gedacht' (Formel in Stiftungsinschriften) oder דנר[ין] 'Denare' gelesen werden; es handelte sich dann um eine gespendete Summe. Klein (nach 8, S. 11; 10) liest: בית ארונה דנה 'diesen Platz für den Schrein'.

Der Name in der ersten Zeile erinnert an einen Reisebericht aus dem 13. Jahrhundert, in dem 'eine sehr schöne Synagoge' erwähnt wird, 'und auf einem Marmorstein steht: R. Judan und R. Levi b. Ascher haben sie gemacht' (vgl. 4; 5; 6).

Ausrichtung: ?

Literarischer Befund: -

Datierung: 3./4. Jhd.

N a z a r e t h

Koordinaten: 3.113 178 234
In Galiläa.

Signatur: Synagoge archäologisch unsicher, literarisch sicher

Namen: NT: Ναζαρα; Ναζαρεδ
hebr.: נצרת

Literatur

1. Geyer, 112f.; 161; 196f. (1898) (lateinische Texte)
2. Meistermann, Capharnaüm et Bethsaïde, 242 (1921)
3. Orfali, Capharnaüm, 85 (1922)
4. Dalman, Orte und Wege, 77f. (1924)

5. Klein, Sefer ha-yiššuv, 110 (1939)
6. Kopp, in: JPOS 18 (1938), 213f.
7. Kopp, in: JPOS 20 (1946), 29-42
8. Klein, Toldot, 23f. (1950)
9. Press, Enc. III, 652f. (1952)
10. Baldi, in: LA 5 (1955), 250-252
11. Kopp, Die heiligen Stätten der Evangelien, 116-122 (1959)
12. Klein, Galilee, 34f. 122 (1967)
13. Bagatti, Excavations in Nazareth I, 114-116; 140-146; 169; 233f. (1969) (Fotos, Zeichnungen, Pläne)
14. Testa, Nazaret Giudeo-Cristiana, 13.16 (1969) (Plan)
15. EAEh, 420f. (Bagatti) (1970)
16. Saller, Nr. 99 (1972) (Foto, Zeichnungen)

Carta's Atlas -

Atlas of Israel +

Archäologischer Befund

Archäologische Funde, die auf eine Synagoge hindeuten könnten, fanden sich nördlich der Kirche des hl. Josef (1783 2343; Abb. in 13; 16) und unter der Verkündigungskirche (1782 2341). Bei der Josefskirche wurden vier Säulenbasen gefunden, die denen von Synagogen des 2./3. Jahrhunderts gleichen. Bagatti beschreibt sie als Teile "der Synagoge der Juden" (13, S. 233f.). Unter der Verkündigungskirche grub Bagatti die Reste eines Gebäudes aus vorbyzantinischer Zeit aus, das gewisse Ähnlichkeiten mit Synagogen aufweist. Außerdem beschreibt er eine Reihe von Einzelfunden, die ebenfalls ihre Parallelen in den Synagogen haben (13, S. 140-146, Abb. 84-96; 169, Abb. 131-134; 16, S. 72). Er vermutet, daß es sich um eine Kirche aus der Zeit Konstantins handelt, die nach Art der zeitgenössischen Synagogen gebaut war (13; 14; 15).

Literarischer Befund

Synagogen

Syn 1 - Matth 13,54:

Καὶ ἐλθὼν εἰς τὴν πατρίδα αὐτοῦ ἐδίδασκεν αὐτοὺς ἐν τῇ συναγωγῇ αὐτῶν.

"Und er ging in seine Heimatstadt und lehrte sie in ihrer Synagoge."

Syn 2 - Mark 6,1f.:

Καὶ ἐξῆλθεν ἐκεῖθεν, καὶ ἔρχεται εἰς τὴν πατρίδα αὐτοῦ, καὶ ἀκολουθοῦσιν αὐτῷ οἱ μαθηταὶ αὐτοῦ. καὶ γενομένου σαββάτου ἤρξατο διδάσκειν ἐν τῇ συναγωγῇ.

"Und er ging von dort fort und kam in seine Heimatstadt. Seine Jünger folgten ihm. Als es Sabbat geworden war, begann er, in der Synagoge zu lehren."

Unter 'Heimatstadt' ist wohl Nazareth gemeint.

Syn 3 - Luk 4,16:

Καὶ ἦλθεν εἰς Ναζαρά (Var.:Ναζαρεδ), οὗ ἦν τεθραμμένος, καὶ εἰσῆλθεν κατὰ τὸ εἰωθὸς αὐτῷ ἐν τῇ ἡμέρᾳ τῶν σαββάτων εἰς τὴν συναγωγήν, καὶ ἀνέστη ἀναγνῶναι.

"Und er ging nach Nazareth, wo er aufgezogen worden war. Nach seiner Gewohnheit ging er am Sabbat in die Synagoge und stand auf, um (aus der Schrift vor)zulesen."

Syn 4 - Luk 4,20:

καὶ πτύξας τὸ βιβλίον ἀποδοὺς τῷ ὑπερέτῃ ἐκάθισεν· καὶ πάντων οἱ ὀφθαλμοὶ ἐν τῇ συναγωγῇ ἦσαν ἀτενίζοντες αὐτῷ.

"Dann schloß er das Buch, gab es dem Diener und setzte sich. Und die Augen aller, die in der Synagoge waren, waren auf ihn gerichtet."

Syn 5 - Petrus Diaconus, Liber de Locis Sanctis (Migne, Patrologia Latina, Band 173, Sp. 1127 D; Geyer, 112):

Nazareth ... In eadem autem civitate, ubi fuit synagoga, nunc est ecclesia, ubi Dominus legit librum Isaiae.

"Nazareth ... In eben dieser Stadt ist an der Stelle der ehemaligen Synagoge eine Kirche, in der der Herr aus dem Buch Isaia vorlas."

Der Bericht stammt aus dem 12. Jahrhundert, beruht aber im wesentlichen auf Beda Venerabilis (Anfang 8. Jhd.) Werk "De Locis Sanctis". Er bezieht sich auf Luk 4, 16-20.

Syn 6 - Antoninus Placentinus, Itinerarium (Migne, Patrologia Latina, Band 72, Sp. 900f.; Geyer, 161):

At vero de Tyro venimus in civitatem Nazareth, in qua sunt multae virtutes. Ibi et pendet tomus in quo Dominus A B C habuit impositum: in qua est synagoga posita, et trabs ubi cum aliis sedebat infantibus: quae trabs a Christianis agitur et sublevatur; Iudaei vero eam nullo modo agitare possunt: sed nec permittit se foras tolli.
"Von Tyrus kamen wir dann in die Stadt Nazareth, in der viele vorzügliche Dinge sind. Dort ist auch die Buch(rolle) ausgehängt, aus der der Herr das ABC beigebracht bekam. Dort gibt es auch eine Synagoge mit einem Balken (= Bank), auf dem er mit den anderen Schülern gesessen hat. Dieser Balken kann von Christen bewegt und hochgehoben werden; Juden aber können ihn auf keine Weise bewegen. Er läßt sich auch nicht nach draußen schaffen."

Syn 7 - Dto., recensio altera (Geyer, 196f.):

Im wesentlichen wie oben. Die einzige größere Variante ist: In qua etiam synagoga posita est travis - "In dieser Synagoge ist auch ein Balken" usw.

Der Bericht stammt von einem Begleiter des Antoninus und wird in das Jahr 570 datiert (1; 4; 5; 6; 7; 8; 9; 10; 11; 12).

Mit dieser Synagoge verhält es sich nicht anders, als mit der Mehrzahl der dem heutigen Pilger gezeigten 'authentischen' Gebäude und Steine, an denen Jesus gewirkt haben soll. Es gibt noch verschiedene Überlieferungen, mitgeteilt in mittelalterlichen Reiseberichten, wo sich die Synagoge Nazareths, in der Jesus gelehrt hat, befunden haben soll; vgl. dazu Kopp (6).

Datierung: Die archäologischen Funde können in das 3./4. Jahrhundert datiert werden.

N ə v o r å y å (1)

Koordinaten: 2.114 1979 2678
In Galiläa, 4 km nördlich von Ṣəfat.

Signatur: Synagoge archäologisch sicher

Namen: rabb.: כפר נבורייא
ar.: Ḫ. an-Nabratēn
Umschreib.: Nebratein; Kefar Niburaya

Literatur

1. Renan, Mission, 777f.; Abb. LXX 5A-5B (1864) (Beschreibung der Ruinen, Abbildung der Inschrift)
2. Guérin VII, 440-442 (1880) (Ruinen)
3. SWP I, 243f. (1881) (Abbildungen; zitiert 2)
4. SWP, SP, 296-299 (Maße) (= 5)
5. Wilson, in: PEFQS 1869, 40-42 (Maße) (= 4)
6. Kitchener, in: PEFQS 1877, 124
7. Kitchener, in: PEFQS 1878, 138
8. Kohl - Watzinger, in: MDOG 29 (1905), 25f. (Abbildungen)
9. Macalister - Masterman, in: PEFQS 1907, 121-123 (Abbildung der Inschrift)
10. Masterman, Studies in Galilee, 119-121 (1909) (Foto)
11. Kohl - Watzinger, 101-106 (1916) (ausführliche Beschreibung; Fotos, Grundriß)
12. Klein, Corpus, 81f. (1920) (Erwähnung der Inschrift)
13. Meistermann, Capharnaüm et Bethsaïde, 178 (1921) (Erwähnung)
14. Krauss, SA, 339.356.363; Fig. 22 (1922)
15. Klein, in: Yedioth 2 (1925), 32 (Inschrift)
16. Alt, in: PJB 21 (1925), 37f.
17. Galling, in: ZDPV 50 (1927), 310 (Liste)
18. Klein, Sefer ha-yiššuv, 94.107 (1939)
19. CIJ, Nr. 977 (1952)
20. Press, Enc. III, 491 (1952)
21. Goodenough I, 101-106 (ausführlich); III, Abb. 504.516-518.523 (1953) (Fotos, Grundriß)
22. Avigad, in: BIES 24 (1960), 136-145 (ausführlich zur Inschrift; Fotos, Grundriß) (englische Übersetzung = 23)
23. Avigad, in: Bulletin 3 (1960), 49-56; Taf. XIII (ausführ-

lich zur Inschrift; Fotos, Grundriß) (englische Übersetzung von 22)
24. Avi-Yonah, Oriental Art in Roman Palestine, 35 (1961)
25. Avi-Yonah, HG, 142 (1962) (Erwähnung)
26. Braslavy, Hayadaᶜta, 222-274 passim (vgl. Index) (1964)
27. Ben-Zvi, Remnants of Ancient Jewish Communities in the Land of Israel, 95 (1966)
28. Klein, Galilee, 127 (1967) (Erwähnung)
29. Negev, in: EI 8 (1967), 197
30. EAEh 276 (Avigad) (1970) (Abbildung, Grundriß)
31. Saller, Nr. 97 (1972)
32. Loffreda, in: LA 22 (1972), 28f. (Inschrift; Datierung)
Carta's Atlas +
Atlas of Israel +

Archäologischer Befund

Ein relativ kleiner Raum (11,5 x 16 m) wird durch zwei Säulenreihen zu je vier Säulen in drei Schiffe aufgeteilt. Die hinteren Ecksäulen haben nicht die übliche Herzform, sondern sind rund. Das Gebäude ist nach Süden orientiert. An der Südseite ist nur ein Eingang, ein zweiter, schmalerer, ist im Norden. An drei Seiten waren Steinbänke entlang den Wänden. Erhalten sind Mauerreste, Säulenreste und -basen, Reste der Steinbänke und von Bodenpflasterung, Türpfosten, die Schwelle des Haupteingangs sowie der Sturz des Haupteingangs, Teile des Sturzes des Nordeingangs und Teile von einem Fenstersturz der Nordseite. Die von Guérin (2) erwähnten korinthischen Kapitelle konnten von Kohl - Watzinger (11) nicht mehr gefunden werden. Eine Säulenhalle vor dem Haupteingang oder eine Frauenempore sind nicht ganz auszuschließen (8; 11; 26). Goodenough vermutet, daß der Südeingang zugemauert war und als Platz für den Toraschrein diente. Die Frauen seien ganz ausgeschlossen gewesen (21). Es fanden sich ein paar interessante Darstellungen, und zwar auf einer Säulenbasis ein Kaninchen oder ein Hase (Abbildungen in 3; 11; 21, Abb. 517). Dieses Tier erscheint erst wieder in den Mosaiken der byzantinischen Zeit (vgl. Mȧᶜon). Die Darstellung auf der anderen Seite ist zerstört worden; nach Kohl - Watzinger könnte es sich um einen Löwenkopf gehandelt haben (11), Goodenough vermutet einen Menschenkopf (21) (Abbildungen in 11; 21, Abb. 517). In der Mitte des Sturzes des Nordeingangs ist eine Amphore, aus der Weinranken mit Trauben sich nach beiden Seiten über den Sturz hinziehen (Abbildungen in 11, Abb. 199; 21, Abb. 516). Goodenough vermutet, daß in der äußeren linken Ecke, in der das Relief zerstört ist, ein Hase gewesen ist, der von den Weintrauben aß (21). Eine solche Darstellung findet sich in einem christlichen Mosaik aus dem 6. Jahrhundert aus Bẹt Šə'ȧn (Abbildung in EAEh, 74). Ein weiteres Sturzbruchstück, das von einem Fenster oberhalb des Nordeingangs zu sein scheint, zeigt den hinteren Teil eines Löwen (11; 21) oder Leoparden (26) (Abbildungen in 11, Abb. 201; 21, Abb. 523). Am oberen Rand des großen Sturzes zieht sich über die ganze Länge ein Band aus Lorbeerblättern. In der Mitte darunter ist in einem Kranz mit Heraklesschleife eine siebenarmige Menora abgebildet (Abbildungen in 3; 10; 11, Abb. 195f.; 14; 21, Abb. 518). Zu beiden Seiten findet sich eine einzeilige Inschrift (Abbildungen in 1; 9; 22; 23), die lange als unlesbar galt.

Die Buchstaben dieser Inschrift sind bis auf einige wenige Ausnahmen nicht, wie sonst üblich, eingraviert, sondern erscheinen als Relief. Klein (15; 19) glaubte, die Wörter הזה und עשה lesen zu können. Erst 1960 gelang es Avigad (22; 23), die Inschrift zu entziffern:

למספר ארבע מאות ותישעים וארבע שנה לחרבן הבית ניבנה בשרר חני-
נא בן ליזר ולוליאנא בר יודן

Es gibt zwei Möglichkeiten der Übersetzung:

1. "Gemäß der Zahl vierhundertvierundneunzig Jahre nach der Zerstörung. Das Haus wurde während der Amtszeit des Chanina ben Lezer und des Luljana bar Judan gebaut."

2. "Gemäß der Zahl vierhundertvierundneunzig Jahre nach der Zerstörung des Tempels wurde (die Synagoge) während der Amtszeit des Chanina ben Lezer und des Luljana bar Judan gebaut."

Im ersten Fall haben wir zwei getrennte Sätze. Das Wort הבית bezieht sich auf die Synagoge. Allerdings ist die Bezeichnung einer Synagoge mit dem Hebräischen בית ohne Zusatz ungewöhnlich. Nur in der Diaspora kommt das aramäische ביתה in Dura Europos und das griechische οἶκος vor. Im zweiten Fall steht הבית für 'Tempel' und gehört zu לחרבן. Auch die von Avigad (22; 23) erwähnten Grabsteine haben nicht einfach לחרבן, sondern לחרבן בית מקדשה (Sukenik, Jewish Tomb-Stones from Zoar, in: Kedem 2 [1945], 83-88). Es müßte dann das Subjekt zu ניבנה (hinter dem Verb) ergänzt werden.

Die Form ליזר steht für ליעזר = אליעזר.
לוליאנא = Julianus.

Statt כשרר will Braslavy (26, S. 274) בשכר, 'auf Kosten von' lesen.

Eine Synagogeninschrift mit Datum gibt es in Israel noch in Ašqəlon, Bẹt Alfá, Bẹt Šə'àn, Gaza und Ḫ. Susīyā.

Alle architektonischen Einzelheiten der Synagoge weisen auf die Zeit der frühen galiläischen Synagogen, also etwa 3. Jahrhundert. Die Inschrift kann also nicht gleichzeitig mit dem Synagogenbau sein. Vermutlich handelt es sich um eine Renovierung oder um einen Wiederaufbau im Jahr 564 (= 494 nach der Tempelzerstörung) (22; 23; 26; 30). Der Sturz mit der Inschrift befindet sich heute in Jerusalem. Die Ruine selbst dürfte sich im wesentlichen in dem Zustand befinden, wie Kohl - Watzinger sie gesehen haben.

Ausrichtung: 175° S

Literarischer Befund: -

Datierung

3. Jahrhundert. Als Folge der neuen Ausgrabungen in Kəfar Naḥum könnten sich auch Konsequenzen für die Datierung der Synagoge von Nəvoráyá ergeben (32).

N ə v o r å y å (2)

Koordinaten: 2.115 (1978 2675)
In Galiläa, 4 km nördlich von Ṣəfat.

Signatur: Synagoge archäologisch unsicher

Namen: rabb.: כפר נבורייא
ar.: Ḫ. an-Nabratēn; Ḫ. an-Nabra
Umschreib.: Nebratein; Kefar Niburaya

Literatur

1. Guérin VII, 441 (1880)
2. Kohl - Watzinger, in: MDOG 29 (1905), 26f.
3. Macalister - Masterman, in: PEFQS 1907, 121
4. Masterman, Studies in Galilee, 121 (1909)
5. Krauss, Galiläische Synagogenruinen, 22 (1911)
6. Kohl - Watzinger, 101 (1916)
7. Meistermann, Capernaüm et Bethsaïde, 178f. (1921) (Erwähnung)
8. Krauss, SA, 363 (1922)
9. Ben-Zvi, Remnants of Ancient Jewish Communities in the Land of Israel, 95 (1966)

Carta's Atlas -

Atlas of Israel -

Archäologischer Befund

Etwa 250 m südlich der Synagogenruinen wurden von Guérin und anderen architektonische Reste gefunden, die ebenfalls von einer Synagoge stammen könnten. Im einzelnen werden Säulenstücke, typische Säulenbasen und ein Kapitell erwähnt. Irgendwelche Mauerreste in situ wurden nicht gefunden. Außer dem von Guérin erwähnten Kalkofen ist heute nichts mehr zu sehen. In den Archiven des Israel Department of Antiquities and Museums finden sich keinerlei Hinweise.

Ausrichtung: -

Literarischer Befund: -

Datierung: ?

Ḥ. ᶜȮ f r a t

Koordinaten: 3.116 1690 2433
In Galiläa, 3,5 km südöstlich von Šəfarᶜȧm.

Signatur: Synagoge archäologisch unsicher

Namen: Jos.: Der Ort wird von Avi-Yonah (4; 5) mit Καφαρεκχω (B 2,573; Vita 188) identifiziert.

ar.: Ḫ. aṭ-Ṭayyiba

Literatur

1. Kitchener, in: PEFQS 1878, 124 (= 3)
2. SWP I, 321 (1881)
3. SWP, SP, 300 (1881) (= 1)
4. Avi-Yonah, in: EI 1 (1951), 102f. (englische Übersetzung = 5)
5. Avi-Yonah, in: IEJ 3 (1953), 94-98 (Zeichnung) (englische Übersetzung von 4)
6. Goodenough I, 181 (1953) (Erwähnung)
7. Avi-Yonah, HG, 134 (1962)
8. Saller, Nr. 122 (1972)

Carta's Atlas +

Atlas of Israel +

Archäologischer Befund

Kitchener erwähnt eine 'Doppelsäule' und andere Säulenreste und vermutet eine Synagoge (1; 2; 3). Es handelt sich bei der

Doppelsäule um das untere Ende einer herzförmigen Ecksäule mit Basis, das sich heute noch an Ort und Stelle befindet. Außerdem sah ich im Sommer 1974 noch ein weiteres Säulenteil mit Basis sowie einige Mauerreste neben der Quelle. Die herzförmigen Säulen sind typisch für die galiläischen Synagogen des 3. Jahrhunderts.

Datierung: 3. Jhd.

P ə q i ᶜ i n (in Galiläa)

Koordinaten: 2.117 (181 264)
In Galiläa, 15 km westlich von Ṣəfat.

Signatur: Synagoge archäologisch sicher; Lehrhaus literarisch unsicher

Namen: rabb.: בקע; פקע
Jos.: Βακα
ar.: al-Buqēᶜa
hebr.: פקיעין

Literatur

1. Ben Zevi, in: Haᶜolam 15 (1927), 117-119 (Abbildungen)
2. Ben Zevi, in: PEFQS 1930, 210-214; Tafel I-II
3. Krauss, in: REJ 89 (1930), 412
4. Sukenik, in: PEFQS 1931, 22-25 (Abbildungen)
5. Sukenik, Ancient Synagogues, 53f. (1931) (Abbildungen)
6. Sukenik, Beth Alpha, 23-29 (1932) (Abbildungen) (Erweiterung von 4)
7. Braslawski, in: BJPES 3 (1935/36), 24-29 (= 10)
8. Klein, Sefer ha-yiššuv, 24 (1939)
9. Goodenough I, 218f.; III, Abb. 572-573 (1953)
10. Braslvsky, Studies, 176-179 (1954) (= 7)
11. Press, Enc. IV, 774f. (1955)
12. Avi-Yonah, HG, 136 (Erwähnung) (1962)
13. Braslavy, Hayadaᶜta, 267 (1964)
14. Ben-Zvi, Remnants of Ancient Jewish Communities in the Land of Israel, 36-41; Tafel 1 (1966)
15. Negev, in: EI 8 (1967), 197

16. Saller, Nr. 103 (1972)
Carta's Atlas +
Atlas of Israel +

Archäologischer Befund

In der heutigen Synagoge sind zwei Reliefs eingemauert, eines mit einem Toraschrein mit zwei Säulen, Spitzgiebel und Konche und eines mit einer siebenarmigen Menora auf einem dreifüßigen Podest, links daneben Etrog und Lulav, rechts Schofar und Machta. Beide Reliefs stammen wahrscheinlich aus einer Synagoge. Ihr Fundort ist nicht mehr festzustellen; nach Press und Braslawski sollen sie von Ḥ. Ṭiriyȧ stammen (vgl. dort). Nach der Überlieferung der ortsansässigen Juden sind sie nach der Zerstörung des Tempels von Jerusalem nach Pəqiᶜin gebracht worden. Aus derselben Zeit sollen auch einige architektonische Fragmente sein, die sich im Hof der Synagoge fanden. Ben Zevi (2, Abb. 3; vgl. Enc. Jud. [engl.] V, 202) führt noch ein für Synagogen typisches Weinrebenornament an.

Literarischer Befund

Lehrhäuser

L 1 - b Schab 33b:

אזל הוא ובריה טשו בי מדרשא ... אזלו טשו במערתא

"Da gingen er und sein Sohn (sc. R. Schimᶜon b. Jochai und R. Elᶜazar) und versteckten sich im Lehrhaus. ... Dann gingen sie und versteckten sich in einer Höhle."

L 2 - Gen r LXXIX 6 (ed. Theodor - Albeck, 941):

ר' שמעון בן יוחי עשה טמון במערה (נ"א: בהדה מערתא דבקע) י"ג שנים הוא ובנו

"R. Schimᶜon b. Jochai hielt sich in einer Höhle (Var.: in jener Höhle von Beqaᶜ) dreizehn Jahre lang versteckt, er und sein Sohn."

L 3 - Koh r X 8,1:

רבן שמעון בן יוחי ור' אלעזר בריה הוון טמירין במערתא דפקע

"R. Schimᶜon b. Jochai und R. Elᶜazar hielten sich in der Höhle von Peqaᶜ versteckt."

L 4 - PdRK XI (בשלח), 16 (ed. Mandelbaum, 191f.):

ר' שמע' בן יוחי ור' אלע' בריה עבדון טמירין תלת עשרי שנין
בחדא (נ"א: בההדה) מערת' דבקע

"R. Schimᶜon b. Jochai und sein Sohn R. Elᶜazar hielten sich dreizehn Jahre in einer (Var.: jener) Höhle in Beqaᶜ versteckt."

In L 1 wird von R. Schimᶜon b. Jochai und sinem Sohn R. Elᶜazar berichtet, daß sie sich vor der Verfolgung durch Hadrian (nach der Niederwerfung des Bar-Kochba Aufstandes 135 p.) zunächst in einem Lehrhaus versteckten und sich dann in eine Höhle zurückzogen. In der Parallelüberlieferung ist nur von der Höhle die Rede (j Schevi 38d, 24ff.; Gen r LXXIX 6; Esth r III 7; Midr. Teh zu 17, 13), allerdings wird an drei Stellen ein Ortsname genannt: Nach L 2 und L 3 hieß der Ort Beqaᶜ, nach L 4 Peqaᶜ. (Nach dem Zohar ḥadaš spielt die Geschichte in der 'Wüste von Lod'; vgl. 7; 10). Wir können annehmen, daß sich Lehrhaus und Höhle am selben Ort befunden haben.

Braslawski (7; 10) hält בקע/פקע nicht für einen Ortsnamen, sondern für eine korrumpierte Verbform (von ואתבקע, 'da spaltete sie sich, und ein Johannisbrotbaum wuchs ihnen hervor ...', wie es in der Fortsetzung der Erzählung heißt). Auch Klein (in: MGWJ 59 [NF 23] [1915], 159f.) vertrat zunächst diese Ansicht, er widerruft sie aber in Galilee, 195, Anm. 10. Dagegen ist einzuwenden, daß es erstens einen Ort dieses Namens wirklich gegeben hat, wie das Βακα des Josephus beweist (wenn die Lage auch nicht gesichert ist); zweitens dürfte die Geschichte mit dem Wunder des Johannisbrotbaums sekundär sein, denn es ist im Midrasch üblich, einen (Orts)namen aus einer Wortanalogie zu erklären (ואתבקע ⟨ בקע) und nicht umgekehrt.

Der Name Pəqiᶜin taucht erst im 18. Jahrhundert auf. Die Identifizierung von Beqaᶜ/Peqaᶜ mit dem heutigen Pəqiᶜin beruht auf der jüdischen mündlichen Überlieferung (Pəqiᶜin ist ununterbrochen von Juden bewohnt gewesen; man zeigt heute noch die Höhle, in der sich R. Schimᶜon versteckt gehalten haben soll) sowie der arabischen Namensform Buqēᶜa. Ben-Zevi (1, S. 158; 14, S. 31-38) setzt Təqoaᶜ mit Pəqiᶜin gleich. Ihm folgen Press (Enc. IV, 979) und Freimark (Tosefta Schebiit [Rabbinische Texte I 2], 259).

Datierung

Synagoge: Die Reliefs sind aus dem Ende des 2. - Anfang des 3. Jahrhunderts.

Lehrhaus: Das in L 1 genannte Lehrhaus ist in das Jahr 135/136 zu datieren.

P ə q i ᶜ i n (in der Šəfẹlȧ) *

Koordinaten: 7.118
Nicht identifiziert; in der Šəfẹlȧ zwischen Yavne und Lod.

Signatur: Lehrhaus literarisch sicher

Namen: rabb.: פקיעין; בקיעין

Literatur

1. Preß, in: MGWJ 74 (1930), 222f.
2. Klein, Ereṣ Yehuda, 153.155 (1939)
3. Klein, Sefer ha-yiššuv, 125 (1939)
4. Braslvsky, Studies, 268 (1954)
5. Press, Enc. IV, 774 (1955)
6. Neaman, Encyclopedia of Talmudic Geography II, 314-320 (1971)

Archäologischer Befund: -

Literarischer Befund

In Pəqiᶜin war die Akademie des R. Jehoschuaᶜ b. Chananja:

b Sanh 32b:

הלך אחר חכמים לישיבה ... אחר רבי יהושע לפקיעין

Pəqiᶜin (in der Šəfẹlȧ)

"Folge den Weisen zur Akademie. ... Folge R. Jehoschuaᶜ nach Pəqiᶜin."

Wie aus T Soṭ VII 9 und Parallelen (vgl. Yavne, Nr. 8-10) hervorgeht, muß dieses Pəqiᶜin zwischen Yavne und Lod gelegen haben, ist also nicht identisch mit dem Pəqiᶜin in Galiläa (181 264), dessen antiker Name anders gelautet hat (falsch in Enc. Jud. [engl.] II, S. 203; vgl. dagegen X, S. 279). In einem Reisebericht aus der ersten Hälfte des 14. Jahrhunderts wird der Ort in der Gegend von Yavne und Lod erwähnt, aber seine genaue Lage nicht angegeben (vgl. 4; 6). Es gibt folgende Identifizierungsvorschläge:

1. Ḫ. al-Badd (etwa 1324 1463; vgl. Map of Western Palestine, Palestine Exploration Fund, Bl. XVI, Hs) (Press 1; 5);
2. Rəḥovot (132 144) (Klein 2);
3. Wādi Fūkīn (160 124) (Robinson; vgl. 6).

Vgl. die Besprechung in 6.

Datierung: 1./2. Jhd.

Q a b r ī ḫ a *

Koordinaten: 2.119 (1937 2953)
Im Südost-Libanon, 11 km nordwestlich von Qiryat Šəmonā.

Signatur: -

Namen: ar.: Qabrīḫa
Umschreib.: Kŭbrikhah; Rubrika; Kubûka; Abrîkha

Literatur

1. Robinson, Later Biblical Researches in Palestine, 55f. (1856)
2. Warren, in: PEFQS 1870, 230 (= 5)
3. Guérin VII, 273 (1880)
4. SWP I, 107f. (1881)
5. SWP Jerusalem, 520 (1884) (= 2)
6. Goodenough I, 214 (Rubrica); 224 (Abrikha) (1953)
7. Saller, Nr. 2 (Abrîkha); Nr. 109 (Rubrica) (1972)

Carta's Atlas -
Atlas of Israel -

Archäologischer Befund

Robinson (1) berichtet von einem von Ost nach West ausgerichteten Tempel mit zwei Säulenreihen, von denen sieben Säulen noch in situ stehen. Warren (2; 5) erwähnt die Abbildung einer Amphore auf einem Stein sowie Säulenreste und vermutet eine Synagoge. Guérin (3) erwähnt das Gefäß ebenfalls und fügt hinzu, daß zu beiden Seiten Weintrauben sind. Er beschreibt noch einen Stein mit einer Konche, der in 4 abgebildet ist.

Die Existenz einer Synagoge so weit im Norden außerhalb des damaligen jüdischen Siedlungsgebietes ist sehr unwahrscheinlich. Abgesehen davon spricht auch die Ausrichtung des Gebäudes für einen Tempel oder eine Kirche.

Goodenough und Saller bringen Rubrica und Abrikha als verschiedene Orte. Mit Ausnahme von Map of Western Palestine, Palestine Exploration Fund, Bl. 2 (Abrîkha) haben alle Karten Qabrīẖa. Warren gibt im Itinerar (2, S. 243) den Namen mit Kubûka an. Bei allen Namen handelt es sich um denselben Ort.

Vgl. Nachträge!

Q a l a n s ū w a *

Koordinaten: 5.120 (1484 1878)
In der Küstenebene, 13 km ostsüdöstlich von Nətanyȧ.

Signatur: -

Namen: ar.: Qalansūwa
Umschreib.: Qalansawa; Kulunsaweh

Literatur

1. Press, Enc. IV, 826 (1955)
Carta's Atlas -

Archäologischer Befund

Press berichtet von einem Sturz mit sieben siebenarmigen Menorot sowie einem Stein mit einem Hexagramm, die in der Kreuzfahrerfestung eingemauert sind. Sie könnten von einer Synagoge stammen.

In den Archiven des Israel Department of Antiquities and Museums konnte ich keine Bestätigung für die Angaben von Press finden, auch an Ort und Stelle konnte ich die beschriebenen Steine nicht ausmachen. Allerdings war es mir nicht möglich, die Nord- und Ostseite der Festung zu untersuchen.

Q a ṣ r ī n

Koordinaten: 2.121 2161 2661
Im westlichen Golán.

Signatur: Synagoge archäologisch sicher

Namen: rabb.: (?) קיסרין (10)
ar.: Qaṣrīn

Literatur

1. Neishtat, ha-Golan, 83; Foto vor S. 96 (1968) (Erwähnung)
2. Biran, in: CNI 19, 3-4 (1968), Foto vor S. 37 (kein Text)
3. ḤA 26 (1968), 6 (Erwähnung)
4. ḤA 34/35 (1970), 4
5. Vilnay, Golan and Hermon, 227 (1970) (Foto)
6. ḤA 39 (1971), 8; Abbildung auf Umschlag (Grabungsbericht)
7. ḤA 41/42 (1972), 2 (Inschrift)
8. JSG, 270, Nr. 84 (1972) (Fotos; Zeichnungen)
9. Saller, Nr. 104 (1972)
10. ḤA 56 (1975), 2f.
11. EAEe II, 460-462 (Urman) (1976) (Fotos)

Carta's Atlas -
Atlas of Israel -

Archäologischer Befund

Reste eines öffentlichen Gebäudes und verschiedene Einzelfunde in dessen Nähe ließen auf eine Synagoge schließen. Im Sommer 1971 wurde bei Grabungs- und Restaurierungsarbeiten das Gebäude freigelegt. Es ist 15,4 x 18 m groß und von Norden nach Süden ausgerichtet. Die westliche Mauer ist bis zu einer Höhe von 3 m erhalten. Über die Pfosten und den Sturz läuft ein Eierfries. In der Mitte des Sturzes ist ein Kranz, zu beiden Seiten je ein Granatapfel und eine Amphore. Ein zweiter Eingang ist in der Ostmauer. Im Inneren sind Reste von zwei Steinbankreihen, die an den Wänden entlangliefen, erhalten. Unter dem Fußboden erscheinen Reste eines Mosaiks. Vor dem Haupteingang liegen mehrere Kapitelle. Ein Sturz mit einem

Rosettenmuster in einer tabula ansata befindet sich in einem Nebenraum (Zeichnung und Foto in 8; auf dem Foto irrtümlich als Sarkophag beschrieben). Auf einem Türpfosten ist eine fünfarmige Menora und ein Pfau (?), auf einem Kapitell eine dreiarmige Menora. In der Südmauer ist eine weitere elfarmige Menora (?) auf einem dreifüßigen Podest.

An der südlichen Außenmauer ist auf einem Eckstein eine einzeilige Inschrift (in 7 fälschlich als zweizeilig beschrieben):

Abbildung in 11:

"ʿ]Uzzi machte diese Ecke." ע]וזי עבד הדן רבוע

Die Inschrift ist sorgfältig gearbeitet. Sie wird oben und unten von einer Linie abgegrenzt. Ein weiteres Teilstück dieser Inschrift wurde 1975 gefunden. Beide Teile befinden sich jetzt in Jerusalem.

Die Bänke, die offensichtlich an allen vier Wänden gewesen sind sowie die Ausrichtung nach Süden (die Synagogen auf dem Golån sind in der Regel nach Westen ausgerichtet) deuten nach Urman eher auf ein Lehrhaus.

Ausrichtung: 190° S.

Literarischer Befund: -

Datierung: 4. Jhd.

Ḥ. Qaštå *

Koordinaten: 4.122 (1887 2373)
In Galiläa, 14 km südwestlich von Tiberias.

Signatur: -

Namen: ar.: Ḫ. Qasṭa
hebr.: ח. קשתה; ח. קושט

Literatur

1. ḤA 28/29 (1969), 9
2. Foerster, in: ᶜAtiqot, Hebrew Series, 7 (1974), 77-79; Tafel XXV, 1 (Abbildung) (engl. Übersetzung = 3)
3. Foerster, in: IEJ 24 (1974), 191-193; Tafel XXXIX B (Abbildung) (engl. Übersetzung von 2)

Carta's Atlas -

Atlas of Israel -

Archäologischer Befund

In Ḥ. Qaštà wurden 1969 Teile einer Tafel aus Marmor gefunden, auf denen eine Menora abgebildet war. Aufgrund der Rekonstruktionsversuche läßt sich eine Höhe von etwa 60 cm und eine Breite von etwa 75 cm angeben. Diese Tafel scheint als Soreg gedient zu haben und dürfte dann auf die Existenz einer Synagoge an diesem Ort hinweisen.

Nach einer Notiz im Archiv des Israel Department of Antiquities and Museums vom Dezember 1921 sollen beim Pflügen Reste eines weißen Mosaiks gefunden worden sein.

Heute ist der sehr kleine und sehr niedrige Tell stark überwuchert, seine Umgebung ist mit Ölbäumen bepflanzt.

Datierung: 5./6. Jhd.

Q a ṣ y ū n

Koordinaten: 2.123 1997 2720
In Galiläa, 9 km nordnordöstlich von Ṣəfat.

Signatur: Synagoge archäologisch unsicher

Namen: rabb.: קציון (j Beṣ 63b,47)?; קרציון (j Ber 12b,62)? (vgl. aber Jastrow, Dictionary, 1425).
ar.: Qaṣyūn

Literatur

1. Renan, Mission, 773-777 (1864) (Ruinen; Inschrift)

2. Renan, in: JA 6. Serie, 4 (1864), 539f. (Inschrift)
3. Guérin VII, 447-449 (1880) (Ruinen; Inschrift)
4. SWP I, 240f. (1881) (Ruinen, Grundriß, Foto; Inschrift)
5. Cagnat, Inscriptiones Graecae III, Nr. 1106 (1906)
6. Oehler, in: MGWJ 53 (1909), 296.533 (Inschrift)
7. Schürer III, 93 (1909) (Inschrift)
8. Masterman, Studies in Galilee, 122.124 (1909) (Ruinen, Foto)
9. Kohl - Watzinger, 209 (1916) (Inschrift)
10. Klein, Corpus, 81 (1920)
11. Hasebroek, Untersuchungen zur Geschichte des Kaisers Septimius Severus, 71f. 177, Nr. 22 (1921) (Inschrift)
12. Meistermann, Capharnaüm et Bethsaïde, 207-213 (1921) (Inschrift)
13. Krauss, SA, 339f. (1922) (Inschrift)
14. Orfali, Capharnaüm, 81f. (1922) (Inschrift)
15. Klein, in: Yedioth 2 (1925), 25
16. Galling, in: ZDPV 50 (1927), 310 (Liste)
17. Alt, in: PJB 25 (1929), 47f. (Ruinen)
18. RE 4, 1296 (Krauss) (1932) (Inschrift)
19. Avi-Yonah, in: QDAP 5 (1936), 176
20. SEG 8 (1937), Nr. 12
21. Klein, Sefer ha-yiššuv, 151 (1939)
22. Schwabe, in: The First Archaeological Convention, ed. Yeivin, 80-88 (1945)
23. CIJ, Nr. 972 (1952)
24. Goodenough I, 224 (1953) (Erwähnung)
25. Press, Enc. IV, 833 (1955)
26. Avi-Yonah, HG, 142 (1962) (Erwähnung)
27. Braslavy, Hayadaᶜta, 271 (1964) (Erwähnung)
28. Ben-Zvi, Remnants of Ancient Jewish Communities in the Land of Israel, 95f. (1966) (Erwähnung)
29. Klein, Galilee, 127 (1967) (Inschrift)
30. Saller, Nr. 63 (1972)

Carta's Atlas -

Atlas of Israel +

Archäologischer Befund

In Qaṣyūn sind Reste eines sakralen Gebäudes, das eine Synagoge oder wahrscheinlicher ein heidnischer Tempel gewesen ist. Das Gebäude liegt auf einer flachen Kuppe und ist nach Süden ausgerichtet. Im Inneren waren Säulen mit den für Synagogen typischen Säulenbasen. Außer Säulenresten fand sich noch ein Teil eines verzierten Frieses (Abbildungen in 4; 9). Das ganze Gebäude war von einer Säulenhalle umgeben, was gänzlich untypisch für Synagogen ist. Im Norden und Nordwesten reichten zwei Teiche bis direkt an das Gebäude heran.

In dem Gebäude fand Renan einen Stein mit einer griechischen Inschrift. Der Stein könnte später als das Gebäude sein, gehört aber wohl zu diesem. Die Inschrift lautet:

1. ὑπὲρ σωτηρίας τῶν κ[υρί
2. ων ἡμῶν Αὐτοκρατόρω[ν
3. Καισάρων Λ(ουκίου) Σεπτ(ιμίου) Σεουή[ρου
4. Εὐσεβ(οῦς) Περτ(ίνακος) Σεβ(αστοῦ) καὶ Μ(άρκου) Αὐρ(ηλίου) 'Α[ντωνε
5. ίνου[καὶ Λ(ουκίου) Σεπτ(ιμίου) Γ]έτα υἱῶν αὐ[τοῦ ἐξ εὐχῆς 'Ιουδαίων

1. "Zum Wohle unserer H[err]en Autokratore[n], der
2. Kaiser L(ucius) Sept(imius) Seve[rus] Pius Per-
3. t(inax) Aug(ustus) und sei[ner] Söhne M(arcus)
4. Aur(elius) A[nton]inus [und L(ucius) Sept(imius)
5. G]eta.[Aufgrund] eines Gelübdes der Juden."

Links neben dieser Inschrift, von zwei Zweigen umgeben, finden sich die Wörter:

καὶ | 'Ιουλίας |Δόμνης| Σεβ(αστῆς)

"Und | der Iulia | Domna | Aug(usta)".

Auf der rechten Seite muß eine weitere Inschrift in der gleichen Form gewesen sein; Renier (nach 1) schlägt als Lesung vor:

καὶ στρατοπέδων "Und der Lager".

Statt ἐξ] εὐχῆς liest Renier (nach 1) πρὸς] εὐχῆς, Renan schlägt vor: προσ]ευχῆς "der Synagoge" (1. Ihm folgen 6; 11; 13). Guérin schlägt ἐξ] εὐχῆς vor (3). Klein (15) liest ἐξ εὐχῆς und übersetzt "von der Synagoge". Es gibt leider keine Fotographie des Steines; nach dem Text der vorangehenden Zeilen zu schließen können jedoch nur wenige Buchstaben ausgefallen sein, so daß Guérins Vorschlag an nächstliegenden ist.

Die Inschrift ist in das Jahr 197 zu datieren.

Das Gebäude ist heute im wesentlichen so erhalten wie vor hundert Jahren. Der Stein mit der Inschrift wurde allerdings von Kohl - Watzinger (9) nicht mehr gesehen.

Für eine Synagoge sprechen die Ausrichtung des Gebäudes, die typischen Säulenbasen sowie die sehr zweifelhafte Ergänzung der Inschrift zu προσ]ευχῆς. Eine Synagoge wird vermutet in 1; 2; 3; 5; 6; 7; 10; 12; 13; 15; 22; 25; 26; 27; 29; 30.

Gegen eine Synagoge sprechen der Grundriß sowie der Inhalt der Inschrift. Ein heidnischer Tempel wird vermutet in 4; 9; 11; 14; 17; 21; 24. Die Frage wird offen gelassen in 8; 16; 18; 19; 20; 23. Synagogeninschriften zum Wohle des Herrschers sind nur außerhalb Israels bekannt (z.B. Ostia, vgl. Squarciapino, in: Archaeology 16 [1963], 203).

Ausrichtung: 180° S

Literarischer Befund: -

Datierung: Die Inschrift wird in das Jahr 197 datiert.

Q u ṣ b ī y a

Koordinaten: 2.124 (2171 2645)
Im westlichen Golân, ca. 1,3 km südwestlich von Quṣbīya al-ǧadīda.

Signatur: Synagoge archäologisch unsicher

Namen: rabb.: ? סלוקיא
Jos.: Σελευκεια ?
ar.: Quṣbīya; Sulūqīya (nicht zu verwechseln mit 2220 2673)

Literatur

1. Saller, Nr. 77 (1972)

2. JSG (1972) -
3. Ḥ̣A 41/42 (1972), 2
4. ḤA 45 (1973), 1
5. EAEe II, 467 (Urman) (1976)
Carta's Atlas -
Atlas of Israel -

Archäologischer Befund

Außer Türpfosten, Kapitellen, Säulenresten und der Abbildung von Hakenkreuzen wurde ein Bruchstück eines Sturzes mit einem stark zerstörten Adler in der rechten Ecke gefunden. Die Skulptur eines anderen Adlers, dessen Kopf fehlt, ähnelt einer Skulptur aus Korázim. Auf einem weiteren Basaltsturz ist eine elfarmige Menora.

Literarischer Befund: -

Datierung

Alle Funde deuten auf eine Synagoge des 2. oder 3. Jahrhunderts.

Ḫ. R a f ī d

Koordinaten: 2.125 (2092 2624)

Im Golán, 500 m östlich des Jordan, 7 km nördlich der Jordanmündung. Nicht zu verwechseln mit ar-Rafīd 2105 2675 und Rafīd 2345 2625.

Signatur: Synagoge archäologisch unsicher

Namen: ar.: ar-Rafīd ; Ḫ. Rafīd

Literatur

1. Schumacher, in: ZDPV 13 (1890), 71-73 (Abbildungen; kein Hinweis auf Synagoge)
2. Kohl - Watzinger, 2 (1916) (Erwähnung)
3. Sukenik, in: JPOS 15 (1935), 178-180; Tafel XXIII (Abbildungen) (= 4)
4. Sukenik, el-Ḥammeh, 91-93; Tafel XXIII (1935) (Abbildungen) (= 3)
5. Sukenik, in: Ereṣ Kinrot, 77f. (1950) (= 8)
6. Goodenough I, 211; III, Abb. 538-541 (1935)
7. Press, Enc. IV, 883 (1955) (bezieht die Funde irrtümlich auf Rafīd 2345 2625)
8. Sukenik, in: All the Land of Naphtali, 104 (1967) (= 5)
9. Neishtat, ha-Golan, 82 (1968)
10. Vilnay, Golan and Hermon, 66f. (1970) (Abbildungen)
11. JSG (1972): - (bezieht 1 irrtümlich auf Rafīd 2345 2625)
12. Saller, Nr. 107 (1972)
13. EAEe II, 467 (Urman) (1976)

Carta's Atlas +

Atlas of Israel +

Rafīd

Archäologischer Befund

In Ḫ. Rafīd gibt es eine Reihe von Einzelfunden. Neben Säulenresten und Kapitellen (mehr ist heute an Ort und Stelle nicht mehr zu finden) fand sich ein Weinrebenornament und die Abbildung von zwei gekreuzten Fischen, ferner drei Steine mit einer Konche, zwei davon mit einem Giebel über der Konche und Resten von Tier- und Menschendarstellungen. Kohl - Watzinger waren die ersten, die vermuteten, die Funde (von Schumacher) könnten von einer Synagoge stammen.

Ein Gebäude, das für eine Synagoge in Frage käme, wurde bis jetzt nicht gefunden. Grabungen wurden noch nicht durchgeführt.

Literarischer Befund: -

Datierung: 3. Jhd. (10)

R a f ī d *

Koordinaten: 2.126 (2345 2625)
Im östlichen Golån. (Nicht zu verwechseln mit Ḫ. Rafīd 2092 2624).

Signatur: -

Namen: ar.: Rafīd

Literatur

1. Schumacher, in: ZDPV 9 (1886), 312-314 (Abbildung) (= 2)
2. Schumacher, The Jaulån, 226-229 (1888) (Abbildung) (= 1)
3. JSG (1972) -

Carta's Atlas -

Atlas of Israel -

Archäologischer Befund

Schumacher bildet einen Sturz ab, der anderen Synagogenstürzen sehr ähnlich ist. Leider ist die Zeichnung zu stilisiert, um Genaueres sagen zu können. Erkennbar ist in der Mitte ein Kranz mit einer Schleife am unteren Ende. Zwei Enden der Schleife (?) werden von zwei Vögeln, die rechts und links des Kranzes sind, in den Schnäbeln gehalten. Im Survey von 1967/68 (3) wird der Sturz nicht erwähnt.

Datierung: 2./3. Jhd. (?)

Ráma vgl. Nachträge!

a r - R ā m a

Koordinaten: 2.127 (184 260)
In Galiläa, 12,5 km westsüdwestlich von Ṣəfat.

Signatur: Synagoge archäologisch unsicher

Namen: rabb.: רמה
ar.: ar-Rāma

Literatur

1. Klein, in: MGWJ 76 (NF 40) (1932), 554-556
2. Ben Zevi, in: JPOS 13 (1933), 94-96 (Fundbericht; Zeichnung der Inschrift)
3. Ben Zevi, in: Zion (Meassef) 5 (1933), 89-93 (Fundbericht; ausführliche Beschreibung der Inschrift, Zeichnung)
4. Marmorstein, in: PEFQS 1933, 100f.
5. Vincent, in: RB 43 (1934), 158 (Erwähnung von 4)
6. Klein, in: MGWJ 78 (NF 42) (1934), 267f. (Erwähnung)
7. Sukenik, in: JPOS 15 (1935), 167 (= 8)
8. Sukenik, el-Ḥammeh, 77 (1935) (= 7)
9. Klein, Sefer ha-yiššuv, 153; Abbildung nach S. 124 (1939)
10. Avi-Yonah, in: QDAP 10 (1944), 131; Abbildung XXVI, 8
11. Klein, Toldot, 39.268 (1950) (Inschrift)
12. CIJ, Nr. 979 (1952)
13. Goodenough I, 213; III, Abb. 555 (1953)
14. Press, Enc. IV, 866f. (1955)
15. Braslavy, Hayadaᶜta, 274 (Erwähnung) (1964)
16. Ben-Zvi, Remnants of Ancient Jewish Communities in the Land of Israel, 115-117 (1966) (Inschrift)

17. Klein, Galilee, 108 (1967)
18. Saller, Nr. 108 (1972)
Carta's Atlas +
Atlas of Israel +

Archäologischer Befund

Ben-Zvi fand 1930 einen Sturz mit zwei schwebenden Engeln (?), die einen Kranz in ihrer Mitte halten. Auf dem Sturz befindet sich eine zweizeilige Inschrift, die zum Teil sehr schwer zu lesen ist.

Lesung nach 1: 1. דכירין לטב רבי אליעזר בר טדאור ובנוי דבנין בית דה דאורחותא

2. דמן קדם לתרעא יהי חולקהון [עם צדיקיה]

Lesung nach 2: 1. דכירין לטב רב(י) אליעזר בר טדיאור ובניר דבנין (בית דה) דאורחתוה

2. דמיך קדם דתרעה

Lesung nach 9: 1. דכירין לטב רבי אלעזר בר טדיאור ובנוי ... ... חתנה

2. ... תרעא

"Gedacht sei zum Guten des Rabbi Eliᶜezer, Sohn Ṭeodors (?) und seiner Söhne, die gebaut haben dieses Fremdenhaus, das vor dem Tore (steht) (2; 16). Ihr Teil sei mit den Gerechten (nach 1)."

Ben-Zevi (2; 16) liest in der zweiten Zeile: דמיך קדם דתרעה "is dead (or buried) in front of the gate". Die Lesung von Klein (1; ihr folgen die meisten Autoren) ist auf jeden Fall vorzuziehen, denn die strengen Reinheitsvorschriften machen ein Grab vor dem Eingang eines öffentlichen Gebäudes undenkbar. Er möchte den in der Inschrift genannten Eliᶜezer mit dem Tannaiten R. Eliᶜezer bar Tadai gleichsetzen.

Klein (9) liest statt דאור|חתוה: חתנה, "sein Schwiegersohn". Die erste Silbe des Wortes könnte das Ende von ט|דאור sein. Da auch das Wort דבנין nicht deutlich zu lesen ist, könnte man hier einen zweiten Namen vermuten und bekäme folgendes Schema:

"Es sei zum Guten gedacht des R. Eliᶜezer b. Teodors und seiner Söhne sowie des NN b. Ṭadeor, seines Schwiegersohnes ..."

Die Wendung: דכירין לטב ist die typische Einleitungsformel für Stiftungsinschriften von Synagogen. Wir wissen aus Inschriften (Theodotos-Inschrift, vgl. Jerusalem), archäologischen Funden (wahrscheinlichen in Ḫ. Sūsīya) und der rabbinischen Literatur (b Pes 101a; j Meg 74a,65), daß die Synagogen häufig mit einem Gästehaus verbunden waren, das zum Synagogenkomplex gehörte. Die Synagogenstürze von ad-Dikkā und den beiden Synagogen von Barᶜàm haben genau die gleiche Darstellung: Zwei schwebende Engel (?), die in ihrer Mitte einen Kranz halten. Wie schon Klein (1) vermutet, ist die Inschrift offensichtlich erst später hinzugefügt worden. Alle diese Punkte deuten m.E. darauf hin, daß es sich nicht um den Sturz zum Eingang eines Gästehauses handelt, sondern um den Sturz einer Synagoge, in deren unmittelbarer Nähe (דמן קדם דתרעא) ein Gästehaus errichtet worden war. Nach dem Tod des Stifters dürfte dann die Inschrift an hervorragender Stelle, nämlich über dem Synagogeneingang, angebracht worden sein, und man verwies darauf, daß es sich um das Gästehaus <u>außerhalb</u> der Synagoge handelte. Bei der Lesung Kleins in 9 würde es sich eindeutig um einen Synagogensturz handeln.

Literarischer Befund: -

Datierung: 3.-4. Jhd.

R ə ḥ o v

Koordinaten: 6.128 1967 2077
Im Jordantal, 4 km südlich von Bẹt Šə'ân.

Signatur: Synagoge archäologisch sicher

Namen: ar.: Farwāna; Tulūl Farwāna; Tall aṣ-Ṣārim
hebr.: ח. פרוה
(Umschreib.: bei ᶜẸn ha-Nàṣiv)

Rəḥov

Literatur

1. ḤA 27 (1968), 25
2. Biran, in: CNI 20, 3-4 (1969), 53; Tafel vor S. 41
3. Saller, Nr. 85 (1972) (s.v. Kibbutz Ein Hanetziv)
4. Bahat, in: IEJ 23 (1973), 181-183; Tafel 48 (Soreg)
5. Vitto, in: ᶜAtiqot, Hebrew Series 7 (1974), 100-104; Tafel XXXIII-XXXVII; englische Zusammenfassung 17*f. (kurzer Ausgrabungsbericht; Grundriß; Inschrift)
6. Sussmann, in: Tarbiz 43 (1973/74), 88-158; englische Zusammenfassung V-VII (Inschrift; Foto)
7. Vitto, in: Qadmoniot 8 (1975), 119-123 (Fotos; Grundriß)
8. Sussmann, in: Qadmoniot 8 (1975), 123-128 (Inschrift; Fotos)
9. Lieberman, in: Tarbiz 45 (1975/76), 54-63; englische Zusammenfassung IV
10. ḤA 57/58 (1976), 16f. (vgl. Nachträge)

Carta's Atlas -

Atlas of Israel -

Archäologischer Befund

Im Frühjahr 1974 wurde etwa 800 m nordwestlich des Tẹl Rəḥov, direkt östlich der Straße, die von Bẹt Šə'àn nach Jericho führt, eine Synagoge ausgegraben. Es handelt sich um eine Basilika, die durch zwei Säulenreihen zu je fünf viereckigen Basaltsäulen in drei Schiffe aufgeteilt wird. Vor der nach Jerusalem ausgerichteten Südwand ist eine Bema, zu beiden Seiten ein kleiner Raum. Entlang der Wand des östlichen Seitenschiffes sind Reste einer Bank. Drei Eingänge sind in der Nordmauer. Die Synagoge war mit einem Fußbodenmosaik ausgelegt, bei dem sich drei Phasen erkennen lassen. Von dem untersten Mosaik wurde nur ein kleiner Teil freigelegt, der ein schwarzes Band auf weißem Grund zeigt. Das zweite Mosaik ist vielfarbig und zeigt geometrische Muster. Auf dem obersten Mosaik, das ebenfalls vielfarbig ist, sind geometrische Muster und Pflanzenmotive. Das Innere war mit bemaltem Verputz bedeckt. Auf einigen Putzresten sind Namen in verschiedenen Farben zu erkennen. Vor der Südwand ist in der dritten Phase ein Narthex angebaut worden. In seinem Mosaikfußboden ist eine 29zeilige hebräische Inschrift, zu beiden Seiten ein schwarz-weißes geometrisches Muster. An Einzelfunden sind Teile eines Marmorsoregs anzuführen (Abb. in 2; 4; 7); auf der Vorderseite ist eine siebenarmige Menora auf einem dreifüßigen (?) Podest, auf der Rückseite ein Blumenornament. Außerdem fand man zwei dazugehörende Soregsäulen. Der Soreg befindet sich heute im Kibbutz ᶜEn ha-Naṣiv mit Ausnahme eines Stückes (unten links), das in Jerusalem ist. Die Synagoge scheint durch ein Erdbeben (748/9 ?) zerstört worden zu sein.

Inschriften

1. שלום הפירות הללו אסורין בבית שאן בשביעית ובשאר שבוע מת-
אסרין דמי הקישואין

2. והאבטיחין והממלפפונות והאסטפליני והמינתח (= והמינתה)
הנאגרת (= הנאגדת) כפני עצמה ופול המצרי הנאגד

3. בשיפה והקפלוטות מן העצרת עד החנוכה והזירעונין והקצע וה-
שמשמין והחרדל והאורז והכמן והתורמסין

4. היבישין והאפונין הגמלונין הנימכרין במידה והשום ובצלין
בני מדינה הנימכרין במידה והבולבסין

5. והתמרין אפסיות והיין והשמן בשביעית שביעית שני שבוע דמי
והפת חלה לעולם אילו המקומות

6. המותרין סביבות בית שאן מן הרדום (= הדרום) שהיא פילי דקמ-
פון עד חקלה חיורתה מן המערב

7. שהיא פילי דזיירה עד סוף הרצפה מן הצפון שהיא פילי דסכותה
עד כפר קרנוס וכפר קרנוס

8. כבית שאן ומן המיזרח שהיא פילי דזבלייה עד נפשה דפנוקטייה
ופילי דכפר זמרין ופילי ראגמה (= דאגמה)

9. לפנים מן השער מותר ולחוץ אסור העיירות האסורות ביתחום סו-
סיתה עינוש ועינחרה ודמבר

10. עיון ויערוט וכפר יחריב ונוב וחספייה וכפר צמח ורבי היתיר
כפר צמח העיירות שהן ספיק בתחום נווה

11. ציר וצייר וגשמיי וזיזון ורנב וחרבתה ואיגרי חוטם וכרכה
דבר הרג העיירות אסורות בתחום צור שצת

12. ובצת ופי מצובה וחנותה עלייתה וחנותה ארעייתה וביברה וראש
מייה ואמון ומזה היא קסטלה וכל מה שקנו ישראל

13. נאסר תחומי ארץ ישראל מקום שה[חזיקו] עולי בבל פורשת אשקלון
וחומת מיגדל שרושן דור וחומת עכו

14. וראש מי גיאתו וגיאתו עצמה וכבר[תה וב]ית זניתה וקסטרה

רגלילה (= דגלילה) וקובעייה ראיתה וממצייה דירכתה

15. ומלתה דכוריים וסחרתה דיתי[ר ונחל]ה דבצאל ובית עיט וברשתה ואולי דבתה (= רבתה) וניקבתה

16. רעיון (= דעיון) ומסב ספנחה וכרכה רב[ר (= דבר) ס]נגורה ותרנגולה עלייה דקיסריון ובית סבל וקנת

17. ורקם טרכון זימרה דמתחם לבוצרה ינקה (= יבקה) זחשבון (= וחשבון) ונחלה דזרד איגר סהדותה בימרין

18. ומלח רזיזה רקם דגיאה וגבייה דאשקלון ודרך הגדולה ההולכת למירבר (= למידבר) הפירות

19. הללו אסורין בפנים (= בפנים) בשביעית ובישאר שני שבוע הן מתעסרין דמיי משלם

20. האורז והאגוזין והשמשמין ופול המצרי יש אומרין אוף אחוניות הבכירות

21. הדי (≐ הרי) אלו בשביעית שביעית ובשאר שני שבוע הן מתעסרין וריי (= ודיי) ואפילו

22. מן תרנוגלה עלייה ולחוצ (= ולחוץ) הפירות הללו מתעסרין דמיי בקסרין החיטין והפת

23. חלה לעולם והיין והשמן והתמרין והאורז והכמן הרי אלו מות-רין בשביעית בקסרין

24. ובישאר שני שבוע הן מתקנין דמיי ויש אוסרין בולבסין הלבנין הבאין

25. מהר המלך ועד איכן סביב לקיסרין עד צוורנה ופנדקה דטביתה ועמודה

26. ודור וכפר סבה ואם יש מקום שקנו אותו ישראל חוששין לו רבותינו שלום העיירות

27. המודות (= המו⟨ת⟩רות) בתחום סבסטי איקבין וכפר כסדיה וציר ואזילין ושפירין וענבין ובלעם עלייתה ומזחרו

28. ודותן וכפר מייה ושילתה ופנטאקומותה לבייה ופרדיסלייה ויצת וארבנורין וכפר

29. והודית (= יהודית) ומונרית ופלגה דשלאף

1. "Schalom. Folgende Früchte sind in Bẹt Šə'ān im Siebentjahr verboten und werden in den übrigen (Jahren des) Siebentjahrzyklus als Zweifelhaftes verzehntet: Gurken,
2. Melonen, Kürbisgurken, Möhren, zusammengebundene Minze für sich gesondert, ägyptische Bohnen, die zusammengebunden sind
3. mit Bast und Porree, (und zwar sind sie verboten) von

ᶜAṣeret bis Ḥanuka. Samen, Sesam, Senf, Reis, Kümmel, (getrocknete) Lupinen

4. getrocknete (Lupinen), große Erbsen, die nach Maß verkauft werden, Knoblauch und Stadtzwiebeln, die nach Maß verkauft werden, Bulbaszwiebeln,

5. spätreifende Datteln, Wein und Öl gelten im Siebentjahr als Siebentjahrfrüchte und werden (in den übrigen) Jahren des Siebentjahrzyklus als Zweifelhaftes (verzehntet). Brot ist immer teighebepflichtig. Folgende Orte

6. sind in der Umgebung von Bẹt Šə'ȧn erlaubt: Im Süden vom QMPWN-Tor bis ḤQLH ḤYWRTH; im Westen

7. vom ZYYRH-Tor bis SWP HRṢPH; im Norden vom SKUTH-Tor bis Kəfar QRNWS - Kəfar QRNWS

8. ist Bẹt Šə'ȧn gleichgestellt -; im Osten vom ZBLYYH-Tor bis zum PNWQṬYYH-Grabmal. Das Kəfar ZMRIN-Tor und das 'GMH-Tor -

9. innerhalb vom Tor ist es verboten, außerhalb erlaubt. Folgende Städte sind im Gebiet Susitȧ verboten: ᶜYNWŠ, ᶜYNḤRH, DMBR

10. ᶜYWN, YᶜRWṬ, Kəfar YḤRYB, NWB, ḤSPYYH und Kəfar ṢMḤ, Rabbi erlaubt Kəfar ṢMḤ. Folgende Städte sind zweifelhaft im Gebiet Nȧwȧ:

11. ṢYR, ṢYYR, GŠMYY, ZYZWN, RNB, ḤRBTH, 'YGRY ḤWṬM und KRKH DBR HRG. Folgende Städte sind im Gebiet Ṣor verboten: ŠṢT,

12. BṢT, PY MṢWBH, Ober-ḤNWTH, Unter-ḤNWTH, BYBRH, R'Š MYYH, 'MWN, MZH, das ist QSṬLH. Und alles, was Juden (dort) kaufen,

13. ist verboten. Das Gebiet des Landes Israel, das die Rückwanderer aus Babylonien in Besitz nahmen, ist: Die 'Abzweigung' von Ašqəlon, die Mauer von Migdȧl, ŠRWŠN, Dor, die Mauer von ᶜAkko,

14. R'Š MY GY'TW, GY'TW selbst, KBRTH, Bẹt ZNYTH, QSṬRH in Galiläa, QWBᶜYYH, R'YYTH, MMṢYYH bei YRKTH,

15. MLTH bei KWRYYM, SḤRTH bei YTYR, der Fluß BṢ'L, Bẹt ᶜYṬ, BRŠTH, 'WLY RBTH, NYQBTH

16. bei ᶜYWN, MSB SPNḤH, KRKH bei BR SNGWRH, Ober-TRNGWLH bei Caesarea, Bẹt SBL, QNT,

17. RQM, ṬRKWN, ZYMRH im Gebiet BWṢRH, YBQH, HŠBWN, der Fluß ZRD, 'YGR SHDWTH, NYMRYN,

18. MLḤ RZYZH, RQM bei GY'H, GNYYH bei Ašqəlon und die große Straße, die in die Wüste führt. (Folgende) Früchte

19. Folgende (Früchte) sind in Panyas im Siebentjahr verboten und werden in den übrigen Jahren des Siebentjahrzyklus als Zweifelhaftes verzehntet: Voll ausgereifter

20. Reis, Nüsse, Sesam, ägyptische Bohnen - manche sagen, auch die Erstlingspflaumen - ,

21. diese gelten im Siebentjahr als Siebentjahrfrüchte und werden in den übrigen Jahren des Siebentjahrzyklus als mit Sicherheit (noch nicht Verzehntetes) verzehntet, sogar

22. jenseits von Ober-TRNWGLH. Folgende Früchte werden in Caesarea als Zweifelhaftes verzehntet: Getreide; Brot

23. ist immer teighebepflichtig; Wein, Öl, Datteln, Reis, Kümmel - diese sind in Caesarea im Siebentjahr erlaubt

24. und werden in den übrigen Jahren des Siebentjahrzyklus als Zweifelhaftes behandelt. Andere verbieten die weißen Bulbaszwiebeln, die (vom Königsberg) kommen

25. vom Königsberg (kommen). Wie weit reicht die Umgebung von Caesarea? Bis ṢWWRNH, PNDQH bei ṬBYTH, ᶜMWDH,

26. DWR, Kəfar SBH. Und wenn es (darüberhinaus) noch einen Ort gibt, der (irgendwann einmal) von Juden erworben worden war, so berücksichtigen ihn unsere Lehrer. Schalom. Folgende Städte

27. sind im Gebiet Sebaste erlaubt: 'YQBIN, Kəfar KSDYH, ṢYR, 'ZYLYN, ŠPYRYN, ᶜNNYN, Ober-BLᶜM, MZḤRW,

28. DWTN, Kəfar MYYH, ŠYLTH, PNṬ'QWMWWTH LBYYH, PRDYSLYYH, YṢT, 'RBNWRYN, Kəfar

29. YHWDYT, MWNRYT und PLGH bei ŠL'P."

Da die Lesung der meisten Namen unklar ist, werden sie in Transliteration wiedergegeben. Für eine ausführliche Besprechung vgl. 6. Hier sollen nur einige wenige Anmerkungen folgen:

Zeile 1: ובשאר שבוע, die übliche Formel ist ובשאר שני שבוע, das שני ist hier ausgefallen.
מתאסרין statt מתעסרין.

Zeile 5: שני שבוע statt ובשאר שני שובע , vgl. Z. 1.

Zeile 12: וכל מה שקנו ישראל: Möglich ist auch die Übersetzung: 'Und jeder (Ort), der von Juden erworben wurde, ...', vgl. Z. 26: ואם יש מקום שקנו אותו ישראל. Vielleicht ist auch hier zu lesen מקום statt מה (Diktierfehler ?).

Zeile 19f.: דמיי משלם האורז: משלם ist schwierig. Sussmann (6, S. 129f.) schlägt vor: '... und werden als vollkommen, entschieden Zweifelhaftes verzehntet: Der Reis usw.' Die Wortkombination דמיי משלם kommt sonst nirgendwo vor, auch innerhalb der Inschrift steht immer nur דמיי allein (vgl. Z. 1. 5.22.24., vgl. auch Z. 21). Ich schlage deshalb vor, das Wort משלם zum folgenden האורז zu ziehen und zu übersetzen: 'Voll ausgereifter Reis' o.ä. משלם scheint einen bestimmten Reifezustand (oder eine bestimmte Art von Reis ?) zu beschreiben; vgl. dazu das syrische ܫܒ̈ܠܐ ܡܫܠܡܢܝ̈ܬܐ 'full ears of corn' (Payne Smith, Syriac Dictionary, 307). Vgl. noch Lieberman (9, S. 60f.).

Zeile 26: Vgl. Zeile 12.

Die Inschrift ist mit etwa 365 Wörtern (die Worttrennung bei manchen Namen ist nicht immer eindeutig) die bei weitem längste, die je in einer Synagoge gefunden wurde. Das Überraschende ist, daß es sich nicht um eine Stiftungsinschrift handelt, sondern um halachische Vorschriften bezüglich des Siebentjahres und der Zehntabgaben vor allem für das Gebiet Bẹt Šə'án. Im einzelnen handelt es sich um folgende Themen:

Zeile 1-5: Früchte, die im Gebiet von Bẹt Šə'án im Siebentjahr verboten sind.

Zeile 5-9: Grenzen der Umgebung von Bẹt Šə'án. Vgl. dazu j Dem 22c,64-22d,2.

Zeile 9-10: Städte, die im Gebiet von Susitȧ verboten sind. Vgl. dazu T Schevi IV 10; j Dem 22d,15-17.

Zeile 10-11: Städte, die im Gebiet von Nȧwȧ verboten sind. Vgl. dazu T Schevi IV 8; j Dem 22d,18f.

Zeile 11-13: Städte, die im Gebiet von Ṣor verboten sind. Vgl. dazu T Schevi IV 9; j Dem 22d,13f.

Zeile 13-18: Das 'tannaitische Grenzverzeichnis'. Vgl. dazu T Schevi IV 11; j Schevi 36c, 23-31; S Deut 51; Klein, in: HUCA 5 (1928), 197-259.

Zeile 18-22: Früchte, die im Gebiet von Panyas im Siebentjahr verboten sind. Vgl. dazu j Dem 22d,2-6.

Zeile 22-26: Bestimmungen für das Gebiet von Caesarea. Vgl. dazu j Dem 22c,40-50.

Zeile 26-29: Städte, die im Gebiet von Sebaste erlaubt sind.

Die Inschrift ist der älteste Zeuge für die Schreibung der meisten in ihr vorkommenden Namen und infolgedessen von sehr großer Wichtigkeit. Sie befindet sich heute in Jerusalem.

Auf zwei Stücken von Wandputz sind Reste von Namen erhalten (Abb. in 5, Tafel XXXB, 3; 7):

1.	'Isaa[k'	יצח]ק
2.	'...]MYH'	]מיה
	'Agrippa[s'	אגריפ]ס

Ausrichtung: 180° S

Datierung: 4.-7. Jhd. Vgl. Nachträge!

Ḥ. Rimmon

Koordinaten: 14.129 (1372 0868)
16 km nordnordöstlich von Bə'ẹr Ševaᶜ, 1 km südwestlich von Lahav.

Signatur: Synagoge archäologisch unsicher

Namen: ar.: Ḫ. Umm ar-Ramāmīn; Ḫ. Umm ar-Ramālī
hebr.: ח. רמון

Literatur

1. Kloner, in: IEJ 24 (1974), 200. Anm. 18
Carta's Atlas -

Archäologischer Befund

In Ḥ. Rimmon wurde ein 31,5 x 26,5 m großes Gebäude, Stürze und Friese gefunden; Architektur und Ornamentik gleichen denen anderer Synagogen.

R o š   P i n n å *

Koordinaten: 2.130 (200 264)
In Galiläa, 4 km östlich von Ṣəfat.

Signatur: -

Namen: ar.: (al-) Ǧāᶜūna
hebr.: ראש פנה

Literatur

1. Sukenik, Ancient Synagogues, Tafel XIX (1934)
2. Press, Enc. I, 169 (1951)
3. Press, Enc. IV, 850 (1955)

Carta's Atlas -
Atlas of Israel +

Sukenik gibt auf seiner Synagogenkarte (in 1) eine Synagoge in Roš Pinnå an, erwähnt sie aber im Text nicht. Press bezieht sich auf Sukeniks Karte. Die in Roš Pinnå gefundenen Steine stammen wohl von Ḫ. Šūra (s. dort).

Š ȧ ' á v *

Koordinaten: 3.131 (173 255)
In Galiläa, 16 km ostsüdöstlich von ᶜAkko.

Signatur: -

Namen: Jos.: Σααβ
ar.: Šaᶜab; Šaᶜib
hebr.: שאב
Umschreib.: Cha'ab; Sháib; Saab

Literatur

1. Guérin VI, 434f. (1880) (= 2)
2. SWP I, 339 (1881) (= 1)

Carta's Atlas -
Atlas of Israel -

Archäologischer Befund

Guérin berichtet von architektonischen Resten, u.a. Säulenresten und einem Kapitell, die in einer Moschee in Šȧ'ȧv eingemauert sind und die nach ihm von einer Synagoge stammen können.

Datierung: ?

Ṣ a d d ī q ī n *

Koordinaten: 1.132 (1795 2874)
Im Libanon, 14 km südöstlich von Tyros.

Signatur: -

Namen: ar.: Ṣaddīqīn
hebr.: צדיקין
Umschreib.: Sadikin; Siddikin

Literatur

1. Guérin VII, 389 (1880) (= 2)
2. SWP I, 138f. (1881) (= 1)
3. Goodenough I, 224 (1953) (Erwähnung)
4. Saller, Nr. 118 (1972)

Carta's Atlas -
Atlas of Israel -

Archäologischer Befund

Guérin hält eine Gebäude mit Säulen und Pilastern, das von Norden nach Süden ausgerichtet ist, für eine Synagoge. Die geographische Lage spricht gegen eine Synagoge.

Ausrichtung: S

a ṣ - Ṣ a f ū r ī y a *

Koordinaten: 4.133 (2167 2395)
Im Golán, 31 km südlich von Qunēṭira.

Signatur: -

Namen: ar.: aṣ-Ṣafūrīya; Ṣafūra
Umschreib.: a-Ṣefira; Es-Sufeira

Literatur

1. Saller, Nr. 120 (1972)

2. EAEe II, 467 (Urman) (1976)
Carta's Atlas -
Atlas of Israel -

Archäologischer Befund

Urman erwähnt Einzelfunde von einer Synagoge, ohne näher darauf einzugehen. Die Funde sind nicht ausreichend, um von ihnen auf eine Synagoge schließen zu können.

S a n ā b i r *

Koordinaten: 2.134 (2129 2675)
Im westlichen Golān.

Signatur: -

Namen: ar.: Sanābir
hebr.: סנבר
Umschreib.: Sanāber

Literatur

1. ḤA 57/58 (1976), 2
Carta's Atlas -
Atlas of Israel -

Archäologischer Befund

In Sanābir fand man 1976 einen Basaltstein mit einer siebenarmigen Menora und einer Machta, der auf eine Synagoge hinweisen könnte.

Literarischer Befund: -

Datierung: ?

Ḥ. S å r o n å

Koordinaten: 4.135 (1949 2355)
In Galiläa, 10 km südwestlich von Tiberias.

Signatur: Synagoge archäologisch sicher

Namen: hebr.: שרונה ;סרונה
ar.: Ḫ. Sārūna

Literatur

1. Sukenik, in: Zion (Meassef) 5 (1933), 94-96; Tafel 1-3
2. Klein, Sefer ha-yiššuv, 113 (1939)
3. Press, Enc. II, 334 (1948)
4. Klein, Toldot, Tafel X,3 (1950)
5. Press, Enc. IV, 924 (1955)
6. Wirgin, in: IEJ 14 (1964), 104; Tafel 24 C
7. Braslavy, Hayadaᶜta, 257 (1964)
8. Foerster, in: ᶜAtiqot, Hebrew Series 7 (1974), 80; Tafel XXVI, 3 (englische Übersetzung = 9)
9. Foerster, in: IEJ 24 (1974), 196; Tafel 41 C (englische Übersetzung von 8)

Carta's Atlas +

Atlas of Israel +

Archäologischer Befund

Von Ḥ. Såronå stammt ein Sturz, der heute im Museum von Tiberias ist (Abb. in 1; 4; 8; 9). Im Zentrum ist eine siebenarmige Menora. Zu beiden Seiten ist je ein Vogel; diese Vögel halten in ihren Schnäbeln das Ende eines Bandes, das vom Fuß der Menora ausgeht. Nach Sukenik (1) und Braslavy (7) handelt es sich jedoch nicht um Bänder; sie vermuten, daß die Schnäbel der Vögel überlang seien und sie mit diesen den Fuß der Menora berührten. Am rechten Ende des Sturzes ist eine achtblättrige Rosette in einem Kranz abgebildet. Das Gegenstück auf der linken Seite ist abgebrochen.

Ein weiterer Stein mit einem Weinranken- und -traubenmuster, Teil eines Frieses, fand sich in der Nähe des Sturzes (Abb.

in 1.). Auf einem anderen Stein mit Weinranken und Trauben ist außerdem noch ein Malteserkreuz abgebildet (Archiv des Israel Department of Antiquities and Museums). Außerdem gibt es Mosaikreste.

Der Sturz und vielleicht auch das Friesstück sowie weitere architektonische Fragmente stammen mit großer Wahrscheinlichkeit von einer Synagoge, deren genaue Lage erst durch eine Grabung festgestellt werden kann.

Literarischer Befund: -

Datierung: 2./3. Jhd.

S ȧ s ȧ

Koordinaten: 2.136 1872 2704
In Galiläa, 11,5 km nordwestlich von Ṣəfat.

Signatur: Synagoge archäologisch sicher

Namen: ar.: Saᶜsaᶜ

Literatur

2-7 und 10 beziehen sich auf alte Einzelfunde, 8 und 9 auf neue Grabungen.

1. Carmoly, Itinérarires de la Terre Sainte, 262f. (1847)
2. Guérin VII, 93f. (1880) (Zitierung eines mittelalterlichen Reiseberichtes)
3. SWP I, 256 (1881)
4. Press, Enc. III, 657 (1952)
5. Goodenough I, 263 (1953)
6. Avi-Yonah, HG, 182 (1962) (Liste)
7. Braslavy, Hayadaᶜta, 221 (1964) (Erwähnung)
8. ḤA 28/29 (1969), 4 (Grabungsbericht)
9. Biran, in: CNI 20, 3-4 (1969) 54 (Erwähnung)
10. Saller, Nr. 115 (1972) (Erwähnung von 2 und 5. Die Grabungen von 1968 werden nicht erwähnt.)

Šəfarᶜåm

Carta's Atlas +
Atlas of Israel +

Archäologischer Befund

Isaak Chelo erwähnt in seinem Reisebericht aus dem Jahr 1334 eine alte Synagoge (vgl. 1). Bis 1968 waren zwei Stürze bekannt, einer mit einem Eierfries, der andere mit einem Blattmotiv. Außerdem fanden sich in einem arabischen Gebäude zwei Türpfosten, die offensichtlich von der Synagoge stammen. Ende 1968 entdeckte Foerster die Lage der Synagoge und grub sie teilweise aus. Freigelegt wurden der Haupteingang im Osten mit zwei Türpfosten sowie Teile des Innenraumes mit Stylobaten, ferner eine Säule in Herzform. Das Gebäude ist nach Westen orientiert, eine Ausnahme unter den galiläischen Synagogen, die fast ausschließlich nach Süden ausgerichtet sind. Möglicherweise handelte es sich um ein Breithaus.

Literarischer Befund: -

Datierung: 3.-4. Jhd.

Š ə f a r ᶜ å m

Koordinaten: 3.137 (1663 2457)
Im südwestlichen Galiläa, 16 km südöstlich von ᶜAkko.

Signatur: Sanhedrin literarisch sicher

Namen: rabb.: שפרעם
ar.: Šafā ᶜAmr
Umschreib.: Šefa Amr; Chefa A'mer; Schafram

Literatur

1. Klein, Sefer ha-yiššuv, 155 (1939)
2. Press, Enc. IV, 920 (1955)
3. Mantel, Studies, 140-145 (1965)

4. Klein, Galilee, 76-82 (1967)
Carta's Atlas -
Atlas of Israel +

Archäologischer Befund

Neubauer (Géographie, 199) und Krauss (SA, 212) erwähnen eine antike Synagoge und geben als Literatur an: Schwarz, Das heilige Land, 138 (1852). Dort steht unter Schafram: "... Hier wohnen ungefähr 30 jüdische Familien und haben eine alte Synagoge." Dieser Hinweis kann auf keinen Fall als Beweis für eine antike Synagoge herangezogen werden.

Literarischer Befund

b R hasch 31a/b:

וכנגדן גלתה סנהדרין מגמרא מלשכת הגזית לחנות ומחנות לירוש-
לים ומירושלים ליבנה ומיבנה לאושא ומאושא ליבנה ומיבנה לאושא
ומאושא לשפרעם ומשפרעם לבית שערים ומבית שערים לצפורי ומצפורי
לטבריא

"Dementsprechend wanderte das Sanhedrin (zehn Mal) aus, wie es überliefert ist: Aus der Quaderhalle in die Kaufhalle, von der Kaufhalle in (die Stadt) Jerusalem, von Jerusalem nach Yavne, von Yavne nach Ušâ, von Ušâ nach Yavne, von Yavne nach Ušâ, von Ušâ nach Šəfarᶜâm, von Šəfarᶜâm nach Bẹt Šəᶜârim, von Bẹt Šəᶜârim nach Ṣippori und von Ṣippori nach Tiberias."

Gen r, Neue Version des Jakobsegens 2 (XCVII) (ed. Theodor - Albeck, 1220f.):

שבתחילה גלתה לה סנהדרי וישבה לה ביבנה ומיבנה לאושה ומאושה
לשפרעם ומשפרעם לבית שערים ומבית שערים לציפורי וציפורי היה
בחלקו שלזבולן ואחרכך גלתה לטיבריה

"Denn zuerst wanderte das Sanhedrin aus und ließ sich in Yavne nieder, von Yavne (wanderte es) nach Ušâ, von Ušâ nach Šəfarᶜâm, von Šəfarᶜâm nach Bẹt Šəᶜârim, von Bẹt Šəᶜârim nach Ṣippori - Ṣippori war im Gebiet Zəvulun, und dann wanderte es aus nach Tiberias."

Datierung: Mitte des 2. Jhd.

Ṣ ə f a t *

Koordinaten: 2.138 (1964 2636)
In Galiläa.

Signatur: -

Namen: rabb.: צפת
Jos.: Σεπφ
ar.: Safad
Umschreib.: Safed

Literatur

1. Avigad, in: EI 7 (1964), 18f. 22; Tafel 2, 1-3; englische Zusammenfassung S. 166*
2. Saller, Nr. 110 (1972)

Archäologischer Befund

Über dem Eingang zu dem Haus des Malers Y. Amitai in Ṣəfat sind mehrere Teile eines Synagogensturzes eingemauert, ein weiteres Teil befindet sich in der Hofmauer. Die Teile über dem Eingang sind so zusammengesetzt, daß es den Eindruck erweckt, es handele sich um einen kompletten Sturz, doch fällt sofort die für Synagogenstürze ganz und gar nicht typische Asymmetrie auf: Ein Kranz mit einem Löwenkopf, um das Ganze ein Band, dessen rechtes Ende von einem Adler mit ausgebreiteten Flügeln im Schnabel gehalten wird. Das Gegenstück zu diesem Adler, der an der anderen Seite des Kranzes war, ist in der Hofmauer eingemauert. Über die ganze Länge des Sturzes (vgl. die Rekonstruktion in 1) zieht sich am oberen Rand ein Band aus Lorbeerblättern (vgl. Nəvoråyå 1). In der Mitte des Bandes ist eine kleine Blume. Darunter ist in einem Kranz ein Löwenkopf abgebildet, zu beiden Seiten ein Adler mit ausgebreiteten Flügeln, die ihre Köpfe dem Löwen zugewandt haben und in ihren Schnäbeln die Enden eines Bandes halten, das unter dem Kranz eine Schleife bildet. Zu beiden Seiten der Adler sind Ansätze von senkrecht verlaufenden Lorbeerblattbändern, die sich wohl auf den Türpfosten fortsetzten. Diese werden von einem Eierfries abgegrenzt.

Auf dem Hof des Bildhauers Merzer in der Nähe befindet sich ein Stück eines Frieses (1, Tafel 2, 3), das ebenfalls von einer Synagoge (derselben ?) zu sein scheint. Das Stück ist an allen vier Seiten beschädigt. Am oberen Rand sind Weinranken und -trauben und ein Trauben pickender Vogel, darunter ein Eierfries und am unteren Rand ein Hakenkreuz bildendes Mäandermuster, dazwischen eine Rosette und zwei einander zugewandte Menschenköpfe.

Der Herkunftsort der Steine ist unbekannt. Nach Auskunft von Herrn Amitai soll der Sturz aus einem verlassenen Haus vom Har Kənaᶜan östlich von Ṣəfat stammen. Dorthin müßte er von einer Synagoge in der näheren Umgebung gebracht worden sein.

Datierung: 3. Jhd.

Ḥ. Š e m a ᶜ (Təqoaᶜ)

Koordinaten: 2.139 1915 2646
In Galiläa, 1 km südlich von Meron.

Signatur: Synagoge archäologisch sicher; Lehrhaus archäologisch unsicher, literarisch sicher

Namen: rabb.: תקוע

Literatur

1. Guérin VII, 433f. (1880)
2. SWP I, 246 (1881)
3. Graetz IV, 441 (1908) (liter. Probleme)
4. Klein, Beiträge, 23-25 (1909) (liter. Probleme)
5. Dalman, in: Literarisches Zentralblatt 63 (1912), Sp. 1188 (liter. Probleme)
6. Klein, in: MGWJ 67 (1923), 270-273 (liter. Probleme)
7. Dalman, Orte und Wege, 209 (1924) (liter. Probleme)
8. Klein, Galiläa von der Makkabäerzeit bis 67, 22f. (1928) (liter. Probleme)
9. Press, Enc. IV, 979 (1955)

10. Klein, Galilee, 125.197 (1967) (liter. Probleme)
11. Bull, in: IEJ 20 (1970), 232-234 (Grabungsbericht)
12. ḤA 37 (1971), 5f. (Grabungsbericht)
13. ḤA 40 (1971), 1 (Grabungsbericht)
14. ḤA 44 (1972), 6 (Grabungsbericht)
15. Meyers, in: BA 35 (1972), 1-17 (Grabungsbericht, Fotos, Grundriß)
16. Meyers, in: Qadmoniot 5 (1972), 58-61 (Grabungsbericht, Fotos, Grundriß) (= kurzgefaßter Bericht von 15)
17. Saller, Nr. 79 (1972)

Carta's Atlas +

Atlas of Israel +

Archäologischer Befund

Bereits im vorigen Jahrhundert vermutete man in Ḥ. Šemaᶜ eine Synagoge (2), aber erst bei Grabungen 1970-72 wurde eine solche freigelegt. Es handelt sich um ein Breithaus von etwa 11 x 15 m Größe, dessen Längsachse von West nach Ost verläuft. Eine mögliche Erklärung ist die Einbeziehung von Mauern eines früheren Gebäudes. Zwei Säulenreihen zu je vier Säulen teilen den Raum in drei Schiffe. Interessant ist, daß alle acht Kapitelle sowie die vier Säulenbasen der Südreihe voneinander verschieden sind. In der Südwand ist eine später eingebaute Bema. Teile von einer bzw. - an der Nordwand - zwei Bankreihen sind erhalten. Der Fußboden war mit einem weißen Mosaik bedeckt. Die Synagoge hatte zwei Eingänge, einen im Norden und einen im Westen. Auf dem Sturz des ersten ist eine Menora abgebildet (Abb. in 16) und auf dem südlichen Türpfosten des Westeingangs ein Adler mit ausgebreiteten Flügeln (15, Abb. 3), den bereits Guérin beschreibt (1). Zu diesem Eingang führten mehrere Stufen hinunter. Gleich neben diesem Eingang führt vom Gebetsraum aus ein Durchgang zu einem kleinen Raum mit Resten von Wandbemalung. Dieser Raum war nur durch die Synagoge zu erreichen. Von ihm aus konnte man in einen kleinen, tiefer gelegenen, aus dem Felsen herausgeschlagenen Raum gelangen, der vielleicht als Geniza gedient hat. Eine Frauenempore war am Westende. Sie war vom Westeingang über eine Holztreppe (?) und vom Nordeingang über eine Steintreppe zu erreichen. Die

Synagoge wurde offensichtlich durch ein Erdbeben zerstört.

Reste einer älteren Synagoge wurden 1972 unter der jetzigen gefunden. Es handelte sich um eine Basilika mit zwei Säulenreihen zu je vier Säulen und dem Toraschrein in der Südwand. Diese Synagoge wurde vielleicht bei dem Erdbeben im Jahr 306 zerstört.

Ein Raum am Nordwestende der Synagoge mit einer Steinbank auf der Westseite wird als mögliches Lehrhaus erklärt (14).

Ferner wurde eine Miqwe freigelegt. In der Synagoge fand man noch eine Tonlampe mit einer fünfarmigen Menora (15, Abb. 13).

Das Gebäude ist teilweise restauriert worden.

Ausrichtung: 180° S

Literarischer Befund

T ᶜEruv VIII 6 (V 24):

אמר רבי כשהייתי למד תורה (L⟨) אצל ר' שמע' בתקוע וכו'

"Rabbi sagte: Als ich bei R. Schimᶜon in Təqoaᶜ Tora (⟩L) lernte usw."

b Schab 147b; b ᶜEruv 91a; b Men 72a:

אמר רבי כשהיינו למדין תורה אצל ר' שמעון בתקוע וכו'

"Rabbi sagte: Als wir bei R. Schimᶜon in Təqoaᶜ Tora lernten usw."

j ᶜEruv 25c,35:

אמר רבי שונין היינו אצל ר"ש בתקוע וכו'

"Rabbi sagte: Wir studierten bei R. Schimᶜon in Təqoaᶜ usw."

Da im weiteren Zusammenhang von Öl die Rede ist und außerdem R. Schimᶜon b. Jochai genannt wird, kann nicht das Təqoaᶜ in Juda gemeint sein, wie Epstein zu b Schab 147b angibt, denn R. Schimᶜon hatte in Galiläa gelehrt und war in Mẹron begraben, und Təqoaᶜ war zusammen mit Guš Ḥålåv bekannt wegen seines guten Öls (T Schevi VII 15; T Men IX 5 u.ö.). Ursprünglich setzte man Təqoaᶜ mit Mẹron gleich (Bacher, Tannaiten II, 76); Ben Zevi versuchte zu erklären, daß die Form Pəqiᶜin aus Təqoaᶜ entstanden sei (in: Ha^colam 15 [1927], 158; Remnants of Ancient Jewish Communities in the Land of Israel, 31-33 [1966]); ihm folgen Press (9) und Freimark (Tosefta Schebiit, [Rabbinische Texte I, 2], 259). Dalman schlug dann die Gleichsetzung Təqoa^c = Ḥ. Šema^c vor (5), die heute als gesichert gilt. Zur Frage, ob die rabbinischen Belege sich auf ein Lehrhaus oder eine Synagoge beziehen vgl. die Einleitung.

Datierung:

1. Synagoge: 3. Jhd.
2. Synagoge: 4./5. Jhd.

Lehrhaus: Mitte des 2. Jhd.

S ə r u n g i n *

Koordinaten: 4.140

Der Ort ist nicht identifiziert. Er lag nicht weit von Tiberias, aber auf der Höhe. Von der Synagoge hat man den See Genezareth sehen können. Ḥ. Sirgonå bei ha-Zor^cim (1976 2396) kommt aus diesem Grund nicht für Sərungin in Betracht, da es in einer Senke liegt, von der aus man den See nicht sehen kann. Es wird allerdings, mit Ausnahme von Avi-Yonah (6) und Braslavi (10), von allen mit diesem identifiziert. Avi-Yonah zeichnet den Ort in seiner 'Map of Roman Palestine' weiter östlich ein (etwa 1999 2399). Von diesem Punkt etwa aus ist der Blick zum Südende des Sees frei. Archäologische Funde sind von dieser Stelle jedoch nicht gemeldet.

Signatur: Synagoge literarisch sicher

Namen: rabb.: סרונגין; סרונגייא; סרונגית; סרינגית; ים דוטגין (j Ket); סרגונה; סרוגין

ar.: (Ḫ. Sarǧūna)

Umschreib.: Sarjuna; Sergunin; Serungia; Sergunija; Kh. Serjûnieh; Kh. Sirgona

Literatur

1. Schlatter, Zur Topographie und Geschichte Palästinas, 304 (1893)

2. Bacher, Die Agada der Palästinensischen Amoräer III, 756 (1899)
3. Klein, in: Haṣofe 4 (1915), 51
4. Horovitz, in: JJPES 1, 1 (1921), 84
5. Krauss, SA, 209 (1922)
6. Avi-Yonah, in: QDAP 5 (1936), 174
7. Klein, Sefer ha-yiššuv, 113 (1939)
8. Press, Enc. III, 675 (1952)
9. Klein, Galilee, 113 (1967)
10. Braslavi, in: All the Land of Naphtali, 112 (1967)

Carta's Atlas -

Atlas of Israel -

Archäologischer Befund: -

Literarischer Befund

j Ket 35b,49-51; j Kil 32c,56-32d,2; Lev r XXII 4; Koh r V 8-9,5 (Text nach j Ket; Parallelen mit kleinen Varianten):

... בארה של מרים א"ר יוחנן בר מרה שערינהו רבנן והא היא מכוו-
נא כל קבל תרעא מציעתא דכנישתא עתיקתא דיסרונגין (דים דוטגין)

"... der Brunnen Mirjams. R. Jochanan b. Marja sagte: Die Rabbanan haben seine Lage ausgerechnet: Er befindet sich genau gegenüber dem mittleren Tor der alten Synagoge von Sərungin."

Die Lesart des Namens schwankt stark:

Koh r: סרונגיא; j Kil: סרונגין; Lev r: סרינגית, סרנגית, סרונ-גית, סרוגין. In Lev r gibt es die Variante דטבריא, "von Tiberias" (vgl. Tiberias Syn 6).

R. Jochanan b. Marja ist ein Amoräer der fünften Generation (zweite Hälfte des 4. Jhd.). Zu seiner Zeit wurden die Synagogen in Galiläa in Form einer Basilika gebaut, deren Hauptfront nach Jerusalem ausgerichtet war. In dieser Front waren in der Regel drei Eingänge, ein besonders ausgestatteter Haupteingang und zwei kleinere Seiteneingänge (vgl. dazu die Einleitung). Wir haben hier einen der wenigen talmudischen Belege, die auf diese Bauweise hinweisen. Offen bleibt die Frage, wie der Brunnen Mirjams, der sich nach den oben angeführten Stellen im See befunden haben soll, gegenüber dem mittleren Tor der Synagoge sein konnte, die westlich des Sees lag und deren Hauptfront mit den drei Eingängen nach Süden weisen mußte.

Datierung

R. Jochanan b. Marja lebte in der zweiten Hälfte des 4. Jahrhunderts. Die Synagoge ist vor seiner Zeit anzusetzen.

S i f s u f ȧ

Koordinaten: 2.141 (1919 2684)
In Galiläa, 7 km nordwestlich von Ṣəfat.

Signatur: Synagoge archäologisch unsicher

Namen: rabb.: In j Ter 46b,56 wird ein Ort ספסופה erwähnt, doch ist es fraglich, ob er mit dem heutigen Sifsufȧ identisch ist.
ar.: Ṣafṣāf
hebr.: ספסופה
Umschreib.: Sufsaf; Safsafa

Literatur

1. Kitchener, in: PEFQS 1878, 138f. (Abbildung)
2. Guérin VII, 418 (1880) (Beschreibung)
3. SWP I, 257 (1881) (Beschreibung, Abbildung)
4. Kohl - Watzinger, 162f. (1916) (Abbildung)
5. Krauss, SA, 213 (1922) (Abbildung)
6. Press, Enc. III, 674
7. Goodenough I, 211f. (Beschreibung); III, Abb. 548 (1953)
8. Avi-Yonah, HG, 142 (1962) (Erwähnung)
9. Saller, Nr. 112 (1972)

Carta's Atlas +

Atlas of Israel +

Archäologischer Befund

In die Moschee des Ortes eingemauert fand man 1877 einen Sturz mit einem Kranz in der Mitte, dessen untere Enden einen Heraklesknoten bilden. Zu beiden Seiten ist ein Stier(?)kopf abgebildet. Der Sturz ist nur etwa 1.50 m lang und hat vielleicht über einem der Nebeneingänge seinen Platz gehabt (1; 3). Er befindet sich heute in Jerusalem. Weiter sind Teile von zwei Bögen und eine Konche erhalten. (Die Anordnung in der Moscheemauer entspricht nicht der ursprünglichen.) Guérin beschreibt außerdem noch mehrere Säulenstümpfe und verschiedene behauene Steine (2). Die Motive des Sturzes deuten nicht mit Sicherheit auf eine Synagoge (vgl. 2), doch wird im allgemeinen nicht in Frage gestellt, daß er von einer Synagoge stammt.

Literarischer Befund: -

Datierung: 3./4. Jhd.

S i ḵ n i n

Koordinaten: 3.142 (177 252)
In Galiläa, 22 km ostsüdöstlich von ᶜAkko.

Signatur: Synagoge archäologisch unsicher, literarisch sicher; Lehrhaus literarisch sicher

Namen: rabb.: סכנין; סכני; סיכני; סכנית; סוכנייא;
כפר סוגנא; כפר סגנא; כפר סכנין

Jos.: Σωγανη

ar.: Saḫnīn

Umschreib.: Sukhnîn

Literatur

1. Guérin VI, 469-471 (1880) (= 2)
2. SWP I, 285f. (1881) (teilweise = 1)
3. Avi-Yonah, in: QDAP 5 (1936), 171 (Liste)
4. Klein, Sefer ha-yiššuv, 112 (1939)
5. Press, Enc. III, 668 (1952)
6. Klein, Galilee, 123; 177 (1967)
Carta's Atlas +
Atlas of Israel +

Si<u>k</u>nin

Archäologischer Befund

Guérin erwähnt die Reste eines Gebäudes mit Säulenresten, das eine Synagoge hätte gewesen sein können.

Literarischer Befund

j Meg 75b,39-41:

ר' יונה ור' יוסה סלקון מיחמייה אפין לאחוי דיהודה בר תמוזה קריביה דר' יוסה בן חנינ' בכנישתא דסוכנייא

"R. Jona und R. Jose gingen, um den Bruder von R. Jehuda b. Tamuza, einen Verwandten von R. Jose b. Chanina, in der Synagoge von So<u>k</u>nåyå zu besuchen."

T Taᶜan I 14 (13):

וחזן הכנסת או' להן תקעו הכהנים תקעו וחוזר ועונה מי שענה את אברהם אבינו בהר המורייה הוא יענה אתכם וישמע בקול צעקתכם היום הזה תוקעין ומריעין ותוקעין ועל שנייה הוא אומ' ברוך י'י אלהי ישראל מן העולם ועד העולם זוכר נשכחות והן עונין אחריו ברוך שם כבוד מלכותו לעולם ועד וחזן הכנסת או' להם הריעו בני אהרן הרי-עו וחוזר ואומ' מי שענה את אבותיכם על ים סוף הוא יענה אתכם וישמע בקול צעקתכם היום הזה תוקעין ומריעין ותוקעין אחת תקעו ואחת הריעו עד שגומר את כולן כך הנהיג ר' חלפתא בציפורי ור' חנניא בן תרדיון בסיכני וכשבא דבר אצל חכמים אמרו לא היו נוה-גין כן אלא בשער המזרח

"Und der Synagogenvorsteher sagt zu ihnen: 'Blast, ihr Priester!' Und sie bliesen. Und er spricht wiederum: 'Der, der unseren Vater Abraham am Berg Moriyå erhört hat, wird auch euch erhören und auf die Stimme eures Rufens hören an diesem Tage.' Dann blasen sie und schmettern und blasen. Nach dem zweiten (Segensspruch) sagt er: 'Gelobt seist du, Gott, Gott Israels, von Ewigkeit zu Ewigkeit, der du dich des Vergessenen erinnerst.' Und sie antworten: 'Gelobt sei der Name seiner herrlichen Herrschaft in alle Ewigkeit.' Und der Synagogenvorsteher sagt zu ihnen: 'Schmettert, ihr Söhne Ahrons.' Und sie schmetterten. Und er spricht wiederum: 'Der, der eure Väter am Schilfmeer erhörte, wird auch euch erhören und auf die Stimme eures Rufens hören an diesem Tage.' Dann blasen und schmettern und blasen sie. Bei einem (Segensspruch) blasen sie, bei einem (= dem nächsten) schmettern sie, bis man mit allen (Segenssprüchen) fertig ist. So verfuhr R. Chalafta in Ṣippori und R. Chananja b. Teradjon in Sikni. Und als die Angelegenheit vor die Weisen kam, sagten sie: 'So verfuhr man nur am Osttor (in Jerusalem)'."

Die Erfurter und die Wiener Handschrift lesen בסיכני, die Londoner Handschrift בסכנין und der Erstdruck בסכני.

Zwei ähnliche Überlieferungen befinden sich in b Taᶜan 16b. Bei beiden Stellen steht am Ende der Satz:

וכך הנהיג ר' חלפתא בצפורי ור' חנניה בן תרדיון בסיכני

"So verfuhr R. Chalafta in Ṣippori und R. Chananja b. Teradjon in Sikni."

Eine ähnliche Stelle ist auch M Taᶜan II 5:

מעשה בימי רבי חלפתא ורבי חנניה בן תרדיון שעבר אחד לפני הת-
בה וגמר את הברכה כלה ולא ענו אחריו אמן תקעו כהנים וכו'

"Es geschah in den Tagen des R. Chalafta und des R. Chananja b. Teradjon, daß jemand vor die Lade trat und den ganzen Segensspruch beendete, und niemand antwortete mit Amen. Blast, ihr Priester! Usw." An dieser Mischnastelle wird jedoch nicht auf Ṣippori und Siknin verwiesen. Vgl. noch b R hasch 27a.

Während in der zuerst zitierten Stelle eine Synagoge in Siknin ausdrücklich erwähnt wird, können wir aus den anderen Stellen eindeutig auf eine solche schließen: Aus dem Amt des 'חזן הכנסת' und der 'Lade', dem Toraschrein der Synagoge.

Lehrhaus:

In Siknin war die Akademie des R. Chananja b. Teradjon: b Sanh 32b:

הלך אחר חכמים לישיבה ... אחר רבי חנניא בן תרדיון לסיכני

"Folge den Weisen zur Akademie usw. Folge R. Chananja b. Teradjon nach Sikni."

Datierung

1. Synagoge: Durch Nennung von R. Chalafta und R. Chananja kann die Synagoge in die erste Hälfte des 2. Jahrhunderts datiert werden; die Nennung von R. Jona weist eine Synagoge in

der Mitte des 4. Jahrhunderts nach.

2. Lehrhaus: Durch die Nennung von R. Chananja b. Teradjon kann das Lehrhaus in die erste Hälfte des 2. Jahrhunderts datiert werden.

Š i l o

Koordinaten: 8.143 1778 1621
In Samaria, 18 km nordnordöstlich von Rāmallah.

Signatur: Synagoge archäologisch unsicher

Namen: hebr.: שילה ;שלה
ar.: Ḫ. Sēlūn
Umschreib.: Silo; Seiloun; Siloun

Literatur

1. Renan, Mission, 810 (1864)
2. Guérin V, 22f. 27 (1875)
3. SWP II, 368f. (1882) (Grundriß)
4. Clermont-Ganneau, Archaeological Researches in Palestine II, 299f. (1869) (Abbildungen)
5. Rix, Tent and Testament, 19 (1907)
6. Dalman, Petra und seine Felsheiligtümer, 58 (1908) (Foto)
7. Dalman, in: PJB 7 (1911), 16
8. Kohl - Watzinger, 192 (1916) (Foto)
9. Krauss, SA, 212 (1922) (Erwähnung)
10. Kjaer, in: PEFQS 1927, 212
11. Kjaer, in: JPOS 10 (1930), 161.165-167 (Foto)
12. Kjaer, in: PEFQS 1931, 86f. (Foto)
13. Kjaer, I det hellige Land, 86-89 (1931) (Foto)
14. Braslawski, in: BJPES 4 (1936/37), 69-71 (Foto) (= 16)
15. Goodenough I, 213; III, Abb. 556 (1953)
16. Braslvsky, Studies, 301-303; Fotos nach S. 320 (1954) (= 14)
17. Press, Enc. IV, 906 (1955)
18. Kanael, Die Kunst der antiken Synagoge, 22; Abb. 18 (1961)

19. Avi-Yonah, HG, 122 (1962) (Erwähnung)
20. Vilnay, Judaea and Samaria, 405-407 (1968) (Grundriß; Abbildung - kopfstehend)
21. Saller, A Revised Catalogue, 60f. (1969) (Foto)
22. EAEh, 547 (Kempinski) (1970)
23. Saller, Nr. 116 (1972)
24. ḤA 41/42 (1972), 18
25. Yeivin, in: Eretz Shomron, 158-162; engl. Zusammenfassung XX; Tafel XXVIIf. (1973) (Grundriß)

Carta's Atlas -

Archäologischer Befund

Eine unter dem Namen ǧāmiᶜ al-arbaᶜīn oder ǧāmiᶜ as-sittīn bekannte Ruine könnte nach Auffassung verschiedener Forscher eine Synagoge gewesen sein. Es handelt sich um ein ca. 10 x 10 m großes Gebäude, in dessen Innerem vier Säulen mit korinthischen Kapitellen standen, die aus einer christlichen Basilika stammen. Auch der Sturz eines kleinen Fensters in der Westwand kommt aus dieser Basilika. In der Südwand ist eine kleine Nische, zu beiden Seiten ein Fenster. In der Nordwand waren drei Eingänge. Über dem mittleren Eingang war ein Sturz mit einer Amphore, zwei Kränzen und zwei gehörnten Altären. Die beiden Seiteneingänge wurden später durch starke Stützmauern zugedeckt, die an der Nord-, West- und Südwand aufgeführt wurden. Braslawski (14; 16) vermutet, die Mauern seien angebracht worden, um dem Gebäude das Aussehen eines Zeltes (vgl. Jos 18, 1) zu geben. Im Osten ist ein kleines Gebäude an dieses angebaut, das ebenfalls eine Nische im Süden hat.

Der Grundriß des Hauptgebäudes ähnelt denen der galiläischen Synagogen, aber es gibt keine konkreten Anhaltspunkte, das Gebäude mit Sicherheit als Synagoge auszuweisen. Die Nische in der Südwand wurde, zumindest im letzten Benutzungszeitraum, als miḥrāb benutzt.

Kanael (18) hält das Gebäude für eine samaritanische Synagoge, ohne aber weiter darauf einzugehen.

Ausrichtung: 180° S

Simoniyȧ

Datierung

Das Gebäude scheint aus dem 4. Jahrhundert zu stammen (22) und ist mehrmals umgebaut worden. Die Spolien aus der Basilika deuten auf eine Wiederbenutzung im 7. Jahrhundert.

S i m o n i y ȧ

Koordinaten: 3.144 1702 2341
In Südgaliläa, 8 km westlich von Nazareth.

Signatur: Synagoge archäologisch unsicher, literarisch unsicher; Lehrhaus literarisch unsicher; Gerichtshof literarisch unsicher

Namen: rabb.: סימונייא; סימוניא; סימוניה; סמוניא
Šimᶜonáyȧ (שמעון אנא T Schevi VII 13; dazu: Klein, in: MGWJ 54 [1910], 16-18)

Jos.: Σιμωνιας

hebr.: תל שמרון

Literatur

1. Guérin VI, 384-386 (1880)
2. Report, in: BJPES 1, 2 (1933), 31
3. Maisler, in: BJPES 1, 4 (1934), 1-4
4. Avi-Yonah, in: QDAP 5 (1936), 171
5. Klein, Sefer ha-yiššuv, 111f. (1939)
6. Press, Enc. III, 666 (1952)
7. Press, Enc. IV, 913 (1955)
8. Klein, Galilee, 83 (1967)

Carta's Atlas +

Atlas of Israel +

Archäologischer Befund

Guérin (1) berichtet von einem Gebäude mit Säulen, das er für eine Kirche hält. Möglicherweise handelt es sich um dasselbe Gebäude, das Klein und Maisler (2; 3) beschreiben. Sie erwähnen ein Gebäude mit vier Säulenreihen am Nordwestende von Simoniyȧ (in 2 fälschlich: Südwestende; in 3 und ebenso im Archiv des Israel Department of Antiquities and Museums dagegen richtig: Nordwestende) und einen Türsturz. Ob es sich wirklich um eine Synagoge handelt, wie sie vermuten, ist unsicher: Vier Säulenreihen sind ungewöhnlich. Eine genauere Beschreibung besitzen wir nicht. Heute ist an Ort und Stelle nichts mehr zu sehen; das ganze Gelände dient als Müllkippe, in der zudem noch größere Erdbewegungen durchgeführt worden sind.

Literarischer Befund

1. Synagoge

j Jeb 13a,15f:

בני סימונייא אתון לגבי רבי אמרין ליה בעא תתן לן חד בר נש דריש
דיין וחזן ספר מתניין ועבד לן כל צורכינן ויהב לון לוי בר סיסי

"Die Leute von Simonȧyȧ kamen zu Rabbi und sagten zu ihm: 'Bitte, gib uns jemanden, der (die Schrift) erklärt, der Richter und Synagogenvorsteher ist, Bibel und Mischna lehrt und alle (religiösen) Angelegenheiten für uns durchführt.' Und er gab ihnen Levi b. Sisi."

Die Lesart כימונייא in Ed. Krotoschin ist Druckfehler. Aus dem Amt des חזן können wir auf die Existenz einer Synagoge schließen.

2. Lehrhaus

j Jeb 13a,15f.: siehe unter 1. Synagoge

Gen r LXXXI 2 (ed. Theodor - Albeck, 969):

רבנו הוה עבר על סימוניה יצאו אנשי סימוניה לקראתו אמרו לו ר' תן לנו
אדם שיהא מקרא ומשנה אותנו ודן דינינו נתן להם לוי בן סיסי

"Unser Lehrer (Rabbi) kam in Simoniyȧ vorbei. Da kamen die Leute von Simoniyȧ ihm entgegen und sprachen zu ihm: 'Rabbi, gib uns jemanden, der Bibel und Mischna lehrt und unsere Angelegenheiten richtet.' Und er gab ihnen Levi b. Sisi."

M Tanḥ צו 2 (zu Lev 7,11; ed. Buber 8bf.):

אמרו רבותינו מעשה היה ברבינו הקדוש שהוא עובר בסימוניא יצאו
כל בני העיר לקראתו בקשו ממנו זקן אחד שילמדם תורה נתן להם את
ר' לוי בר סיסון

"Unsere Lehrer sagten: Es geschah, daß unser heiliger Lehrer (Rabbi) in Simoniyå vorbeikam. Da kamen alle Leute der Stadt ihm entgegen und erbaten von ihm einen Alten, der sie Tora lehren sollte. Und er gab ihnen R. Levi b. Sison."

Ein Lehrer für den Unterricht in Tora und Mischna deutet auf ein Lehrhaus. (Zu den Problemen der Unterscheidung zwischen Synagoge und Lehrhaus vgl. die Einleitung.)

3. Sanhedrin

j Jeb 13a,15f.: siehe unter 1. Synagoge

Gen r LXXXI 2: siehe unter 2. Lehrhaus

Das Amt des Richters deutet auf einen kleinen Gerichtshof.

Datierung

Archäologisch: ?

Literarisch: Durch die Nennung von Rabbi Jehuda ha-Nasi können Synagoge, Lehrhaus und Gerichtshof in das Ende des 2. bis Anfang des 3. Jahrhunderts datiert werden.

Ṣ i p p o r i

Koordinaten: 3.145 1761 2399
In Galiläa, 5 km nordnordwestlich von Nazareth.

Signatur: Synagoge archäologisch sicher, literarisch sicher; Lehrhaus literarisch sicher; Sanhedrin literarisch sicher

Namen: rabb.: ציפורי; ציפורין; צפרין
Jos.: Σεπφωρις; Σαπφωρα
Lat.: Diocaesarea
ar.: Ṣaffūrīya
Umschreib.: Sepphoris

Literatur

1. Guérin VI, 371 (1880) (Ruinen)

2. Ewing, in: PEFQS 1895, 354 (griechische Inschrift, Abbildung)

3. Clermont-Ganneau, Études d'archéologie orientale, 34 (1897), (zu 2)

4. Büchler, Die Priester und der Cultus, 44-46 (1895) (literarische Belege)

5. Lammens, in: Musée Belge, 6 (1902), 55f. (griechische Inschrift, Abbildung)

6. Klein, Beiträge, 32f. 42-45 (1909) (literarische Belege)

7. Clermont-Ganneau, in: CRABL 1909, 677-683 (aramäische Inschrift, Foto) (= 11)

8. Büchler, The Political and Social Leaders, passim (1909)

9. Clermont-Ganneau, in: RES 2 (1907-1914), Nr. 862 (1910) (aramäische Inschrift)

10. Viaud, Nazareth et ses deux églises, 179-184 (1910) (Plan, Foto)

11. Clermont-Ganneau, in: Viaud, Nazareth et ses deux églises, 185-191 (1910) (aramäische Inschrift, Foto, Abbildung) (= 7)

12. Dalman, in: PJB 8 (1913), 37f. (aramäische Inschrift)

13. Juster, Les juifs dans l'empire romain II, 249 (1914) (griechische Inschrift)

14. Kohl - Watzinger, 146 (1919) (aramäische Inschrift)

15. Müller - Bees, Die Inschriften der jüdischen Katakombe am Monteverde zu Rom, 22 (1919) (griechische Inschrift)

16. Klein, Corpus, 76f. 100f. (1920) (Inschriften)

17. Grotte, in: ZDPV 65 (1921), 377 (aramäische Inschrift) (zu 20, 1. Auflage)

18. Krauss, SA, 126.210f. (1922) (griechische Inschrift; literarische Belege)

19. Klein, Various Articles, 34.37.50-52 (1924) (aramäische Inschrift)

20. Dalman, Orte und Wege, 86f. (1924) (aramäische Inschrift)

21. Klein, in: Yedioth 2 (1925), 36f. 44 (Inschriften)

22. Alt, in: PJB 22 (1926), 61f. (griechische Inschrift)

23. Galling, in: ZDPV 50 (1927), 313-315

24. Avi-Yonah, in: QDAP 3 (1934), 39f. (aramäische Inschrift)

25. Schwabe, in: Minḥa le-David (Festschrift für David Yellin), 100-112 (1935) (griechische Inschrift, Foto, Abbildung; literarische Belege)

26. Sukenik, in: JPOS 15 (1935), 133f. (griechische Inschrift, Abbildung) (= 27)

27. Sukenik, el-Ḥammeh, 43f. (1935) (griechische Inschrift) (= 26)

28. SEG 8 (1937), 5f., Nr. 16 (griechische Inschrift)

29. Yeivin, in: Waterman, Preliminary Report of the Excavations at Sepphoris in 1931, 19-21 (1937) (literarische Belege)

30. Klein, Sefer ha-yiššuv, 138.141; Tafel XVII 1 (1939) (literarische Belege; Inschriften)

31. Klein, Toldot, 22f. 262f. (1950) (griechische Inschrift)

32. CIJ, Nr. 989.991 (1952) (Inschriften, Foto, Abbildung)

33. Goodenough I, 224 (1953) (Erwähnung)

34. Press, Enc. IV, 800-802 (1955)

35. Braslavy, Hayadaᶜta, 294 (1964) (aramäische Inschrift)

36. Mantel, Studies, passim (vgl. Index) (1965) (literarische Belege zum Sanhedrin)

37. Klein, Galilee, 63-179 (passim) (vgl. Index) (1967)

38. Lifshitz, Nr. 74 (1967) (griechische Inschrift)

39. EAEh, 498 (Avi-Yonah) (1970)

40. Saller, Nr. 111 (1972)

Carta's Atlas +

Atlas of Israel -

Archäologischer Befund

Guérin (1) berichtet von einem Gebäude im Osten von Ṣippori, das er für eine Synagoge hält. Möglicherweise handelt es sich um einen Teil des von Waterman 1931 ausgegrabenen Theaters (vgl. 29).

Vor der nördlichen Außenmauer der Kreuzfahrerkirche St. Anna (Plan in 10, S. 180) wurden Reste eines Mosaiks mit einer Stiftungsinschrift gefunden, die von Westen nach Osten ausgerichtet ist. Von der Inschrift, die sich in einem Kreis befindet, sind die oberen vier Zeilen teilweise erhalten, die unteren zwei Zeilen fehlen (Foto in 7; 10; 11; 30):

1. דכיר
2. רבי יודן
3. חום [ב]ר
4. דיהב הד

Die Inschrift wird von Clermont-Ganneau folgendermaßen gelesen (7; 9; 11):

1. (ד)כיר
2. [לטב] (ר)בי יודן
3. [בר תנ]חום (בר)??
4. ....?? הר?הר
5. [.........]
6. [.....]

Die Inschrift kann aufgrund der Stiftungsinschrift von Kafr Kannā folgendermaßen ergänzt werden (vgl. 7; 11; 21):

1. דכיר
2. לטב] רבי יודן
3. בר תנ]חום [ב]ר
4. בוטה] דיהב הד(ה)
5. טבלא תהי ליה]
6. ברכתה]

"Es sei [zum Guten] gedacht des Rabbi Judan [bar Tan]chum [ba]r [Buṭa] der gestiftet hat dies[e Tafel. Segen komme über ihn]."

Wahrscheinlich handelt es sich um einen Sohn desselben Tanchum bar Buṭa, der in der Inschrift von Kafr Kannā erwähnt ist. Ob auch hier das Wort טבלא zu ergänzen ist, ist nicht sicher. Ebenso kann der Schluß אמן שלום o.ä. gelautet haben.

Interessant ist, daß in Zeile 4 die Inschrift nach dem ר von הדה abbricht. Wahrscheinlich wurde das Wort abgekürzt, d.h., daß in der nächsten Zeile kein ה oder א mehr gestanden hat, denn eine Worttrennung ist unüblich. Klein hat offensichtlich keine Reproduktion oder genaue Kopie vorgelegen. Er kommt dadurch, vor allem in Zeile 4, zu falschen Ergebnissen: Statt דיהב will er lesen דעבד (16; 19; 21). Dazu ist zu sagen, daß das obere linke Ende des ד erhalten ist, außerdem י und ה. Von dem ב fehlt der untere Querstrich. An der von Clermont-Ganneau vorgeschlagenen Lesung ist nicht zu zweifeln. Frey (32) folgt der Lesung Kleins. Avi-Yonah (24) liest die Zeile 4 הר̣הר. Der zweite und vierte Buchstabe sind unten beschädigt, am oberen Ende sind sie aber ganz eindeutig unterschieden: Bei dem zweiten Buchstaben ist oben links nur ein Haken wie bei dem ב von רבי in Zeile 2, der vierte Buchstabe hat zwei Haken wie das ד von יודן in Zeile 2.

Es handelt sich eindeutig um die Stiftungsinschrift einer Synagoge.

Die Inschrift befindet sich heute in der Kreuzfahrerkirche.

Auf einem Sturz, der bei dem Mosaik gefunden wurde, ist eine sehr schlecht ausgeführte vierzeilige griechische Inschrift.

Es folgt zunächst der Buchstabenbestand, dann die verschiedenen Deutungsversuche:

1. ΤΟΥΕΛΑΣΙΟΥΣΧ̊ΚΩΧΛΑΜΠΧΥΕΙΟΥΑΕΤΙΟΥΤΟ
2. ΥΚΟΧΕΙΟΥΔΑΡΧΚΥΝΑΓΩΓΟΥΣΙΔΟΝΙΟΥΑΡΧΙΣΥΝΑΓ
3. ΩΓΟΥΠΕΡΙΕΡΘΟΝΤΑΔΣΥΒΕΡΙΑΝΟΑΦΡΟΑΡΧΙΣΥΝΑΓ
4. ΩΓΟΤΥΡΟΥΛΑΜΠΧ

Ewing (2) hat nur ein paar Wörter gelesen. Krauss (18), dem die Abbildung von Ewing vorgelegen hat, liest:

1. Γελασίους Χ κω Χ Λαμπ ὑειοοῦ δε Τιοῦτο
2. υω Χ σιοδ ἀρχ(ισ)υναγώγου Σιδονίου (?) ἀρχισυναγ
3. ώγου ΠΣΡΙΣ ρθ ονταδσυβεριανο αφρε ἀρχισυνάγ
4. [ωγ]ος ὁ τοῦ ρου λαμπ υ...

Als nächster hat sich Lammens mit der Inschrift befaßt. Seine Lesung (5):

1. (Γ)ελασίου σχο(λαστικοῦ) κό(μητος) λαμπ(ροτάτου) υἱοῦ 'Αετίου το
2. ῦ κό(μητος) κ(αὶ) 'Ιουδ(α) ἀρχ[ισ]υναγωγοῦ Σιδονίου ἀρχισυναγ
3. ωγοῦ περὶ ..... Συρεριάνο(υ) ῎Αφρο(υ) ἀρχι(σ)υναγ
4. ωγο[ῦ] Τύρου λαμπρ(οτάτου)

Juster (13) bringt die Lesung Lammens.

Auch Klein (16; 21) bezieht sich auf Lammens, bringt aber unverständlicherweise die siebenzeilige Einteilung von Ewing, obwohl bei Lammens eine Abbildung der Inschrift vorliegt. Seine Lesung:

1. Γελασίου σχο[λαστικ]οῦ κό[μητος]λαμπ[ροτάτου] ὑειοῦ 'Αετίου το

2. ῦ Κό[μητος] καὶ 'Ιούδα ἀρχ[ισ]υναγώγου Σιδονίου ἀρχισυναγ
3. ώγου περὶ ἐρθοντα Συρεριανο[υ] 'Αφρο[υ] ἀρχι[σ]υναγ
4. ώ[γ]ο[υ] Τύρου λαμπρ[οτάτου]

Er betont ausdrücklich, daß die Lesung unsicher ist.

In 30; 31 bringt Klein die Lesung Schwabes (25).

Sehr ausführlich ist der Aufsatz Schwabes, der die Inschrift nach einer neuen Fotographie und einem neuen Abdruck erneut bearbeitet. Seine Lesung (25):

1. Τοῦ (Γ)ελασίου σχο(λαστικοῦ) κώ(μητος) λαμπ(ροτάτου)
   ὑειοῦ 'Αετίου το-
2. ῦ κό(μητος) Εἰούδ(α) ἀρχισυναγώγου Σιδονίου ἀρχισυναγ-
3. ώγου περιε(λ)θόντα (τά)δε ὑ(π)ὲρ 'Ιάνο(υ) "Αφρο(υ)
   ἀρχισυναγ-
4. ώγου Τύρου λαμπρ(οτάτου)

Sukenik (26; 27) bringt Schwabes Lesung.

Im SEG (28) ist die Lesung gleich der Schwabes mit der Ausnahme, daß in der ersten Zeile 'Ελασίου (?) gelesen wird.

Frey im CIJ (32) bringt ebenfalls im wesentlichen die Lesung Schwabes mit einer Änderung in Zeile 3:

1. Τοῦ [Γ]ελασίου σχο(λαστικοῦ) κό(μητος) λαμπ(ροτάτου
   υ⟨ε⟩ἰοῦ 'Αετίου το-
2. ῦ κό(μητος) καὶ ⟨Ε⟩ἰούδ[α] ἀρχ(ισ)υναγώγου Σιδονίου
   ἀρχισυναγ-
3. ώγου περὶ ἐ(λ)θόντα ⟨δ⟩ Σ(ε)βεριάνου "Αφρο[υ] ἀρχισυναγ-
4. ώγο[υ] Τύρου λαμπρ(οτάτου)

Als letzter hat sich Lifshitz mit der Inschrift beschäftigt. Er liest (38):

1. ('Επὶ) 'Υελασίου σχο(λαστικοῦ) κώ(μητος) λαμ(προτάτου)
   υεἰοῦ 'Αετίου το-
2. ῦ κό(μητος) Εἰούδα (ἀ)ρχισυναγώγου Σιδονίου ⟨ἀρχισυναγ-
3. ώγου⟩ περιερθονταδ Συβεριανο(ῦ) "Αφρο(υ) ἀρχισυναγ-
4. ώγου Τύρου λαμπρ(οτάτου)

Im einzelnen ist zu der Inschrift folgendes zu sagen:

Zeile 1: Gegen den Artikel τοῦ vor dem Eigennamen wendet sich Lifshitz (38) und schlägt statt dessen ἐπί vor. Als möglich aber unwahrscheinlich wird im SEG (28) eine Datumsangabe ἔ̣τ̣(ους) ο̣υʹ erwähnt.

Der Eigenname selbst wird im allgemeinen mit Γελασίου wiedergegeben, SEG (28) hat 'Ελασίου mit Fragezeichen. Lifshitz (38) liest 'Υελασίου aufgrund der damaligen Aussprache des intervokalen γ.

Zeile 2: Lifshitz (38) will das zweite ἀρχισυναγώγου streichen.

Zeile 3: Die Buchstaben IΣ sind von dem Steinmetz als K (= IC) geschrieben worden.

περιερθόντα wohl verschrieben für περιελθόντα. Als Bedeutung wird 'Mauern' vermutet (= περίβολος, Schwabe 25). Buckler (nach 28) vermutet Verschreibung für περιήρθησαν, "sie richteten ringsherum auf". Lifshitz (38) liest περιερθονταδ und vermutet eine Korruption aus φροντίζοντος δέ. Statt τάδε ὑπὲρ 'Ιάνου liest Lammens (5) Συρεριανο[υ]; ihm folgt Klein (21). Dalman (nach 16) schlägt Συβεριανου für Σεβηριάνου vor; ihm folgt Lifshitz. Frey (32) liest Σ(ε)βεριάνου.

Statt Αφρο kann nach Lammens (5) auch Αφρε gelesen werden; er schlägt den Namen Surerianos Afer ?? vor.

Zeile 4: Mouterde (nach 28) ergänzt λαμπρ(οτάτης πόλεως). Interessant ist, daß die beiden letzten Buchstaben PX (X wird hier als Abkürzungszeichen gebraucht) so ineinandergeschrieben sind wie das XP (= XPIΣTOΣ) in christlichen Inschriften.

Übersetzung:

"Von dem Gelehrten Gelasios

28: Elasios

38: Unter dem Advokaten Gelasios

dem hochberühmten Komes, dem Sohn des Komes Aëtios und von dem Synagogenvorsteher Juda dem Sidonier

25; 26; 27: von dem Synagogenvorsteher Juda (und) dem Synagogenvorsteher Sidonios oder: von dem Synagogenvorsteher der Juden (und) dem Synagogenvorsteher der Sidonier

wurden gebaut diese Mauern (?)

38: Statt: wurden - Mauern: unter der Aufsicht von (?)

zum Wohle (oder: zur Ehre) von Janes

25: Joanes = Jochanan

32; 38: Statt: zum Wohle von Janes: von Severianos Aphros

25; 26; 27; 30: oder: Aphrodisios

dem hochberühmten

28: Mouterde: der hochberühmten Stadt Tyros

Synagogenvorsteher

25; 26; 27: Statt: Janes - Synagogenvorsteher: oder: Janes, dem Synagogenvorsteher der Afrikaner

von Tyros."

26; 27: oder: aus Tyros

25: der Leute aus Tyros.

Das Wort λαμπρ(οτάτου) kann sich sowohl auf ἀρχισυναγώγου als auch auf Τύρου beziehen.

Sehr unsicher bleibt die Übersetzung der Wörter περιελθόντα τάδε.

Zum Titel κόμης vgl. Ḥammat Gȧdẹr.

Der Stein befindet sich heute in der Ruine der Kreuzfahrerkirche in Ṣippori.

Es handelt sich mit ziemlicher Wahrscheinlichkeit um eine Stiftungsinschrift von einer Synagoge, die vielleicht über dem Eingang zum Hof der Synagoge angebracht war (25, S. 103).

Literarischer Befund

In Ṣippori hat es mehrere Synagogen gegeben. An vier Stellen ist im Zusammenhang mit Rabbis Tod wahrscheinlich von 18 Synagogen die Rede:

Synagogen

Syn 1-4 - j Kil 32b,19-22; j Ket 35a,25-28; Koh r VII 11-12, 1; IX 10,3:

ר' נחמן (נתן : j Ket; נחמיה : Koh r) בשם רבי מנא מעשה ניסין
נעשו באותו היום ערב שבת היתה ונתכנסו כל העיירות להספידו
ואישרוניה תמני עשרה כנישן (תמני עשרה בניסן : j Ket; בתמני
עשר כנישתא : Koh r) ואחתוניה (ואובלוניה : Koh r) לבית שריי
(שערים : Koh r) ותלה לון יומא עד שהיה כל אחד ואחד מגיע לבי-
תו ... ומדליק לו את הנר

"R. Nachman sagte im Namen R. Manas: 'Wunder geschahen an jenem Tage (dem Todestage Rabbis). Es war Freitagabend, und (die Bewohner) aller Städte versammelten sich, um ihn zu betrauern. Sie bahrten ihn in achtzehn Synagogen auf (wörtl.: ließen ihn verweilen) und brachten ihn dann nach Bẹt Šəᶜårim. Es blieb ihnen so lange Tag, bis jeder zu Hause angelangt war ... und die Schabbatkerzen angezündet hatte.'"

Anstelle von R. Nachman, der Schüler R. Manas gewesen ist und häufiger in seinem Namen tradiert (j Kil), haben die Parallelen 'R. Natan' bzw. 'R. Nechemja'.

Der Text ist am eindeutigsten in den beiden Koh r Stellen: ואשרוניה בתמני עשר כנישתא. j Kil hat ואישרוניה תמני עשרה כנישן ohne die Präposition ב und die ungewöhnliche Form כנישן. Jastrow (Dictionary, s.v. כנישא, כנישתא; vgl. dazu 18) übersetzt: 'they stopped the funeral procession eighteen times for mourning assemblies.' Von einer Aufbahrung von Toten in Synagogen und öffentlicher Trauer wird in b Meg 26b; 28b berichtet.
j Ket liest ואישרוניה תמני עשרה בניסן, "sie bahrten ihn (am) 18. Nisan auf" oder "sie ließen ihn (bis zum) 18. Nisan da". Allerdings stört die Datumsangabe den Lauf der Erzählung, sie scheint eine Verbesserung des Textes von j Kil zu sein.

Syn 5 - Eine 'große Synagoge' wird in PdRK XVIII (ענייה סוערה), 5 (ed. Mandelbaum, 297) erwähnt:

ר' יוחנן הוה יתיב ודריש גו כנישתא רבתא דציפורין

"R. Jochanan saß und lehrte in der großen Synagoge von Ṣipporin."

Syn 6 - In der Parallelstelle in Pes r XXXII 3/4 (ed. Friedmann, 149a) steht nur: "R. Jochanan saß und lehrte."

Syn 7 - Vgl. Deut r VII 8:

מעשה ברבי שהיה דורש בבית הכנסת הגדול וכשהיה מבקש לכנס לדרש
היה אומר ראו אם נתכנסו כל הקהל

"Es geschah, daß Rabbi, der in der großen Synagoge zu lehren pflegte, beim Eintreten sagte: 'Seht nach, ob alle Leute sich versammelt haben.'"

Da Rabbi in Ṣippori gewesen ist (s.o.), kann hier die große Synagoge von Ṣippori gemeint sein.

Häufiger wird eine Synagoge der Babylonier genannt (vgl. dazu allgemein 37, S. 165f.):

Syn 8-9 - j Schab 8a,40-42; j Sanh 28a,51-54:

כמה יהא בהילוכן ... ציפוראי אמרין מן כנישתא דבבלאי עד דרתיה
דרבי חמא בר חנינה

"Wie weit darf man mit ihnen (neuen Schuhen am Schabbat) gehen? ... Die Leute aus Ṣippori sagen: 'Von der Synagoge der Babylonier bis zur Wohnung von R. Chama b. Chanina.'"

Syn 10 - j Ber 9a,32-34:

רבי יוחנן הוה יתיב קרי קומי כנישתא דבבל בציפורין עבר ארכונא
ולא קם ליה מקומוי אתון בעיין מימחוניה אמר לון ארפוניה בני-
מוסיא דברייה הוא עסיק

"R. Jochanan saß und las (in der Schrift) vor der Synagoge der Babylonier in Ṣippori. Da kam der Archon vorbei, er aber stand nicht vor ihm auf. Als daraufhin (seine Diener) ihn schlagen wollten, sagte (der Archon) zu ihnen: 'Laßt ihn, er ist mit den Gesetzen seines Schöpfers beschäftigt.'"

Syn 11 - Gen r XXXIII 3 (ed. Theodor - Albeck, 305):

רבנו הוה יתיב לעי באוריתא קומי כנישתא דבבלאי בציפורי עבר חד
עגל קומוי למתנכס' ושרי געי היך מימר שיזבי אמר ליה מה אעביד
לך לכך נוצרתה

"Unser Lehrer saß vor der Synagoge der Babylonier in Ṣippori und beschäftigte sich mit der Tora. Da kam ein Kalb auf dem Weg zum Schlachten vorbei; es blieb stehen und brüllte, als wollte es sagen: Rette mich! Er sagte zu ihm: 'Was kann ich für dich tun? Dazu bist du erschaffen.'"

Syn 12 - Gen r LII 4 (ed. Theodor - Albeck, 543):

אמר ר׳ חייא בר אבא עבר הוית קמי כנשתא דבבלאי בציפורין

"R. Chijja b. Abba sagte: 'Ich ging an der Synagoge der Babylonier in Ṣippori vorüber.'"

דבבלאי fehlt in einigen Handschriften. Die Schreibung von Ṣippori schwankt zwischen ציפרין, ציפורין, ציפורי, צפרין, ציטרין, סיטרין.

Eine Synagoge der Babylonier gab es wahrscheinlich auch in Tiberias (vgl. dort).

Zu כנישתא דבולי vgl. Tiberias.

Eine כנישתא דגופנה דציפורין wird an zwei Stellen erwähnt. Vgl. dazu Guftå də- Ṣipporin.

In den folgenden Fällen ist eine Synagoge zwar nicht ausdrücklich genannt, aber es läßt sich aus dem Zusammenhang auf eine Synagoge in Ṣippori schließen:

Syn 13 - T Taᶜan I 14 (13):

וחזן הכנסת או׳ להן תקעו הכהנים תקעו וחוזר ועונה מי שענה את
אברהם אבינו בהר המורייה הוא יענה אתכם וישמע בקול צעקתכם
היום הזה תוקעין ומריעין ותוקעין ועל שנייה הוא אומ׳ ברוך יי׳
אלהי ישראל מן העולם ועד העולם זוכר נשכחות והן עונין אחריו
ברוך שם כבוד מלכותו לעולם ועד וחזן הכנסת או׳ להם הריעו בני
אהרן הריעו וחוזר ואומ׳ מי שענה את אבותיכם על ים סוף הוא
יענה אתכם וישמע בקול צעקתכם היום הזה תוקעין ומריעין ותוקעין
אחת תקעו ואחת הריעו עד שגומר את כולן כך הנהיג ר׳ חלפתא
בציפורי ור׳ חנניא בן תרדיון בסיכני וכשבא דבר אצל חכמים אמרו
לא היו נוהגין כן אלא בשער המזרח

"Und der Synagogenvorsteher sagt zu ihnen: 'Blast, ihr Priester!' Und sie bliesen. Und er spricht wiederum: 'Der, der unseren Vater Abraham am Berg Moriyå erhört hat, wird auch euch erhören und auf die Stimme eures Rufens hören an diesem Tag'. Dann blasen sie und schmettern und blasen. Nach dem zweiten (Segensspruch) sagt er: 'Gelobt seist du, Gott, Gott Israels, von Ewigkeit zu Ewigkeit, der du dich des Vergessenen erinnerst.' Und sie antworten: 'Gelobt sei der Name seiner herrlichen Herrschaft in alle Ewigkeit.' Und der Synagogenvorsteher sagt zu ihnen: 'Schmettert, ihr Söhne Ahrons.' Und sie schmetterten. Und er spricht wiederum: 'Der, der eure Väter am Schilfmeer erhörte, wird auch euch erhören und auf die Stimme eures Rufens hören an diesem Tage.' Dann blasen und schmettern und blasen sie. Bei einem (Segensspruch) blasen sie, bei einem (= dem nächsten) schmettern sie, bis man mit allen (Segenssprüchen) fertig ist. So verfuhr R. Chalafta in Ṣippori und R. Chananja b. Teradjon in Sik̲ni. Und als die Angelegenheit vor die Weisen kam, sagten sie: 'So verfuhr man nur am Osttor (in Jerusalem).'"

Die Wiener Handschrift liest צפורי, die Erfurter Handschrift ציפורי, die Londoner Handschrift ציפורין und der Erstdruck ציפרי.

Syn 14 - Zwei ähnliche Überlieferungen befinden sich in b Taᶜan 16b. Bei beiden Stellen steht am Ende der Satz:

וכך הנהיג ר' חלפתא בצפורי ור' חנניה בן תרדיון בסיכני,
"So verfuhr R. Chalafta in Ṣippori und R. Chananja b. Teradjon in Sik̲ni."

Syn 15 - Eine ähnliche Stelle ist auch M Taᶜan II 5:

מעשה בימי רבי חלפתא ורבי חנניה בן תרדיון שעבר אחד לפני התבה
וגמר את כלה ולא ענו אחריו אמן תקער כהנים וכו'
"Es geschah in den Tagen des R. Chalafta und des R. Chananja b. Teradjon, daß jemand vor die Lade trat und den ganzen Segensspruch beendete, und niemand antwortete mit Amen. Blast, ihr Priester! Usw."

An dieser Mischnastelle wird jedoch nicht auf Ṣippori und Sik̲nin verwiesen. Vgl. noch b. R hasch 27a.

Syn 16 - T Meg II 4:

קראה בלילה לא יצא ידי חובתו אמ' ר' יוסי מעשה בר' יוחנן בן
נורי שקראה בציפורי בלילה אמרו לו אין שעת הסכנה ראיה
"Hat er sie (sc. die Estherrolle) nachts gelesen, so hat er seiner Pflicht nicht Genüge getan. R. Jose sagte: 'Es geschah,

daß R. Jochanan b. Nuri sie in Ṣippori nachts las.' Man sagte zu ihm: 'Aus (dem Verhalten in) der Stunde der Not darf man keinen Beweis ableiten.'"

Syn 17-18 - b ᶜEruv 86b; b Suk 16b:

אותו מעשה שנעשה בציפורי על פי מי נעשה לא על פי רבי יוסי
אלא על פי רבי ישמעאל בר' יוסי נעשה (ומאי מעשה : b Suk add.)
דכי אתא רב דימי אמר פעם אחת שכחו ולא הביאו ספר תורה מבעוד
יום (מערב שבת : b Suk) למחר פרסו סדין על העמודים והביאו
ספר תורה וקראו בו

"Nach wessen Meinung entschied man bei jenem Ereignis in Ṣippori? Man entschied nicht nach der Meinung des R. Jose, sondern nach der des R. Jischmaᶜel b. R. Jose. (b Suk fügt hinzu: Und was war geschehen?) Als nämlich R. Dimi kam, sagte er: 'Einmal vergaßen sie, die Torarolle noch während des Tages (vor Schabbatbeginn in die Synagoge) zu bringen. Am nächsten Tage breiteten sie ein Laken über die Säulen (, die zwischen dem Raum, in dem die Torarollen aufbewahrt wurden und der Synagoge selbst waren,) aus, holten die Torarolle und lasen aus ihr.'"

Die Torarollen wurden ursprünglich in einem tragbaren Schrein aufbewahrt und zum Gottesdienst in die Synagoge gebracht. Erst später erhielt der Schrein seinen festen Platz in der Apsis.

Lehrhäuser

L 1 - j Pea 20b,27-31:

ר' חנניה הוה מזבן דבש דדבוריין והוה ליה דבש דצליין כתר יו-
מין עברין תמן אמ' לון בגין לא מטעיא לכון הורן ידעין ההוא
דובשא דיהבית לכון דצליין יינון אמרו ליה מיניה אנן בעי דו טב
לעיבידתון ואפריש טימיתיה ובנא ביה בי מדרשא דציפורין

"R. Chananja wollte Bienenhonig verkaufen, er gab aber (versehentlich) Dattelhonig. Nach einigen Tagen kamen die (Käufer) wieder dort vorbei. Er sagte zu ihnen: 'Um euch nicht zu betrügen, sollt ihr wissen, daß der Honig, den ich euch verkauft habe, Dattelhonig war.' Sie antworteten ihm: 'Von diesem wollen wir (noch mehr haben), denn er ist gut für unsere Arbeit.'

Da legte er das Geld, das er für ihn bekommen hatte, zur Seite und baute dafür das Lehrhaus in Ṣippori."

L 2 - b M qaṭ 21a:

ומעשה ומת בנו של ר' יוסי בציפורי ונכנס לבית המדרש ודרש כל היום כולו

"Es geschah, daß, als der Sohn des R. Jose in Ṣippori starb, er (R. Jose) ins Lehrhaus ging und den ganzen Tag studierte."

L 3 - j B meṣ 8d,44-47:

מילתי' דרבי חייה בר ווא בציפורי חמא כל עמא פריי א"ל למה כולי עלמא פריי א"ל ר' יוחנן יתיב דריש בבי מדרשא דרבי בנייה ועל עמא פריי מישמעיניה

"Ein Ausspruch von R. Chijja b. Wa: In Ṣippori sah er (R. Chananja) alle Leute laufen. Da sprach er zu ihm: 'Warum laufen die Leute alle?' Er antwortete ihm: 'R. Jochanan sitzt und lehrt im Lehrhaus von R. Benaja, und das ganze Volk läuft hin, um ihn zu hören.'"

L 4 - j Hor 48b,23-26:

ר' חנניה הוה מיסתמיך בר' חייה בר בא בציפרין חמא כל עמא פריי וכו'

"R. Chananja ging mit R. Chijja b. Ba in Ṣippori spazieren. Da sah er alle Leute laufen usw." (wie in L 3).

Nach übereinstimmender Ansicht der meisten Gelehrten war das Lehrhaus des R. Benaja in Tiberias; vgl. Hyman, Toldoth, 28; Enc. Jud. (deutsch) IV, Sp. 77f.; Margalioth, Encyclopedia, 178f.; Enc. Jud. (engl.) IV, Sp. 456f. Aufgrund dieser beiden Stellen ist zu überlegen, ob das Lehrhaus nicht doch in Ṣippori gewesen ist (so in 6, S. 33). Zwei Dinge sprechen dafür. Erstens heißt es in j Schab 13c,72f.; j Hor 48c,57f.: אעל ... ודרש "er ging hinauf ... und lehrte". Im Gegensatz dazu heißt es j Meg 72b,28: דלא נחת "er ging nicht hinunter". Allerdings darf man die Bedeutungen dieser beiden Verben nicht überinterpretieren; es muß nicht unbedingt der Höhenunterschied zwischen Tiberias und Ṣippori (fast 500 m) gemeint sein, es kann sich ebenso um die Lage des Lehrhauses innerhalb des Ortes handeln. Wichtiger aber scheint mir die Bemerkung in j B meṣ 8d und j Hor 48b zu sein, daß ungewöhnlich viele Leute zum Lehrhaus des Benaja gehen, um R. Jochanan zu hören. Diese Tatsache kann nur dadurch sinnvoll erklärt werden, daß die Leute üblicherweise nicht die Gelegenheit hatten, den Unterricht des R. Jochanan zu besuchen; demnach kann sich die Begebenheit auch nicht in Tiberias abgespielt haben, wo er in seinem eigenen Lehrhaus unterrichtete (vgl. dazu Tiberias, L 38-39). Wäre die erste Stelle (j B meṣ 8d) möglicherweise noch zu interpretieren: "Ein Ausspruch von R. Chijja b. Wa in Ṣippori: Er sah usw.", so spielt die Erzählung nach der zweiten Stelle (j Hor 48c) eindeutig in Ṣippori. Nach dem oben Gesagten können auch folgende vier Stellen in Ṣippori lokalisiert werden:

L 5-6 - j Schab 13c,72f.; j Hor 48c,57f.:

אעל ר' יוחנן ודרש בבי מדרשא דר' בנייה

"R. Jochanan ging hinauf und lehrte im Lehrhaus des R. Benaja."

L 7-8 - j B meṣ 8d,46; j Hor 48b,25f.:

ר' יוחנן יתיב דריש בבית מדרשא דר' בנייה

"R. Jochanan sitzt und lehrt im Lehrhaus des R. Benaja."

L 9-10 - j Schab 13c,69-74; j Hor 48c,53-59:

תרין זרעיין הוון בציפרין בולווטיא ופגניא הוון שאלין בשלמיה
דנשייא בכל יום והוון בולוטיא עלין קדמיי ונפקין קדמיי אזלון פגנייא
וזכון באוריתא אתון בעין מיעול קדמיי אישתאלת לרש"בל שאלה רש"בל
לר' יוחנן עאל ר' יוחנן ודרש בבי מדרשא דר' בנייה אפי' ממזר תלמיד
חכם וכהן גדול עם הארץ ממזר תלמיד חכם קודם לכהן גדול עם הארץ

"Es gab zwei Familien in Ṣippori, eine Ratsfamilie und eine gemeine Familie. Sie begrüßten den Nasi jeden Tag. Die Ratsfamilie ging jeweils zuerst hinein und kam zuerst wieder heraus. Da besiegte die gemeine Familie (die andere) im Torastudium und kam daraufhin und wollte als erste eintreten. Man fragte R. Schimᶜon b. Laqisch (, wie zu verfahren sei). R. Schimᶜon b. Laqisch stellte diese (Frage) an R. Jochanan. Da ging R. Jochanan und behandelte dieses (Problem) im Lehrhaus

des R. Benaja. (Er sagte:) 'Ein gelehrter Bastard und ein unwissender Hoherpriester - der gelehrte Bastard hat vor dem unwissenden Hohenpriester den Vorrang.'"
(Vgl. 36, S. 242f.)

An den folgenden Stellen kann aus der angewandten Terminologie auf ein Lehrhaus geschlossen werden (vgl. aber die Einleitung):

L 11-13 - b ʿEruv 28b; b Ḥul 25b; j Maʿas 49a,35:

"R. Chanina entschied in Ṣippori." הורה רבי חנינא בציפורי

L 14 - j Beṣ 60a,57-59:

רבי חנינה הורי לציפוראיי בספחי חרדל ובביצה כרבי יודה עאל רבי יוחנן ודרש להון כרבנן דהכא וכרבנן דתמן

"R. Chanina lehrte die Leute von Ṣippori in bezug auf Nachwuchs von Senf und in bezug auf das Ei dieselbe Entscheidung wie R. Juda. Da kam R. Jochanan und trug ihnen dieselbe Lehre wie die Rabbanan von hier (Palästina; in bezug auf das Ei) und wie die Rabbanan von dort (Babylonien; in bezug auf den Senf) vor."

L 15-16 - j Maʿas sch 55d,71f.; Gen r XXVII 3 (ed. Theodor - Albeck, 257):

"So lehrte es R. Chanina in Ṣippori." כך דרשה ר' חנינא בציפורין

L 17-19 - b Sanh 93a/b; 94a; Ru r VII 2:

"Bar Qappara lehrte in Ṣippori." דרש בר קפרא בצפורי

L 20-21 - b Sanh 109a; 113a:

"R. Jose lehrte in Ṣippori." דרש ר' יוסי בציפורי

L 22 - M Tanḥ וירא 38 (ed. Buber, 54b):

העלה אותו ר' יוסי לציפורי והיה משנה אותו

"R. Jose (b. Chalafta) brachte ihn (R. Eliʿezer) nach Ṣippori hinauf und unterrichtete ihn dort."

Ṣippori

L 23 - j Meg 74a,22f.:

כהדא דר' חלבו הוה דרש בציפורין

"So, wie R. Chelbo in Ṣippori lehrte."

L 24 - j Taᶜan 69b,63f.:

דרשה ר' חייה בר בא לציפוראיי ולא קבלון עליהון

"R. Chijja b. Abba lehrte dies den Leuten von Ṣippori, sie nahmen aber (seine Lehrentscheidung) nicht an."

L 25 - b Sanh 32b:

הלך אחר חכמים לישיבה וכו' אחר ר' יוסי לציפורי

"Folge den Weisen zur Akademie usw. Folge R. Jose nach Ṣippori."

Sanhedrin

Sanh 1 - b R hasch 31a/b:

וכנגדן גלתה סנהדרין מגמרא מלשכת הגזית לחנות ומחנות לירושלים
ומירושלים ליבנה ומיבנה לאושא ומאושא ליבנה ומיבנה לאושא ומאושא
לשפרעם ומשפרעם לבית שערים ומבית שערים לצפורי ומצפורי לטבריא

"Dementsprechend wanderte das Sanhedrin (zehn Mal) aus, wie es überliefert ist: Aus der Quaderhalle in die Kaufhalle, von der Kaufhalle in (die Stadt) Jerusalem, von Jerusalem nach Yavne, von Yavne nach Ušå, von Ušå nach Yavne, von Yavne nach Ušå, von Ušå nach Šəfarᶜåm, von Šəfarᶜåm nach Bẹt Šəᶜårim, von Bẹt Šəᶜårim nach Ṣippori und von Ṣippori nach Tiberias."

Sanh 2 - Gen r, Neue Version des Jakobsegens, 2 (XCVII) (ed. Theodor - Albeck, 1220f.):

שבתחילה גלתה לה סנהדרי וישבה לה ביבנה ומיבנה לאושא ומאושא
לשפרעם ומשפרעם לבית שערים ומבית שערים לציפורי וציפורי היה
בחלקו שלזבולון ואחרכך גלתה לטיבריה

"Denn zuerst wanderte das Sanhedrin aus und ließ sich in Yavne nieder, von Yavne (wanderte es) nach Ušå, von Ušå nach Šəfarᶜåm, von Šəfarᶜåm nach Bẹt Šəᶜårim, von Bẹt Šəᶜårim nach Ṣippori - Ṣippori war im Gebiet Zəvulun, und dann wanderte es aus nach Tiberias."

Folgende Stellen weisen auf die Tätigkeit des Sanhedrin in Ṣippori hin:

Sanh 3 - b Sanh 19a:

התקין רבי יוסי בציפורי ... התקין ר' יוסי בציפורי

"R. Jose verordnete in Ṣippori ... R. Jose verordnete in Ṣippori."

Sanh 4-5 - j Ber 6b,39-41; j Sanh 20a,58f.:

משרבת תחרות בציפורין התקין ר' יוסי בן חלפתא שיהו המשפחות
עוברות והאבלים עומדים

"Als sich der Streit in Ṣippori mehrte, verordnete R. Jose b. Chalafta, daß die Familien vorbeigehen und die Trauernden sitzen."

Sanh 6 - M B bat VI 7:

המעמד דיני צפורי אמרו בית ארבעת קבין

"(Die Größe) des Aufstellungsplatzes (für die Trauergäste) beträgt nach den Worten der Richter von Ṣippori vier Qav."

Hier muß es sich nicht um die Mitglieder des Sanhedrin handeln; eher sind Mitglieder eines (kleinen) Gerichtshofes gemeint.

Sanh 7 - HL r IV 1-2,3:

'מבעד לצמתך' (שיר ד' א') אמר ר' לוי כל כלה שעיניה כעורות כל
גופה צריך בדיקה ושעיניה יפות אין כל גופה צריך בדיקה והאשה
הזאת כשמצמת שערה לאחוריה והוא תכשיט לה כך היתה סנהדרי גדולה
יושבת אחורי בית המקדש והיא תכשיט של בית המקדש אמר רבי אבהו
נראין מצומדין והן מרווחין כהדין רבה דצפורין

"'Hinter deinem Schleier' (HL 4,1): R. Levi sagte: Bei jeder Braut, deren Augen häßlich sind, muß man den ganzen Körper untersuchen. Sind ihre Augen schön, braucht man nicht den ganzen Körper zu untersuchen. Wenn eine Frau ihr Haar hinter sich zusammenbindet, so ist ihr das ein Schmuck. So hatte auch das Große Sanhedrin seinen Sitz hinter dem Tempel und war ein Schmuck für den Tempel. R. Abbahu sagte: Es sieht aus, als ob sie eng zusammen säßen, aber (in Wirklichkeit) haben sie genügend Platz wie (in) dieser großen ... (כהדין רבה) von

Ṣippori

Ṣippori."

Es gibt verschiedene Interpretationen der Wörter כהדין רבה. Simon übersetzt (Midrash Rabbah, IX, 178): "the great [assembly] of Sepphoris". Bacher (Die Agada der palästinensischen Amoräer II, 137) übersetzt: "in dem großen Lehrhause von Sepphoris" und bezieht sich auf die Konjektur Lurias; ebenso Jastrow (Dictionary, s.v. צמר): "as at the great school-hall of Sepphoris". Klein (6; 37, S. 88) setzt die große Synagoge von Ṣippori mit dem hier genannten Gebäude gleich. Wünsche übersetzt (Der Midrasch Schir ha-Schirim, S. 103): "Wenn auch seine Mitglieder sonst klein und unansehnlich erschienen, bemerkte R. Abahu, in der Sitzung zeigten sie sich gross an Geist, wie das Schuloberhaupt zu Sepphoris (Rab Huna)."

Da vorher ausdrücklich vom Sanhedrin die Rede ist, vermute ich, daß auch hier das Sanhedrin bzw. sein Versammlungsraum gemeint ist.

Datierung

Die aramäische Inschrift ist aus dem 4. Jahrhundert, nicht nach 352 (7; 9; 11; 24).

Die griechische Inschrift wird von Schwabe in die erste Hälfte des 5. Jahrhunderts datiert (25), von Alt (22) und Lifshitz (38) in die erste Hälfte des 4. Jahrhunderts.

Synagoge: Die literarischen Quellen bezeugen Synagogen in Ṣippori vom Anfang des 2. Jahrhunderts bis zum Ende des 3. Jahrhunderts.

Lehrhaus: Die literarischen Quellen bezeugen Lehrhäuser in Ṣippori vom Anfang des 3. Jahrhunderts bis zum Ende des 4. Jahrhunderts.

Sanhedrin: 2. Hälfte des 2. Jahrhunderts.

Ḥ. S u m ȧ q

Koordinaten: 3.146 1538 2307

Auf dem Karmel, 2,5 km südsüdwestlich von Dālī-yat al-Karmil.

Signatur: Synagoge archäologisch sicher

Namen: ar.: Ḫ. Summāqa

hebr.: ח. סומק

Umschreib.: Kh. Semmâka

Literatur

1. Kitchener, in: PEFQS 1877, 179f. (Fundbericht)
2. Kitchener, in: PEFQS 1878, 123f. (= 5)
3. Guérin V, 297f. (1880)
4. SWP I, 318-320 (1881) (ausführliche Beschreibung, Zeichnungen)
5. SWP, SP, 299f. (1881) (= 2)
6. Oliphant, in: PEFQS 1884, 41
7. Kohl, in: MDOG 27 (1905), 2f. (vorläufiger Bericht)
8. von Mülinen, in: ZDPV 31 (1908), 158f.
9. Kohl - Watzinger, 135-137 (1916) (ausführlicher Bericht, Zeichnungen, Foto)
10. Meistermann, Capharnaüm et Bethsaïde, 180 (1921) (Erwähnung)
11. Press, Enc. II, 333 (1948)
12. Goodenough I, 208; III, Abb. 529.536 (Grundriß, Zeichnung)
13. Avi-Yonah, HG, 181 (1962) (Liste)
14. Braslavy, Hayadaᶜta, 227.257.269 (1964)
15. EAEh, 106 (Avi-Yonah) (1970)
16. Saller, Nr. 78 (1972)

Carta's Atlas +

Atlas of Israel +

Archäologischer Befund

In Ḥ. Sumȧq sind Reste einer dreischiffigen Synagoge, die von Kohl - Watzinger teilweise freigelegt wurde. Das Gebäude ist 14,8 x 19,3 m groß und ist nach Osten ausgerichtet (vgl. ᶜIs-fīyā). Guérin (3) spricht von zwei Gebäuden, von denen eines in Ost-West-Richtung und das andere in Nord-Süd-Richtung liegt; dieses letztere hält er für eine Synagoge. Die folgende Beschreibung stimmt jedoch mit dem von Kohl - Watzinger freigelegten Gebäude überein. Zwei Säulenreste wurden in situ gefunden. Eine dritte Säulenreihe gegenüber dem Eingang hat es offenbar nicht gegeben. Das Gebäude hatte drei Eingänge im Osten und einen Eingang im Norden. Der Sturz des Haupteinganges, auf dem keine besonderen Darstellungen waren, wird im SWP (4) noch als in situ beschrieben; 1884 war er bereits entfernt worden (6). Von einem weiteren von Kitchener beschriebenen Sturz (1; Abbildung in 4; 9; 12), wohl von einem der Seiteneingänge, fanden Kohl - Watzinger nur noch Bruchstücke. Auf ihm waren in einer tabula ansata zwei Löwen (?) und zwischen ihnen eine Vase oder, wie Avi-Yonah vermutet, ein Stierkopf (vgl. dazu die Abbildungen von zwei Sarkophagen aus Bẹt Šəᶜȧrim in EAEh, 94). Vielleicht ist eine zweite Vase über dem linken Löwen abgebildet. Eine ähnliche Darstellung befindet sich dort auch über einem Grabeingang (Abbildung in 8).

Ausrichtung: 85° O

Datierung: 3. Jhd.

S u q ū f ī y a *

Koordinaten: 4.147 (2147 2452)
Im Golȧn, 13 km nördlich von Ḥammat Gȧdẹr.

Signatur: -

Namen: ar.: Suqūfīya; Sukūfīyā'
Umschreib.: Skufiyyā; Sqūpiyye; Sekufiye

Literatur

1. Saller, Nr. 119 (1972)
2. EAEe II, 467 (Urman) (1976)
Carta's Atlas -
Atlas of Israel -

Archäologischer Befund

Urman erwähnt Einzelfunde von einer Synagoge, ohne näher darauf einzugehen. Die Funde sind nicht ausreichend, um von ihnen auf eine Synagoge schließen zu können.

Ḫ. Š ū r a

Koordinaten: 2.148 (2041 2641)
In Galiläa, 7 km östlich von Šəfat.

Signatur: Synagoge archäologisch unsicher

Namen: ar.: Ḫ. Šūra

Literatur

1. Press, Enc. II, 357 (1948)
2. Yeivin, Archaeological Activities in Israel (1948-1955), 13 (1955) (Erwähnung) (= 3)
3. Yeivin, in: Government Yearbook 5716/1955, 399 (Erwähnung) (= 2)
4. Yeivin, A Decade of Archaeology in Israel, 42 (1960) (Erwähnung)
5. Saller, Nr. 80 (1972)

Carta's Atlas -

Atlas of Israel (+) (Roš Pinnȧ)

Archäologischer Befund

In einem Zeitungsbericht aus dem Jahr 1942 (Palestine Illustrated News vom 10.1.1942: Ruines of Ancient Synagogue Found near Rosh Pinah) wird von weiter zurückliegenden und neuen Funden von einer Synagoge in Ḫ. Šūra berichtet. Architektonische Fragmente wurden zur Polizeistation nach Roš Pinnȧ (vgl. dort) gebracht, wo Sukenik ein Fragment einer Inschrift sah. Nach dem Zeitungsbericht soll es sich um eine Stiftungsinschrift gehandelt haben, "expressing gratitude to donors". Die Inschrift ist heute verschollen.

In den Archiven des Israel Department of Antiquities and Museums wird ein Sturz von Ḫ. Šūra beschrieben, der möglicherweise von einer Synagoge kommt. Dieser Sturz ist in drei Felder aufgeteilt, dessen mittleres, stark zerstört, möglicherweise eine Tierdarstellung zeigte. Im rechten Feld ist ein Kranz, in dessen Mitte sich eine sechsblättrige Rosette befindet, und im linken Feld sind verschiedene waagerechte Muster. Der Sturz befindet sich im Haus von A. Levy in Roš Pinnȧ. In einer weiteren Notiz in den Archiven aus dem Jahr 1926 wird berichtet, daß ein Sturz von Ḫ. Šūra nicht mehr aufzufinden sei; möglicherweise handelt es sich um einen zweiten Sturz. Im Dezember 1957 wird noch von architektonischen Resten, u.a. Teilen von Säulen und Säulenbasen sowie von einem rechteckigen Gebäude im Südwesten von Ḫ. Šūra gesprochen, das von Nordosten nach Südwesten ausgerichtet ist.

Literarischer Befund: -

Datierung: ?

Ḫ. S ū s ī y a

Koordinaten: 15.149 1598 0905
In Judäa, 13 km südlich von Ḥevron.

Signatur: Synagoge archäologisch sicher

Namen: ar.: Ḫ. Sūsīya; Ḫ. Ṣūṣya
hebr.: ח. סוסיה
Umschreib.: H. Ṣuṣye; Kh. Sousieh; Kh. Sûsiyeh; Kh. Sūsiyye; Kh. Susia

Literatur

1. SWP III, 414f. (1883) (Grundriß; Abbildungen)
2. Mader, Altchristliche Basiliken, 216f.; Tafel V B (1918)
3. Albright - Glueck, in: AJA 41 (1937), 150 (Erwähnung)
4. Excavations in Palestine, in: QDAP 6 (1938), 222 (Erwähnung)
5. Press, Enc. II, 330 (1948)

6. Goodenough I, 236 (1953) (Erwähnung)
7. ḤA 26 (1968), 35 (Erwähnung)
8. EAEh,27 (Barag) (1970) (Erwähnung)
9. Saller, Nr. 81 (1972)
10. JSG 77, Nr. 230 (1972) (Fotos)
11. Gutman - Yeivin - Netzer, in: Qadmoniot 5 (1972), 47-52; Titelfoto; Tafel I (Grabungsbericht, Grundriß; Fotos; Inschriften)
12. Inscriptions Reveal, Nr. 186; hebräischer Teil 192f.; englischer Teil 86 (1973) (Foto)
13. Safrai, in: Immanuel 3 (1973/74), 44-50 (allgemein; Inschrift Nr. 4)
14. Yeivin, in: IEJ 24 (1974), 201-209; Tafel 42-44 (Inschriften Nr. 5-19; Abbildungen)

Carta's Atlas +

Archäologischer Befund

In Ḫ. Sūsīya entdeckten Mayer - Reifenberg in den dreißiger Jahren eine Synagoge. Das Gebäude wurde bereits früher beschrieben, aber nicht als Synagoge erkannt. SWP (1) spricht von einem 'public building of importance', Mader (2) von einem 'Prachtbau'. Die Synagoge ist, ebenso wie die von Eštəmoaᶜ, dem Breithaustyp (vgl. die Einleitung) zuzuordnen. 1971/72 wurden in Ḫ. Sūsīya Grabungs- und Restaurierungsarbeiten von Gutman, Yeivin und Netzer durchgeführt (11). Das Gebäude ist etwa 9 x 16 m groß. In der nach Jerusalem ausgerichteten Nordwand ist eine Nische für den Toraschrein, zu der acht Stufen von der vor ihr liegenden Bema hinaufführen. Um diese Bema wurde später ein Soreg gebaut, von dem viele Teile erhalten sind. Auf einigen sind Reste von Inschriften (Nr. 5-19; Abbildungen in 14), auf anderen eine siebenarmige Menora, Lebensbaum mit Löwen, Dattelpalme mit Adlern u.a.m. Eine zweite Bema liegt östlich von der Nische an der Nordwand. Westlich der Nische sowie an der West- und Südwand sind drei übereinanderliegende Steinbänke.

Der Boden war ursprünglich mit einem einfachen weißen Mosaik ausgelegt. Später wurde ein farbiges Mosaik angebracht, das wiederum mehrmals repariert worden ist. Das Mosaik besteht aus verschiedenen Teilen: In der Nordostecke ist zwischen der Ostmauer und der Seitenbema ein geometrisches Muster. Vor der Seitenbema, zwischen Ostmauer und Mittelbema, ist ein geschlossener Toraschrein mit einer Konche, zu beiden Seiten eine siebenarmige Menora auf einem dreifüßigen Podest, die sich in der Form voneinander unterscheiden (Abbildung in 11, S. 49). Rechts neben der rechten Menora ist ein Schofar, links ein Lulav. Links von der linken Menora scheint eine Machta zu sein. Auf der rechten Seite ist das Mosaik zerstört; vermutlich ist hier ein Etrog abgebildet gewesen. Die beiden Menorot und der Toraschrein werden von vier Säulen abgetrennt, die ein Dach tragen, welches über der Konche einen Spitzgiebel bildet. Rechts und links neben den äußeren Säulen sind Blumen und je ein Widder abgebildet. Links von der Mittelbema ist wieder ein geometrisches Muster (Abbildung in 11, Tafel I). Den übrigen Teil des Raumes füllt ein dreiteiliges Mosaik aus, das von einem breiten Rand mit Mäandermustern sowie Vögel- und Pflanzendarstellungen abgegrenzt wird. Im östlichen Teil dieses Mosaiks sind geometrische Muster mit Vogeldarstellungen, in deren Mitte zwei große Achtecke mit zerstörten Abbildungen sind. Daran schließt sich ein Feld an, in dem ursprünglich ein Zodiak abgebildet gewesen ist, von dem nur noch ein kleiner Rest am Südrand erhalten ist. Später wurde anstelle des Zodiak ein geometrisches Muster angelegt, in dem, genau gegenüber der Nische für den Toraschrein, eine sechsundzwanzigteilige Rosette ist. Am westlichen Ende sind drei Felder, in denen eine Jagdszene, Daniel in der Löwengrube sowie eine weitere fast gänzlich zerstörte Darstellung ist.

Im Inneren des Hauteinganges ist eine hebräische Stiftungsinschrift (Nr. 1).

In der östlichen Schmalseite sind der Haupteingang und zwei Seiteneingänge. Im Süden und Westen wurden, vielleicht nach einem Erdbeben, Stützmauern angebracht. Im Inneren wurde später, wahrscheinlich als das Gebäude nicht mehr als Synagoge diente, eine Mauer gezogen (vgl. die Grundrisse in 1; 11).

Vor den Eingängen im Osten ist ein Narthex, von dem aus man

in zwei hintereinanderliegende Räume entlang der Südmauer gelangte. In dem östlichen, größeren Raum ist eine Steinbank an der Ost-, Süd- und Westwand. Von diesem Raum führte ein Fenster in den Gebetsraum, von dem zweiten Raum eine Türe nach außen. Von dem Narthex konnte man über eine Treppe ein Obergeschoß erreichen, das wahrscheinlich über den beiden genannten Räumen lag und als Frauenempore gedient hat. Der Boden des Narthex ist ebenfalls mit einem Mosaik ausgelegt. Die ältesten Stücke scheinen gleichzeitig mit dem ältesten Mosaik des Hauptraumes zu sein. Später wurden auch hier neue Mosaike angebracht. Erhalten ist ein Band mit einem Ranken-Blättermuster, das eine andere Darstellung umrahmt hat (Abbildung in 11, Tafel I). Oberhalb dieses Bandes ist eine aramäische Stiftungsinschrift (Nr. 2). Außerdem ist ein schlecht ausgeführter Toraschrein mit einem Spitzgiebel erhalten, links neben ihm eine gedrehte Säule. In der Mitte des Narthex ist eine weitere Stiftungsinschrift (Nr. 3).

Von dem Narthex gelangte man durch eine Galerie von sechs Säulen mit korinthischen Kapitellen und über eine Treppe von fünf Stufen in einen tiefer gelegenen Hof mit einem Brunnen sowie einem Umgang. In dem südlichen Teil des Umgangs ist in einer tabula ansata eine weitere hebräische Stiftungsinschrift (Nr. 4). Der Hof wurde später, aber nicht vor dem 10. Jahrhundert, in eine Moschee verwandelt.

Inschriften

Nr. 1

Mosaikinschrift im Inneren des Haupteinganges.

Besprechung in 11.
Abbildung in 11, S. 51.
Lesung und Interpretation nach 11:

1. זכורין לטובה ולב[רכה
2. שהחזיקו ועשו]   כשנה[
3. הש]ני[ה שלשבוע]   שנת[
4.]ארבעת אלפי[ם
5.]שנברה העול[ם

.6]לי כו יהי של]ום

1. "Es sei gedacht zum Guten und zum Se[gen des NN und des NN,
2. die sich verdient gemacht und gemacht haben [im (zweiten) Jahr]
3. (im) zweiten (Jahr) des Siebentjahrzyklus [im Jahr]
4. viertausen[d
5. der Erschaffung der We[lt
6.] .... Es sei Frie[de

In der ersten Zeile sind die Namen von mindestens zwei Personen zu ergänzen. In der zweiten Zeile sind die Namen der gestifteten Objekte zu ergänzen. ועשו hier wieder in der Bedeutung 'stiften'. Am Ende ist בשנה, 'im Jahre' zu ergänzen.

שבוע in Zeile 3 hat die Bedeutung 'Siebentjahrzyklus'; vgl. dazu z. B. b Giṭ 17b. Am Ende ist שנת, 'im Jahre' zu ergänzen.

Bei Zeile 4 und 5 könnten jeweils noch ein oder zwei Buchstaben am Anfang gestanden haben. שנברה in Zeile 5 statt שנברא. Der Beginn der letzten Zeile ist unklar. Es fehlen am Anfang zwei bis vier Buchstaben. Die nächsten vier Buchstaben werden von Yeivin (11) als לי כו gelesen, können aber auch לוכו heißen. Der Schluß wird zu של]ום על ישראל אמן zu ergänzen sein. Leider ist die Jahresangabe zerstört; das 4. Jahrtausend seit der Erschaffung der Welt beginnt im Jahr 240 n. Chr. Dies ist die erste Inschrift, in der die Zeitrechnung 'nach der Erschaffung der Welt' angewandt wird.

Nr. 2

Mosaikinschrift am Nordrand des Narthex.
Besprechung in 11, S. 50f.
Abbildung in 11, Tafel I.
Lesung und Interpretation nach 11:

דכירן לטב מנחמה ישוע שהדה ומנחמה ש.]

"Es sei zum Guten gedacht des Menachma, des Zeugen Jeschuaᶜ und des Menachma, .["
Das Wort שהדה ist nicht eindeutig, es kann auch ר statt ד ge-

lesen werden. Yeivin vermutet das meist mit ס geschriebene Wort סהדה, 'Zeuge' und keinen Eigennamen.

Nr. 3

Mosaikinschrift im Zentrum des Narthex.

Besprechung in 11, S. 50.
Abbildung -
Lesung und Interpretation nach 11:

"Es sei gedacht	דכיר	.1
des Joschua[c], Judan	יושוע יודן	.2
[ ], der gestiftet hat	[ ]דיהב	.3
[ ]	[ ]	.4
[ ]	[ ]	.5

Daneben sind Reste einer älteren Inschrift: חומה was Yeivin zu [מנ]חומה ergänzen will.

Nr. 4

Mosaikinschrift in einer tabula ansata im südlichen Umgang des Hofes.

Besprechung in 11; 12; 13.
Abbildung in 11, Titelfoto; 12:

זכור לטובה קדושת מרי רבי .1
איסי הכהן המכובד בירבי שעשה .2
הפסיפוס הזה וטח את כותליו .3
כסיד מה שנתנדב במשתה .4
רבי יוחנן הכהן הסופר בירבי .5
בנו שלום על ישראל אמן .6

1. "Es sei zum Guten gedacht der Heiligkeit meines Meisters, des Rabbi
2. Issi, des verehrungswürdigen Priesters, des Gelehrten, der gemacht hat
3. dieses Mosaik und verputzt hat seine (sc. der Synagoge) Wände
4. mit Putz. Das hat er gespendet bei einem Fest
5. des Rabbi Jochanan, des Priesters (und) Schreibers, des

Gelehrten,

6. seines Sohnes. Schalom über Israel! Amen!"

Zwei Dinge fallen bei dieser Inschrift auf: Sie ist Hebräisch, und es kommen mehrere Ausdrücke vor, die sonst in Synagogeninschriften nicht vorkommen und erst typisch für die gaonäische Epoche sind, wenn sie auch vereinzelt in der Literatur früher anzutreffen sind. Wahrscheinlich ist die Inschrift erst gegen Ende des Bestehens der Synagoge, im 9. oder sogar erst im 10. Jahrhundert, angebracht worden. Vergleiche ausführlicher dazu Yeivin (11) und Safrai (13).

בירבי in Zeile 2 und 5 hat hier nicht die Bedeutung 'Sohn des', sondern wird als Titel, etwa 'Gelehrter', gebraucht. פסיפוס in Zeile 3 wird hier wie das griechische ψῆφος geschrieben und nicht wie sonst üblich פסיפס. Zum Versuch einer Identifizierung des Rabbi Issi vgl. Safrai (13).

Nr. 5-19

Unter den zahlreichen Bruchstücken der Bema sind eine ganze Reihe mit hebräischen und aramäischen Inschriften. Yeivin konnte mehrere zusammengehörende Teile herausfinden (14). Nur eine der Inschriften ist komplett.

Lesung und Interpretation folgen Yeivin.

Nr. 5

Vier zusammengehörende Fragmente.

Abbildung in 14, Tafel 42 A.
Yeivin Nr. 1:

... רב]י יודן ליויא בר שמע[ון ...

"... Rabb]i Judan, der Levit, Sohn des Schimʿ[on..."

Die Lesung des Wortes רבי ist unsicher. Möglicherweise handel es sich um dieselbe Person wie in Inschrift Nr. 16.

Nr. 6

Zwei zusammengehörende Fragmente; vgl. Nr. 7.

Abbildung in 14, Tafel 42 B.

Yeivin Nr. 2:

... מל]ך̣ עלמה ית̣]ן ברכתה ...

"Der Köni]g der Welt geb[e seinen Segen."

Die Ergänzung ist analog zu anderen Synagogeninschriften; vgl. Ḥammat Gȧdẹr, Inschrift Nr. 1; 2 (zweimal); 3 (zweimal).

Nr. 7

Ein Fragment, das wohl zu Nr. 6 gehört.

Abbildung in 14, Tafel 42 C.
Yeivin Nr. 3:

Von den vier Buchstaben kann der erste ein ר oder ד sein, dann folgen zwei י, am Ende ist ein ד, ה, ח oder ת.

Nr. 8

Es handelt sich um sieben Fragmente, die zusammengehören. Nur zwei der Fragmente passen aneinander.

Abbildung in 14, Tafel 42 D-I.
Yeivin Nr. 4-9:

1. Fragment:	ין לטב̣
2.-3. Fragment:	ל̣בני קר̣תה
4. Fragment:	מתחזק
5. Fragment:	ש̣לום
6. Fragment:	מן א
7. Fragment:	מ̣לך

Die Inschrift läßt sich folgendermaßen rekonstruieren:

דכיר]ין לטב̣ [כ]ל̣ בני קר̣תה [ד]מתחזק[ין ויהבו ...]
מ̣לך [עלמה יתן ברכתה ... א]מן א[מן] ש̣לום

"Es sei zum Guten gedacht aller Leute der Stadt, die sich verdient gemacht (und gestiftet haben ?) ...... Der König der Welt gebe seinen Segen ... Amen! Amen! Schalom!"

Die Reihenfolge der letzten drei Fragmente ist nicht sicher; doch scheint das Wort שלום am Ende gestanden zu haben.

Nr. 9

Fünf Fragmente.

Abbildung in 14, Tafel 43 A-B.
Yeivin Nr. 10-11.
Vier zusammenhängende Stücke:

...]לה קדישה דאתחזק.[...

Möglicherweise ist die Inschrift folgendermaßen zu ergänzen:

דכירין לטב כל בני קה]לה קדישה דאתחזק[ון ...

"Es sei zum Guten gedacht der Mitglieder der hei]ligen Gemeinde, die sich verdient gemacht ha[ben und gestiftet haben ...".

Der Rest des Buchstabens nach דאתחזק gehört vielleicht schon zum folgenden Wort, da die Lücke ziemlich groß ist.

Auf dem fünften Fragment ist der erste Buchstabe nicht zu erkennen, dann folgt מן דהֹ, nach Yeivin vielleicht zu ergänzen zu מן דהב oder דהבין. Möglich wäre auch כל מן דהב, 'jeder, der gestiftet hat' (vgl. Ḥammat Ṭəveryȧ, Inschrift Nr. 1: כל מן דעבד).

Einzelfragmente:

Nr. 10

Abbildung in 14, Tafel 43 C.
Yeivin Nr. 12:

"Es sei zum Guten ge]dacht ..." דכ[ירין לטב

Nr. 11

Abbildung in 14, Tafel 43 D.
Yeivin Nr. 13:

"...] Schalom [..." ..[שלום]...

Nr. 12

Abbildung in 14, Tafel 43 E.
Yeivin Nr. 14:

[אורהֹ]

Nr. 13

Abbildung in 14, Tafel 43 F.
Yeivin Nr. 15:

]ה[

Nr. 14

Abbildung in 14, Tafel 43 G.
Yeivin Nr. 16:

Drei oder vier Buchstaben, von denen der letzte ein ת ist.

Nr. 15

Inschrift auf Soregsäule.
Abbildung in 14, Tafel 44 B und C.
Yeivin Nr. 19.

Vorderseite:

"und Leᶜazar — ולעזר
Spende" — נידבת

Innenseite, über der Nute für die Soregplatten:

"Söhne des" — בנוי

Nr. 16

Hebräische Stiftungsinschrift auf einer Marmorplatte, die wahrscheinlich Teil des Geländers der Treppe ist, die von der Bema zur Nische für den Toraschrein hinaufführte. Die Seite, auf der die Inschrift ist, ist glatt, die andere Seite hat ein Reliefornament.

Abbildung in 14, Tafel 44 A.
Yeivin Nr. 17:

יודן הלוי בר שמעון עשה את ה̣[...

"Judan, der Levite, Sohn des Schimᶜon, machte den (oder die) [..."

Möglicherweise handelt es sich um dieselbe Person wie in Inschrift Nr. 5.

Nr. 17

Stiftungsinschrift auf einer Soregplatte.
Abbildung in 14, Tafel 44 E.
Yeivin Nr. 18:

דכרין לטב לעזר ואיסי בנויי דשמעון בר לעזר

"Es sei zum Guten gedacht des Leᶜazar und des Issi, Söhne des Schimᶜon bar Leᶜazar."

Die Inschrift ist erst später eingemeißelt worden; das geht daraus hervor, daß die Platte zwischen den ersten beiden Wörtern beschädigt ist und an dieser Stelle in der Inschrift eine entsprechend große Lücke gelassen wurde.

Nr. 18

Auf einem Marmorfragment, das von einer Menora sein kann.
Abbildung in 14, Tafel 44 D.
Yeivin Nr. 20:

"...] baute [... — ...] (ב)נה [...
...] rette [..." — ...] (ה)ושיעה [...

So die Lesung Yeivins. Nach der Fotographie ist der zweite Buchstabe in der ersten Zeile ein klares צ, davor sind Reste von vielleicht zwei Buchstaben, von denen der erste ein י sein könnte: ...]. י̣צה

Die Lesung ה̣ו in der zweiten Zeile ist nicht sicher.

Ausrichtung: 0° N

Datierung

4.-5. Jahrhundert (nach 12: 6. Jhd.), bestand bis ins 9./10. Jahrhundert.

Vgl. Nachträge!

Ṭ a f a s *

Koordinaten: -.150 (2505 2385)
In Syrien, 51 km östlich von Tiberias.

Namen: Die Identifizierung von Krauss (5) mit Tipasa ist sehr fraglich.

ar.: Ṭafas

Literatur

1. Fossey, in: Bulletin de correspondance hellénique 21 (1897), 46f.
2. Lévi, in: REJ 36 (1898), 140
3. Oehler, in: MGWJ 53 (1909), 296
4. Klein, Corpus, 104 (1920)
5. Krauss, SA, 224 (1922)
6. Klein, in: Yedioth 2 (1925), 44
7. Klein, ʿEver ha-Yarden, 53f. (1925)
8. Alt, in: PJB 25 (1929), 89-95
9. Klein, Sefer ha-yiššuv, 177 (1939)
10. Press, Enc. II, 380 (1948)
11. CIJ, Nr. 861 (1952)
12. Bagatti, in: LA 11 (1960/61), 292 (Erwähnung)
13. Lifshitz, 49f., Nr. 63 (1967)
14. Saller, Nr. 121 (1972)

Archäologischer Befund

Fossey veröffentlicht 1897 eine dreizeilige griechische Inschrift auf einem Türsturz aus Ṭafas:

Tall al-Qōqaᶜa

1. Ιακωβος καὶ Σεμουηλος καὶ
2. Κληματιος πατὴρ αὐτῶν
3. τὴν συναγωγὴν οἰκοδόμησ[αν
1. "Iakōbos und Semouēlos und
2. Klēmatios ihr Vater
3. haben die Synagoge gebau[t."

Alt (8) erwägt die Möglichkeit, es könne sich um ein Gebäude von Judenchristen handeln, die ihre Kirchen 'Synagoge' nannten. Abgesehen von den jüdischen Namen Iakōbos und Semouēlos ist für die Umbebung von Ṭafas eine jüdische Besiedlung für die Zeit der Inschrift belegt (vgl. Nȧwe), so daß die Erwägungen Alts als rein theoretisch angesehen werden sollten.

Literarischer Befund: -

Datierung: 4. Jhd. (13).

T a l l   a l - Q ō q a ᶜ a *

Koordinaten: 11.151 (1526 1386)
Bei dem ehemaligen Dorf Yālū, 21 km westnordwestlich von Jerusalem.

Signatur: -

Namen: ar.: Tall al-Qōqaᶜa; Tall al-Qōqa; Tall al-Qōqa'a

Literatur

1. Abel, Géographie de la Palestine II, 241 (1938)
2. Press, Enc. I, 14f. (1951) (zitiert 1)
Carta's Atlas -

Archäologischer Befund

Abel spricht von "quelques sculptures provenant d'une synagogue", ohne aber nähere Angaben zu machen.

Datierung: ?

T ẹ l M ə n o r ȧ

Koordinaten: 6.152 1994 2035 (andere Angaben sind falsch)
Im Jordantal, 9 km südsüdöstlich von Bẹt Šə'ȧn, bei Ṭirat Ṣəvi.

Signatur: Synagoge archäologisch sicher

Namen: ar.: Tall Abū Farağ
hebr.: תל מנורה; תל כפר קרנים; טירת צבי

Der Tell heißt auf den Karten 1:100000 zunächst Tẹl Mənorȧ, dann, in den Ausgaben aus den sechziger Jahren, Tẹl Kəfar Qarnayim und auf den neuen Ausgaben (ab 1970) wieder Tẹl Mənorȧ. Die Identifizierung mit Kəfar Qarnayim beruht auf einer Annahme Goldschmidts (1). Wie aus der Synagogeninschrift von Rəḥov hervorgeht, hat der Ort aber wohl Kəfar Qarnos geheißen und nördlich von Bẹt Šə'ȧn gelegen (10). Ich wähle deshalb den Namen Tẹl Mənorȧ.

Literatur

1. Goldschmidt, in: BIES 19 (1955), 237; englische Zusammenfassung IV
2. Hebrew Books and Papers, in: IEJ 6 (1956), 65 (zu 1)
3. Avi-Yonah, in: Antiquity and Survival 2 (1957), 271; Abb. 14
4. Zori, in: The Beth Shean Valley, 165f.; Tafel XIX, 1 (1962)
5. Yalquṭ 1422 (§ 66) (1964)
6. Negev, in: EI 8 (1967), 201
7. EAEh, 106 (Avi-Yonah) (1970)
8. Saller, Nr. 123 (1972)
9. Goldschmidt - Avi-Yonah - Dunayevsky, in: EI 11 (1973), 39f.; englische Zusammenfassung 23*; Tafel VIII (Grundriß)
10. Sussmann, in: Tarbiz 43 (1973/74), 90.115f.

Carta's Atlas -
Atlas of Israel -

Archäologischer Befund

Zu Füßen des Tẹl Mənorȧ, an seiner Südseite, wurden die Reste einer Synagoge ausgegraben. Der Grundriß fällt insofern aus dem üblichen Rahmen, als man keine Spuren von Säulen oder einer Apsis gefunden hat. Das mag daran liegen, daß ein älteres Gebäude mit vier Räumen in byzantinischer Zeit zu einem einzigen großen Raum umgebaut wurde, der dann als Synagoge benutzt wurde. Jedenfalls deuten die wiedergefundenen Mosaikreste auf eine solche Benutzung hin. Das Mosaik, dessen erhaltener Teil nach Norden (!) ausgerichtet ist, zeigt geometrische Muster, eine Vogeldarstellung, die allerdings von Ikonoklasten (?) zerstört worden ist sowie eine siebenarmige Menora (Abb. in 3; 4; 9), neben der links ein Schofar abgebildet ist. Der Fuß sowie der rechte untere Teil, wo wohl ebenfalls ein Kultgerät abgebildet war, sind zerstört. Das Mosaik ist heute in Jerusalem.

Ausrichtung: 165° SSO

Datierung: 6. Jhd.

T i b e r i a s

Koordinaten: 4.153 (201 243)
In Galiläa.

Signatur: Synagoge archäologisch sicher, literarisch sicher; Lehrhaus literarisch sicher; Sanhedrin literarisch sicher

Namen: rabb.: טבריה; טבריא; טיביריה; מעזיה (?) (7, S. 93)

Jos.: Τιβεριας

ar.: Ṭabarīyā

Literatur

1. Guérin VI, 251f. 259.262 (1881)
2. Büchler, Die Priester und der Cultus, 44-46 (1895) (Bule-Synagoge)
3. Krauss, in: JQR 8 (1896), 669 (Bule-Synagoge)
4. Bacher, Die Agada der Palästinensischen Amoräer II, 144. 177 (1896) (literarische Belege)

5. Bacher, Die Agada der Palästinensischen Amoräer III, 96. 100.235.276.405.631.672f. (1899) (literarische Belege)

6. Büchler, Der galiläische ᶜAm-ha'areṣ, 286-288 (1906) (literarische Belege)

7. Klein, Beiträge, 33 (1909) (literarische Belege)

8. Krauss, Antoninus und Rabbi, 43.69 (1910) (literarische Belege)

9. Krauss, Die galiläischen Synagogenruinen, 19 (1911)

10. Klein, in: Israelitische Monatsschrift 5, Wissenschaftliche Beilage zur "Jüdischen Presse" Nr. 22 (1912), 19

11. Wiesner, Die Jugendlehrer der talmudischen Zeit, 40f. (1914) (literarische Belege)

12. Klein, in: Haṣofe 4 (1915), 56-60 (literarische Belege)

13. Horovitz, in: JJPES 1, 1 (1921), 84f. (literarische Belege)

14. Krauss, SA, 104f. 126.181.205-208 (1922)

15. Orfali, Capharnaüm, 93 (1922) (Menora; Abbildung)

16. Ginzberg, Genizah Studies I, 500.548 (1928) (literarische Belege)

17. Klein, in: BJPES 1, 2 (1933), 16 (literarische Belege)

18. Klein, Sefer ha-yiššuv, 49-65.176 (1939)

19. Press, Enc. II, 370-373 (1948)

20. Klein, Toldot, 16.46f. (1950)

21. Schwabe, in: Ereṣ Kinrot, 63f.; Tafel XIII, 7 (1950) (Inschrift) (= 29)

22. Schwabe, in: BIES 18 (1954), 160-163; Tafel V, 5-6; engl. Zusammenfassung V (Inschriften)

23. Avi-Yonah, In the Days of Rome and Byzantium, 217f. (1962) (zu Syn 27)

24. Braslavy, Hayadaᶜta, 240 (1964)

25. ḤA 10 (1964), 16 (Soreg)

26. ḤA 16 (1965), 16

27. Mantel, Studies, 142-145 (1965)

28. Klein, Galilee, 76.97-105 (1967) (literarische Belege)

29. Schwabe, in: All the Land of Naphtali, 183f.; Tafel X, 8 (1967) (Inschrift) (= 21)

30. Saller, Nr. 124 (1972)

31. Foerster, in: ᶜAtiqot, Hebrew Series, 7 (1974), 79f.; Tafel XXV, 2; XXVI, 2.4 (Menorot) (engl. Übersetzung = 32)

32. Foerster, in: IEJ 27 (1974), 194-196; Tafel 40; 41 B (Menorot) (engl. Übersetzung von 31)

Tiberias

Carta's Atlas +
Atlas of Israel +

In Tiberias selbst entdeckte man nur vereinzelte Funde von Synagogen, ein Synagogengebäude wurde nicht gefunden. Es ist daher theoretisch möglich, daß der eine oder andere der im folgenden beschriebenen Funde von einer der beiden in Ḥammat Ṭəveryȧ ausgegrabenen Synagogen stammt (vgl. dort). Ähnlich ist es mit den literarischen Belegen: Hier beziehen sich die allermeisten Stellen auf Tiberias, nur einige wenige nennen ausdrücklich Ḥammat (vgl. dort). Da beide Städte aber schon in tannaitischer Zeit vereinigt wurden (T ᶜEruv VII 2; j ᶜEruv 22d,69), können sich die Belege sowohl auf eine Synagoge/Lehrhaus in Tiberias und/oder auf Ḥammat Ṭəveryȧ beziehen.

Archäologischer Befund

Guérin (1) berichtet von zwei Steinen mit Darstellungen einer siebenarmigen Menora sowie einem Sturz mit Konche, Girlande und Weintraube, die von einer Synagoge stammen könnten.

Zwei weitere Basaltsteine mit Darstellungen einer Menora befinden sich heute im Museum in Tiberias. Der eine ist viereckig und hat in der Mitte eine siebenarmige Menora mit einem dreiteiligen Podest, rechts und links davon ein stilisiertes Schofar, Lulav und Etrog (Abb. in 31, Tafel XXVI, 2; 32, Tafel 41 B). Der zweite Stein ist halbkreisförmig. Ein Teil der linken Seite ist abgeschlagen. In der Mitte ist eine fünfarmige Menora auf einem dreifüßigen Podest, rechts und links sind Lulav und Schofar (Abb. in 31, Tafel XXVI,4; 32, Tafel 40 A). Beide Steine können von einer Synagoge stammen und sind wohl an einem hervorragenden Platz, vielleicht über dem Mittelportal, angebracht gewesen.

Orfali (15) bildet noch ein Fragment mit einer siebenarmigen Menora, Schofar und Lulav in einem Kranz mit Heraklesschleife aus dem Besitz des Franziskanerhospizes in Tiberias ab. Auch dieser Stein deutet auf eine Synagoge. Ein anderer Fund kommt mit ziemlicher Sicherheit von einer Synagoge: Es handelt sich um einen Soreg aus Marmor, der in Art eines durchbrochenen

Flechtwerkes hergestellt ist. Oben in der Mitte ist eine siebenarmige Menora auf einem dreifüßigen Podest, rechts und links davon je ein Vogel (Abb. in 25, Titelblatt; 31, Tafel XXV, 2; 32, Tafel 40 B). Auch dieser Soreg ist heute im Museum von Tiberias.

Inschriften

1953 wurden bei Grabungen im römischen Tiberias zwei Inschriften gefunden. Das erste ist ein dreiteiliges Fragment einer aramäischen Stiftungsinschrift (Abb. in 22, Tafel V, 5):

Nr. 1

1.]ריך לטב ולב[
2.]וְרִיתה אמן

Schwabe - Yeivin ergänzen:

1. דכי]ריך לטב ולב[רכתא ...
2. דא]וריתא אמן

Zu übersetzten wäre dann:
"Es sei zum Guten und zum Segen gedacht
des NN and NN ... die gemacht haben ...
Lehre. Amen."

Wir hätten in diesem Fall einen Hinweis darauf, daß das Gebäude auch zum Unterricht benutzt worden wäre. Wenn auch aufgrund der Fotografie die Ergänzung zu דאוריתא viel für sich hat, so ist sie doch keineswegs gesichert. Einen Hinweis dieser Art finden wir in keiner anderen aramäischen Stiftungsinschrift. (Höchstens die griechische Theodotosinschrift in Jerusalem könnte als Vergleich herangezogen werden.) Da der Stein an seiner Unterkante beschädigt ist, ist auch das ור nicht sicher zu lesen. Ich schlage folgende Ergänzung vor:

דכי]ריך לטב ולב[רכתה פלוני בן פלוני ופלוני בן פלוני דעבדו
הד]ן ביתה אמן

Es wäre dann zu übersetzen:
"Es sei zum Guten und zum Segen gedacht des NN und NN ... die gemacht haben
diese Synagoge. Amen."

בית ohne כנישתא für Synagoge kommt vielleicht in Dabbūra und Nəvorȧyȧ (1) vor. Leider habe ich das Original nicht einsehen können. So kann ich nicht entscheiden, ob der erste erhaltene Buchstabe der zweiten Zeile wirklich als ן gelesen werden kann, oder ob es sich eindeutig um ein ו handelt.

Nr. 2

Die zweite Inschrift wurde an derselben Stelle gefunden. Sie ist auf einem Abakus angebracht, der nach Schwabe von einer Säule aus einer Synagoge zu stammen scheint (Abb. in 22, Tafel V, 6):

1. ἡ θεοῦ χάρις   Ἀβραμίου
2. μετὰ   μαρμαρίου
3.   ‹

1. "Der Segen Gottes   Abramios
2. sei mit   dem Marmorsteinmetz."

Unter dem zweiten α von μαρμαρίου ist das Zeichen ‹.

Nr. 3

In einer weiteren griechischen Inschrift wird von Schwabe ohne weitere Begründung das Wort ἀρχισυνάγωγος ergänzt (Abb. in 21; 29). Es handelt sich um eine Grabinschrift:

1. ἐνθάδε κεῖτ]αι Λεοντίνα
2. θυγατὴρ Σαμ]ουήλου γε-
3. ρουσιάρχης γυν]ὴ̣ Θαυμασίου
4. ἀρχισυναγώγου] Ἀντιόχου
5. ἐτῶν] ο

1. "Hier lieg]t Leontina
2. die Tochter des Sam]uel des Ge-
3. rusiarchen, die Gatti]ṇ des Thaumasios
4. des Synagogenvorstehers] der Leute aus Antiochia
5. Alter:] 70."

Literarischer Befund

Synagogen

Syn 1 - j Sanh 20d,2f.:

תירגם יוסי מעוני בכנישתא בטיבריה

"Jose aus Mȧᶜon erklärte in der Synagoge von Tiberias."

Syn 2 - In der Parallele Gen r LXXX 1 (ed. Theodor - Albeck, 950) heißt es:

יוסי מעוניה תרגם בכנישתא דמעונאי

"Jose aus Mȧᶜon erklärte in der Synagoge der Leute aus Mȧᶜon."

Hier ist nicht klar, ob es sich um eine Synagoge in Bẹt Mȧᶜon oder eine Synagoge der Leute aus Mȧᶜon in Tiberias handelt.

Syn 3-4 (= L 44-45) - b Ber 8a; 30b:

רבי אמי ורבי אסי אף על גב דהוו להו תליסר בי כנישתא בטבריא
לא [הוו] מצלו אלא ביני עמודי היכא דהוו גרסי

"R. Ammi und R. Assi pflegten, obwohl es in Tiberias dreizehn Synagogen gab, doch zwischen den Säulen (des Gebäudes) zu beten, in dem sie lernten."

Syn 5 - M ᶜEruv X 10:

נגר שיש בראשו גלוסטרא רבי אליעזר אוסר ורבי יוסי מתיר אמר
רבי אליעזר מעשה בכנסת (Kodex Kaufmann add.: הגדולה) שבטבריא
שהיו נוהגין בו התר עד שבא רבן גמליאל והזקנים ואסרו להן רבי
יוסי אמר אסור נהגו בה בא רבן גמליאל והזקנים והתירו להן

"Ein Riegel, an dessen Ende ein Knauf ist - R. Eliᶜezer verbietet ihn, und R. Jose erlaubt ihn. R. Eliᶜezer sagte: 'Es geschah, daß in der [großen] Synagoge in Tiberias (ein solcher) als erlaubt in Benutzung war, bis Rabban Gamliel (II.; vgl. 28, S. 98) und die Ältesten kamen und ihn ihnen verboten.' R. Jose sagte: 'Er galt als verboten. Da kam Rabban Gamliel und die Ältesten und erlaubten ihn ihnen.'"

Syn 6 - Lev r XXII 4 (ed. Margulies, 511):

... בארה שלמרים אמ' ר' יוחנן בן מריא שערו רבנן והיא מכוונת
כל קביל תרעה מציעיא דכנישתא עתיקתא דטבריא (Var.: דסרינגית)

"... der Brunnen Mirjams. R. Jochanan b. Marja sagte: 'Die Rabbanan haben seine Lage ausgerechnet: Er befindet sich genau gegenüber dem mittleren Tor der alten Synagoge von Tiberias.'"

Zwei Handschriften haben hier Tiberias, vier, sowie die Parallelen j Kil 32d,2; j Ket 35b,51; Koh r V 8,5, lesen "alte Synagoge von Sərungin".

R. Jochanan b. Marja ist ein Amoräer der fünften Generation (zweite Hälfte des 4. Jhd.). Zu seiner Zeit wurden die Synagogen in Galiläa in Form einer Basilika gebaut, deren Hauptfront nach Jerusalem ausgerichtet war. In dieser Front waren in der Regel drei Eingänge, ein besonders ausgestatteter Haupteingang und zwei kleinere Seiteneingänge (vgl. dazu die Einleitung). Wir haben hier einen der wenigen talmudischen Belege, die auf diese Bauweise hinweisen. Offen bleibt die Frage, wie der Brunnen Mirjams, der sich nach den oben angeführten Stellen im See befunden haben soll, gegenüber dem mittleren Tor der Synagoge sein kann, die westlich des Sees lag und deren Hauptfront mit den drei Eingängen nach Süden weisen mußte.

Syn 7 - In j Beṣ 63a,51 wird eine כנישתא חדתא, 'neue Synagoge', genannt, die Klein unter den Synagogen von Tiberias aufführt (12, S. 58; 28, S. 99). Es deutet aber nichts darauf hin, daß sie sich in Tiberias befunden hat, wenn man von der 'alten Synagoge' (Syn 6) absieht. Vgl. dazu 28, S. 181.207; Jastrow, Dictionary und Levy, Wörterbuch s.v. מקושה.

An folgenden Stellen wird eine Synagoge in Form einer Doppelstoa erwähnt, wie sie auch aus Alexandria bekannt ist (T Suk IV 6):

Syn 8 - Midr. Teh zu 93,8 (ed. Buber, 416):

אמר ר' חגי יורד הייתי לדיפליא סטיא בטבריא ושמעית קלהון דטל-
יא כגו כנישתא דכולהון מברכין ואומרים 'עדותיך נאמנו מאד' (תה'
צ"ג ה') יכול כשם שמאריך רוחו עם הרשעים כך מאריך רוחו עם צדי-
קים תלמוד לומר 'אל נקמות ה' אל נקמות הופיע' (תה' צ"ד א')

"R. Chaggai sagte: Ich ging zur Doppelstoa in Tiberias hinunter und hörte die Stimmen der Kinder in der Synagoge, wie sie alle lobpreisend sagten: 'Deine Zeugnisse sind sehr zuverlässig' (Ps 93,5). Ist denn (Gott) mit den Bösen so langmütig wie mit den Gerechten? Die Schrift sagt (Ps 94,1): 'Gott der Rache, Herr, Gott der Rache, erscheine!'"

Syn 9 - Einen ähnlichen Bericht gibt es in PdRK XXV (סליחות),1 (ed. Mandelbaum, 380f.):

א"ר תנחום בר חנילאי עבר הרינא קומי כנישתא דבבל ושמעית קלא
דמינוקא קרי הדין פסוקא 'עדותיך נאמנו מאד וג' יי' לאורך ימים'
(תה' צ"ג ה') וכת' בתריה 'אל נקמות ה' (תה' צ"ד א')

"R. Tanchum b. Chanilai sagte: Ich ging an der Synagoge der Babylonier vorbei und hörte die Stimmen der Kinder diesen Vers sagen: 'Deine Zeugnisse sind sehr zuverlässig usw. Gott für alle Zeiten' (Ps 93,5); und danach steht: 'Gott der Rache, Herr' (Ps 94,1)."

Aus diesen beiden letzten Stellen geht hervor, daß es offensichtlich auch in Tiberias eine Synagoge der Babylonier gegeben hat, wie sie aus Ṣippori bekannt ist. (Bacher in 4, S.631; Wiesner in 11 und Strack - Billerbeck II, S. 662 deuten auch diese Stelle auf Ṣippori.) Auch folgende Stellen deuten darauf hin:

Syn 10-13 - j Jom 44b,5f.; j Meg 75b,59f.; j Soṭ 22a,22f.; Mas Sofrim XI 3:

רבי יוסה מפקד לבר עולא חזנא דכנישתא דבבלאי ...

"R. Jose gab Bar ᶜUlla, dem Vorsteher der Synagoge der Babylonier, folgende Anweisung ..."

Vgl. dazu L 28-29.

Außer einer Synagoge der Babylonier gab es auch eine der Tarsier:

Syn 14 - b Jeb 96b:

קאי אזל ר' אלעזר אמר לשמעתא בי מדרשא ולא אמרה משמיה דר'
יוחנן שמע רבי יוחנן איקפד עול לגביה רבי אמי ור' אסי אמרו ליה
לא כך היה המעשה בבית הכנסת של טבריא בנגר שיש בראשו גלוסטרא
שנחלקו בו רבי אלעזר ורבי יוסי עד שקרעו ספר תורה בחמתן והיה
שם רבי יוסי בן קיסמא אמר תמיה אני אם לא יהיה בית הכנסת זו
עבודת כוכבים וכן הוה

"R. Elᶜazar kam und trug diese Lehre im Lehrhaus vor, tradierte sie aber nicht im Namen des R. Jochanan. Als R. Jochanan das erfuhr, wurde er zornig. Da kamen R. Ammi und R. Assi zu ihm und sagten zu ihm: Es geschah doch in der Synagoge von Tiberias, daß R. Elᶜazar und R. Jose so sehr über einen Riegel stritten, an dessen Ende ein Knauf ist, daß sie in ihrem Zorn eine Torarolle zerrissen. R. Jose b. Qisma, der anwesend war, sagte: Es sollte mich wundern, wenn diese Synagoge nicht zu einem Götzentempel würde. Und so geschah es auch."

Syn 15 -

An der Parallelstelle Jalquṭ Maḵiri zu Ps 61,3 steht statt:
בבית הכנסת של טבריא
"in der Synagoge der Tarsier". בבית הכנסת של טרסיים

Syn 16 - Ebenso ist es an folgender Stelle:
j Scheq 47a,20-26:

ועוד עבד הא בבלאה דלא אמר שמעתא משמיה נכנסו לפניו רבי אמי ורבי
אסי אמר לו ר' כך היה מעשה בית הכנסת של טרסיי' היה בנגר שיש ב-
ראשה גלוסטר' שנחלקו ר' אלעזר ורבי יוסי עד שקרעו ספר תורה בחמ-
תן סלקא דעתך אלא שניקרע ספר תורה והיה שם זקן אחד ורבי יוסי
בן קיסמא אמר תמיהני אם לא הוה בית הכנסת זה עבודה זרה

"Und noch etwas machte dieser Babylonier: Er tradierte eine Lehre nicht in dessen Namen. Da kamen R. Ammi und R. Assi zu ihm und sagten zu ihm: Rabbi, die Synagoge der Tarsier hatte doch einen Riegel, an dessen Ende ein Knauf war. Über ihn stritten R. Elᶜazar und R. Jose so sehr, daß sie in ihrem Zorn eine Torarolle zerrissen. Ist das denn möglich? Es muß vielmehr heißen: Eine Torarolle zerriß. Es waren ein Alter und R. Jose b. Qisma anwesend. Dieser sagte: Es sollte mich wundern, wenn diese Synagoge nicht zu einem Götzentempel würde."

Die Lesung von b Jeb (Syn 14: "Synagoge von Tiberias") scheint mir sekundär. Da sowohl R. Jochanan als auch R. Ammi und R. Assi in Tiberias gelehrt haben, kann nur der Hinweis auf eine bestimmte Synagoge (in Tiberias?) einleuchtend sein.

Die טרסיים sind die Bewohner von Tarsos, dann insbesondere eine bestimmte Art von Webern, die ihren Namen nach der vor allem in Tarsos ausgeübten Tätigkeit ihren Namen bekommen haben (vgl. Krauss, in MGWJ 39 [1895], 54f.; Krauss, TA II, 625 [1911]). Eine Synagoge der Tarsier gab es auch in Lod und in Jerusalem.

Klein (7) bezieht die Stellen auf Ṣippori.

Zweimal wird eine כנישתא דבולי erwähnt:

Syn 17 - j Scheq 50c,62f.:

נוקניקה אישתכח בכנישתא דבולי אתא עובדא קומי ר' ירמיה אמר יחכמון סיקייריא עבידתהון

"In der Bule-Synagoge fand man eine Wurst. Als die Sache vor R. Jirmeja kam, sagte er: 'Die Wurstmacher sollen ihr Produkt identifizieren!'"

Syn 18 - j Taᶜan 64a,51f. (= L 37):

ר' אחא דרש בבי' מדרשא ר' ירמיה דרש בכנישתא דבולי

"R. Acha lehrte im Lehrhaus; R. Jirmeja lehrte in der Bule-Synagoge."

Da in beiden Fällen R. Jirmeja genannt wird, der in Tiberias lehrte, wird die Bule-Synagoge dort gewesen sein.

Büchler (2) faßt בולי als orthographische Variante zu בבלאי auf und hält die Bule-Synagoge für identisch mit der oben erwähnten Synagoge der Babylonier (Syn 9-13), die wiederum mit der Babylonier-Synagoge in Ṣippori identisch sein soll (vgl. dort). Krauss (3; Lehnwörter II, 140) vermutet den Namen einer Ortschaft in Südjudäa aufgrund von צלמא דבולי (j ᶜAv z 43b, 72f.), wo nach ihm ein Ort gemeint sein muß (vgl. dazu Jastrow, Dictionary, s.v. בולי I); an anderer Stelle (9) erklärt er den Ausdruck allgemein als 'eine zu Beratungszwecken dienende Synagoge'. Levy (Wörterbuch, s.v. בולא) übersetzt 'Ratsversammlung' (= griechisch βουλή); ihm folgt Klein (18, S. 52: מועצה), der früher 'Synagoge bei dem Rathause' erklärt hatte (10). Verschiedentlich wird die Bule-Synagoge auch mit Ṣippori in Verbindung gebracht.

Syn 19 - b Ḥag 15a/b (vgl. L 4):

תנו רבנן מעשה באחר שהיה רוכב על הסוס בשבת והיה רבי מאיר

מהלך אחריו ללמוד תורה מפיו ... תקפיה עייליה לבי מדרשא ...
עייליה לבי כנישתא אחריתי ... עייליה לבי כנישתא אחריתי ...
עייליה לבי כנישתא אחריתי עד דעייליה לתליסר בי כנישתא ...
איכא דאמרי סכינא הוה בהדיה וקרעיה ושדריה לתליסר בי כנישתא

"Die Rabbanan lehrten: Es geschah, daß Acher (= Elischaᶜ b. Abuja) am Schabbat auf seinem Pferd ritt, und R. Meir ging hinter ihm her, um aus seinem Mund Tora zu lernen... Da faßte er (= R. Meir) ihn und brachte ihn ins Lehrhaus... Dann brachte er ihn in eine andere Synagoge... Dann brachte er ihn in eine andere Synagoge... Dann brachte er ihn wieder in eine andere Synagoge, bis er ihn in dreizehn Synagogen gebracht hatte... Manche sagen, er (Acher) habe ein Messer gehabt, habe ihn aufgeschlitzt und ihn in die dreizehn Synagogen geschickt."

Aus j Ḥag 77b,24f.; Koh r VII 8,1 (vgl. L 3) geht hervor, daß sich diese Begebenheit in Tiberias abgespielt hat. Mit den dreizehn Synagogen sind also dieselben gemeint, die auch in b Ber 8a; 30b (vgl. Syn 3-4) erwähnt werden. Interessant ist, daß zuerst ein בי מדרשא genannt ist und dann von בי כנישתא אחריתי die Rede ist.

Syn 20 (= L 38) - b Soṭ 22a:

דההיא אלמנה דהואי בי כנישתא בשיבבותה כל יומא הות אתיא ומצלה
בי מדרשה דר' יוחנן אמר לה בתי לא בית הכנסת בשיבבותך

"Diese Witwe hatte eine Synagoge in ihrer Nähe, und doch pflegte sie jeden Tag in das Lehrhaus des R. Jochanan zu kommen und dort zu beten. Da fragte sie R. Jochanan: 'Meine Tochter, hast du keine Synagoge in deiner Nähe?'"

Da R. Jochanan in Tiberias lehrte (vgl. L 39), muß auch die hier erwähnte Synagoge in Tiberias gewesen sein.

Syn 21 - b Meg 5b:

רבי בר ארביסר הוה ... רבי בר חמיסר הוה ... חזקיה קרי בטבריא
בארביסר ובחמיסר

"Rabbi las (die Estherrolle in Tiberias) am vierzehnten (Adar) ... Rabbi las sie am fünfzehnten... Chizqija las sie in Tiberias am vierzehnten und am fünfzehnten (Adar)."

Syn 22 - j Meg 74a,28f.:

כהדא אנטונינוס עשה מנורה לבית הכנסת שמע ר' ואמר ברוך אלהים אשר נתן בלבו לעשות מנורה לבית הכנסת

"Wie jener Antoninus, der eine Lampe für die Synagoge stiftete. Als Rabbi davon hörte, sagte er: 'Gelobt sei Gott, der ihm eingab, eine Lampe für die Synagoge zu stiften.'"

(Vgl. dazu 8)

Syn 23-24 - Klein (18, S. 52) führt noch zwei Belege an, die aber recht unsicher sind: j Ber 5d,14f.; j Schab 3a,55f.:

רבי יסא (j Schab : מיישא) ורבי שמואל בר רב יצחק הוו יתבין אכלין בחדא מן אילין כנישתא עילייתא

"R. Assi (j Schab: Mescha) und R. Schemuel b. R. Jiṣchaq saßen und aßen in einer der oberen Synagogen."

R. Assi - falls es sich um diesen handelt - lehrte in Tiberias (vgl. Syn 3-4; L 44-45), von R. Mescha (Mejascha) und R. Jiṣchaq wissen wir es nicht. Es ist in Tiberias zwar von einem oberen und einem unteren Markt die Rede (HL r I 4 [משכני], 4; das gleiche gilt aber auch für Ṣippori: b ᶜEruv 54b; b Jom 11a), von oberen und unteren Synagogen aber hören wir nichts. Klein (28, S. 99) interpretiert j Ber als 'Synagoge mit Obergeschoß'; die Lesung כנישת עלייתה in Ed. Krotoschin ist aber Druckfehler, im Erstdruck (ebenso wie in j Schab) steht richtig כנישת' = כנישתא.

Syn 25 - Auch Josephus berichtet von einer Synagoge in Tiberias: Jos Vita 276f.; 280.293:

... εἰς Τιβεριάδα ... Κατὰ τὴν ἐπιοῦσαν οὖν ἡμέραν συνάγονται πάντες εἰς τὴν προσευχήν, μέγιστον οἴκημα καὶ πολὺν ὄχλον ἐπιδέξασθαι δυνάμενον ... Καὶ τῇ ἐπιούσῃ περὶ τὴν (var.lec.:πρώτην) ὥραν ἧκον ἀπὸ τῶν Ταριχαιῶν, καταλαμβάνω δὲ συναγόμενον ἤδη τὸ πλῆθος εἰς τὴν προσευχήν ... ἐγὼ δὲ τῆς ἐπιούσης ἡμέρας ... ἦλθον εἰς τὴν προσευχήν.

"... nach Tiberias... Am nächsten Tag nun versammelten sich alle in der Synagoge, einem sehr großen Gebäude, das eine sehr große Menschenmenge aufnehmen konnte... Als ich dort am folgenden Tage um die [erste] Stunde von Tarichaia ankam, fand ich die Menge in der Synagoge versammelt... Am folgenden Tage... betrat ich die Synagoge."

Syn 26 - Im Jahre 723 besucht der heilige Willibald, Bischof von Eichstädt, Palästina und berichtet von einer Synagoge in Tiberias:

Vita II,20 (Acta Sanctorum Iulii II, 505; Descriptiones Terrae Sanctae, ed. Tobler, S. 26, § XIV; Monumenta Germaniae Historica, Scriptores XV,1, S. 95, Zeile 31-33):

Illic autem orantes inde pergebant ad urbem, quae dicitur Tiberiadis... Ibi sunt multae ecclesiae et synagoga Iudaeorum (Varianten).
"Dort (in Nazareth) beteten sie und machten sich dann nach der Stadt auf, die Tiberias genannt wird... Dort sind viele Kirchen und eine Synagoge der Juden."

Syn 27 - Im Jahre 523 wurden unter dem jüdischen Himjaritenkönig Donovas in Arabien die Christen blutig verfolgt. Aus dem folgenden Jahr ist ein Brief des Bischofs von Bēt Aršām, Simeon, erhalten, in dem den Juden von Tiberias die Zerstörung ihrer Synagogen angedroht wird: Guidi, in: Atti della Reale Accademia dei Lincei, Serie terza, Memorie della classe di scienze morali, storiche e filologiche VII (1881), 515; 14, S. 64f.:

ܝܗܘ̈ܕܝܐ ܗܠܝܢ ܕܐܝܬ ܒܛܒܪܝܐ ܡܫܕܪܝܢ ܟܗ̈ܢܐ ܡܢܗܘܢ ܟܠ ܫܢܬܐ ܒܫܢܬܗ ܘܒܟܠ
ܙܒܢܐ ܒܙܒܢܗ ܘܡܪܝܢ ܚܪܝܢܐ ܥܡ ܥܡܐ ܕܟܪ̈ܣܛܝܢܐ ܕܚܡܝ̈ܪܝܐ ܐܠܐ ܐܢ
ܟܪ̈ܣܛܝܢܐ ܐܢܘܢ ܐܦܝܣܩܘܦܐ ܘܪܚܡܝܢ ܕܬܬܦܫܛ ܟܪܣܛܝܢܘܬܐ ܘܠܐ ܬ̈ܗܘܐ ܐܢܘܢ
ܕܝܗܘ̈ܕܝܐ ܘܦܝܣܘܗܝ ܠܡܠܟܐ ܘܠܪܘ̈ܪܒܢܘܗܝ ܕܢܬܠܒܒܘܢ ܕ̈ܢܚܪ ܒܫܢܐ ܕܛܒܪܝܐ
ܘܕܝܪ̈ܝܐ ܕܡܕ̈ܝܢܬܐ ܘܢܬܚܪܒܘܢ ܒܝܬ ܐܘܢ̈ܝܐ ܒܗ ܠܐ ܐܚܪ̈ܢܝܢ ܠܗܘܢ ܕܬܗܘܐ
ܒܢܝܬܐ ܚܠܦ ܒܢܝܬܐ ܐܠܐ ܕܢܬܠܘܢ ܒܬ̈ܪܐ ܕܠܐ ܡܫܕܪܝܢ ܒܬܪ̈ܒܬܐ ܘܦܪ̈ܨܘܦܐ
ܢܗ̈ܘܐ ܠܗܘܢ ܡܠܟܐ ܕܢܣܒ̈ܝܐ ܗܘ ܕܗܠܝܢ ܒܠܗܘܢ ܒܢܥܬܐ ܕܡܢ ܠܟܠ ܒܬܒ̈ܝܬ
ܘܚܪ ܠܗܬ ܥܡܐ ܕܟܪ̈ܣܛܝܢܐ ܕܢܚܝ̈ܪܝܐ ܘܐܝܟܢܐ ܠܗܘܢ ܕܐܢ ܠܐ ܒܒܝܬ ܗܕܐ
ܢܗܘ̈ܢ ܒܡܬ̈ܝܗܘܢ ܘܢܬܒܪ̈ܕܘܢ ܡܢ ܬܘܒ ܙܠܝܒܐ ܘܢܬܠܛܘܢ ܒܠܝܗܘܢ ܟܪ̈ܣܛܝܢܐ

"Jene Juden, die in Tiberias sind, schicken alle Jahre und zu allen Jahreszeiten Priester von ihnen und verursachen Streitereien mit dem christlichen Volk der Himjariten. Wenn die

Bischöfe (echte) Christen sind, am Fortbestehen des Christentums interessiert sind und keine gemeinsame Sache mit den Juden machen, dann sollen sie den König und seine Minister überreden, daß die Oberhäupter der Priester von Tiberias und den anderen Städten ins Gefängnis gelegt werden. Sie sollen ihnen aber nicht sagen, daß Böses mit Bösem vergolten werden soll, sondern daß sie als Bürgen gelten, damit sie nicht (weiter) Briefe und angesehene Leute zum König der Himjariten schicken, der alle diese Schandtaten, die wir oben beschrieben haben, dem christlichen Volk der Himjariten angetan hat. Und sie (der König und seine Minister) sollen ihnen sagen, daß, wenn sie nicht so verfahren, ihre Synagogen verbrannt, sie selbst unter das Kreuz (= unter die christlichen Völker) vertrieben und die Christen über sie herrschen werden."

Vgl. dazu 20, S. 46f.

Lehrhäuser

L 1 - Ru r VI 4:

ר' מאיר הוה יתיב ודריש בהדין מדרשא דטבריא

"R. Meir saß und lehrte in jenem Lehrhaus in Tiberias."

L 2- Koh r VII 8,1:

ר' מאיר הוה יתיב ודריש בבי מדרשא דטבריה והוה אלישע רביה גייז
בשוקא ארכיב על סוסיא בשבתא

"R. Meir saß und lehrte in dem Lehrhaus von Tiberias. Da kam sein Lehrer Elischa[c] auf der Straße auf einem Pferd reitend am Schabbat vorbei."

L 3 - j Ḥag 77b,24f.:

רבי מאיר הוה יתיב דרש בבית מדרשא דטיבריה עבר אלישע רביה
רכיב על סוסייא ביום שֻׁובתא

"R. Meir saß und lehrte in dem Lehrhaus von Tiberias. Da kam sein Lehrer Elischa[c] auf einem Pferd reitend am Schabbat vorbei."

L 4 - b Ḥag 15a (= Syn 19):

תנו רבנן מעשה באחר שהיה רוכב על הסוס בשבת והיה רבי מאיר

מהלך אחריו ללמוד תורה מפיו ... תקפיה עייליה לבי מדרשא

"Die Rabbanan lehrten: Es geschah, daß Acher (= Elischa^c b. Abuja) am Schabbat auf seinem Pferd ritt, und R. Meir ging hinter ihm her, um aus seinem Mund Tora zu lernen... Da faßte er (= R. Meir) ihn und brachte ihn ins Lehrhaus."

L 5 - j Ber 4b,35:

מי מהלכין חמי ליה חד בית המדרש א"ל הכא הוה רבי מאיר יתיב דרש

"Als sie (R. Ja^{c}aqov b. Iddi und R. Jochanan) spazieren gingen, zeigte er ihm ein Lehrhaus und sagte zu ihm: 'Hier pflegte R. Meir zu sitzen und zu lehren.'"

Vgl. noch L 13. Zu 1-5 vgl. Ḥammat Ṭəveryȧ nördlich der Quellen.

L 6 - Midr. Schemuel VII,6 (ed. Buber, 34b):

רבי זעירא וחד מן רבנין הוו יתבין לעיי באוריתא קדם בית מדרשא דטבריא

"R. Ze^{c}ira und einer der Weisen saßen vor dem Lehrhaus in Tiberias und beschäftigten sich mit der Tora."

L 7 - In der Parallele j Bik 65d,11ff. fehlt die Angabe: "vor dem Lehrhaus in Tiberias".

L 8 - Midr. Tannaim zu Deut 33,23 (ed. Hoffmann, 220):

'ומלא ברכת הי' (דבי' ל"ג כ"ג) זו בקעת גניסר שהיא בתוך חלקו שלנפתלי דבר אחר 'ומלא ברכת הי' זה בית המדרש הגדול של טבריא שהוא מלא ברכה שהוא בתוך חלקו שלנפתלי

"'Voll Gottes Segen' (Deut 33,23): Das ist die Ginnosar-Ebene, die im Gebiet Naftali liegt. Eine andere Erklärung: 'Voll Gottes Segen': Das ist das Große Lehrhaus von Tiberias, das voll von Segen ist und im Gebiet Naftali liegt."

Vgl. dazu Sanh 3.

L 9 - Gen r XCVIII 17 (ed. Theodor - Albeck, 1268):

'נפתלי אילה שלוחה' (ברי' מ"ט כ"א) ... מדבר בבית וועדו

"'Naftali ist eine schnelle Hindin' (Gen 49,21) ... (Der Text) spricht von dem Lehrhaus."

Hier ist offensichtlich das Große Lehrhaus in Tiberias gemeint; vgl. Theodor - Albeck zur Stelle; 18, S. 52.

L 10 - Ru r III 4:

דילמא ר' חייא רבה ור' שמעון בן חלפתא הוו יתבין לעיין באוריי-
תא בהדין בית מדרשא רבא דטבריא בערובת פיסחא ואית דאמרי בערו-
בת צומא רבא

L 11 - Koh zuṭa zu 1,11 (ed. Buber, 118f.):

זימנא חדא הוו יתבין ר' חייא ורבה (צ"ל: רבה) ור' שמעון בן
חלפתא לעיין באורייתא קדם הדין בי מדרשא [רבא] דטבריא בערובת
פיסחא ואיכא דאמרי בערובת צומא רבא

"R. Chijja Raba und R. Schimᶜon b. Chalafta saßen einmal am Vorabend des Pesachfestes - manche sagen, am Vorabend des großen Fastens - in dem Großen Lehrhaus von Tiberias und studierten die Tora."

L 12 - AdRN 41 (ed. Schechter, 66a):

אותו היום נכנס רבי שמעון לבית המדרש הגדול שלו ודרש

"Am selben Tag betrat R. Schimᶜon sein Großes Lehrhaus und lehrte: ..."

L 13 - Deut r V 15:

מה עשה ר' מאיר הלך וישב לו בבית המדרש הגדול

"Was machte R. Meir? Er ging in das Große Lehrhaus und setzte sich dort nieder."

Vgl. dazu L 1-5; Ḥammat Ṭəveryå nördlich der Quellen.

L 14 - Deut r IV 8:

מעשה בר' חיא שעשה נדבה בבית המדרש הגדול שבטבריא ופסק אדם
אחד לטרא של זהב

"Es geschah, daß R. Chijja in dem Großen Lehrhaus von Tiberias eine Spendensammlung abhielt. Da kam jemand und spendete eine Liṭra Gold."

L 15 - j Hor 48a,62-64:

רבי חייא בר בא עביד פסיק בהין בית מדרשא דטיבריא והוון תמן מן

אילין דבר סילני ופסק חדא ליטרי דהב

"R. Chijja b. Ba (Abba) hielt eine Spendensammlung im Lehrhaus von Tiberias ab. Es waren dort auch welche von der Familie Selene, und einer von ihnen spendete eine Liṭra Gold."

L 16 - Lev r V 4 (ed. Margulies, 113):

ר' חייה בא אבא עביר פסיקא למיתן בהדין בי מדרשא דטיבריא קם
חד מדבי סלוני ופסק ליטרא דדהב

"R. Chijja b. Abba hielt eine Spendensammlung im Lehrhaus von Tiberias ab. Da stand einer aus der Familie Selene auf und spendete eine Litra Gold."

Identisch mit dem Großen Lehrhaus ist möglicherweise die häufig erwähnte סדרא רבא, die Große Halle.

L 17-18 - j Schab 8a,40-43; j Sanh 28a,51-55:

כמה יהא בהילוכן ... טיבראי אמרין מן סדרא רובא עד חנותיה דר'
הושעיה

"Wie weit darf man mit ihnen (neuen Schuhen am Schabbat) gehen? ... Die Leute aus Tiberias sagen: Von der Großen Halle bis zum Laden des R. Hoschaʿja."

Diese Große Halle wird nur an dieser Stelle direkt mit Tiberias in Verbindung gebracht. An den weiteren Stellen wird aber meistens im Zusammenhang mit ihr ein Gelehrter genannt, der in Tiberias unterrichtet hat.

L 19 - j Schab 6c,44-47:

ר' בא בר חייה בשם ר' יוחנן תרנוס אסור לטלטלו הורי ר' אמי מו-
תר רבי ירמיה חמי לון מטלטלין ליה גו סדרא רובא ולא הוה ממחה בידון

"R. Ba b. Chijja (sagte) im Namen des R. Jochanan: Einen 'Thron' darf man (am Schabbat) nicht hin- und hertragen, R. Ammi lehrte: Es ist erlaubt. R. Jirmeja sah, wie sie einen in der Großen Halle herumtrugen, und er hinderte sie nicht daran."

L 20-22 - j Ter 45d,48f.; j Schab 3d,7-9; j ʿAv z 41d,19-21:

ביומוי דר' ירמיה איתגליין גוגייתיה דסדרה רובה שתון קדמיין
ולא מייתון אחריין ומייתון אני אומר אירס שוקע היה

"In den Tagen des R. Jirmeja ließ man (einmal) die Wassertanks der Großen Halle unbedeckt. Die ersten tranken und blieben am Leben, die, die anschließend tranken, starben. Ich sage: Es war ein Gift (darin), das nach unten sinkt."

L 23 - j Schab 16d,68f.:

בימי ר' ירמיה אנשון מפתחייה דסדרא רובה אתון ושאלון ליה אמר לון כד תחמון שטפא עבר אייתיבון דרך חולה

"In den Tagen des R. Jirmeja vergaß man (einmal), die Schlüssel der Großen Halle (vor Beginn des Schabbat herbeizuschaffen). Da kamen sie zu ihm (R. Jirmeja) und befragten ihn deswegen. Er antwortete ihnen: 'Wenn ihr eine Menge Leute vorbeigehen seht, tragt sie zwischen ihnen durch.' (Auf diese Weise wird das Verbot, am Schabbat auf öffentlichem Gebiet etwas zu tragen, umgangen.)"

L 24 - j Suk 52c,6f.:

מן מה דהורי רבי יוסא בסדרא רבא מלתרה מסככין בה ואמרין כר' יודה הורי

"So, wie R. Jose in der Großen Halle gelehrt hat, daß man einen Balken (über die Festhütte) legen darf. Man sagte: Er lehrte (in dieser Angelegenheit) ebenso wie R. Juda."

L 25 - j Scheq 49b,36f.:

ר' אבון עבר אילין תרעייה דסדרא רבא

"R. Abun machte die Tore für die Große Halle."

עבר in Ed. Krotoschin ist Druckfehler für עבד, 'stiften'. Namen von Leuten, die ein Tor für eine Synagoge gestiftet haben, finden sich auch in den Inschriften, vgl. z.B. Dabbūra, Inschrift Nr. 1; Ǎvẹlim.

L 26 - j Pes 27a,74-27b,1:

דאמר רב הונא כד הוינן ערקין באילין בוטיתא דסדרא רבא היו מדליקין עלינו נירות בשעה שהיו כיהים היינו יודעין שהוא יום ובשעה שהיו מבהיקין היינו יודעין שהוא לילה

"Rav Huna sagte: 'Als wir uns in jenen Höhlen unter der Großen Halle verborgen hielten, zündete man uns Kerzen an. Leuchteten sie schwach, wußten wir, daß es Tag war; leuchteten sie hell, wußten wir, daß es Nacht war.'"

In der Parallele fehlt das סדרא רבא, dafür wird Tiberias erwähnt:

L 27 - Gen r XXXI 11 (ed. Theodor - Albeck, 283):

אמר ר' הונא עריקין הוינן מן קומיה גוניתיה בהדא בטיסא דטיבר-
יא והיה בידינו נרות בשעה שכהים היינו יודעים שהוא יום ובשעה
שמכהיקין היינו יודעים שהוא לילה

"Rav Huna sagte: 'Wir verbargen uns vor den (römischen) Truppen in einer Höhle in Tiberias. Wir hatten Kerzen bei uns; leuchteten sie schwach, wußten wir, daß es Tag war; leuchteten sie hell, wußten wir, daß es Nacht war.'"

An den folgenden Stellen steht nur סדרא. Ob es sich um dasselbe Gebäude handelt, kann man nicht sagen. Jedenfalls scheint es sich um ein Lehrhaus (Synagoge?) zu handeln, das nach einem bestimmten Grundriß gebaut wurde.

Bar ᶜUlla ist als Synagogenvorsteher (חזן) schon erwähnt worden (Syn 10-13). Bei der im folgenden erwähnten Halle des Bar ᶜUlla (סדרא דבר עולא) handelt es sich um das Lehrhaus (oder die Synagoge), in dem er arbeitete:

L 28 - j Beṣ 60c,57-59:

ר' יונה מפקד לחברייא לא תיתבון לכון על מסטובייתי' ברייתא
דסדרה דבר עולא דאינון צנינין

"R. Jona befahl seinen Kollegen: 'Setzt euch nicht auf die äußeren Bänke der Halle des Bar ᶜUlla, weil sie kalt sind.'"

L 29 - j Schab 7a,7:

ר' יונה ור' יוסי סלקון לסדרא דבר עולא

"R. Jona und R. Jose gingen in die Halle des Bar ᶜUlla."

R. Jona und R. Jose (b. Zevida) lehrten gleichzeitig in Tiberias; man kann also annehmen, daß die Halle des Bar ᶜUlla ebenfalls dort gewesen ist (5, S. 235; 18, S. 51; 28, S. 99; dagegen 7; 11; 12, S. 58; 28, S. 126).

L 30-31 - j Kil 28c,13-15; j Schab 11d,76-12a,2:

רבי חגיי אמר ... אשתאילת לרב הונא ספרא דסידרא ואמר 'זירועיה'
(ישׁ' ס"א י"א) מליא

"R. Chaggai sagte: '... Ich fragte Rav Huna, den Sofer der Halle, und er sagte mir, das Wort זירועיה (Jes 61,11) wird plene geschrieben.'"

Auch hier ist die Verbindung mit Tiberias durch R. Chaggai sichergestellt, der bereits im Zusammenhang mit der Doppelstoa (Syn 8) erwähnt wurde.

L 32 - j Beṣ 61c,7:

רש"בל הוה עבר קומי סדרא

"R. Schimᶜon b. Laqisch ging an der Halle vorüber."

L 33 - Gen r LXIII 8 (ed. Theodor - Albeck, 688f.):

דיקליטיאנוס מלכא הוה רעי חזירין בהדא טיבריא כיון דהוה מטי
סדרא דר' הוון מינוקיא נפקין ומחיין ליה בתר יומין איתעביד
מלך נחת ויתיב ליה בהדא פנייס ושלח כתבין לטיבריא בפתי רמשא
דערובתא אמר אנא קלירן דיהון רבני דיהודאי קיימין קדמי בצפרא
דחד בשבתא פקדיה לשליחא ואמר ליה לא תתן יתהון להון אלא עם
מטמעי שמשא בערובת שבתא נחת ר' שמואל בר נימן למסחי חמתיה
לרבי קאים קמי סדרא ופניו חוליינות

"Der König Diokletian war in Tiberias Schweinehirt. Wenn er sich der Halle Rabbis näherte, kamen Kinder und schlugen ihn. Als er später König geworden war, ließ er sich in Panyas nieder. Er schickte Briefe nach Tiberias kurz vor Schabbatbeginn mit dem Inhalt: Ich befehle, daß die Gelehrten der Juden am Sonntagmorgen vor mir erscheinen sollen. Dem Boten befahl er: Gib ihnen die Botschaft nicht vor Sonnenuntergang des Freitagabends. Als R. Schemuel b. Nachman zum Baden hinunterging, sah er Rabbi vor der Halle mit blassem Gesicht stehen."

Das zwölfte Wort, דר', könnte irrtümlich aufgrund der Erwähnung Rabbis in der letzten Zeile hinzugefügt worden sein (vgl. Freedman, Midrash Rabba, Genesis, S. 563, Anm. 3), jedoch findet es sich in allen Handschriften.

L 34 - S Num 115 (ed. Horowitz, 129):

var.lec.: ;ר) זונה ... ובאתה ועמדה בבית מדרשו של ר' חייה
רבי מאיר)

"Eine Hure ... Sie kam und betrat das Lehrhaus von R. Chijja."

Statt "R. Chijja" gibt es die Varianten "Rabbi" und "R. Meir".

Zu R. Chijja vgl. L 14-16, zu R. Meir L 1-5; 12.

Die in den folgenden Stellen genannten Lehrhäuser können in Tiberias lokalisiert werden, da R. Jirmeja dort gelehrt hat (vgl. Syn 17-18; L 19-23):

L 35 - b B bat 23b:

ועל דא אפקוהו לרבי ירמיה מבי מדרשא

"Und deswegen jagten sie R. Jirmeja aus dem Lehrhaus."

L 36 - b B bat 165b:

ועל דא עיילוהו לרבי ירמיה בבי מדרשא

"Und deswegen nahmen sie R. Jirmeja wieder ins Lehrhaus auf."

Vgl. zu diesen beiden Stellen 5, S. 96.100.

L 37 (= Syn 18) - j Taᶜan 64a,51f.:

ר' אחא דרש בבי' מדרשא ר' ירמיה דרש בכנישתא דבולי

"R. Acha lehrte im Lehrhaus; R. Jirmeja lehrte in der Bule-Synagoge."

L 38 (= Syn 20) - b Soṭ 22a:

דההיא אלמנה דהואי בי כנישתא בשיבבותה כל יומא הות אתיא ומצלה
בי מדרשא דר' יוחנן אמר לה בתי לא בית הכנסת בשיבבותך

"Diese Witwe hatte eine Synagoge in ihrer Nähe, und doch pflegte sie jeden Tag in das Lehrhaus des R. Jochanan zu kommen und dort zu beten. Da fragte sie R. Jochanan: 'Meine Tochter, hast du keine Synagoge in deiner Nähe?'"

L 39 - j Beṣ 61b,9f.:

דרש ר' יוחנן לטיבראי כהדא דר' שמעון בן אלעזר

"R. Jochanan lehrte die Leute aus Tiberias genau so, wie R. Schimᶜon b. Elᶜazar."

L 40 - j Pes 31a,34f.:

דרש ר' חייה בר בא לטיבריא כהדא דרבי שמעון בן אלעזר

"R. Chijja b. Ba (Abba) lehrte die Leute aus Tiberias genau so, wie R. Schimᶜon b. Elᶜazar."

L 41 - Pes r XXIII 1 (ed. Friedmann, 115b):

ילקדשו' (שמ' כ' ח') ... אמר רבי חנן מכאן צריך אדם שיהא [לו]
שתי עטופים אחת לחול ואחת לשבת כך (צ"ל: כד) דרשא בטבריא אמרו
כְעטיפתינו בחול כך עטיפתינו בשבת

"'Um ihn zu heiligen' (Ex 20,8) ... R. Chanan sagte: 'Daraus ergibt sich, daß der Mensch zwei Anzüge haben muß, einen für werktags und einen für den Schabbat.' Als er das in Tiberias lehrte, sagte man ihm: 'Wir tragen dieselben Kleider am Werktag und am Schabbat.'"

Zu den verschiedenen Lesarten vgl. ed. Friedmann zur Stelle; 18, S. 55; Braude, Pesikta Rabbati, 475, Anm. 11.

L 42 - Sifre Zuṭa zu Num 19,4 (ed. Horovitz, 302):

אמרו פעם אחת היה ר' יוסי הגלילי יושב ודורש בפרה בטבריה ור'
שמעון בן חנינא יושב עמו

"Man erzählte: 'Einmal saß R. Jose ha-Gelili in Tiberias und studierte (den Abschnitt über) die (rote) Kuh, und R. Schimᶜon b. Chanina saß bei ihm.'"

L 43 - Sifre zuṭa zu Num 19,10 (ed. Horovitz, 305):

אמרו פעם אחת היה ר' אליעזר בן יעקב יושב ודורש בפרה בטבריה
ור' מאיר ור' אלעזר בן שמעון יושבין שם

"Man erzählte: 'Einmal saß R. Eliᶜezer b. Jaᶜaqov in Tiberias und studierte (den Abschnitt über) die (rote) Kuh, und R. Meir und R. Elᶜazar b. Schamuaᶜ saßen (auch) da.'"

L 44-45 (= Syn 3-4) - b Ber 8a; 30b:

רבי אמי ורבי אסי אף על גב דהוו להו תליסר בי כנישתא בטבריא׳
לא (הוו) מצלו אלא ביני עמודי היכא דהוו גרסי

"R. Ammi und R. Assi pflegten, obwohl es in Tiberias dreizehn Synagogen gab, doch zwischen den Säulen (des Gebäudes) zu beten, in dem sie lernten."

Vgl. dazu 4, S. 144.

L 46 - b Schab 10a:

רבי אמי ורב אסי הוו יתבי וגרסי ביני עמודי

"R. Ammi und R. Assi pflegten zwischen den Säulen zu sitzen und zu lernen."

Auch die beiden letzten Stellen deuten auf ein Lehrhaus.

L 47 - b B meṣ 24b:

רבי אמי אשכח פרגיות שחוטות בין טבריא לציפורי אתא לקמיה דר'
אסי ואמרי לה לקמיה דר' יוחנן ואמרי לה בי מדרשא ואמרו ליה
זיל שקול לנפשך

"R. Ammi fand geschlachtete Tauben zwischen Tiberias und Ṣippori. Er kam zu R. Assi - manche sagen: zu R. Jochanan, und andere sagen: zum Lehrhaus. Man sagte ihm: 'Geh, und behalte sie für dich!'"

Da sowohl R. Assi als auch R. Jochanan in Tiberias lehrten, muß auch das hier erwähnte Lehrhaus von dort sein.

L 48 - b Ḥul 86b: רבי אבא בריה דרבי חייא בר אבא ורבי זירא
הוו קיימי בשוקא דקיסרי אפתחא דבי מדרשא נפק רבי אמי אשכחינהו
אמר להו לאו אמינא לכו בעידן בי מדרשא לא תקימו אבראי

"R. Abba, Sohn des R. Chijja b. Abba und R. Zeᶜira standen auf dem Markt von Caesarea vor einem Lehrhaus. Da kam R. Ammi heraus und traf sie dort. Er sagte zu ihnen: 'Habe ich euch nicht gesagt, daß ihr nicht draußen stehen bleiben sollt, wenn im Lehrhaus unterrichtet wird?'"

Statt דקיסרי gibt es die Variante דקימרי, womit nach Klein (18, S. 50, Nr. 14) der Markt der Wollhändler in Tiberias gemeint ist.

An den folgenden Stellen wird ein בית ועד erwähnt, das jeweils mit Tiberias in Verbindung gebracht werden kann (vgl. dazu 13):

L 49 - j Hor 47a,43f.:

סליק ר' יוחנן לבית ווערא סליק ר' יודה נשייא לבית ווערא

"R. Jochanan ging ins Lehrhaus; R. Juda ha-Nasi ging ins Lehrhaus."

L 50 - j Meg 72b,28:

ר' יוחנן עבד תלת שנין ופלג דלא נחת לבית וועדא

"R. Jochanan ging dreieinhalb Jahre lang nicht in das Lehrhaus hinunter."

L 51 - j ʿAv z 45b,28f.:

א"ר יסא חד רבנין נפק מבית וועדא אמר איתפלגון ר' יוחנן וריש לקיש

"R. Assi sagte: Einer der Lehrer ging aus dem Lehrhaus und sagte: 'R. Jochanan und Resch Laqisch streiten sich.'"

L 52 - j Ber 5c,57f.:

ר' זעירא ... ברומשא נחית לבית וועדא

"R. Zeᶜira ... Am Morgen ging er ins Lehrhaus hinunter."

Zu R. Jochanan vgl. Syn 20; L 38-39. Wie wir aus b Qid 52a und b Nid 25b entnehmen können, lernte R. Zeᶜira, als er von Babylonien kam, bei R. Jochanan. So scheint auch L 52 in Tiberias lokalisiert werden zu können.

An zwei agadischen Stellen wird von einem Lehrhause Hiobs berichtet:

L 53 - b B bat 15a:

רבי יוחנן ורבי אלעזר דאמרי תרוייהו איוב מעולי גולה היה ובית מדרשו בטבריא היה

"R. Jochanan und R. Elᶜazar sagten beide, Hiob sei unter den Rückwanderern aus der Verbannung gewesen und sein Lehrhaus habe sich in Tiberias befunden."

L 54 - Gen r LVII 4 (ed. Theodor - Albeck, 617):

איוב ... ר' יוחנן אמר מעולי גולה היה וישראל היה

Einige Handschriften fügen hinzu: ובית מדרשו בטבריא

"Hiob ... R. Jochanan sagte: 'Er war unter den Rückwanderern aus der Verbannung, und er war Jude.' (Einige Handschriften fügen hinzu:) 'Und sein Lehrhaus war in Tiberias.'"

Bei dem von Horovitz (13) und Klein (18, S. 54, Nr. 38) in Tiberias lokalisierten Lehrhaus des Bar ᶜEṭjan (כי מדרשא דבר עיטיין; j B bat 15c,4f.) kann ich keine Verbindung mit Tiberias sehen.

Sanhedrin

Sanh 1 - b R hasch 31a/b:

וכנגדן גלתה סנהדרין מגמרא מלשכת הגזית לחנות ומחנות לירושלים ומירושלים ליבנה ומיבנה לאושא ומאושא ליבנה ומיבנה לאושא ומאושא לשפרעם ומשפרעם לבית שערים ומבית שערים לצפורי ומצפורי לטבריא וטבריא עמוקה מכולן שנאמר 'ושפלת מארץ תדבריי (ישי' כ"ט ד')

"Dementsprechend wanderte das Sanhedrin (zehn Mal) aus, wie es überliefert ist: Aus der Quaderhalle in die Kaufhalle, von der Kaufhalle in (die Stadt) Jerusalem, von Jerusalem nach Yavne, von Yavne nach Ušå, von Ušå nach Yavne, von Yavne nach Ušå, von Ušå nach Šəfarᶜåm, von Šəfarᶜåm nach Bẹt Šəᶜårim, von Bẹt Šəᶜårim nach Ṣippori und von Ṣippori nach Tiberias. In Tiberias war es am tiefsten, wie es heißt: 'Erniedrigt sollst du vom Boden her sprechen' (Jes 29,4)."

Sanh 2 - Gen r, Neue Version des Jakobsegens, 2 (XCVII) (ed. Theodor - Albeck, 1220f.):

שבתחילה גלתה לה סנהדרי וישבה לה ביבנה ומיבנה לאושא ומאושא לשפרעם ומשפרעם לבית שערים ומבית שערים לציפורי וציפורי היה בחלקו שלזבולון ואחרכך גלתה לטיבריה

"Denn zuerst wanderte das Sanhedrin aus und ließ sich in Yavne nieder, von Yavne (wanderte es) nach Ušå, von Ušå nach Šəfarᶜåm, von Šəfarᶜåm nach Bẹt Šəᶜårim, von Bẹt Šəᶜårim nach Ṣippori - Ṣippori war im Gebiet Zəvulun, und dann wanderte es aus nach Tiberias."

Sanh 3 - S Deut 355 (ed. Finkelstein, 419):

'ומלא ברכת ה'' (דבי' ל"ג כ"ג) זו בקעת גינוסר רבי אומר זה בית דין של טבריה

"'Voll Gottes Segen' (Deut 33,23): Das ist die Ginnosar-Ebene.

Rabbi sagt: Das ist das Gericht von Tiberias."

In der Parallele Midr. Tannaim zu Deut 33,23 (L 8) steht statt
בית המדרש הגדול: בית דין.

Sanh 4 - Ein kleiner Gerichtshof von R. Ammi und R. Assi, die beide in Tiberias lehrten (vgl. Syn 3-4; L 44-45) wird b Giṭ 36b erwähnt:

כגון בי דינא דידיה וכרב אמי ורב אסי

"Wie sein (sc. Schemuels) Gericht oder wie das des R. Ammi und des R. Assi."

Datierung

Die älteste literarisch erfaßbare Synagoge ist aus der Zeit kurz vor der Zerstörung des 2. Tempels (Josephus: Syn 25). Aufgrund der Nennung der verschiedenen Rabbinen lassen sich Synagogen aus der rabbinischen Literatur aus der zweiten Hälfte des 1. Jahrhunderts bis in die zweite Hälfte des 4. Jahrhunderts nachweisen.

Der syrische Bericht (Syn 27) weist Synagogen für das Jahr 524 nach.

Lehrhäuser: Die Rabbinen, die im Zusammenhang mit einem Lehrhaus genannt werden, lebten in der Zeit von Anfang des 2. Jahrhunderts bis zum Anfang des 4. Jahrhunderts.

Das Große Sanhedrin hatte seinen Sitz in Tiberias von der zweiten Hälfte des 2. Jahrhunderts bis zu seiner Auflösung im Jahr 429.

Der kleine Gerichtshof von R. Ammi und R. Assi ist in das Ende des 3. Jahrhunderts zu datieren.

Ḥ. Ṭ i r i y ȧ *

Koordinaten: 2.154 (180 265)
In Galiläa, 16 km westlich von Ṣəfat.

Signatur: -

Namen: rabb.: טיריא; טירייא
Zur Identifizierung des rabbinischen טיריא vgl. J.M. Toledano, in: Yerushalayim (ed. A.M. Luncz) 10 (1914), 232; Klein, Galilee, 122.
ar.: Ḫ. Tīrīya; Ḫ. Ṭīrīyā

Literatur

1. Press, Enc. II, 378f. (1948)
2. Braslavy, Hayadaᶜta, 269 (1964)

Carta's Atlas -

Atlas of Israel -

Archäologischer Befund

Nach Press und Braslavy sollen sich an dieser Stelle Synagogenreste befinden. Braslavy vermutet, daß die Tafel mit der Abbildung eines Toraschreines, die in der heutigen Synagoge von Pəqiᶜin (vgl. dort) eingemauert ist, von hier stammt.

Literarischer Befund: -

Datierung: ?

Ṭ i v ᶜ i n

Koordinaten: 3.155 (162 236)
Südöstlich von Haifa, 2 km nördlich von Bẹt Šəᶜȧrim.

Signatur: Synagoge literarisch sicher

Namen: rabb.: טיבעין; טבעין; טבעון
ar.: Ṭabᶜūn

Literatur

1. Klein, SA, 209 (1922)
2. Klein, Sefer ha-yiššuv, 73 (1939)
3. Press, Enc. II, 369 (1948)
4. Klein, Galilee, 197-199 (1967)

Carta's Atlas -
Atlas of Israel +

Archäologischer Befund: -

Literarischer Befund

T Meg II 5:

אמ׳ ר׳ שמעון בן אלע׳ מעשה בר׳ מאיר שקראה בבית הכנסת של טיב-
עין מיושב והיו בני הכנסת יושבין כיון שגמרה נתנה לאחר ובירך
עליה

"R. Schimᶜon b. Elᶜazar sagte: 'Es geschah, daß R. Meir sie (sc. die Estherrolle) in der Synagoge von Ṭivᶜin sitzend las, und auch die in der Synagoge Anwesenden saßen. Als er sie beendigt hatte, gab er sie einem anderen, der dann über sie die Benediktion (stehend) sprach.'"

Die Erfurther Handschrift liest טיבעין, die Londoner Handschrift טבעין, die Wiener Handschrift und der Erstdruck טבעון.

j Meg 74c,72f.:

והא תני מעשה בר"מ שקרייה מיושב בבית הכנסת של טיבעין ונתנה
לאחר ובירך עליה

"Und es wird doch gelehrt, daß R. Meir sie (sc. die Estherrolle) in der Synagoge von Ṭivᶜin sitzend las und sie dann einem anderen gab, der über sie die Benediktion (stehend) sprach."

Die Annahme Kleins (1), daß b Meg 24b (j Ber 4d,48f.) auf eine Synagoge hinweist, ist nicht stichhaltig; die Tatsache, daß man die Leute aus Ṭivᶜin nicht vor die Lade führen darf, weil sie eine unkorrekte Aussprache haben, weist nicht unbedingt auf eine Synagoge in Ṭivᶜin selbst hin.

Ḫ. Ṭūbā

Datierung

Durch die Erwähnung von R. Meir in den beiden zitierten Stellen kann die Synagoge in die Mitte des 2. Jahrhunderts datiert werden.

Ḫ. Ṭ ū b ā

Koordinaten: 2.156 (2072 2629) (Zentrum der Funde)
In Galiläa, 1 km südlich von Kəfar ha-Nāśi, unterhalb des arabischen Dorfes Ṭūbā.

Signatur: Synagoge archäologisch unsicher

Namen: ar.: Ḫ. Ṭūbā

Literatur: -

Archäologischer Befund

Bei Press (Enc. II, 310) und im Yalquṭ (1371, § 18) werden Gebäudereste, Säulenreste, behauene Steine u.ä. aufgeführt; Hinweise auf eine Synagoge fehlen. Im Sommer 1974 sah ich dort noch mehrere Fenstergiebel (?) und zwei Adlerskulpturen, bei denen die Köpfe zerstört worden sind, ein Rebenornament, Säulen und Kapitelle. Die Funde können von einer Synagoge stammen. Gebäudereste, die für eine Synagoge in Frage kommen könnten, konnte ich nicht ausmachen.

Literarischer Befund: -

Datierung: 3. Jhd. (?)

U m m   a l - Q a n ā ṭ i r

Koordinaten: 4.157 2195 2506
Im Golān, 19 km nordnordöstlich von Ḥammat Gādẹr.

Signatur: Synagoge archäologisch sicher

Namen: rabb.: Der alte Name ist nicht bekannt; die verschiedenen Identifizierungsvorschläge (2; 10; vgl. 12; 13) befriedigen nicht.

ar.: Umm al-Qanāṭir; al-Manšīya; ᶜĒn as-Sufēra

Umschreib.: Umm al Kanatar

Literatur

1. Oliphant, in: PEFQS 1885, 89-91 (Abbildungen) (= 4)
2. Gildemeister, In: ZDPV 8 (1885), 242f. (zur Identifizierung)
3. Schumacher, in: ZDPV 9 (1886), 358-360 (Abbildungen) (englische Übersetzung = 5)
4. Oliphant, in: Schumacher, Across the Jordan, 260-265 (1886) (Abbildungen) (= 1)
5. Schumacher, The Jaulân, 260-265 (1888) (Abbildungen) (englische Übersetzung von 3)
6. Kohl - Watzinger, in: MDOG 29 (1905), 6-9
7. Kohl - Watzinger, 125-134; Tafel XVII (1916) (ausführlicher Grabungsbericht; Grundriß; Fotos, Abbildungen)
8. Meistermann, Capharnaüm et Bethsaïde, 180 (1921)
9. Krauss, SA, 338.358 (1922)
10. Klein, ᶜEver ha-Yarden, 49f. (1925) (zur Identifizierung)
11. Galling, in: ZDPV 50 (1927), 311 (Erwähnung)
12. Sukenik, in: JPOS 15 (1935), 172-174; Tafel XIX (Abbildung) (= 13)

13. Sukenik, el-Ḥammeh, 85-87; Tafel XIX (1935) (Abbildung) (= 12)

14. Klein, Sefer ha-yiššuv, 2; Tafel I, 2 (1939)

15. Avi-Yonah, in: QDAP 14 (1950), 57 (Abbildung)

16. Sukenik, in: Ereṣ Kinrot, 78 (1950) (= 23)

17. Press, Enc. I, 27 (1951)

18. Goodenough I, 206f.; III, Abb. 530-534 (1953) (Grundriß)

19. Avi-Yonah - Yeivin, The Antiquities of Israel, 225f. (1955) (Abbildung)

20. Press, Enc. IV, 829 (1955)

21. Avi-Yonah, HG, 183 (1962) (Erwähnung)

22. Braslavy, Hayadaᶜta, 224 (1964)

23. Sukenik, in: All the Land of Naphtali, 104 (1967) (= 16)

24. ḤA 26 (1968), Titelseite (Abbildung)

25. Biran, in: CNI 19, 3-4 (1968), Foto zwischen S. 36 und 37

26. Neishtat, ha-Golan, 79f. (1968) (Abbildung)

27. Vilnay, Golan and Hermon, 54-56 (1970) (Grundriß; Foto, Abbildungen)

28. EAEh, 103f. (Avi-Yonah) (1970) (Grundriß)

29. Saller, Nr. 126 (1972)

30. JSG, 283, Nr. 148 (1972) (Foto)

Carta's Atlas +

Atlas of Israel +

Archäologischer Befund

Kohl - Watzinger gruben in Umm al-Qanāṭir eine Synagoge von ca. 14 x 19 m Größe aus, deren Längsachse von Norden nach Süden verläuft. Es handelt sich um eine Basilika, die durch zwei Säulenreihen zu je fünf Säulen in ein breites Mittelschiff und zwei schmalere Seitenschiffe aufgeteilt wird. Gegenüber der Nordwand ist eine weitere Säulenreihe von zwei zusätzlichen Säulen. Die Synagoge hatte zwei Eingänge, einen Seiteneingang im Westen und den Haupteingang im Süden. Vor dem letzteren war eine kleine Vorhalle mit zwei Säulen, zu der drei Stufen hinaufführten. Eine der Säulen, die ein Korbkapitell hatten, wurde wiedergefunden (Abb. in 7, Abb. 256f.; 15; 19; 27). Diese Bauweise weicht insofern von dem üblichen Schema ab, als die Synagoge in Umm al-Qanāṭir nach Norden ausgerichtet ist und nicht, wie sonst auf dem Golån üblich, nach Westen. Entsprechend ist die dritte Säulenreihe in Umm al-Qanāṭir vor der Nordwand und nicht vor der Ostwand. Kohl - Watzinger vermuten eine Frauenempore (7, S. 133; vgl. 18). Der Fußboden der Synagoge war mit Steinplatten belegt.

An Einzelfunden sind zu erwähnen:

Ein Relief mit einem Löwen (Abb. in 1; 3; 4; 5). Von einem anderen Löwen bringen Kohl - Watzinger eine Zeichnung (7, Abb. 259; 18, Abb. 530). Sie erklären das Torso für eine Wandquader. Es soll sich um das Vorderteil eines Löwen handeln, dessen Kopfpartie abgebrochen ist. Über dem Hals soll eine Art Band liegen (7, S. 127f.). Ich kann dieser Erklärung nicht zustimmen. Zwischen den Beinen ist eindeutig das Geschlechtsteil zu erkennen, das Kohl - Watzinger gar nicht erwähnen. (Auf den Zeichnungen ist es nicht zu sehen, da keine Vorderansicht gebracht wird.) Das 'Band' ist der Schwanz des Löwen, der zwischen den Beinen hervorkommt; er läuft in eine Quaste aus (bei Kohl - Watzinger unrichtig wiedergegeben). Eine solche halb hockende Form ist nicht ungewöhnlich; vgl. z.B. das oben genannte Relief (Abb. in 1; 2; 3; 4; vgl. ferner Jirku, Die Welt der Bibel, Tafel 24). Es kann sich also nicht um eine Wandquader handeln, die in der Vorderfront der Synagoge eingelassen war. Weitere Funde sind ein Teil einer Fensterumrahmung mit Weinranken- und -traubenornament (Abb. in 7, Abb. 262; 25; 27; 30); ein Adler mit ausgebreiteten Schwingen (Abb. in 1; 3; 4; 5; 7, Abb. 258; 25; 27; 30); ein Stein mit der Darstellung eines weiteren Adlers, Eierfries, Rosetten und Palmblatt (Abb. in 24; 25; 27; 30). Die drei zuletzt genannten Steine sind später in einem Haus in Umm al-Qanāṭir eingemauert worden. Unbekannte haben das Haus nach 1967 gesprengt und die Steine abtransportiert. 1974 konnte ich nur noch das Löwenfragment sowie Säulenstümpfe und Kapitelle am Ort entdecken.

Kohl - Watzinger ist bei der Beschreibung des Gebäudes ein Fehler unterlaufen, der bis in die neuesten Publikationen hinein übernommen worden ist: Auf den Grundrissen in 7, Tafel XVII ist der Nordpfeil falsch eingezeichnet. Das Gebäude ist nicht nach Westen, sondern nach Norden ausgerichtet. In dem vorläufigen Bericht (6) sind die Angaben richtig: Eingang mit Vorhalle im Süden, Nebeneingang im Westen. Allerdings wird von dem Eingang in der Südwand fälschlich behauptet, daß er "als einzige Fronttür merkwürdigerweise nicht in der Mitte" liege (S. 7); das trifft nur für den Seiteneingang in der Westmauer zu. Im Hauptbericht (7, S. 126) steht dagegen falsch: "mit einer Vorhalle an der Ostfront, einem südlichen Nebeneingang"; richtig heißt es dort auf S. 130 dagegen: "die kleine Tür im südlichen Teil der Westmauer". Die Angaben in bezug auf die Säulenumgänge (S. 131) sind ebenfalls falsch und müssen geändert werden. Die richtige Beschreibung muß, noch einmal kurz zusammengefaßt, lauten: Das Gebäude ist von Süden nach Norden ausgerichtet. Der Haupteingang mit einer Vorhalle liegt im Süden, ein Nebeneingang befindet sich im südlichen Teil der Westmauer. Ein Säulenumgang zieht sich entlang der West-, Nord- und Ostmauer. Die Ostmauer ist nicht erhalten.

Der Fehler in der Ausrichtung mit allen sich daraus ergebenden falschen Angaben wurde in 8; 12; 13; 18; 27; 28 und 29 übernommen und muß entsprechend korrigiert werden.

Ausrichtung: N

Literarischer Befund: -

Datierung

Kohl - Watzinger datieren die Synagoge ins 5. Jahrhundert (7, S. 134; ihnen folgt Sukenik 12; 13), doch ist eine frühere Datierung (Avi-Yonah 15; 28) wahrscheinlicher. Abgesehen von dem fehlenden Eingang im Westen deutet alles auf eine frühe Zeit, so die Verzierung der Außenfront, das Fehlen einer Bema für den Toraschrein (es wurden auch keine Reste eines Soreg gefunden), die Pflasterung des Fußbodens mit Steinplatten und das Fehlen jeglicher Mosaike; auch das Korbkapitell der Säule von der Vorhalle braucht nicht byzantinisch zu sein, wie Avi-Yonah vermutet (15). Es kann demnach als Entstehungszeit der Synagoge das 3. Jahrhundert angenommen werden.

U š ȧ

Koordinaten: 3.158 (1638 2444)
In Galiläa, 12 km östlich von Haifa.

Signatur: Synagoge archäologisch unsicher, literarisch unsicher; Lehrhaus literarisch unsicher; Sanhedrin literarisch sicher

Namen: rabb.: אושה ;אושא
ar.: Ūšā; (Ḫ.) Hūša
Umschreib.: Houcheh; Oucha; Hushe

Literatur

1. Derenbourg, Essai sur l'histoire et la géographie de la Palestine, 322 (1867)
2. Guérin VI, 415f. (1880) (Synagogenreste) (= 3)
3. SWP I, 311 (1881) (= 2)
4. Finkelstein, in: AAJR 6 (1934/35), 215
5. Klein, Sefer ha-yiššuv, 3f. (1939)
6. Press, Enc, I, 12f. (1951)
7. Mantel, in: AAJR 26 (1957), 65-81 (Sanhedrin)
8. Mantel, Studies, 140-174 (1965) (Sanhedrin)
9. Klein, Galilee, 59.71.76.82 (1967)
10. ḤA 21 (1967), 26 (Synagogenreste)

Carta's Atlas +
Atlas of Israel +

Archäologischer Befund

Guérin erwähnt Reste eines Gebäudes mit Säulenresten und einem Kapitell und vermutet eine Synagoge. In einem Survey aus den sechziger Jahren (10) wird von architektonischen Resten, u.a. Säulen, Schwellen und Türpfosten gesprochen, die von einer Synagoge sein könnten.

Literarischer Befund

Synagogen

Syn 1 - T Meg II 8: א' ר' יהודה קטן הייתי וקריתיה לפני ר'

טרפון בלוד וקבלני אמ' ר' קטן הייתי וקריתיה לפני ר' יהודה באושא (באושה) והיו שם זקנים ולא אמר אחד מהם דבר אמרו לו אין מביאין ראיה מן המתיר מיכן ואילך הנהיגו שיהו קטנים קורין או-תה לרבים

"R. Jehuda sagte: 'Ich war noch minderjährig und las sie (sc. die Estherrolle) vor R. Ṭarfon in Lod, und er nahm mich an (d.h., er erhob keine Einwände).' Rabbi sagte: 'Ich war noch minderjährig und las sie vor R. Jehuda in Ušá; dort waren Älteste, aber keiner von ihnen sagte etwas.' Sie antworteten ihm: 'Man bringt keinen Beweis von derselben Person, die es erlaubt hat.' Von da an pflegten die Minderjährigen sie (zusammen mit? [vgl. Lieberman, Tosefta ki-fshuṭah zur Stelle, S. 1149]) der Gemeinde vorzulesen."

In der Erfurter Handschrift sind die Wörter טרפון bis לפני ר' durch Homoioteleuton ausgefallen.

Syn 2 - b Meg 20a:

דתניא א"ר יהודה קטן הייתי וקריתיה למעלה מרבי טרפון וזקנים בלוד אמרו לו אין מביאין ראיה מן הקטן תניא אמר רבי קטן היי-תי וקריתיה למעלה מרבי יהודה (וזקנים באושא) אמרו לו אין מבי-אין ראיה מן המתיר

"Es wird gelehrt: R. Jehuda sagte: 'Ich war noch minderjährig und habe sie vor R. Ṭarfon und den Ältesten in Lod gelesen.' Sie antworteten ihm: 'Man bringt keinen Beweis von einem Minderjährigen.' Es wird gelehrt: Rabbi sagte: 'Ich war noch minderjährig und las sie vor R. Jehuda (und den Ältesten in Ušá).' Sie entgegneten ihm: 'Man bringt keinen Beweis von derselben Person, die es erlaubt hat.'"

Die in Klammern stehenden Wörter finden sich nur in einer Handschrift.

Syn 3 - j Meg 73b,58-61:

א"ר יהודה קטן הייתי וקריתיה לפני ר' טרפון בלוד אמרו לו קטן הייתה ואין עדות לקטן א"ר מעש' שקריתיה לפני ר' יהודה באוש' אמרו לו אין זו ראייה הוא שהוא מתיר מיכן והילך נהגו הרבים לקרותה בבית הכנסת

"R. Jehuda sagte: 'Ich war noch minderjährig und las sie vor R. Ṭarfon in Lod.' Sie entgegneten ihm: 'Du warst noch minderjährig, und der Minderjährige hat kein Zeugnisrecht.' Rabbi sagte: 'Es geschah, daß ich sie vor R. Jehuda in Ušá las.' Man antwortete ihm: 'Das ist kein Beweis, denn (der Beweis beruht auf) derselben Person, die es erlaubt hat.' Von da an pflegte die Gemeinde sie (zusammen mit den Minderjährigen) in der Synagoge vorzulesen."

Auf die Problematik des Textes braucht hier nicht weiter eingegangen zu werden. Hier interessiert nur die Nennung von Ušá im Zusammenhang mit dem Vorlesen der Estherrolle, das, wie aus der Jeruschalmistelle und T Meg II 5 (vgl. Ṭivᶜin) hervorgeht, normalerweise in der Synagoge stattfand. Wir können also mit ziemlicher Sicherheit auf eine Synagoge in Ušá schließen.

Lehrhäuser

L 1 - b Ber 55a:

ר׳ יהודה בר׳ אלעי ... אמר ... עשרים וארבעה בית הכסא איכא מ-
אושפיזאי לבי מדרשא דכי אזילנא בדיקנא נפשאי בכולהו

"R. Jehuda b. R. Ilᶜai ... sagte ...: 'Vierundzwanzig Aborte sind zwischen meiner Wohnung und dem Lehrhaus, und wenn ich (dorthin) gehe, prüfe ich mich in jedem.'"

L 2 - b Ned 49b:

ר׳ יהודה ... אמר ... עשרים וארבעה בית הכסא אית לי מן ביתא
עד בי מדרשא וכל שעה ושעה אני נכנס לכל אחד ואחד ר׳ יהודה
כד אזיל לבי מדרשא שקיל גולפא על כתפיה וכו׳

"R. Jehuda (b. Ilᶜai) ... sagte ...: 'Vierundzwanzig Aborte sind zwischen meinem Haus und dem Lehrhaus, und jede Stunde gehe ich in eines von ihnen.' Wenn R. Jehuda ins Lehrhaus ging, nahm er einen Krug auf die Schulter usw."

Wir wissen aus HL r II 5, 3, daß R. Jehuda aus Ušá stammte. In T Meg II 5 wird er in Verbindung mit dem Vorlesen der Estherrolle in Ušá genannt (Syn 1). Wir können also annehmen, daß das hier genannte Lehrhaus ebenfalls in Ušá zu suchen ist und nicht in Lod, wo er lernte.

Ušȧ

Es ist fraglich, ob sich die in den beiden folgenden Stellen wiedergegebene Geschichte wirklich in Ušȧ zugetragen hat und nicht in Yavne (vgl. dort), wo die Akademie des R. Gamliel war (vgl. 1; 4).

L 3 - S Deut 344 (ed. Finkelstein, 401):

וכבר שלחה מלכות שני סרדיטאות ואמר' להם לכו ועשו עצמיכם יהו-
דים (נ"א: גרים) וראו תורתם מה טיבה הלכו אצל רבן גמליאל לאו-
שא וקראו את המקרא ושנו את המשנה מדרש הלכות והגדות

"Da schickte die Regierung zwei Beamte und trug ihnen auf: 'Geht und tut so, als ob ihr Juden wäret (Var.: Proselyten werden wolltet), und macht euch ein Bild von der ihrer Lehre.' Da gingen sie zu Rabban Gamliel nach Ušȧ, lasen die Bibel und studierten Mischna, Midrasch, Halachot und Agadot."

L 4 - Midr. Tannaim zu Deut 33,4 (ed. Hoffmann, 212):

אמרו מעשה ששילחה מלכות שני אסטרוגולין אמרו להן לכו ולמדו תו-
רתן שליהודים ובואו והודיעונו מה כתוב בה הלכו להן אצל רבן
גמליאל לאושא ולמדו ממנו מדרש הלכות ואגדות

"Sie sagten: Es geschah, daß die Regierung zwei Astrologen schickte und ihnen sagte: 'Geht und lernt die Lehre der Juden. Dann kommt und berichtet uns, was in ihr steht.' Sie gingen zu Rabban Gamliel nach Ušȧ und lernten bei ihm Midrasch, Halachot und Agadot."

In den beiden Parallelberichten b B qam 38a und j B qam 4b, 29-31 fehlt die Orstsangabe.

Sanhedrin

Sanh 1 - b R hasch 31a/b:

וכנגדן גלתה סנהדרין מגמרא מלשכת הגזית לחנות ומחנות לירושלים
ומירושלים ליבנה ומיבנה לאושא ומאושא ליבנה ומיבנה לאושא ומאו-
שא לשפרעם ומשפרעם לבית שערים ומבית שערים לצפורי ומצפורי
לטבריא

"Dementsprechend wanderte das Sanhedrin (zehn Mal) aus, wie es überliefert ist: Aus der Quaderhalle in die Kaufhalle, von der Kaufhalle in (die Stadt) Jerusalem, von Jerusalem nach Yavne, von Yavne nach Ušȧ, von Ušȧ nach Yavne, von Yavne nach Ušȧ, von Ušȧ nach Šəfarᶜȧm, von Šəfarᶜȧm nach Bẹt Šəᶜȧrim, von Bẹt Šəᶜȧrim nach Ṣippori und von Ṣippori nach Tiberias."

Sanh 2 - Gen r, Neue Version des Jakobsegens, 2 (XCVII) (ed. Theodor - Albeck, 1220f.):

שבתחילה גלתה לה סנהדרי וישבה לה ביבנה ומיבנה לאושה ומאושה לשפרעם ומשפרעם לבית שערים ומבית שערים לציפורי וציפורי היה בחלקו שלזבולן ואחרכך גלתה לטיבריה

"Denn zuerst wanderte das Sanhedrin aus und ließ sich in Yavne nieder, von Yavne (wanderte es) nach Ušȧ, von Ušȧ nach Šəfarᶜȧm, von Šəfarᶜȧm nach Bẹt Šəᶜȧrim, von Bẹt Šəᶜȧrim nach Ṣippori - Ṣippori war im Gebiet Zəvulun, und dann wanderte es aus nach Tiberias."

Eine weitere Stelle scheint auf die Einrichtung des Sanhedrin in Ušȧ hinzuweisen, und zwar:

Sanh 3 - HL r II 5,3:

בשלפי השמד נתכנסו רבותינו לאושא

"Gegen Ende der Verfolgung versammelten sich unsere Lehrer in Ušȧ."

Auf die Tätigkeit des Sanhedrin in Ušȧ weisen folgende Stellen:

Sanh 4-18 - b Schab 15b; b M qaṭ 17a; b Ket 49b 2x; 50a 3x; 67b; 78b; b B qam 88b; b B meṣ 35a; 96b; b B bat 50a; 139b; b ᶜAr 28a:

"In Ušȧ wurde verordnet" באושא התקינו

Sanh 19-31 - b Ket 78b 2x; b B qam 88b; 89a 4x; 89b 5x; 90a:

"Eine Verordnung aus Ušȧ" תקנת אושא

Sanh 32-34 - b Schab 15b 2x; j Pes 27d,51:

"In Ušȧ wurde beschlossen" באושא גזרו ; באושא גזרו

Sanh 35-46 - T Schevi IV 21; b Suk 40a 2x; b R hasch 15a; 15b; j Pea 15b,24; j M qaṭ 81d,60; j Ket 28d,41.47.60.

63; Pes r XXV 2 (ed. Friedmann, 126b):

"(Unsere Gelehrten) stimmten in Ušå ab" (רבותינו) נמנו באושא

Interkalierung eines Jahres sowie Festsetzung des Monatsbeginnes gehörten zu den Aufgaben des Sanhedrin. Dazu die folgenden Stellen:

Sanh 47-54 - T R hasch IV 5 (II 11) (Text nach W); b R hasch 32a; j Schevi 39b,73; j R hasch 58c,56f.; 59c, 9f.; j Ned 40a,16; j Sanh 18d,62; S Lev אמור XI 5 (ed. Weiss, 101d):

כשקידשו (בית דין) את השנה באושא

"Als (das Sanhedrin) das Neujahr in Ušå festlegte."

Sanh 55 - T R hasch II 1 (I 16):

מעשה בר' נהוראי שבא עם העד בשבת לאושא (לאושה) והעיד עליו

"Es geschah, daß R. Nehorai mit dem Zeugen, (der den Neumond gesehen hatte,) am Schabbat nach Ušå kam und für ihn zeugte."

Sanh 56 - b R hasch 22b:

מעשה ברבי נהוראי שהלך אצל העד להעיד עליו בשבת באושא

"Es geschah, daß R. Nehorai zu dem Zeugen kam, um für ihn am Schabbat in Ušå zu zeugen."

Sanh 57 - j R hasch 57d,64f.:

א"ר נהוראי מעשה שירדתי להעיד על עד אחד באושא

"R. Nehorai sagte: 'Es geschah, daß ich hinunterging, um für einen Zeugen in Ušå zu zeugen.'"

Mit הלכי אושא, "denen, die nach Ušå gingen" (b B bat 28a; 28b; j B bat 13d,36) sind die Rabbinen gemeint, die das Sanhedrin in Ušå einrichteten. Mit לפני חכמים באושא (לאושא), "vor den Weisen in (nach) Ušå" (b Ket 22a; b B bat 146a 2x; b Nid 14b) sind die Mitglieder des Sanhedrin gemeint.

Datierung

Synagoge: Durch die Nennung von R. Jehuda b. Ilʿai kann die Synagoge in den Anfang der zweiten Hälfte des 2. Jahrhunderts datiert werden.

Lehrhaus: Durch die Nennung von Rabban Gamiliel (II.) und R. Jehuda b. Ilᶜai kann das Lehrhaus in die Jahrhundertwende vom 1. zum 2. Jahrhundert bzw. in den Anfang der zweiten Hälfte des 2. Jahrhunderts datiert werden.

Sanhedrin: Nach dem Bar Kochba-Aufstand, also nach 135. Es ist allerdings möglich, daß das Sanhedrin zwei Mal in Uša gesessen hat (vgl. b R hasch 31a/b); ist diese These richtig, dann dürfte es einmal vor dem Bar Kochba-Aufstand gewesen sein, also vor 132, und einmal nach diesem (vgl. dazu 7; 8).

Ḥ. W ə r ȧ d i m (1)

Koordinaten: 4.159 (1962 2482)
In Galiläa, 6,5 km nordwestlich von Tiberias.

Signatur: Synagoge archäologisch unsicher

Namen: ar.: Ḫ. al-Wurēdāt; Ḫ. Wādi al-Ḥammām
hebr.: ח. ורדים
Umschreib.: Kh. el-Werdat

Literatur

1. Braslavski, in: JJPES 1, 2-4 (1925), 139f. (vgl. 2)
2. Braslawski, in: PJPES 1, 2-4 (1925), 77 (vgl. 1)
3. Braslvsky, Studies, 276 (1954)
4. Saller, Nr. 82 (1972)

Carta's Atlas -
Atlas of Israel -

Archäologischer Befund

Braslavski berichtet von einer Säulenbasis in Herzform und weiteren Säulenresten, die auf eine Synagoge deuten können.

An der Stelle, an der heute noch viele Säulenreste, Basen, Kapitelle, Türpfosten u.a. liegen, zeigte mir 1974 N. Tfilinski einen Sturz (?) mit einem Adler. Alle diese Funde deuten auf eine Synagoge; Genaueres kann erst nach einer gründlichen Bestandsaufnahme des Ortes oder einer Grabung gesagt werden.

Literarischer Befund: -

Datierung: ?

Ḥ. Wərádim (2) *

Koordinaten: 4.160 (1963 2484)
In Galiläa, 6,5 km nordwestlich von Tiberias.

Signatur: -

Namen: Da die Fundstelle keinen Namen hat, wird sie hier unter dem Namen der nur wenige 100 m entfernten Ḥ. Wərádim (ח. ורדים) aufgeführt.

Literatur: -

Archäologischer Befund

Knapp 500 m nordwestlich von Ḥ. Wərádim zeigte mir 1974 N. Tfilinski in einer lose aufgeworfenen Mauer zwischen zwei Feldern einige Steine (Türpfosten u.a.), die von Größe und Stil her typisch für die galiläischen Synagogen sind. Wegen ihrer Größe ist es kaum wahrscheinlich, daß sie von Ḥ. Wərádim nach hier gebracht worden sind, zumal ein Wadi dazwischen liegt. Außerdem befördert man keine großen Steine über eine größere Entfernung quer durchs Gelände, nur um einen Steinwall zu errichten, wenn es an Ort und Stelle genügend Steine gibt. Die Steine müssen von einer Ḥirbe nördlich oberhalb des Naḥal Arbẹl (Wādi al-Ḥammām) stammen. Da das ganze Gelände landwirtschaftlich genutzt wird, war es mir nicht mehr möglich, eine solche auszumachen.

Literarischer Befund: -

Datierung: ?

Y ȧ f i a^{c}

Koordinaten: 3.161 1761 2327
In Galiläa, 3 km südwestlich von Nazareth.

Signatur: Synagoge archäologisch sicher

Namen: Jos.: Ιαφα; Ιαφακα; Ιακαφα
ar.: Yāfā
Umschreib.: Japhia

Literatur

1. Vincent, in: RB 30 (1921), 434-438; Tafel VIII, 1 (Zeichnungen, Foto)
2. FitzGerald, in: PEFQS 53 (1921), 182f. (Wiedergabe von 1)
3. Lietzmann, in: ZNW 20 (1921), 254 (Kurzbericht)
4. Krauss, in: REJ 89 (1930), 411f. (Kurzbericht)
5. Avi-Yonah, in: QDAP 5 (1936), 170
6. Klein, Sefer ha-yiššuv, 88 (1939) (Erwähnung)
7. Press, Enc. II, 404 (1948)
8. Sukenik, in: Bulletin 2 (1951), 5-24; Tafel I-X (ausführlicher Grabungsbericht; Zeichnungen, Grundriß)
9. Sukenik, in: Alon 3 (1951), 39f. (Kurzbericht von 8)
10. State of Israel. Government Yearbook 5712 (1951/52), 183f.
11. Maisler, in: BA 15 (1952), 23f. (Foto)
12. Isserlin, in: PEQ 84 (1952), 46f.
13. Goodenough I, 216-218; III, Abb. 569f.; 989-994 (1953) (ausführlich; Zeichnungen, Fotos, Grundriß)
14. Vilnay, Ha-areṣ ba-miqra, 40 (1954) (Zeichnung)

15. Avi-Yonah, in: IEJ 5 (1955), 279 (Besprechung von 14)

16. Yeivin, in: Government Yearbook 5716/1955, 401f. (= 17)

17. Yeivin, Archaeological Activities in Israel (1948-1955), 15f. (1955) (= 16)

18. Avi-Yonah, in: Antiquity and Survival 2 (1957), 264-269 (Foto)

19. Yeivin, A Decade of Archaeology in Israel 1948-1958, 43 (1960)

20. Corbo - Sacchi, The Life of Christ, 103 (1963) (Grundriß)

21. Braslavy, Hayada[c]ta, 257.267 (1964)

22. Goldman, The Sacred Portal, 60 mit Anm. 26 (1966) (Literatur)

23. Foerster, in: BIES 31 (1967), 218-224 (ausführlich)

24. Braslavi, in: All the Land of Naphtali, 107f. (1967)

25. Negev, in: EI 8 (1967), 197

26. EAEh, 205f. (Barag) (1970) (Fotos, Grundriß)

27. Saller, Nr. 129 (1972) (Grundriß)

28. EAEe II, 541-543 (Barag) (1976) (Fotos; Grundriß)

Carta's Atlas +

Atlas of Israel +

Archäologischer Befund

1921 berichtet Vincent von mehreren Säulenresten und zwei Stürzen, von denen einer in der griechisch-katholischen Kirche über einem Fenster eingemauert ist und der zweite in einer benachbarten Ruine gefunden wurde (Abb. in 1; 8; 13). Der eine Sturz hat in der Mitte eine siebenarmige Menora auf einem dreifüßigen Podest und zu beiden Seiten eine große Rosette; der andere hat in der Mitte einen Kranz mit einer Heraklesschleife und zu beiden Seiten einen Adler mit ausgebreiteten Flügeln; beide halten einen kleinen Kranz in ihren Schnäbeln. Ein verschlungenes Band läuft um den ganzen Sturz herum und teilt das linke Drittel mit dem linken Adler ab. 1950 grub Sukenik die Reste einer Synagoge aus. Trotz des schlechten Erhaltungszustandes läßt sich der Grundriß rekonstruieren: Es handelt sich um eine Basilika, die durch zwei Säulenreihen zu je mindestens fünf Säulen in drei Schiffe aufgeteilt wird. Das Gebäude ist im Gegensatz zu den anderen galiläischen Synagogen von West nach Ost orientiert; vgl. dazu ausführlich Foerster (23). Goodenough vermutet deshalb ein Breithaus (13). Das Gebäude war 15 m breit und mindestens 19 m lang. Im westlichen Teil sind einige Reste eines dreizehnfarbigen Mosaiks erhalten, das von einem Band mit geometrischen Mustern abgeschlossen wird. In der Mitte sind Teile von zwei Medaillons erhalten, die zu einem Kreis von insgesamt zwölf Medaillons gehörten, die um einen im Zentrum gelegenen Kreis gruppiert waren. Das Nächstliegende ist, hier an eine Zodiakdarstellung zu denken, wie wir sie aus vielen Synagogen kennen. Dafür spricht auch die Darstellung von zwei Tieren in den beiden erhaltenen Medaillons, die Stier und Widder darstellen könnten. Über dem Stier ist das Mosaik zerstört, so daß wir von der Inschrift, die dort mit Sicherheit gewesen ist, keinen Aufschluß bekommen. Über dem Widder sind drei (oder zwei) Buchstaben: ריס, vielleicht auch ריס, הם oder הס. Der Anfang des Wortes ist zerstört. Diese Buchstaben passen nicht zu dem hebräischen Wort für Widder: טלא. Goodenough vermutet die Umschreibung des lateinischen ARIES, was allerdings nicht sehr befriedigt (13). Demgegenüber vermutet Sukenik, daß es sich um die Darstellung der zwölf Stämme handelt. Er identifiziert die beiden Tiere als Stier (שור) und Wildstier (ראם), die im Midrasch für Menasche und Efraim stehen (vgl. Num r II 7 und Deut 33,17) und ergänzt das Wort zu אפ]רים. Allerdings weist er darauf hin, daß in der Midraschstelle genau umgekehrt der Stier für Efraim und der Wildstier für Menasche steht (8, S. 17-23; 9). Foerster bringt noch ein paar Hinweise, die die These Sukeniks unterstützen (23). Die meisten Gelehrten folgen heute dieser Interpretation. Trotz der Schwierigkeiten mit der Interpretation der drei Buchstaben scheint mir die Wahrscheinlichkeit größer zu sein, daß es sich um einen Zodiak handelt; für die Darstellung der zwölf Stämme in einer Synagoge fehlt bis jetzt jegliche Parallele.

Weitere Darstellungen auf dem Mosaik sind Tiere (erhalten ist ein Tiger und ein Delphin sowie die Schwanzflosse eines zweiten) und Pflanzen sowie ein Adler mit ausgebreiteten Flügeln, der über einem Medusenkopf steht (13; 24 und ausführlich 23; vgl. z.B. Kəfar Naḥum und Korázim). Sukenik und Barag (8; 26;

28) halten ihn für einen Helioskopf.

Die Synagoge wird in das 3./4. Jahrhundert datiert. Das Mosaik befindet sich heute in Jerusalem.

Die Synagoge ist anscheinend gewaltsam zerstört worden.

Ausrichtung: 90° O

Datierung: Ende des 3. bis Anfang des 4. Jhd.

Vgl. Nachträge!

Y a h ū d ī y a

Koordinaten: 2.162 (2162 2604)
Im westlichen Golān.

Signatur: Synagoge archäologisch unsicher

Namen: Jos.: Σωγανη ?
ar.: Yaᶜrabīya

Das bei Josephus B 2,574; 4,2.4; Vita 187 erwähnte Σωγανη wird von Thiersch (MDOG 23 [1904], 25) und Atlas of Israel IX/8 mit Yahūdīya identifiziert. Thomson (Loca Sancta, 109) sucht es in Ḫ. Siḥān 2253 2455. Vgl. Press, Enc. II, 661.

Literatur

1. Schumacher, in: ZDPV 9 (1886), 302f. (Zeichnung) (= 2)
2. Schumacher, The Jaulân, 270-272 (1886) (Zeichnung) (= 1)
3. ḤA 26 (1968), 6 (Erwähnung)
4. Neishtat, ha-Golan, 81 (1968) (Karte)
5. Vilnay, Golan and Hermon, 147 (1970) (Zeichnung)
6. JSG, 275, Nr. 102 (1972) (Zeichnungen, Foto)
7. Saller, Nr. 130 (1972) (der dort erwähnte Aufsatz von Wirgin hat nichts mit Yahūdīya zu tun)
8. EAEe II, 467 (Urman) (1976)

Carta's Atlas -

Atlas of Israel -

Archäologischer Befund

Eine ganze Reihe von Einzelfunden deutet auf eine Synagoge in spätrömischer Zeit hin, vor allem Stürze mit Eierfries, außerdem Säulenreste und -basen sowie Kapitelle. Auf einem Stein ist eine fünfarmige Menora eingeritzt (Abb. in 6).

Datierung: 3. Jhd. (?)

Y a v n e

Koordinaten: 7.163 (1262 1415)
22 km südlich von Tẹl Ȧviv.

Signatur: Synagoge literarisch unsicher; Lehrhaus literarisch sicher; Sanhedrin literarisch sicher

Namen: rabb.: יבנה ;יבנא
Jos.: Ιαμνεια
ar.: Yibnā
Umschreib.: Jamnia; Jamneia; Jabne

Literatur

1. Derenbourg, Essai sur l'histoire et la géographie de la Palestine, 319-346 (1867)
2. Scheinin, Die Hochschule zu Jamnia (1878)
3. Chajes, in: REJ 39 (1899), 39-42
4. Krauss, in: Festschrift Israel Lewy II, 21-26 (1911)
5. Krauss, SA, 97.247 (1922)
6. Finkelstein, in: AAJR 6 (1934/35), 215
7. Klein, Sefer ha-yiššuv, 74-77.177 (1939)
8. Press, Enc. II, 383f. (1948)
9. Mantel, in: AAJR 26 (1957), 65-81
10. Mantel, Studies, 140-174 (1965)
11. Hengel, in: Tradition und Glaube. Festschrift Karl Georg Kuhn, 178 (1971)

Carta's Atlas -

Literarischer Befund

Eine klare Trennung der literarischen Belege zwischen Akademie/ Lehrhaus und Gerichtshof/Sanhedrin läßt sich in vielen Fällen nicht vollziehen (vgl. dazu die Einleitung). Die Belege sind deshalb im folgenden in drei Gruppen geordnet: 1. Belege, die auf eine Synagoge hinweisen; 2. Belege, die mit der Lehrtätigkeit in Yavne zusammenhängen und 3. Belege, die auf die Tätigkeit eines Gerichtshofes bzw. des Großen Sanhedrin hinweisen. Dabei gibt es eine Reihe von Belegen, die mehreren Gruppen zugeordnet werden müssen.

1. Belege, die auf eine Synagoge hinweisen:

1. AdRN 4 (ed. Schechter, 12a):

אמר לו אתה הוא רבן יוחנן בן זכאי שאל מה אתן לך אמר לו איני
מבקש ממך אלא יבנה שאלך ואשנה בה לתלמידי ואקבע בה תפלה ואעשה
בה כל מצות אמר לו לך וכל מה שאתה רוצה לעשות עשה

"Er (Vespasian) sprach zu ihm (R. Jochanan b. Zakkai): 'Du bist R. Jochanan b. Zakkai, fordere, was ich dir geben soll!' Er antwortete ihm: 'Ich bitte dich um nichts anderes als um Yavne, denn dort will ich hingehen und meine Schüler lehren, und dort will ich eine תפלה errichten und dort alle Gebote erfüllen.' Jener antwortete ihm: 'Geh und tu alles, was du willst!'"

Statt תפלה gibt es die Variante תפלין und ציצית (vgl. Nr. 4). Krauss (5) vermutet בית תפלה (vgl. dazu ed. Schechter, Anm. 62 zur Stelle). תפלה scheint hier für 'Gebetshaus', 'Synagoge' zu stehen und ist möglicherweise Übersetzung des griechischen προσευχή (11).

2. Belege, die mit der Lehrtätigkeit in Yavne zusammenhängen:

Die Errichtung einer Akademie in Yavne wurde noch während des Aufstandes gegen die Römer (66-70) R. Jochanan b. Zakkai von Vespasian zugestanden.

2. Vgl. Nr. 1.

3. AdRN פרוש אבות, הוספה ב' לנוסחא א' (ed. Schechter, 83a):

אמר לו אתה יוחנן בן זכאי אמר לו היין אמר שאל מה אתן לך אמר לו
אין אני מבקש ממך כלום אלא שתתן את יבנה לי ואשנה בה לתלמידי
חכמים ואקבע בה תפלין ואעשה בה כל מצות אמר לו לך כל דבר שאתה

רוצה לעשות עשה

"Er (Vespasian) sagte zu ihm: 'Du bist R. Jochanan b. Zakkai?' Er antwortete ihm: 'Ja.' Da sagte jener: 'Fordere, was ich dir geben soll!' Er antwortete ihm: 'Ich bitte dich nur darum, mir Yavne zu geben, damit ich dort die Gelehrten unterrichten kann, 'Tefillin' (vgl. dazu Nr. 1) errichten und alle Gebote befolgen kann.' Jener antwortete ihm: 'Geh und tu alles, was du willst!'"

4. AdRN b 6 (ed. Schechter, 10a):

שלח וקרא לרבן יוחנן אמר לו שאל לך שאלה אמר לו שואל אני ממך
את יבנה ואלמוד בה תורה ואעשה בה ציצית ואעשה בה שאר כל המצות
אמר לו הרי היא נתונה לך במתנה

"Er (Vespasian) ließ R. Jochanan rufen und sagte zu ihm: 'Erbitte dir etwas!' Er antwortete ihm: 'Ich bitte dich um Yavne. Ich will dort Tora lernen und das Zizitgebot (vgl. dazu 1) sowie alle anderen Gebote erfüllen.' Jener antwortete ihm: 'Es sei dir geschenkt!'"

5. b Giṭ 56b:

אמר ליה ... בעי מינאי מידי דאתן לך אמר ליה תן לי יבנה וחכמיה

"Er (Vespasian) sagte zu ihm (R. Jochanan b. Zakkai): '... Erbitte dir etwas von mir, und ich werde es dir geben.' Er antwortete ihm: 'Gib mir Yavne und seine Weisen!'"

Möglicherweise deutet diese Stelle darauf hin, daß es zu dieser Zeit bereits ein Lehrhaus oder einen Gerichtshof in Yavne gegeben hat, wenn וחכמיה nicht ein späterer Zusatz ist.

6. AdRN 14 (ed. Schechter, 30a):

כשיצאו מלפניו הוא אמר אלך לדמסית למקום יפה ומים יפים ונאים
והם אמרו נלך ליבנה למקום שתלמידים חכמים מרובים אוהבים את ה-
תורה הוא שהלך לדמסית למקום יפה ומים יפים ונאים נתמעט שמו ב-
תורה הם שהלכו ליבנה למקום שתלמידים חכמים מרובים ואוהבים את
התורה נתגדל שמם בתורה

"Als sie (die Schüler des R. Jochanan b. Zakkai) ihn verlassen hatten, sagte er (R. Elʿazar): 'Ich werde nach Dimsit (= Emmaus) gehen, einem schönen Ort, an dem es vieles und gutes Wasser gibt.' Sie sagten: 'Wir werden nach Yavne gehen, einem Ort, an dem es viele Gelehrte gibt, die die Lehre lieben.' Jener, der nach Dimsit ging, einem schönen Ort, an dem es vieles und gutes Wasser gibt - sein Name wurde gering in der Lehre; jene, die nach Yavne gingen, einem Ort, an dem es viele Gelehrte gibt, die die Lehre lieben - ihr Name wurde groß in der Lehre."

Vgl. Koh r VII 7, 2.

7. AdRN b 14 (ed. Schechter, 30a):

כיון שיצאו מירושלים אמר אנה אלך והוא שאמר נלך למאום לעיר יפה
שמימיה מעוסקים (צ"ל: מתוקים) לא נתגדל שמו בחכמה והם שאמרו
נלך לנו ליבנה למקום שמאהבים התורה למקום שתלמידי חכמים מרובים
הם נתגדל שמם בחכמה

"Als sie Jerusalem verließen, sagte er (R. Elᶜazar b. ᶜArak̲): 'Wo soll ich hingehen?' Derjenige, welcher sagte: 'Wir wollen nach M'WM (= Emmaus) gehen, einer Stadt, deren Wasser süß ist', dessen Name wurde nicht groß in der Lehre. Diejenigen aber, die sagten: 'Wir wollen nach Yavne gehen, einem Ort, an dem man die Lehre liebt, einem Ort, an dem es viele Gelehrte gibt', deren Name wurde groß in der Lehre."

8. T Soṭ VII 9:

מעשה בר' יוחנן בן ברוקה ור' אלעזר חסמא שבאו מיבנה ללוד והק-
בילו פני ר' יהושע בפקיעין אמר להם מה חידוש היה לכם בבית המ-
רש היום אמרו לו תלמידיך אנו ומימיך אנו שותים אמר להם אי איפ-
שר לבית המדרש בלא חידוש

9-10. j Soṭ 18d,70-75; j Ḥag 75d,53-56:

דתני מעשה ברבי יוחנן בן ברוקה ור' אלעזר חסמא שהיו מהלכין
מיבנה ללוד והקבילו ר' יהושע בבקיעין אמר להן מה חדוש היה לכם
בבית המדרש היום אמרו לו הכל תלמידיך ומימיך אנו שותים אמר
להן אע"פכ (אפילו כן: j Soṭ) אי איפשר לבית המדרש שלא יהא בו
דבר חדש בכל יום

"Es wird gelehrt: Es geschah, daß R. Jochanan b. Beroqa und R. Elᶜazar Chisma von Yavne nach Lod gingen und R. Jehoschuaᶜ (b. Chananja) in Pəqiᶜin besuchten. Er fragte sie: 'Was habt ihr heute Neues im Lehrhaus (besprochen)?' Sie antworteten ihm: 'Wir sind alle deine Schüler und trinken von deinem Wasser.' Er erwiderte: 'Trotzdem! Es ist nicht möglich, daß es in einem Lehrhaus an irgendeinem Tage nichts Neues gäbe!'"

In den Parallellstellen b Ḥag 3a und AdRN 18 (ed. Schechter, 34a) fehlen die Ortsangaben Yavne und Lod.

11. Mek̲ בא 16 (ed. Horovitz - Rabin, 58):

כבר שבתו תלמידים ביבנה ולא שבת שם רבי יהושע וכשבאו תלמידיו אצלו אמר להם מה דברים היה לכם ביבנה

"Einmal verbrachten die Schüler (des R. Jehoschuaᶜ b. Chananja) den Schabbat in Yavne, R. Jehoschuaᶜ aber verbrachte ihn nicht dort. Als die Schüler (später) zu ihm kamen, fragte er sie: 'Was habt ihr in Yavne gelernt?'"

12. T Jad II 16:

אמר ר' יוסי בן דורמסקית אני הייתי עם זקנים הראשונים מיבנה ללוד ובאתי ומצאתי את ר' אליעזר שהיה יושב בחנות של נחתומין בלוד אמר לי מה חידוש היה בבית המדרש

"R. Jose b. Durmasqit sagte: Ich war unter den ersten Ältesten, die von Yavne nach Lod (gingen). Ich kam und fand R. Eliᶜezer, der in einem Bäckerladen in Lod wohnte. Er fragte mich: 'Was gab es Neues im Lehrhaus?'"

In den Parallelstellen b Ḥag 3b und Midr. Teh zu Ps 25,13 (ed. Buber, 107b) fehlt die Ortsangabe Yavne.

13. M Jad IV 3:

וכשבא רבי יוסי בן דורמסקית אצל רבי אליעזר ללוד אמר לו מה חדוש היה לכם בבית המדרש היום

"Als R. Jose b. Durmasqit zu R. Eliᶜezer nach Lod kam, fragte ihn dieser: 'Was habt ihr heute Neues im Lehrhaus (gelernt)?'"

14. Koh r I 15,2:

רבי יעקב בר אחא בש"ר יוחנן לעולם אל ימנע אדם עצמו לילך לבית המדרש שהרי כמה פעמים נשאלה הלכה זו ביבנה

"R. Jaᶜaqov b. Acha (sagte) im Namen des R. Jochanan: 'Niemals sollte sich jemand davon abhalten lassen, in das Lehrhaus zu gehen, denn schon mehrmals ist die folgende Halacha im (Lehrhaus von) Yavne behandelt worden ...'"

In den folgenden drei Stellen wird von einem Streit zwischen R. Jehoschua[c] und Rabban Gamliel berichtet, der zu dessen Absetzung als Oberhaupt der Akademie in Yavne führte.

15. b Ber 27b-28a:

תנו רבנן מעשה בתלמיד אחד שבא לפני ר' יהושע אמר ליה תפלת ער-
בית רשות או חובה אמר ליה רשות בא לפני רבן גמליאל אמר ליה
תפלת ערבית רשות או חובה אמר ליה חובה אמר ליה והלא ר' יהושע
אמר לי רשות אמר ליה המתן עד שיכנסו בעלי תריסין לבית המדרש
כשנכנסו בעלי תריסין עמד השואל ושאל תפלת ערבית רשות או חובה
אמר ליה רבן גמליאל חובה אמר להם רבן גמליאל לחכמים כלום יש
אדם שחולק בדבר זה אמר ליה ר' יהושע לאו אמר ליה והלא משמך
אמרו לי רשות אמר ליה יהושע עמוד על רגליך ויעידו בך עמד רבי
יהושע על רגליו ואמר אלמלא אני חי והוא מת יכול החי להכחיש את
המת ועכשיו שאני חי והוא חי היאך יכול החי להכחיש את החי היה
רבן גמליאל יושב ודורש ור' יהושע עומד על רגליו עד שרננו כל העם
ואמרו לחוצפית התורגמן עמוד ועמד אמרי עד כמה נצעריה וניזיל
בראש השנה אשתקד צעריה בבכורות במעשה דר' צדוק צעריה הכא נמי
צעריה תא ונעבריה מאן נוקים ליה נוקמיה לרבי יהושע בעל מעשה
הוא נוקמיה לר' עקיבא דילמא עניש ליה דלית ליה זכות אבות אלא
נוקמיה לר' אלעזר בן עזריה דהוא חכם והוא עשיר והוא עשירי לעז-
רא הוא חכם דאי מקשי ליה מפרק ליה והוא עשיר דאי אית ליה לפלו-
חי לבי קיסר אף הוא אזל ופלח והוא עשירי לעזרא דאית ליה זכות
אבות ולא מצי עניש ליה אתו ואמרו ליה ניחא ליה למר דליהוי ריש
מתיבתא אמר להו איזיל ואימליך באינשי ביתי אזל ואמליך בדביתהו
אמרה ליה (כח ע"א) דלמא מעברין לך אמר לה [לשתמש אינש] יומא
חדא בכסא דמוקרא ולמחר ליתבר אמרה ליה לית לך חיורתא ההוא יו-
מא בר תמני סרי שני הוה אתרחיש ליה ניסא ואהדרו ליה תמני סרי
דרי חיורתא היינו דקאמר ר' אלעזר בן עזריה הרי אני כבן שבעים
שנה ולא בן שבעים שנה תנא אותו היום סלקוהו לשומר הפתח ונתנה
להם רשות לתלמידים ליכנס שהיה רבן גמליאל מכריז ואומר כל תלמיד
שאין תוכו כברו לא יכנס לבית המדרש ההוא יומא אתוספו כמה ספסלי
אמר ר' יוחנן פליגי בה אבא יוסף בן דוסתאי ורבנן חד אמר אתוספו
ארבע מאה ספסלי וחד אמר שבע מאה ספסלי הוה קא חלשא דעתיה דרבן
גמליאל אמר דלמא חס ושלום מנעתי תורה מישראל אחזו ליה בחלמיה

חצבי חיורי דמליין קטמא ולא היא ההיא ליתובי דעתיה הוא דאחזו
ליה תנא עדיות בו ביום נשנית וכל היכא דאמרינן בו ביום ההוא
יומא הוה ולא היתה הלכה שהיתה תלויה בבית המדרש שלא פירשוה ואף
רבן גמליאל לא מנע עצמו מבית המדרש אפילו שעה אחת דתנן בו ביום
בא יהודה גר עמוני לפניהם בבית המדרש אמר להם מה אני לבא בקהל
אמר ליה רבן גמליאל אסור אתה לבא בקהל אמר ליה ר' יהושע מותר
אתה לבא בקהל ... שלח להו ר' יהושע לבי מדרשא וכו'

"Die Rabbanan lehrten: Es geschah, daß ein Schüler vor R. Jehoschua^c (b. Chananja) kam und ihn fragte: 'Ist das Abendgebet freigestellt oder ist es Pflicht?' Er antwortete: 'Es ist freigestellt.' Dann ging er zu Rabban Gamliel und fragte diesen: 'Ist das Abendgebet freigestellt oder ist es Pflicht?' Er erwiderte: 'Es ist Pflicht.' Da sagte jener: 'Aber R. Jehoschua^c hat mir gesagt, es sei freigestellt.' Da erwiderte er: 'Warte, bis die Schildträger (die Gelehrten) ins Lehrhaus kommen.' Als die Schildträger eingetreten waren, stand der Frager auf und fragte: 'Ist das Abendgebet freigestellt oder Pflicht?' Rabban Gamliel antwortete ihm: 'Es ist Pflicht.' Dann fragte Rabban Gamliel die Weisen: 'Ist etwa jemand unter euch anderer Meinung?' R. Jehoschua^c antwortete: 'Nein.' Da erwiderte er: 'Man hat mir aber in deinem Namen gesagt, es sei freigestellt!' Und dann sagte er: 'Jehoschua^c, steh auf, damit man gegen dich aussagen kann!' Da stand R. Jehoschua^c auf und sprach: 'Wäre ich lebendig und er tot, so könnte der Lebende den Toten der Lüge zeihen. Jetzt aber, wo ich lebe und er auch lebt, wie kann da der Lebende den Lebenden der Lüge zeihen?' Rabban Gamliel blieb sitzen und trug vor, R. Jehoschua^c aber blieb stehen, bis das Volk anfing zu protestieren und dem Interpreten Chuṣpit zurief: 'Hör auf!' Und er hörte auf. Sie sagten: 'Wie lange wird er (Rabban Gamliel) ihn (R. Jehoschua^c) noch quälen? Im vorigen Jahr quälte er ihn wegen des Neujahrs (vgl. M R hasch II 8-9), wegen der Erstgeburt quälte er ihn bei der Angelegenheit mit R. Ṣadoq, und jetzt quält er ihn wieder. Laßt uns ihn absetzen! Wen sollen wir einsetzen? Setzen wir R. Jehoschua^c ein - so ist er ja in die Angelegenheit verwickelt; Setzen wir R. ^{c}Aqiva ein - so kann er (Rabban Gamliel) Strafe über ihn bringen, weil er keine Ahnenverdienste hat; wir wollen R. El^{c}azar b. ^{c}Azarja einsetzen, er ist weise, er ist reich und stammt in zehnter Generation von Esra ab. Er ist weise - wenn jemand eine Frage an ihn richtet, wird er sie beantworten können; er ist reich - wenn es nötig wird, daß er am kaiserlichen Hof erscheint, kann er es tun; er stammt in zehnter Generation von Esra ab, hat also Ahnenverdienste, und er (Rabban Gamliel) kann keine Strafe über ihn bringen.' Sie gingen zu ihm und fragten ihn: 'Ist der Meister damit einverstanden, das Oberhaupt der Akademie zu werden?' Er antwortete: 'Ich will mich mit meinen Angehörigen beraten.' Dann ging er und beriet sich mit seiner Frau. Sie sprach zu ihm: (28a) 'Vielleicht setzt man dich wieder ab!' Er antwortete ihr '[Die Leute sagen:] Heute (trinkt man) aus einem kostbaren Becher, und morgen zerbricht er!' Sie entgegnete: 'Du hast kein weißes Haar.' An jenem Tage war er achtzehn Jahre alt, und es geschah an ihm ein Wunder, daß er achtzehn Reihen weißes Haar bekam. Deswegen sagte R. El^{c}azar b. ^{c}Azarja: 'Ich bin wie ein Siebzigjähriger'; (er sagte) nicht: 'Ich bin ein Siebzigjähriger.' Es wird gelehrt: An jenem Tage entfernte man den Türwächter und erlaubte den Schülern einzutreten. Rabban Gamliel hatte nämlich bekanntmachen lassen: Kein Schüler, dessen Inneres nicht seinem Äußeren entspricht, darf das Lehrhaus betreten! An jenem Tage kamen viele Bänke hinzu. R. Jochanan sagte: 'Es gibt eine Meinungsverschiedenheit zwischen Abba Josef b. Dostai und den Rabbanan: Nach einer Meinung kamen 400 Bänke hinzu, nach der anderen 700.' Da fühlte sich Rabban Gamliel entmutigt und sprach: 'Vielleicht habe ich, Gott bewahre!, Israel die Tora vorenthalten!' Da wurden ihm im Traum weiße Töpfe voll Asche gezeigt. Das ist aber bedeutungslos, da sie ihm nur zu seiner Beruhigung gezeigt wurden. Es wird gelehrt: An jenem Tage wurde (der Traktat) ^{c}Edujot gelehrt. Und überall, wo es heißt: 'An jenem Tag' ist dieser Tag gemeint. Keine nicht entschiedene Halacha gab es (an diesem Tage) im Lehrhaus, die nicht erklärt wurde. Und sogar Rabban Gamliel hielt sich auch nicht <u>eine</u> Stunde vom Lehrhaus fern. Es wird nämlich gelehrt: An jenem Tage kam Jehuda, ein ^{c}ammonitischer Proselyt, zu ihnen ins Lehrhaus und fragte sie:

'Darf ich in die Gemeinde aufgenommen werden?' Rabban Gamliel entgegnete: 'Du darfst nicht in die Gemeinde aufgenommen werden.' R. Jehoschuaᶜ dagegen sagte ihm: 'Du darfst in die Gemeinde aufgenommen werden.' ... Da ließ R. Jehoschuaᶜ im Lehrhaus verkünden: ..."

16. j Ber 7c,73-7d,17:

מעשה בתלמיד אחד שבא ושאל את רבי יהושע תפילת הערב מהו אמר ליה
רשות בא ושאל רבן גמליאל תפילת הערב מהו אמר ליה חובה אמר לו
והא ר' יהושע אמר לי רשות אמר לו למחר כשאכנס לבית הוועד עמוד
ושאול את ההלכה הזאת למחר עמד אותו תלמיד ושאל את רבן גמליאל
תפילת הערב מהו אמר לו חובה אמר לו הא ר' יהושע אמר לי רשות
אמר רבן גמליאל לרבי יהושע את הוא אומר רשות אמר ליה לאו אמר
לו עמוד על רגליך ויעידון והיה רבן גמליאל יושב ודורש ורבי יהו-
שע עומד על רגליו עד שריננו כל העם ואמרו לרבי חצפית התורגמן
הפטר את העם אמרו לרבי זינון החזן אמור התחיל ואמר התחילו ועמ-
דו כל העם על רגליהם ואמרו לו כי על מי לא עברה רעתך תמיד (נחום
ג' י"ט) הלכו ומינו את רבי אלעזר בן עזריה בישיבה בן שש עשרה
שנה ונתמלא כל ראשו שיבות והיה רבי עקיבה יושב ומצטער ואמר לא
שהוא בן תורה יותר ממני אלא שהוא בן גדולים יותר ממני אשרי
אדם שזכו לו אבותיו אשרי אדם שיש לו יתד במי להתלות בה וכי מה
היתה יתידתו של רבי אלעזר בן עזריה שהיה דור עשירי לעזרא וכמה
ספסלין היו שם רבי יעקב בן סיסי אמר שמונים ספסלים היו שם של
תלמידי חכמים חוץ מן העומדין לאחורי הגדר רבי יוסי בירבי אבון
אמר שלש מאות היו שם חוץ מן העומדין לאחורי הגדר כיי דתנינן
תמן ביום שהושיבו את רבי אלעזר בן עזריה בישיבה

"Es geschah, daß ein Schüler kam und R. Jehoschuaᶜ fragte: 'Wie ist es mit dem Abendgebet?' Er antwortete ihm: 'Es ist freigestellt.' Dann ging er zu Rabban Gamliel und fragte ihn: 'Wie ist es mit dem Abendgebet?' Dieser erwiderte: 'Es ist Pflicht.' Da sagte er (der Schüler) zu ihm: 'R. Jehoschuaᶜ hat mir aber gesagt, es sei freigestellt!' Da antwortete jener: 'Wenn ich morgen in das Lehrhaus (בית הוועד) komme, steh auf und frage nach dieser Halacha!' An nächsten Tag stand dieser Schüler auf und fragte Rabban Gamliel: 'Wie ist es mit dem Abendgebet?', worauf dieser antwortete: 'Es ist Pflicht.' Da entgegnete er (der Schüler): 'R. Jehoschuaᶜ hat mir aber gesagt, es sei freigestellt!' Da fragte Rabban Gamliel den R. Jehoschua^c: 'Behauptest du, es sei freigestellt?' Dieser erwiderte: 'Nein.' Da sagte er (Rabban Gamliel) zu ihm: 'Steh auf, damit sie gegen dich aussagen können!' Rabban Gamliel aber blieb sitzen und trug vor, und R. Jehoschua^c blieb stehen, bis das Volk anfing zu protestieren und zu dem Interpreten Chuṣpit sagte: 'Entlasse das Volk!', und zu R. Zinon, dem Synagogenvorsteher, sagten sie: 'Sprich!' Da begann dieser zu sprechen und sagte: 'Fangt an!' Da stand das ganze Volk auf und sprach zu ihm (Rabban Gamliel): 'Denn über wen ist deine Bosheit nicht immerfort ergangen?' (Nah 3,19). Dann gingen sie und wählten R. El^cazar b. ^cAzarja (zum Oberhaupt) der Akademie. Sechzehn Jahre war er alt, und sein Kopf wurde voll von weißem Haar. R. ^cAqiva aber war sehr gekränkt. Er sagte: 'Er wurde nicht deshalb (ernannt), weil er mehr Torakenntnisse besitzt als ich, sondern weil er mehr als ich Nachkomme bedeutender Vorfahren ist. Wohl dem Menschen, dem seine Vorfahren Verdienste erwarben! Wohl dem Menschen, der einen Pfosten hat, auf den er sich stützen kann!' Worin bestand der Pfosten des R. El^cazar b. ^cAzarja? Er stammte in zehnter Generation von Esra ab. Wieviele Bänke gab es dort? R. Ja^caqov b. Sissi sagte: 'Es gab dort achtzig Bänke für die Gelehrtenschüler, außer denen, die hinter der Umzäunung standen.' R. Jose b. R. Abun sagte: 'Es gab dort dreihundert außer denen, die hinter der Umzäunung standen.' Wie es auch dort gelehrt wurde: An dem Tag, an dem man R. El^cazar b. ^cAzarja (als Oberhaupt) der Akademie wählte."

In einem wörtlich fast gleichen Parallelbericht wird ein ähnlicher Streit zwischen R. Jehoschua^c und Rabban Gamliel wiedergegeben, in dem der Schüler die Frage stellt: 'Unterscheiden wir zwischen einem Chaver und einem ^cAm Ha-areṣ?' Dieser Bericht spielt ebenfalls in dem Lehrhaus von Yavne, er bricht aber vor der Ernennung des R. El^cazar b. ^cAzarja ab:

17. b Be<u>k</u> 36a:

אתא לקמיה דרבי יהושע אמר ליה כלום חילקנו בין חבר לעם הארץ
אמר לו רבי יהושע הן אתא לקמיה דרבן גמליאל אמר ליה חילקנו בין

חבר לעם הארץ אמר ליה רבן גמליאל לא אמר ליה והא רבי יהושע
אמר לי הן אמר לו המתן עד שיעלו בעלי תריסין לבית המדרש כיון
שנכנסו לבית המדרש עמד השואל ושאל כלום חילקנו בין חבר לעם
הארץ אמר לו ר' יהושע לאו אמר לו רבן גמליאל והלא משמך אמרו לי
הן יהושע עמוד על רגליך ויעידו בך עמד רבי יהושע על רגליו ואמר
היאך אעשה אילמלי אני חי והוא מת יכול החי להכחיש את המת עכשיו
שאני חי והוא חי היאך חי יכול להכחיש את החי והיה רבן גמליאל
יושב ודורש ור' יהושע עומד על רגליו עד שריננו כל העם ואמרו
לחוצפית המתורגמן עמוד ועמד

Zur Übersetzung vgl. Nr. 15.

Interessant ist, daß in Nr. 15 und 17 der Ausdruck בית המדרש und in Nr. 16 statt dessen בית הוועד steht. Zur Wahl des R. El^cazar b. ^cAzarja vgl. noch Nr. 22-24.

Es folgen zunächst noch weitere Belege, die sich auf die Lehrtätigkeit des Rabban Gamliel II. in Yavne beziehen:

18. b Sanh 32b:

הלך אחר חכמים לישיבה ... אחר רבן גמליאל ליבנא

"Folge den Weisen zur Akademie. ... Folge Rabban Gamliel nach Yavne."

19. j B qam 4b,29-31:

מעשה ששילח המלכות שני איסרטיוטות ללמוד תורה מרבן גמליאל
ולמדו ממנו מקרא משנה תלמוד הלכות ואגדות

"Es geschah, daß die Regierung zwei Beamte schickte, die bei Rabban Gamliel Tora lernen sollten. Sie lernten bei ihm Bibel, Mischna, Talmud, Halachot und Agadot."

20. S Deut 344 (ed. Finkelstein, 401):

וכבר שלחה מלכות שני סרדיטיאות ואמרה להם לכו ועשו עצמכם יהו-
דים (נ"א: גרים) וראו תורתם מה טיבה הלכו אצל רבן גמליאל לאו-
שא וקראו את המקרא ושנו את המשנה מדרש הלכות והגדות

"Da schickte die Regierung zwei Beamte und trug ihnen auf: 'Geht und tut so, als ob ihr Juden wäret (Var.: als ob ihr Proselyten werden wolltet), und macht euch ein Bild von ihrer

Lehre.' Da gingen sie zu Rabban Gamliel nach Ušâ, lasen die Bibel, lernten Mischna, Midrasch, Halachot und Agadot."

21. Midr. Tannaim zu Deut 33,4 (ed. Hoffmann, 212):

אמרו מעשה ששילחה מלכות שני אסטרוגולין אמרו להן לכו ולמדו
תורתן שליהודים ובואו והודיעונו מה כתוב בה הלכו להן אצל רבן
גמליאל לאושא ולמדו ממנו מדרש הלכות ואגדות

"Sie sagten: Es geschah, daß die Regierung zwei Astrologen schickte und ihnen auftrug: 'Geht und lernt die Lehre der Juden. Dann kommt her und berichtet uns, was in ihr steht.' Sie gingen zu Rabban Gamliel nach Ušâ und lernten bei ihm Midrasch, Halachot und Agadot."

Statt Ušâ sollte es wohl heißen: Yavne (vgl. 1, S. 322; 6).

In der Parallelstelle b B qam 38a steht אצל חכמי ישראל, 'zu den Weisen Israels' ohne Namens- und Ortsangabe.

An folgenden Stellen wird die Wahl des R. Elᶜazar b. ᶜAzarja anstelle von Rabban Gamliel II. mitgeteilt:

Vgl. Nr. 15-16.

22-24. M Zev I 3; M Jad III 5; M Jad IV 2:

ביום שהושיבו רבי אלעזר בן עזריה בישיבה

"An dem Tag, an dem man R. Elᶜazar b. ᶜAzarja (als Oberhaupt) der Akademie wählte ..."

Auf dieses Ereignis gehen auch die Entscheidungen zurück, die 'an jenem Tage' (בו ביום) getroffen wurden; vgl. M Jad IV 1-4. Dabei wird in

25. M Jad IV 4 ein Lehrhaus ausdrücklich erwähnt:

בו ביום בא יהודה גר עמני ועמד לפניהם בבית המדרש

"An jenem Tage kam Jehuda, ein ᶜammonitischer Proselyt, und trat vor sie ins Lehrhaus."

Vgl. dazu Nr. 15.

26-29. M Ket IV 6; b B bat 131b; j Taᶜan 67d,37; Koh r II 8,1:

זה מדרש דרש ר' אלעזר בן עזריה לפני חכמים בכרם ביבנה

"Diese Auslegung trug R. Elᶜazar b. ᶜAzarja vor den Weisen im Weinberg zu Yavne vor."

Zu dem Ausdruck כרם ביבנה vgl. Nr. 33-57.

30. b Ket 50a:

'אשרי שומרי משפט עושה צדקה בכל עת'(תה' ק"ו ג') וכי אפשר לעשות צדקה בכל עת דרשו רבותינו שביבנה ואמרי לה רבי אליעזר זה הזן בניו ובנותיו כשהן קטנים

"'Wohl denen, die das Recht wahren und die Gerechtigkeit üben zu jeder Zeit' (Ps 106,3). Kann man denn zu jeder Zeit Gerechtigkeit üben? Unsere Lehrer in Yavne - andere sagen: R. Eliᶜezer - lehren: Damit ist gemeint, wer seine Kinder ernährt, solange sie klein sind."

31. j Naz 53c,30-35:

מעשה בירבי חנינה בן חנינה שהדירו אביו והיה רבן שמעון בן גמ-ליאל בודקו אם הביא שתי שערות אמר לו מפני מה אתה בודקיני אם נזירות אבא עלי הריני נזיר ואם לאו הריני נזיר מכבר עמד רבן גמליאל ונשקו על ראשו ואמר לו בטוח אני שאי את יוצא מן הזקינה עד שתורה הוראות בישראל אמר ר' אלעזר בר צדוק אני ראיתיו יושב ודורש ביבנה

"Es geschah, daß der Vater des R. Chanina b. Chanina diesem ein (Nazir)gelübde auferlegte. Rabban Schimᶜon b. Gamliel untersuchte ihn, ob er schon zwei Haare bekommen habe. Er (Chanina) sagte zu ihm: 'Warum untersuchst du mich? Wenn das Nazirgelübde meines Vaters auf mir liegt (d.h., wenn ich noch minderjährig bin), dann bin ich (seinetwegen) Nazir, wenn aber nicht (d.h., wenn ich schon in der Pubertät bin), dann bin ich auf jeden Fall auch Nazir.' Da stand Rabban Gamliel auf, küßte ihn auf sein Haupt und sagte: 'Ich bin sicher, daß du nicht eher in hohem Alter sterben wirst, bevor du nicht Entscheidungen in Israel getroffen hast.' R. Elᶜazar b. Ṣadoq sagte: 'Ich habe ihn gesehen, wie er in Yavne saß und lehrte.'"

Der letzte Satz lautet in den Parallelstellen T Nid V 15 und b Naz 29b: "... Entscheidungen in Israel traf".

32. b ᶜEruv 13b:

תנא תלמיד ותיק היה ביבנה שהיה מטהר את השרץ במאה וחמשים טעמים
"Es wird gelehrt: In Yavne war ein hervorragender Schüler, der ein Kriechtier auf einhundertundfünfzig verschiedene Arten als rein erklären konnte."

Die Akademie in Yavne wurde allgemein כרם, 'Weinberg', genannt. Die Entstehung dieser Bezeichnung ist nicht geklärt. Der Midrasch erklärt es bildlich: Die Schüler hätten dort in vielen Reihen wie die Weinstöcke im Weinberg gesessen (vgl. Nr.33-37).

33-34. j Ber 7d,17-19; j Taᶜan 67d,36-39:

תמן תנינן זה מדרש דרש ר' אלעזר בן עזריה לפני חכמים בכרם ביב-
נה וכי כרם היה שם אלא אילו תלמידי חכמים שהיו עשויין שורות
שורות ככרם
"Dort haben wir gelehrt: Diese Lehre trug R. Elᶜazar b. ᶜAzarja den Weisen im Weinberg zu Yavne vor. Gab es denn dort einen Weinberg? Damit sind die Schüler gemeint, die in Reihen saßen wie (die Weinstöcke in einem) Weinberg."

35. Koh r II 8,1:

'בניתי לי בתים' (קה' ב' ד') אלו בתי כנסיות ובתי מדרשות 'נטעתי
לי כרמים' (שם) אלו שורות של תלמידי חכמים שהם יושבין שורות
שורות ככרם כדתנן זה מדרש דרש רבי אלעזר בן עזריה לפני חכמים
בכרם ביבנה וכי כרם היה אלא אלו תלמידי חכמים שיושבין שורות
שורות ככרם
"'Ich baute mir Häuser' (Koh 2,4): Das sind die Synagogen und Lehrhäuser; 'ich pflanzte mir Weinberge' (ebd.): Das sind die Reihen der Gelehrtenschüler, die in Reihen sitzen wie (die Weinstöcke in einem) Weinberg. So haben wir gelehrt: Diese Lehre trug R. Elᶜazar b. ᶜAzarja den Weisen im Weinberg zu Yavne vor. Gab es denn dort einen Weinberg? Damit sind vielmehr die Gelehrtenschüler gemeint, die in Reihen sitzen wie (die Weinstöcke in einem) Weinberg."

36. HL r VIII 11,2:

דבר אחר 'כרם' (שה"ש ח' י"א) זו סנהדרין דתנינן תמן שלשה דברים

העיד רבי ישמעאל לפני חכמים בכרם ביבנה וקבלו דבריו וכי בכרם היו יושבין אלא זו סנהדרין שעשויה שורות שורות ככרם

"Eine andere Erklärung: 'Weinberg' (HL 8,11), damit ist das Sanhedrin gemeint. Denn dort haben wir gelehrt: Drei Dinge bezeugte R. Jischmaᶜel vor den Weisen im Weinberg zu Yavne, und sie nahmen es an. Saßen sie denn in einem Weinberg? Damit ist das Sanhedrin gemeint, das in Reihen angeordnet war wie (die Weinstöcke in einem) Weinberg."

37. HL r VIII 9-10,3:

שוב מעשה שנמנו בכרם ביבנה חכמי ישראל וכי בכרם היו אלא זו סנהדרין שעשויה שורות שורות דגלים דגלים כמטעה של כרם

"Ein anderes Mal geschah es, daß die Weisen Israels im Weinberg zu Yavne abstimmten. Befanden sie sich denn in einem Weinberg? Damit ist das Sanhedrin gemeint, das in Reihen und Gruppen angeordnet war wie eine Weinbergpflanzung."

38-39. M Ket IV 6; b B bat 131b:

זה מדרש דרש רבי אלעזר בן עזריה לפני חכמים בכרם ביבנה

"Diese Lehre trug R. Elᶜazar b. ᶜAzarja den Weisen im Weinberg zu Yavne vor."

Vgl. Nr. 26-29.

40. j Giṭ 45a,3f.:

שלשה דברים אמר רבי לעזר בן עזריא לפני חכמים בכרם ביבנה

"Drei Dinge trug R. Elᶜazar b. ᶜAzarja den Weisen im Weinberg zu Yavne vor."

41. M ᶜEdu II 4:

שלשה דברים אמר רבי ישמעאל לפני חכמים בכרם ביבנה

"Drei Dinge trug R. Jischmaᶜel den Weisen im Weinberg zu Yavne vor."

42. T Ṭev II 9:

על זו העיד ר' ישמעאל לפני חכמים בכרם ביבנה

"Das bezeugte R. Jischmaᶜel vor den Weisen im Weinberg zu Yavne."

43. b Ber 63b:

תנו רבנן כשנכנסו רבותינו לכרם ביבנה היו שם רבי יהודה ורבי יו-
סי ור' נחמיה ור' אליעזר בנו של רבי יוסי הגלילי פתחו כולם ...
ודרשו פתח רבי יהודה ... ודרש ...; ועוד פתח ר' יהודה ... ודרש
...; פתח ר' נחמיה ... ודרש ...; פתח ר' יוסי ... ודרש ...;
פתח ר' אליעזר בנו של ר' יוסי הגלילי ... ודרש

"Die Rabbanan haben gelehrt: Als unsere Lehrer im Weinberg zu Yavne zusammentraten, waren dort anwesend R. Jehuda (b. R. Il-ᶜai), R. Jose, R. Nechemja und R. Eliᶜezer, Sohn von R. Jose dem Galiläer. Sie alle fingen an und trugen vor. R. Jehuda begann ... und trug vor ...; noch eine andere Erklärung trug R. Jehuda vor ...; R. Nechemja trug vor ...; R. Jose trug vor ...; R. Eliᶜezer, Sohn von R. Jose dem Galiläer, trug vor."

Eine ähnliche Erzählung findet sich in

44-46. T ᶜEdu I 1; b Schab 33b; 138b:

כשנכנסו רבותינו לכרם ביבנה

"Als unsere Lehrer im Weinberg zu Yavne zusammentraten."

47. b Zev 57a: וזו שאלה נשאלה לפני חכמים בכרם ביבנה

48. S Num 118 (ed. Horovitz, 138):

זו היא שאלה שנשאלה לפני חכמים בכרם ביבנה

49. S Num 118 (ed. Horovitz, 141):

וזו שאלה נשאלה לחכמים בכרם ביבנה

"Diese Frage wurde den Weisen im Weinberg zu Yavne vorgelegt."

Variante: ונשאל דבר זה לפני ר' טרפון בכרם ודרש כך

"Diese Frage wurde R. Ṭarfon im Weinberg vorgelegt, und er erklärte sie so."

50. S Num 124 (ed. Horovitz, 158):

וכבר הלכה זו נשאלה לפני שלשים ושמונה זקנים בכרם ביבנה

"Diese Halacha wurde bereits den achtunddreißig Ältesten im Weinberg zu Yavne vorgelegt."

Vgl. T Miq VII 11, wo diese Begebenheit in Lod spielt.

51. j Schab 7a,23f.:

שהרי כמה פעמים נשאלה הלכה זו ביבנה

"... denn diese Halacha wurde mehrmals in Yavne vorgelegt."

52. b Jeb 42b:

אמר רב יוסף אי הדר ביה ממתניתא דכרמא הדר ביה דתניא אמר ר' ישמעאל בנו של ר' יוחנן בן ברוקה שמעתי מפי חכמים בכרם ביבנה

"R. Josef sagte: Wenn er (R. Jochanan) davon zurückgetreten ist, so ist er wegen der Lehre des Weinbergs zurückgetreten, denn es wird gelehrt: R. Jischma[c]el, Sohn von R. Jochanan b. Beroqa, sagte: 'Ich habe von den Weisen im Weinberg zu Yavne gehört ...'"

53. b Jeb 75a:

אמר רבי ישמעאל בנו של ר' יוחנן בן ברוקה שמעתי מפי חכמים בכרם ביבנה

"R. Jischma[c]el, Sohn von R. Jochanan b. Beroqa, sagte: 'Ich habe von den Weisen im Weinberg zu Yavne gehört ...'"

54-57. T Jeb VI 6; T Jeb X 3; j Jeb 9a,70-72; S Deut 247 (ed. Finkelstein, 276):

אמר ר' ישמעאל בנו של ר' יוחנן בן ברוקה אני שמעתי בכרם ביבנה

"R. Jischma[c]el, Sohn von R. Jochanan b. Beroqa, sagte: 'Ich habe im Weinberg zu Yavne gehört ...'"

Levy (Wörterbuch II, 218.408) bezieht den Ausdruck אוצר של יבנה, 'Speicher von Yavne' (T Dem I 14; j Dem 23c,65; T Maksch III 15; vgl. Gen r LXXVI 8, ed. Theodor - Albeck, 906) auf die dortige Akademie. Ihm folgen Rengstorf (Rabbinische Texte, hersg. von Kittel und Rengstorf. Erste Reihe: Die Tosefta, Seder Naschim, Jebamot, 62f. [1933]) Krämer (Die Tosefta, Seder Zeraim, Demai, 16 [1971]; vgl. Lisowsky - Rengstorf, Die Tosefta, Seder Ṭoharot, Makschirin, 172f. [1967]) und Herr (Enc. Jud. [engl.] IX, 1177). T Dem I 12-14 gehören zusammen. In Vers 12 ist von einem אוצר die Rede, in dem außer einem einzigen Juden nur Nichtjuden Lebensmittel speichern. Wie aus Vers 13 hervorgeht, ist damit der Speicher von Yavne gemeint, dem der Speicher von רנב gegenübergestellt wird. In Vers 14 (Parallelen: j Dem 23c,63-67; T Maksch III 15) bezieht sich R. Jehoschua[c] auf Vers 12 (ein Jude - viele Nichtjuden; Stichwort: אוצר של יבנה) und erklärt Num 19,19 dementsprechend:

58. j Dem 23c,63-67:

אמר ר' יהושע בן קבסיי כל ימי הייתי קורא הפסוק הזה והזה הט-
הור על הטמא' (במד' י"ט י"ט) טהור אחד מזה על טמא אחד עד שלמד-
תיה מאוצרה של יבנה וחכמים אומרים אפילו כולו גוי וישראל אחד
מטיל לתוכו דמאי הדא אמרה שטהור אחד מזה על כמה (תוספתא: מאה)
טמאין

"R. Jehoschua[c] b. Qevusai sagte: Mein Leben lang hatte ich den Vers 'Und der Reine soll den Unreinen besprengen' (Num 19,19) erklärt: Ein Reiner (soll) einen Unreinen (besprengen), bis ich die (richtige Erklärung) aus (der Stelle mit) dem Speicher von Yavne lernte, wo die Weisen sagen: 'Sogar, wenn alles Nichtjuden sind und nur ein einziger Jude (unter ihnen) in ihm speichert, ist alles Demai'. Genau das ist es, was die (Schriftstelle) hier besagt, daß nämlich ein einziger Reiner viele (T Maksch: hundert) Unreine besprengen darf."

Eine Beziehung zu der Akademie in Yavne besteht hier nicht. Vgl. dazu noch Krauss (4).

Belege, die auf das Große Sanhedrin und auf die Gerichtstätigkeit der Akademie in Yavne hinweisen:

59. b R hasch 31a/b:

וכנגדן גלתה סנהדרין מגמרא מלשכת הגזית לחנות ומחנות לירושלים
ומירושלים ליבנה ומיבנה לאושא ומאושא ליבנה ומיבנה לאושא ומאו-
שא לשפרעם ומשפרעם לבית שערים ומבית שערים לצפורי ומצפורי
לטבריא

"Dementsprechend wanderte das Sanhedrin (zehn Mal) aus, wie es überliefert ist: Aus der Quaderhalle in die Kaufhalle, von der Kaufhalle in (die Stadt) Jerusalem, von Jerusalem nach Yavne, von Yavne nach Ušá, von Ušá nach Yavne, von Yavne nach Ušá, von Ušá nach Šəfar[c]ám, von Šəfar[c]ám nach Bẹt Šə[c]árim, von Bẹt Šə[c]árim nach Ṣippori und von Ṣippori nach Tiberias."

60. Gen r, Neue Version des Jakobsegens, 2 (XCVII) (ed. Theodor - Albeck, 1220f.):

שבתחילה גלתה לה סנהדרי וישבה לה ביבנה ומיבנה לאושא ומאושא
לשפרעם ומשפרעם לבית שערים ומבית שערים לציפורי וציפורי היה
בחלקו שלזבולן ואחרכך גלתה לטיבריה

"Denn zuerst wanderte das Sanhedrin aus und ließ sich in Yavne nieder, von Yavne (wanderte es) nach Ušå, von Ušå nach Šəfarᶜåm, von Šəfarᶜåm nach Bet Šəᶜårim, von Bet Šəᶜårim nach Ṣippori - Ṣippori war im Gebiet Zəvulun, und dann wanderte es aus nach Tiberias."

61-64. M Sanh XI 4 (3); b Sanh 89a; HL r VIII 9-10,3: Vgl. Nr. 37; HL r VIII 11,2: Vgl. Nr. 36:

אין ממיתין אותו לא בבית דין שבעירו ולא בבית דין שביבנה אלא
מעלין אותו לבית דין הגדול שבירושלים

"Man tötet ihn (einen Ältesten, der die Entscheidungen des Sanhedrin nicht anerkennt; vgl. XI 2) weder durch den Gerichtshof seiner Stadt, noch durch den Gerichtshof, der in Yavne ist, sondern bringt ihn zum Großen Gerichtshof nach Jerusalem hinauf."

Aus dieser Stelle geht hervor, daß bereits vor der Zerstörung des Tempels ein Gerichtshof in Yavne gewesen sein muß.

65. S Deut 154 (ed. Finkelstein, 207):

'ועשית על פי הדבר'(דב' י"ז י') על הורית בית דין הגדול שבירו-
שלים חייבים מיתה ואין חייבים מיתה על הורית בית דין שביבנה

"'Und du sollst tun gemäß dem Wort' (Deut 17,10): Aufgrund einer Entscheidung des Großen Gerichtshofes in Jerusalem ist man des Todes schuldig, aber aufgrund einer Entscheidung des Gerichtshofes in Yavne ist man nicht des Todes schuldig."

66. M R hasch IV 1:

יום טוב של ראש השנה שחל להיות בשבת במקדש היו תוקעין אבל לא
במדינה משחרב בית המקדש התקין רבן יוחנן בן זכאי שיהו תוקעין
בכל מקום שיש בו בית דין אמר רבי אליעזר לא התקין רבן יוחנן
בן זכאי אלא ביבנה בלבד אמרו לו אחד יבנה ואחד כל מקום שיש בו
בית דין

67-68. M R hasch IV 2; T R hasch IV 2 (II 8):

ועוד זאת היתה ירושלים יתרה על יבנה שכל עיר שהיא רואה ושומעת
וקרובה ויכולה לבוא (תוספתא: לבוא שלשה דברים אילו בתוכה)
תוקעין וביבנה לא היו תוקעין אלא בבית דין בלבד

"Wenn der Festtag des Neujahres auf einen Schabbat fiel, blies man wohl im Tempel, nicht aber außerhalb Jerusalems. Nach der Zerstörung des Tempels ordnete Rabban Jochanan b. Zakkai an, daß man an jedem Ort, an dem es einen Gerichtshof gibt, blase. R. Eliᶜezer sagte: 'Die Verordnung des Rabban Jochanan b. Zakkai bezog sich nur auf Yavne.' Man entgegnete ihm: 'Es ist gleich, ob es sich um Yavne oder irgend einen anderen Ort handelt, an dem es einen Gerichtshof gibt.' (Nr. 64) Auch in der folgenden Beziehung hatte Jerusalem einen Vorzug vor Yavne: In jeder Stadt nämlich, von der aus man (Jerusalem) sehen und (die Schofartöne) hören kann, die nahe (bei Jerusalem) liegt und von der man (ohne den Schabbat zu verletzen nach Jerusalem) gelangen kann (Tosefta add.: - wenn diese drei Dinge für eine Stadt zutreffen), darf man blasen, in Yavne aber blies man vor dem Gerichtshof."

Vgl. j R hasch 59b,43-55.

69. b R hasch 29b:

תנו רבנן פעם אחת חל ראש השנה להיות בשבת [והיו כל הערים
מתכנסין] אמר להם רבן יוחנן בן זכאי לבני בתירה נתקע אמרו לו
נדון אמר להם נתקע ואחר כך נדון לאחר שתקעו אמרו לו נדון אמר
להם כבר נשמעה קרן ביבנה ואין משיבין לאחר מעשה

"Die Rabbanan lehrten: Einmal fiel der Neujahrstag auf einen Schabbat [und alle Städte versammelten sich]. Da sprach Rabban Jochanan b. Zakkai zu den Söhnen Beteras: 'Wir wollen blasen!' Diese erwiderten: 'Wir wollen erst (darüber) diskutieren (,. ob es erlaubt ist).' Er entgegnete ihnen: 'Wir wollen erst blasen und dann diskutieren.' Nach dem Blasen sagten sie zu ihm: 'Jetzt wollen wir diskutieren.' Er aber entgegnete: 'Man hat das Horn schon in Yavne gehört! Wenn etwas geschehen ist, braucht man nicht mehr darüber zu diskutieren!'"

70. b R hasch 30a:

בירושלים תוקעין בין בזמן בית דין ובין שלא בזמן בית דין וביב-
נה בזמן בית דין אין שלא בזמן בית דין לא הא בזמן בית דין מיהא
תוקעין ואפילו שלא בפני בית דין לא דאילו בירושלים תוקעין בין
בפני בית דין בין שלא בפני בית דין וביבנה בפני בית דין אין
שלא בפני בית דין לא

"In Jerusalem blies man sowohl während einer Gerichtssitzung als auch außerhalb einer Gerichtssitzung, in Yavne aber nur während einer Gerichtssitzung, nicht aber außerhalb einer Gerichtssitzung. Blies man denn auch, wenn das Gericht nicht anwesend war? Nein, denn in Jerusalem blies man sowohl in Anwesenheit des Gerichtes als auch in Abwesenheit des Gerichtes, in Yavne aber nur bei Anwesenheit des Gerichtes, nicht aber bei Abwesenheit des Gerichtes. ..."

71. M R hasch II 8-9:

מעשה שבאו שנים ואמרו ראינוהו שחרית במזרח וערבית במערב אמר
רבי יוחנן בן נורי עדי שקר הם וכשבאו ליבנה קבלן רבן גמליאל
ועוד באו שנים ואמרו ראינוהו בזמנו ובליל עבורו לא נראה וקבלן
רבן גמליאל אמר רבי דוסא בן הרכינס עדי שקר הם היאך מעידים על
האשה שילדה ולמחר כרסה בין שניה אמר לו רבי יהושע רואה אני את
דבריך (9) ... בא לו אצל רבי דוסא בן הרכינס אמר לו אם באין אנו
לדון אחר בית דינו של רבן גמליאל צריכין אנו לדון אחר כל בית
דין ובית דין שעמד מימות משה ועד עכשיו

"Es geschah, daß zwei (Zeugen) kamen und sagten: 'Wir haben ihn (den Neumond) am Morgen im Osten und am Abend im Westen gesehen.' Da sagte R. Jochanan b. Nuri: 'Es sind falsche Zeugen!' Als sie aber nach Yavne kamen, nahm Rabban Gamliel ihr (Zeugnis) an. Ein anderes Mal kamen auch zwei (Zeugen) und sagten: 'Wir haben ihn zu seiner Zeit gesehen, in der Schaltnacht aber war er nicht sichtbar.' Auch deren (Zeugnis) nahm Rabban Gamliel an. Da sagte R. Dosa b. Hyrkanos: 'Es sind falsche Zeugen! Wie können sie von einer Frau bezeugen, daß sie geboren habe, wenn der Bauch ihr am folgenden Tag noch bis zwischen die Zähne reicht?' R. Jehoschua^{c} engegnete: 'Deine Worte leuchten mir ein.' (9) ... Als er (R. Jehoschua^{c}) zu R. Dosa b. Hyrkanos kam, sagte dieser zu ihm: 'Wenn wir den

Gerichtshof des Rabban Gamliel nachprüfen wollen, so müßten wir alle Gerichtshöfe, die von Moses bis jetzt existiert haben, nachprüfen!'"

72. T Ber II 6:

אמר ר' אלעזר בר צדוק כשהיה רבן גמליאל ובית דינו ביבנה היו עסוקין בצורכי ציבור לא היו מפסיקין שלא להסיע מליבן

"R. Elᶜazar b. Ṣadoq sagte: Als Rabban Gamliel und sein Gerichtshof in Yavne waren, waren sie mit öffentlichen Angelegenheiten beschäftigt. Sie unterbrachen sie nicht (zum Rezitieren des Schemaᶜ), um sie nicht aus ihrem Herzen zu entfernen."

73. b Schab 11a:

דאמר רב אדא בר אהבה וכן תנו סבי דהגרוניא אמר רבי אלעזר בר' צדוק כשהיינו עסוקין בעיבור השנה ביבנה לא היינו מפסיקין לא לקריאת שמע ולא לתפלה

"R. Ada b. Ahava sagte - und ebenso lehrten es die Alten von Hagronyå: Es sagte R. Elᶜazar b. R. Ṣadoq: 'Als wir mit der Interkalation des Jahres in Yavne beschäftigt waren, unterbrachen wir (die Arbeit) weder für das Schemaᶜ noch für das Gebet.'"

An folgenden Stellen wird der Gerichtshof des Rabban Gamliel (רבן גמליאל ובית דינו) noch erwähnt:

74-84. T Schevi I 1; T Kil IV 1; b M qaṭ 3b (2x); 4a (2x); b Giṭ 37a; b B qam 37a; b Ḥul 5b; 6a; j Schab 3d,55.

85. b Bek 38a:

דתנן זו עדות העיד חזקיה אבי עקש לפני רבן גמליאל ביבנה

"Denn es wird gelehrt: Das bezeugte Chizqija, Vater des ᶜIqesch, vor Rabban Gamliel in Yavne.

86. j Ber 6a,29-35:

תני עשרה כוסות שותין בבית האבל שנים לפני המזון וחמשה בתוך המזון ושלשה לאחר המזון אילו שלשה של אחר המזון אחד לברכת המזון ואחד לגמילות חסדים ואחד לתנחומי אבילים וכשמת רבן שמעון בן גמליאל הוסיפו עליהין עוד שלשה אחד לחזן הכנסת ואחד

לראש הכנסת ואחד לרבן גמליאל וכיון שראו בית דין שהיו משתכרין
והולכין גזרו עליהן והחזירום למקומן

"Es wird gelehrt: Zehn Becher (Wein) trinkt man in einem Trauerhaus: Zwei vor der Mahlzeit, fünf während der Mahlzeit und drei nach der Mahlzeit. Von den drei (Bechern) nach der Mahlzeit (trinkt man) einen zum Tischsegen, einen zu Ehren der Wohltätigkeit und einen zur Tröstung der Trauernden. Als Rabban Schimᶜon b. Gamliel starb, fügte man noch drei (Becher) hinzu: Einen für den Synagogenvorsteher, einen für das Synagogenoberhaupt und einen für Rabban Gamliel. Als der Gerichtshof aber sah, daß die Leute sich immer öfter betranken, machten sie es wieder rückgängig."

87. b R hasch 25a:

תנו רבנן פעם אחד נתקשרו שמים בעבים ונראית דמות לבנה בעשרים
ותשעה לחדש כסבורים העם לומר ראש חודש ובקשו בית דין לקדשו
אמר להם רבן גמליאל כך מקובלני מבית אבי אבא ואין חדושה של
לבנה פחותה מעשרים ותשעה יום ומחצה ושני שלישי שעה ושבעים
ושלשה חלקים ואותו היום מתה אמו של בן זזא והספידה רבן גמליאל
הספד גדול לא מפני שראויה לכך אלא כדי שידעו העם שלא קידשו
בית דין את החדש

"Die Rabbanan lehrten: Einst hatte sich der Himmel mit Wolken überzogen, und es erschien die Gestalt des Mondes am neunundzwanzigsten des Monats. Da glaubte das Volk, es sei Neumond, und der Gerichtshof wollte ihn weihen. Da sprach Rabban Gamliel zu ihnen: 'Ich habe von meinem Großvater überliefert bekommen, daß die Erneuerung des Mondes nicht vor dem neunundzwanzigsten und einem halben Tag, zwei Drittel Stunden und dreiundsiebzig Teilen erfolgt.' An jenem Tag starb die Mutter des Ben Zaza, und Rabban Gamliel trauerte sehr um sie, nicht, weil sie es verdient hätte, sondern damit das Volk wisse, daß der Gerichtshof den Neumond noch nicht geweiht hatte."

88. T Nid VI 9:

אמר ר' אלעזר בר' צדוק כשהיו בית דין בודקין ביבנה ...

"R. Elᶜazar b. R. Ṣadoq sagte: 'Wenn der Gerichtshof in Yavne untersuchte ...'"

89-90. j Sanh 30a,49; S Deut 153 (ed. Finkelstein, 206):

ובאת׳(דב׳ י"ז ט׳) לרבות בית דין שביבנה

"'Und du sollst kommen' (Deut 17,9): Damit ist der Gerichtshof in Yavne eingeschlossen."

An den folgenden Stellen ist der Gerichtshof nicht ausdrücklich genannt; aus dem Zusammenhang aber ist es klar, daß es sich um Tätigkeiten des Gerichtshofes in Yavne handelt:

91. b Ber 28b:

אמר רבי לוי ברכת המינין ביבנה תקנוה

"R. Levi sagte: Den 'Segensspruch über die Minim' ordnete man in Yavne an."

92-93. b Ber 28b; b Meg 17b:

תנו רבנן (מגילה: דתניא) שמעון הפקולי הסדיר י"ח ברכות לפני רבן גמליאל על הסדר ביבנה

"Die Rabbanan lehrten: Schimᶜon ha-Peqoli ordnete die achtzehn Segenssprüche in ihrer Reihenfolge vor Rabban Gamliel in Yavne an."

94-95. j Ber 8a,8; j Taᶜan 65c,11:

של מינים כבר קבעוה חכמים ביבנה

"Den '(Segensspruch) über die Minim' haben die Weisen schon in Yavne angeordnet."

96. Num r XVIII 21:

ברכת המינין שתקנוה ביבנה

97. M Tanḥ קרח 12 (Ed. Warschau, 74b):

ברכת הזדים שתקנו ביבנה

"Der 'Segensspruch über die Minim', den man in Yavne anordnete ..."

98. b Ber 48b:

הטוב והמטיב ביבנה תקנוה כנגד הרוגי ביתר דאמר רב מתנא אותו

היום שניתנו הרוגי ביתר לקבורה תקנו ביבנה הטוב והמטיב הטוב
שלא הסריחו והמטיב שניתנו לקבורה תנו רבנן סדר ברכת המזון כך
היא ברכה ראשונה ברכת הזן שניה ברכת הארץ שלישית בונה ירושלים
רביעית הטוב והמטיב ובשבת מתחיל בנחמה ומסיים בנחמה ואומר
קדושת היום באמצע רבי אליעזר אומר רצה לאומרה בנחמה אומרה
בברכת הארץ אומרה בברכה שתקנו חכמים ביבנה אומרה ... הטוב
והמטיב ביבנה תקנוה

"(Den Segensspruch) 'der gut ist und der Gutes tut' ordneten sie in Yavne an wegen der Erschlagenen von Beṭār. Rav Matna sagte: An dem Tage, an dem die Erschlagenen von Beṭār zur Beerdigung freigegeben worden waren, ordneten sie in Yavne (den Segensspruch) 'der gut ist und der Gutes tut' an, 'der gut ist' - weil sie nicht stanken, 'und der Gutes tut' - weil sie zur Beerdigung freigegeben worden waren. Die Rabbanan lehrten: Die Reihenfolge des Tischgebetes ist folgendermaßen: Der erste Segensspruch ist der Segen 'der ernährt', der zweite ist der Segen 'die Erde', der dritte ist (der Segen) 'der Jerusalem erbaut', der vierte ist (der Segen) 'der gut ist und der Gutes tut'. Am Schabbat beginnt (der dritte Segensspruch) mit 'Trost' und endet mit 'Trost', und die Heiligung des Tages wird in der Mitte erwähnt. R. Eliᶜezer sagt: Wenn jemand will, so kann er die (Heiligung) beim 'Trost', beim Segen 'die Erde' oder beim Segen, den die Weisen anordneten, erwähnen. ... (Den Segensspruch) 'der gut ist und der Gutes tut' ordneten sie in Yavne an."

99-100. b Taᶜan 31a; b B bat 121b:

ואמר רב מתנה אותו יום שנתנו הרוגי ביתר לקבורה תקנו ביבנה
הטוב והמטיב הטוב שלא הסריחו והמטיב שנתנו לקבורה

"Rav Matna sagte: An dem Tage, an dem die Erschlagenen von Beṭār zur Beerdigung freigegeben worden waren, ordneten sie in Yavne (den Segensspruch) 'der gut ist und der Gutes tut' an, 'der gut ist' - weil sie nicht stanken, 'und der Gutes tut' - weil sie zur Beerdigung freigegeben worden waren."

101. T Sanh VIII 1:

אמר ר' אלעזר בר' צדוק כשהיה רבן גמליאל יושב ביבנה אבא ואחר

ואחד (? מימינו וזקנים משמאלו ומפני מה אחד יושב על זקן)
מימינו מפני כבודו של זקן

"R. El^{c}azar b. R. Ṣadoq sagte: Als Rabban Gamliel in Yavne war, (saßen) mein Vater und noch jemand zu seiner Rechten und die Ältesten zu seiner Linken. Und warum saß jemand nahe bei dem Ältesten zu dessen Rechten? Aus Achtung vor dem Ältesten."

Vgl. Nr. 102.

102. j Sanh 19c,37-39:

אמר ר' לעזר בי רבי צדוק כשהיה רבן גמליאל יושב ביבנה היה אבא
ואחיו (אחיו ?) יושבין מימינו וזקנים משמאלו מפני כבוד הזקן

"R. El^{c}azar b. R. Ṣadoq sagte: Als Rabban Gamliel in Yavne war, saßen mein Vater und sein Bruder (sein Bruder Aba?; vgl. 1, S. 342f.; 3, S. 40f.) zu seiner Rechten und die Ältesten zu seiner Linken aus Achtung vor dem Ältesten."

103. T Kel B bat V 6:

אמר ר' יוסי שאל יונתן בן חרשא איש גיניסר לפני זקנים ביבנה

104. j Ma^{c}as 48d,49-51:

אמר ר' יוסי שאל יונתן בן חרשא איש גיניסר את רבן גמליאל
וחכמים ביבנה

"R. Jose sagte: Jonatan b. Charscha aus Ginesar fragte Rabban Gamliel und die Weisen in Yavne."

105. j Pes 29c,1f.:

תני אמר ר' יודה שאל ביתוס בן זונין את רבן גמליאל וחכמים
ביבנה

"Es wird gelehrt: R. Juda sagte: Baitos b. Zonin fragte Rabban Gamliel und die Weisen in Yavne."

In den Parallelstellen T Pes I 31 (II 19) und b Pes 37a heißt es nur: "... fragte die Weisen."

106-112. T R hasch IV 5 (II 11) (Text nach W); j Schevi 39b, 73-39c,1; j R hasch 58c,56-60; j R hasch 59c,9-13; j Ned 40a,16-20; j Sanh 18d,62-66; S Lev אמור XI 5 (ed. Weiss, 101d):

וכשקדשו את השנה באושה ביום הראשון עבר ר' יוחנן בן ברוקה
(107-112: רבי ישמעאל בנו של ר' יוחנן בן ברוקה) ואמ' כדברי
ר' יוחנן בן נורי אמ' רבן שמעון בן גמליאל לא היינו נוהגין כן
ביבנה ביום השני עבר ר' חנניה בנו של ר' יוסה הגלילי ואמ'
כדברי ר' עקיבא ואמ' רבן שמעון בן גמליאל כך היינו נוהגין ביבנה

113. b R hasch 32a:

וכשקידשו בית דין את השנה באושא ירד ר' יוחנן בן ברוקא לפני
רבן שמעון בן גמליאל ועשה כר' יוחנן בן נורי אמר לו רבן שמעון
לא היו נוהגין כן ביבנה ליום שני ירד רבי חנינא בנו של רבי
יוסי הגלילי ועשה כר' עקיבא אמר רבן שמעון בן גמליאל כך היו
נוהגין ביבנה

"Als der Gerichtshof in Ušå das Neujahr festlegte, trat R. Jochanan b. Beroqa (Nr. 107-113: R. Jischmaᶜel, Sohn von R. Jochanan b. Beroqa) (vor die Lade) in Gegenwart des Rabban Schimᶜon b. Gamliel und verfuhr nach R. Jochanan b. Nuri. Da sagte ihm Rabban Schimᶜon: 'In Yavne haben wir nicht so verfahren.' Am folgenden Tag trat R. Chanina, Sohn von R. Jose dem Galiläer, (vor die Lade) und verfuhr nach R. ᶜAqiva. Da sagte Rabban Schimᶜon b. Gamliel: 'So haben wir in Yavne verfahren.'"

114. T Schevi VI 27:

רבן שמעון בן גמליאל ובית דינו התקינו

"Rabban Schimᶜon b. Gamliel und sein Gerichtshof verordneten."

115. T Nid IV 3:

אמר ר' אלעזר בר' צדוק שני מעשים הוליך אבה מטבעין ליבנה מעשה
באשה אחת שהיתה מפלת כמין קליפין אדומין ובאו ושאלו את ר'
צדוק והלך ר' צדוק ושאל לחכמים

"R. Elᶜazar b. R. Ṣadoq sagte: 'Zwei Probleme brachte mein Vater von Ṭivᶜin nach Yavne: Es war nämlich geschehen, daß eine Frau etwas wie rote Häute abortiert hatte. Man kam und fragte R. Ṣadoq. Da ging R. Ṣadoq und fragte die Weisen (in Yavne).'"

116. b Nid 52b:

אמר ר' אלעזר בר' צדוק שני מעשים העלה אבא מטבעין ליבנה מעשה

באשה שהיתה מפלת כמין קליפות אדומות ובאו ושאלו את אבא ואבא
שאל לחכמים וחכמים שאלו לרופאים

"R. Elᶜazar b. R. Ṣadoq sagte: 'Zwei Probleme brachte mein Vater von Ṭivᶜin nach Yavne: Es war nämlich geschehen, daß eine Frau etwas wie rote Häute abortiert hatte. Da kam man und fragte meinen Vater. Mein Vater fragte die Weisen (in Yavne), und die Weisen fragten die Ärzte.'"

117. M Kel V 4:

מעשה שנפלה דלקה בתנורי כפר סגנה ובא מעשה ליבנה וטמאן רבן
גמליאל

"Es geschah, daß bei den Backöfen von Kəfar Signå (Siknin) Feuer ausgebrochen war. Als die Angelegenheit (zur Entscheidung) nach Yavne kam, erklärte Rabban Gamliel sie für verunreinigungsfähig."

118. T Kel B qam IV 4:

תנור שהסיקו עד שלא נגמרה מלאכתו טמא ר' יהודה אומר טהור אמר
ר' יהודה זה היה מעשה בתנורי כפר סגנא והיה רבן גמליאל מטמא
וחכמים מטהרין

"Hat man einen Backofen vor seiner (endgültigen) Fertigstellung geheizt, so ist er verunreinigungsfähig; R. Jehuda sagt: 'Er ist (nicht verun)rein(igungsfähig). R. Jehuda sagte: So war es mit den Backöfen von Kəfar Signå; Rabban Gamliel erklärte sie für unrein, und die Weisen erklärten sie für rein.'"

119-121. j Soṭ 24b,33; j ᶜAv z 42c,35; j Hor 48c,44f.:

ושוב נכנסו זקינים לעלייה ביבנה

"Ein anderes Mal betraten die Ältesten das Obergeschoß in Yavne."

122-124. T Ḥul III 10; T Para VII 4; T Miq IV 6:

הלכה זו עלו עליה בני אסיא (נ"א: אסיה, אסירו) שלש רגלים
ליבנה ברגל שלישי הכשירו להן

"Wegen dieser Halacha kamen die Leute von Asyå an drei Wallfahrtsfesten nach Yavne, und am dritten Wallfahrtsfest erklärten sie es für tauglich."

125. b Ḥul 48a:

זה היה מעשה ועלו עליה בני עסיא שלש רגלים ליבנה לרגל שלישי התירוה להם

"Wegen dieses Vorkommnisses kamen die Leute von ᶜAsyá an drei Wallfartsfesten nach Yavne, und am dritten Wallfahrtsfest erlaubten sie sie ihnen."

126. M Para VII 6:

זה הלך ליבנה שלשה מועדות ובמועד שלישי הכשירו לו

"Wegen dieser Frage ging man an drei Festen nach Yavne, und am dritten Fest erklärten sie es für tauglich."

127-130. T Kil I 3.4; j Kil 27a,40.44:

"Sie kamen und fragten in Yavne." ובאו ושאלו ביבנה

131. M Scheq I 4:

אמר רבי יהודה העיד בן בכרי ביבנה

"R. Jehuda sagte: 'Ben Bok̲ri bekundete in Yavne...'"

132. b Nid 52b:

והלא בן שלקות העיד במעמד כולכם ביבנה

133. T Nid VI 6:

והלא במעמד כולכם העיד בן שלקית ביבנה

"Ben Schelaqot bezeugte im Beisein von euch allen in Yavne."

134. b Sanh 17b:

אמר רב יהודה אמר רב כל עיר שאין בה שנים לדבר ואחד לשמוע אין מושיבין בה סנהדרי ובביתר הוו שלשה וביבנה ארבעה רבי אליעזר ורבי יהושע ורבי עקיבא ושמעון התימני דן לפניהם בקרקע

"R. Jehuda sagte: Es sagte Rav: In einer Stadt, in der es nicht (mindestens) zwei (Richter) gibt, die (die siebzig Sprachen) sprechen und einen, der (sie) versteht, darf man kein Sanhedrin einsetzen. In Bẹtár gab es drei (Richter) und in Yavne vier: R. Eliᶜezer, R. Jehoschuaᶜ, R. ᶜAqiva und Schimᶜon den Jemeniten, der vor ihnen auf dem Boden diskutierte."

135. j Scheq 48d,15-18:

תני סנהדרין שיש בה שנים שיודעין לדבר וכולן ראויין לשמוע
הרי זו ראויה לסנהדרין שלשה הרי זו בינונית ארבעה הרי זו חכמה
וביבנה היו בה ארבעה בן עזאי ובן זומא ובן חכינאי ורבי אלעזר
בן מתיה

"Es wird gelehrt: Ein Sanhedrin, in dem zwei (Richter) sind, die (die siebzig Sprachen) sprechen und alle anderen sie verstehen, ist ein geeignetes Sanhedrin. (Gibt es in ihm) drei (Richter, die die siebzig Sprachen sprechen), ist es ein mittelmäßiges (Sanhedrin), (gibt es) vier, so ist es ein weises. In Yavne gab es in ihm vier (solche Richter), u.z. Ben ᶜAzzai, Ben Zoma, Ben Chakinai und R. Elᶜazar b. Matja."

136. M Bek IV 5:

הנוטל שכרו להיות רואה בכורות אין שוחטין על פיו אלא אם כן
היה מומחה כאילא ביבנה שהתירו לו חכמים להיות נוטל ארבע
איסרות בבהמה דקה ושש בגסה בין תמים בין בעל מום

"Wer für die Besichtigung von Erstgeburten Lohn erhält, auf dessen Entscheidung hin darf man die (Tiere) nicht schlachten, es sei denn, es handele sich um einen solchen Fachmann wie Ila in Yavne, dem die Weisen (in Yavne) erlaubten, vier Issar bei Kleinvieh und sechs bei Großvieh zu nehmen, egal, ob sie fehlerfrei oder fehlerhaft waren."

137. M Bek VI 8:

מומין אלו מנה אילא ביבנה והודו לו חכמים

"Diese Fehler (an Erstgeburten) hat Ila in Yavne aufgezählt, und die Weisen haben ihm zugestimmt."

138. T Bek IV 11:

אמר ר' יוסי בן המשולם אמלה היה מונה מומין ביבנה ואמרן לפני
חכמים והודו לו

"R. Jose b. ha-Meschullam sagte: 'Imla zählte Fehler (an Erstgeburten) in Yavne auf. Als er sie vor den Weisen nannte, stimmten sie ihm zu.'"

139. b Sanh 33a:

ובא מעשה לפני חכמים ביבנה

"Der Fall kam vor die Weisen in Yavne."

140. b Qid 49b:

"Die Weisen von Yavne." חכמי יבנה

141. b Nid 15a:

"Die Weisen in Yavne erklärten es." פרשו חכמים ביבנה

142. b Nid 48b:

"So erklärten sie es in Yavne." כך היו מפרשין ביבנה

143. b Ber 17a:

מרגלא בפומייהו דרבנן דיבנה

"Eine 'Perle' im Munde der Rabbanan aus Yavne: ..."

Datierung

Einen kleinen Gerichtshof hat es offensichtlich schon vor der Zerstörung des Tempels im Jahr 70 n. Chr. gegeben, wie aus Nr. 5 und 61-64 hervorzugehen scheint. Die als Lehrer in Yavne genannten Gelehrten gehören zum größten Teil der zweiten Generation der Tannaiten an, einige auch der dritten Generation, so R. Jehuda b. Ilᶜai, R. Nechemja, R. Jose, R. Eliᶜezer, Sohn von R. Jose dem Galiläer und R. Jischmaᶜel, Sohn von R. Jochanan b. Beroqa (vgl. Nr. 43.52-57). Das bezeugt eine Lehrtätigkeit bis in die Mitte des 2. Jahrhunderts.

Zur Frage, ob das Große Sanhedrin zwei Mal in Yavne war und wann es dort seinen Sitz hatte, vgl. Mantel (9; 10).

Vgl. Nachträge!

Y ə s u d   h a - M a ᶜ ă l á

Koordinaten: 2.164 2077 2739
In Galiläa, am Südwestrand des ehemaligen Ḥulá-Sees.

Signatur: Synagoge archäologisch sicher

Namen: Jos.: θελλα
ar.: at-Tulēl
hebr.: יסוד המעלה

Literatur

1. Goldhar, Admat Qodeš, 258 (1913)
2. Klein, Galiläa von der Makkabäerzeit bis 67, 59f. (1928) (Inschrift)
3. Klein, in: ZDPV 51 (1928), 136f. (Inschrift)
4. Klein, Sefer ha-yiššuv, 157 (1939)
5. Klein, Toldot, 32.264 (1950) (Inschrift)
6. CIJ, Nr. 971 (1952)
7. Press, Enc. IV, 972 (1955)
8. Braslavy, Hayadaᶜta, 274 (1964) (Inschrift)
9. Klein, Galilee, 135 (1967)
10. Saller, Nr. 51 (1972)
11. ḤA 48/49 (1974), 28 (archäologischer Fundbericht)
12. ḤA 51/52 (1974), 6f. (Inschrift; Grabungsbericht)

Carta's Atlas -
Atlas of Israel -

Archäologischer Befund

Bei Ausschachtungsarbeiten wurde in Yəsud ha-Maᶜălá eine Säule mit einer Stiftungsinschrift gefunden (1). Der arabische Arbeiter, der sie ausgegraben hatte, zerschlug sie, weil er nicht die geforderte Summe dafür bekam. Ein Stück mit fünf Wörtern konnte sichergestellt werden. Goldhar gibt die Wörter folgendermaßen wieder:

ידכר לטב דמתיחב .....
דעביד .... חניותנו .....

Diese Lesung ist offensichtlich nicht richtig. Klein schlägt folgende Lesung vor (2; 3; 5; 6):

דכיר לטב ר' מתיה ב[ר ...
דעביד [הדין] עמו[דה ...

Am Ende vermutet er die häufige Formel:

[תהא לה ברכתה אמן]

"Es sei zum Guten gedacht des R. Matya b[ar ...
der gemacht hat [diese] Ṣ̣ä̤ụ[le ...
[Segen komme über ihn. Amen.]"

Da wir außer dem Bericht von Goldhar nichts über den Fund wissen (das Bruchstück ist nicht wieder aufgetaucht), ist es schwer, die richtige Lesung wieder herzustellen.

Im Sommer 1973 wurden in Yəsud ha-Maᶜălȧ mehrere Säulen in situ gefunden (vgl. die o.a. Koordinaten). Im Sommer 1974 legte man bei einer kurzen Grabung das Gebäude frei. Es ist ca 11 x 15,3 m groß und nach Süden oder Norden ausgerichtet. Zwei Säulenreihen zu je vier Säulen teilen das Gebäude in drei Schiffe. Der Abstand zwischen den beiden Säulenreihen beträgt etwa 6 m. In der westlichen Reihe fehlt die nördlichste Säule. Der mittlere von den drei erhaltenen Säulenresten hat nicht das typische Säulenpodest, sondern steht direkt auf einem Fundament, das erheblich tiefer liegt als die der anderen Säulen. Die Säule ist vermutlich von einem anderen Gebäude hierhergebracht und wiederverwandt worden. Im NW ist ein 90 x 100 cm großes Wasserbassin. Interessant ist, daß außer Mauerresten und den Säulen nichts weiter gefunden worden ist, keine Fußbodenreste, keine Spuren von Eingängen oder einer Apsis. Es ist nicht sicher, ob es sich bei diesem Gebäude um eine Synagoge handelt. Ältere Ortsbewohner erinnern sich noch an Kapitellfunde, die ins 4. Jahrhundert datiert wurden. Leider läßt sich heute auch der genaue Fundort der Inschrift nicht mehr feststellen.

Ausrichtung: S-N

Literarischer Befund: -

Datierung: -

Y i r k ā *

Koordinaten: 1.165 (170 262)
In Galiläa, 14 km ostnordöstlich von ᶜAkko.

Signatur: -

Namen: rabb.: Identifizierungsversuche bei Guérin
ar.: Yirkā
Umschreib.: Yerka; Helkath

Literatur

1. Guérin VII, 16 (1880) (= 2)
2. SWP I, 193 (= 1) (1881)
Carta's Atlas -
Atlas of Israel -

Archäologischer Befund

Guérin erwähnt einzelne behauene Steine und Säulenreste, die beim Bau des Dorfes als Spolien wiederverwandt worden sind; sie könnten von einer Synagoge oder Kirche stammen.

Literarischer Befund: -

Datierung: ?

Z u m ē m i r a

Koordinaten: 2.166 2139 2614
Im westlichen Golån.

Signatur: Synagoge archäologisch unsicher

Namen: ar.: Zumēmira
hebr.: זמימרה
Umschreib.: Kh. Zamimra

Literatur:

1. Vilnay, Golan and Hermon, 124 (1970)
2. ḤA 41/42 (1972), 2
3. Saller, Nr. 83 (1972)
4. EAEe II, 467 (Urman) (1976)
Carta's Atlas -
Atlas of Israel -

Archäologischer Befund

In Zumēmira sind die Überreste eines öffentlichen Gebäudes mit einem Eingang im Westen, das wahrscheinlich eine Synagoge gewesen ist. In der Nähe des Eingangs liegt ein Stein mit einer (liegenden?) Säule und einem Löwen, dessen Kopf beschädigt ist. In einem Haus westlich dieses Gebäudes ist ein Stein eingemauert, auf dem eine nur sehr schwer erkennbare sieben- oder neunarmige Menora abgebildet ist, rechts und links neben ihr ist ein Etrog (nach 2 Etrog und Lulav). Es ist fraglich, ob dieser Stein von der Synagoge ist; er ist aus anderem Material - und von sehr viel schlechterer Qualität als das bei der Synagoge benutzte.

Ausrichtung: 260° W

Datierung: 3./4. Jhd. (?)

Folgende Orte werden in der Sekundärliteratur im Zusammenhang mit einer Synagoge erwähnt; die Funde sind entweder mit Sicherheit oder sehr großer Wahrscheinlichkeit nicht von einer Synagoge.

Tẹl Aršáf (Arsūf) 7.167 1302 1780

Euting, Epigraphische Miszellen, in: Sitzungsberichte der Königlich Preußischen Akademie der Wissenschaften zu Berlin, phil.-hist. Klasse, 35 (1885), S. 685, Nr. 80; Tafel XI, Nr. 80; Clermont-Ganneau, in: Archives des missions scientifiques et littéraires, 3. Reihe, 11 (1885), S. 202, Nr. 15; Goodenough I, 225 (1953); Saller, Nr. 11 (1972).

Inschrift, in der die Wörter εἷς θεός vorkommen. Es handelt sich um eine Grabinschrift.

Ḥ. Bådid 2.168 1860 2729

Guérin VII, 92f. (1880).

Ḫ. al-Balāṭ 1.169 1755 2800

Robinson, Later Biblical Researches in Palestine, 64f. (1856); Robinson, Neuere Forschungen in Palästina, 82-84 (1857); Renan, Mission, 686f. (1864); Kitchener, in: PEFQS 1877, 166f.; Kitchener, in: PEFQS 1878, 124f.; Guérin VII, 131f. (1880); SWP I, 171-173 (1881); Masterman, Studies, 123 (1909); Press, Enc. II, 289f. (1948).

Nach dem Grundriß des Gebäudes (vgl. SWP) handelt es sich um einen Tempel und nicht um eine Synagoge.

Ḫ. aḏ-Ḏarīḥ (Ḫ. ed-Derih; Kh. edh-Dherîḥ) -.170 217 033

Braslavski, in: JPOS 14 (1934), 93-95; Goodenough I, 213f. (1953); Braslvsky, Studies, 293-295 (1954); Saller, Nr. 71 (1972).

Braslavski beschreibt einen in Form einer Basilika gebauten Tempel. Er weist auf die starke Ähnlichkeit von einigen Einzelfunden dieses Gebäudes mit Funden aus antiken Synagogen und führt im einzelnen auf: Ecksäulenpfeiler mit herzförmigem Querschnitt, korinthische Kapitelle, Quadersteine mit Ornamentik von Trauben, Reben, Weinblättern, Blumen und Eierstäben sowie Türstürze mit Kränzen und Heraklesknoten. Abgesehen von der Ausrichtung des Gebäudes (NNO statt W) spricht schon die geographische Lage (35 km südöstlich des Südendes des Toten Meeres) gegen eine Synagoge. Es handelt sich um einen nabatäischen Tempel; vgl. Glueck, Explorations in Eastern Palestine II, in: AASOR 15 (1935), 101f.

Dēr Qurūḥ 4.171 2201 2269

Saller, Nr. 30 (1972)

In Dēr Qurūḥ gibt es keine Funde, die auf eine Synagoge hinweisen.

Ẹlat 26.172 1478 8841

Glueck, in: BASOR 82 (1941), 9-11; Torrey, in: BASOR 84 (1941), 4f.; Naveh, in: BASOR 183 (1966), 27-30; Saller, Nr. 34 (1972)

Auf einem Ostrakon aus dem 5./4. Jahrhundert v. Chr. will Torrey das Wort 'Synagoge' erkennen.

Ḥōla 2.173 1985 2906

Guérin VII, 382f. (1880)

Guérin erwähnt ein Gebäude, das ein Tempel, eine Synagoge oder eine Kirche gewesen sein könnte. Von der geographischen Lage her (im Libanon, 27 km nördlich von Ṣəfat) ist eine Synagoge äußerst unwahrscheinlich.

Ṁazor (Muzēriᶜa) 8.174 1450 1617

Drake, in: PEFQS 1872, 41f.; SWP II, Titelfoto (1882); Goodenough I, 224 (1953); Saller, Nr. 93 (1972)

Es handelt sich um ein römisches Mausoleum.

Məᶜȧrat Ẹliyȧhu 3.175 1474 2484

Ovadiah, in: IEJ 16 (1966), 284f.; Saller, Nr. 35 (1972)

Die Höhle kann in keiner Weise als Synagoge angesehen werden.

Ḥ. Migdålit; Ḫ. al-Muǧēdilāt 14.176 1351 0912

Yeivin, Government Year-Book 5715/1955, 399; Yeivin, Archaeological Activities in Israel (1948-1958), 42 (1960)

Das von Yeivin erwähnte Gebäude ist nach einer Notiz in den Archiven des Israel Department of Antiquities and Museums vom 28.2.1972 eine Kirche.

Mišmar hå-ᶜEṃeq 3.177 163 224

ḤA 8 (1963), 21

Bei dem beschriebenen Gebäude handelt es sich nicht um eine Synagoge.

an-Nabī Ṣamwīl 11.178 1672 1378

Asaph, in: BJPES 6 (1938/39), 141f., Heft 3, S. IV; Kook, in: BJPES 6 (1938/39), 143f., Heft 3, S. IV; Shohet, in: BJPES 6 (1938/39), 81-86, Heft 2, S. II; Saller, Nr. 100 (1972)
Die Synagoge ist aus dem Mittelalter.

Qumrān 12.179 1937 1277

Saller, Nr. 105 (1972)

Der als Versammlungsraum bezeichnete Raum kann nicht als Synagoge im üblichen Sinn bezeichnet werden.

Qunēṭira 2.180 227 280

Saller, Nr. 106 (1972)

In Qunēṭira gibt es keine Funde, die auf eine Synagoge hinweisen. Saller bezieht sich wohl entweder auf diejenigen Funde aus dem Golån, die bis 1972 in einem provisorischen Museum in Qunēṭira aufbewahrt worden waren, oder er verwechselt den Ort mit Mazraᶜat Qunēṭira.

Ḫ. ar-Rūma 3.181 1777 2438

SWP I, 317 (1881)

Ḫ. Šarqīya 2.182 1908 2758 (?)

Guérin VII, 104f. (1880)

Ḫ. Siḥān 4.183 2253 2455

Press, Enc. II, 661 s.v. Sogånẹ[2] (1952)

(statt: 'sw von Umm al-Qanāṭir' muß es wohl heißen: 'sw von Ḫisfīn'; vgl. Thomson, Loca Sancta, 109 [1907]).

Yārūn 2.184 189 276

Renan, Mission, 680-682 (1864) (ältere Literatur); Guérin VII, 105-107 (1880)

Die Wörter τοῦ ναοῦ in einer Inschrift können keine Synagoge bezeichnen.

Ḫ. Yarzā 6.185 1912 1905

SWP II, 242 (1882)

Es sei noch verwiesen auf das Buch von Yarden, The Tree of Light, 1971, mit Abbildungen zu folgenden Orten:
11. 12. 23. 24. 50. 53. 54. 55. 64. 65. 71. 74. 91. 109. 112. 114. 117. 153. 161. 1008. 1028. (Zu den Zahlen vgl. S. 686-689.)

N a c h t r ä g e

<u>Ašdod</u>, S. 20

Literatur, ergänze:

15a. SEG 20 (1964), 137, Nr. 473

<u>Ašqəlon</u>, S. 21

Literatur, ergänze:

1a. Clermont-Ganneau, in: Archives des missions scientifiques et littéraires 11 (1855), 188, Nr. 71; Tafel I B (Inschrift Nr. 1) (= 1)

<u>Barᶜåm</u> (große Synagoge), S. 32f.

Literatur, ergänze:

32a. Pinkerfeld, Bišvile omanut yehudit, 134-137 (1957) (Foto; Grundriß; Rekonstruktion)

44. Stemberger, in: Kairos 17 (1975), 25

<u>Barᶜåm</u> (kleine Synagoge), S. 36

Literatur, ergänze:

45. Stemberger, in: Kairos 17 (1975), 25

<u>Bẹt Alfå</u>, S. 38f.

Literatur, ergänze:

36a. Pinkerfeld, Bišvile omanut yehudit, 121-123 (Foto; Rekonstruktion); 136-140 (Grundriß; Fotos) (1957)

51. Stemberger, in: Kairos 17 (1975), 23f. 44-52; Abb. 17

<u>Bẹt Šəᶜårim</u>, S. 69

Literatur, ergänze:

17a. Lifshitz, in: ZDPV 78 (1962), 79 (Inschrift Nr. 2)

17b. SEG 20 (1964), 128, Nr. 442 (Inschrift Nr. 2)

S. 70, archäologischer Befund, ergänze:

Es sei noch hingewiesen auf zwei weitere griechische Inschriften in den Katakomben von Bẹt Šəᶜårim, in denen ebenfalls das Wort ἀρχισυνάγωγος vorkommt; vgl. Mazar, in: BIES 21 (1957),

162; Lifshitz, in: RB 67 (1960), 58f.; Robert, in: REG 74 (1961), 253; SEG 20 (1964), 129f., Nr. 443.447; Schwabe - Lifshitz, Beth She^carim II, 68f., Nr. 164 (1967).

Caesarea, S. 80

Literatur, ergänze:

20a. Talmon, in: Scripta Hierosolymitana 4 (1958), 170f. (Priesterliste, Foto)

Dābīya, S. 95

Literatur, ergänze:

3. Ḥ̣A 57/58 (1976), 2 (Bruchstück eines Sturzes mit zwei siebenarmigen Menorot)

ᶜEṇ Gedi, S. 109

Literatur, ergänze:

17a. Stemberger, in: Kairos 17 (1975), 24.53-55; Abb. 19

S. 126, ergänze:

G a m l ȧ

Koordinaten: 4.53a 2196 2567
Im Golȧn.

Signatur: Synagoge archäologisch sicher

Namen: rabb.: גמלא
Jos.: Γαμαλα
ar.: as-Salām
Umschreib.: Gamala

Literatur: -

Archäologischer Befund

Laut Rundfunkberichten wurde in Gamlȧ eine Festungssynagoge aus dem 1. Jahrhundert ausgegraben.

Ḥammat Ṭəveryȧ (südlich der Quellen), S. 164

Literatur, ergänze:

6a. SEG 20 (1964), 132, Nr. 453 (Inschrift Nr. 4-12)

20. Stemberger, in: Kairos 17 (1975), 24.52; Abb. 18

S. 176, ergänze:

Ḫ. Ḫ ō ḫ a *

Koordinaten: 4.70a (2153 2556)
Im Golȧn.

Signatur: -

Namen: ar.: Ḫ. Ḫōḫa
hebr.: ח. ח'וח'ה
Umschreib.: Kh. Khawkha

Literatur: 1. ḤA 57/58 (1976), 2

Archäologischer Befund

In Ḫ. Ḫōḫa entdeckte man eine Tafel mit einem Adler und Friesteile, die den Friesen von Kəfar Naḥum und Korȧzim ähneln und von einer Synagoge sein könnten.

Ḥuldȧ, S. 176

Literatur, ergänze:

10a. SEG 20 (1964), 137, Nr. 472

ᶜIsfīyā, S. 182

Literatur, ergänze:

21a. Stemberger, in: Kairos 17 (1975), 24

Ḫ. al-Isḥāqīya, S. 186

Literatur, ergänze:

1a. ḤA 1 (1961), 1

Jerusalem, Theodotosinschrift, S. 193

Literatur, ergänze:

34a. May, in: BA 7 (1944), 11, Tafel 9
41a. FitzGerald, in: PEQ 18 (1956), 46f.
41b. Gabba, Iscrizioni greche e latine per lo studio della Bibbia, 79-82; Tafel 6 (1958)
41c. Barrett, Die Umwelt des Neuen Testaments, 61f. (1959)
42a. SEG 20 (1964), 138, Nr. 478

Jerusalem, Davidsgrab, S. 196

Literatur, ergänze:

01. Pinkerfeld, Bišvile omanut yehudit, 128-130 (1957) (Grundriß; Fotos) (englische Übersetzung = 1)

Jerusalem, Sanhedrin, S. 232

ergänze:

Sanh 64a - Lev r XXXIII 2 (ed. Margulies, 759):

'ויאמר יי' אלי מה אתה רואה עמוס ואומר אנך' (עמ' ז' ח')
מהו אנך זו סנהדרין גדולה שלישראל שהוא מניין אנך

"'Und Gott sprach zu mir: Was siehst du, Amos? Und ich antwortete: Ein Bleilot' (Am 7,8). Was bedeutet 'Bleilot (אנך)'? Das ist das Große Sanhedrin Israels, das einundsiebzig (אנ"ך) Mitglieder hat."

Jerusalem, Sanhedrin, S. 235

ergänze:

Sanh 73a - Gen r LXXXIV 16 (ed. Theodor - Albeck, 1020, kritischer Apparat zu Zeile 5)

Kəfar Ḥănanyȧ, S. 256

Literatur, ergänze:

01. Collection Raoul Warocqué, Antiquités égyptiennes, grecques et romaines, Nr. 241-380, S. 33, Nr. 321 (1909) (Fotos)

1a. Faider-Feytmans, in: Les antiquités égyptiennes, grecques, étrusques, romaines et gallo-romaines du Musée de Mariemont, 191; Tafel 65, Nr. S. 15 (1952)

4a. Goodenough VII, 168f.; Abb. 149.158 (1958)

4b. Goodenough X, 34f. (1964)

S. 257, archäologischer Befund, ergänze:

Bei einem Besuch in Mariemont im Sommer 1976 konnte ich den Ring selbst untersuchen. Er hat einen äußeren Durchmesser von 41 cm und einen Umfang von 128,5 cm. An seiner Oberseite sind drei 30 cm lange Ketten mit 18 Gliedern befestigt, die von einem Anker getragen werden. An der Unterseite dieses Ankers ist ein Ring, vielleicht zum Aufhängen einer kleinen Lampe. In dem Ring sind zwölf Löcher zur Aufnahme von Lampen (?); Goodenough (4a; 4b) sieht in diesen Löchern eine Darstellung des Zodiak.

Zu der Inschrift ist noch folgendes zu bemerken: Sie befindet sich am äußeren Rande des Ringes und ist nur an einer Stelle zweizeilig (fünf Buchstaben). Sie wird durch die Löcher und Darstellungen von Menorot usw. zweimal unterbrochen. Dadurch gibt es keine klare Worttrennung.

Das dritte Wort lautet nicht ’ע, sondern עב. Da der Ring an dieser Stelle repariert ist, ist das ב nur schwer zu erkennen. Das vierte Wort lautet nicht זגש, sondern eher חגש oder דזגש. Bei אפחיקתיפת ist die Worttrennung nicht zu erkennen. Dazu kommt, daß der Buchstabe פ seiner Form nach sowohl als normaler wie auch als Schlußbuchstabe gedacht gewesen sein kann. Statt לאתרה steht deutlich לאתדה, wohl ein Schreibfehler. Das ח von חנניה ist wegen einer Reparatur an dieser Stelle kaum zu erkennen. Das ן von אמן fehlt. Die Buchstaben in der zweiten Zeile (unter טב אמ סלה) sind sehr schwierig. Narkiss - Braslavski (5) schreiben קטף (?). Der erste Buchstabe ist ein ו. Der zweite und vierte Buchstabe ähneln den anderen ק und פ nur entfernt. Unter dem ס von סלה ist noch ein einzelner Buchstabe, der von den vorigen durch zwei Löcher und die Darstellung von Menora, Lulav und Schofar abgetrennt ist. Es handelt sich bei ihm ebenso wie bei dem zweiten Buchstaben um ein ט. Das Wort könnte also וקטיף gelesen werden. Interessant wäre dann die Parallele zu dem Wort auf der gegenüberliegenden Seite des Ringes: קתיפת - קטיפט. Einen Sinn kann ich in diesen Teil der Inschrift auch nicht hineinbringen.

Kəfar Naḥum, S. 262

Literatur, ergänze:

72. Corbo - Loffreda, in: IEJ 25 (1975), 261f.
73. ḤA 57/58 (1976), 8

Naᶜărȧn, S. 321

Literatur, ergänze:

54. Stemberger, in: Kairos 17 (1975), 23.53

Qabrīḫa, S. 355

Literatur, ergänze:

1a. Renan, Mission, 646f. (1864) (Beriha)

R ȧ m ȧ *

Koordinaten: 8.126a (1722 1402)
8,5 km nördlich von Jerusalem.

Signatur: -

Literarischer Befund

Die folgenden agadischen Stellen erwähnen einen Gerichtshof Samuels in Rȧmȧ: T Soṭ XI 12(14); b ᶜEruv 45a; b Jeb 77a 2x; b B qam 61a; b Makk 23b.

Rəḥov, S. 370

Literatur, ergänze:

4a. ḤA 50 (1974), 4-6

S. 376, archäologischer Befund, ergänze:

Auf Resten von Wandputz sind einige Buchstaben und Wörter erhalten, u.z. דשבועה; שנין עש...; לישראל; בה; כז (10).

Ḫ. Sūsīya, S. 423

Literatur, ergänze:

15. Stemberger, in: Kairos 17 (1975), 24f.

Yȧfiaᶜ, S. 480

Literatur, ergänze:

27a. Stemberger, in: Kairos 17 (1975), 24

Yavne, S. 483

Literatur, ergänze:

12. Saldarini, in: JSJ 6 (1975), 189-204